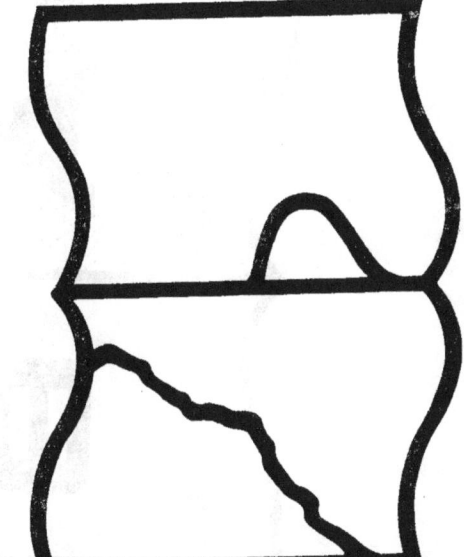

Texte détérioré — reliure défectueuse

NF Z 43-120-11

Contraste insuffisant
NF Z 43-120-14

LA FAMILLE JOUFFROY

LA FAMILLE JOUFFROY

PAR

EUGÈNE SUE

ÉDITION ILLUSTRÉE DE GRAVURES SUR BOIS GRAVÉES PAR DEGHOUY
SUR LES DESSINS D'AUGUSTE BELIN

PARIS
VICTOR BENOIST ET Cⁱᵉ, EDITEURS, RUE GIT-LE-CŒUR, 10, A PARIS
Ancienne Maison CHARLIEU et HUILLERY

VICTOR BÉNOIST ET Cⁱᵉ — ÉDITION ILLUSTRÉE — 10, RUE GIT-LE-CŒUR, 10.

En vérité, je suis folle !... est-ce qu'un si merveilleux bijou est fait pour moi. — Page 5.

A FAMILLE JOUFFROY

Par EUGÈNE SUE

Fortuné Sauval (membre de la famille Jouffroy) était orfévre, mais orfévre à la façon de l'immortel Benvenuto Cellini; en d'autres termes, un grand artiste. Notre jeune homme, quelques années avant l'époque où commence ce récit, avait hérité du fonds de bijouterie et d'argenterie de son père, estimable commerçant, mais complètement étranger à l'art merveilleux illustré par les orfévres de la renaissance. Aussi, Fortuné mit-il au creuset les objets provenant du magasin paternel, donna congé de la boutique, et nanti de ses lingots d'or et d'argent, ainsi que des pierres précieuses enlevées des bijoux fondus, il se retira dans un quartier peu fréquenté, afin de faire à loisir, ainsi qu'il le disait, de l'art. Excellent sculpteur, ornemaniste d'un goût exquis, il modelait en cire les maquettes (ou modèles) des objets qu'il fabriquait, et ensuite, selon l'occurrence, il les ciselait, les niellait ou les émaillait avec un rare talent.

Parmi les ouvriers autrefois occupés par son père, Fortuné avait conservé un vieil artisan très habile, très versé dans les diverses branches de sa profession, nommé le père Laurencin. Ce vieillard, fils de l'un des meilleurs ouvriers de Germain, l'un des plus célèbres orfévres du dernier siècle, possédait d'excellentes traditions, complètement inutilisées durant les longues années passées par lui dans l'atelier de son premier patron, monsieur Sauval, fidèle sectateur du style dit de l'Empire, le plus lourd, le plus plat, le plus difforme, le plus bêtement affreux de tous

1ʳᵉ LIVRAISON

les styles, si toutefois on peut honorer du nom de style cette chose sans nom.

Le père Laurencin et Michel son petit-fils, apprenti âgé de quinze ans, aidaient seuls Fortuné dans ses travaux. Jamais cœurs plus excellens ne furent réunis ; jamais trois intelligences passionnées pour leur art ne vécurent dans une plus étroite et plus douce communion de travaux ; entre eux n'existait aucune de ces distances qui généralement séparent les patrons, les apprentis et les ouvriers; tous trois ne songeaient qu'à contribuer de tous leurs moyens, selon leur aptitude, à la perfection de l'œuvre commune. Paternel avec Michel, filial envers le vieil artisan, Fortuné Sauval, âgé d'environ vingt-cinq ans, avait passé près de ses deux compagnons le temps le plus heureux de sa vie. Il donnait à l'apprenti, doué de grandes dispositions naturelles, des leçons de dessin et de sculpture, montrant pour cet aimable enfant le tendre attachement que les artistes de la renaissance témoignaient à leurs élèves de prédilection.

Notre orfévre vivait retiré dans le quartier de la Madeleine, au fond d'une de ces cours sombres, véritable labyrinthe de ruelles et de passages, alors connu sous le nom de cour des Coches. Il occupait un rez-de-chaussée composé d'une cuisine, d'une chambre pour lui, d'une autre où couchaient le père Laurencin et son petit-fils, et enfin d'un vaste atelier où tous trois travaillaient et prenaient leur repas, préparé par la portière du passage.

C'est dans cet atelier que nous introduisons le lecteur, afin de lui donner une connaissance plus intime de nos trois personnages.

II.

Ce.te scène se passait à la fin de janvier de l'an 1840. L'atelier, éclairé par une seule fenêtre basse, garnie de barreaux de fer, était sombre et enfumé comme l'officine d'un forgeron. Le fourneau, le creuset, la petite forge à soufflet et autres ustensiles, occupaient l'un des côtés de cette vaste pièce, percée de trois portes, l'une dans le fond, les deux autres latérales. En face de la cheminée, un coffre de fer scellé dans le mur renfermait sous sa serrure de sûreté bon nombre de lingots d'or ou d'argent et des pierres précieuses. Sur ce coffre, une étagère portative, garnie de vitres, contenait, exposés en montre, les objets d'orfévrerie et de bijouterie récemment achevés, véritables chefs-d'œuvre pour qui savait les apprécier.

La réputation de Fortuné Sauval ne s'étendait pas au delà d'un cercle fort restreint, composé de plusieurs riches amateurs français ou étrangers, aussi amoureux de l'art que difficiles à satisfaire.

Cette clientèle peu nombreuse suffisait et de reste au jeune orfévre. Il possédait un patrimoine d'environ deux cent mille francs, dont il ne dépensait jamais le revenu, car, toujours préoccupé des travaux qui le charmaient, il ne se livrait à aucune dissipation.

Fortuné se contentait donc de quelques commandes de choix, faites par des gens d'un goût éclairé, capables d'apprécier ses efforts et ses mérites, voulant surtout, ainsi qu'il le disait, « avoir ses coudées franches, afin d'apporter à ses œuvres toute la perfection désirable. »

Enfin, au-dessous de l'unique fenêtre, et aussi vivement éclairé par la concentration de la lumière, se trouvait l'établi garni de ses étaux, de ses outils, et occupé tour à tour ou simultanément par Fortuné, le père Laurencin et ses petits-fils. Non loin de là se voyait une table sur laquelle l'orfévre dessinait ou pétrissait en cire les modèles des objets destinés à être coulés en métal ou exécutés au repoussé, l'un des procédés les plus difficiles de son art, dans lequel il excellait.

Michel l'apprenti faisait en ce moment jouer le soufflet du fourneau. Cet enfant, âgé, nous l'avons dit, d'environ quinze ans, avait une charmante figure, rose et blanche, encadrée de cheveux blonds bouclés, et animée par de grands yeux bleus remplis de douceur, d'intelligence et d'innocente gaîté. Le cordon de son tablier ceignait sa blouse noircie par la fumée de la forge. Il allait et venait du fourneau à l'établi, apportant à son grand-père, selon les besoins de son travail, de la soudure en fusion dans un creuset.

Le père Laurencin, vieillard vénérable, au front chauve et à longue barbe blanche qu'il laissait croître depuis longtemps, était vêtu d'un gilet à manches en tricot gris, et s'occupait d'ajuster plusieurs pièces d'orfévrerie destinées à la confection d'un grand candélabre d'argent.

Fortuné Sauval, assis en face du vieil artisan, de l'autre côté de l'établi, ciselait avec amour un petit bas-relief composé de plusieurs figurines en ronde-bosse d'un dessin exquis, œuvre d'art destinée à l'ornementation d'un coffret en lapis-lazuli du plus bel azur.

La candeur et la bonté se lisaient sur les traits du jeune orfévre ; sa chevelure noire, rejetée en arrière, découvrait son large front où se révélait le génie. Aussi simplement habillé que ses ouvriers, notre célèbre artiste portait une blouse de travail, et, comme eux, un tablier de cuir.

Deux heures sonnèrent à une antique horloge à contre-poids appliquée à l'un des murs de l'atelier.

— Allons, mes amis, — dit cordialement Fortuné, — voici l'heure du repos et du goûter. Tu iras ensuite, petit Michel, chez le fondeur, savoir si les deux figures du surtout sont coulées. En ce cas, tu les rapporteras.

— Oui, maître Fortuné, — répondit l'apprenti.

Peu d'instans après que deux heures eurent sonné, la portière de la maison, femme de ménage de l'orfévre, apporta du pain, du vin, des fruits, déposa le tout sur un coin de l'établi et sortit.

III.

Pendant que Michel mordait tour à tour dans une pomme et dans un morceau de pain, le père Laurencin coupait méthodiquement des mouillettes qu'il se proposait de tremper dans un verre de vin. Le jeune orfévre, continuant de ciseler son bas-relief avec un plaisir infini, oubliait la réfection à laquelle il venait de convier ses compagnons.

— Monsieur Fortuné, — lui dit le vieil artisan, — vous ne venez donc pas manger un morceau ?

— Tout à l'heure, père Laurencin, — répondit gaîment l'orfévre : — je ne sais de quel diabolique aimant est doué ce bas-relief... je ne peux m'en détacher...

— Si l'appétit vous manquait, — reprit en souriant le vieillard, — il vous viendrait en voyant de quelle façon mon petit Michel mord dans le pain et dans les pommes ; il vous ferait envie comme à moi. Tenez, l'entendez-vous comme il croque !... Ah dame ! il a ses dents de quinze ans, et moi j'en suis réduit à la trempette. Voilà ce que c'est que d'être un pauvre vieux !

— Hé bien ! grand-père, — dit gentiment l'apprenti, — si vous êtes vieux, qu'est ce que ça prouve ? que depuis bien longtemps vous êtes ce qu'il y a de meilleur au monde... voilà tout.

— Vraiment, mon blondinet ? — reprit affectueusement le vieillard, — tu crois que ce n'est rien que de vieillir, toi ? Je voudrais bien t'y voir, à mon âge !

— Tiens... et moi donc, grand-père ! car si vous me voyiez bien vieux, moi aussi je vous verrais ! Quel bonheur ce serait pour nous deux !

— Ah ! mon pauvre enfant ! quand tu auras mon âge... il y aura longtemps que je serai en terre... Enfin, ne parlons pas de ça... c'est triste.

Et le vieillard secoua mélancoliquement la tête.

Michel en ce moment s'apprêtait à mordre de plus belle à sa pomme ; mais en entendant son aïeul faire une allusion à sa fin prochaine, l'enfant se leva soudain et se dirigea vers le fond obscur de l'atelier, afin d'essuyer du coin de son tablier les larmes qui lui venaient aux yeux.

— Hé bien ! mon garçon, où vas-tu ? — reprit le père Laurencin, sans remarquer l'émotion de son petit-fils ; — tu ne finis pas ta pomme ?

— Grand-père, je l'achèverai dehors en allant chez le fondeur, — reprit l'apprenti.

Et il se tourna vers la muraille, afin de prendre sa casquette accrochée à un clou et de ne pas laisser voir ses larmes ; puis il ajouta en faisant toujours face à la muraille :

— Vous n'avez pas d'autre commission, maître Fortuné ?

— Non, mon enfant ; mais finis de goûter, tu sortiras ensuite.

— Oh ! je goûterai aussi bien en marchant, — répondit Michel. Et il se hâta de sortir, afin de cacher ses pleurs et de les sécher au grand air.

Fortuné Sauval, plus clairvoyant que le vieillard, s'aperçut de l'attendrissement de l'apprenti, le suivit des yeux avec un touchant intérêt, jusqu'à ce qu'il eût quitté l'atelier, puis, abandonnant son bas-relief et venant prendre part au goûter du père Laurencin :

— Cher enfant !... il avait les larmes aux yeux.

— Est-il possible, monsieur Fortuné ? Mon Dieu, je ne m'en doutais pas, — reprit le vieillard avec inquiétude. — Quel peut être le sujet de sa peine ?

— En vous entendant faire allusion au peu d'années qui vous restent à vivre, son cœur s'est gonflé, les larmes sont venues ; et de crainte que vous ne le voyiez pleurer, il a prétexté de la commission que je lui ai donnée tout à l'heure.

— L'avoir ainsi attristé sans y songer ! J'en suis désolé !

— Son extrême sensibilité prouve du moins l'excellence de son cœur. Quel aimable et charmant naturel ! toujours laborieux, appliqué... rempli d'intelligence, de dispositions pour le dessin. Croyez-moi, nous ferons de Michel un artiste, un vrai artiste éminent.

— Son pauvre père, à son âge, avait les mêmes qualités de cœur, la même sensibilité, monsieur Fortuné, — répondit le vieillard avec un soupir douloureux, — et de cette sensibilité, il a été victime... Puisse mon petit-fils être plus heureux que mon fils... mort de chagrin à vingt-trois ans !

— Allons, bon père, pas de noires pensées, — reprit affectueusement le jeune orfèvre, en rompant un morceau de pain et en se versant un verre de vin; votre petit-fils vous consolera de tout ce que vous avez souffert.

Et voulant changer d'entretien, afin de distraire le vieillard de ses pénibles réflexions, Fortuné ajouta, en indiquant du geste plusieurs fragments d'orfèvrerie épars sur l'établi :

— Nous pourrons bientôt monter les candélabres du prince Maximilien. Je m'étonne de ne pas avoir eu sa visite depuis quelques jours ; c'est un homme d'un goût excellent, grand connaisseur dans toutes les choses de l'art ; c'est vraiment plaisir que de travailler pour de pareils clients.

— Sans compter qu'il n'est pas fier, pour un prince, car c'est un vrai prince, n'est-ce pas, monsieur Fortuné ?

— Tout ce qu'il y a de plus prince. Son frère aîné est duc souverain en Allemagne, et comme ce frère n'a pas d'enfant, le prince Maximilien régnera sans doute un jour.

— L'on ne croirait pas qu'il est Allemand : il parle français comme moi, monsieur Fortuné ; et puis il a toujours quelque chose d'aimable à vous dire.

— Ces amabilités sont un peu de la monnaie de cour, — reprit en souriant le jeune orfèvre, — mais il faut la prendre pour ce qu'elle vaut. Après tout, le prince est très bienveillant. On prétend que c'est un Don Juan, un homme à bonnes fortunes, ce qui ne m'étonnerait pas, car, malgré ses trente-cinq ou trente-six ans, il doit plaire encore. Enfin, il est prince, il est frère d'un souverain, et tant de femmes se laissent prendre à ces glorioles !

— Ah ! les femmes, — dit en soupirant le vieillard, — les femmes ! il y en a de si méchantes !... de si perverties !

— Bon père, — reprit Fortuné avec intérêt, — je devine votre pensée secrète : vous voilà retombé dans vos tristesses... quoique j'aie tâché de vous en distraire.

— Hélas ! monsieur Fortuné, c'est plus fort que moi... et quand je songe à cela...

Mais le vieil artisan s'interrompit et murmura :

— Mon pauvre fils !... mon pauvre fils !

Au moment où le père Laurencin prononçait ces mots avec accablement, un nouveau personnage entra dans l'atelier.

IV.

Ce nouveau personnage était le prince Charles-Maximilien, homme jeune encore, d'une tournure très élégante, d'une figure un peu fatiguée, mais d'une beauté régulière et attrayante. Des moustaches blondes relevées donnaient à ses traits un caractère martial. Il descendait sans doute de cheval, car il tenait à la main une cravache, et ses éperons retentissaient sur le sol. Une redingote assez courte dessinait sa taille svelte et élevée. À peine eut-il mis le pied dans l'atelier, qu'il ôta son chapeau et dégagea sa main droite, main blanche, effilée, comme celle d'une femme.

— Monsieur Fortuné, — dit tout bas le vieil artisan à son patron qui tournait le dos à la porte, — vous parliez du prince, et justement le voilà...

L'orfèvre se leva aussitôt et s'avança poliment, mais sans obséquieux empressement, à la rencontre du prince, qui, lui tendant avec courtoisie sa main dégantée,

— Bonjour, mon cher monsieur Sauval ! De grâce, n'interrompez pas vos travaux... Je regretterais le temps précieux que vous feriez perdre.

— Monseigneur, je ne travaillais pas, je goûtais.

— Alors, continuez de goûter... sinon je me retire... Et vous, père Laurencin, asseyez-vous.

Ce disant, le prince Maximilien prit place sur une chaise, près de l'établi.

— Puisque vous le permettez, monseigneur, — reprit l'orfèvre, — j'achèverai mon goûter. Je vous montrerai ensuite les branches des candélabres que nous allons ajuster.

— Je ne veux aujourd'hui rien voir de vos chefs-d'œuvre, mon cher monsieur Sauval ; je me suis imposé d'avance cette privation, afin de vous prouver que ma visite n'était nullement intéressée, qu'elle vous était consacrée tout entière.

— C'est beaucoup d'honneur pour moi, monseigneur, mais..

— Mais vous ne devinez pas le but de ma visite ?...

— Non, monseigneur.

— Je viens réparer une injustice... une grande injustice!

— Une injustice ?

— Monsieur Sauval, vous êtes l'un des plus grands artistes de ce temps-ci... Benvenuto Cellini eût envié certaines de vos œuvres, malheureusement trop peu nombreuses. Enfin, telle est votre modestie, que votre renommée est loin d'être à la hauteur de votre génie.

— Monseigneur, l'approbation des gens de goût me suffit.

— Mais cela ne suffit pas à vos amis, à vos admirateurs, et vous me permettrez de me ranger parmi les uns et les autres ; ils trouvent, et je suis fort de cet avis, que vous méritez plus que personne une distinction publique ; je n'ai donc été que leur interprète auprès du roi.

— Et à quel propos, monseigneur ?

— Le roi veut bien me témoigner quelque amitié. Hier, il m'a fait l'honneur de me venir voir ; je lui ai montré cette magnifique coupe d'or émaillée, l'un de vos chefs-d'œuvre, que je suis fier de posséder. Il a été un cri d'admiration. « Croiriez-vous, sire, ai-je dit, que l'auteur de ce divin objet d'art n'est pas encore décoré de l'ordre de la Légion d'honneur ? Je viens vous offrir l'occasion et vous donner le plaisir de réparer cette injustice en vous demandant instamment la croix pour monsieur Sauval. » Le roi s'est rendu à mon désir de la meilleure grâce du monde. Il m'a envoyé ce matin le brevet et la croix. Je vous les apporte. Les voici.

Et le prince remit à l'orfèvre un petit écrin de maroquin rouge et un parchemin plié dans une enveloppe.

— Monseigneur, je n'oublierai jamais votre bienveillance en cette circonstance. Ma gratitude envers vous est doublée, car, sans vous en douter, vous hâtez peut-être l'heure de mon mariage, grâce à la distinction que vous avez eu la bonté de solliciter pour moi.

— Vous allez vous marier ?

— Je l'espère, monseigneur.

— Monsieur Sauval, vous me parliez tout à l'heure de votre gratitude ; vous ne m'en devez aucune : j'ai contribué à la réparation d'une injustice, rien de plus... Mais enfin, si vous tenez absolument à vous croire mon obligé, vous pouvez à la fois vous acquitter et m'accorder une grâce à laquelle je serai particulièrement sensible.

— Monseigneur, de quoi s'agit-il ?

— Veuillez me choisir pour l'un des témoins de votre mariage ; je m'estimerai très heureux de signer l'acte qui assurera, je n'en doute pas, votre bonheur...

— Je serai très flatté, monseigneur, de l'honneur que vous daignez me faire ; seulement, je dois vous prévenir que le second témoin que je me propose de choisir est un de mes parens, mon cousin Roussel, épicier retiré.

Charles-Maximilien, malgré sa parfaite courtoisie et cet empire sur soi que donne la longue habitude des cours, ne put contenir un imperceptible plissement de lèvres en apprenant que son nom de maison souveraine figurerait au contrat à côté de celui de monsieur Roussel, épicier retiré. Mais le prince, sachant trop bien vivre pour laisser pénétrer sa légère contrariété, répondit à l'orfévre en se levant pour prendre congé de lui :

— Quel que soit votre second témoin, j'écrirai toujours avec plaisir mon nom à côté du sien, au bas d'un acte qui consacrera votre bonheur, mon cher monsieur Sauval.

Et tendant de nouveau la main à Fortuné,

— Adieu donc, et à bientôt, car je reviendrai très prochainement pour voir et admirer vos magnifiques candélabres ; mais je vous l'ai dit, la visite d'aujourd'hui doit vous être exclusivement destinée.

L'orfévre accompagna jusqu'à la porte le prince Maximilien, qui, après de nouvelles paroles affectueuses, sortit de l'atelier.

V.

Le père Laurencin avait paru douloureusement surpris en entendant son jeune patron annoncer son union prochaine. Aussi, lorsqu'il revint près de l'établi, le vieillard lui dit :

— Vous allez donc vous marier ?

— C'est ma plus douce espérance, — répondit l'orfévre avec une joie profonde et contenue ; — c'est un beau jour pour moi que celui d'aujourd'hui...

— Ah ! monsieur Fortuné, — reprit le vieillard avec un soupir, — prenez garde !

— Que voulez-vous dire ? — demanda l'orfévre étonné ; — d'où vient votre inquiétude ?

— Pardon... mais dans le premier moment...

— Achevez...

— Je n'ai pu m'empêcher de me souvenir de mon pauvre fils...

Et le vieillard se mit à pleurer.

— Bon père, — reprit affectueusement l'orfévre, — je regrette de vous avoir involontairement rappelé de tristes pensées.

— Hélas ! monsieur Fortuné, mon fils était comme vous. Heureux de ne vivre que pour son état d'orfévre, il était déjà si habile ouvrier, qu'il trouva une position superbe dans la plus grande maison de bijouterie de Bruxelles, à la recommandation de feu monsieur Laurent Jouffroy, en ce temps-là voyageur de commerce et frère de votre oncle Baptiste. Mon fils fait connaissance dans cette ville, et devient éperdument amoureux de la filleule de monsieur Laurent Jouffroy. Celui-ci (que Dieu ait pitié de son âme, car je veux croire qu'il ignorait la perversité précoce de sa filleule, maudite créature à peine âgée de seize ans!), celui-ci encourage l'amour de mon fils pour elle et l'engage à l'épouser. Mon fils suit ce conseil. Hélas ! un an après, il était de retour près de moi, avec un enfant de trois mois, que cette misérable avait abandonné en s'enfuyant avec un officier. Le désespoir s'empara de mon pauvre fils, et à vingt-trois ans, je le vis mourir de chagrin, laissant cet orphelin que j'ai élevé. Ah ! monsieur Fortuné, c'est souvent une terrible chose que le mariage ! Prenez garde!

— Grâce à Dieu, j'ai toute confiance, et une confiance méritée, dans la jeune personne que je désire épouser. Je la connais depuis mon enfance : c'est une fille de mon oncle Baptiste Jouffroy.

— Mademoiselle Marianne ?

— Non, Marianne est une excellente personne ; je l'affectionne comme un sœur. Mais elle n'est pas jolie, et puis elle a une infirmité : elle est boiteuse. Et il est probable que la pauvre enfant restera fille comme sa tante Prudence.

— C'est donc mademoiselle Aurélie que vous voulez épouser ?

— Oui, car je l'aime, voyez-vous, père Laurencin, je l'aime à l'adoration ! Elle est si belle ! si admirablement belle !

— C'est donc pour cela que cette figure de *Cérès* que vous avez modelée dernièrement ressemblait si fort à votre cousine, monsieur Fortuné ?

— Que voulez-vous ! je la vois partout... Et si dans l'art je cherche l'idéal, il m'apparaît dans tout son éclat sous les traits d'Aurélie !

L'entretien de l'orfévre et du vieil artisan fut interrompu par deux nouveaux visiteurs.

VI.

Un jeune homme, mis avec recherche, et une femme très élégante entrèrent dans l'atelier. L'homme, svelte et grand, d'une tournure distinguée, d'une figure charmante, malgré son expression quelque peu hautaine et ennuyée, avait environ vingt-cinq ans. Sa compagne, quoique plus âgée que lui (ayant, comme on dit, passé la trentaine), était encore remarquablement jolie et d'une fraîcheur juvénile ; les boucles de ses longs cheveux blond cendré dépassaient de beaucoup la passe étroite de son chapeau garni d'une longue voilette qui cachait à demi ses traits ; ses grands yeux, qu'elle clignait légèrement, selon l'habitude des personnes dont la vue est basse, étaient d'un bleu vif ; sa physionomie, remplie de finesse et de grâce, devait séduire au premier abord ; mais, en l'observant plus attentivement, certain pli creusé entre ses deux sourcils, et l'étroite fissure de ses lèvres minces, à peine indiquées, révélaient les signes presque certains d'une indomptable ténacité de résolution et d'une profonde astuce. Seulement, pour qui ne cherchait pas à pénétrer au delà des apparences, l'ensemble de cette femme jeune encore, et d'une taille accomplie, était fort attrayant.

Ces deux personnages, s'arrêtant assez surpris au seuil de l'atelier sombre et fumeux, où ils voyaient un vieillard à longue barbe blanche et un jeune homme vêtu d'une blouse, travaillant tous deux devant un établi grossier, se crurent plutôt dans l'officine d'un chaudronnier que dans l'atelier d'un orfévre, car ils ne remarquaient pas encore les objets d'art exposés, fort peu en vue d'ailleurs, dans une étagère vitrée. Aussi le jeune homme dit-il à Fortuné, qu'il prenait pour un artisan :

— Pardon, mon cher, nous nous sommes sans doute trompés ; nous cherchons le magasin de monsieur Fortuné Sauval, orfévre...

— C'est ici, monsieur.

— Et où est monsieur Sauval ?

— C'est moi.

— Vous êtes monsieur Fortuné Sauval ?

— Oui, monsieur.

Le jeune homme parut non moins étonné que sa compagne de voir le célèbre orfévre vêtu d'une blouse et ceint d'un tablier de cuir, puis il dit :

— Monsieur, je viens, à la recommandation du prince Maximilien, avec qui j'ai l'honneur d'être intimement lié.

— Le prince se trouvait justement ici, il y a quelques instans, — reprit l'orfévre ; — vous auriez pu, monsieur, le rencontrer.

— Je regrette de n'avoir pas eu cette bonne fortune, — répondit le comte Henri de Villetaneuse (tel était le nom de ce personnage); et il ajouta : — Son Altesse m'a dit, monsieur, que nous trouverions ici des bijoux... véritables objets d'art...

— J'ai ici, en effet, monsieur, quelques bracelets et épingles... Je vais vous les montrer, — répondit Fortuné en se dirigeant vers l'étagère où étaient renfermés ces joyaux.

— Ma chère Catherine, je n'ai malheureusement que

cinq cents francs dans ma bourse, — dit tout bas et en souriant monsieur de Villetaneuse à sa compagne, — je suis honteux de ce misérable détail... mais...

— Cinq cents francs ! — répondit Catherine à demi-voix, en interrompant le comte avec un accent de doux reproche. — Croyez-vous que je souffrirai une prodigalité pareille ? Non, non, je veux un bracelet très simple. Toute sa valeur sera pour moi dans le don que vous voulez m'en faire, mon ami.

— Oh ! je connais ta délicatesse exquise, — reprit monsieur de Villetaneuse aussi à demi-voix ; — je sais combien elle est ombrageuse.

— Oui, — reprit la jeune femme avec une petite moue enchanteresse, — et, malgré mes scrupules, je finis toujours cependant par accepter. C'est votre faute, vous offrez avec tant de grâce que l'on ne saurait vous refuser.

Pendant que ses nouveaux cliens échangeaient tout bas ces quelques paroles, Fortuné Sauval apportait et plaçait sur une table voisine de la fenêtre une sorte de tiroir garni de velours rouge, contenant plusieurs bracelets, broches et épingles. Quelques-uns de ces bijoux étaient simplement en argent repoussé, d'autres en or ciselé ou enrichis de pierreries, mais tous pouvaient être considérés comme de véritables chefs-d'œuvre.

Pendant que monsieur de Villetaneuse et sa compagne examinaient curieusement les bijoux, Michel, l'apprenti, de retour de la course qu'il avait faite très rapidement, à en juger par l'animation de son teint, rentra dans l'atelier, accrocha sa casquette à un clou, rendit compte à son patron de la commission dont il venait de s'acquitter, puis il alla s'asseoir devant l'établi à côté du père Laurencin. Celui-ci accueillit son petit-fils avec un redoublement de tendresse, se reprochant de l'avoir involontairement chagriné naguère ; et tous deux s'occupèrent assidûment de leurs travaux, tournant complètement le dos aux deux acheteurs, qu'ils n'avaient à peine entrevus.

Monsieur de Villetaneuse, lors de la rentrée de l'apprenti, ayant machinalement tourné la tête vers lui, ne put réprimer un mouvement de surprise, et se dit :

— Voici une ressemblance étrange !

VII.

La compagne de monsieur de Villetaneuse, absorbée dans son admiration croissante pour les bijoux, qu'elle dévorait des yeux, n'avait nullement remarqué le retour de l'apprenti. Elle tenait dans ses mains un bracelet d'or d'un goût charmant et d'une exécution merveilleuse ; il représentait deux naïades, à demi couchées, et accoudées à une urne de rubis d'où sortait un ruisselement de petits diamans qui, figurant l'onde cristalline épandue de cette urne, ondoyaient et disparaissaient, çà et là, au milieu d'une double bordure d'algues marines, émaillées de vert, formant l'encadrement du bracelet.

Monsieur de Villetaneuse, un moment distrait de l'examen des bijoux par la rentrée de Michel, observait avec anxiété la convoitise que le bracelet aux naïades éveillait chez Catherine. Il devait valoir beaucoup plus de cinq cents francs, somme que le comte, à son grand regret, ne pouvait dépasser. Aussi, dans l'espoir de détourner son attention et de lui faire peut-être oublier ce merveilleux joyau, il dit tout bas à sa compagne :

— Ce petit apprenti qui vient d'entrer et qui maintenant nous tourne le dos assis à l'établi, à côté de ce vieillard, te ressemble d'une manière frappante.

Mais le comte ne fut pas entendu : Catherine, de plus en plus absorbée, fascinée par la vue du bracelet, ne put même résister au désir de l'agrafer à son poignet, et de faire ainsi chatoyer les pierreries à ses regards avec un redoublement de convoitise ; puis, haussant les épaules comme si une réflexion soudaine lui fût venue à l'esprit, elle dégrafa le joyau en soupirant, et se dit à demi-voix et comme si elle se fût parlé à elle-même :

— En vérité, je suis folle !... Est-ce qu'un si merveilleux bijou est fait pour moi !...

En prononçant ces mots, sa voix avait un accent si humblement résigné, sa physionomie exprimait à la fois un regret si naïf et si profond de renoncer à cet achat, que monsieur de Villetaneuse dit à l'orfèvre, qui par discrétion se tenait éloigné de quelques pas :

— Monsieur, nous prendrons ce bracelet que madame vient d'essayer... De quel prix est-il ?

— De seize cents francs, monsieur.

— Mon ami, — reprit Catherine, — je vous assure que ce simple et délicieux bracelet d'argent, orné d'une turquoise, me plaît davantage que celui-ci... et...

— Vous me permettrez de consulter en ceci mon goût autant que le vôtre, — reprit Henri en souriant et interrompant sa compagne.

Puis s'adressant à Fortuné,

— Je vais, monsieur, vous remettre un à-compte de cinq cents francs. Je me nomme le comte de Villetaneuse, je demeure rue du Faubourg-Saint-Honoré, n° 17... Je vous prie de faire porter ce bracelet demain matin chez madame, dont voici l'adresse : « Madame de Morlac, rue Tronchet, n° 9. » Votre facture sera acquittée en échange du bracelet.

— Mais je vous assure, mon ami, — reprit madame de Morlac avec une nouvelle insistance, — que véritablement je préfère un bracelet beaucoup plus simple, tout en admirant celui-ci... qui est un véritable chef-d'œuvre.

— Eh bien ! je vous le demande en grâce, — reprit monsieur de Villetaneuse, — sacrifiez cette fois votre choix au mien.

Et présentant le billet de cinq cents francs à Fortuné, qui venait d'écrire sur son registre les adresses du comte et de madame de Morlac, il ajouta :

— Veuillez prendre cet à-compte...

— C'est inutile, monsieur, — reprit l'orfèvre ; — demain l'on paiera le bracelet chez madame.

— Ah ! monsieur, — dit à Fortuné madame de Morlac avec un sourire de sirène et un accent d'une douceur insinuante, — votre génie est un dangereux tentateur, il fait oublier les plus sages résolutions. Il est bien dangereux de venir ici !

— Je ne m'étonne plus, monsieur, des éloges que le prince Maximilien accorde à votre mérite, — ajouta monsieur de Villetaneuse en offrant son bras à sa compagne, et en saluant Fortuné, qui répondit :

— Je suis très heureux, monsieur, que ce bracelet soit du goût de madame et du vôtre.

Et les deux nouveaux cliens de l'orfèvre sortirent de l'atelier.

Le père Laurencin, durant la présence de monsieur de Villetaneuse et de madame de Morlac, s'était incessamment occupé de son ajustage, et tournant le dos aux acheteurs, ainsi que Michel, il n'avait pu remarquer la ressemblance véritablement frappante qui existait entre son petit-fils et la femme qui venait de quitter l'atelier. Cette remarque échappa aussi à Fortuné Sauval. Absorbé dans ses douces pensées d'amour, il n'avait guère attentivement regardé sa cliente, dont les traits étaient d'ailleurs à demi cachés par la voilette de son chapeau. Cependant, lorsqu'il se trouva seul avec le père Laurencin, il lui dit à demi-voix, pendant que l'apprenti replaçait et rangeait les bijoux dans l'étagère vitrée :

— Cette dame qui sort d'ici, savez-vous qui elle est, père Laurencin ?

— Non, monsieur Fortuné, je ne l'ai pas seulement regardée...

— Je la connaissais de nom, et ce nom n'a eu que trop de retentissement. Cette prétendue madame de Morlac... — car ces femmes-là changent de nom comme de chapeaux, — est une courtisane du grand genre et des plus à la mode de Paris.

— Voilà une mauvaise pratique, — reprit le vieillard ; — il faudra tenir le bracelet fièrement serré... J'irai le porter moi-même, au lieu d'envoyer Michel chez elle... car une pareille créature pourrait jouer un tour de sa façon à mon petit-fils, qui reviendrait ici sans le bracelet et sans argent.

— Vous avez raison, et d'ailleurs il n'eût pas été convenable d'envoyer Michel chez une femme de cette espèce.

— C'est à quoi je pensais, monsieur Fortuné. C'est demain dimanche ; je porterai le bracelet ; Michel m'attendra à la porte de la maison de cette dame, et nous irons ensuite nous promener ce que nous avons l'habitude.

A la fin de cette journée, vers les sept heures du soir, Fortuné Sauval se rendit chez son oncle Jouffroy, père de cette belle Aurélie dont le jeune artiste était si amoureux.

VIII.

Monsieur Jean-Baptiste Jouffroy, longtemps chef d'une importante maison de soieries, avait quitté le commerce, après la réalisation d'une fortune considérable, laborieusement, intelligemment et honnêtement gagnée. D'une probité scrupuleuse, d'un caractère facile, loyal et ouvert, d'un cœur excellent, d'un esprit faible et un peu borné, en dehors de sa parfaite aptitude au négoce, monsieur Jouffroy subissait et chérissait le joug de sa femme, qui le dominait absolument depuis plus de vingt années de mariage.

Madame Sophie Jouffroy, maîtresse femme dans toute l'acception du mot, très entendue aux affaires, tenant les livres de la maison aussi bien que le meilleur commis, soigneuse et active ménagère, prompte, alerte, impérieuse, souvent emportée, menant haut la main le nombreux personnel de son vaste magasin, avait, par l'ordre, par l'économie, par la régularité de sa gestion domestique, puissamment concouru à l'accroissement de la fortune de son mari.

Monsieur et madame Jouffroy avaient deux filles. L'aînée, Marianne, assez laide, boitait par suite d'un accident arrivé plusieurs années auparavant. La cadette, nommée Aurélie, d'une beauté éblouissante, était l'idole de la maison. Malgré cette idolâtrie, la jeune fille restait simple, ingénue, affectueuse : enfant gâtée, adulée, on la laissait, il est vrai, gâter, aduler, mais elle accueillait, avec une si tendre reconnaissance et si charmante gentillesse, les préférences de son père et de sa mère, et les soins presque serviles dont sa sœur l'entourait, que celle-ci trouvait sa joie, son plaisir, sa récompense dans un redoublement de soins et de prévenances.

Enfin une sœur de monsieur Jouffroy, vieille fille habituellement revêche, souvent caustique à l'excès, et que l'on appelait communément la tante Prudence, demeurait avec la famille, qu'elle n'avait jamais quittée.

Monsieur Jouffroy occupait, rue du Mont-Blanc, un vaste appartement situé au premier étage et meublé avec luxe. La maison de l'ancien commerçant était très honorable : il donnait de bons dîners à ses amis, et chaque semaine l'on dansait chez lui durant l'hiver aux sons du piano, d'un flageolet et d'un violoncelle, des négocians, des notaires, des avoués, formaient sa société habituelle.

La famille Jouffroy se préparait (sauf Marianne et la tante Prudence) à se rendre au bal, le soir même de ce jour où Fortuné Sauval avait fait part de ses projets de mariage au père Laurencin.

Huit heures venaient de sonner, l'on avait dîné plus tôt que d'habitude, afin qu'Aurélie pût consacrer tout le temps nécessaire à sa toilette.

La jeune fille, debout devant une armoire à glace, éclairée par des bougies fixées dans deux bras de bronze vissés à ce meuble, s'occupait, assistée de sa sœur, de son père et de sa mère, de ces mille riens qui constituent le complet achèvement d'une parure de bal. Le profil d'Aurélie pouvait rivaliser de grâce, de noblesse et de pureté avec les divins chefs-d'œuvre de l'art grec ; sa chevelure, d'un châtain foncé à reflets presque dorés, nuance harmonieuse et rare que l'on rencontre dans quelques portraits du Titien, encadrait de ses bandeaux ondés un front charmant, et contrastait avec l'ébène de ses sourcils et de la frange de longs cils qui voilaient à demi ses grands yeux d'un bleu de bluet, fendus en amande, et dont les coins se relevaient légèrement vers les tempes ; la fraîcheur délicate de son teint transparent et rose, l'éclatante blancheur de sa peau lustrée comme un marbre mouillé, l'exquise perfection de ses traits, sa bouche mignonne et vermeille, ses dents d'émail, le port gracieux de sa tête, l'élégance de sa taille, svelte, souple et très au-dessus de la moyenne ; ses bras non moins accomplis que ses larges épaules, sa main effilée, son petit pied étroit, nerveux et cambré, tout concourait au merveilleux ensemble de cette créature enchanteresse, d'une physionomie si bienveillante, si ingénue, si modeste, qu'elle faisait pardonner, si cela se peut dire, son éblouissante beauté.

Aurélie, vêtue d'une robe à tunique en crêpe rose, portait une légère couronne de feuilles de chêne d'un vert clair, placée avec goût sur ses magnifiques cheveux châtain doré, ondés en bandeaux. Elle semblait, non pas glorieuse, mais naïvement heureuse et presque étonnée, en contemplant sa ravissante image réfléchie dans le miroir.

La clarté des deux bougies fixées dans les bras de bronze de la psyché ne suffisant pas à éclairer le parachèvement de la toilette d'Aurélie, son père, debout, tenait à proximité de la glace une lampe carcel surmontée de son globe. Monsieur Jouffroy, homme de cinquante ans environ, trapu, carré, replet, aux traits épanouis, ouverts, fortement colorés et entourés d'épais favoris grisonnans comme ses cheveux, offrait le type de la franchise et de la bonhomie. Il n'avait pas encore vêtu son habit, se trouvant plus à l'aise en manches de chemise. A la vive clarté de la lampe qu'il tenait des deux mains, il contemplait sa fille, plongé dans une sorte d'extase admirative.

Madame Jouffroy, placée pour ainsi dire en pendentif de son mari, de l'autre côté de la psyché, tenait le bouquet de bal et l'éventail d'Aurélie, et partageait l'extase de son mari en contemplant sa fille. Madame Jouffroy, âgée de quarante-cinq ans, grande, forte, un peu hommasse, commençait à se charger d'embonpoint ; brune, le teint haut en couleur, et çà et là couperosé ; les cheveux encore fort noirs, abondans et crépus, la lèvre supérieure ombragée d'une légère moustache brune, l'œil grand et vif, les dents blanches, avait dû être ce que certaines gens appellent une belle femme. Son attitude, l'accent viril de sa voix, son geste prompt et brusque, annonçaient ses habitudes de domination domestique. Elle était convenablement et richement vêtue selon son âge, d'une robe de velours noir montante, et coiffée d'un élégant bonnet de dentelle orné de fleurs pourpres.

Marianne, debout auprès de madame Jouffroy, offrait d'une main à sa sœur de longs gants blancs, et de l'autre une pelote d'épingles, dans le cas où leur emploi eût été nécessaire. Cette jeune fille, frêle et de petite stature, avait, quoique assez laide, une physionomie intéressante. Ses cheveux blond cendré s'harmonisaient avec la blancheur de son teint semé çà et là de légères taches de rousseur ; ses yeux bleus, petits et renfoncés dans leur orbite, exprimaient la douceur et l'intelligence ; son nez court et rond, ses lèvres charnues, quoique vermeilles, et montrant de jolies dents lorsqu'elle souriait, présentaient un gracieux ensemble. Son habitude de marcher en boitant du côté gauche faisait quelque peu dévier sa taille, à peine accusée néanmoins par une robe d'étoffe brune taillée en blouse. Marianne regardait Aurélie avec un ravissement ingénu, tout aise et presque fière d'être la sœur d'une si adorable personne.

La tante Prudence, assise au coin de la cheminée, s'occupaît d'un éternel tricot, qu'elle n'abandonnait qu'à l'heure du repas, à moins qu'elle ne fût renfermée dans sa chambre, où elle lisait beaucoup. Ce soir là, elle tricotait donc, jetant de temps à autre par dessus les verres de ses besicles d'argent un coup d'œil pensif sur le groupe dont Aurélie était entourée. Mademoiselle Prudence Jouffroy représentait le type revêche de la vieille fille. Agée de quarante ans passés, cachant presque entièrement sous une grande cornette ses cheveux bruns qui ne grisonnaient pas encore, elle abritait sous des lunettes ses yeux gris, fins et perçants, quoique un peu fatigués par l'abus de la lecture et du tricot. Son visage maigre, incolore, à arêtes vives, et comme parcheminé, rappelait ces sévères portraits d'Holbein retraçant quelque pâle matrone embéguinée de noir, et le col enfoui dans une fraise aussi raide que son maintien. Un sourire caustique, plissant habituellement les lèvres mi-closes de la tante Prudence, donnait à ses traits une expression sardonique. En ce moment surtout, remarquant les empressements, les adorations dont la famille entourait son idole, plus d'une fois la vieille fille haussa les épaules, et plus d'une fois aussi, selon son habitude de témoigner silencieusement d'une impatience chagrine arrivée à son paroxysme, elle se gratta vivement la tempe droite du bout de l'une de ses aiguilles à tricoter. Et il venait de révéler ainsi sa mauvaise humeur, lorsque le cousin Roussel, ainsi qu'on l'appelait, en sa qualité de parent et d'ami intime de la famille, entra dans la chambre sans être annoncé.

Monsieur Joseph Roussel, épicier en retraite, ainsi qu'il s'intitulait complaisamment, avait environ cinquante ans. Il était grand et robuste, encore alerte malgré la maturité de l'âge. A peine ses épais cheveux noirs, coupés très court, commençaient-ils à blanchir vers les tempes. Sa figure ouverte, joviale, spirituelle, résolue, fortement accentuée; son nez assez long, carrément coupé à son extrémité; ses lèvres rieuses et épaisses; la vivacité de son regard, tout donnait à ses traits un caractère singulièrement rabelaisien, et l'on aurait cru voir le jovial et malin curé de Meudon, si l'épicier en retraite eût troqué son large paletot contre une soutane.

IX.

Le cousin Roussel s'arrêta un moment au seuil de la porte, à l'aspect du tableau significatif que présentaient le père, la mère et la sœur d'Aurélie, la contemplant avec admiration et l'aidant à finir sa toilette. L'épicier en retraite, homme d'excellent jugement, craignait, non sans raison, de voir gâter le charmant naturel de sa jeune parente par les adulations, par les éloges incessants, outrés, que madame Jouffroy prodiguait à la beauté de sa fille, dont elle était orgueilleuse jusqu'à l'aberration. Aussi, combattait-il toujours, avec une innocente malice, l'exagération des louanges adressées à l'idole de la famille.

— C'est toi, Joseph? — s'était écrié monsieur Jouffroy en voyant entrer son cousin. — Tu ne pouvais arriver plus à propos; tu auras vu notre Aurélie en grande toilette avant notre départ pour le bal. Approche, regarde et admire!

— ajouta l'heureux père en s'effaçant un peu et portant toujours la lampe qui jetait sa vive clarté sur la belle jeune fille. Puis, tandis que celle-ci, prenant l'un de ses gants et s'appelait à se ganter, se tournait souriante vers le nouveau venu, monsieur Jouffroy ajouta :

— Hein! Joseph, est-elle belle!... Mon Dieu, est-elle belle!

— Au secours!... à l'aide!... je suis ébloui, aveuglé!... — s'écria le cousin Roussel en abritant ses yeux sous ses deux mains. — Je vous trente-six chandelles!... et, au si vrai que j'en ventilais... des chandelles, j'aimerais mieux regarder le soleil en plein midi que d'affronter le rayonnement de cet astre dont tu es le père!... Or tu crées des

astres, Baptiste, ni plus ni moins que le bon Dieu. Cependant je vais encore risquer un œil.

— Vous êtes bien gai ce soir, cousin Roussel, — reprit madame Jouffroy avec un léger accent de dépit, pendant qu'Aurélie riait de tout son cœur de la plaisanterie de l'épicier en retraite.

Celui-ci reprit :

— Mon premier éblouissement passé, je dois déclarer, ma chère Aurélie, que tu es mise à ravir; cette toilette est charmante de simplicité; voilà surtout ce qui me plaît en elle.

— C'est en vérité bien heureux que vous trouviez Aurélie mise à ravir! — répondit madame Jouffroy en s'apaisant; — mais il faut toujours que vous fassiez de mauvaises plaisanteries!

— Allons cousine, la paix! — dit gaiement Joseph; — et, lorsque la paix sera faite (car sans cela vous me croiriez capable de vous flatter pour l'obtenir), je vous avouerai que cette robe de velours noir va, ma foi, fort bien!...

— Allons, méchant cousin, on vous pardonne, — répondit en souriant madame Jouffroy; — mais prenez garde à vous!...

— Oh! oh! cousine, vous êtes une terrible femme, je le sais à témoin ce pauvre Baptiste que vous rendez si malheureux! il en sèche!... son ventre va crever son gilet!... — répondit le cousin Roussel, voyant monsieur Jouffroy déposer la lampe et vêtir son habit; puis, s'adressant affectueusement à l'aînée des jeunes filles. Joseph lui dit:

— Bonsoir, ma petite Marianne! Ce n'est pas ta faute, j'en suis certain, lorsqu'il fait froid, Aurélie est la sœur n'est pas plus charmante encore: tu as fait tous tes efforts pour aider à la parer, chère et excellente enfant! — Puis, se tournant enfin vers la vieille fille,

— Bonsoir, tante Prudence.

— Bonsoir, cousin Roussel.

— Hé hé là!... cet adoré tricot?

— Hé bien!... vous voyez. Il va toujours son petit bonhomme de chemin.

— Ah!... tante Prudence! — dit Joseph d'un air narquois; — ah! tante Prudence!

— Qu'est-ce qu'il y a?

— Si au lieu d'être une tigresse à notre endroit, à nous autres pauvres hommes, vous aviez pourtant préféré au tricot le mariage, combien votre temps eût été mieux employé!

— J'en doute, cousin Roussel.

— Vraiment?

— Avec deux aiguilles et une pelote de laine, je m'occupe paisiblement et à ma satisfaction, du matin au soir, et le diable sait quelle paix et quelle satisfaction j'aurais trouvées en ménage du matin au soir!

— Attrape, Joseph! — dit en riant monsieur Jouffroy; — attrape! Ma sœur a bon bec!

— Et moi, — reprit gaîment le cousin Roussel, — j'affirme, je déclare, je soutiens que les jours de la tante Prudence auraient été tissés d'or et de soie, si de son côté elle eût tricoté la trame de l'existence de son époux avec autant de soin et d'amour qu'elle en met à tricoter ce... ce... que diantre tricotez-vous là, tante Prudence?

— Un cache-nez pour cacher le vôtre... ingrat! car ce pauvre nez, lorsqu'il fait froid, Aurélie est la sœur n'est pas à sa cime d'un rouge cerise qui n'est point joli du tout, mais du tout! — répondit la vieille fille. — Je voulais vous ménager cette surprise pour votre fête; voilà comme les bonnes intentions sont récompensées!

— Tante Prudence, je suis un monstre! — répondit gaiement Joseph en se mettant aux pieds de la vieille fille, tandis que les deux sœurs riaient aux éclats; — vous aviez des attentions si tendres pour mon pauvre nez! et je ne flairais pas cette délicatesse!

— Allons, relevez-vous, si vous le pouvez, beau Céladon, — reprit la tante Prudence. — Du moins, quoique vieille fille, j'aurai, une fois dans ma vie, vu un homme à

Aurélie, vêtue d'une robe à tunique en crêpe rose, portait une légère couronne de feuille de chêne. — Page 6

mes pieds. Et c'est surtout flatteur lorsqu'il s'agit d'un muguet comme vous ! Allons, relevez-vous, de crainte d'une courbature.

— Je ne me relèverai que si vous me promettez que nous passerons la soirée ensemble, avec Marianne, pendant que ces mondains-là vont aller au bal. — Et il indiqua du regard monsieur Jouffroy, sa femme et Aurélie. — Est-ce dit, tante Prudence ?

— C'est dit. Vous avez péché, vous ferez pénitence, — répondit la vieille fille. — Tant pis pour vous si vous vous ennuyez ! Ce sera votre faute probablement.

— M'ennuyer ! — dit Joseph en se relevant ; — je ne donnerais pas ma soirée pour celle de nos mondains. Allons-nous en dégoiser ! allons-nous disputer, tante Prudence ! Je me sens en verve : ce sera un combat à outrance!... Ah çà ! — ajouta-t-il en s'adressant à madame Jouffroy, — où donc allez-vous ce soir, cousine ? Vous êtes, vous et Aurélie, dans tous vos atours.

— Nous allons chez l'avoué Richardet, — répondit monsieur Jouffroy ; — il y grand bal, grandissime bal...

— Madame Richardet est venue exprès nous inviter elle-même, en nous recommandant de ne pas manquer d'assister à sa soirée, — ajouta Madame Jouffroy ; — elle avait l'air mystérieux, elle nous a promis une surprise...

— Oh ! oh ! — reprit Joseph, — madame Richardet, qui n'est pas glorieuse à demi... vu qu'elle l'est plus que tout à fait... est capable de vous avoir ménagé le régal de deux municipaux et d'une demi-douzaine de lampions, sous sa porte cochère. Des lampions et des municipaux ! L'eau m'en vient à la bouche ! Ce sera tout à fait dans le genre du faubourg Saint-Germain ! Sont-ils aristocrates, ces Richardet !

— Avec tout ça, je jurerais qu'il n'y a pas, dans le faubourg Saint-Germain, une jeune personne capable d'être seulement comparée à ma fille, — reprit madame Jouffroy en se rengorgeant. — Si les titres se mesuraient à la beauté, Aurélie serait duchesse !

— Pourquoi donc pas princesse ? — demanda la tante Prudence en tricotant avec une agitation fébrile. — M'est avis que ma nièce est assez belle, assez superlativement belle, assez archi-belle pour épouser un roi ! Si ça vous semble encore trop mesquin, alors poussez jusqu'au demi-dieu ! On dit qu'il y en a encore dans l'Olympe. Cherchez et vous trouverez.

— Malgré vos exagérations, — reprit sèchement madame Jouffroy, — j'en suis pour ce que j'ai dit : belle comme elle est, ma fille peut prétendre à tout.

— Oh ! moi, bonne mère, j'ai d'autres prétentions, — répondit Aurélie avec une grâce charmante : — je prétends toujours être aimée de ceux que j'aime... à commencer par ma tante Prudence.

Et ce disant, Aurélie tendit son beau front, que la vieille fille baisa en marmottant et ruchonnant comme une véritable fée Grognon.

— Hein, cousin Roussel, est-elle assez revêche, assez aigre, cette tante Prudence ! — dit à demi-voix madame Jouffroy. — Aurélie est encore joliment bonne de l'avoir embrassée !

— Je conviens, cousine, que votre belle-sœur n'est point absolument un composé de bienveillance, de grâce et d'aimable abandon, — répondit Joseph en souriant ; — mais que voulez-vous !... ces vieilles filles !... le célibat les racornit ; leur cœur n'a jamais battu ; soyons-leur indulgens !

A ce moment l'on frappa discrètement à la porte de la chambre.

— Entrez, dit madame Jouffroy.

X.

Fortuné Sauval parut dans la chambre, et son premier regard fut pour Aurélie. Tandis que Marianne, rougissant à la vue de son jeune cousin, s'empressait, afin de se donner une contenance, de mettre en ordre quelques objets

Mon enfant, tu viens de pleurer. — Page 12.

qui venaient de servir à la toilette de sa sœur, celle-ci, tendant cordialement la main à l'orfèvre,

— Bonsoir, Fortuné. Voyons, toi qui as si bon goût en ta qualité de grand artiste, dis-moi, me trouves-tu bien coiffée?

— J'ai admiré beaucoup de portraits, chefs-d'œuvre des maîtres anciens, et jamais je n'ai vu rien de comparable à toi. Cette simple couronne de chêne, posée sur tes beaux cheveux ondés, s'accorde à merveille avec la grâce et la noblesse de tes traits. Je te dis cela franchement, en artiste... sans chercher à te flatter!

— Vraiment? Et que me dirais-tu donc si tu voulais me flatter, mon bon Fortuné? Mais, flatteur ou sincère, j'accepte ton éloge avec d'autant plus de plaisir que voilà l'auteur de cette jolie coiffure, — ajouta Aurélie en indiquant et embrassant Marianne. — Oui, c'est elle qui a eu l'idée de cette simple couronne de feuilles de chêne.

— C'est ta figure, chère sœur, qui fait tout le charme de cette modeste coiffure, — reprit Marianne en souriant; — de même que le génie de Fortuné change en un précieux objet d'art un morceau de métal.

— Tu as beau t'en défendre, petite Marianne, — dit tendrement Aurélie, — tu n'échapperas pas à ma reconnaissance, et si cette coiffure me sied, si l'on me trouve jolie, c'est toi que je remercierai.

— Si l'on te trouve jolie? — reprit madame Jouffroy. — J'aime beaucoup ce si-là, par exemple! Je voudrais bien voir que...

— Certainement, vous avez raison! Ne souffrez donc point de pareilles abominations! — s'écria la tante Prudence en interrompant sa belle-sœur et tricotant à outrance. — Quel est donc le scélérat, la scélérate, l'affreux sacrilège qui aurait l'impiété de ne pas adorer votre idole! Par ma foi! l'on a brûlé jadis des parpaillots pour moins que cela! Allons, au bûcher! au bûcher! les mécréans qui oseraient douter de la divine beauté de ma nièce!

— Ces vieilles filles sont-elles hargneuses! sont-elles en-

2ᵉ LIVRAISON

-vieuses de la jeunesse! — se disait Fortuné, tandis que madame Jouffroy, rougissant de colère et sur le point de répondre aigrement à cette nouvelle boutade de la tante Prudence, se contint à grand'peine et dit à Aurélie :

— Voici bientôt neuf heures et demie, mon enfant; il sera dix heures avant que nous soyons arrivés chez les Richardet. Veux-tu que nous partions?

— Oui, maman; je vais prendre ma pelisse.

Le départ de la famille pour le bal dérangeait les projets de Fortuné. Cependant, après un moment de réflexion, il se rapprocha du cousin Roussel et lui dit tout bas :

— J'ignorais que mon oncle et ma tante dussent sortir ce soir; j'étais venu dans l'intention de leur parler.

— De quoi, mon garçon?

— D'une chose importante.

— Alors il faudra remettre ton entretien à demain.

— Monsieur Roussel, est-ce que vous accompagnez ce soir mon oncle et ma tante?

— Peux-tu me faire une pareille question, malheureux que tu es! — reprit Joseph en riant. — Regarde-moi donc, vois donc mon paletot d'alpaga, ma cravate de couleur, mes grosses bottes! Je ferais honte à ces mondains. Non, non, je reste ici pour tenir compagnie à la tante Prudence et à Marianne.

— Au fait, — dit Fortuné en paraissant se consulter, — j'aime mieux ça.

— Quoi, mon garçon?

— Je vous le dirai tout à l'heure, après le départ de ma cousine pour le bal.

Durant ce court entretien à voix basse entre l'orfèvre et Joseph, Aurélie faisait ses derniers préparatifs de départ, monsieur Jouffroy tenait sur son bras la pelisse de bal, sa femme nouait une légère écharpe de gaze autour du cou de sa fille afin de la préserver du froid, et Marianne, agenouillée, la chaussait de douillettes ouatées par-dessus ses petits souliers de satin blanc. Enfin, par mesure de précaution, son père se chargea d'un boa et d'un grand châle supplémentaire, tandis que madame Jouffroy prenait le bouquet et l'éventail de l'idole.

Aurélie, s'approchant alors de la tante Prudence, qui tricotait plus furieusement que jamais, lui tendit de nouveau son front à baiser, en lui disant d'une voix caressante :

— Bonsoir, ma tante.

— Bonsoir, — répondit brusquement la vieille fille en la baisant au front; — amuse-toi bien; c'est ton lot, à toi !

Et elle jeta involontairement les yeux sur Marianne, qui, un flambeau à la main, s'apprêtait à éclairer les pas de sa sœur à travers un corridor obscur qu'il fallait traverser en sortant de la chambre à coucher.

— Bonsoir, Prudence! — dit cordialement monsieur Jouffroy. — N'oublie pas de recommander à Jeannette de tenir un bol de chocolat bien chaud pour Aurélie à son retour, car elle n'a presque rien mangé à dîner...

— Sois tranquille, — répondit la tante Prudence, — ta fille aura son chocolat en rentrant du bal. Pauvre enfant! malheureuse enfant! Hélas! dans la vie, il ne suffit point de s'amuser, il faut encore se bien réconforter ensuite!

Selon son habitude, le bon monsieur Jouffroy ne remarqua pas l'accent ironique dont la vieille fille accompagna sa réponse, et dit à sa femme, qui, occupée de soigneusement emmitoufler Aurélie, n'avait point entendu les paroles de sa belle-sœur.

— Allons, Mimi... (Souvent il l'appelait familièrement Mimi, appellation étrange en cela qu'elle s'adressait à une virile et grande femme.); — allons, Mimi, partons... dix heures vont bientôt sonner.

— Bonsoir, cousin Roussel! bonsoir, Fortuné! — dit Aurélie; puis, embrassant une dernière fois Marianne.

— Bonsoir, petite sœur!... tâche de ne pas t'endormir avant notre retour... je te raconterai ma soirée...

— M'endormir? — reprit Marianne d'un ton d'affectueux reproche; — eh! qui donc t'aiderait à te déshabiller et te donnerait ton chocolat dans ton lit?

— Ah! petite sœur-gâteau, comme tu abuses de ma facilité à me laisser gâter! mais c'est si bon, si doux, d'être câlinée par toi, que je me résigne... Embrasse-moi encore, et adieu !

— Éclaire-nous, Marianne, — dit madame Jouffroy, après le dernier embrassement des deux sœurs.

La jeune fille allait obéir à sa mère, lorsque le cousin Roussel dit à l'orfèvre, qui suivait Aurélie d'un regard passionné :

— Prends donc le flambeau des mains de Marianne; elle voudra éclairer sa sœur jusqu'au bas de l'escalier, et tu sais combien la descente et la montée fatiguent cette pauvre fille en raison de son infirmité.

Fortuné, enchanté de rester quelques instants de plus auprès d'Aurélie, suivit le cousin Roussel, mais Marianne accompagna sa sœur jusqu'au palier de l'escalier en disant :

— Chère sœur, amuse-toi bien, et prends surtout garde de t'exposer au froid en sortant du bal! Tu trouveras en rentrant bon feu dans notre chambre, et ton chocolat prêt... Amuse-toi bien!

Puis Marianne alla rejoindre la tante Prudence et le cousin Roussel.

Malgré la lumière de la lampe de l'escalier, l'orfèvre, son flambeau à la main, éclaira Aurélie jusque sous la porte cochère, où attendait une calèche garnie de ses vasistas et attelée d'un cheval, modeste équipage de famille. Monsieur et madame Jouffroy, de crainte de chiffonner l'ample et fraîche robe de gaze de leur fille, lui abandonnèrent les deux places du fond de la voiture, et se placèrent un se serrant beaucoup sur la banquette de devant.

Fortuné ferma la portière, remonta dans l'appartement, et apprit d'une servante que la tante Prudence était rentrée chez elle avec Marianne et le cousin Roussel.

XI.

La chambre de la vieille fille, retraite silencieuse, avait vue sur la cour, et offrait un caractère particulier : tout y était net, ordonné, rangé méthodiquement, et d'une propreté scrupuleuse. La tante Prudence voulait absolument faire elle-même son ménage. Fidèle à ses souvenirs de famille, et peu soucieuse du luxe moderne, elle conservait le modeste et antique ameublement qui autrefois garnissait la chambre de sa mère, le grand lit à baldaquin et à rideaux de serge, pareils à ceux de la fenêtre; les chaises et les bergères de bois gris contourné, recouvertes de tapisseries à personnages, et autres objets mobiliers du bon vieux temps. A travers les vitrages d'une armoire de noyer servant de bibliothèque, l'on apercevait une collection d'excellents livres classiques. Une petite pendule et deux flambeaux de cuivre doré, style Louis XVI, ornaient le marbre de la cheminée, au coin de laquelle se tenait alors la vieille fille, toujours occupée de son tricot. Marianne, assise à côté d'elle, brodait, et le cousin Roussel, plongé dans une vaste bergère, occupait l'autre angle de la cheminée.

— C'est bien aimable à toi, Fortuné, de venir passer la soirée avec nous, — dit Marianne au jeune artiste lorsqu'il entra chez la tante Prudence. — Depuis trois jours nous ne l'avions pas vu. — Et souriant, elle ajouta sans lever les yeux de dessus son ouvrage de broderie : — Sais-tu que c'est long, trois jours!...

— Le temps m'a duré autant qu'à toi, ma petite Marianne, — répondit familièrement Fortuné; — tu le sais bien, mon plus grand plaisir est de venir ici; mais un travail urgent, qui me plaisait beaucoup, m'a absorbé tous mes instants, et je n'ai pas mis le pied hors de mon atelier.

— Encore quelque chef-d'œuvre? — dit Marianne avec un accent de vif intérêt; et sa figure, quoique peu jolie, prit une expression pleine de charme. — Voyons, racontenous cette nouvelle merveille de ton art. Est-ce un objet de grande orfèvrerie? est-ce un bijou? est-ce une parure? Mon Dieu, que tu dois être fier de créer tant de belles choses! Car moi, qui ne suis pour rien dans tes chefs-d'œuvre, je me sens toute glorieuse en songeant que tu les a produits!

— Quant à cela, mon enfant, j'en suis certaine, tu es plus glorieuse que ne l'est Fortuné lui-même, — reprit la tante Prudence: — il est modeste comme un homme qui ne se doute pas de son talent.

— C'est la vérité, tante Prudence, — reprit le cousin Roussel. Puis s'adressant à l'orfèvre : — Ah çà! mon garçon, tu avais, ce me semble, quelque chose à nous dire, à la tante Prudence et à moi. De quoi s'agit-il?

— J'étais, en effet, venu ici ce soir, afin de parler d'une chose importante à monsieur et à madame Jouffroy; mais puisqu'ils sont sortis, j'aime autant que ce soit vous, mademoiselle Prudence, et vous, monsieur Roussel, qui soyez mon interprète auprès de mon oncle et de ma tante.

— Fortuné, — reprit timidement Marianne, — si ma présence te gêne, dis-le, j'irai dans ma chambre attendre la fin de ton entretien avec ma tante et monsieur Roussel.

— Pas du tout! tu n'es pas de trop ici, ma petite Marianne... Nous sommes en famille, et il est justement question d'une affaire de famille.

— En ce cas, Fortuné, — reprit la vieille fille, — quelle est cette affaire?

— Tante Prudence, je voudrais me marier...

— Ah, mon Dieu! — s'écria involontairement Marianne, en devenant pourpre et toute tremblante, tandis que ses traits révélaient autant de surprise et de trouble que de douleur.

L'exclamation de la jeune fille fut si soudaine, que le cousin Roussel et Fortuné, très étonnés, lui demandèrent à la fois en se tournant vers elle :

— Qu'as-tu donc, Marianne ?

— Rien... — répondit-elle avec confusion, et devenant plus rouge et plus tremblante encore ;— rien... c'est que... c'est que... je... me suis piquée... avec mon aiguille.

Et baissant la tête afin d'échapper aux regards fixés sur elle, Marianne porta l'un de ses doigts à ses lèvres, comme si elle eût voulu pomper le sang de sa piqûre prétendue.

La tante Prudence avait partagé la surprise causée par l'exclamation de sa nièce, et, pendant quelques instans, elle la contempla silencieusement par-dessus le verre de ses besicles, tout en continuant de tricoter, puis elle baissa la tête d'un air pensif et attristé.

— Marianne, — reprit l'orfèvre avec intérêt, — est-ce que tu t'es piquée profondément ?

— Non, non, — balbutia la jeune fille, — ce n'est rien... je te le répète... ce n'est rien... mais dans le premier moment cela m'a fait un peu mal...

— Ah ! tu veux te marier, Fortuné ? — reprit le cousin Roussel, croyant aussi à la réalité et au peu de gravité de la piqûre de Marianne, et n'attachant plus dès lors aucune attention à cet incident ; — tu veux te marier ? Hé ! hé ! c'est une idée comme une autre... meilleure qu'une autre... quand elle nous mène à épouser une bonne et digne femme ; mais, mon pauvre garçon, comment diable viens-tu faire tes confidences conjugales à la tante Prudence, qui tient le mariage en si complète aversion, exécration et abomination, qu'elle a voulu rester fille ! Comment tu la fais juge et partie ?... Elle ne manquera pas de te vanter les douceurs du célibat. Heureusement je suis là... pour défendre le *conjungo*, et nous allons avoir avec elle une fameuse prise de bec !

La tante Prudence, au lieu de vertement riposter, selon son habitude, à l'attaque du cousin Roussel, ne répondit rien, et continua de tricoter en jetant un regard pénétrant sur Marianne, dont elle remarquait le trouble et le douloureux embarras.

— Il est très naturel que je fasse mes confidences à mademoiselle Prudence, — avait répondu Fortuné au cousin Roussel, — puisqu'elle est la tante de la personne que je désirerais épouser.

— Et le chocolat d'Aurélie !... j'ai oublié de le commander à Jeannette ! — dit vivement Marianne d'une voix altérée, en se levant précipitamment.

Et de pourpre qu'elle était d'abord, devenant peu à peu très pâle, la pauvre enfant, éperdue, presque défaillante, se dirigea vers la porte, aussi vite que lui permit son infirmité.

La tante Prudence, sans faire un mouvement, sans trahir en rien sa pensée, suivit sa nièce d'un regard chagrin, et venant en aide à l'expédient trouvé par Marianne afin de pouvoir sortir et cacher ses angoisses, la vieille fille ajouta :

— N'oublie pas, mon enfant, de recommander la brioche à Jeannette. Ta malheureuse sœur mange toujours de la brioche avec son chocolat.

— Je n'oublierai pas, ma tante, — reprit Marianne d'une voix étouffée par ses larmes à peine contenues. Et fermant la porte, elle disparut.

— Quelle excellente créature que Marianne ! — dit le cousin Roussel, oubliant un instant la confidence de Fortuné. — Cette chère enfant ne pense qu'à être agréable à sa sœur. Tant d'autres à sa place seraient jalouses d'Aurélie !

— Oh ! c'est vrai, — reprit le jeune homme, — il n'y a pas au monde de meilleur cœur que celui de Marianne.

— Oui, et il lui sert à grand'chose, son bon cœur ! — reprit la vieille fille avec amertume, en frottant sa tempe droite du bout de son aiguille à tricoter. — Elle est fièrement sotte d'être si bonne !... Que n'a-t-elle un cœur bien sec, bien froid, bien égoïste !.. une dose de parfait contentement de soi-même par là-dessus !... elle serait cent fois plus heureuse. Ah ! pauvres bons cœurs ! ils sont, dans leur douce résignation, comme ces pelotes où chacun enfonce insoucieusement son épingle, à cette différence près, qu'en apparence insensibles comme la pelote, ils souffrent le martyre à chaque coup d'épingle, ces excellens cœurs !... C'est bien fait !... pourquoi sont-ils si niais ?...

— Sont-elles aigres et malveillantes, ces vieilles filles qui n'ont jamais rien aimé ! — se disait Fortuné, en écoutant la boutade de la tante Prudence. Celle-ci reprit bientôt, en s'adressant à lui :

— Maintenant, mon garçon, revenons à tes confidences. Tu nous disais que tu voulais te marier ?

— Oui, tante Prudence.

— Et c'est ma nièce que tu désires épouser ?

— Ce serait mon plus vif désir ; je suis éperdument épris d'elle.

— Or, comme j'ai deux nièces, celle dont tu es éperdument épris...

— C'est Aurélie ! ai-je besoin de vous le dire ?

— Non, certes, tu n'avais pas besoin de me le dire : cela va de soi ; tu dois préférer Aurélie : elle est si belle, si incomparablement belle !...

— Oh ! oui, — répéta Fortuné, — incomparablement belle !

— C'est un astre, un soleil, un météore, la huitième merveille du monde ! — s'écria la tante Prudence avec une emphase ironique et une amertume croissante ; — mais je te prie de choisir une autre intermédiaire que moi au sujet de tes épousailles avec ton astre !

— Que dites-vous ? — reprit Fortuné, non moins abasourdi que le cousin Roussel en entendant la véhémente sortie de la vieille fille ; — vous refusez de vous intéresser à moi dans cette circonstance !

— C'est un inconvénient de ma position ; le cousin Roussel te l'a dit tout à l'heure, les vieilles filles, restées célibataires par sécheresse de cœur, prêchent d'exemple et de conviction les douceurs du célibat. Ainsi fais-je... et j'ajoute : Crois-moi, reste garçon ; sinon, cherche ailleurs qui te mettra la corde au cou... Le cousin Roussel, par exemple, te rendra cet agréable service-là mieux que personne : il sait ce qu'en vaut l'aune de cette belle corde conjugale !... il a été si heureux en ménage !...

— Que j'aie été heureux ou non en ménage, — reprit Joseph, légèrement piqué de cette apostrophe, — cela importe peu au mariage de Fortuné, ce me semble.

— Certes, — répondit la vieille fille en tricotant avec furie, — cela importe aussi peu que l'expérience importe dans les choses de la vie ; et crier casse-cou à ceux qui vont tomber le nez dans un fossé, c'est faire acte d'égoïsme, probablement ?

— Ma tante, — reprit tristement Fortuné, — je ne croyais pas vous fâcher en vous priant de...

— Tu ne me fâches pas du tout ; tu es un excellent garçon, je t'aime de tout mon cœur, je sais ce que tu vaux, je te souhaite tout le bonheur possible... et c'est justement pour cela que je te demande de ne plus me parler de ce mariage-là... Si mon frère y consent, si sa femme y consent, si Aurélie y consent... soit ! épouse ton astre, cela te regarde. Je ne soufflerai mot ; mais intervenir dans la chose, jamais !

— Mon Dieu ! ma tante, — reprit Fortuné de plus en plus chagrin et désappointé, — vous croyez donc que je ne rendrais pas Aurélie heureuse ?

— Toi !... tu as, comme la cousine Marianne, un cœur d'ange... Aussi tu n'es pas au bout de tes peines, mon pauvre garçon, ni elle non plus !

— Alors, ma tante, puisque vous avez confiance dans mon cœur, quelle objection trouvez-vous à mon mariage avec Aurélie ? Si vous saviez, mon Dieu ! combien je l'aime !... Je vous le jure, ma tante, cet amour...

— Hé ! tu perds ton temps et tes paroles ! — s'écria le cousin Roussel en interrompant le jeune artiste. — Je te l'avais dit, croyant plaisanter, et c'était pourtant la vérité : parler d'amour et de cœur à la tante Prudence... c'est lui parler grec... hébreu... algonquin !

— En ce cas, cousin Roussel, pourquoi me parler grec, hébreu, algonquin !

— Allez! vous n'avez pas plus de sensibilité que le marbre de cette cheminée!...
— Tant mieux! Rien ne mord sur le marbre!
— Quelle réponse! Tenez, à vous entendre, l'on vous prendrait pour une femme sans âme!... Mais, Dieu merci, vous vous vantez, tante Prudence, je l'espère!...
— Vous êtes effrayant de pénétration, et réjouissant d'espérance, cousin Roussel!...
— Quelle femme! quelle femme!... Ainsi vous refusez de parler à Jouffroy et à sa femme de la demande de Fortuné?
— Je refuse... net!...
— Mais encore une fois, pour quel motif? — s'écria Joseph, — car, sur ma parole, vous feriez damner un saint!
— Heureusement, vous n'êtes pas du tout un saint, cousin Roussel; je suis fort tranquille à l'endroit de votre damnation. Je vous le répète, je ne me mêlerai en rien de ce mariage, parce que, selon moi, Fortuné aurait tort de se marier.
— Mais, ma tante, je vous l'ai dit... j'aime Aurélie avec passion! Et...
— Amour! passion! Voici que derechef tu me parles grec, mon garçon, et le cousin Roussel te l'a déclaré, je n'entends point ce ramage-là.
— Tu le vois, elle est impitoyable, — reprit l'épicier en retraite en se levant. — Viens, laissons-la, je me chargerai demain de ta demande auprès de Jouffroy et de sa femme. Oui, tante Prudence, ne vous en déplaise! de cette demande je me chargerai, parce qu'elle est de tout point convenable et sortable.
— Soit! mariez Fortuné! mariez-vous vous-même par-dessus le marché! Grand bien vous fasse à tous deux!... Bonne chance!
— Merci de ces vœux charitables; mais du moins me promettez-vous de ne pas chercher à influencer la famille... enfin de rester neutre en tout ceci?
— Qu'est-ce qu'une vieille fille, sinon l'être neutre par excellence! — reprit la tante Prudence. — Neutre je suis, neutre je resterai!
— C'est déjà quelque chose... Me promettez-vous aussi de ne pas instruire Jouffroy, sa femme ou Aurélie, de notre entretien de ce soir au sujet de ce mariage?
— Je vous le promets.
— Cela me réconcilie un peu avec vous, quoique je sois toujours furieux... entendez-vous!...
— Bon! bon! cette furie-là passera comme tant d'autres choses passeront et ont passé, cousin Roussel!
— Il y a quelque chose qui devrait être passé depuis longtemps, c'est mon amitié pour vous, vilaine femme, qui prétendez avoir le cœur aussi dur, aussi froid que le marbre de cette cheminée, et cependant je ne sais comment diable ça se fait, cette amitié dure depuis vingt ans!... et malgré moi!... car, je vous demande un peu pourquoi je vous suis affectionné.
— Parce que nous avons toujours maille à partir ensemble; vous me taquinez, je vous le rends; ça vous amuse, moi aussi, et le temps passe; sans compter que j'ai la faiblesse de vous tricoter des cache-nez par pudeur pour le vôtre, méchant ingrat! Là-dessus, bonsoir, j'ai sommeil. Quant à toi, Fortuné, n'attribue pas surtout mon refus à un mauvais sentiment contre toi. Tu es le meilleur, le plus honnête homme que je sache; mais j'ai fait vœu à la patronne des vieilles filles de ne m'occuper du mariage de personne, en reconnaissance de ce qu'elle m'a toujours épargné la tentation du mal. Mais le cousin Roussel se chargera de ta demande; cela va de soi, c'est un veuf. Il est tout guilleret, le compère, de te colloquer dans la confrérie... dont il n'est plus, le pauvre cher homme!
— Allons-nous-en, Fortuné, car, Dieu me pardonne, je crois que je la battrais!
— Bonsoir, ma tante, — dit tristement Fortuné. — Puisse votre refus de vous charger de ma demande en mariage n'être pas pour moi d'un mauvais augure!... J'étais venu ici ce soir plein de confiance, et je m'en vais presque sans espoir.
— Voyez-vous ce que vous avez fait, tigresse au cœur d'airain! Vous désolez ce pauvre garçon, — reprit Joseph; puis, s'adressant au jeune artiste : — Mais rassure-toi... demain je parlerai à la famille... Dieu merci, il n'y a pas que des tantes Prudence dans le monde!...
— Car le monde finirait bientôt, — ajouta la vieille fille.
— Bonne nuit, cousin Roussel!
— Et moi je vous dis : Mauvaise nuit, tante Prudence! Puissiez-vous avoir un affreux cauchemar! Et pour vous punir de votre insensibilité, puissiez vous rêver que vous êtes amoureuse folle... du Grand Turc!!!
— Est-il galant!... il me dit cela... parce que j'ai l'air d'une houri!... d'une odalisque!... d'une Fatmé!... d'une Leïla!... n'est-ce pas, cousin Roussel?...
— Laissez-moi tranquille!... je vous abhorre, — reprit Joseph avec un courroux comique, en sortant ainsi que Fortuné de la chambre de la vieille fille.
Peu de temps après leur départ, Marianne rentra timidement chez sa tante.

XII.

Lorsque Marianne revint auprès de la vieille fille, celle-ci s'aperçut facilement que sa nièce avait récemment pleuré à chaudes larmes. L'expression navrante de son visage trahissait une douleur profonde et à peine contenue. Marianne se rassit auprès de la vieille fille, et reprenant sa broderie, qui lui servait de contenance, elle dit avec embarras :
— Pardon... ma tante... si je suis restée si longtemps dehors... c'est que... c'est que... Jeannette était descendue chez la concierge, et jo l'ai attendue... pour lui recommander le chocolat de ma sœur.
— Mon enfant, tu viens de pleurer.
— Moi... ma tante...
— De pleurer beaucoup... tu as le cœur gros.
— Ma tante... je vous assure...
— Les larmes te viennent encore aux yeux... elles t'étouffent.
— C'est que... c'est que... tout à l'heure... j'ai été... prise d'une migraine si violente... que... la douleur m'a fait pleurer... Je m'en ressens encore...
— Mon enfant, tu ne me dis pas la vérité...
— Ma tante...
— Regarde-moi en face.
— Mon Dieu... je...
— Tu as un chagrin, un grand chagrin... tu souffres...
— Oui, ma tante... cette migraine...
— Marianne, tu n'es pas sincère...
— Je... je ne sais pas ce que vous voulez dire.
— Je dis que tu n'es pas sincère.
— En quoi manqué-je de sincérité?
— En me cachant la cause de ta peine.
— Je vous l'ai dit, ma tante, cette migraine...
— Marianne, je ne t'inspire pas de confiance.
— Pouvez-vous penser que...
— Ne vois pas un reproche dans mes paroles, pauvre enfant!..., non, car tu ne peux pas avoir confiance en moi..
— Pourquoi cela?
— Pourquoi?
— Oui, ma tante.
— Parce que je suis une vieille fille, en d'autres termes, une égoïste au cœur sec et glacé... une créature qui, sans l'affection naturelle qu'elle a pour son frère, n'ayant jamais rien aimé dans sa vie, ne saurait comprendre les peines de ceux qui aiment et leur compatir.
— Ma tante, je n'ai pas de vous une telle opinion.
— Peut-être ne l'as-tu pas, mais elle est celle de tout le monde ici. Ta sœur surtout, m'entendant journellement répondre par d'aigres railleries aux adulations insensées

que l'on prodigue à sa beauté, me croit remplie de malveillance à son égard, pauvre enfant ! Combien elle se trompe ! — ajouta la vieille fille en secouant mélancoliquement la tête ; — toute ma crainte est que l'on parvienne à corrompre son charmant naturel par des flatteries extravagantes. Aussi je m'efforce de lui faire sentir leur ridicule exagération en les exagérant encore.

Marianne écoutait avec une surprise inexprimable la tante Prudence, qui lui apparaissait sous un jour tout nouveau, et qui, après quelques momens de réflexion, poursuivit ainsi :

— Si je désire obtenir ta confiance, mon enfant, crois-le bien, ce désir vient uniquement de l'affection que je te porte. Mais, je le reconnais, cette confidence des plus secrets sentiments de ton cœur, je ne peux l'attendre de toi pour beaucoup de raisons, entre autres la différence d'âge qui existe entre nous, et la crainte que te cause sans doute mon esprit railleur... Jusqu'à présent, et ainsi que les autres personnes de la famille, tu m'as jugée sur l'écorce, et, je l'avoue, elle est rude et repoussante ; mais que veux-tu, je n'avais jusqu'ici aucune raison de te détromper. Il n'en est plus ainsi. Tu souffres : ce qui s'est passé ici, ce soir, a confirmé certains soupçons éveillés en moi depuis quelque temps ; la circonstance est grave : je désire te venir en aide ; mais involontairement tu te défies de moi. Cette défiance, je n'ai qu'un moyen de la vaincre, c'est de t'ouvrir mon cœur, de me montrer à toi au vrai, et tout autre que je parais ; c'est enfin de te faire une confidence que je n'ai jamais faite à personne... en ends-tu bien ? à personne !... Peut-être alors, touchée de la confiance que je te témoigne, m'ouvriras-tu ton cœur à ton tour, pauvre enfant ! et en ce cas j'espère apaiser, consoler ton chagrin, et pouvoir te sagement conseiller.

La vieille fille en parlant ainsi semblait transfigurée : sa physionomie, toujours ironique ou revêche, devenait mélancolique et douce ; la laideur du visage disparaissait presque sous le charme de son expression ; rien de plus suave en ce moment que l'accent de la tante Prudence, accent ordinairement incisif ou âpre ; enfin son regard était si compatissant, si affectueux, que Marianne, dont la surprise allait croissant, se sentit de plus en plus émue et attendrie.

— Écoute-moi donc, chère enfant, — reprit la vieille fille, — mais avant de poursuivre cet entretien, promets-moi de garder un secret absolu sur mes confidences, même envers ton père, ta mère et ta sœur.

— Oh ! je vous le promets.

— Je sais que je peux me fier à ta parole, et je continue... Ton père (il y a vingt ans de cela), ton père, que je n'ai jamais quitté, commençait sa fortune et tenait son magasin de soieries. Non plus que toi, mon enfant, je n'étais avantagée par la nature ; et encore, qui saurait te regarder, te pénétrer, trouverait dans la bonté, dans la candeur de ta physionomie, un attrait capable de suppléer à la beauté qui te manque...

— Ma tante...

— Ne rougis pas... je t'aime trop pour te flatter... Il faut d'ailleurs être doué d'une certaine délicatesse de cœur pour remarquer en toi ce qui me plaît, pour trouver, comme moi, je ne sais quoi d'intéressant, de touchant, jusque dans la démarche timide et gênée que t'impose ton infirmité, pauvre enfant !... Entends donc mes louanges sans embarras, ce sont peut-être les seules que tu entendras !... Je te disais donc qu'il y a environ vingt ans, je vivais, comme j'y ai toujours vécu, dans la maison de ton père ; j'étais aussi laide qu'aujourd'hui ; ma taille osseuse, ma figure naturellement revêche, ma voix aigre, tout en moi devait repousser, je le savais ; jamais je ne me suis abusée là-dessus. De cette connaissance de moi-même, il est résulté ceci : que, dès l'âge de dix-huit ans, je me suis décidée à rester célibataire. J'aurais pu, ainsi que tant d'autres filles laides, me marier, grâce à mon patrimoine ; mais j'ai le cœur fier, je préfère l'isolement au dédain. Cependant, malgré ma laideur, malgré mes disgrâces physiques, j'avais malheureusement une âme aimante et d'une sensibilité extrême, mais je sentais qu'avec mes petits yeux, mon grand nez, ma grande bouche et mes joues creuses, je serais la femme la plus ridicule du monde si je laissais seulement soupçonner ce besoin de tendres affections que l'on ne semble tolérer que chez les belles personnes. Je pris donc, si cela se peut dire, l'accent, le langage, que personne ne peut les aimer ; qui se rendent désagréables à tous, parce que personne ne saurait chercher à leur être agréable ; et qui, par la causticité de leur esprit, se vengent de la répugnance qu'elles inspirent. Telle je m'étais faite, ou plutôt, telle j'étais en apparence, lorsque j'eus à subir une cruelle épreuve. L'un de nos cousins, ami d'enfance de mon frère, venait très souvent le voir, et vivait dans notre intimité. Ce parent, homme d'un excellent cœur, d'un rare bon sens, d'un esprit naturel très original, me plaisait beaucoup ; ses traits, sans être beaux, prévenaient tout d'abord en sa faveur par leur expression de cordialité... Que te dirai-je, mon enfant... j'aimai ce cousin...

— Vous, ma tante !...

— Je l'aimai passionnément.

— Vous ?... — répéta naïvement Marianne. — Il serait possible !

— Cela t'étonne, en effet, cela doit t'étonner beaucoup, d'apprendre que la tante Prudence, que tu vois sans cesse ses lunettes sur le nez, son tricot à la main... ait aimé... oh ! oui, tendrement aimé, et qui pis est... elle aime encore...

— Encore ? Vous l'aimez encore ?

— Oui, — répondit la vieille fille avec un accent de tristesse profonde, et ne pouvant retenir une larme.

— Ma tante, vous pleurez !

— Cela t'étonne aussi de voir une larme dans les yeux de la tante Prudence ? Cette vieille fille revêche, ce grognon qui a toujours l'ironie aux lèvres ! — Puis elle ajouta en souriant doucement : — O mon enfant, la belle invention que les lunettes et le tricot !

— Que voulez-vous dire, ma tante ?

— Ah ! bien des fois mes yeux sont devenus humides, à l'abri du verre de mes besicles ! Bien des fois, mon tricot m'a servi de contenance, m'a permis de dissimuler le tremblement de ma main, lorsque l'émotion me faisait tressaillir ! Bien des fois, ou plutôt presque toujours, mon tricot, cette occupation machinale, me permet de m'isoler des personnes qui m'entourent et de me livrer impunément à des pensées tristes ou chères ! Oui, sans l'occupation de mon tricot, l'on aurait remarqué mon regard fixe et distrait. Alors les questions de pleuvoir : « Que faites-vous donc, tante Prudence ? Que faites-vous donc là, immobile comme un terme et bayant aux corneilles ? » Tandis que, grâce à mon tricot favori, pendant que mes doigts conduisent machinalement mes aiguilles, mon esprit est souvent ailleurs, et personne ne s'en doute... Ah ! mon enfant, quand une femme, jeune ou vieille, mais point tout à fait sotte, tricote tout le jour durant, tantôt avec indolence, tantôt avec une sorte d'activité fiévreuse, sois-en convaincue, cette femme, automate en apparence, vit presque toujours sous l'obsession d'une pensée secrète, douce et pénible à la fois.

A mesure qu'elle se révélait ainsi à sa nièce, la vieille fille voyait peu à peu disparaître la défiance qu'elle avait jusqu'alors inspirée à Marianne. Celle-ci commençait à se sentir, pour mille raisons, en étroite communion d'idées avec sa tante, qui poursuivit ainsi son récit.

XIII.

— Je te disais donc, chère Marianne, continua la tante Prudence, que j'aimais passionnément l'un de nos parens qui, intimement lié avec mon frère, venait très souvent à la maison...

— C'est comme moi !... — pensa Marianne avec surprise et tristesse; puis elle ajouta tout haut : — Ce parent, ma tante, ignorait que vous l'aimiez ?

— Il ne s'en doutait pas. Il ne s'en est jamais douté.

— Toujours comme moi... — pensait Marianne, — toujours comme moi !...

— Lui avouer mon amour !... le pouvais-je ?... Non, j'étais trop laide !... Mon cousin se serait moqué de moi, ou il m'eût fait comprendre l'impossibilité de notre mariage.

— Ainsi, ma tante, vous aimiez sans espoir ?

— Oui, sans espoir, lorsque je conservais ma froide raison; mais, malgré moi, je me laissais surprendre à de folles illusions, et alors je me disais : « Peut-être devinera-t-» il mon amour... peut-être pensera-t-il qu'il est rare de » trouver réunies les qualités du cœur et la beauté de la » figure... peut-être pensera-t-il que, lorsqu'il s'agit d'un » engagement de toute la vie, mieux vaut un cœur tendre-» ment, incessamment dévoué, qu'une beauté éphémère. » En un mot, ma pauvre enfant, je m'abandonnais à ces imaginations communes aux femmes laides, qui se sentent riches d'inutiles trésors de dévouement et de tendresse...

— Toujours comme moi ! — pensait Marianne ; — hélas ! toujours comme moi !

— Malheureusement mon cousin n'avait pas lieu de songer aux compensations que l'amour le plus dévoué peut apporter à la laideur; puis, pour apprécier ce que valait mon cœur, il aurait fallu le pénétrer, l'étudier ; c'est ce dont mon cousin n'avait souci. Familier avec moi, ainsi qu'on l'est entre parents du même âge qui se voient fréquemment, mais ne ressentant à mon égard aucune sympathie, car je n'avais rien d'attrayant, tant s'en faut ! il ne s'apercevait pas du trouble, de l'émotion que me causait sa présence ; il ne remarquait pas mille puérilités qui malgré moi trahissaient mon amour....

— Toujours comme moi !... — pensait Marianne de plus en plus étonnée des rapprochements étranges qui existaient entre sa position et celle de sa tante.

— Enfin vint le jour où mon cousin dut se marier... Il était commerçant ; la surveillance d'une femme devenait nécessaire à sa maison.

— Ainsi, ma tante, il s'est marié ?

— Oui, à une jeune personne assez belle.

— Mon Dieu, que vous avez dû souffrir !

— Oui, j'ai beaucoup souffert... parce que je craignais (et mes craintes ne m'ont pas trompée) que la femme choisie par mon cousin ne le rendît pas heureux ; non qu'elle eût de graves défauts, mais elle était sotte et acariâtre. Peu d'années après son mariage, mon cousin finit par découvrir en moi quelque bon sens, quelque droiture d'esprit : il me confiait ses ennuis. Je l'aimais sincèrement ; et, loin de me réjouir de ses chagrins, qui, pour ainsi dire, me vengeaient, je les ressentais avec lui, je le consolais, je le conseillais de mon mieux. Il s'établit ainsi, peu à peu, entre nous, une étroite intimité ; j'y trouvais le dédommagement de mes peines secrètes. Enfin, au bout de quinze ans de mariage, mon cousin devint veuf...

— Quoi ! ma tante... il est veuf ?... — dit vivement Marianne en semblant réfléchir.

— Il est veuf... et lorsqu'il le devint, je m'abandonnai à une dernière et folle espérance. Mon cousin n'était plus jeune, il atteignait un âge voisin de la vieillesse, époque de la vie où l'on ne doit plus guère voir dans le mariage qu'un échange de tendres soins, de confiance intime, de sérieuse affection. Aussi, à l'âge où nous étions arrivés tous deux, je pensais que peut-être ma laideur ne compterait plus, et qu'il s'imaginerait quelque jour de me proposer d'achever ensemble notre existence. Je me trompais : il resta veuf, et, malgré son amitié, il n'a pas plus songé à moi qu'il n'y avait songé dans sa jeunesse ; puis

il faut l'avouer... il me croyait, il me croit toute autre que je suis. S'arrêtant à la surface de mon caractère, il s'étonne parfois naïvement de l'amitié que je lui témoigne... à ma manière, il est vrai. Je suis pour lui, comme pour tant d'autres, une vieille fille vouée au célibat par égoïsme, et qui a vieilli sans se douter qu'elle eût un cœur. De là ses railleries continuelles sur mon insensibilité, sur mon horreur du mariage.

— Mais, ce soir encore, les plaisanteries de notre cousin Roussel... Mon Dieu ! ma tante, c'est donc lui que vous avez tant aimé... que vous aimez encore ?...

— Oui... c'est lui.

— Ah ! ma pauvre tante !

— Cet aveu, Marianne, est la plus grande preuve d'affection que je te puisse donner. Mon seul but est d'attirer, de mériter ta confiance, et ainsi de te consoler, de te guider de mes conseils. Hélas ! tes souffrances, je les ai ressenties ! Moi aussi j'ai aimé sans espoir, et sans espoir tu aimes Fortuné. Peut-être maintenant me l'avoueras-tu, pauvre enfant !...

— Oui, vous avez deviné mon secret... oui, j'aime Fortuné sans espoir. Hélas ! ne va-t-il pas épouser ma sœur !

Et Marianne fondant en larmes se jeta au cou de la vieille fille, qui, partageant l'émotion de sa nièce, la tint pendant quelques instants serrée dans ses bras ; puis elle lui dit tendrement :

— Calme-toi, chère enfant... et tâchons de parler raison... Envisageons ta position sans rien exagérer, ni en mal ni en bien.

— Ah ! ma tante, tout est fini pour moi ! Fortuné aime Aurélie. Elle est si belle... comment ne l'aimerait-il pas ! Mon Dieu ! pourquoi donc tous les avantages à ceux-ci... et rien à ceux-là ?... Oh ! pour la première fois j'envie la beauté de ma sœur. A elle les flatteries, les empressements, les préférences de mon père et de ma mère... Elle est leur joie, leur orgueil, tandis que moi... — Et les pleurs de Marianne coulèrent de nouveau. — Tandis que moi je suis laide, infirme... Mes parents osent à peine me montrer... ils me cachent... je leur fais honte... je le sais bien. Depuis longtemps je m'étais résignée à mon sort.

— Marianne, que dis-tu ?

— Ma tante, me croyez-vous aveugle et insensible ? Ah ! sans la confiance que vous m'inspirez maintenant, jamais je ne me serais plainte à vous.

— De ces préférences, tu souffres donc, malheureuse enfant ?

— Non, jusqu'à ce soir, je n'en avais pas souffert... je les comprenais... elles me paraissaient naturelles... moi aussi j'étais fière de ma sœur, elle me plaisait à la voir, à l'admirer ; mais aujourd'hui, je jalouse, je déteste sa beauté ; oui... tenez, ma tante, c'est odieux ce que je vais vous dire, mais maintenant que je sais qu'Aurélie épousera Fortuné, il me semble que je la hais.

Et Marianne sanglotant cachait son visage dans son mouchoir.

La vieille fille, prenant entre les siennes les mains de sa nièce, lui dit avec l'accent d'un profond intérêt :

— Mon enfant, je ne veux pas te donner de fausses espérances ; je te dirai toute la vérité, mais aussi tu reconnaîtras que tu as tort de te désoler ainsi à l'avance... Écoute-moi : Fortuné nous a fait part, au cousin Roussel et à moi, de son désir d'épouser ta sœur, dont il est, nous a-t-il dit, épris, passionnément épris.

— Mon Dieu !... comme il l'aime...

— Je t'ai promis la vérité tout entière ; je ne te cache rien... Il nous a priés d'être les interprètes de ses vœux auprès de ton père et de ta mère.

— Vous voyez donc bien ! — s'écria Marianne en sanglotant ; — il n'y a plus d'espoir ! il aime Aurélie passionnément.

— Laisse-moi achever. J'ai formellement refusé à ton cousin de m'occuper de sa demande.

— Vous avez refusé ?

— Oui, et il m'en maudit sans doute ; il s'en prend à mon

esprit acerbe, à la sécheresse, à la dureté de mon cœur de vieille fille, et cependant l'intérêt seul de ton cousin et le tien ont dicté mon refus.

— Mon intérêt... et celui de Fortuné ?

— Certainement... car j'avais d'abord je te soupçonnais d'aimer ton cousin... puis, selon moi, Aurélie n'est point la femme qui lui convient.

— Quoi ! ma tante, malgré sa beauté ?

— A cause de sa beauté...

— Je ne vous comprends pas, ma tante...

— Je ne saurais maintenant m'expliquer là-dessus..... mais il ne faut point te désespérer.

Le bruit d'une voiture entrant sous la porte cochère interrompit la tante Prudence ; elle regarda la pendule et dit :

— Il n'est pas encore minuit, et la sœur rentre déjà du bal... C'est singulier !

— Je croyais qu'Aurélie ne serait de retour, comme d'habitude, qu'à deux ou trois heures du matin ; son chocolat n'est peut-être pas prêt... Mon Dieu ! maman va me gronder, — dit Marianne ; puis avec amertume elle ajouta : — Je ne suis pourtant pas la servante de ma sœur !

Ces mots frappèrent la tante Prudence. Sa nièce, pour la première fois, regardait comme une sorte d'humiliante servitude ces soins qu'elle avait jusqu'alors rendus à sa sœur, non seulement sans se plaindre, mais avec un tendre empressement.

— Allons, mon enfant, sois selon ta coutume soumise envers ta mère, complaisante pour ta sœur, — reprit la tante Prudence ; — l'on ne pèche jamais par excès de soumission et de bonté. Demain nous reparlerons de ce qui t'intéresse. Courage !... espère !... ou plutôt... ne désespère pas !

— Ah ! ma tante, je le pressens, mon sort sera le vôtre : je resterai fille, avec mon triste amour au cœur. — Et se levant les yeux pleins de larmes, elle ajouta : — Bonsoir, ma tante.

— Bonsoir, mon enfant. Mais, encore une fois, je t'en conjure, ne perds confiance ni en moi ni en toi... Embrasse-moi... Tu diras à ta mère que je suis couchée. J'ai besoin d'être seule afin de réfléchir à loisir.

Marianne quitta la vieille fille afin d'aller au devant d'Aurélie et de l'aider à quitter sa parure de fête.

XIV.

Les deux sœurs occupaient la même chambre comfortablement et élégamment meublée. Deux lits jumeaux se partageaient le fond d'une vaste alcôve. Madame Jouffroy, ayant, selon sa coutume, embrassé ses filles avant leur coucher, s'était retirée. Aurélie, assise au coin du feu dans un fauteuil, venait de revêtir un peignoir, après avoir, avec l'aide de Marianne, quitté sa robe de bal et ôté les ornements de sa coiffure. Émiettant machinalement une brioche dans un bol rempli de chocolat, la jeune fille semblait pensive et restait silencieuse. Habituellement, au contraire, à son retour du bal, elle donnait à sa sœur de nombreux détails sur la soirée, récit toujours écouté, souvent même sollicité par Marianne avec une curiosité naïve. Mais, ce soir-là, Marianne, silencieuse aussi, ne provoquait pas les confidences d'Aurélie, qu'elle contemplait avec un triste accablement, la trouvant en déshabillé plus belle encore peut-être que parée des atours de la toilette. En effet, ainsi vêtue d'un peignoir blanc, et seulement coiffée de ses magnifiques cheveux, dont l'une des tresses dénouées tombait sur son épaule nue, Aurélie était non moins séduisante qu'en robe de bal.

— Ah ! — pensait Marianne, — comment n'ai-je pas deviné que Fortuné, si artiste, si passionnément admirateur de ce qui est beau, devait aimer ma sœur ! Mon Dieu, qu'elle est belle ! — ajoutait Marianne avec un ressentiment douloureux et jaloux qu'elle éprouvait pour la première fois ; — qu'elle est donc belle !

Aurélie, après avoir pris sans appétit quelques cuillerées de chocolat, dit, avec sa désinvolture d'enfant gâté, en s'adressant à Marianne et lui présentant la tasse de porcelaine :

— Petite sœur, je n'ai pas faim ce soir.

En toute autre circonstance, Marianne, selon son habitude, se fût empressée d'épargner à l'indolente la peine de se lever pour aller placer le bol sur un guéridon ; mais, en proie à ses amères réflexions, Marianne ne bougea point, se répétant qu'après tout elle n'était pas la servante de sa sœur. Celle-ci, accoutumée aux prévenances et croyant n'avoir pas été entendue, répéta :

— Petite sœur, à quoi penses-tu donc ? Tiens, voilà ma tasse.

La force de l'habitude, l'embarras d'expliquer à sa sœur pourquoi elle lui refusait, ce soir-là, les petits services qu'elle lui rendait ordinairement, obligèrent Marianne de prendre la tasse. Elle la déposa sur un meuble.

Aurélie, de plus en plus pensive, ne remarqua pas l'expression contrainte des traits de sa sœur, et se renversant sur le dossier de son fauteuil, dans une pose remplie de grâce et de nonchaloir, elle se détira, en élevant d'abord ses bras au-dessus de sa tête, puis les rabaissant languissamment, et cachant pendant un moment ses yeux sous ses deux mains, elle tendit à sa sœur son pied charmant, chaussé de satin blanc, en disant d'une voix caressante :

— Bonne petite Marianne, puisque tu es, selon ton habitude, en train de me gâter, gâte-moi tout à fait... dénoue les cothurnes de mes souliers... et donne-moi mes pantoufles. Je ne sais ce que j'éprouve... je me sens lasse... mais lasse... à ne pouvoir remuer, quoique je n'aie dansé que deux contredanses.

Marianne d'abord se révolta contre ce nouvel acte de servilité, mais cédant encore à l'habitude, et aussi à la douce câlinerie de l'accent d'Aurélie, la révoltée, agenouillée sur le tapis, commença de dénouer les cothurnes des petits souliers de satin blanc dont était chaussée sa sœur. Une comparaison cruelle qui n'était jamais venue à l'esprit de Marianne lui serra douloureusement le cœur. Elle avait eu la jambe cassée au-dessus de la cheville, et le membre restait difforme, raccourci, la fracture ayant été mal réduite, selon les termes de l'art. Aussi, lorsque Marianne agenouillée tint dans sa main, — car il y tenait tout entier, — le petit pied de sa sœur, si élégamment attaché à sa jambe charmante, découverte par un pli du peignoir, la pauvre boiteuse eut plus que jamais conscience de son infirmité. Les larmes lui vinrent aux yeux, mais elle les contint, et, après avoir placé devant sa sœur ses pantoufles, elle lui dit, étouffant un soupir :

— Tu n'as plus besoin de moi, je vais me coucher, j'ai grand sommeil.

— Te coucher ? Est-ce que tu ne seras pas assez gentille pour me délacer comme à l'ordinaire ? — reprit Aurélie avec surprise. — Et puis, avant de nous coucher, n'ai-je pas à te raconter ma soirée ? Oh ! j'en aurai long à te dire, chère petite sœur ! — ajouta la jeune fille d'un air rêveur.

— C'est pour cela, je crois, que tu tardes autant à commencer ton récit.

— Parce que tu as beaucoup de choses à me raconter ?

— Oui, — répondit Aurélie toujours pensive ; puis, après un moment de silence, elle reprit avec un affectueux enjouement : — On a une sœur bonne, oh ! mais ! bonne et gentille au delà de tout ce qu'on peut imaginer ; elle vous gâte au point de vous rendre honteuse, si ce n'était pas si doux de se laisser gâter par elle. Or, cette chère petite sœur n'est-elle pas votre confidente obligée ? peut-on, doit-on lui cacher quelque chose ? — Puis elle ajouta tendrement : — Viens là, près de moi, et causons.

Ce disant, Aurélie passa familièrement son bras autour

La révoltée, agenouillée sur le tapis, commença de dénouer les cothurnes des petits souliers de satin blanc. — Page 15.

du cou de sa sœur, qui s'assit près d'elle, et la baisa au front. Cette caresse, l'affectueux accent des dernières paroles d'Aurélie exercèrent un charme irrésistible sur Marianne, malgré son irritation et sa jalousie secrète

— Hélas ! la douleur m'aveugle, me rend injuste et méchante, — pensait-elle. — Est-ce donc la faute d'Aurélie si Fortuné est amoureux d'elle ?... Pauvre sœur !... elle est la cause involontaire de mes chagrins ; je ne dois pas l'accuser du mal qu'elle me fait involontairement.

Et l'excellente créature, tâchant de sourire, se serrant plus étroitement contre Aurélie, qui appuyait toujours l'un de ses bras sur son épaule, lui dit :

— Voyons, raconte-moi ta soirée... Tu ne t'amusais donc pas beaucoup ?

— Pourquoi cela ?

— Il était à peine minuit lorsque vous êtes rentrés.

— Il est vrai, — répondit Aurélie en étouffant un soupir, — c'est la première fois que je reviens du bal presque triste, et que je l'ai quitté en son plus beau moment.

— Et pour quelle raison es-tu revenue de si bonne heure ?

— Ah ! petite sœur...

— Eh bien !...

— J'ai grand'peur que le dépit m'ait ramenée ici...

— Et à propos de quoi ce dépit ?

— Ce que j'ai à t'avouer est peut-être si ridicule, — poursuivit Aurélie en hésitant et rougissant, — que sans doute tu te moqueras de moi...

— Je n'ai guère l'esprit tourné à la raillerie, — répondit Marianne en secouant mélancoliquement la tête. — Parle en toute confiance.

— Madame Richardet nous avait, tu sais, annoncé une surprise ?

— Oui, des lampions et des gardes municipaux, comme aux grands bals du faubourg Saint-Germain ; telle devait être cette surprise, selon notre cousin Roussel.

— Le faubourg Saint-Germain y était bien en effet pour quelque chose.

— Comment cela ?

— Un pair de France et son neveu, — l'oncle est marquis, le neveu est comte, — assistaient à ce bal.

— De pareils personnages chez les Richardet !

— N'était-ce pas une véritable surprise, et des plus agréables ? car je te l'avouerai, petite sœur, il est impossible de rencontrer quelqu'un de plus charmant, de plus aimable, que le neveu du marquis... et...

Aurélie s'interrompit, craignant d'en avoir trop dit ; elle devint pourpre, appuya son front sur l'épaule de Marianne et garda pendant quelques instans un silence embarrassé.

La jeune fille baisant à son tour Aurélie au front, lui dit tendrement :

— Quoi ! tu hésites à continuer ton récit ? N'as-tu donc plus confiance en moi ?

— Peux-tu le croire ? D'ailleurs, je n'ai pas à rougir de ce qui me reste à t'apprendre, — et Aurélie relevant la tête, reprit d'une voix plus assurée : — Ce pair de France et son neveu assistaient donc au bal des Richardet... L'oncle se nomme monsieur le marquis de Villetaneuse, et son neveu, monsieur le comte de Villetaneuse. Ce sont, dit-on, des personnages du plus grand monde, et très bien à la cour, j'ai eu l'honneur insigne de danser avec l'un de ces hauts et puissans seigneurs ! — ajouta Aurélie en souriant.

— Oui, j'ai dansé avec monsieur le comte de Villetaneuse, et bien plus, il n'a fait danser que moi, au grand dépit des autres danseuses... Enfin, comme il ne faut rien cacher à sa sœur... je t'avouerai ma scélératesse, je n'ai pas été absolument désolée de donner ce crève-cœur aux autres invitées des Richardet !

— Oh !... fi ! la méchante !...

— Hélas !... petite sœur... j'ai fait pis encore...

— Quoi donc ?...

— Après ma première contredanse avec monsieur de Villetaneuse, plusieurs jeunes gens de la société de monsieur Richardet sont venus m'engager, et j'ai eu la férocité de les refuser....

Hé bien ! mon cher, dit le marquis à son neveu. — Page 21.

— Ah ! Aurélie !...
— J'ai eu tort, n'est-ce pas, Marianne ?
— J'ignore les coutumes du bal, mais ce refus me semble impoli...
— C'est vrai... et maintenant je regrette d'avoir agi ainsi... Mais si tu savais combien, en ce moment-là, ces pauvres jeunes gens me paraissaient gauches, empruntés, auprès du comte de Villetaneuse !
— Qu'a-t-il donc en lui de si extraordinaire ?
— Il a d'abord une figure charmante, une tournure des plus élégantes, et puis une voix si douce, des manières si distinguées, une façon si aimable, si spirituelle, d'exprimer les moindres choses ! ses complimens,— car il m'a fait des complimens... et beaucoup !... — n'ont rien d'embarrassant. Enfin, que te dirai-je ? il n'y a aucune comparaison possible entre lui et les personnes que nous connaissons... Combien je suis fâchée que tu ne l'aies pas vu, petite sœur ! tu comprendrais alors mon admiration... Que dis-je ! tu partagerais mon fanatisme pour le comte de Villetaneuse,—ajouta Aurélie en souriant, et sentant, sans savoir pourquoi, le besoin d'exagérer l'impression que lui avait causée le neveu du pair de France.
— Te voilà donc admiratrice fanatique de ce monsieur de Villetaneuse, pour avoir dansé une contredanse et causé avec lui pendant dix minutes ? C'est tu l'avoueras, ma chère Aurélie... se fanatiser à bon marché !
— Oh ! mais je n'ai pas tout dit.
— Quoi donc, encore ?
— Environ un quart d'heure après que monsieur de Villetaneuse m'a eu fait danser, son oncle, le marquis, s'est approché de moi et de maman, auprès de qui j'étais assise ; il a été pour nous aux petits soins et d'une amabilité extrême.
— Tu es peut-être autant fanatique de l'oncle que du neveu ?
— Cela se pourrait bien, car je n'ai de ma vie rencontré de vieillard plus gai, plus spirituel. Je me figure que ce que l'on appelle les gens de l'ancienne cour devaient avoir ces manières à la fois polies et distinguées. Maman raffole de lui. Il lui a dit qu'elle ressemblait à s'y méprendre à je ne sais plus quelle duchesse.
— C'est donc pour cela qu'on rentrant ce soir mon père appelait toujours en riant maman madame la duchesse Mimi ?
— Certainement !... Juge si maman était flattée ! Et, chose singulière, il paraît que je ressemble aussi, mais en beaucoup mieux (c'est monsieur le marquis et non pas moi qui dit cela), à une jeune comtesse, l'une des femmes les plus à la mode de Paris. « Enfin, » nous disait monsieur le marquis avec son air de grand seigneur, « enfin, mesdames, maintenant
» que je suis là près de vous deux, et que je ne regarde
» point surtout autour de moi... mon illusion est complète,
» et grâce à votre aimable présence ici, je me crois au
» faubourg Saint-Germain. »
— Entre nous, les complimens que vous adressait monsieur le marquis étaient assez désobligeans pour les autres personnes de la société de monsieur Richardet !
— C'est pourtant vrai, petite sœur,— reprit naïvement Aurélie ; — cela signifiait que maman et moi avions seules une tournure distinguée. Vois donc comme les éloges vous tournent facilement la tête !... Cette réflexion-là ne m'était pas venue ; j'étais toute heureuse de ressembler à cette jeune comtesse si fort à la mode, et maman me disait toute glorieuse : « As-tu entendu monsieur le marquis ? Nous
» avons l'air des dames du faubourg Saint-Germain ! Est-ce
» flatteur pour nous ! » Enfin, papa lui-même ne se possédait pas de joie, et lorsque le marquis nous eut quittées (il n'avait parlé qu'à nous), papa est accouru nous dire en se frottant les mains : « Vous ne savez pas, on est furieux dans le bal, j'entends répéter de tous côtés : « En vérité,
» c'est inconcevable ! le marquis ne parle absolument qu'à
» madame et qu'à mademoiselle Jouffroy ; le comte n'a
» dansé qu'avec celle-ci ! Il n'y en a que pour elles ! Il pa-

» raît que les autres personnes ne sont pas dignes d'attirer
» l'attention de ces hauts et puissans seigneurs ! » — Et
papa répétait en se frottant les mains : C'est délicieux !
tout le monde est furieux contre vous deux ; on vous
lance des regards foudroyans !
— Alors, chère sœur, je ne comprends pas que le dépit,
comme tu le disais tout à l'heure, l'ait fait quitter le bal.
Puisque maman et toi vous excitiez tant d'envie, vous auriez dû, ce me semble, prolonger la durée de votre triomphe.
L'accent d'Aurélie, lorsqu'elle eut surmonté son premier embarras au sujet de ses confidences, était devenu
libre et enjoué ; mais, en ce moment, la jeune fille rougit
de nouveau, sa figure s'attrista, un sourire presque amer
effleura ses lèvres, elle étouffa un soupir et reprit ainsi :
— Je vais, petite sœur, te raconter ce qui est arrivé.
Monsieur le comte de Villetaneuse m'avait invitée à une
seconde contredanse. Il se montra plus aimable encore
que pendant la première. Venu par hasard chez les Richardet, il n'espérait malheureusement pas me rencontrer
ailleurs... Il nous trouvait, maman et moi, déplacées dans
cette société peu digne de nous... Enfin, tout cela était si
gracieusement exprimé, avec un accent... un regard...
tiens, petite sœur, je n'ai vu à personne ce regard-là... de
grands yeux noirs... à la fois si hardis et si doux !...
Aurélie, rêveuse, s'interrompit un moment et reprit bientôt :
— Marianne, est-ce que je t'ai dit qu'il était brun ?
— Non, ma sœur.
— Hé bien ! il est brun ; ses cheveux, d'un noir de jais,
bouclent naturellement ; il est un peu pâle... c'est si distingué, la pâleur !... et puis, il a des dents comme des perles... et un sourire... tu ne peux imaginer un plus ravissant sourire !
Aurélie, pensive, s'interrompit encore, puis elle ajouta
en étouffant un soupir :
— Monsieur de Villetaneuse, après m'avoir fait danser
une seconde fois, venait de me reconduire à ma place,
lorsque... — mais, rougissant de dépit à ce souvenir, la
jeune fille ajouta, avec une expression de dédain et de
sourde irritation : — Tu connais cette effrontée de
madame Bayoul, qui a toujours des toilettes si extravagantes, et dont le mari est un ancien usurier, nous a dit
mon père ?
— Je n'ai jamais vu madame Bayoul...
— C'est vrai, chère Marianne, tu ne viens jamais avec
nous dans le monde... Hé bien ! figure-toi une petite femme
qui, en vérité, je ne sais pourquoi, passe pour être assez
jolie, car elle n'a pour elle que sa mine effrontée, ses yeux
hardis, et ses cheveux presque roux, qu'elle porte en anglaises d'une longueur ridicule ; du reste, toujours décolletée d'une manière indécente, sous prétexte qu'elle a une
très belle peau, ce qui n'aurait rien d'extraordinaire, puisqu'elle est rousse. Enfin, voilà elle avait voulu
sans doute arriver, ce soir, tard au bal, afin d'y produire
plus d'effet. Elle entre donc suivie de son mari (je ne
comprends pas non plus comment monsieur Richardet reçoit chez lui un usurier), et sitôt qu'elle aperçoit monsieur
de Villetaneuse qui me reconduisait à ma place, cette
madame Bayoul, — c'est, en vérité, l'effronterie en personne !... — se pend au bras de monsieur de Villetaneuse,
en s'écriant, afin d'être entendue de tout le monde : « Mon
cher comte ! » — Son cher comte ! — reprit Aurélie avec
indignation ; — a-t-on l'idée d'une pareille familiarité !
« Mon cher comte, vous ne connaissez personne ici ; je
» m'empare de vous pour toute la soirée ;... je ne vous
» quitte pas. » Dis, Marianne, est-ce assez d'impudence !
— La conduite de cette dame me semble, ainsi qu'à toi,
peu convenable.
— Ah ! petite sœur, — reprit tristement Aurélie, dont le
limpide et beau regard se voilait encore d'une larme à ce
souvenir, — j'ai été punie de mon triomphe d'un moment ;
ces personnes, d'abord si contrariées de voir le comte et
son oncle uniquement occupés de maman et de moi, commencèrent à chuchoter, à sourire d'un air méchant, en
voyant cette effrontée madame Bayoul accrochée au bras
de monsieur de Villetaneuse. Les jeunes gens que j'avais
refusés ricanaient aussi... les larmes me sont venues aux
yeux. Heureusement maman causait en ce moment là avec
madame Richardet et n'a pas remarqué ma vive contrariété. Enfin, prétextant une migraine, j'ai désiré quitter le
bal. J'avais le cœur si gros, que j'ai été sur le point de
pleurer devant tout le monde... Voilà pourquoi, petite
sœur, nous sommes revenues avant minuit. Avoue qu'il est
fâcheux de voir finir si mal une soirée si heureusement
commencée !
— Sans doute ; mais enfin tu oublieras cette fâcheuse
fin de soirée, puisque tu ne dois plus revoir ce monsieur
de Villetaneuse, qui se trouvait par hasard, t'a-t-il dit,
chez les Richardet.
— Non, je ne le reverrai plus, c'est presque certain, —
reprit tristement Aurélie. — Je ne le verrai plus... C'est
dommage : il était si aimable! il ressemble si peu aux
jeunes gens de notre société !
— Allons, chère sœur, ton fanatisme t'égare. Il ne peut
y avoir entre ce monsieur et les autres une différence mar-
quée...
— Cette différence existe pourtant, je t'assure. Non, il
n'y a aucune comparaison possible entre le comte de Villetaneuse et les jeunes gens de notre société habituelle.
— Et puis, voyons, avoue cela à la petite Marianne : ce
monsieur est comte... son oncle est marquis. Je gagerais,
moi, qu'en raison de leur titre, ils t'ont paru plus aimables
encore ?
— Peut-être bien... un titre est toujours un titre.
— Quel avantage cela vous donne-t-il d'avoir un titre ?
— Quels avantages ?... mais de très grands...
— Comment cela, Aurélie ?
— Lorsque nous étions en pension et que nous venions
passer à la maison quelques jours de congé, nous restions
souvent avec maman au comptoir. Hé bien ! s'il se présentait à la fois dans le magasin une cliente bourgeoise ou
une cliente titrée, aussitôt maman et les commis s'empres-
saient de répondre d'abord à la marquise ou à
madame la duchesse. Tu as vu cela cent fois comme moi.
Est-ce vrai ?
— C'est vrai.
— Alors, petite sœur, conviens qu'il est toujours très
agréable pour l'amour-propre de se voir l'objet de tant
d'empressement, seulement parce que l'on est comtesse,
marquise ou duchesse ?
— Soit ! mais enfin, lorsque l'on n'est ni marquise ni duchesse, n'est-il pas sage de se contenter de son sort, surtout lorsqu'il est aussi heureux que le nôtre ?
— Tu as raison, petite sœur, — reprit Aurélie en souriant d'un air contraint, après un moment de silence, —
notre société bourgeoise en vaut bien une autre. Quoique
nous ne soyons ni comtesses ni marquises, nous ne nous
en amusons pas moins, nos contredanses ne chômeront
pas faute de comtes et de marquis. Je ne reverrai jamais
Monsieur de Villetaneuse, n'y pensons plus... Seulement
cette vilaine petite madame Bayoul peut se vanter de m'a-
voir fait passer, comme on dit, un mauvais quart d'heure !...
Et là-dessus, petite sœur, délace-moi... couchons-nous...
il est tard.
Marianne délaça Aurélie avec sa complaisance habituelle
et bientôt les deux sœurs se mirent au lit.

XV.

Marianne et Aurélie causaient habituellement assez longtemps avant de s'endormir ; il n'en fut pas de même ce
soir-là : elles éprouvaient le besoin de s'isoler dans le silence de leurs pensées.
Aurélie, en racontant à sa sœur les divers incidens du

bal, venait de céder à une douce habitude et au besoin de s'entretenir d'un événement qu'elle pressentait vaguement, sans oser se l'avouer à elle-même, devoir faire époque dans sa vie. Monsieur de Villetaneuse avait produit sur elle une profonde impression, non moins par la distinction de ses manières, par le charme de sa figure, par la grâce de son esprit, que par sa qualité. Aurélie, jusqu'alors adulée, admirée sans doute, mais seulement par des gens de sa société, éprouvait une sorte de ravissement en songeant que des gens du *grand monde* affirmaient qu'elle et sa mère ressemblaient à s'y méprendre à de nobles dames du faubourg Saint-Germain, égarées au milieu d'un bal bourgeois! Flatterie irrésistible pour la jeune fille, car malgré l'excellence de son naturel, elle se laissait parfois entraîner à de vaniteuses espérances. — Ne serait-elle pas duchesse ou princesse, si les titres se mesuraient à la beauté? — lui répétait incessamment madame Jouffroy.

Ce fol orgueil maternel ne semblait-il pas justifié par les éloges dont, ce soir-là, monsieur de Villetaneuse avait accablé Aurélie? Et cependant, malgré ces éloges, elle se demandait avec angoisse quelles seraient les conséquences de sa rencontre avec le comte. Elle ne le reverrait sans doute jamais, et, déjà troublée, inquiète, elle se sentait incapable de l'oublier.

— Mon Dieu! — se disait-elle, — je l'ai vu ce soir pour la première fois, et pourtant, si je venais, malgré moi, à l'aimer? Ah! cet amour causerait le malheur de ma vie!

Aurélie, élevée dans une ferme croyance à la distinction aristocratique des classes, préjugé beaucoup plus répandu, beaucoup plus tenace, beaucoup plus influent sur la bourgeoisie qu'on ne le suppose (1), Aurélie regardait sincèrement comme une alliance exorbitante, impossible, le mariage d'une petite bourgeoise de sa sorte avec un personnage de la qualité de monsieur le comte de Villetaneuse, neveu d'un pair de France, quoique celui-ci lui eût assuré qu'elle ressemblait fort à une comtesse du faubourg Saint-Germain.

— Si l'impression de ce soir... loin de s'effacer... devient de jour en jour plus profonde, — se demandait Aurélie avec angoisse, — je serai donc malheureuse toute ma vie!

Malgré ces navrantes pensées, la jeune fille céda peu à peu au sommeil; mais le souvenir de monsieur de Villetaneuse la poursuivit jusque dans ses rêves.

Marianne, avant de s'endormir, fut absorbée par cette seule pensée :

« — Sa sœur dissimulait à peine son vif et naissant penchant pour monsieur de Villetaneuse; peut-être refuserait-elle d'épouser Fortuné Sauval. »

XVI.

Nous devons, pour l'intelligence de ce récit, approfondir le caractère d'Henri de Villetaneuse et celui de son oncle.

Ce dernier, Gaston Mortain, marquis de Villetaneuse, pair de France, etc., etc., appartenait à une ancienne famille du Dauphiné. Député de la noblesse aux États généraux, il fut du nombre des membres de l'aristocratie qui, dans la célèbre discussion de la séparation des trois ordres, se

(1) Entre mille preuves à l'appui de ce que nous avançons, citons un fait :
Peu de temps après la révolution de février, un commerçant, très respectable et très *libéral*, se plaignait amèrement à nous de l'un de ses nobles clients, fort riche d'ailleurs, qui avait répondu à une demande de paiement : — « Mon cher monsieur ***, vous avez laissé faire la révolution de février, » arrangez-vous, je n'ai pas d'argent. » (Il avait plus de 50,000 » écus de rentes).
» — Eh bien! — lui dis-je, — faites-le assigner chez le juge de paix.
» — Ah! monsieur, monsieur! faire assigner monsieur le duc !!! »

rangèrent du côté de Mirabeau et se confondirent avec le Tiers État. La plupart des nobles collègues de monsieur de Villetaneuse, sincèrement résolus de renoncer à l'iniquité de leurs priviléges, obéissaient à un sentiment patriotique; il n'en fut pas ainsi du marquis : profondément égoïste, doué surtout d'une rare et, pour ainsi dire, instinctive prévision des grands événements, il jouissait de ce don, particulier à certains animaux immondes, de pressentir la ruine de l'édifice où ils nichent, et de pouvoir ainsi quitter, toujours à temps, une demeure pour une autre. Servi par ses instincts, prévoyant la ruine de la monarchie, monsieur de Villetaneuse prit parti pour le Tiers-État; puis, lorsque la force des choses et les terribles complications extérieures mirent de fait le pouvoir entre les mains des jacobins, monsieur de Villetaneuse passa naturellement aux jacobins, lutta de civisme avec le fameux marquis de Saint-Huruges, devint le citoyen Mortain, et siégea parmi les montagnards de la Convention. Mais, après la meurtre de l'incorruptible Robespierre, le citoyen Mortain devint, comme le citoyen Barras, un enragé thermidorien. Sous le Directoire, l'ex-marquis reprit le nom de Villetaneuse. L'un des premiers, il flaira la prodigieuse fortune du général Bonaparte, se rapprocha de son entourage, poussa au 18 brumaire, fut sous le consulat l'un des sénateurs de la constitution Sieyès, et, sous l'Empire, sénateur encore et chambellan par surcroît. Plus que jamais marquis, il augmentait le nombre de ces ralliés que Bonaparte aimait à compter parmi les appuis de son trône. Le sénateur-chambellan resta près de ce trône jusqu'au moment où il pressentit sa chute. Alors il se mit en rapport avec les Bourbons. Son entregent, sa position à la cour impériale, ses nombreuses relations, son esprit (il en avait beaucoup), faisaient de lui une sorte de personnage dont les ouvertures n'étaient point à dédaigner. Il correspondit dès lors fréquemment avec les princes exilés; il les renseigna, et surtout leur donna des espérances bientôt réalisées par les désastres de 1813 et 1814. Devançant de peu la ruine de l'Empire, il courut mettre son royalisme aux pieds de son maître légitime et roi bien-aimé; en retour de quoi le marquis fut gratifié de la pairie, d'une place de gentilhomme de la chambre, et d'une pension sur la cassette royale. La réapparition de Bonaparte, lors de son évasion de l'île d'Elbe, surprit monsieur de Villetaneuse, sans lui causer la moindre illusion; il apprécia avec un sens très juste l'état des esprits en France; certain du prochain retour de ses maîtres, son dévouement héroïque le conduisit à Gand, d'où il revint avec eux triomphant après Waterloo. L'un des plus fougueux ultras de la chambre des pairs jusque vers 1828, le marquis commença dès cette époque à pressentir la fatale destinée de la branche aînée. Ces douloureuses prévisions altérant probablement la santé de ce fidèle royaliste, il se fit ordonner par son médecin un voyage dans le Midi de la France, et, lorsqu'il en revint peu de temps avant la révolution de 1830, la vue de son roi, conduit à sa perte par un tas de maudits courtisans, fut si poignante pour monsieur de Villetaneuse, qu'il s'imposa comme un devoir de ne plus paraître à la cour; mais afin de distraire son chagrin, il rendit de nombreuses visites à monsieur le duc d'Orléans. La révolution de 1830 éclata comme la foudre; monsieur de Villetaneuse alla cacher dans la retraite les pieuses larmes que lui arrachait l'exil de son pauvre vieux roi, et ne consentit à revenir à Paris que pour être compris parmi les membres de la nouvelle pairie. Trouvant toutefois cette pairie quelque peu creuse, il parvint à la faire sustenter d'une dotation de douze mille francs.

Le patrimoine que possédait le marquis de Villetaneuse avant la révolution de 1789 était assez considérable. N'ayant pas émigré, il conserva ses biens; mais le jeu, la table, la débauche, les dissipèrent promptement. Toujours besogneux, grâce aux expéditions et aux pires expédients, malgré ses traitements de sénateur sous le Consulat et sous l'Empire, malgré la dotation de sa pairie avant et après 1830, il harcelait incessamment, effrontément, ses maîtres

successifs et leur arrachait de temps à autre quelque argent; se montrant d'ailleurs, en mendiant émérite, de très facile composition à l'endroit du chiffre de l'aumône, il eût accepté cinq cents francs, et moins encore, pénétré de ce principe: « Que la honte consiste à s'en aller la main vi-
» de, après l'avoir tendue, et que, si minime que soit la
» somme octroyée, l'on n'est jamais embarrassé de son
» emploi. » Le gouvernement de Juillet, plus économe ou plus surveillé que les précédens, ne put accorder aux obsessions éhontées du marquis qu'une pension de mille écus sur les fonds secrets. Cela, joint aux douze mille francs de dotation de sa pairie, lui assurait un revenu suffisant pour vivre honorablement; mais ce vieillard conservait les goûts pervers et dispendieux de sa jeunesse et de son âge mûr. Seule, son inviolabilité de pair de France l'avait souvent sauvé des rigueurs de la contrainte par corps; mais à la longue, cette inviolabilité même devant tarir une source d'emprunts dont aucune garantie n'assurait le paiement, le marquis se voyait souvent réduit à une gêne extrême. Homme du monde d'ailleurs, et du meilleur monde; sceptique effronté, méprisant profondément l'espèce humaine, sans s'excepter soi-même de ce dédain; hautain et railleur, lorsqu'il ne s'aplatissait pas dans la dernière bassesse; le plus rampant des adulateurs, à moins qu'il ne se dressât le plus insolent des ingrats, il était digne de formuler cette maxime, généralement pratiquée par les courtisans de tous les régimes.

« — Tant que nos maîtres sont debout, il nous faut res-
» pectueusement leur offrir le bassin... et les en coiffer, le
» jour de leur chute. »

Henri de Villetaneuse, fils du frère puîné du marquis, avait été orphelin dès son enfance; grâce à son héritage maternel, accru pendant sa minorité, il possédait, à vingt et un ans, environ sept cent mille francs; mais, à l'encontre des neveux de comédie qui exploitent la bourse de leur oncle, Henri de Villetaneuse fut indignement exploité par son oncle. Le marquis, sous prétexte de ne pas laisser dans la moderne Babylone son neveu sans conseils, sans appui, s'établit chez lui, monta sa maison sur un excellent pied, le mit en rapport avec la jeunesse oisive et dorée de cette époque, profita largement des folles dépenses auxquelles il le poussait, assistant journellement à de joyeux repas de garçons, primant cette jeunesse par sa verve caustique, par le cynisme de sa corruption, jouant l'argent de son neveu, usant des voitures, des chevaux de son neveu, et tentant même, malgré ses soixante ans, de souffler les maîtresses de son neveu.

Henri de Villetaneuse, jeune et naïf, élevé au fond d'une province par un tuteur sévère, subit pendant assez longtemps le ruineux patronage de son oncle, qui « le lança dans la vie, » ainsi que disait ce détestable mentor. Cependant, après quelques années d'une existence brillante, corrompue, voyant sa fortune diminuée des deux tiers, révolté de l'égoïsme de son oncle, et fatigué toutefois de ses incessantes demandes d'argent, Henri de Villetaneuse, afin de se soustraire aux exigences du vieux marquis, eut recours à un moyen héroïque : il quitta Paris et voyagea. Durant cette pérégrination, il fit connaissance d'un prince d'une famille souveraine d'Allemagne, auquel il plut fort, comme excellent compagnon de table, de chasse et de jeu; qualités qu'assaisonnaient surtout le franc parler, le sel, l'entrain, la gaîté de l'esprit français. Ces avantages, rares à rencontrer chez les habitués des petites cours germaniques, ordinairement guindées, froides, monotones; ces avantages, Henri de Villetaneuse les possédait suprêmement; ils furent la cause première de ses relations avec le prince Charles Maximilien, qui se continuèrent lors des fréquens voyages de l'Altesse à Paris.

Malgré le charme de ses dehors, malgré la séduction de son esprit, la grâce de ses manières, l'apparente aménité de son caractère, Henri de Villetaneuse, n'ayant que trop profité des enseignemens de son oncle, était, malgré sa jeunesse, déjà perverti, sceptique et usé; aimant avant tout à satisfaire ses besoins de luxe et de bien-être, joueur effréné, il voyait sa fortune réduite à une terre patrimoniale en Dauphiné, déjà lourdement grevée d'hypothèques, dernière ressource que sa liaison avec Catherine de Morlac devait bientôt complètement dévorer.

Cette liaison, dont l'héroïne avait cinq à six années de plus que monsieur de Villetaneuse, semblerait peu concevable si l'on ne rencontrait mille exemples de ces passions dépravées, fréquentes chez les gens blasés par une corruption précoce.

Expliquons-nous.

Une courtisane de trente ans, belle, attrayante encore, rompue au monde, spirituelle, adroite, insinuante, rusée, trouve dans la maturité même de son âge, dans sa pratique de la vie, dans son expérience des hommes, dans les mille souvenirs de son existence diversement dépensée par la nature des choses; trouve, disons-nous, d'incroyables ressorts de séduction que des femmes beaucoup plus jeunes, beaucoup plus belles, mais beaucoup moins expérimentées, ne sauraient posséder. Calme, patiente, maîtresse d'elle-même, d'un coup d'œil profond et sûr, elle sait pénétrer le côté faible et prenable du caractère de l'homme qu'elle veut subjuguer, mais ne marche à son but que par voies obliques ou souterraines, afin de ne point éveiller les défiances; elle sait surtout animer, mouvementer, égayer l'entretien ; en un mot, tuer le temps, ainsi que l'on dit vulgairement. Aussi, grâce à ce précieux avantage, lorsque le goût qu'elles ont inspiré d'abord dégénère en habitude de la part de ces gens qui, vieux avant l'âge, n'ont plus de sens, mais veulent surtout, malgré l'indolence de leur esprit, être amusés (ainsi que le voulait le grand roi), ces liaisons prennent sur eux un empire absolu, presque indestructible.

Il en était ainsi de la liaison d'Henri de Villetaneuse et de Catherine de Morlac. Rapproché d'elle par un caprice, puis bientôt séduit par la vivacité de l'esprit de cette adroite courtisane, par ses prévenances, par le charme insidieux de son caractère, il s'habitua peu à peu à passer toutes ses soirées chez sa maîtresse, et il les passait délicieusement, toujours flatté, adulé, choyé, câliné, mais surtout amusé par un esprit rempli de souplesse, de verve, de malice. L'indignité même de sa vie avait mis Catherine en relation avec des hommes de toutes conditions, parfois de la plus haute condition. Aussi, à l'aide de ses souvenirs remplis d'anecdotes souvent piquantes ou honteusement scandaleuses, riches de portraits finement et méchamment tracés, de révélations étranges, la conversation, dont madame de Morlac faisait presque seule les frais, ne languissait jamais ; de plus, cette sirène, avec un art infini, tournait toutes ses remémorances du passé en des comparaisons singulièrement flatteuses pour l'amour-propre de monsieur de Villetaneuse ; elle le persuadait qu'à lui seul elle ouvrait ainsi son âme ; qu'envers lui seul, de qui l'esprit véritablement supérieur pouvait la comprendre, elle se sentait pour la première fois de sa vie en confiance intime ; puis enfin (c'était là le comble de l'astuce), Catherine, affectant une délicatesse ombrageuse née d'un sentiment aussi profond que désintéressé, parvenait à se faire imposer l'acceptation de tout ce que son insatiable cupidité voulait arracher de monsieur de Villetaneuse. Il achevait de se ruiner pour elle, et il se plaignait sans cesse de la fière susceptibilité des refus qu'elle lui opposait, et qu'il lui fallait vaincre à force de tendres instances.

Est-il besoin de dire que madame de Morlac ne témoignait aucune jalousie des écarts amoureux auxquels pouvait se livrer Henri de Villetaneuse ? A cet endroit-là, elle se montrait plus que fort tolérante, imitant en ceci la sagacité de mesdames de Maintenon, de Parabère, de Pompadour, Dubarry, et autres de ses pareilles moralement parlant. Non, Catherine ne jalousait qu'une chose : l'affection, la confiance d'Henri de Villetaneuse, et ses habitudes d'intimité quotidienne.

Singulière quoique très humaine contradiction : ce jeune homme intelligent, ennuyé, blasé, perverti, sceptique, roué en un mot, pour employer le terme consacré, ne croit à rien, sinon à l'attachement désintéressé de cette courtisane, dont la ruse pouvait seule égaler la cupidité; après avoir usé et abusé de la vie, il ne connaît d'autre plaisir que de passer toutes ses soirées et une partie de ses journées auprès d'une femme perdue, qui le flatte adroitement dans son orgueil, et l'amuse de son babil mordant, calomnieux ou obscène. Enfin, cette liaison, ou plutôt cette honteuse habitude, exerce sur lui un irrésistible empire.

Tel était donc, au vrai, le comte Henri de Villetaneuse, de qui le souvenir impressionnait si profondément Aurélie Jouffroy.

XVI.

Le lendemain du bal de monsieur Richardet, Henri de Villetaneuse se rendit d'assez bonne heure chez son oncle le marquis. Celui-ci, afin d'éviter les saisies, demeurait dans un hôtel garni du faubourg Saint-Germain. Il avait un seul domestique, vieux valet de chambre, nommé Lorain, type suranné du Frontin de l'autre siècle. Ce Lorain, dont le marquis payait toujours exactement les gages, selon cet axiome : « Que lorsque l'on est exposé aux nombreuses vi-
» sites et poursuites des créanciers, il faut toujours s'af-
» fectionner son valet de chambre et le portier de la mai-
» son » ; ce Lorain ouvrit la porte de l'appartement à monsieur de Villetaneuse.

— Mon oncle est-il levé?

— Oui, monsieur le comte, — répondit le valet de chambre; puis il ajouta avec un sourire matois : — Il y a une heure, monsieur le marquis n'était pas seul... il n'aurait pu recevoir monsieur le comte.

A cette allusion aux mœurs désordonnées de ce vieillard, Henri de Villetaneuse haussa les épaules et entra chez son oncle.

Le marquis avait dépassé de beaucoup la soixantaine. Sec, nerveux, de taille moyenne, encore droit et svelte, il conservait de très belles dents. Ses cheveux, teints en noir comme ses favoris coupés en croissant, contrastaient avec les rides qui sillonnaient son visage ; son nez aquilin, ses lèvres minces, sardoniques, son regard résolu, son port de tête altier, donnaient à sa physionomie un caractère de rare impertinence, tempéré par d'excellentes manières, car le marquis, malgré ses vices, avait, nous l'avons dit, l'écorce du meilleur et du plus grand monde. Ce matin-là, il portait une redingote de chambre en flanelle grise et un pantalon à pieds de même couleur. Il déjeunait au coin de son feu avec du thé et des œufs frais servis sur un plateau.

— Hé bien ! mon cher, — dit le marquis à son neveu, en lui faisant signe de s'asseoir de l'autre côté de la cheminée, — es-tu décidé?

— Parfaitement décidé... à tout subordonner à la volonté de Catherine.

— Ah !.. tu appelles cela prendre une décision ?...

— Je n'en saurais prendre d'autre...

— Tu es fou, avec ta Catherine !

— Je ne suppose pas, mon oncle, que vous prétendiez me donner une leçon de morale.

Le marquis haussa les épaules.

— Je prétends te donner une leçon de conduite... et de savoir-faire... En deux mots, résumons-nous. Hier, nous allons à la soirée de ce Richardet, odieuse corvée ! mais il me semble que je dois quelques centaines de louis à ce drôle-là ; de plus, il se charge de tes affaires, lourde charge ! en retour de quoi, ce procureur avait à cœur d'être honoré de notre présence. Peuh ! nous l'en honorons ! A peine arrivés dans ce tohu-bohu d'espèces de l'autre monde, nous songions déjà naturellement à nous esquiver, lorsque je vois entrer une véritablement belle, mais fort belle personne, en compagnie d'une manière de tambour-major, affublé d'une robe de velours noir, et qui parut, malgré ses cinq pieds six pouces et ses moustaches, [...] beauté. Je demande au Richardet

que c'est que ça ; il me répond : « C'est la femme et la fille de monsieur Jouffroy, négociant retiré, qui jouit d'une grande fortune. » Parbleu ! me dis-je, illuminé d'une idée subite, il serait fort curieux de rencontrer ici un mariage qui remît à flot mon neveu, qui est fort bas percé ! Cette petite est charmante, et si elle est richement dotée, l'on pourrait, au pis aller... s'embourgeoisailler. Je te confie mon illumination, en ajoutant : « Tu ne sais que faire dans » cette cohue ; amuse-toi donc à tuer le temps, en tour- » nant la tête de cette belle fille... Invite-la à danser. » Tu l'invites.

— Par désœuvrement.

— Soit ! mais enfin tu t'amuses... à être charmant. J'observais attentivement ta danseuse, toute fière de ton invitation ; sa figure s'animait en te parlant, bien plus encore en t'écoutant. Souvent elle rougissait, et son corsage disait ce qu'elle n'osait point dire. Elle ne te quittait pas des yeux lorsque tu t'éloignais d'elle pour les évolutions de la contredanse. Somme toute, je m'y connais, — ajouta le marquis en prenant sa tabatière et aspirant une prise de tabac, — tu impressionnais beaucoup, mais beaucoup, cette innocente ; chose concevable, car je ne voyais là qu'un tas de petits jeunes gens, de véritables poissons. Tu reconduis cette belle fille à sa place, auprès de sa mère, et moi, dans ce dessein, je m'en vais causer avec elles. Au bout d'un instant, je reconnais dans la mère une double sotte et une triple glorieuse... Telle mère, telle fille. Je les gratte donc là où il leur démangeait, leur affirmant qu'elles ont l'air de grandes dames égarées dans cette bourgeoisie. La mère Jouffroy faillit en se pâmer d'aise sous ses moustaches, en me donnant du monsieur le marquis à tour de bras ; sa fille se rengorge et se grandit de six pouces sur sa banquette ; tout allait pour le mieux, lorsqu'une petite diablesse, environ fagotée comme une danseuse de corde, vient se pendre à ton bras...

— C'est la femme d'un certain monsieur Bayoul, agent d'affaires, à qui j'ai eu recours pour quelques emprunts...

A ce mot d'emprunt, le marquis dressa l'oreille, et vivement affriandé dit à son neveu :

— Où demeure-t-il, ce Bayoul là ?

— Mon oncle, il serait inutile de vous adresser à lui, il ne prête qu'à bon escient.

— Égoïste ! qui garde ses Bayouls pour lui tout seul ! Enfin, ingrat que tu es, toujours est-il que mademoiselle Jouffroy (je ne la quittais pas des yeux), suffoquée de voir cette drôlesse s'emparer de ton bras, fait un signe à la mère Jouffroy, et toutes deux quittent le bal ayant le bonhomme Jouffroy sur leurs talons... Après leur départ, je fais causer Richardet, il m'apprend ceci : « L'ancien bou-
» tiquier possède plus de douze cent mille francs de for-
» tune ; sa femme et lui ont pour leur fille une idolâtrie
» qui tourne au fétichisme ; ils sont capables de faire pour
» elle tous les sacrifices imaginables. » Or, cette petite est une enfant gâtée ; elle doit mener la famille par le nez. La mère Jouffroy est aussi bête que vaniteuse ; le mari compte pour zéro ; tu as, j'en suis certain, tourné la tête de cette belle jeune fille ; elle s'affolera à la pensée de devenir comtesse ; la mère gonflera d'orgueil à en crever. On pourrait demander sept à huit cent mille francs de dot à ces gens-là ; le bonhomme Jouffroy les donnerait. Ainsi, le cas échéant, tu retirerais de ce mariage-là une quarantaine de bonnes mille livres de rentes. Et tu viens me dire que cette excellente affaire est subordonnée à la volonté de la diable de Catherine !

— Il en est ainsi.

— Une femme qui a cinq ou six ans de plus que toi, une femme qui...

— Mon oncle, brisons là. Vous avez l'expérience des hommes ; vous savez, l'amour, ou si vous l'aimez mieux le goût, l'habitude, ne se discutent pas, ne se raisonnent pas ; cela est, parce que cela est.

— Mais qu'a-t-elle donc, cette femme, pour t'ensorceler ?

— Mon Dieu ! mon oncle... l'ensorcellement est fort simple... elle me plaît... elle m'amuse... J'arrive chez elle à huit heures du soir, je m'étends sur un canapé en fumant mon cigare, elle s'assied à mes pieds sur un tabouret, elle jase, elle babille, ou bien, si l'envie m'en prend, elle se met à son piano et me chante mes airs de prédilection. Je me laisse charmer sans faire aucun frais; minuit arrive, je ne me suis pas seulement aperçu de la durée du temps. Vous croyez que ce n'est rien que cela? Moi, je dis que c'est tout... pour moi, du moins.

— Enfant que tu es!... car, d'honneur, tu as la rouerie d'un Lauzun et la judiciaire d'un écolier!... Est-ce que ce mariage t'obligerait de rompre avec Catherine?

— Non; mais ce mariage me gênerait considérablement. Du reste, là n'est point la question; il m'offrirait d'un autre côté, je l'avoue, des avantages positifs, qui balanceraient certains inconvéniens; tout dépend de l'assentiment de Catherine. Quant à moi, la chose m'est au fond à peu près indifférente.

— Indifférente!... Il s'agit de quarante mille livres de rente, lorsque tu touches à ta ruine!

— Peu m'importe... Il me reste une ressource.

— Laquelle.

— Le prince Maximilien m'a vingt fois proposé d'être son premier écuyer... L'on ne vit pas trop mal dans ces petites cours d'Allemagne... Catherine me suivrait, et je n'aurais rien à regretter...

— Elle, te suivre?... Compte là-dessus !

— Elle me suivrait, vous dis-je... Or, vous le voyez, mon oncle, je n'ai point à m'inquiéter de l'avenir.

— Quoi! au lieu d'aller t'enterrer en Allemagne pour y être aux ordres de ton prince, car ces fonctions de premier écuyer sont toujours une sorte de domesticité, tu ne préfères pas rester à Paris et y jouir d'une quarantaine de mille livres de rente?

— Je préférerais ceci, à la condition que Catherine le préférât... Elle aime beaucoup Paris, et ne m'a pas caché, lorsque je lui parlais de l'éventualité de notre résidence en Allemagne, qu'elle se résignerait à tout plutôt que de se séparer de moi... mais que rien ne remplacerait pour elle le séjour de Paris.

— Eh bien ! alors, laisse-moi donner suite à ces projets de mariage ; je me fais fort de mener la chose à bien.

— Je vous le répète, mon oncle, je ne peux rien décider avant que d'avoir le consentement de Catherine.

— Non ! — s'écria impatiemment le marquis, — non !... un jouvenceau, amoureux fou de sa première maîtresse, ne serait pas plus piteusement faible et niguad que ce garçon, qui pourtant, plus que personne, a usé de la vie.

— Hé justement, mon cher oncle ! c'est parce que j'ai beaucoup usé de la vie que cette liaison m'est si chère ; je suis las, elle me repose ; je suis blasé, elle m'amuse ; tout me semble fade, et en elle je trouve du montant, du piquant ; je suis par nature indolent, et je n'ai qu'à me laisser charmer... Comment diable voulez-vous que je ne préfère pas cette liaison à toute chose? Tenez, cette demoiselle Jouffroy est d'une beauté accomplie, remarquable ; elle a une taille de déesse, une fraîcheur d'Hébé, des yeux ravissans. Et hier soir, on m'amusant, comme vous le disiez, à lui tourner la tête, je finissais par prendre un certain plaisir à voir cette ingénue rougir, s'embarrasser, trembler, sourire ; en un mot tout cela était quelque chose de délicieux à contempler.

— Hé bien?...

— Hé bien ! à toutes les ingénues, si délicieuses qu'elles soient, je préfère cent fois Catherine avec ses trente ans passés.

— Cela tourne à la monomanie !

— Je l'espère, cher oncle. Rien de plus heureux que les gens à idée fixe.. rien ne peut les distraire de leur bonheur.

— Après tout, pourquoi m'étonner? Est-ce que je n'ai pas été témoin, sous la Restauration, de l'insanité de ce pauvre duc de Mérinville, jeune, charmant, et affolé, pendant dix ans durant, d'une horrible sauterelle de l'Opéra qui n'avait que la peau sur les os, et qui aurait pu, Dieu me damne ! être sa grand'mère !

— Vous voyez donc bien, cher oncle : il y a des précédens, comme disent les gens de loi.

— Manquer une si belle occasion de te remettre à flot, — et moi aussi ! — ajouta mentalement le marquis, et il reprit tout haut : — Nous aurions battu le fer pendant qu'il était chaud, je serais allé aujourd'hui, en ma qualité de grand parent, voir Richardet, et sonder habilement le terrain... Tiens, tu n'es qu'un sot en trois lettres, mon neveu... Va-t-en au diable !

— Mon Dieu, d'où vous vient ce courroux ? Je ne dis pas oui, mais je ne dis point non, par cette excellente raison que j'ignore si Catherine dira oui ou non... Vous m'avez fait promettre hier soir de revenir chez vous ce matin vous instruire du résultat de mes réflexions ; j'ai tenu ma promesse, j'ai réfléchi, et je viens vous dire : Si Catherine consent à ce mariage, j'y consens dans le cas où il pourrait se mener à bonne fin... J'aurais, bien entendu, pour ma femme, les égards qu'on doit avoir ; elle me paraît une excellente personne, elle me gênerait fort peu, elle ferait ce que je voudrais et, par surcroît, tout ce qu'elle voudrait ; je ne suis pas jaloux, je lui accorderais liberté plénière, à charge de revanche. Ajoutez à cette commodité d'existence, quarante mille livres de rente... L'on peut, comme vous le dites, cher oncle, s'embourgeoisailler à moins, car, j'en conviens, dans notre monde je ne trouverais plus à faire un riche mariage, n'ayant maintenant de dot que mon titre ! notre monde est plus que suffisamment titré ! Si au contraire Catherine dit non, mes dernières ressources épuisées, j'accepte la place de premier écuyer du prince Maximilien, et je pars pour l'Allemagne avec ma maîtresse. Adieu, mon oncle. Voici onze heures ; je vais chez madame de Morlac. Attendez mon retour, et vous saurez si vous aurez ou non à jouer bientôt votre rôle solennel de grand parent auprès des Richardet.

Ce disant, Henri de Villetaneuse quitta le marquis, afin de se rendre chez la courtisane.

XVII.

Ce jour-là même où monsieur de Villetaneuse avait avec son oncle l'entretien précédent était un dimanche ; or, durant cette matinée, vers les onze heures, le père Laurencin plaça dans un écrin le bracelet marchandé la veille par madame de Morlac, et se disposa à aller, en compagnie de son petit-fils, porter le joyau chez la courtisane. Ce devait être à la fois une promenade et une distraction pour Michel, qui attendait son grand-père à la porte de la maison où demeurait la maîtresse de monsieur de Villetaneuse.

Fortuné Sauval, désolé de l'accueil de la tante Prudence, qui, la veille, lui avait formellement refusé de s'intéresser à la demande en mariage qu'il devait adresser à monsieur et à madame Jouffroy ; Fortuné Sauval, après une nuit d'insomnie, était sorti au point du jour, espérant trouver dans l'activité de la marche et dans la vue des objets extérieurs une distraction à ses perplexités. Naïvement et profondément épris, ses projets d'union, caressés dans la retraite, couvés dans le secret de son cœur, lui avaient d'abord, pour mille raisons, semblé si réalisables, qu'il les regardait alors comme assurés ; mais, en songeant à l'opiniâtre refus de la vieille fille et à ses paroles au sujet de cette union, il sentait l'incertitude, presque la désespérance se glisser dans son cœur.

Le cousin Roussel, rempli d'affection pour le jeune orfévre, et inquiet de l'état d'abattement où il l'avait laissé la veille en le reconduisant chez lui, voulut le voir avant d'aller chez Jouffroy, et se rendit à l'atelier de la cour des Coches au moment où le père Laurencin et son petit-fils se disposaient à sortir.

Le vieil artisan, très fier de la bonne mine de Michel, l'avait, selon son habitude, vêtu de son mieux, pour sa promenade du dimanche. L'apprenti portait par-dessus sa veste de drap une blouse grise toute neuve ; le col de sa chemise bien blanche se rabattait sur sa cravate de soie noire ; ses souliers à forte semelle, mais lustrés par le cirage, disparaissaient à demi sous un large pantalon de velours de coton olive ; enfin une casquette de drap noir à courte visière, placée un peu de côté sur les cheveux blonds bouclés de l'adolescent, seyait au mieux à sa charmante figure.

Le vieillard, après s'être assuré que tous les objets d'orfévrerie et les métaux précieux étaient renfermés dans le coffre de sûreté, s'apprêtait à quitter l'atelier, lorsqu'il vit entrer le cousin Roussel.

— Oh ! oh ! — dit gaîment l'épicier en retraite à l'apprenti, — comme te voilà beau dès le matin, mon petit Michel !

Et tendant la main au vieil artisan,

— Bonjour, père Laurencin ! Fortuné est-il chez lui ?
— Non, monsieur Roussel, notre patron est sorti au petit jour.
— Quoi ! de si bonne heure ?
— Il n'a pas fermé l'œil de la nuit ; je l'ai entendu aller et venir dans sa chambre, et, ce matin, il m'a dit : — « J'ai un grand mal de tête ; je vais prendre l'air, ne m'attendez pas. Disposez de votre dimanche. »

— Pauvre garçon ! — pensa Joseph ; — les sarcasmes de la tante Prudence lui font craindre de ne pas voir sa demande en mariage bien accueillie. Au diable ces vieilles filles ! elles sont impitoyables pour les peines de cœur, mais je vais aller de ce pas chez Jouffroy ; j'ai bon espoir.

— Et il ajouta tout haut :

— Père Laurencin, dans le cas où vous ne verriez pas Fortuné, je vais laisser un mot au crayon pour lui, chez la portière.

Puis remarquant l'écrin que le vieil artisan enveloppait de papier, il reprit :

— Qu'est-ce que cela ? un petit chef-d'œuvre, j'en suis certain. Montrez-le-moi donc.

A la vue du bracelet que le père Laurencin lui présenta dans son écrin, il s'écria :

— C'est admirable ! A qui donc est destiné ce merveilleux bijou ?

— A une pas grand'chose, — répondit à demi-voix le vieillard, afin de n'être pas entendu de Michel. — Elle est venue hier ici avec son galant, le neveu d'un pair de France, un comte, un monsieur de Villetaneuse.

— Il me semble que ce nom-là ne m'est pas inconnu, — dit Joseph en réfléchissant, tandis que le père Laurencin continuait ainsi :

— C'est, du reste, un très beau jeune homme. Il n'avait que cinq cents francs sur lui, et...

— C'est cela même, — reprit le cousin Roussel, ayant consulté ses souvenirs et interrompant le vieil ouvrier. — Mon ami Baleinier, un de mes anciens confrères, se livre à l'escompte du papier... J'étais l'autre jour chez lui... on lui a offert une lettre de change d'un certain monsieur de Villetaneuse, neveu d'un pair de France. C'est évidemment le même personnage ; mais mon ami Baleinier a répondu au courtier que, pour rien au monde, il n'escompterait cette signature-là. Il paraît en outre que le pair de France n'est pas plus solvable que son neveu. C'est vous dire, père Laurencin, que si ce beau jeune homme doit payer le bracelet de cette donzelle, il faut le tenir diablement serré.

— Oh ! soyez tranquille ! je rapporterai l'argent ou le bracelet.

A ce moment un homme, vêtu en valet de chambre de bonne maison, entra dans l'atelier et dit :

— C'est ici l'atelier de monsieur Fortuné Sauval ?
— Oui, monsieur, répondit le père Laurencin, — mais le patron est sorti.
— Je viens de la part de mon maître, monsieur le comte de Villetaneuse, — reprit le valet de chambre, — pour prier monsieur Sauval d'envoyer sans faute ce matin chez madame de Morlac, rue Tronchet, n° 7, le bracelet que monsieur le comte a marchandé hier.

— J'allais justement me rendre chez cette dame.
— Alors, hâtez-vous, mon brave ; monsieur le comte tient absolument à ce que le bracelet soit porté avant midi chez madame de Morlac.
— J'y serai avant midi.
— Monsieur le comte peut y compter pour sûr ?
— Mais oui, monsieur, puisque je pars à l'instant même.
— A la bonne heure, car je serais fièrement grondé si j'étais soupçonné d'avoir négligé ma commission. Monsieur le comte doit se trouver déjà chez madame de Morlac, car il veut être là lorsque l'on apportera le bracelet.
— Vous pouvez être certain qu'avant une demi-heure je serai chez cette dame.
— J'y compte, mon brave.

Et ce disant, le valet de chambre sortit.

— Il paraît que le bracelet leur plaît fort, — reprit Joseph ; — raison de plus pour ne pas le lâcher sans argent.
— Oh ! fiez-vous à moi : donnant, donnant, sinon... — répondit le vieillard en enveloppant soigneusement l'écrin dans du papier, tandis que le cousin Roussel, avisant Michel qui se tenait à l'écart, dit affectueusement :

— Père Laurencin, est-ce garçon-là vous satisfait-il toujours ?

— Lui, monsieur Roussel ! Je peux bien le dire tout haut devant lui, et monsieur Fortuné vous le répétera, nous n'avons qu'à nous louer de mon petit Michel pour son bon caractère, son intelligence et son goût au travail.

— Allons, mon garçon, — reprit en souriant le cousin Roussel, — il ne faut pas rougir parce que ton grand-père dit de toi le bien que tu mérites. C'est la récompense.

— Dame ! monsieur Roussel, ce n'est pas difficile de contenter mon grand-père et maître Fortuné, — répondit Michel en souriant ; — il n'y a qu'à les écouter, et ça va tout seul.

— Père Laurencin, — reprit tout bas Joseph, — est-ce que vous emmenez votre petit-fils chez cette drôlesse ?

— Non, non, je le laisserai dans la rue, et il m'attendra pendant que je porterai le bracelet.

— Vous agissez sagement ; un enfant de cet âge ne doit pas mettre le pied chez de pareilles créatures. Allons, au revoir, je vais laisser chez le portier un mot pour Fortuné.

Pendant que le père Laurencin et son petit-fils fermaient soigneusement les portes de l'atelier, le cousin Roussel écrivit ces mots au crayon sur l'un des feuillets de son carnet :

« Aussitôt après mon entrevue avec ton oncle Jouffroy, je rentre chez moi, où je t'attends. »

Puis, ayant ployé ce billet qu'il remit au portier, le cousin Roussel se dirigea vers la maison de monsieur Jouffroy, afin de demander Aurélie en mariage pour Fortuné Sauval.

Le père Laurencin et son petit-fils se rendirent chez madame de Morlac.

XVIII.

— Quelle belle journée ! quel beau soleil ! — disait gaîment Michel, sur le bras de qui s'appuyait le père Laurencin. — Si cela ne vous fatigue pas trop, grand-père, nous ferons une fameuse promenade après que vous aurez porté le bracelet chez cette dame.

— Me fatiguer, avec un bâton de vieillesse comme toi, mon petit Michel ? Ah ! mon oui ! j'irais au bout du monde. Ah ! çà, voici l'ordre de la marche de notre dimanche.

— Voyons, grand-père.

— Je vais remettre le bracelet à la pratique. Tu m'attendras devant la maison, je ne ferai que monter et descendre ; nous venons apporter l'argent de la facture à l'atelier, parce qu'il n'est pas prudent de garder sur soi une grosse somme ; et puis nous irons nous promener. Voyons, où irons-nous ?

Quelle belle journée ! quel beau soleil ! disait gaiement Michel. — Page 23.

— Où vous voudrez, grand-père.
— Non, non, c'est ton seul jour de récréation, mon enfant; décide notre promenade.
— Hé bien ! si ça vous est égal, allons dans les champs, le temps est si beau ! c'est si joli, la campagne, même en hiver ! on voit le ciel si loin devant soi ! et puis des champs, des arbres, au lieu de ces grandes maisons de pierre des rues de Paris; c'est bien plus gai.
— Hélas ! — pensait le vieillard en entendant parler ainsi son petit-fils, — son pauvre père était comme lui : il adorait la campagne ! Que de bonnes promenades nous avons faites le dimanche bras dessus, bras dessous !
Il reprit tout haut en étouffant un soupir :
— C'est convenu, nous irons nous promener dans les champs, du côté de Montmartre; ça te va-t-il ?
— Si ça me va, la butte Montmartre ! je crois bien ! Je grimperai dans les carrières, je... — mais, s'interrompant en souriant, l'apprenti ajouta : — Bon ! à quoi est-ce que je pense là ! est-ce que vous pouvez grimper, grand-père ?
— Je ne peux pas positivement te promettre ça ; mais voilà comment nous nous arrangerons : je m'assoirai à une jolie petite place, en plein soleil, au pied de la butte, et quand tu auras assez couru, sauté, grimpé, monsieur l'écureuil, tu viendras me retrouver.
— Mais vous vous ennuierez tout seul.
— M'ennuyer ? est-ce que je ne saurai pas que tu t'amuses ?
— Oh ! bon grand-père ! comme je vous embrasserais si nous n'étions pas dans la rue !
— Ça se retrouvera plus tard, mon garçon. Donc, quand tu auras grimpé tout ton saoul, nous irons faire un gentil petit dîner chez le père Lathuille, à la barrière Clichy, et nous reviendrons à la maison... hein ?
— Oh ! quel bon dimanche ! — s'écria l'apprenti en sautillant de joie. — En rentrant, vous prendrez un livre dans la bibliothèque de maître Fortuné, vous vous coucherez, et je vous ferai la lecture...

— Tiens, petit Michel, tu gâtes trop ton vieux grand-père.
— Ah ! bien oui ! avant que je l'aie gâté autant qu'il m'a gâté... il faudra que j'aie inventé fièrement de gâteries, et ce n'est pas la bonne volonté qui me manquera, — répondit gaîment et gentiment l'apprenti ; puis se mettant à rire aux éclats, et indiquant la cause de son hilarité au vieillard,
— Voyez donc, grand-père, voyez donc ce gros monsieur... en se reculant pour lire les affiches, il a manqué de tomber et de s'asseoir au beau milieu de cette petite charrette pleine d'œufs, que le marchand a placée près du trottoir... Ah ! ah ! ah ! c'est ça qui aurait fait une fameuse omelette !
— C'est, ma foi, vrai, quelle superbe omelette ! — reprit le vieillard en riant comme Michel. — Et tous deux devisant ainsi, arrivèrent rue Tronchet, où demeurait madame de Morlac.

XIX.

Catherine Vandaël, dite madame de Morlac, occupait, rue Tronchet, un élégant appartement situé à l'entresol. Ce matin-là, elle était vêtue d'un frais peignoir garni de riches dentelles ; de grosses épingles d'or retenaient les boucles de ses cheveux blonds, enroulés autour de son front. Malgré ses trente ans passés, malgré ce déshabillé ordinairement si redoutable aux femmes de cet âge, Catherine paraissait encore belle et d'une fraîcheur juvénile ; mais sa physionomie n'offrait plus cette expression doucereuse, insinuante et câline, dont elle était empreinte la veille, lors de sa visite à l'atelier de Fortuné, en compagnie de monsieur de Villetaneuse ; on lisait alors sur les traits de la courtisane les âpres préoccupations de la cupidité.

Madame de Morlac parlait affaires avec monsieur Bayeul, dont la femme assistait la veille au bal de monsieur Ri-

Mais, à l'heure qu'il est, il est encore bon pour une cinquantaine de mille francs ? — Page 25.

chardet, et qui s'était emparée du bras d'Henri de Villetaneuse, au grand dépit d'Aurélie Jouffroy.

— Ma chère cliente, — disait monsieur Bayeul en lisant sur un carnet, — les quarante-cinq mille francs ont été remboursés avec les intérêts à trois pour cent... par mois... soit, trente-six pour cent par an... Je crois avoir un nouvel emploi pour cette somme, mais nous n'obtiendrons guère que dix-huit pour cent...

— Il faudra s'en contenter, — reprit Catherine, — mais le placement sera-t-il sûr ?

— Très sûr... Nous avons, d'autre part, un renouvellement des trente-huit mille francs de la rue Richelieu. J'ai accepté ce renouvellement pour trois mois, à quatorze pour cent ; c'est médiocre, mais cette signature m'inspire toute confiance. Il nous reste enfin la somme de vingt mille francs dont vous commanditez la mère Bonnard, marchande à la toilette, prêteuse sur gages, etc., etc. Les affaires ont été superbes à cause du carnaval, et pendant les mois de janvier et février, vos vingt mille francs vous ont rapporté dix-sept cents francs ; c'est un de vos meilleurs placemens... Quant à monsieur Henri de Villetaneuse, nous avons scrupuleusement examiné sa position, avec Richardet, son avoué ; tout ce que l'on peut espérer, vu les hypothèques dont est grevée sa propriété du Dauphiné, c'est de trouver encore à emprunter sur cet immeuble une cinquantaine de mille francs, puisque ce prêt aura lieu sur quatrième hypothèque, et encore le prêteur veut-il être remboursé dans un an... Du reste, j'ai appris avec peine, au point de vue du crédit de monsieur de Villetaneuse, qu'une lettre de change de trois mille francs, souscrite par lui, avait été refusée par un monsieur Baleinier, ex-épicier qui fait l'escompte. Somme toute, si monsieur de Villetaneuse trouve encore à emprunter cinquante mille francs sur sa terre, et que, d'ici à un an (échéance de ses différens emprunts), il ne puisse, ce qui est certain, les rembourser, il sera exproprié ; sa terre sera vendue, et il ne lui restera pas un sou vaillant.

4ᵉ LIVRAISON

— Mais, à l'heure qu'il est, il est encore *bon* pour une cinquantaine de mille francs ?

— À peu près, ma chère cliente ; je lui ai d'ailleurs prêté ce matin, à votre intention, je suppose, cent louis en avance sur l'emprunt hypothécaire en question ; il m'a tant tourmenté pour avoir cette somme, hier soir, à un bal où je l'ai rencontré, que je n'ai pu les lui refuser.

— Dans quel bal avez-vous rencontré Henri ?

— Chez Richardet.

— Comment Henri est-il allé là ? Ce n'est pas sa société habituelle...

— Il doit une assez forte somme à Richardet pour des frais d'actes, et, d'un autre côté, son oncle le marquis a, je ne sais comment, trouvé moyen d'accrocher quelque argent au même Richardet. Or, comme la femme de celui-ci est possédée de vanité, elle a voulu que son mari invitât à son bal le marquis et son neveu... Ils n'ont pas osé refuser l'invitation.

— Je comprends...

— Si vous étiez jalouse, ma belle cliente, je me garderais bien de vous apprendre qu'à ce bal...

— Achevez...

— Monsieur de Villetaneuse s'est montré fort galant auprès d'une charmante jeune personne...

— Quelle est cette jeune personne ?

— La fille d'un négociant retiré fort riche.

— Henri s'est occupé d'elle ?

— Beaucoup ; il l'a fait danser deux fois ; il l'aurait même fait danser davantage, si ma femme n'était venue d'autorité s'emparer du bras de monsieur de Villetaneuse. Aussi, peu de temps après que ma femme a eu pris possession de lui comme cavalier, la belle jeune personne a quitté le bal.

— En d'autres termes, madame Bayeul lui a enlevé Henri.

— C'est le mot.

— Vous me paraissez peu jaloux, cher monsieur Bayeul.

— Jaloux, moi? Je le suis à peu près autant que vous, ma belle cliente. Je ne donne point dans un travers si niais. La preuve en est que, pendant ce même bal, j'ai promis à monsieur de Villetaneuse les cent louis qu'il est venu chercher ce matin chez moi, et sur lesquels j'ai retenu deux cents francs de commission pour trois mois, vu que l'argent est rare ; de sorte que la toilette de bal de ma femme s'est trouvée payée. Voilà comme je suis jaloux !... Mais à quoi songez-vous ?... Vous voici rêveuse.

— Ainsi, — reprit madame de Morlac après un moment de silence, — Henri est encore bon pour une cinquantaine de mille francs?

— Moins les cent louis de ce matin et les autres dettes qu'il peut avoir..

— Merci du renseignement, j'en profiterai.

— Cela ne vous fera rien du tout de voir ce pauvre garçon complètement ruiné?

— Mon cher... les affaires sont les affaires. J'ai vu assez de femmes comme moi, après avoir roulé sur l'or, tomber dans une misère abjecte, sans autre perspective pour leurs vieux jours qu'un agréable emploi de garde-malade, ou de femme de ménage... bien heureuses si elles ne sont pas réduites à balayer les ruisseaux ! Franchement, je n'ai aucun goût pour ces conditions-là... si honorables qu'elles soient... J'ai de l'ordre, de l'économie, et ne suis point comme tant d'autres sottes qui placent leur jeunesse et leur beauté à fonds perdus.

— Peste !... à qui le dites-vous, ma chère cliente ; vous en remontreriez à un avoué normand... Vous avez environ quatre cent mille francs de fortune, et, pour peu que vous continuiez à faire suer vos capitaux avec l'intelligence qui vous caractérise...

— Je posséderai vingt-cinq bonnes mille livres de rente au soleil... c'est le chiffre que je me suis fixé : il faut être modérée dans ses désirs.

— Certainement...

— Ce chiffre atteint, je me retire en Belgique... dans quelque jolie petite ville... et je me fais dame de paroisse.

— Tenez, chère cliente, j'ai la prétention de parfaitement vous connaître, et pourtant une chose me confond...

— Laquelle?

— Quand vous êtes près de monsieur de Villetaneuse, même avec moi en tiers, vous semblez tant l'aimer! vous ne le quittez pas des yeux, vous ne perdez pas une de ses paroles ; votre voix, en vous adressant à lui, est si douce, si tendre, si câline, que j'ai toujours cru que vous aviez un fond d'affection pour lui ; il vous est si dévoué !... pour vous il est si bon !...

— Certainement, certainement... bon... pour une cinquantaine de mille francs, m'avez-vous dit?

Cette horrible réponse fut accentuée de telle sorte par la courtisane que monsieur Bayeul, cet usurier endurci, tressaillit et reprit :

— Savez-vous que vous êtes une femme effrayante !

— Vous n'êtes pas galant, cher monsieur Bayeul ; mais il y a, voyez-vous, quelque chose de plus hideux encore que l'égoïsme et la cupidité des femmes qui me ressemblent : c'est le sort qui les attend lorsqu'elles sont assez niaises pour n'être ni égoïstes ni cupides. Le dévouement, la vertu, tout cela est superbe et facile à pratiquer, lorsque l'on a du pain de cuit, comme dit le peuple, et, surtout et avant tout, lorsque l'on a reçu de ses parents de bons principes ; or, les principes dans lesquels l'on est généralement élevées les bâtardes, et les enseignements qu'elles reçoivent... ne sont pas des plus austères.

— Vous... fille naturelle?... J'ignorais...

— Et sans vouloir médire de ma mère, — ajouta Catherine avec amertume, — elle aurait pu m'élever mieux, et surtout... plus tard... me conseiller mieux qu'elle ne l'a fait. Mais, après tout, élevée elle-même à l'école de la misère, qui engendre souvent la dégradation, ma mère ne pouvait guère me donner de meilleurs principes. Quant à mon père, qui l'avait séduite à prix d'argent et qui passait pour être mon parrain, c'était l'un de ces hommes comme il y en a tant : ils ne voient dans la paternité que soucis, embarras, responsabilité pesante. Aussi j'avais à peine quinze ans et demi, que, pour se débarrasser de moi...

— Que pour se débarrasser de vous, chère cliente?... Achevez.

— A quoi bon ! cela vous intéresserait peu. Mon histoire est de celles qui courent les rues... comme leurs héroïnes, — répondit amèrement Catherine après un moment de silence. — Toujours est-il, cher monsieur Bayeul... que si... ainsi que vous le dites... et c'est la vérité, j'ai le cœur dur et l'âme pervertie...

— Ah ! chère cliente, je ne me permettrais pas de...

— Allons ! parlons franchement. On dit tout à son homme d'affaires, comme on dit tout à son médecin et à son confesseur. Or, en attendant que j'aie un confesseur... et je ne réponds pas de ne point en avoir un quelque jour... je vous répéterai : J'ai le cœur dur et l'âme pervertie, parce que, depuis que j'ai eu l'âge de raison, je n'ai vu autour de moi qu'égoïsme et corruption. Telle je suis, telle on m'a faite. Le mal est non moins contagieux que le bien, et...

Puis s'interrompant de nouveau, elle reprit avec un sourire sardonique :

— Mais je crois, Dieu me pardonne, que nous philosophons ! Je ne veux point anticiper sur les distractions de ma vieillesse, parmi lesquelles je compte, au premier rang la philosophie... Ah ! si j'écris jamais mes Mémoires, ils pourront fournir de belles thèses aux philosophes moralistes qui étudient le cœur humain !... Donc, cher monsieur Bayeul, revenons à nos affaires.

La femme de chambre de madame de Morlac entrant en ce moment lui dit :

— Madame, c'est un bracelet que l'on apporte.

— Et Henri n'est pas arrivé ! — dit Catherine à monsieur Bayeul avec impatience. — J'ai de quoi payer ce bracelet dont je suis folle, mais... — Et elle ajouta avec un sourire d'ironie : — Je préfère devoir ce charmant bijou à l'amour d'Henri.

— Il ne peut tarder à venir chez vous ; je l'ai quitté il y a une heure, et évidemment l'argent qu'il m'a demandé avec tant d'instance était destiné à payer ce joyau. Gagnez une demi-heure, et vous verrez arriver monsieur de Villetaneuse, vous pouvez m'en croire.

— Et le bordereau des dernières sommes versées par vous chez mon banquier?

— C'est, ma foi, vrai ! J'oubliais ce bordereau : le voici. Excusez-moi, ma belle cliente.

— Les affaires sont les affaires, cher monsieur Bayeul, — répondit la courtisane en recevant le bordereau, et, après l'avoir lu attentivement, elle alla le déposer dans un tiroir de sûreté, en ajoutant :

— Au revoir, cher monsieur Bayeul ! N'oubliez pas de me faire savoir le jour où Henri aura touché l'argent de son dernier emprunt.

— Pauvre garçon ! Je gagerais que le lendemain de ce jour-là vous serez, par exemple, menacée d'une saisie, parce que, par bonté d'âme (vous êtes si confiante et si ignorante des affaires d'argent !, parce que, dis-je, par bonté d'âme, vous aurez répondu de la solvabilité d'une amie... Or, comme vous ne possédez rien au monde que vos charmes, quelques bijoux et votre mobilier, un marchand viendra vous en offrir un prix... et le hasard voudra que ce marchand se présente à l'heure même où monsieur de Villetaneuse se trouve habituellement chez vous. Ainsi instruit de votre cruel embarras, il vous forcera, c'est le mot... il vous forcera de lui permettre, cette fois encore de vous venir en aide. Vous refuserez héroïquement, il persistera non moins héroïquement dans ses offres, et vaincue, vous accepterez cette nouvelle preuve de son amour avec la tendre reconnaissance que vous savez. Si vous n'usez pas du moyen que je dis, vous en trouverez un autre non moins ingénieux, car vous êtes sans pareille pour ces inventions-là.

— J'ai en ce genre d'inventions quelque imagination, il est vrai...
— Quelle femme !... quelle femme !
— Les affaires sont les affaires, cher monsieur Bayeul. Au revoir !
Et s'adressant à sa femme de chambre,
— Faites entrer la personne qui apporte ce bracelet.
Monsieur Bayeul sortit, et le père Laurencin entra dans le boudoir de madame de Morlac.

XX.

Monsieur de Villetaneuse, très frappé la veille de la ressemblance qui existait entre sa maîtresse et l'apprenti de Fortuné Sauval, avait fait part de cette remarque à madame de Morlac, sans que celle-ci, absorbée dans la contemplation du bracelet qu'elle convoitait, entendît l'observation du comte. De son côté, le père Laurencin, travaillant à l'établi, le dos tourné aux acheteurs, entrevit à peine la courtisane, dont le visage était d'ailleurs à demi caché par la passe de son chapeau et par sa voilette ; mais, lorsque entrant sur les pas de la camériste dans le boudoir de madame de Morlac, qui se tenait alors debout près d'une fenêtre, le vieillard put à loisir envisager cette femme, il s'arrêta immobile de stupeur.

Catherine, tête nue, le col dégagé par la coupe de son peignoir, ses cheveux enroulés autour de ses tempes, offrait une ressemblance si saisissante avec Michel, que la mère et l'enfant, le frère et la sœur, pouvaient seuls se ressembler ainsi. La disproportion d'âge existant entre la courtisane et l'apprenti ne permettait pas de supposer qu'ils fussent frère et sœur. Tout donnait à penser qu'elle devait être sa mère. Il avait quinze ans à peine, et elle avait trente ans passés. Ce rapprochement d'âge traversa l'esprit du vieil artisan comme un éclair sinistre. Son fils, ayant épousé une jeune fille de quinze ans, d'une grande beauté s'était vu, après une année de mariage, abandonné par elle, ainsi que son enfant, et cette misérable avait pris la fuite avec un officier très riche.

Madame de Morlac, encore charmante, et de mœurs suspectes qui ne concordaient que trop avec sa première faute, pouvait donc être la mère de Michel...

A cette pensée de se trouver face à face avec la femme qu'il accusait de la mort de son fils, le père Laurencin fut tellement ému qu'il pâlit, trembla et ne put faire un pas.

Catherine, surprise et impatientée de voir ce vieillard immobile à quelques pas d'elle et la contemplant avec une sorte d'ébahissement, lui dit :
— Approchez donc !... Pourquoi restez-vous au seuil de ce salon ?... M'apportez-vous le bracelet ?

Le père Laurencin, rappelé à lui-même par ces paroles, domina son émotion, et, pour s'excuser de son mieux, répondit d'une voix légèrement altérée :
— J'attendais l'ordre de madame pour me rapprocher...
— C'est montrer trop de respect, mon brave homme !... Approchez, approchez... Où est le bracelet ?
— Le voici, madame, — répondit le vieillard en développant le papier qui renfermait l'écrin, — le voici.

La courtisane saisit avidement l'écrin, l'ouvrit et contempla le bijou avec un nouveau ravissement, disant de temps à autre :
— C'est merveilleux ! quel goût ! quelle délicatesse de travail ! c'est un chef-d'œuvre !

Le vieillard, voulant à tout prix éclaircir ses soupçons devenus pour lui presque une certitude, eut recours à un mensonge, et, observant attentivement la physionomie de madame de Morlac, toujours occupée du bracelet, il répondit lentement :
— Oui, madame, ce bijou est un véritable chef-d'œuvre. Malheureusement, celui qui l'a fait, ce chef-d'œuvre, n'en fera plus !

— Ah ! — reprit madame de Morlac, sans quitter le joyau des yeux ; — pourquoi donc l'auteur de ce chef-d'œuvre n'en fera-t-il plus ?
— Madame, parce qu'il est mort !
— Vraiment, — dit Catherine avec distraction, en continuant d'admirer le bracelet, — c'est dommage !
— Grand dommage, madame, — ajouta le vieillard en accentuant lentement ses paroles sans quitter du regard madame de Morlac : — Michel Laurencin, qui a ciselé ce bijou, était un habile ouvrier.
— Vous dites ? — s'écria la courtisane en tressaillant et regardant le vieillard avec anxiété, — vous dites que l'orfèvre qui a ciselé ce bijou se nommait ?...
— Michel Laurencin, madame.
— Et il est mort ?
— Oui, madame.
— Depuis longtemps ?
— Depuis plusieurs années.
— Vous l'avez connu ?
— Il a travaillé dans le même atelier que moi, à son retour de Belgique...
— Ah ! — fit Catherine avec un nouveau tressaillement de surprise, — il a habité la Belgique ?
— Pendant deux années environ, madame. Il était employé dans l'une des plus importantes maisons d'orfèvrerie de Bruxelles.
— Et vous êtes certain qu'il est mort ?...
— Très certain, madame, — répondit le vieillard parvenant à vaincre son émotion ; — très certain.
— De si habiles ouvriers ne devraient jamais mourir, — dit la courtisane, reprenant un air presque indifférent, car sa physionomie avait exprimé de l'étonnement, mais non pas de la tristesse. Relevant alors la manche de son peignoir, elle attacha le bijou à son bras et le fit de nouveau miroiter devant ses yeux.

— C'est elle ! plus de doute ! — se disait le vieillard avec une indignation et une horreur à peine contenues ; — cette veuve de mon pauvre fils !... A son nom... cette infâme a d'abord tressailli, mais seulement de surprise, en apprenant sa mort... De cette mort, elle se soucie aussi peu que de son enfant dont elle ignore le sort, et, après avoir manifesté cet étonnement, rien, rien ! pas une larme, pas un soupir pour ce malheureux qu'elle a conduit au tombeau ! Mon Dieu ! quel monstre que cette femme ! Sa vue me fait horreur. Et penser que mon petit-fils... son fils... son fils ! est là, dans la rue, qui m'attend, à la porte de la maison de son indigne mère !... Ah ! sortons d'ici, sortons !... Ma tête se trouble, je ne saurais me contenir davantage !

XXI.

Le père Laurencin s'apprêtait à réclamer de madame de Morlac le prix du bracelet, afin de s'éloigner au plus vite, lorsque Henri de Villetaneuse entra familièrement dans le boudoir sans se faire annoncer.
— Dieu merci ! je n'arrive pas trop tard, — dit-il affectueusement à Catherine en lui baisant la main. — Votre femme de chambre m'a appris que l'on venait d'apporter le bracelet tant désiré.

S'adressant alors au vieillard, il fouilla dans la poche de son gilet, en tira trois billets de cinq cents francs, avec cent francs en or, et les lui remit en disant :
— Voici seize cents francs, prix de ce bijou.
— Merci, Henri ! — dit Catherine en tendant à monsieur de Villetaneuse sa main, au poignet de laquelle brillait le bracelet. — Vous me gâtez, mon ami... c'est trop... c'est trop... mais enfin, vous l'avez voulu : il m'a bien fallu, comme toujours, céder à votre désir.
— Monsieur, voici la facture acquittée, — dit à monsieur de Villetaneuse le vieil artisan, qui avait hâte de sortir. — Je suis votre serviteur.

— Un moment, mon brave homme, s'il vous plaît, — reprit le comte en arrêtant d'un geste le vieillard ; — vous êtes le grand-père d'un petit apprenti qui vous attend en bas sous la porte cochère ?

— Oui, monsieur, — répondit le père Laurencin, très surpris de cette question. — Mais comment savez-vous...

— Hier, j'avais déjà remarqué dans votre atelier la ressemblance extraordinaire qui existe entre cet enfant... et vous, ma chère amie, — ajouta-t-il en se tournant vers la courtisane ; — vous seriez sa sœur que ses traits ne rappelleraient pas les vôtres d'une manière plus frappante. Je veux vous en faire juge...

— Monsieur, — s'écria le vieillard, en proie à une terrible anxiété ; — je ne sais... je vous prie... de...

— Ne vous donnez pas la peine d'aller chercher votre petit-fils, — reprit monsieur de Villetaneuse, croyant que telle était l'intention du vieillard en se dirigeant précipitamment vers la porte. — J'ai prié votre femme de chambre, — ajouta-t-il s'adressant à Catherine, — d'aller chercher ce petit garçon ; car, je vous le répète... je veux vous faire juge de cette ressemblance frappante... d'autant plus que cet enfant est beau comme un ange.

— Vraiment, — reprit madame de Morlac en souriant. — Vous êtes un flatteur, mon ami ! Sans doute votre bienveillance pour moi égare votre jugement, si cet enfant est aussi beau que vous le dites. En tout cas, de cette ressemblance nous allons juger, puisque vous avez envoyé chercher... ce petit garçon.

— Madame !... monsieur ! — s'écria le vieillard au comble de l'angoisse et s'écourant vers la porte, — il est inutile de...

Le père Laurencin n'acheva pas : la porte s'ouvrit, et la femme de chambre de madame de Morlac introduisit dans le boudoir Michel, rougissant et timide. Aussitôt qu'il aperçut le vieillard, il vint à lui en disant :

— Vous m'avez fait appeler, grand-père ?

— Hé bien ! ma chère, qu'en pensez-vous ? — reprit monsieur de Villetaneuse : — la ressemblance n'est-elle pas véritablement extraordinaire ?

Catherine ne répondit rien : elle contempla d'abord Michel avec une stupeur profonde, trouvant entre elle et lui une ressemblance inconcevable... Mais soudain elle pâlit, frissonna. L'apprenti semblait avoir quinze ans ; ce vieil ouvrier était son aïeul, et il venait d'apprendre à Catherine la mort de Michel Laurencin, ouvrier orfèvre. Plus de doute ! le vieillard devait être le père de l'ouvrier ; plus de doute ! cet adolescent qu'elle avait devant elle, et qui lui ressemblait d'une manière si incroyable, devait être son fils.

Catherine, à cette pensée, fut bouleversée. O puissance de la maternité sur les âmes les plus perverses ! Cette courtisane sans cœur, endurcie, bronzée par une insatiable cupidité ; cette créature horriblement corrompue, qui, préludant à ses désordres par l'abandon de son mari, venait d'apprendre son veuvage presque avec indifférence, se sentit, à la vue de son enfant, atteinte au cœur ; mille émotions nouvelles s'éveillèrent en elle, si violentes, si profondes, qu'elle chancela... elle fût tombée à la renverse sur le tapis, sans le secours de monsieur de Villetaneuse. Celui-ci la soutint évanouie dans ses bras, et très alarmé s'écria, s'adressant au vieillard :

— De grâce ! veuillez envoyer tout de suite ici la femme de chambre de madame.

Et il ajouta, se parlant à lui-même et contemplant Catherine avec une inquiétude croissante :

— Elle a complètement perdu connaissance !... Quelle peut être la cause de cet accident imprévu ?

— Viens, viens, mon enfant, — dit le vieillard en entraînant Michel tout interdit, et saisissant avec empressement cette occasion de quitter la maison.

Le père Laurencin sortit au moment où la femme de chambre, mandée par lui, s'empressait d'accourir auprès de madame de Morlac.

Maintenant nous conduirons le lecteur chez monsieur Jouffroy. Ce jour-là même, le cousin Roussel devait demander pour Fortuné Sauval la main d'Aurélie.

XXII.

La famille Jouffroy achevait de déjeuner. Aurélie n'assistait point à ce repas : elle avait prétexté des fatigues du bal et d'une légère migraine afin de rester au lit et de se livrer solitairement au charme doux et pénible de ses souvenirs de la veille. Poursuivie par eux jusque dans ses rêves, sa première pensée, en s'éveillant, fut encore pour monsieur de Villetaneuse.

Monsieur Jouffroy déjeunait avec son appétit habituel, recommandant fort à son cousin Roussel, qui était venu s'inviter sans façon, certain pâté d'Amiens fort délectable, auquel madame Jouffroy, douée d'un appétit viril, faisait aussi largement honneur. La tante Prudence déjeunait d'une tasse de lait où elle émiettait du pain grillé. Après cette réfection, elle recula sa chaise de la table et reprit son éternel tricot. Les traits de la vieille fille semblaient soucieux. Instruite de la visite matinale du cousin Roussel, chargé des propositions de mariage de Fortuné Sauval, elle songeait, non sans tristesse, à son entretien de la veille avec Marianne. Celle-ci, triste et pensive, mangeait à peine, et de temps à autre, sa mère lui disait :

— Marianne, va donc voir si ta sœur a besoin de quelque chose.

La jeune fille se levait, sortait de la salle et revenait bientôt, disant :

— Maman, Aurélie n'a besoin de rien.

Madame Jouffroy venait, pour la troisième ou quatrième fois depuis une heure à peine, d'envoyer Marianne s'enquérir des besoins d'Aurélie, lorsque la vieille fille dit à sa belle-sœur avec un flegme sardonique :

— Décidément, ma chère, vous devriez mander le médecin ; il demeure heureusement en face de cette maison.

— A propos de qui donc demander le médecin ?

— A propos d'Aurélie : son état me semble grave, fort grave !

— En quoi donc cela, tante Prudence ?

— Comment ! en quoi ? Elle s'est revenue du bal cette nuit, et au lieu de se lever à dix heures, elle préféra dormir la grasse matinée. Elle vous fait dire par trois fois qu'elle n'a besoin de rien du tout, et qu'elle se trouve à merveille... la pauvre enfant ! Je vous dis, moi, qu'il faut faire grandement attention à cela.

— Vraiment, ma sœur ? — dit naïvement le bon monsieur Jouffroy en s'interrompant de boire un verre de vieux vin de Sauterne qu'il portait à ses lèvres ; — vraiment, tu crois... qu'Aurélie... Et se tournant du côté de sa femme : — Mimi, tu entends ?...

— Tu ne vois pas que ta sœur se moque de nous, — répondit madame Jouffroy en haussant les épaules. Et s'adressant à la vieille fille avec aigreur : — En vérité, je ne sais ce que vous avez depuis quelque temps ; mais l'on ne peut parler d'Aurélie sans être en butte à vos quolibets.

— Allons, cousine, — reprit en riant Joseph, qui, songeant au grave entretien de famille dont devait être suivi le déjeuner, désirait rétablir entre tous la bonne harmonie et se rangeait du côté de madame Jouffroy, — allons, ne savez-vous pas que la tante Prudence est un esprit fort, qui se rit de nos faiblesses à nous autres pauvres humains ?

— Attrape, ma sœur, — dit en riant monsieur Jouffroy. Et il avala son verre de vin de Sauterne. — Oh ! Joseph a bon bec, lui !

— Soit, — reprit madame Jouffroy d'un ton aigre-doux. Et faisant allusion au célibat de sa belle-sœur, elle ajouta : — Puisque Prudence ignore les inquiétudes que peut causer à une mère la santé d'un enfant, elle devrait au moins ne pas toujours se moquer de ceux qui les ressentent, ces inquiétudes.

— Ah! Mimi, — reprit monsieur Jouffroy, qui s'interposait toujours de son mieux entre les dissentimens de sa sœur et de sa femme, dissentimens devenus depuis quelque temps journaliers ; — tu sais bien que Prudence aime autant que nous nos enfans... et que ce qu'elle dit est pure plaisanterie... N'est-ce pas, chère sœur?

— Certainement, — reprit la vieille fille en se grattant impatiemment la tempe droite du bout de l'une de ses aiguilles à tricoter ; — je suis une petite folichette des plus guillerettes, qui ne songe qu'à faire des risettes...

Le cousin Roussel, persuadé que la réponse de la tante Prudence ne satisfaisait pas de tous points madame Jouffroy, voulut changer l'entretien et dit :

— Ah çà, mes amis! assez plaisanté ! Nous avons fini de déjeuner ! parlons affaires.

— Quoi? — reprit monsieur Jouffroy, — quelle affaire, Joseph?

— Je suis venu déjeuner avec vous, mes amis, d'abord pour déjeuner, et je me suis, vous l'avez vu, parfaitement acquitté de mon office ; je voulais ensuite vous entretenir d'une affaire fort importante ; n'est-ce pas, tante Prudence?

— Cela ne me regarde point, cousin Roussel. Hier vous m'avez demandé de rester neutre en ceci... et neutre je resterai.

Marianne rentra dans la salle à manger en disant :

— Maman, Aurélie se lève, elle ne veut prendre pour déjeuner qu'une tasse de thé. Je vais la lui porter.

— Rien qu'une tasse de thé ! — dit madame Jouffroy avec inquiétude, — mais elle est donc indisposée?

— Non, maman ; seulement, elle n'a pas grand appétit ; elle s'habille, et tu la verras tout à l'heure.

— Hé bien ! maintenant, si vous le voulez, mes amis, — reprit le cousin Roussel, — nous allons passer dans votre chambre à coucher pour causer de l'affaire en question.

— Allons, — dit monsieur Jouffroy en se levant de table ; puis s'adressant à sa femme : — Viens-tu, Mimi?...

Marianne devinant à quelle *affaire* le cousin Roussel faisait allusion, et bien qu'un peu rassurée par les nocturnes confidences d'Aurélie, ne put s'empêcher de jeter un douloureux regard sur la tante Prudence. Celle-ci lui répondit par un signe d'intelligence et suivit son frère et sa femme, qui se rendirent, ainsi que le cousin Roussel, dans leur chambre à coucher.

XXIII.

— Ah çà ! Joseph, — dit monsieur Jouffroy, — quelle est donc cette importante affaire dont tu veux nous entretenir?

— Quant à moi, — reprit la tante Prudence, — je ne sais pas à quoi je suis bonne ici, car je me suis promis de rester muette comme un poisson.

— Ah ! ma sœur, — dit monsieur Jouffroy, — tu sais que jamais nous ne nous sommes occupés d'une affaire importante sans te demander ton avis, et toujours bien nous en a pris.

— Soit ! mais dans cette affaire-ci je n'ai à dire ni oui ni non ; c'est convenu avec le cousin Roussel.

— Joseph, — reprit en riant monsieur Jouffroy, — vas-tu nous dire le mot de la charade?

— Certainement. Le mot de la charade est : Mariage !

— Mariage ! — répétèrent à la fois monsieur et madame Jouffroy.

— Oui, mes amis, voilà pourquoi la tante Prudence, que le mot et la chose font tomber en pâmoison, en indignation, en horripilation, veut rester neutre et ne tremper en rien, pas même en paroles, dans cette vilenie conjugale. Moi qui n'ai pas les mêmes scrupules, je viens tout bonnement vous proposer un mariage pour Aurélie.

— Oh ! oh ! — fit monsieur Jouffroy en consultant sa femme du regard, — tu entends, Mimi?... voilà en effet qui est fort grave !... on ne peut plus grave !...

— Mon cousin, — reprit madame Jouffroy, — je dois vous prévenir qu'en fait de mariage, nous ne déciderons jamais rien sans la volonté d'Aurélie.

— Naturellement, — ajouta monsieur Jouffroy ; — c'est celle qui se marie, c'est à elle de choisir son futur.

— Je vous connais trop, mes amis, pour craindre que vous songiez à contraindre son choix... mais votre devoir est du moins de l'éclairer.

— Enfin, — dit madame Jouffroy, — quel est le parti que vous proposez pour notre fille?

— Son cousin... Fortuné Sauval.

— Fortuné? — reprit vivement madame Jouffroy ; — c'est de lui qu'il s'agit?

— Hé... hé !... — fit monsieur Jouffroy d'un air approbatif, en consultant sa femme du regard, quoiqu'il se fût mépris sur le sens de son exclamation ; — hé... hé !... de cousin à cousine, il n'y a que la main. Fortuné est le meilleur garçon du monde. Aurélie et lui se connaissent depuis l'enfance, et, ma foi ! si notre fille y consentait, ce mariage-là me plairait fort, à moi... Qu'en dis-tu, Mimi?

— Je dis qu'il faut que le cousin Roussel ait perdu la tête pour nous faire une proposition pareille ! — s'écria madame Jouffroy en haussant les épaules ; — je dis qu'il faut que tu sois fou, d'abord pour trouver ce mariage-là tout simple, et ensuite pour croire qu'Aurélie y consentira !

La tante Prudence jeta par-dessus ses besicles, et tout en tricotant, un regard narquois sur le cousin Roussel, fort déconcerté, tandis que monsieur Jouffroy reprenait timidement en s'adressant à sa femme :

— Dame !... Mimi... je croyais que Fortuné pouvait...

— Laisse-moi donc tranquille !... marier notre fille à un boutiquier !... elle qui aura une superbe dot !... elle qui, belle comme elle est, peut prétendre à tout !... En vérité, je ne sais pas à quoi pense le cousin Roussel !...

— Je pense, ma chère cousine, que vous avez été boutiquière... que Baptiste a été boutiquier... que j'ai été boutiquier... Or...

— Voilà-t-il pas de belles raisons ! — reprit madame Jouffroy avec une impatience croissante. — Hé ! c'est justement parce que, moi et mon mari, nous savons ce que c'est que d'être, du lundi au samedi, dans une boutique, comme des chiens à l'attache, que nous ne voulons pas exposer notre fille aux mêmes ennuis... Comme c'est régalant ! être aux ordres du premier malotru... qui vient acheter pour cent sous !... Merci !... je sais ce qu'en vaut l'aune !

— Naturellement, cousine, puisque vous auriez des soieries, — reprit Joseph. — Mais vous et Baptiste, vous avez, dans cette boutique si dédaignée, gagné une belle fortune.

— Oui, Dieu merci ! notre fortune est faite ; aussi nous voulons épargner à notre fille les désagrémens que nous avons eus en l'amassant, cette fortune... Et d'ailleurs je veux pour ma fille un mariage qui flatte son amour-propre et le nôtre... Enfin, jamais elle ne sera boutiquière... ou bijoutière... si vous l'aimez mieux !

En entendant sa belle-sœur parler ainsi, la tante Prudence, gardant à grand'peine la neutralité qu'elle s'imposait, se dédommageait en grattant furieusement sa tempe droite du bout de l'une de ses aiguilles à tricoter, tandis que le cousin Roussel, défendant le terrain pied à pied et ne perdant pas tout espoir, reprenait :

— Si je vous comprends bien, cousine, vous désirez, pour Aurélie, un mariage qui flatte son amour-propre... et le vôtre...

— Certainement.

— Eh bien ! savez-vous ce qui s'est passé hier dans l'atelier de Fortuné?

— Que s'est-il passé?

— Un prince... un vrai prince... le frère d'un duc souverain d'Allemagne... — et s'interrompant, l'épicier en retraite ajouta d'un accent d'ironie contenue : — J'espère, cousine, que cela doit commencer joliment à flatter votre amour-propre !

— Voyons... après .. continuez...
— Or, ce prince est venu hier chez Fortuné pour...
— Pour lui faire une commande ? Voilà-t-il pas une belle gloriole !
— Non, cousine, ce n'était point pour lui faire une commande. Ce prince apportait lui-même à Fortuné la croix de la Légion d'honneur, que le roi accordait au génie de votre neveu, le plus célèbre orfévre de ce temps ci.
— Fortuné décoré ! — s'écria monsieur Jouffroy en joignant les mains avec admiration ; — il serait possible ?... Fortuné décoré !... Prudence, tu entends ?... le fils de notre sœur ! Ah ! quel malheur que mon frère Laurent ne soit plus de ce monde pour se réjouir avec nous de tant d'illustration pour la famille !...

Et le digne homme, ne pouvant retenir une larme de joie, reprit avec une admiration croissante :
— Mon neveu a la croix d'honneur !... Ah ! Mimi !... quel beau jour pour nous !... Encore une fois, quel dommage que mon frère Laurent ne soit plus de ce monde !...
— Bon ! dit madame Jouffroy en haussant les épaules, — ton frère Laurent faisait cent fois plus de cas de deux beaux yeux et d'un fin corsage, que de toutes les croix d'honneur du monde ! C'était un gaillard...
— Tout gaillard qu'il était, il eût partagé notre joie...
Ah !... j'oubliais... nos enfans qui ne savent pas que leur cousin...

Et le digne homme, s'encourant vers l'une des portes de la chambre à coucher qui s'ouvrait sur un corridor où communiquait la chambre des deux jeunes filles, s'écria :
— Aurélie !... Marianne !... venez... venez vite !...
Puis, retournant auprès de sa femme, il lui sauta au cou.
— Embrasse-moi, Sophie, embrasse-moi ! Fortuné décoré !... je crois que j'en deviendrai fou !...
— Mais, Dieu me pardonne, cela commence ! — reprit madame Jouffroy, après avoir reçu l'accolade de son mari.
— Que de bruit, mon Dieu, pour peu de chose !...

Les deux jeunes filles accoururent à l'appel de leur père. Aurélie, vêtue d'une élégante robe de chambre, entra la première. Sa ravissante figure, légèrement pâlie, portait les traces de l'insomnie. La mélancolie, l'inquiétude, le trouble de son âme, pénétrée depuis la veille d'un sentiment nouveau pour elle, donnaient à ses traits une expression touchante.

Marianne suivait sa sœur, mais au moment où elle entrait avec elle dans la chambre, madame Jouffroy lui dit :
— Marianne, nous avons à causer avec Aurélie ; laisse-nous.

La jeune fille ne dépassa pas le seuil de la porte, et la referma sur elle en quittant l'appartement, après avoir échangé un triste baiser avec la tante Prudence.
— Pourquoi ne pas aussi apprendre à Marianne que Fortuné est décoré ? — avait dit monsieur Jouffroy à sa femme ; — la pauvre enfant serait si joyeuse !
— En vérité, Baptiste, je le répète, cette décoration te fera perdre la tête !... Est-ce qu'il est convenable que Marianne entende les propositions de mariage que nous allons faire à sa sœur, car je veux en avoir le cœur net, et prouver au cousin Roussel que je ne suis pas la seule à trouver qu'il n'a pas le sens commun.

XXIV.

Le cousin Roussel, plus clairvoyant que les autres membres de la famille, remarqua, non sans quelque surprise, l'expression mélancolique de la physionomie d'Aurélie, ordinairement placide et souriante. Elle dit à son père en s'asseyant près de lui :
— Qu'avais-tu donc à nous apprendre avec tant d'empressement ?
— Fifille, je voulais t'apprendre que...

— Baptiste, laisse-moi l'instruire de cette bonne nouvelle, — se hâta de dire Joseph. — J'ai mes raisons pour te parler ainsi.
— Alors, cousin, — reprit Aurélie en tâchant de sourire, — dites-moi donc vite cette bonne nouvelle.
— D'abord, mon enfant, réponds-moi : Que penses-tu de Fortuné ?
— De Fortuné ?
— Oui.
— Je pense qu'il n'y a pas au monde un jeune homme de meilleur caractère, de meilleur cœur.
— Et de sa figure, qu'en dis-tu ?
— En vérité, cousin Roussel, vous me faites des questions singulières !
— Enfin, réponds-moi, ma chère Aurélie. Fortuné est ton ami d'enfance, presque un frère pour toi ; tu peux parler de lui sans embarras.
— Oh ! je n'éprouve nul embarras à vous répondre que la figure de Fortuné est avenante, qu'on y lit la bonté de son cœur. Seulement, soit dit sans reproche, — ajouta la jeune fille en souriant, — ce cher cousin néglige un peu beaucoup sa toilette. C'est dommage, car, s'il voulait, il pourrait, comme tant d'autres, avoir l'air d'un élégant.
— Cette négligence, très réparable d'ailleurs, est excusable, en cela qu'elle prouve l'amour de ton cousin pour son art, où il excelle. Il ne sort de son atelier qu'afin de venir ici passer, de temps à autre, ses soirées en famille.
— C'est vrai. Il paraît si heureux lorsqu'il est avec nous ! et, comme il nous le dit toujours, il ne connaît que deux choses : son art et la vie de famille. Aussi est-il l'un des premiers orfévres de Paris.
— Ça mord, ça mord ! — dit tout bas et joyeusement monsieur Jouffroy au cousin Roussel qui, s'adressant à Aurélie :
— Sais-tu quelle est la bonne nouvelle que je priais ton père de me laisser t'annoncer ? Un prince est venu hier apporter la croix d'honneur à ton cousin de la part du roi.
— Il serait vrai ? — dit Aurélie avec un accent de surprise et de satisfaction. — Ah ! combien je suis contente pour Fortuné de ce que vous m'apprenez là ! Doit-il être glorieux !... Un prince lui apporter la croix de la part du roi !

Madame Jouffroy regardait sa fille avec inquiétude en l'entendant parler si avantageusement de son cousin. L'orgueilleuse femme, selon l'expression de son mari, trouvait, à l'encontre de lui, que ça mordait trop à l'endroit du jeune artiste.
— Oui, fifille ! — s'écria monsieur Jouffroy radieux, — Fortuné a la croix d'honneur ! Je ne m'en sens pas d'aise !... C'est mon neveu, enfin !... c'est mon neveu, ce cher garçon !
— Ainsi, — poursuivit Joseph en jetant à son tour un regard triomphant sur la tante Prudence, qui, fidèle à sa neutralité, tricotait activement, — ainsi, ma chère Aurélie, ton amour-propre doit, comme celui de ta famille, justement flatté de la distinction dont Fortuné a été l'objet ?
— Certainement, j'en suis fière pour lui et pour nous... Cher Fortuné ! son talent méritait d'être ainsi récompensé !
— Et de cette récompense, il est doublement heureux ; sais-tu pourquoi ?
— Non, cousin Roussel.
— Parce qu'il s'est dit : « Maintenant, ma position est » faite ; elle est aussi honorable que possible ; je peux » songer à me marier. »
— Comment ! Fortuné songe à se marier ?
— C'est son plus vif désir, mon enfant...
— Eh bien !... celle qui l'épousera sera certaine d'être heureuse. — répondit ingénument et sincèrement Aurélie ; — elle pourra se vanter d'avoir un mari modèle.
— Et par-dessus le marché, elle pourra se vanter d'être boutiquière ! — s'écria madame Jouffroy, ne pouvant contenir son impatience et s'alarmant de plus en plus d'entendre sa fille faire ainsi l'éloge de son cousin. — Eh ! mon Dieu oui, — ajouta-t-elle d'un air méprisant, — voilà

le beau lot réservé à madame Fortuné Sauval !... boutiquière et bijoutière !

La tante Prudence ne put se contenir davantage, et oubliant sa neutralité, reprit avec une indignation sardonique :

— Bijoutière ! boutiquière !... Ah fi ! ma noble nièce ! ta mère a raison ! quel mot vulgaire : boutiquière... c'est à soulever le cœur ! Être boutiquière ! comme qui dirait tenir une ignoble boutique ! ni plus ni moins que celle que tenaient ton père et ta mère !... Boutiquière ! mais, qu'est-ce que c'est que cet ignoble mot-là ?... mais qu'est-ce que c'est que cet ignoble métier-là ? Bravo, ma belle-sœur ! vous avez le sens droit, le cœur haut et l'esprit fier ! Tudieu ! si ma nièce suit vos conseils... ce n'est point elle qui fera jamais honte à la famille !...

— Oui, mademoiselle Prudence, ma fille écoutera mes conseils, ne vous en déplaise ! — répondit aigrement madame Jouffroy à sa belle-sœur ; — et si elle m'en croit, dussiez-vous en crever de dépit, Aurélie, belle comme elle l'est, richement dotée, pouvant prétendre aux plus beaux partis, ne sera jamais boutiquière. Elle est faite pour mieux que cela... et afin de réjouir votre bon cœur... votre excellent cœur, je vous apprendrai que, pas plus tard qu'hier, au bal où nous étions, chez les Richardet, des personnages du plus grand monde, un marquis et un comte, l'un pair de France et l'autre son neveu, n'ont eu d'yeux, de prévenances, d'attentions que pour ma fille. Monsieur le comte de Villetaneuse, c'est son nom (vous le voyez, mademoiselle Prudence, je mets les points sur les i, j'articule les noms), monsieur le comte de Villetaneuse, un aimable et charmant jeune homme, n'a voulu danser qu'avec Aurélie. Il lui a dit, ainsi que son oncle le marquis, qu'elle ressemblait comme deux gouttes d'eau à une ravissante comtesse très à la mode du faubourg Saint-Germain. Or, j'imagine que, lorsqu'une jeune personne a l'air assez distingué pour qu'un comte et un marquis lui disent de ces choses-là, elle n'est pas faite, Dieu merci ! pour être jamais boutiquière !

— Vous avez raison, madame, et vous parlez d'or, — reprit la tante Prudence. Puis, s'adressant à monsieur Jouffroy, qui, désolé de cette discussion, soupirait et ne soufflait mot : — Mais j'y pense, mon frère... Est-ce que le roi de France n'a pas encore des fils à marier ?... M'est avis que ce serait un parti assez sortable pour Aurélie... Peut-être la femme n'y verrait point d'inconvénient, à ce mariage-là...

— Mademoiselle Prudence, vous n'êtes qu'une vilaine envieuse !... — s'écria madame Jouffroy exaspérée ; — vous n'êtes que fiel et que haine, parce que vous n'avez jamais pu trouver à vous marier, à cause de votre mauvais cœur, de votre méchant caractère et de votre langue de vipère !

— Sophie ! peux-tu parler ainsi à ma sœur devant notre fille ! — s'écria monsieur Jouffroy, douloureusement ému ; — ne sais-tu pas...

— Taisez-vous ! votre sœur n'aime personne... et je suis enchantée de l'occasion de lui dire en face qu'elle devient insupportable !

— Parce qu'il me devient impossible de supporter vos adulations extravagantes, vos admirations ridicules au sujet d'Aurélie, madame ! — reprit la tante Prudence. — Vous mettez martel en tête à cette enfant ; vous ne savez qu'imaginer pour flatter, pour exciter sa vanité, pour l'encourager dans ses prétentions les plus folles... et cela vous trouverez bon que je le dise en sa présence. J'ajouterai d'ailleurs que, si elle n'était pas douée d'un cœur excellent, vous risqueriez de la rendre la créature la plus désagréable, et, qui pis est, la plus malheureuse du monde...

— Mademoiselle Prudence, j'élève ma fille ainsi qu'il me plaît.

— Hé ! madame, je comprends qu'une mère soit orgueilleuse de sa fille. Enorgueillissez-vous donc de ce qu'il y a de vraiment louable chez Aurélie, et il y a certes de quoi vous rendre justement fière. Mais si elle est votre enfant, elle est aussi ma nièce. Or, j'ai, je m'imagine, le droit de m'intéresser à elle.

— Tu le vois bien, Sophie, — se hâta de dire monsieur Jouffroy, — tout cela n'est qu'un malentendu. Ma sœur aime Aurélie à sa façon, comme nous l'aimons à la nôtre. Ce que Prudence nous dit est dans une bonne intention.

— Puis, s'adressant tout bas à Aurélie, il ajouta : — Va vite embrasser ta mère et ta tante.

Aurélie, attristée de ce débat dont elle était la cause involontaire, se rendit avec une parfaite bonne grâce au désir de son père, et dit à madame Jouffroy, en l'embrassant tendrement :

— Chère maman, si tu savais combien je suis affligée de cette discussion ! Tu m'aimes tant, — ajouta la jeune fille avec mélancolie, — tu m'aimes tant que tu fais pour mon bonheur les plus beaux rêves !

Puis, embrassant à son tour la tante Prudence,

— Vous m'aimez bien aussi... Les observations que vous faites à ma mère sont, je le sais, dans mon intérêt, chère tante !

Puis, elle reprit avec un sourire touchant et charmant, en prenant à la fois par la main madame Jouffroy et la tante Prudence :

— Allons, vous n'êtes plus fâchées, n'est-ce pas, bonne mère, chère tante ?... Je serais désolée de me croire l'objet d'un dissentiment sérieux entre vous... De grâce ! ne me laissez pas cette crainte... Vous verrez, je saurai toutes deux vous contenter.

— Mon Dieu ! — reprit madame Jouffroy, cédant à la douce influence de sa fille, — ta tante Prudence doit savoir de quelle patience n'est pas mon fort... et elle me taquine toujours.

— Sophie, — répondit la vieille fille d'une voix conciliante, — vous devez savoir aussi que je ne peux m'empêcher de dire ce que je crois juste et vrai. Je le dis quelquefois d'une façon trop acerbe, je l'avoue et je le regrette. N'attristons pas davantage cette chère enfant, oublions nos vivacités de tout à l'heure.

— Soit, Prudence ; je suis colère, mais n'ai pas de rancune.

— Enfin, c'est très heureux ! ajouta Joseph. — Que de peine vous a coûté à reconnaître toutes deux que vous valez mieux que vos paroles !

— Chère femme ! chère sœur ! — dit monsieur Jouffroy avec expansion et les larmes aux yeux. — Il m'est si doux de vous voir unies comme autrefois !... Est-ce que nous devrions jamais douter de notre affection les uns pour les autres ! Que diable ! chacun a ses petites vivacités ; soyons indulgents, il n'y a qu'un bonheur au monde : celui de vivre paisiblement, bonnement... en famille !

XXV.

Un silence de quelques instants, causé par les émotions et les réflexions diverses de nos personnages, interrompit l'entretien.

Le cousin Roussel, tout d'abord frappé dès l'entrée d'Aurélie, de sa légère pâleur et de l'expression mélancolique de sa physionomie, avait remarqué son trouble, sa rougeur, lorsque madame Jouffroy s'était extasiée sur les attentions, sur les préférences témoignées à Aurélie, durant le bal de la veille, par monsieur de Villetaneuse. Le matin même, et en présence de Joseph, le domestique du comte était venu dans l'atelier de Fortuné, afin de recommander au père Laurencin de porter sans retard un bijou à madame de Morlac, courtisane en renom, chez qui monsieur de Villetaneuse devait se trouver avant midi. Enfin, Joseph savait par monsieur Baleinier, l'un de ses anciens confrères, alors escompteur, que la signature de monsieur de Villetaneuse était partout refusée. Sans pénétrer l'amoureux secret d'Aurélie, mais assez porté à croire que la

Elle fût tombée à la renverse sur le tapis, sans le secours de M. de Villetaneuse. — Page 28

jeune fille, à force d'entendre répéter « qu'elle pouvait » prétendre à un superbe mariage, » avait remarqué, trop remarqué le comte, le cousin Roussel, loin de regarder la cause de Fortuné comme perdue, sentit renaître son espoir à l'endroit de ce mariage.

Aurélie, de son côté, frappée de ce que madame Jouffroy s'était écriée que « sa fille ne serait jamais boutiquière », et cela au moment où le cousin Roussel parlait des projets de mariage de Fortuné, soupçonna dès lors qu'elle n'était pas étrangère à ces projets. Elle n'en douta plus lorsque, rompant le premier le silence, Joseph lui dit :

— Ma chère Aurélie, notre conversation a été complétement détournée de son but ; laisse-moi te rappeler qu'au moment où elle a été interrompue, tu me disais (ce sont tes propres paroles) « que la femme que choisirait Fortuné » pouvait être certaine d'être la plus heureuse des femmes, » car elle aurait un mari modèle. » M'as-tu dit cela ?

— Oui, — répondit fermement Aurélie, rougissant légèrement, — oui, cousin Roussel, je vous ai dit cela... parce que je le pensais... parce que je le pense.

— Hé bien !... ce mari modèle peut être le tien. Fortuné t'aime à l'adoration, sans avoir jamais osé te l'avouer... Mais sa croix d'honneur lui a donné du courage... Il m'a prié de faire à tes parents et à toi ses offres de mariage.

— Aurélie, je n'ai pas besoin de te rappeler que tu es libre, absolument libre d'accepter ou de refuser ces propositions, — ajouta vivement madame Jouffroy. — Dieu merci ! ni moi, ni ton père, nous ne te gênerons jamais dans ton choix !

— Oh ! pour ça non, fifille ; c'est toi qui te maries, c'est à toi de prendre le mari qui te convient.

— Cousin Roussel, — répondit la jeune fille avec émotion après un moment de silence, — je remercie Fortuné d'avoir pensé à moi ; je l'aime comme un ami d'enfance, comme un frère ; je sais combien il mérite d'affection... mais...

— Mais tu n'as pas le moins du monde envie de l'épouser, — se hâta de dire madame Jouffroy ; — n'est-ce pas, ma fille ?

— Maman, je ne désire pas encore me marier... mais je reconnais toutes les qualités de Fortuné... La femme qu'il épousera sera très heureuse.

— Alors, fifille, c'est fini... n'en parlons plus... c'est dommage !...

— J'étais certaine d'avance du refus d'Aurélie, — reprit madame Jouffroy d'un air triomphant ; — je savais bien qu'elle ne consentirait jamais à être bouti...

Mais se rappelant la virulente sortie de la tante Prudence au sujet du mépris des boutiquiers, la mère d'Aurélie s'interrompit, trop satisfaite, d'ailleurs, pour songer à réveiller une querelle assoupie ; aussi reprit-elle :

— Enfin, ma fille ne veut pas de Fortuné pour mari ; ce qui ne l'empêche pas d'être le meilleur garçon du monde...

— Oh ! certainement, — reprit la jeune fille, — et je vous en prie, cousin Roussel, dites-lui que si je refuse sa main... c'est que... — et confuse elle balbutia ; — c'est que je...

— C'est que tu ne veux pas l'épouser, — ajouta madame Jouffroy ; — c'est simple comme bonjour.

— Soit ! — reprit Joseph, — ne parlons plus de ton cousin ; mais, puisque nous sommes entre bons amis, en famille, veux-tu, ma chère Aurélie, que nous causions un peu du mariage en général ? — Et il ajouta gaîment : — C'est un sujet de conversation qui n'est point déplaisant pour une jeune fille.

— Non, cousin Roussel ; causons mariage, si vous le voulez.

— Tiens... si je ne me trompe... et après tout, ce désir serait de ta part fort naturel... tu voudrais un mari qui d'abord te plût... cela va de soi. Et puis, voyons, avoue cela à ton vieil ami... et puis tu voudrais aussi que ce mari flattât ton amour-propre. Ai-je deviné juste ?

— Sans doute, vous avez deviné, cousin Roussel ; n'est-ce pas, ma fille ?

— Oui, maman.

En prenant à la fois par les mains madame Jouffroy et la tante Prudence. — Page 31.

— Cherchons donc dans les futurs contingents, c'est le mot, — reprit gaîment Joseph, — sur qui tu pourrais fixer ton choix, si ledit futur te plaisait préalablement, c'est entendu... Voyons, épouserais-tu, par exemple, un médecin?
— Oh! cousin, — reprit en souriant Aurélie, — entendre toujours parler de maladies, ce n'est pas gai.
— Un notaire?
— Toujours entendre parler de contrats
— Un avocat?
— Toujours entendre parler de procès!
— Un militaire?
— Je craindrais trop pour ses jours s'il allait à la guerre!
— Cherchons encore... un banquier?
— Il serait plus occupé de sa caisse que de moi.
— Alors je ne te parlerai pas d'un négociant, d'un négociant en gros, bien entendu, et qui ne serait point boutiquier, comme dit ta mère ; il aurait aussi à s'occuper de son commerce, comme le médecin de ses malades, comme le notaire de ses affaires, comme l'avocat de ses causes, comme le militaire de ses soldats. Cherchons donc encore. Tiens, cette fois, je crois avoir rencontré juste : je gage que tu voudrais épouser un jeune homme riche, aimable, charmant, n'ayant d'autre occupation que celle d'être du matin au soir aux petits soins pour toi? d'autre état que celui de t'adorer, de te faire vivre le plus agréablement du monde?
— Hé! hé! Joseph, cette fois-ci tu brûles, n'est-ce pas, fillette?
— Que voulez-vous, mon père! il faudrait être bien difficile pour qu'un pareil mari ne vous plût pas, — répondit Aurélie en souriant à demi ; mais étouffant un soupir qui répondait à une pensée secrète et pénible, elle ajouta : — Seulement le cousin Roussel sait bien que de tels mariages sont introuvables.
— Pourquoi donc introuvables? — reprit madame Jouffroy. — Belle comme tu l'es... richement dotée... l'es-

père bien que nous le dénicherons, ce phénix de mari qui n'aura pas d'autre occupation que de te rendre la plus heureuse des femmes.

La tante Prudence secoua la tête, et ne voulant pas rompre la trêve contractée avec sa belle-sœur, lui dit, sans donner cette fois à sa pensée une forme caustique :
— Ah! Sophie, je me défie des maris qui n'ont point d'autre état que celui d'être amoureux de leur femme! Rien de pire en ménage que l'oisiveté des époux ; elle engendre bientôt l'ennui, la satiété, le dégoût et tout ce qui s'ensuit.
— Allons, Prudence, c'est de l'exagération.
— Ma chère belle-sœur, je n'exagère point. Voyons, soyez sincère. Est-ce qu'alors que vous aidiez si utilement mon frère dans son commerce, n'ayant pas une minute à vous, tant vous montriez d'activité, vous n'éprouviez pas, après une journée si bien remplie, un grand bonheur à vous retrouver le soir dans la confiante intimité de votre mari, qui, le jour durant, avait été occupé de son côté, ainsi que vous du vôtre? Ne ressentiez-vous pas un vrai plaisir à jouir ainsi d'un repos laborieusement gagné? Avouez-le, vous vous seriez mortellement ennuyés au vis-à-vis l'un de l'autre si, du matin au soir, vous étiez restés tous deux sans quoi savoir faire de votre temps.
— Certes, j'aime et j'ai toujours tendrement aimé Mimi ; mais, saperlotte! rester du matin au soir à nous regarder, elle et moi, le blanc des yeux... il y aurait eu de quoi avaler notre langue!
— Et comment donc vivent tant de personnes riches, indépendantes, qui ne sont pas dans le commerce, ou qui n'ont pas d'état? — répondit madame Jouffroy en haussant les épaules ; — les gens du beau monde, enfin? Est-ce qu'ils s'ennuient à avaler leur langue?
— Ma cousine, lisez-vous la *Gazette des Tribunaux* ?
— Je vous demande un peu, cousin Roussel, à quoi rime cette question-là.
— Elle rime à Séparation.

— Oui, ma cousine, — répéta Roussel, en s'adressant à madame Jouffroy, — cette question rime à séparation. Si vous lisiez le journal judiciaire dont je parle, vous verriez qu'il ne se passe presque pas de semaine sans que les tribunaux aient à prononcer une séparation de corps et de biens parmi ces beaux mariages où le mari et la femme ne savent quoi faire de leur temps, comme le disait la tante Prudence. Oh ! certainement, au nouveau tout est beau : la lune de miel dure environ ses trois ou quatre quartiers, après quoi viennent la froideur, l'ennui, la lassitude de l'un et de l'autre ; madame vit de son côté, monsieur du sien ; s'il est jeune, il recommence sa vie de garçon, et le diable sait ce que c'est que la vie de garçon des gens oisifs ! Eh ! mon Dieu ! chère Aurélie... tiens, j'y pense, voici un exemple tout trouvé...

— Que voulez-vous dire ?

— Ce matin, en allant voir Fortuné, j'ai trouvé son vieil ouvrier, le père Laurencin, qui se disposait à aller porter un magnifique bracelet chez une de ces femmes qui sont la honte de leur sexe. Ce bracelet avait été commandé par un beau jeune homme, ma foi ! qui n'a pas non plus sans doute d'autre état que celui de mener joyeuse vie. Ce jeune comte, car il est comte, s'il vous plaît se nomme monsieur de... de... Vil... Villetaneuse, je crois, — ajouta Joseph, feignant de consulter ses souvenirs et d'oublier que ce nom avait été prononcé durant l'entretien précédent par la mère d'Aurélie ; — oui, c'est bien cela... monsieur le comte de Villetaneuse, neveu d'un pair de France, par parenthèse !

— Quoi ! — s'écria madame Jouffroy, — ce jeune homme qui a l'air si comme il faut, qui a été hier soir si aimable, si charmant pour nous ?

— Le neveu de monsieur le marquis ! ce vénérable homme qui trouve que Mimi ressemble à une duchesse, et sifflle à une comtesse !

— Tout ce que je puis l'affirmer, mon ami, — reprit Joseph en observant attentivement Aurélie, — c'est que, ce matin, j'étais, je te le répète, dans l'atelier de Fortuné, lorsque le domestique d'un certain comte de Villetaneuse est venu recommander instamment de porter, avant midi, chez une madame de Morlac, un bracelet commandé la veille ; monsieur le comte devant se trouver, à l'heure en question, chez cette femme, qui n'est autre chose que l'une de ces créatures que je ne me permettrai pas même de qualifier en présence d'Aurélie. Et voilà les dignes objets de l'amour de ces jolis messieurs !... Vous voyez comme ils placent leurs délicates et tendres affections !... ce qui ne les empêche point d'ailleurs de se montrer très galans, très empressés auprès des honnêtes jeunes filles qu'ils rencontrent dans un bal, et de l'ingénuité desquelles ils se moquent sans doute ensuite fort agréablement !

— En vérité, je n'en reviens pas, — dit madame Jouffroy ; — un jeune homme de si bonnes manières avoir de pareilles liaisons !

— Que veux-tu, Mimi, les jeunes gens... damel... les jeunes gens du grand monde surtout... ça aime à passer la vie douce ! Ah ! ce n'est pas notre pauvre Fortuné qui aurait de ces mauvaises connaissances-là !

Pendant que son père et sa mère s'exclamaient ainsi, et que le cousin Roussel l'observait d'un regard pénétrant, Aurélie rougissant, pâlissant tour à tour, crut qu'elle allait défaillir : elle sentit des larmes brûlantes lui venir aux yeux. Elle se trouvait heureusement auprès d'un paravent développé non loin d'une fenêtre ; elle se retourna vivement et parut s'approcher machinalement de la croisée, et y demeura quelques instans.

Hélas ! la pauvre enfant ne pouvait plus se faire illusion sur ses sentimens au sujet de monsieur de Villetaneuse. Déjà la veille, en le voyant au bras de madame Baycul, et éprouvant l'amertume d'une vague jalousie, elle avait quitté le bal. Mais pouvait-elle comparer ce mouvement de dépit à la douleur dont la navrait en apprenant l'amour de monsieur de Villetaneuse pour une femme perdue ! Lui... lui dont le souvenir l'obsédait malgré elle ; lui qui, ce matin-là, à ce moment même où elle se livrait à ces poignantes réflexions, se trouvait sans doute auprès de cette vile créature !...

La honte, la colère, montèrent au front de la jeune fille ; elle détesta sa faiblesse ; elle se promit fermement, sincèrement, de chasser de son cœur et de son esprit des pensées indignes d'elle, et puisant un grand courage dans sa résolution, *renfonçant* ses larmes, ainsi que l'on dit vulgairement ; se croyant sûre d'elle-même, elle quitta la fenêtre et l'abri du paravent, afin de se rapprocher de son père et de sa mère. Ceux-ci, peu pénétrans, n'avaient nullement remarqué la passagère émotion de leur fille ; mais Joseph, ne l'ayant pas quittée des yeux, devina les secrets ressentimens dont elle était agitée, augura de mieux en mieux pour ses projets, et relevant l'entretien un moment interrompu :

— Ta tante et moi, nous te disions tout à l'heure, ma chère Aurélie, que l'oisiveté en ménage était chose fâcheuse, et qu'épouser un beau jeune homme *sans état*, c'était, pour une femme, s'exposer souvent à des mécomptes, à des chagrins presque certains.

— Oui, — répondit la jeune fille d'une voix assez ferme, — vous me disiez cela, cousin Roussel.

— Hé bien ! voilà justement mon exemple tout trouvé, mon enfant ; — et, c'est là, je te déclare d'avance, une supposition absurde, mais enfin... elle m'est nécessaire, — supposons, dis-je, que, voulant te marier à un homme qui flatte ton amour-propre, et n'ait pas d'autre occupation que celle d'être amoureux de toi, tu aies, hier, à ce bal, remarqué monsieur de Villetaneuse, fort aimable, fort joli garçon, dit-on, et qui s'est montré fort galant pour toi ; supposons enfin que, séduite par sa figure, par son esprit, que sais-je ? peut-être aussi par son titre de comte, tu te sois dit : « Voilà le mari qui me conviendrait. »

— Moi ? — reprit Aurélie d'une voix légèrement altérée ; — allons, vous plaisantez, cousin Roussel.

— Ah ! ah ! ah ! merci du peu, Joseph ! comme tu y vas ! Fifille comtesse ! Tu te moques de nous ! tu sais bien qu'un pareil mariage est impossible... nous ne sommes que de bons bourgeois, des négocians retirés...

— Des pleutres, d'honnêtes gens ! — reprit la tante Prudence en tricotant à outrance, — des je ne sais qui, des croquans, qui ont eu l'impertinence de gagner leur fortune en travaillant !...

— Je vous répète, mes amis, — dit Joseph, — que je parlais d'une supposition parfaitement absurde.

— Pas déjà tant absurde, en cela que monsieur le comte a positivement dit à ma fille qu'elle ressemblait comme deux gouttes d'eau à une jeune comtesse fort à la mode, — reprit madame Jouffroy avec une suffisance qui faillit faire sortir la tante Prudence de la réserve qu'elle s'imposait à l'égard de sa belle-sœur depuis la trêve conclue entre elles ; — je ne vois donc pas ce qu'il y a de plus absurde à supposer qu'Aurélie puisse épouser un comte et même un duc. Elle est assez belle pour cela !

La tante Prudence se dédommagea de son mutisme obligé en se grattant avec fureur la tempe droite du bout de son aiguille à tricoter, tandis qu'Aurélie répondait avec une amertume contenue :

— Rassurez-vous, maman : je ne prends pas au sérieux les plaisanteries de notre cousin... Il me suppose une ambition que je n'ai pas...

— Mais que tu pourrais avoir, ma fille... C'est moi qui te le dis, tu peux prétendre à tout... tu serais duchesse... princesse... si les titres se mesuraient à la beauté... Je ne sors pas de là !

— Eh bien ! alors, *duchesse Mimi*, — reprit gaîment monsieur Jouffroy, faisant allusion à l'autre ressemblance imaginée par le marquis de Villetaneuse, — laisse donc parler Joseph, il suppose fifille comtesse, et il part de là du pied gauche.

— Veux-tu, ma chère Aurélie, — continua le cousin

Roussel, — que je te tire à peu près l'horoscope d'un pareil mariage?

— Voyons, — dit monsieur Jouffroy, — voyons l'horoscope, seigneur Rotomago.

— Monsieur le comte a, je ne sais pourquoi ni comment, consenti à épouser une petite bourgeoise, belle comme le jour à la vérité, fort bien dotée, c'est encore vrai....

— Mais dont le père aunait de la soie à son comptoir de la rue Quincampoix, — ajouta la vieille fille, — et ce sont là de ces bassesses que l'on ne pardonne point à l'épousée, si charmante qu'elle soit.

— La tante Prudence n'a que trop raison, — reprit Joseph. — Or, monsieur le comte, qui fait cadeau de magnifiques bracelets à une donzelle qui le mène sans doute par le nez, épouse la dot, avec la petite bourgeoise par-dessus le marché; continue en secret sa liaison avec la donzelle, mène grand train, joue gros jeu, régale ses amis, et, si sa femme s'avise de se plaindre, lui dit du haut de sa cravate et de sa noblesse : « Qu'est-ce que c'est que ça, ma chère? De quoi vous plaignez-vous? Est-ce que je ne vous ai pas décrassée, en vous faisant comtesse? »

— Hélas! notre cousin dit vrai, — pensait Aurélie, ramenée à son bon sens naturel, que les déplorables extravagances de sa mère avaient souvent égaré, mais non foncièrement perverti. — Allons, du courage! oublions, oublions!... Il aime cette créature; et, ne l'eût-il pas aimée, pouvais-je seulement rêver un pareil mariage? Non, non, quoi que dise ma mère sur les prétentions que je dois avoir, sa tendresse pour moi m'aveugle...

— Ah çà! mais... un instant, Joseph! tu vas... tu vas, et tu oublies dans ta supposition que nous serions là, Mimi et moi, pour empêcher que l'on rendît notre enfant malheureuse; et cela ne se passerait pas ainsi, sac à papier!

— Oh! oh! te voilà bien crâne, mon vieil ami! Et comment diable t'y prendrais-tu pour empêcher monsieur le comte d'en agir à sa guise?

— D'abord, cousin Roussel, — dit impatiemment madame Jouffroy, — vous voyez tout en noir.

— Quant à cela, Mimi, entendons-nous. Nous avons eu longtemps pour pratique, et je dois ajouter pour excellente pratique, cette demoiselle de l'Opéra dont le galant était je ne sais plus quel duc. Son intendant venait toujours nous solder les comptes de la demoiselle en question, et cependant monsieur le duc avait pour femme une jeune et jolie personne.

— Je ne vois pas tout en noir, cousine, — reprit Joseph.

— Vous rencontrez hier un charmant jeune homme, vous nous faites son éloge, et trompée, séduite, comme vous, par de gracieuses apparences, Aurélie se dit (toujours selon ma supposition): « Voilà le mari qui me plairait. » Je pousse ma supposition à l'extrême. Aurélie épouse ce charmant jeune homme, et il se trouve que, fieffé libertin, il la rend fort malheureuse.

— Mais encore une fois, Joseph, nous sommes là, je dis à monsieur le comte: « Monsieur mon gendre, je ne vous ai pas donné fifille pour que vous la rendiez malheureuse. Ah! mais non, voyez-vous! apprenez cela! » Sans compter que ma femme, qui n'y va pas de main morte, vous le houspillerait joliment, monsieur le comte! N'est-ce pas, Mimi, tu lui ferais les gros yeux?

— Jour de Dieu! Oh! oui, il aurait affaire à moi, celui qui causerait du chagrin à ma fille!

— Pauvres amis, — reprit Joseph, — malgré vos remontrances et les gros yeux de ma cousine, savez-vous ce que vous répondrait monsieur le comte, toujours du haut de sa cravate et de sa noblesse? — « Qu'est-ce que c'est que ça, bonnes gens? Est-ce que je suis en tutelle? Est-ce que je ne peux pas vivre comme il me convient? Est-ce que vous vous imaginez que je vous permettrai de me faire des remontrances chez moi? »

— Mais je suis le père de ma fille, quand le diable y serait! et un père a bien le droit...

— Le droit... de quoi? — reprit la tante Prudence en haussant les épaules. — Hormis le cas où ton gendre battrait ta fille... (et en ce cas-là seulement tu pourrais te joindre à elle pour demander une séparation).. tu n'as pas le droit de souffler mot; ton gendre est maître chez lui, et il t'enverra promener. Est-ce qu'il n'y a pas mille manières de faire le malheur d'une femme sans la battre!...

— Mais pourquoi voulez-vous donc que l'on rende Aurélie malheureuse? — reprit madame Jouffroy. — Belle et douce comme elle est, il faudrait être un monstre pour la tourmenter. Oui, un monstre dénaturé. Il ne faut pas non plus, ma sœur, toujours croire à la mauvaiseté des gens...

— Mon frère... une jeune personne qui se marie hors de sa condition, son mari fût-il pas un méchant homme, s'expose presque assurément à des déceptions, à des mépris, à des chagrins sans nombre. Elle arrive dans un monde qui n'est point le sien. Plus elle est belle, plus elle est jalousée par les grandes dames, qui la regardent comme une intruse, comme une impertinente petite bourgeoise. Elles lui font durement sentir qu'en l'épousant son mari s'est mésallié. Celui-ci souffre dans sa vanité des dédains dont sa femme est l'objet, et, tôt ou tard, il se venge sur elle de sa mésalliance.

— Tante Prudence, vous parlez comme un livre.

— C'est que dans un livre j'ai lu la comédie de *Georges Dandin*, cousin Roussel, et m'est avis que l'histoire de Georges Dandin peut devenir celle de Georgette Dandine. Il y aurait fort à dire sur ce chapitre-là, sans compter les autres. Ainsi, crois-moi, mon frère, nous sommes de bonnes gens, ne risquons point par sotte gloriole de donner à rire aux malicieux, et, qui pis est, de nous rendre fort malheureux.

— Ah! ma tante, — dit Aurélie à la vieille fille avec expansion, — combien vos paroles sont sages! Oui, oui, vouloir se marier hors de sa condition, c'est s'exposer à des déceptions, à des mépris navrans, pour peu que l'on ait quelque fierté dans l'âme.

— Bravo, fifille! Nous sommes de bonnes gens, restons entre bonnes gens. Ma sœur l'a dit... et je dis comme elle. J'espère que te voilà joliment revenue de l'idée d'être comtesse; si tu l'avais eue, cette idée baroque!

— Baroque! — grommela madame Jouffroy, — pas si baroque!

— Oui, Mimi, j'en suis pour ce que j'ai dit : au diable les comtes et les marquis! vivent les bonnes gens! voilà mon caractère!

— Rassurez-vous, mon père, — ajouta Aurélie avec une amertume contenue qui répondait à sa pensée secrète, — je n'exposerai jamais ni ceux que j'aime, ni moi, à des humiliations dont la seule idée me fait rougir.

A ce moment, l'on frappa doucement à la porte de la chambre.

— Qui est là? — demanda madame Jouffroy.

— Moi, maman, — répondit la voix de Marianne.

— Entre, mon enfant, — dit monsieur Jouffroy.

La jeune fille entra, et tout d'abord tâcha de deviner sur la physionomie de la tante Prudence s'il y avait une décision prise au sujet de la proposition de Fortuné. La vieille fille comprit le regard de sa nièce et la rassura quelque peu par un signe de tête négatif.

— Que veux-tu, Marianne?

— Maman, notre cousin Fortuné vient d'arriver... il...

— Dis-lui qu'il vienne, — reprit vivement Joseph en interrompant la jeune fille, — qu'il vienne à l'instant.

Marianne craignant de trahir son trouble sortit aussitôt, et madame Jouffroy, fort surprise, s'écria :

— Mais, cousin Roussel, Aurélie vous a dit que...

— Mes amis, je conçois l'impatience de ce pauvre Fortuné; je l'avais prié de m'attendre chez moi, où je devais lui apprendre le résultat de ma démarche auprès de vous; il n'aura pu résister au désir de connaître votre résolution.

— Notre résolution est bien simple : Aurélie ne veut pas de lui pour mari.

— Alors elle va lui notifier elle-même son refus, — répondit Joseph ; — il faut avoir le courage de son opinion.
— Moi ! — reprit vivement Aurélie, avec un accent d'affectueuse compassion ; — je n'oserai jamais apprendre à ce pauvre Fortuné... que...
— Arrange-toi ! — répondit Joseph ; — le voici.
Et en effet, Fortuné Sauval entra dans la chambre où se trouvait réunie la famille.

Fortuné, ainsi que le pressentait le cousin Roussel, n'avait pu maîtriser son anxieuse impatience, et, surmontant sa timidité, il venait savoir son arrêt. Il entra lentement et d'un pas mal assuré. Sa pâleur, les angoisses qui se lisaient sur ses traits, la triste et douce résignation de son regard, frappèrent Aurélie. Elle se sentit attendrir.

— Pauvre Fortuné ! — pensait-elle ; — le doute seul lui cause tant de chagrin... que sera-ce donc de la certitude !...

Joseph jeta un regard narquois et presque triomphant sur la tante Prudence, qui paraissait inquiète et contrariée de l'arrivée inattendue de Fortuné ; puis s'adressant à lui :

— Mon ami, l'on prétend que lorsqu'on a une bonne cause, elle n'est jamais mieux plaidée que par soi-même ; donc, en avant ! ta cause est bonne, plaide-la.

— Assurément, nous avons beaucoup d'amitié pour toi, Fortuné, — ajouta monsieur Jouffroy ; — nous connaissons tes excellentes qualités, nous pouvons que tu fais honneur, grand honneur à la famille... puisque tu es décoré !... J'en suis tout fier, tout heureux, pour toi et pour nous !... mais dame !... c'est à fifille qui se marie... c'est à elle à te répondre si elle veut, oui ou non, t'épouser.

Fortuné, se tournant alors vers sa cousine, dont l'embarras redoublait, lui dit avec un accent profondément pénétré :

— Aurélie, tu as mon sort entre tes mains...

— Je suis sans doute bien flattée de ce que tu aies songé à moi, — reprit la jeune fille en rougissant, — mais... mais... je ne désire pas encore me marier.

— Je comprends, — dit Fortuné en secouant la tête, tandis que de grosses larmes roulaient dans ses yeux ; — cette réponse est un refus déguisé.

— Je... je... t'assure... que non... je te dis la vérité, — ajouta Aurélie en détournant la vue, car le regard de son cousin la navrait.

— Encore un mot, de grâce ! — reprit l'orfèvre après quelques moments de silence. — Toi seule tu sais si je dois conserver quelque espérance... Je t'en conjure, au nom de notre amitié d'enfance, réponds-moi sincèrement ; mais, avant de me répondre, laisse-moi te dire combien je t'aime, pourquoi je t'aime, et quelle vie je rêvais pour toi. Je t'aime de cœur depuis mon enfance, parce que j'ai pu apprécier tes qualités ; je t'aime d'amour depuis que tu es jeune fille, parce ta beauté est sans égale... Cet amour, confondu avec nos liens de parenté, me semblait si naturel, notre mariage si sortable, que... (et en cela j'eus un grand tort) je m'abandonnais sans inquiétude à ce doux sentiment, comme s'il eût été partagé par toi, Aurélie. Cette confiance ne naissait pas d'une ridicule assurance de moi-même ; tu me connais, tu dois m'en croire ; non, toute affection profonde se croit partagée ; la mère qui aime son enfant, le frère qui aime sa sœur, ne doutent jamais, n'est-ce pas, de la tendresse de ceux qu'ils chérissent ?

— Hé ! hé ! le plaidoyer ne commence pas mal, — dit tout bas le cousin Roussel à la vieille fille ; — qu'en pensez-vous, tante Prudence ?

— Laissez-moi tranquille, vilain homme ! Je n'ai point envie de rire. Que Fortuné perde sa cause ou qu'il la gagne, il y aura toujours un malheureux.

Et la tante Prudence continua son tricot avec fureur, pendant que Fortuné poursuivait ainsi :

XXVI.

— Ma vie n'avait donc qu'un mobile, — continua Fortuné Sauval en présence des époux Jouffroy, de Joseph Roussel et de la tante Prudence ; — ce mobile, c'était mon amour pour toi, Aurélie ; mon amour n'avait qu'un but : notre mariage. Je me suis mis à l'œuvre, me disant : « Je veux devenir l'un des premiers artistes de ma profession, afin de flatter le légitime orgueil de ma femme ; je veux augmenter mon patrimoine par mon travail et par mon économie, afin que ma femme n'ait rien à désirer. » A force de persévérance, je suis arrivé à mes fins. Mon patrimoine a presque doublé, et hier le prince Maximilien m'a remis, de la part du roi, la croix d'honneur. Je ne l'avais pas sollicitée. C'était la récompense de mes travaux. Tu vas sourire de ma naïveté, Aurélie, — ajouta Fortuné en souriant lui-même avec amertume, — lorsque j'ai reçu des mains du prince cette marque de distinction, je me suis involontairement écrié en regardant cette croix : « L'heure de mon mariage est venue. » Le prince, étonné de mes paroles, m'en a demandé l'explication, je la lui ai donnée. « En ce cas, — m'a-t-il dit, — puisque j'ai été assez heureux, à mon insu, » pour hâter l'heure d'un mariage qui comble vos vœux, » faites-moi la grâce de m'accepter comme l'un de vos té-
» moins. »

— Le prince ! — s'écria madame Jouffroy avec une expression d'orgueil maternel. — Le prince t'a proposé d'être ton témoin ?

— Le prince ! — exclama aussi monsieur Jouffroy. — Excusez du peu ! Entends-tu, fifille ?

— Et c'est un vrai prince, s'il vous plaît, — ajouta Joseph ; — un prince de maison souveraine, que l'on appelle Monseigneur, Votre Altesse... Notez cela, mes amis !

— Ce qui lui fait probablement dîner deux fois, ce prince ! — marmotta la vieille fille. — A quand votre habit de cour, cousin Roussel ?

— Vous m'avez promis de rester neutre, — répondit tout bas Joseph ; — je crois à votre parole.

La tante Prudence ne souffla mot, mais se gratta la tempe droite de l'une de ses aiguilles à tricoter.

— Comment, Fortuné, — reprit Aurélie, — ce prince... ce vrai prince, comme dit le cousin Roussel, t'a proposé d'être ton témoin ?

— Il voulait en cela me donner une preuve d'estime et d'affection, — répondit simplement le jeune artiste. — Je crus la circonstance favorable, je m'y décidai à demander ta main à tes parents. Hier, je me suis rendu ici dans cette intention, mais tu allais au bal avec ton père et ta mère ; puis, je l'avoue, une sorte de crainte m'avait jusqu'alors paru si simple, que, dans mon aveuglement, je ne songeais pas à la possibilité d'un refus ; et cependant, j'ai éprouvé une grande anxiété. J'ai prié notre cousin Roussel d'être mon interprète auprès de tes parents, il me l'a promis, et en me reconduisant chez moi, il m'a dit : « Tu aimes passionné-
» ment Aurélie ; mais Aurélie, t'aime-t-elle ? Sait-elle que
» tu l'aimes ? » Cette question m'a confondu, atterré. Pour la première fois, j'ai pensé que je pouvais ne pas m'aimer, Aurélie ! Aussi tu vas me prendre en grande dérision, — ajouta l'orfèvre avec une confusion touchante, sans pouvoir retenir ses larmes, qui coulèrent sur ses joues pâles ; — mais que veux-tu ! je te dis la vérité.

— Me rire de toi, Fortuné ! — reprit vivement Aurélie, de qui l'émotion augmentait à chaque instant. — Oh ! non, je ne me ris pas de toi, tu as un si excellent cœur !

— C'est ma seule qualité, peut-être ! mais, hélas ! elle ne suffit pas toujours à se faire aimer.

— Tu peux en croire ta cousine, lorsqu'elle vante l'excellence de ton cœur, — ajouta Joseph. — Tout à l'heure encore, elle nous a dit, et je l'en prends à témoin, « que la femme que tu épouserais serait la plus heureuse des femmes. »

— Oui, Fortuné, fifille a dit cela en propres termes.
— Tais-toi donc, Baptiste! — ajouta tout bas madame Jouffroy. — A quoi bon donner des espérances à ce pauvre garçon ?
— Dame!... Mimi, il me fend le cœur.
— Il serait vrai, Aurélie, — dit Fortuné avec une surprise touchante, où perçait un vague rayon d'espérance; — tu crois que la femme que j'épouserai... sera certaine d'être heureuse?
— Je le crois!

Fortuné regarda sa cousine avec un redoublement de surprise et d'espérance; puis, craignant de s'abandonner à une dernière illusion :
— Deux mots encore, Aurélie. En songeant au nouvel avenir que m'offrait ce mariage tant désiré par moi, en réfléchissant aux mille détails de notre existence, j'avais supposé que, peut-être, il ne te conviendrait pas de tenir une boutique... Non que je te crusse trop fière pour te résigner à cette nécessité, puisque ton père, ta mère et mes parents ont été boutiquiers; mais tu es si belle, Aurélie, que ta beauté, mise en évidence dans un comptoir, eût attiré mille ennuis à ta modestie. J'avais donc résolu de louer un joli appartement. L'un des salons devait être une sorte de musée d'orfévrerie. Là, tu aurais reçu mes cliens, puisque mon travail me retient durant le jour à l'atelier; tes relations avec eux ne pouvaient être qu'agréables, ma clientèle appartenant à ce qu'on appelle le grand monde; et toujours, je puis le dire sans orgueil, ma qualité d'artiste et le soin que j'apporte à mes œuvres m'ont valu beaucoup de considération... Puis, s'interrompant, Fortuné ajouta avec accablement : — Mais à quoi bon te parler de ces projets? je m'abandonne encore malgré moi à ces espérances qui charmaient ma vie... Excuse-moi, Aurélie!

— Fortuné, je t'en prie, continue, — reprit la jeune fille de plus en plus pensive; — j'aime à t'entendre parler de ces projets.

— Cousine, — dit tout bas Joseph à madame Jouffroy, — que pensez-vous d'une *boutique* dans le genre de celle dont parle Fortuné?

— Cela vaut sans doute mieux qu'un comptoir; mais l'on est toujours aux ordres de la pratique.

— Ah! pauvre Marianne! — pensait de son côté la vieille fille en soupirant, — pauvre Marianne!

— Mes projets, puisque tu veux bien que je te les fasse connaître, Aurélie, — poursuivit l'orfévre, — mes projets tendaient tous au bonheur que je rêvais pour toi. Ma vie eût été partagée entre notre affection et mes travaux, destinés à augmenter la fortune, ton bien-être et la considération dont nous aurions été de plus en plus entourés. Je sais la tendresse de ton père et pour ta mère : je les aurais priés de venir habiter avec nous. Je... mais, tiens, Aurélie, parler de ces projets me brise maintenant le cœur! — ajouta Fortuné avec une douloureuse émotion. — Je ne te demande plus qu'une chose, et je m'adresse à cette amitié d'enfance sur laquelle du moins je puis compter; réponds-moi en toute sincérité. Tu m'as dit tout à l'heure que tu refusais mes offres parce que tu ne voulais pas encore te marier. Est-ce un refus absolu affectueusement déguisé, ou bien m'est-il permis d'espérer qu'un jour je pourrai prétendre à ta main ? Je t'en conjure, réponds-moi.

— Puis, s'adressant à monsieur et à madame Jouffroy, — Et vous aussi, mon oncle, qui aimiez tant ma mère, vous aussi, ma tante, qui connaissez sans doute la secrète pensée d'Aurélie, dites-la-moi. J'aurai du courage... ne me laissez pas la moindre illusion si elle doit être déçue. Je saurai me résigner.

Fortuné, en disant, cacha sa figure dans son mouchoir et fondit en larmes.

XXVII.

Aurélie, en proie à une foule de pensées diverses, avait écouté, avec autant d'intérêt que d'attendrissement, l'aveu et les projets de Fortuné Sauval; aveu, projets, qui témoignaient de son amour et de l'excellence de son cœur. Le sentiment dont il était profondément pénétré donnait à l'expression de ses traits, à l'accent de sa voix, un charme touchant et nouveau. La jeune fille ne reconnaissait plus, pour ainsi dire, son cousin; l'amour le transfigurait.

— Pauvre Fortuné! — pensait-elle, — combien sa physionomie est intéressante! comme il m'aime! quelle prévoyante tendresse est la sienne! avec quelle sollicitude il cherche à deviner mes désirs, mes convenances! Oh! oui, elle sera heureuse, la femme qui l'épousera! Et pourtant ce bonheur, il dépend de moi de me l'assurer, de rendre ce pauvre Fortuné fou de joie, de suivre les sages conseils de ma tante, de me marier avec un homme de ma condition, de renoncer à de folles espérances, oui, bien folles! Ah! maudit soit le bal d'hier soir! sans les souvenirs qu'il m'a laissés, je consentirais, je crois, à ce mariage. — Puis ressentant de nouveau les angoisses du dépit, de l'indignation, de la jalousie : — Loin de moi ces souvenirs! — se dit-elle avec amertume; — souvenirs de honte et de mépris! Ce monsieur de Villetaneuse semblait hier s'occuper de moi, et il se raillait de la petite bourgeoise assez sotte pour prendre ses galanteries au sérieux! A cette heure, il est aux pieds de cette misérable créature! Elle est donc bien belle! Oh!... je la déteste! je la hais! et, s'il pouvait être chagrin de mon mariage avec Fortuné, je l'épouserais tout de suite! ce serait ma vengeance!

Pendant qu'Aurélie se livrait à ces pensées, sous prétexte de réfléchir aux offres de son cousin avant de lui donner une réponse définitive, Joseph observait attentivement la jeune fille, au milieu du silence de quelques instans dont avaient été suivies les dernières paroles de Fortuné, priant sa cousine et sa famille de lui faire connaître leur résolution. Joseph, décidé à frapper un dernier coup, reprit, comme s'il eût simplement voulu relever la conversation interrompue depuis quelques instans :

— Mon cher Fortuné, j'ai admiré ce matin, chez toi, un bracelet d'un travail merveilleux.

— Celui que le père Laurencin allait porter à... une certaine personne...

— Justement, — reprit le cousin Roussel en continuant d'observer Aurélie. — Quel dommage qu'un pareil chef-d'œuvre soit destiné à une créature de cette espèce! mais tels sont parfois les hommes... le vice les charme plus que la candeur. Est-ce que tu l'as vue.... la donzelle en question?

— Oui, — reprit impatiemment Fortuné, qui, absorbé dans ses tristes pensées, trouvait étrange le sujet de conversation choisi par l'épicier en retraite;— oui, je l'ai vue.... Elle est venue hier dans mon atelier, avec le neveu d'un pair de France.

— Il faut qu'elle ait un grand empire sur ce monsieur pour l'obliger à se compromettre ainsi publiquement avec elle, — ajouta Joseph, sans quitter du regard Aurélie, qui semblait au supplice. Puis, s'adressant à monsieur et à madame Jouffroy : — Hein! mes amis, sortir bras dessus, bras dessous, avec une telle femme! faut-il qu'un homme se respecte peu!...

— Ah! dame! — reprit monsieur Jouffroy, — c'est qu'une fois que ces coquines-là ont mis le grappin sur vous, on dit qu'elles vous tiennent solidement et ne vous lâchent point !

— Quel dommage! — ajouta madame Jouffroy; — un si charmant jeune homme!... C'est bien la peine d'être si aimable, si gracieux, et d'être *comte* par-dessus le marché, pour se laisser mener comme un nigaud par... Enfin, c'est indigne! les hommes sont des monstres!

— Fortuné, — reprit Joseph, tandis que la tante Prudence, tricotant avec fureur, le foudroyait du regard, — cette donzelle doit être dans la fleur de la jeunesse, de la beauté, pour inspirer une si forte et si honteuse passion à ce monsieur ?

— Mon Dieu ! — reprit l'orfèvre avec un redoublement d'impatience, — je l'ai à peine regardée ; elle m'a paru avoir environ trente ans.

— Une femme de trente ans ! — s'écria Joseph. — Elle a douze ou treize ans de plus qu'Aurélie !... Et voilà ce tendron par qui ce monsieur se laisse ruiner, duper, berner ! Voilà l'estimable personne avec laquelle il se montre publiquement, ni plus ni moins que s'il était son mari ! Combien il sera flatteur pour l'honnête femme qui épousera ce monsieur, de sortir avec lui, de s'appuyer sur ce bras où s'est appuyée cette drôlesse ! Mais, dis-moi, mon garçon, est-elle brune ou blonde ?

— Ah ! mon cousin, pouvez-vous me parler de choses si indifférentes, lorsque vous voyez avec quelle angoisse j'attends la réponse d'Aurélie !... Hélas ! elle se tait... elle craint par bonté d'âme de briser ma dernière espérance... J'ai compris son silence... Il m'en dit assez !

— Fortuné ! — dit précipitamment Aurélie, comme si elle eût cherché à s'étourdir sur le solennel engagement qu'elle prenait, — tu es le plus digne cœur que je connaisse !. . tu seras mon mari, si mon père et ma mère y consentent.

— Si nous y consentons ! — s'écria monsieur Jouffroy, les larmes aux yeux et se levant pour se jeter au cou de sa fille ; — ah ! mon enfant, tu me combles de joie !

— Enfin ! — dit Joseph, — ce n'est pas sans peine. Hé bien, tante Prudence ?

— Pauvre Marianne !... pauvre Fortuné ! — pensait la vieille fille. — Je comprends tout... Aurélie se marie par dépit... Malheur à cette union !

— Quoi ! ma fille, tu épouses ton cousin ? — dit enfin madame Jouffroy, si abasourdie de la résolution d'Aurélie, qu'elle n'avait pu d'abord trouver une parole, — mais tu n'y penses pas ! toi qui peux prétendre à tout!... tu vas...

— Mon Dieu ! — s'écria le cousin Roussel, en voyant Fortuné pâlir et se renverser malgré lui sur le dossier de sa chaise, — le pauvre garçon ne peut résister à tant de bonheur ! le voilà en défaillance !

A ces mots, monsieur Jouffroy, qui tenait sa fille encore embrassée, se retourna et vit en effet le jeune artiste qui, pâle, la figure inondée de larmes, et soutenu par le cousin Roussel, succombait à sa trop vive émotion, et, ne pouvant parler, suffoqué par la joie, élevait ses deux mains jointes vers Aurélie, avec un sourire de reconnaissance ineffable.

— Cher Fortuné ! quelle sensibilité ! combien il m'aime ! — se disait la jeune fille en se rapprochant de son cousin ; — moi aussi je l'aimerai... moi aussi je l'aime !... Ah ! ce n'est pas lui qui m'aurait préféré à une courtisane de trente ans !

— Mais il faudrait lui faire respirer un peu d'eau de Cologne ! — s'écria monsieur Jouffroy, aidant Joseph à soutenir Fortuné. — Mimi, sonne donc Jeannette !

Madame Jouffroy, stupéfaite et désespérée de voir ses folles prétentions maternelles ruinées par la sage détermination d'Aurélie, ne bougea pas. La tante Prudence agita vivement la sonnette, se disant :

— Maudit mariage !... il ne fera que des malheureux !

Marianne, entendant au dehors les tintements précipités de la sonnette, s'inquiéta, et, dans son empressement habituel, accourut, devança la servante, et ouvrit brusquement la porte en s'écriant avec anxiété :

— Maman... qu'y a-t-il donc ?

— Je t'en prie, — lui dit Aurélie, — va vite chercher de l'eau de Cologne !... — Mais au moment où Marianne s'encourait, sa sœur la retint par la main : — Non, c'est inutile ; vois... sa défaillance a passé, — ajouta-t-elle, en lui désignant Fortuné d'un coup d'œil. — Ah ! petite sœur, si tu savais comme il m'aime !

A ces mots, le cœur de Marianne se brisa. Sa présence d'esprit l'abandonnant, elle allait fuir, éperdue, de cette chambre, afin de cacher ses larmes, lorsque la tante Prudence, qui la suivait du regard, s'approcha d'elle, lui serra la main sans être vue, et lui dit à l'oreille :

— Courage, pauvre enfant ; courage !

Ces paroles amies réconfortèrent Marianne. Elle domina son désespoir, et muette, immobile, elle vit Fortuné se jeter aux pieds de sa fiancée, lui disant d'une voix palpitante, enivrée :

— Aurélie ! l'ai-je bien entendu ?... Oh ! ma vie, ma vie entière à toi !... Pardonne à ma faiblesse... mais, au moment où je n'espérais plus... oh ! tant de félicité, c'était trop !... Dis, c'est bien vrai ?... ce n'est pas une illusion ?... tu consens à notre mariage ?

— Oui, oui ! — répondit la jeune fille avec effusion ; — oui, j'y consens, j'y consens de grand cœur, pour ton bonheur et pour le mien !

— Marianne, embrasse donc ta sœur ! — s'écria monsieur Jouffroy ; — prends donc aussi ta bonne part de notre bonheur à tous !

Marianne, se soutenant à peine, mais encouragée par un regard de la tante Prudence, s'approcha d'Aurélie, que Fortuné contemplait avec idolâtrie, lorsque Jeannette, la servante, entra, tenant à la main une carte de visite, et dit à sa maîtresse :

— Madame, il y a là un monsieur qui désire vous parler tout de suite ; voici sa carte.

— Ce monsieur désire me parler, à moi ? — répondit madame Jouffroy assez surprise et en prenant la carte de visite. Mais, à peine y eut-elle jeté les yeux, qu'elle ne put retenir une exclamation ; puis, après avoir, avec tous les signes d'un étonnement allant jusqu'à la stupeur, lu et relu quelques mots écrits au crayon sur cette carte, elle tressaillit à une pensée soudaine, perdit complétement la tête, et s'écria :

— Aurélie, Prudence, Marianne, Fortuné, laissez-nous !! — Et s'adressant à la servante : — Priez ce monsieur de vouloir bien se donner la peine d'attendre un moment...

— Oui, madame.

— Où est-il ?

— Dans l'antichambre.

— Dans l'antichambre !... sotte que vous êtes !... Faites-le tout de suite entrer au salon !... — Et se parlant à elle-même : — Quel dommage que l'on n'ait pas eu le temps d'ôter les housses des meubles !

Puis elle reprit, d'un air effaré :

— Jeannette, faites tout de suite bon feu dans le salon... dès que ce monsieur y sera entré...

— Mais madame sait bien que ça fume beaucoup dans le salon quand on commence à y allumer le feu, — répondit la servante, — et je...

— Sortez, et faites ce qu'on vous ordonne ! — ajouta madame Jouffroy de cette voix impérieuse et virile à laquelle toute la maison était accoutumée à obéir. Les membres de la famille, si brusquement congédiés, restaient néanmoins dans l'appartement, se demandant du regard la cause imprévue de l'agitation de madame Jouffroy. Elle s'écria impatientée :

— Mais allez-vous-en donc !

Et cédant à une sorte d'enivrement inexplicable pour les témoins de cette scène, elle prit entre ses deux mains la tête d'Aurélie, la baisa plusieurs fois sur le front avec une folle tendresse, et dit aux autres membres de la famille :

— Laissez-nous.

— Mais, Mimi, — reprit enfin timidement monsieur Jouffroy, car il voyait, ainsi qu'il le disait, Mimi très montée, — explique-nous...

— Je m'expliquerai quand nous serons seuls ; — et elle ajouta impétueusement : — Mais, pour l'amour de Dieu, allez-vous-en donc ! je vous le répète, j'ai à causer avec mon mari !

— Ma tante... ou plutôt ma mère.... — dit Fortuné dans

l'ivresse de son bonheur,—j'espère, dans quelques instans, pouvoir vous...

— Mais laisse-moi donc tranquille ! J'ai bien le temps, ma foi, d'écouter tes sornettes ! — s'écria-t-elle en frappant du pied avec colère ; et elle poussa par l'épaule Fortuné hors de la chambre d'où étaient déjà sorties les autres personnes de la famille, sans que personne pût rien comprendre à ce qui se passait.

XXVIII.

Madame Jouffroy n'avait pas songé à désigner le cousin Roussel parmi les personnes qu'elle engageait à se retirer, lorsque, après la scène de famille dans laquelle Aurélie avait fini par accueillir la demande en mariage de Fortuné Sauval, Marianne était venue annoncer à sa mère que le marquis de Villetaneuse lui demandait un entretien.

Quoique le cousin Roussel attribuât cette exception au hasard d'un oubli, il se promit d'en profiter. Pressentant quelque grave incident, il se tint donc discrètement à l'abri du paravent placé près de l'une des fenêtres. Madame Jouffroy, dans son effarement, ne s'apercevant pas d'abord de la présence de Joseph, s'écria dès qu'elle fut seule avec son mari :

— Sais-tu quel est ce monsieur qui vient de nous envoyer sa carte ?... C'est le marquis !

— Quoi ? — demanda l'excellent homme abasourdi. — Quel marquis, Mimi ?

— Celui d'hier !

— Celui d'hier ?

— Oui, le marquis de Villetaneuse que nous avons rencontré chez les Richardet ! Tu as l'air d'un ahuri...

— Mais, dame ! tu es rouge comme un coq, tu as l'air d'étouffer dans ta robe, tu fais retirer tout le monde, et moi, je...

— Ecoute bien, voilà ce que monsieur le marquis a écrit au crayon sur sa carte, au-dessous de son nom et de son titre, de sorte que c'est comme s'il y avait :

« Monsieur le marquis de Villetaneuse, pair de France, »

Et elle répéta avec emphase :

— Pair de France ! « a l'honneur de prier... »

Et se rengorgeant plus encore,

— Hein... avec quelle exquise politesse il nous traite !...

« A l'honneur de prier monsieur et madame Jouffroy de » vouloir bien lui faire la grâce... » Lui faire la grâce ! — répéta madame Jouffroy suffoquée, — lui faire la grâce ! Entends-tu ?... Monsieur le marquis veut bien demander une grâce à des gens comme nous ! C'est une grâce que nous lui accordons... en le recevant !

— Le fait est, Mimi, que l'on ne saurait être plus poli ; ces gens du grand monde vous ont une manière de tourner les choses...

« — ..... De lui faire la grâce de lui accorder un moment » d'entretien, » répéta madame Jouffroy. Mais ceci n'est rien encore... Ecoute la suite, Baptiste.

Et elle continua, en prononçant lentement et scindant pour ainsi dire chaque syllabe de ces derniers mots :

« Au su...jet d'une... commu...ni...ca...tion très importante ! » Comprends-tu ? — reprit-elle d'une voix palpitante, — une communication très importante !

— Je comprends bien, c'est très clair, mais quelle diable de communication monsieur le marquis peut-il avoir à nous faire ?

— Mon ami, cette communication, si c'était... non, non, ce serait trop beau... et pourtant cette pensée m'était venue tout à l'heure en recevant cette carte. Pourquoi pas ?... ma fille peut bien... Mais non... je m'abuse !... et pourtant... Ah ! ce serait à en perdre la tête ! Je crois que j'en deviendrais folle !

— Sophie, calme-toi ! tu m'inquiètes ; tu ne prononces pas deux paroles de suite, tu sues à grosses gouttes, te voilà en nage, explique-toi ! — Et s'interrompant : — Ah !

mon Dieu ! est-ce qu'il y aurait le feu quelque part ? comme on sent la fumée !...

— C'est le feu du salon que l'on allume ! Cette sotte de Jeannette n'en fait jamais d'autres ! Elle est capable d'enfumer monsieur le marquis ! C'est désespérant ! Maudite cheminée ! Pourvu que cette imbécile de Jeannette ait eu la précaution d'ouvrir les fenêtres ! Puis courant à son armoire à glace : — Heureusement je suis habillée, je vais seulement changer de bonnet.

Madame Jouffroy choisit à la hâte dans ses cartons un bonnet richement garni de dentelles, dont elle s'attifa précipitamment, tandis que son mari restait muet et de plus en plus ébahi.

Le cousin Roussel, plus pénétrant et aussi surpris qu'inquiété de la singulière visite du marquis de Villetaneuse, crut devoir révéler sa présence jusqu'alors inaperçue, et, s'avançant au milieu de la chambre, dit avec une bonhomie parfaite :

— Tu as raison, Baptiste, il y a une odeur de fumée insupportable.

— Quoi ! — s'écria madame Jouffroy de fort méchante humeur en se retournant vers Joseph, — vous étiez là ?

— Sans doute, cousine... j'étais là.

— En vérité, vous êtes d'une indiscrétion !

— Pardon, cousine, vous avez engagé tout le monde à sortir, sauf moi.

— C'est impossible !

— Je l'assure, Mimi, que tu n'as pas prononcé le nom de Joseph parmi les *exclus* ; mais je ne le savais pas là...

— Ceci n'empêche point que monsieur ne soit resté caché derrière le paravent afin d'écouter ce que nous disions... C'est indigne !

— Allons, Mimi, ne t'emporte pas, tu vas être cramoisie quand nous allons nous présenter devant monsieur le marquis ! — Et monsieur Jouffroy ajouta en toussant : — Voilà la fumée qui entre ici... Il faut que Jeannette n'ait pas ouvert les fenêtres du salon. Monsieur le marquis va être enfumé comme un jambon !

— En vérité, tu me fais bouillir le sang dans les veines avec tes réflexions ! Allons bien vite le rejoindre ; je m'excuserai de mon mieux au sujet de cette maudite cheminée.

Et madame Jouffroy, tout effarée, sortit précipitamment de la chambre à coucher, suivie de son mari qui dit à demi-voix au cousin Roussel :

— Mimi est décidément *montée*. Monsieur le marquis choisit bien mal son temps ; il vient couper tout net notre joie de famille. Heureusement les morceaux en sont bons ! — ajouta gaîment monsieur Jouffroy. — Fortuné doit-il en ce moment en conter à fifille, des fleurettes d'amoureux !

Joseph et son ami avaient quitté la chambre à coucher, séparée du salon par un étroit couloir déjà envahi par une épaisse fumée. Malgré son désir de connaître l'objet de la visite du marquis, visite dont il s'inquiétait vaguement, Joseph ne savait trop comment arriver à ses fins. Il cherchait le moyen de satisfaire sa curiosité, lorsque madame Jouffroy, ayant ouvert l'une des portes du salon qui communiquait au couloir, se vit au milieu d'un tourbillon de fumée, s'arrêta sur le seuil de l'appartement et s'écria :

— Ah, mon Dieu ! l'on ne distingue rien à deux pas dans le salon. Monsieur le marquis, est-ce que vous êtes encore là ?

— Oui, hum ! hum ! oui, belle dame, — répondit, du sein de cette noire vapeur, la voix du marquis invisible et qui toussait affreusement. — Il fume un peu dans ce salon... hum ! hum !.. et je me suis permis d'ouvrir une fenêtre ; hum ! hum !.. mais le vent rabat... hum ! hum !.. toute la fumée dans l'appartement.

— Ah ! monsieur le marquis, que... que... hum ! hum !... que d'excuses j'ai à...

Mais madame Jouffroy n'acheva pas, et à demi suffoquée, elle commença aussi à tousser d'une force à s'étrangler. Cependant elle parvint à articuler :

— ..... Que d'excuses j'ai à vous faire !

Et malgré ses crachats et son grand cordon, nous l'avons enfumé comme un renard dans son terrier. — Page 10.

— Mon seul regret... hum! hum! — reprit monsieur de Villetaneuse, — est de ne pouvoir en ce moment, belle dame, hum! hum! avoir le plaisir de vous apercevoir distinctement, car je suis complétement aveuglé.
— Mais il y a un moyen bien simple, ma cousine, de dissiper la fumée, c'est d'ouvrir toutes les portes, toutes les fenêtres, — dit Joseph; — c'est ce que je vais faire.

Et il se précipita héroïquement dans le salon, espérant ainsi rentrer en grâce auprès de la maîtresse de la maison, et peut-être assister à l'entretien sollicité par le marquis.
— Dépêchez-vous, cousin Roussel, — avait répondu madame Jouffroy; puis elle ajouta, toujours à l'aveuglette :—
Ah! monsieur le marquis, combien je vous demande pardon!
— Il fait un tel vent... hum!... hum!... que toutes les cheminées fument abominablement, — répondit courtoisement le vieillard. — Ce matin, chez moi, j'étais aussi empesté de fumée...
— Ah! monsieur, vous êtes fort aimable... vous dites cela pour nous consoler...
— Pas du tout, belle dame, pas du tout. Mais voici ces vilains jaloux de nuages qui heureusement se dissipent, et me permettent enfin, madame, d'avoir l'honneur de vous voir... c'est le mot... et de déposer à vos pieds mes respectueux hommages.

Les noires vapeurs chassées par l'action des courans d'air, nos personnages réunis dans le salon purent enfin se contempler face à face. Monsieur de Villetaneuse, vêtu de noir, chaussé de bas de soie, portait au côté gauche de son habit la plaque d'un ordre étranger dont le grand cordon vert liseré d'orange tranchait sur la blancheur de son gilet. D'habitude l'on ne se décore jamais le matin de ces insignes honorifiques; l'effet de cette exhibition était calculé par le vieillard : ses prévisions ne le trompèrent pas, car profitant d'un moment où il toussait en écarquillant ses petits yeux rougis par la fumée, madame Jouffroy dit tout bas à son mari :

— Vois donc! monsieur le marquis a deux crachats et un grand cordon... et nous lui accordons la *grâce* d'un entretien!
— Et malgré ses crachats et son grand cordon, nous l'avons enfumé comme un renard dans son terrier... Il a heureusement très bien pris la chose... mais que diable peut-il avoir à nous communiquer?
— Nous allons le savoir...

Le cousin Roussel, dans l'espoir de faire tolérer sa présence en se rendant utile, venait de fermer les fenêtres et les portes, attisait le feu, approchait les fauteuils de la cheminée; il engagea même la conversation avec le marquis, lui disant :
— Approchez-vous du feu, monsieur; ces courans d'air ont dû vous refroidir.
— Nullement, mon cher monsieur, nullement, — répondit monsieur de Villetaneuse en grelottant et essuyant ses yeux cuisans et larmoyans encore;— la maîtresse de céans s'est excusée d'une manière si aimable de l'inconvénient de cette cheminée, que, d'honneur! je serais maintenant aux regrets qu'il n'eût point fumé dans ce salon...
— Ah! monsieur le marquis, c'est par trop de bonté! il est impossible d'être plus indulgent.
— Que veux-tu, Mimi! monsieur sait bien que nous ne sommes pas dans la cheminée, et que ce n'est pas notre faute... si...
— Cousin Roussel, — dit madame Jouffroy interrompant son mari et voyant avec surprise Joseph s'établir sournoisement dans un fauteuil assez éloigné de la cheminée.— Cousin Roussel... pardon... mais nous avons à causer avec monsieur le marquis.

Monsieur de Villetaneuse, jetant un regard pénétrant sur l'épicier en retraite et trouvant ses traits parfaitement débonnaires, crut jouer un coup de maître en s'assurant d'un auxiliaire, et au moment où Joseph, fort contrarié, quittait lentement son siége, le vieillard indiquant du regard le cousin Roussel :

Rassurez vous, madame, reprit dignement Joseph, je vous épargnerai ce mauvais procédé. — Page 47.

— Monsieur a l'honneur d'appartenir à votre famille, madame?
— Oui, monsieur le marquis.
— Roussel est mon camarade d'enfance et mon parent, — ajouta monsieur Jouffroy. — En un mot, c'est le meilleur ami de la famille.
— En ce cas, — reprit monsieur de Villetaneuse, — je serais enchanté que monsieur voulût bien assister à notre entretien, si toutefois, belle dame, vous y consentez, — ajouta galamment le vieillard : — vous êtes reine dans votre salon. — Puis s'interrompant : — En vérité, madame, et je vous demande un million de pardons, mais cette ressemblance dont j'avais l'honneur de vous parler hier soir est si extraordinaire qu'elle me distrait malgré moi, et en vous parlant, je suis à chaque instant sur le point de vous dire : « Ma chère duchesse. »
— Dites, monsieur le marquis, ne vous gênez pas; ma femme ne se croira pas offensée... au contraire...
— Encore... s'il s'agissait seulement d'une ressemblance de figure, ma surprise serait moins grande, — reprit monsieur de Villetaneuse; — mais non, c'est tout à fait la noble tournure de cette chère duchesse !
— Ah! monsieur le marquis, vous me confusionnez !... vous me flattez !
— Non, madame, non, je ne vous flatte point : vous avez le même port de tête, le même grand air que cette chère duchesse; mais me voici un peu familiarisé avec cette ressemblance, je puis donc maintenant répondre de ne plus céder à de nouvelles distractions, et j'arriverai à l'objet important qui m'amène chez vous, madame.
Et le vieillard, s'interrompant, parut se recueillir un moment.
Madame Jouffroy se gonflant, se rengorgeant, triomphant de ressembler si fort à une duchesse, oubliait dans ses ravissemens le cousin Roussel, sur l'exclusion de qui elle n'eût pas d'ailleurs insisté après les paroles de monsieur de Villetaneuse à ce sujet. Plus que jamais, Joseph se félicitait d'assister à cette conférence dont le but commençait de lui devenir d'autant plus suspect, que les flatteries du vieillard à l'endroit de la mère d'Aurélie étaient plus ridicules et plus grossières.

XXIX.

Monsieur le marquis de Villetaneuse, après un instant de réflexion, reprit d'un air grave et solennel :
— Madame, je suis vieux, je suis garçon... et bientôt... — ajouta le vieillard avec un accent mélancolique, — je ne serai plus de ce monde, ma chère madame.
— Ah! monsieur le marquis, espérons que vous vous conserverez au contraire longtemps pour vos amis.
— Mimi a raison, vous paraissez, ma foi, encore très vert; et puis vous êtes un peu sécot, et les sécots...
— Mon ami, mets donc une bûche au feu, — se hâta de dire madame Jouffroy, afin de couper court aux réflexions physiologiques de son mari sur les sécots.
— Où diable veut en venir cet homme à crachats et à grand cordon ? Il a l'air malin et rusé comme un vieux singe, — pensait Joseph ; — je me défie de ses pitoyables amorces au sujet de la ressemblance de ma cousine avec une duchesse.
— J'avais donc, belle dame, l'honneur de vous dire que j'étais garçon et vieux garçon; s'il me reste quelques années à vivre... j'accepte votre heureux augure... ces années ne prolongeront pas de beaucoup mon existence, et, chef de ma maison, je ne voudrais pas quitter cette vie sans être certain que le nom de ma famille ne s'éteindra point. Mais, hélas! il risque fort de s'éteindre, ce nom, j'oserai dire glorieux, qui remonte au temps des croisades !
— Au temps des croisades, monsieur le marquis ! Tu entends, Baptiste ?... au temps des croisades !...
— Oui, Mimi... c'était probablement du temps de la

romance: *Partant pour la Syrie... le jeune et beau Dunois... venait prier...*

— Justement, mon cher monsieur; vos souvenirs historiques vous servent à merveille... J'ajouterai, belle dame, que Humbert IV, sire de Villetaneuse, l'un de mes aïeux, accompagnait en l'an onze cent, il y a sept cents ans de cela, comme vous voyez, accompagnait, dis-je, à la tête des hommes d'armes de sa seigneurie, le duc d'Aquitaine à la croisade. Ajouterai-je que, depuis des siècles, notre maison s'est alliée aux plus grandes, aux plus illustres familles de France, et que nous comptons parmi nos ancêtres des lieutenans généraux, des cardinaux, des ambassadeurs, des maréchaux de France?

— Des cardinaux, des maréchaux de France !

— Oui, belle dame, je possède le portrait de mon trisaïeul, le maréchal marquis de Villetaneuse... Mais, hélas! à quoi bon tant d'illustration si notre nom doit s'éteindre!

— Et pourquoi votre famille s'éteindrait-elle donc, monsieur le marquis? n'avez-vous pas un neveu?

— Oui, madame, j'ai un neveu, j'ai le bonheur d'avoir un neveu, le plus charmant garçon du monde; je l'aime comme mon fils, je lui laisserai ma fortune, toute ma fortune, et après moi il deviendra chef de notre maison, marquis de Villetaneuse; sans compter que le roi, qui veut bien avoir quelques bontés pour moi, m'a formellement promis que mon neveu me remplacerait à la chambre des pairs... Hé bien ! croiriez-vous, belle dame, qu'avec tous ces avantages-là, mon neveu n'a pas voulu jusqu'ici se marier?...

— Ah! vieux renard ! — se dit Joseph. — Enfin je devine où tu veux en venir, mais je suis là !

— Ce ne sont pas les occasions qui ont dû cependant manquer à monsieur le comte pour se marier ? — reprit madame Jouffroy, dont le cœur battait violemment, et qui commençait à avoir des éblouissemens... Un jeune homme si aimable, si joli garçon, comte pour le présent, marquis et pair de France plus tard ! Il ne devait avoir que l'embarras du choix.

— C'est la vérité, madame; il a refusé dernièrement encore la fille de la princesse de Maillebois.

— Refuser la fille d'une princesse! tu entends, mon ami, la fille d'une princesse!

— Dame! Mimi, ça prouve que monsieur le comte est difficile, — et il ajouta mentalement : — Ces jeunes libertins aiment mieux courir le guilledou que de se marier. Et puis le comte est dans les griffes de sa drôlesse.

— Il y a deux mois encore, — reprit le vieillard, — mon neveu avait refusé la nièce de monsieur l'ambassadeur de Naples, qui était colossalement riche. Enfin je désespère de le marier jamais, à moins, belle dame, que vous ne me veniez en aide.

— Moi ! — balbutia madame Jouffroy suffoquée, — moi ?....

— Sans doute.

— Moi... Mon Dieu ! que dites-vous?...

— La communication que je désirais avoir l'honneur de vous faire, madame, n'a pas d'autre objet.

— Nous y voilà, — se dit le cousin Roussel. — Ah ! mes pressentimens ne me trompaient pas.

— Cette communication n'a pas d'autre objet que le mariage de monsieur le comte, votre neveu?... — reprit d'une voix palpitante la mère d'Aurélie. — Non, non, monsieur le marquis, ce que vous dites là n'est pas possible!...

— J'ai l'honneur de vous répéter, madame, que vous et monsieur votre mari pouvez peut-être seuls empêcher que notre famille ne s'éteigne, en me venant en aide pour marier mon neveu.

— Voilà qui est, pardieu! fort curieux, — reprit naïvement l'ancien négociant; — j'avoue que je ne comprends rien à la chose... Et toi, Joseph ?

— Peut-être, — répondit le cousin Roussel, et il ajouta tout bas : — Sans la parole donnée par Aurélie à Fortuné, quelles seraient mes craintes! Cette femme est folle, archifolle !

— Belle dame, — reprit le vieillard d'un ton mystérieux et pénétré, — savez-vous ce qui s'est passé hier soir entre mon neveu et moi, en sortant du bal où nous avions eu l'honneur de vous rencontrer? Mais qu'avez-vous? de grâce ! Vous semblez inquiète, agitée...

— Continuez, monsieur le marquis... je vous en supplie, continuez.

— Eh bien ! madame, hier soir, après ce bal, il s'est passé entre mon neveu et moi une scène qui m'a ému jusqu'aux larmes. Henri, c'est son nom, s'est jeté à mon cou et m'a dit : « Vous avez été jusqu'ici pour moi un père,
» le plus tendre des pères, » — (le vieillard accentua ces mots d'une voix tremblotante et attendrie), — « le meil-
» leur des pères... et de votre tendresse, mon cher oncle,
» je vous demande une nouvelle preuve. Jusques ici, je me
» suis toujours, malgré vos instances, refusé à me marier,
» parce que, si brillans que fussent les partis qui m'étaient
» offerts, je ne sentais rien dans mon cœur pour les jeunes
» personnes que l'on me proposait d'épouser. Je ne veux
» me marier qu'à une femme dont je sois passionnément
» amoureux, afin de la rendre la plus heureuse créature
» qui soit au monde... Eh bien ! mon oncle, cette femme
» jusqu'alors introuvable, ce soir je l'ai rencontrée; elle est
» d'une incomparable beauté; il m'a suffi de quelques ins-
» tans d'entretien avec elle pour apprécier la bonté de son
» cœur, le charme de son esprit, l'exquise distinction de
» ses manières; la foudre n'est pas plus prompte que l'a-
» mour qui m'a frappé au cœur. Je suis fou de cette jeune
» personne, et si je ne l'épouse pas, jamais de ma vie je ne
» me marierai; je serai le dernier des Villetaneuse, et notre
» famille sera éteinte... »

— Monsieur le marquis, — s'écria madame Jouffroy prête à défaillir d'émotion, — je n'ose croire encore que... Mon Dieu ! il me semble que j'ai le vertige... tout papillote devant moi...

— Pardon, belle dame, si je vous interromps ; veuillez me permettre d'achever. « Mon cher Henri, — ai-je dit à mon
» neveu, — c'est chose grave que le mariage. Cet amour si
» subit me paraît un peu bien prompt. C'est à peine si tu
» as causé une demi-heure avec cette jeune personne, et te
» voilà passionnément, j'oserais dire follement épris d'elle. »

— Monsieur le marquis... je... vous jure... que... de ces amours... si... soudains... on a des exemples, — reprit la mère d'Aurélie d'une voix entrecoupée, tandis que l'ancien commerçant, dont la pénétration n'était pas excessive, disait tout bas au cousin Roussel d'un air cogitatif :

— Quelle peut être cette jeune personne dont le neveu de monsieur le marquis est devenu si vite amoureux? Tu nous contais cependant ce matin qu'il était dans les griffes d'une donzelle...

— Malheureuse enfant ! je n'en saurais douter, le comte a produit sur elle une vive impression, — pensait Joseph sans répondre à son ami. — Ah ! malgré moi je tremble !

— Certes, belle dame, — poursuivit le vieillard, — certes, l'on a vu des exemples de passions soudaines, irrésistibles, mais c'est à nous autres, grands parens, mûris par l'expérience, c'est à nous de ne point céder aux entrainemens souvent dangereux de ceux qui nous sont chers, c'est à nous d'avoir pour eux la raison, la prévoyance dont souvent ils manquent. Aussi ai-je répondu à mon neveu : « Mon
» cher Henri, ceci demande réflexion ; nous en reparlerons
» de sens plus rassis. » Mais basto ! il ne m'a pas laissé achever, et s'est écrié avec une violence qui m'a véritablement effrayé : « Mon oncle, je suis capable de me brûler la cer-
» velle si demain vous n'allez pas demander pour moi à
» ses parens la main de mademoiselle Jouffroy ! »

XXX.

Le père d'Aurélie fut seul stupéfait de la demande en mariage exposée par monsieur de Villetaneuse ; depuis quelques momens, le cousin Roussel voyait venir cette proposition avec une inquiétude croissante, et madame Jouffroy, éclairée par un pressentiment de sa détestable vanité, avait presque tout d'abord soupçonné le but de la visite du vieillard.

Hélas ! l'âme humaine est sujette à de si étranges aberrations, la tendresse maternelle se manifeste parfois jusque dans son aveuglement par des ressentimens si passionnés, que cette femme fondit en larmes à cette pensée : Aurélie sera comtesse... et plus tard marquise et femme d'un pair de France...

Oui, cette mère aveugle, stupide, mais qui à sa façon idolâtrait sa fille, pleura de joie, de bonheur ; la tête lui tourna, et pendant quelques momens elle resta plongée dans cette sorte d'extase silencieuse causée par la réalisation subite d'une espérance jusqu'alors considérée comme insensée.

Telle est la contagion de la vanité chez les êtres faibles, que l'ancien commerçant, d'abord stupéfait des propositions de monsieur de Villetaneuse, éprouva bientôt une vive satisfaction d'amour-propre ; non que cet excellent homme fût personnellement glorieux, mais cette demande lui semblait des plus flatteuses pour sa fille, qu'il adorait, et sa première surprise passée, il dit à demi-voix au cousin Roussel, en se frottant joyeusement les mains :

— Aurélie aura la gloire et le profit ; elle est demandée en mariage par un marquis au nom d'un comte, et elle épousera notre cher Fortuné.

— Je l'espère bien, — répondit aussi à demi-voix Joseph d'un ton pensif et résolu ; puis se levant de son siège, il s'approcha d'une croisée afin de s'isoler et de réfléchir plus à loisir.

Monsieur Jouffroy remarquant seulement alors les larmes dont était baigné le visage de sa femme, s'approcha d'elle, lui disant avec inquiétude :

— Mon Dieu ! Sophie, qu'as-tu donc ? voilà que tu pleures !

— Pardon, monsieur le marquis, — reprit en essuyant ses yeux la mère d'Aurélie, — pardon, mais la reconnaissance, le bonheur, la demande inespérée que vous nous faites... On ne résiste pas à cela, voyez-vous !

— Ah ! madame, — répondit le vieillard tirant un mouchoir de sa poche et le portant à ses yeux, — je partage votre émotion... c'est un moment toujours attendrissant et solennel que celui où l'on songe à marier ses enfans... et mon neveu est pour moi un fils. Puis-je maintenant lui porter quelques paroles d'espérance ?

— D'espérance ! Comment pouvez-vous douter un instant, monsieur le marquis, du consentement de notre fille... et du nôtre !

— Ah ! madame, quel beau jour pour mon pauvre Henri !

Monsieur Jouffroy, entendant sa femme promettre ainsi solennellement la main d'Aurélie, crut d'abord rêver ; il resta coi, ébahi, puis s'écria, tandis que Joseph, pensif et résolu, revenait près de la cheminée :

— Ah çà, ma femme, tu n'y songes pas !

— A quoi est-ce que je ne songe pas ?

— Tu viens de répondre à monsieur le marquis de notre consentement et de celui de notre fille au sujet de ce mariage ?

— Certainement.

— Mais, Mimi...

— Est-ce que je doute un instant du consentement d'Aurélie ! Pauvre enfant ! va-t-elle être heureuse, surprise, éblouie ! elle ne pourra pas croire au bonheur qui lui arrive, car en vérité c'est comme un rêve.

— Ma femme, tu peux oublier nos engagemens, mais je ne les oublie pas, moi.

— Bien, — dit tout bas le cousin Roussel, — bien, mon ami, courage !

— Voici du nouveau, par exemple, — reprit madame Jouffroy d'abord confondue de l'accent de fermeté de son mari. — Qu'est-ce que cela veut dire, des engagemens ?

— Pardon, madame, — ajouta monsieur de Villetaneuse avec une froideur hautaine, — j'ignorais que vous eussiez des engagemens antérieurs au sujet de mademoiselle votre fille.

— De grâce ! monsieur le marquis, je vous en supplie, ne faites pas attention à ce que dit mon mari : dès que ce mariage me convient, tout est dit.

— Non, Sophie, tout n'est pas dit, — reprit l'ancien commerçant encouragé par la présence et par les regards du cousin Roussel. — Aurélie a tout à l'heure, devant nous, formellement promis à son cousin de l'épouser. Ce mariage nous convient sous tous les rapports, et quoique nous soyons, je le répète, très flattés de l'honneur que voulait nous faire monsieur le marquis en nous proposant son neveu, nous sommes obligés de le refuser.

— Très bien, Baptiste, très bien ! tiens ferme ! — reprit tout bas le cousin Roussel ; — tout à l'heure ce sera mon tour, je te viendrai en aide.

— Madame, — dit monsieur de Villetaneuse en se levant et s'inclinant, — puisqu'il en est ainsi, il ne me reste plus qu'à vous offrir l'expression de mes regrets. J'ai eu un moment d'espoir pour mon pauvre Henri ; mais, je le vois, il me faut à cet espoir renoncer, puisque monsieur votre mari vous notifie formellement, madame, qu'il s'oppose à l'union projetée. Il est seigneur et maître céans, je n'ai plus qu'à me retirer.

Et le vieillard fit mine de se diriger vers la porte.

XXXI.

Madame Jouffroy, abasourdie de l'inconcevable assurance de son mari, exaspérée d'entendre le marquis lui dire qu'il ne fallait plus songer à ce mariage puisqu'il ne convenait point au maître et seigneur de céans, craignant enfin que, blessé dans sa susceptibilité, monsieur de Villetaneuse retirât sa proposition, madame Jouffroy s'écria :

— Encore une fois, monsieur le marquis, ce que mon mari dit ou rien, c'est la même chose. Il est vrai que ma fille, par compassion pour son cousin, très amoureux fou d'elle, lui a répondu tout à l'heure afin de le calmer, que... peut-être... elle consentirait à l'épouser.

— Ma femme, il n'y a pas de peut-être : Aurélie a formellement promis à Fortuné de...

— Et quand cela serait ! Est-ce que notre fille n'est pas libre de retirer une promesse arrachée par la pitié ? Est-ce que vous savez seulement si, en apprenant l'honneur que veut bien nous faire monsieur le marquis, elle ne sera pas la première à redemander sa parole ? Est-ce que vous pouvez décider quelque chose sans son avis ? Est-ce que nous ne l'avons pas cent fois répété que son choix serait le nôtre ? Et vous venez de votre autorité privée repousser les offres de monsieur le marquis sans avoir consulté Aurélie ! Est-ce à elle, oui ou non, que les propositions s'adressent ?

Monsieur Jouffroy, ne sachant que répondre à ce torrent de paroles, sentait défaillir sa fermeté passagère et s'avouait que sa femme objectait raisonnablement que l'on ne pouvait décider de rien sans l'avis d'Aurélie. Le cousin Roussel, voyant la détresse de son ami, dit à monsieur de Villetaneuse :

— Monsieur, nous sommes ici en famille ; il est, je crois de notre devoir à tous de nous expliquer en toute sincérité, car l'affaire est grave.

— Certainement, monsieur, certainement, — répondit le vieillard en prenant sa tabatière. Et frappé de l'expression malveillante des traits de son interlocuteur, il pressentit qu'il pourrait bien trouver en lui un adversaire au lieu d'un auxiliaire.

— Monsieur, — reprit donc le cousin Roussel en s'adressant au marquis, — vous avez très justement fait observer tout à l'heure que rien n'était plus grave que l'engagement du mariage, et que, par devoir, les parens expérimentés devaient tâcher de préserver leurs enfans d'entraînemens souvent fâcheux.

— Oui, monsieur, telle est ma pensée, — répondit le vieillard en aspirant une prise de tabac.— Qu'arguez-vous de mes paroles ?

— Je vais, monsieur, vous le dire. Je ne m'occupe pas des engagemens antérieurs de mademoiselle Jouffroy ; je suppose qu'elle soit complètement libre...

— Il n'y a pas de supposition là-dedans ! — s'écria madame Jouffroy ; — ma fille est libre, absolument libre ! — Et elle murmura entre ses dents : — Maudit Roussel ! je vous demande un peu de quoi il se mêle !... Oh ! il me le paiera !

— Soit, cousine, Aurélie est libre de son choix ; je me permettrai seulement de poser à monsieur quelques questions.

— Je suis à vos ordres et je vous écoute.

— Monsieur, selon vous, votre neveu, d'un naturel fort amoureux et particulièrement inflammable, après avoir vu hier mademoiselle Jouffroy pour la première fois, et dansé deux contredanses avec elle, est devenu, chose à peine croyable, subitement, passionnément, éperdument, follement épris de cette jeune personne ?

— Oui, monsieur...

— Et il n'y a que vous au monde, monsieur Roussel, pour trouver cela surprenant ; monsieur le marquis est vraiment bien bon de se donner la peine de vous répondre !

— Madame, en de si graves conjonctures, je regarde comme un devoir de répondre à toutes les questions que monsieur me fera l'honneur de m'adresser.

Joseph s'inclina et reprit :

— Je disais donc, monsieur, que, selon vous, votre neveu est si furieusement épris de mademoiselle Jouffroy, que, s'il ne l'épouse point, il vous menace de se brûler la cervelle ? Cependant, monsieur, excusez la liberté grande : comment se fait-il que cet amoureux forcené ait, ce matin même (j'ai été témoin du fait), ait, dis-je, ce matin, envoyé son domestique chez certain orfèvre, afin de lui recommander de porter sans délai un fort riche bracelet à une madame de Morlac, femme de mœurs plus que douteuses, chez qui notre amoureux forcené devait, par parenthèse, se trouver aujourd'hui à midi, selon le dire de son domestique? Or, il me semble, monsieur, toujours d'après mon petit jugement, assez difficile de faire concorder la présence de votre neveu chez cette femme suspecte, avec l'amour éperdu dont il est, dites-vous, transporté à l'endroit de ma jeune parente.

— Roussel a raison : il nous a conté cela ce matin, tu t'en souviens, Sophie ? Certes, le neveu de monsieur le marquis est libre d'envoyer des bracelets à qui bon lui semble, mais...

— Mais, — reprit Joseph, — cet envoi prouve du moins que monsieur n'a heureusement rien à craindre pour la vie de son cher neveu, qui menaçait de se brûler la cervelle s'il n'obtenait la main d'Aurélie, et au refus échéant, l'antique et illustre famille des Villetaneuse ne s'éteindra point encore de ce coup de pistolet-là...

L'observation de Joseph, quoiqu'elle portât un rude coup aux projets de madame Jouffroy, la fit réfléchir et l'effraya en lui rappelant les faits dans son émoi elle avait oubliés ; si aveuglée qu'elle fût par sa détestable vanité, cette femme idolâtrait sa fille. Elle tressaillit, regarda le marquis, semblant lui dire: « Que pouvez-vous répondre à cette accusation si grave ? »

Le vieillard comprit la signification de ce regard, aspira longuement une prise de tabac, et reprit avec une dignité froide :

— Je sais un gré infini à monsieur... — et il parut demander à Joseph son nom, — à monsieur ?...

— Roussel, — répondit Joseph, —Roussel, épicier en retraite.

Le marquis s'inclina et reprit :

— J'avais donc l'honneur de dire à monsieur Roussel que je lui savais un gré infini de son observation.

— Je suis enchanté, monsieur, de vous avoir causé cette satisfaction ; je n'avais d'autre but, en ceci, que de vous être infiniment agréable.

— Vous pensez bien, madame,—reprit monsieur de Villetaneuse en s'adressant à la mère d'Aurélie ; — vous pensez bien que je ne me suis pas déterminé à une démarche aussi solennelle que celle que j'ai l'honneur de faire auprès de vous, sans avoir paternellement interrogé mon neveu sur sa vie présente. Il est de ces confidences au-devant desquelles je ne suis jamais allé, par respect de moi-même ; mais, en cette grave circonstance, j'ai regardé comme mon devoir de galant homme, d'exiger de mon neveu une sorte de confession à l'endroit de sa vie de garçon ; or, le fait que vient de signaler monsieur... monsieur... Roussel, est exact, parfaitement exact.

— Je n'en demandais pas davantage, — reprit Joseph en regardant monsieur et madame Jouffroy, — cela nous suffit.

— Pardon, monsieur Roussel, mais cela ne me suffit point à moi, et pour l'intelligence de mon neveu, le fait a besoin de quelques explications ; les voici. J'ose croire que madame, douée comme elle l'est d'un excellent et rare bon sens, et connaissant le monde, ne fera pas un crime à un jeune homme de vingt-six ans d'avoir eu, comme on dit, une amourette.

— Non, certainement, monsieur le marquis ; s'il ne s'agit en effet que d'une amourette ; — après tout, les hommes ne sont pas des anges, et il faut que jeunesse se passe.

— Vous avez, madame, admirablement traduit ma pensée... Donc mon neveu m'a avoué qu'il avait une liaison avec une madame de... de... Moriac ou Morlac, je ne sais trop au juste... Cette liaison avec une femme de moyenne vertu n'est nullement sérieuse, si peu sérieuse, en effet, que mon neveu m'a dit à ce sujet : « Que je sois ou non » assez heureux pour voir ma demande agréée par mademoiselle Jouffroy, le profond amour que je ressens pour » elle me domine tellement, qu'un autre lien, si léger qu'il » soit, m'est à cette heure insupportable. Dès demain j'irai » signifier à madame de Morlac que je romps avec elle. » Or, mon neveu est effectivement allé chez elle ce matin, dans cette seule intention ; et afin de lui offrir un dédommagement toujours parfaitement accueilli de ces créatures, il aura sans doute fait cadeau à cette femme de quelque bijou de prix... Telle est, dans toute sa simplicité, dans toute sa naïveté, l'histoire de ce bracelet, à laquelle monsieur... Roussel a fait une si bienveillante allusion ; je m'estime heureux de lui témoigner de nouveau combien je lui sais gré de son observation. Les intérêts dont nous nous occupons sont d'une haute gravité, et ils nous commandent à tous une sincérité absolue, j'oserai presque dire une franchise brutale...

Il était impossible de s'exprimer d'une manière plus convenable, de rétorquer, en apparence, plus victorieusement l'objection de Joseph. Il eût été convaincu de la sincérité de la réponse du marquis, si celui-ci ne lui eût inspiré une méfiance invincible. Monsieur Jouffroy regarda son cousin en hochant la tête, il semblait dire : « Après tout, c'est une amourette sans conséquence ; » et sa femme s'écria triomphante :

— Ah ! monsieur le marquis, votre réponse m'allège d'un poids qui me serrait le cœur. La rupture de monsieur le comte avec cette créature dont vous parlez est une preuve de plus de l'amour qu'il ressent pour ma fille.

— Un mot encore, monsieur, — reprit Joseph en s'adressant au marquis.—Vous avez dit tout à l'heure avec un grand sens, à mon avis, que nous devions nous montrer les uns envers les autres d'une franchise brutale... et... je...

— Monsieur Roussel !—s'écria madame Jouffroy exaspérée, — mêlez-vous de ce qui vous regarde ! Vous vous êtes faufilé ici malgré moi ; monsieur le marquis a eu la bonté de tolérer votre présence, et vous l'en avez, Dieu merci ! joliment récompensé de sa tolérance. Je vous prie donc de vous taire ou de sortir.

— Ah! ma femme! ma femme! peux-tu parler ainsi à Roussel, notre meilleur ami?

— Madame, — se hâta de dire le vieillard, — je vous le demande en grâce, souffrez au contraire que monsieur Roussel parle en toute liberté. Je serais au désespoir de paraître reculer devant les questions qu'il peut avoir encore la fantaisie de m'adresser, car il me paraît fort interrogeant, monsieur votre cousin!

— C'est l'un de mes moindres défauts, monsieur, et j'ai entre autres celui d'être si complètement étranger aux mœurs d'un certain monde, qu'il me semble au moins étrange que votre neveu, voulant rompre avec une femme de l'espèce de madame de Morlac, se soit donné la peine d'aller pour cela chez elle ce matin, malgré l'amour éperdu qu'il éprouve pour ma jeune parente; un billet de deux lignes suffisait à cette rupture; mais enfin passons.

— C'est bien heureux, — reprit madame Jouffroy en rongeant son frein, — c'est, ma foi, bien heureux!

— Donc, monsieur, c'est chose convenue, votre neveu, soudainement, passionnément épris d'Aurélie, ne s'est, je suppose, aucunement soucié de savoir si elle serait ou non richement dotée. Ce sont là, me direz-vous, de ces ignobles questions d'intérêt auxquelles les amoureux demeurent complètement indifférens.

— Vous allez voir que ma fille n'est pas assez belle, assez admirablement belle pour qu'on puisse l'aimer sans songer à sa dot! Oh! quelle patience il faut avoir pour entendre de pareilles choses!

— Monsieur... Roussel, l'observation de ma femme est d'une telle justesse, que je n'ai, quant à présent, rien à ajouter à ses paroles.

— A la bonne heure, monsieur, mais moi, s'il vous plaît, j'ajouterai ceci : Le désintéressement de monsieur votre neveu à l'endroit de la dot est d'autant plus méritoire, je dirai même plus héroïque, qu'il a l'inconvénient (monsieur votre neveu) de faire circuler des lettres de change que l'on ne veut escompter à aucun prix, sous cet impertinent prétexte qu'il ne les paie point à leur échéance, que les lettres de change! et que sa signature est devenue environ le synonyme de protêt.

— Des billets protestés! — s'écria monsieur Jouffroy avec cette sainte horreur du protêt habituelle aux commerçans scrupuleux observateurs de leurs engagemens. — Qu'est-ce que tu dis là, Roussel? Des billets protestés!

— Tu comprends bien qu'un élégant et beau jeune homme comme monsieur le comte ne tient pas de livres en partie double; il encaisse d'abord, et il paie... s'il le peut; c'est de la banque... transcendante! Tant il y a, que l'autre jour, en ma présence, mon ami Badinier a refusé d'escompter une lettre de change de trois mille francs, souscrite par monsieur le comte Henri de Villetaneuse, prétendant que, commercialement parlant, bien entendu... la signature de monsieur le comte était... comment dirai-je, afin de concilier la politesse et la brutalité?... était aussi fantastique, aussi impalpable que celle de son oncle le pair de France.

— C'est par trop fort... oser insulter monsieur le marquis! Sortez, monsieur Roussel!

— Non pas, madame, non pas... Monsieur voudra bien d'abord m'entendre, — répondit le vieillard. — Puis aspirant de nouveau longuement une prise de tabac : — Monsieur Roussel a-t-il sur lui un carnet et un crayon?

— Oui, monsieur, voici un carnet et un crayon.

— Très bien. Maintenant monsieur Roussel veut-il me faire la grâce d'écrire quelques mots sous ma dictée?

— Assurément.

— C'est une simple note que je prie monsieur Roussel de prendre en manière de remémorance, et je dicte : « Écrire à monsieur Guillot, régisseur de la terre de Montfalcon, au château de Montfalcon, près Grenoble... département de l'Isère. »

— Ensuite, monsieur?

— « Demander audit monsieur Guillot combien est estimée la terre de Montfalcon, » — poursuivit le marquis, « et si cette terre n'appartient pas à monsieur le comte » Henri de Villetaneuse. » Monsieur Roussel a-t-il écrit?

— Mon ami, tu entends? et monsieur Roussel avait le front de...

— Permettez, belle dame. Je ne blâme point du tout monsieur Roussel : il ignorait la fortune de mon neveu, de même que mon neveu ignorait la fortune que peut avoir monsieur Jouffroy.

— Mais enfin, monsieur, ces lettres de change?

— Je répondrai à monsieur Roussel que j'ignore si mon neveu souscrit ou non des lettres de change, mais que sa terre de Montfalcon (de ceci monsieur Roussel pourra s'assurer) est estimée quatre cent mille livres, et que, de plus, le jour de son mariage, je donne à Henri quatre cent mille livres comptant, et qu'enfin après moi il héritera du restant de ma fortune et de ma pairie, s'il plaît au roi. Le chiffre de cette fortune étonne peut-être monsieur Roussel?

— Elle m'étonne... énormément, monsieur, et vous êtes peut-être aussi énormément étonné que moi de vous savoir si riche.

— Monsieur Roussel est fort plaisant quand il lui plaît, — répondit le vieillard aspirant sa prise de tabac, — mais enfin, il suit du chiffre de cette fortune que mon neveu n'est point tout à fait ce que l'on appelle un mendiant, un coureur de dot.

— Ah! monsieur le marquis, nous ne nous serions jamais permis de croire...

— Pardon, belle dame, mais puisque nous parlons chiffres, question toujours très délicate et réservée aux grands parens, car les amoureux ont horreur des chiffres, ainsi que l'a très judicieusement fait observer monsieur Roussel, je ne crois pas exagérer les prétentions de mon neveu en espérant pour lui, dans le cas où ce mariage pourrait se conclure, une dot, non point supérieure, mais du moins égale à la fortune dont il jouirait en se mariant, à savoir : huit cent mille francs.

— Huit cent mille francs! — s'écria monsieur Jouffroy avec ébahissement; — superlotto! huit cent mille francs!... mais...

— Nous pourrions à la rigueur donner cela à notre fille, monsieur le marquis; aucun sacrifice ne nous coûtera pour assurer le bonheur de notre enfant.

— Mais, Sophie, tu oublies que...

Monsieur Jouffroy n'acheva pas : sa femme lui lança un tel coup d'œil qu'il se tut en regardant Joseph avec stupeur. Le marquis ne parut pas avoir entendu l'objection; il aspira lentement une nouvelle prise de tabac et reprit :

— En posant ce chiffre de huit cent mille francs, madame, je demande ce qui est rigoureusement nécessaire à mon neveu et à sa femme pour qu'ils puissent tenir décemment leur rang. Madame la comtesse, et plus tard madame la marquise de Villetaneuse, doit avoir une maison convenable pour y recevoir les personnes de sa société et sa famille. J'ai de plus l'espérance, je devrais dire la certitude, une fois marié, mon neveu obtiendra des bontés du roi... une ambassade.

— Une ambassadrice! ma fille ambassadrice!

— Or, belle dame, les ambassadeurs sont maintenant si piètrement rétribués, que leurs appointemens leur permettent à peine de vivre sur un certain pied; ces considérations posées, je suis obligé d'ajouter, remplissant en cela, quoique à regret, et jusqu'au bout mon rôle de grand parent, que quant à moi (car mon neveu épouserait mademoiselle Jouffroy, fût-elle pauvre comme Job!) que quant à moi, dis-je, et pensant à l'avenir, je ne saurais accepter la moindre réduction sur le chiffre de la dot de mademoiselle votre fille, à savoir : huit cent mille francs.

— Monsieur le marquis doit bien penser que ce n'est pas une question d'argent qui nous arrêtera lorsqu'il s'agit du bonheur de notre enfant. Il est évident qu'étant comtesse de Villetaneuse, et devant peut-être un jour être ambassadrice...

— Et ce jour, madame, ne serait point fort éloigné. Je m'empresserais de demander au roi, lorsqu'il signerait le

contrat de mariage de ma nièce... permettez-moi, belle dame, de dire ma nièce... c'est une supposition.
— Le roi ! serait-il possible ! le roi daignerait...
— Signer le contrat du mariage de ma nièce ? Eh ! chère madame, cela va de soi, de même que la présentation de ma nièce, non pas à ces cohues des Tuileries, mais au cercle particulier de la reine et des princesses royales. J'avais donc l'honneur de vous dire que je profiterais de l'occasion de la signature du contrat de ma nièce par le roi pour rappeler à Sa Majesté la promesse de cette ambassade.
— Monsieur, — reprit Joseph, revenu de la surprise embarrassée où l'avait d'abord jeté l'évaluation de la fortune du marquis et de son neveu, — je ne doute point que vous ne soyez parfaitement en cour, mais...
— Comment, encore ! comment, monsieur Roussel ! Monsieur le marquis vous a terrassé et vous osez...
— De grâce... belle dame, laissez monsieur Roussel oser tant qu'il lui plaira !
— Donc, monsieur, si terrassé que je sois, j'oserai vous faire observer, premièrement : que les plus belles propriétés du monde peuvent être grevées d'hypothèques, presque jusqu'à la concurrence de la valeur ; secondement, qu'il ne s'agit pas seulement de dire que l'on avantagera son neveu de quatre cent mille francs le jour de son mariage ; cette libéralité-là est magnifique ; mais, dit le proverbe, promettre et tenir sont deux. Or, serait-il indiscret de vous demander, monsieur, sur quelle sérieuse garantie repose ce don de quatre cent mille francs en avance d'hoirie ?
— Madame, vous entendez ? — reprit monsieur de Villetaneuse en se levant avec une fierté courroucée, — Il est certains soupçons si offensans pour la dignité d'un galant homme, qu'il ne peut, qu'il ne doit y répondre que par le dédain.
— Le dédain est fort commode, — dit le cousin Roussel, — mais peu concluant.
— Monsieur le marquis, un mot, de grâce ! Je suis désespérée de...
— Madame, — répondit le vieillard avec une hauteur contenue en prenant son chapeau, — dès qu'une personne de votre famille se permet de douter de ce que j'affirme, dès qu'on ne suis pas cru sur parole, il ne me reste qu'à me retirer.
— Monsieur le marquis, un mot, un seul mot ! — s'écria madame Jouffroy d'une voix étouffée, — une seule prière ! Attendez-moi cinq minutes, seulement cinq minutes, et je reviens : me refuserez-vous cela ?
— Je suis à vos ordres, madame, — répondit monsieur de Villetaneuse en s'inclinant, — j'attendrai.
La mère d'Aurélie sortit précipitamment.

XXXII.

Madame Jouffroy, en quittant le grand salon, se rendit en hâte dans une pièce plus petite où se réunissait ordinairement la famille, et où se trouvaient alors Fortuné, la tante Prudence, Marianne et sa sœur.
— Aurélie, — lui dit sa mère en entr'ouvrant la porte, — viens vite, j'ai à te parler.
La jeune fille se leva, rejoignit sa mère, qui l'emmena dans sa chambre à coucher, puis, pleurant de joie, elle sauta au cou d'Aurélie et la couvrit de baisers passionnés, sans pouvoir d'abord prononcer un mot.
— Mon Dieu ! maman, comme tu es émue ! tu pleures ! que se passe-t-il donc ?
— Sais-tu, — reprit madame Jouffroy d'une voix palpitante, entrecoupée, — sais-tu qui est là, dans le salon ?
— Qui donc ?
— Monsieur le marquis de Villetaneuse.
— Lui...
— Il vient te demander en mariage pour son neveu.

— Comment ? — répondit Aurélie, tellement abasourdie, qu'elle comprenait à peine les paroles de sa mère. — Que veux-tu dire ? quel neveu ?..
— Le comte de Villetaneuse, ce charmant jeune homme avec qui tu as dansé hier, chez les Richardet : il est amoureux fou de toi. Il se brûlera la cervelle si nous lui refusons ta main. Il a huit cent mille francs de dot ; le roi signera son contrat ; il sera ambassadeur, tu seras ambassadrice et comtesse, entends-tu, mon Aurélie ! comtesse ! et plus tard marquise ! Comtesse ! marquise ! tiens, j'en deviendrai folle ! Mais tu ne me réponds pas, tu pâlis, mon enfant ! tu m'effrayes !
— Pardon, maman, mais il me semble que la tête me tourne, — murmura la jeune fille ; et portant la main à son cœur pour en contenir les battemens désordonnés, — je... je... je ne sais, mais la surprise... je ne peux croire... je ne sais plus où j'en suis.
— Calme-toi, chère enfant adorée, calme-toi ! Tout à l'heure, moi aussi, je ne savais plus où j'en étais ; je ne pouvais pas croire... c'était trop beau ; et pourtant, c'est la vérité... comtesse ! Aurélie... comtesse ! ambassadrice ! marquise ! le comte est fou de toi !
— Hélas ! ma mère, je l'aimais ! — s'écria la jeune fille en sanglotant et cachant sa rougeur dans le sein de sa mère. — Cette nuit, je n'ai rêvé que de lui.
— Est-il possible ! Oh ! c'est trop de bonheur. Tu l'aimes autant qu'il t'aime !
— Oui, je l'aimais, — reprit Aurélie avec une expression navrante, — je l'aimais avant d'avoir appris que cette horrible femme...
— ... A qui le comte a envoyé un bracelet, n'est-ce pas ?
— Puis, embrassant sa fille avec ivresse : — Tout est expliqué !
— Maman !
— Tout est expliqué, te dis-je ! Le comte est si amoureux de toi, qu'il est allé chez cette femme... pour rompre avec elle !
— Mon Dieu !...
— Ce bracelet qu'il lui donnait, en la quittant, était un dédommagement.
— Ah ! qu'ai-je fait ! qu'ai-je fait !
— Le marquis nous a tout raconté. Son neveu lui a déclaré que s'il ne l'épousait pas, il se tuerait ! Faut-il qu'il t'aime, chère enfant ! faut-il qu'il t'aime !
— Malheureuse que je suis !
— Aurélie... que dis-tu ?... reviens à toi !
— Ma mère, — reprit la jeune fille avec un accent déchirant, — et Fortuné !
— Fortuné ?
— Je lui ai promis de l'épouser !
— Qu'est-ce que cela prouve ?
— Oh ! ma mère !
— Aimes-tu le comte, oui ou non ?
— Tu me le demandes, maintenant que je sais qu'il m'aime aussi, maintenant que sa présence chez cette femme est expliquée ! Mais non, non, je ne peux plus, je ne dois plus l'aimer... Fortuné a ma parole !
— Retire ta parole.
— Jamais, ma mère, jamais ! Non, je tâcherai d'oublier le comte... je serai peut-être bien malheureuse... mais...
— Te rendre à jamais malheureuse ! manquer l'occasion d'être comtesse ! un mariage superbe ! parce que tu as fait une promesse en l'air que tu regrettes ! Oh ! je jure bien qu'il ne sera pas ainsi, par exemple !
— J'ai librement promis à mon cousin de l'épouser. Tout à l'heure encore, les larmes aux yeux, il me disait : « Aurélie, j'ai le ciel dans l'âme... » Pauvre Fortuné ! quoi ! maintenant, j'irais lui porter un coup affreux ! Non, non, et acceptant ce mariage, j'ai surtout cédé... hé bien ! oui, je l'avoue, j'ai surtout cédé à un mouvement de dépit, de colère contre le comte. C'est ma faute... je l'expierai !
— Aurélie, écoute-moi. Si Fortuné te rend ta promesse ?
— Il m'aime trop, hélas ! il m'aime trop !
— Mais enfin, s'il te la rend ?

— Mais il ne me la rendra pas !
— Attends-moi ici.
— Maman, où vas-tu ? que veux-tu faire ?
— Dire à Fortuné la vérité.
— Comment ?...
— Oui, lui dire : « Ta cousine aimait quelqu'un qu'elle ne croyait pas pouvoir épouser ; alors elle t'a donné sa parole ; maintenant, cette personne demande ta cousine en mariage. »
— Ma mère...
— Laisse-moi donc achever : « Fortuné, » lui dirai-je, « Aurélie, si tu l'exiges, tiendra sa parole ; mais, si tu lui rends sa promesse, tu feras le bonheur de ma fille... et elle t'aimera comme le meilleur des frères... »
— Mon Dieu ! mon Dieu ! pauvre Fortuné !...
— Je vais le trouver...
— Non, non, je tiendrai ma promesse... j'aurai du courage... et pourtant...
— Attends-moi, je reviens, — dit madame Jouffroy voyant faiblir la résolution de sa fille ; et sortant précipitamment, elle laissa seule Aurélie, qui la rappelait en vain, mais qui la laissa s'éloigner.

XXXIII.

Lorsque la mère d'Aurélie, après un court entretien avec Fortuné Sauval, rentra dans le grand salon où l'attendaient son mari, le cousin Roussel et le marquis de Villetaneuse, celui-ci, pour se donner une contenance, regardait par la croisée, tournant le dos à Joseph et à son ami, qui s'entretenaient à voix basse, près de la cheminée...
— Monsieur le marquis, — se hâta de dire madame Jouffroy en allant droit au vieillard, — je viens de faire part à ma fille de vos offres... elle les accepte avec bonheur.

Et ce disant, l'orgueilleuse jeta un regard écrasant sur son mari et sur le cousin Roussel. Ce regard signifiait : « Maintenant tout est dit. »

En effet, monsieur Jouffroy regarda Joseph d'un air atterré, tandis que le marquis, sentant la nécessité de brusquer les choses, répondit d'un ton pénétré :
— Ah ! madame, je ne saurais vous exprimer ma joie... Pardonnez mon impatience, mais mon pauvre Henri ne vit pas, il m'attend avec une anxiété dévorante. Souffrez que j'aie pitié de lui... j'ai hâte d'abréger sa torture et de la changer en bonheur céleste, en lui apprenant vos bonnes intentions pour lui.
— Oh ! en ce cas-là... partez, monsieur le marquis, partez vite... et dites surtout à monsieur le comte que son amour est partagé.
— Quoi ! madame ?
— Ma fille raffole de lui, elle vient de me l'avouer. Oui, cette nuit, elle n'a rêvé que de monsieur le comte !
— Je ne m'étais pas trompé, — dit tout bas le cousin Roussel, — plus d'espoir ! la malheureuse enfant est perdue !
— Ah ! madame, que m'apprenez-vous ? mes vœux sont comblés, dépassés ! — s'écria le vieillard ; — s'il en est ainsi... vous me permettrez donc d'amener ce soir Henri, afin qu'il vous exprime sa profonde reconnaissance, et que vous le présentiez formellement à mademoiselle Aurélie comme son fiancé ?
— Certainement, monsieur le marquis, et de grand cœur... nous vous attendons à huit heures.
— Je vous dois, madame, le plus beau jour de ma vie, car j'aime mon neveu comme un père aime son enfant.
— Et, tendant la main à monsieur Jouffroy abasourdi, ne sachant encore s'il veillait ou s'il rêvait : — A bientôt, mon cher monsieur... Ce soir je vous amènerai votre fils, car si je gagne à cette union une fille adorable et charmante, vous gagnerez un fils aussi respectueux que dévoué. Ainsi, ce soir, à huit heures, je vous amène Henri, ma chère madame.

— Oui, monsieur le marquis, nous aurons l'honneur de vous attendre ; — et elle ajouta tout bas : — J'écrirai aux Richardet de venir à neuf heures... ils crèveront de jalousie.

Le marquis de Villetaneuse quitta le salon, où il laissa les divers personnages de la famille.

XXXIV.

Joseph, aussitôt après le départ de monsieur de Villetaneuse, dit gravement :
— Ma cousine, vous aimez à votre manière votre fille, mais vous la perdrez. L'orgueil maternel vous aveugle ; rappelez-vous bien ceci : ce mariage, s'il a lieu, fera le malheur d'Aurélie et le vôtre.
— Monsieur Roussel — s'écria impétueusement madame Jouffroy, — j'en ai assez enduré depuis une heure ! Je ne souffrirai pas plus longtemps qu'un intrus vienne faire la loi ici. Je vous défends de remettre les pieds à la maison !
— Sophie, ah ! Sophie ! parler ainsi à notre plus vieil ami !
— Oui, au plus vieil ami de nos dîners, qu'il vient gueuser deux fois par semaine, sans compter les jours où, sans façon, il s'invite à déjeuner, comme il a fait ce matin. Dieu merci ! l'on n'en manque jamais, de ces amis-là ; et pour un de perdu, dix de retrouvés.
— Mais c'est absurde et odieux ce que vous dites-là, ma femme ! — s'écria monsieur Jouffroy avec une douloureuse indignation. Et se tournant vers son cousin : — Mon cher Joseph, la colère l'emporte, elle ne réfléchit pas à ses paroles.
— J'y ai si parfaitement réfléchi, que je répète à monsieur Roussel qu'il est un pique-assiette, et que j'ai assez, que j'ai trop de ses visites ; je n'en veux plus !
— Tenez, ma femme ! si vous parliez ainsi de sang-froid, vous seriez une méchante créature ! Mais, Dieu merci ! vous ne savez plus ce que vous dites dès que vous êtes en colère.
— Vous verrez si je ne fais pas une avanie à monsieur Roussel, dans le cas où il oserait revenir à la maison !
— Rassurez-vous, madame, — reprit dignement Joseph ; — je vous épargnerai ce mauvais procédé, je ne remettrai pas les pieds ici.
— Joseph, mais tu es fou ! Tu ne peux pas prendre au sérieux les paroles de ma femme !
— Non, mon vieil ami, mais ce que je prends au sérieux, ce sont les malheurs que je prévois ; je ne saurais, non plus que toi, empêcher que mon cœur me saignerait toutes les fois que je viendrais chez toi ; mes conseils seraient aussi vains qu'ils l'ont été aujourd'hui ; ta femme sera donc satisfaite : elle ne me verra plus.
— J'y compte, monsieur Roussel.
— Mon Dieu ! — murmura monsieur Jouffroy les yeux pleins de larmes, — un ami de vingt ans !
— Si tu as jamais besoin de moi, tu me retrouveras toujours tel que par le passé.
— Joseph ! — s'écria monsieur Jouffroy en serrant entre les siennes la main que son ami lui tendait, et attachant sur lui ses yeux baignés de larmes, — tu ne romps pas avec moi pour toujours ! non ! c'est impossible ! l'on ne renonce pas ainsi à une affection qui date de l'enfance. Quelques paroles échappées à une femme irritée ne peuvent te blesser à ce point.
— Encore une fois, tu me connais assez pour croire que de vains mots ne sauraient m'atteindre. Pendant vingt ans, j'ai vu régner le bonheur, l'union, la paix dans ta famille ; tout cela va changer ; il me serait trop pénible d'être témoin des choses que je prévois. Ce fatal mariage aura lieu, quoi que tu dises, quoi que tu fasses. Ce matin j'avais deviné le secret penchant d'Aurélie pour le neveu du marquis ; j'ai tenté de conjurer le péril que je redoutais ; un moment

Monsieur Jouffroy éprouva une peine cruelle. — Page 47.

j'ai cru réussir; mes efforts ont été déjoués par l'arrivée de monsieur de Villetaneuse; maintenant, je n'ai que faire ici. Adieu, — reprit le cousin Roussel d'une voix étouffée par l'attendrissement, — adieu !

Et il quitta le salon précipitamment.

— Joseph, Joseph ! — s'était écrié monsieur Jouffroy, en faisant quelques pas à la suite du cousin Roussel; puis, tombant dans un fauteuil, il murmura en cachant sa figure entre ses mains : — Un ami de vingt ans! mon Dieu! un ami de vingt ans !

— Bon voyage ! — dit madame Jouffroy triomphante, — bon voyage! cousin Roussel.

— Oui, vous avez fait là un beau coup, allez, vantez-vous-en ! — reprit amèrement le digne homme en s'adressant à sa femme. — C'est parce qu'il parlait en homme ferme, sensé, dans notre intérêt à tous, que vous l'avez chassé d'ici. Ah! maudit soit ce mariage! il commence par me brouiller avec mon meilleur ami.

— Ainsi, moi et votre fille, nous ne sommes rien pour vous? nous ne pouvons remplacer dans votre affection ce cher et si regrettable monsieur Roussel ? Tenez, vous me faites pitié !

— Et vous aussi vous me faites pitié, car vous êtes folle ! Ah ! Joseph vous avez raison, vous ferez, voyez-vous, le malheur de votre fille et le nôtre, avec votre sotte vanité ! Comment ! elle a promis à son cousin de l'épouser, ce mariage était convenable de tous points, et maintenant tout est changé !

— Ta, ta, ta ! vous parlez sans savoir seulement ce dont vous parlez. J'ai été trouver Fortuné, je lui ai dit qu'avant de s'engager avec lui, Aurélie avait une inclination...

— Quelle inclination ?

— Aurélie s'est éprise du comte comme il s'est épris d'elle; oui, tout à l'heure elle me l'a avoué... Cette nuit elle a rêvé de lui, elle l'adore !

— Allons ! bon, voilà autre chose maintenant !

— Quoi ! vous ne m'avez pas entendu dire à monsieur le marquis Villetaneuse qu'Aurélie aimait monsieur le comte ?

— Au diable vos marquis et vos comtes ! Tenez, si ça continue, vous me ferez perdre la tête... Je me sens des battements dans les tempes et le front me brûle.

— C'est qu'aussi vous vous ahurissez d'un rien. Toujours est-il que j'ai dit à Fortuné : — « Ta cousine n'a que sa parole, elle la tiendra si tu l'exiges; mais tu la rendras bien heureuse si tu renonces à elle. — Ma tante, — m'a-t-il répondu, — jamais je n'épouserai Aurélie contre son gré... » Adieu ! » — Et il est parti, il n'en a été que cela.

— Il n'en a été que cela ! parce qu'il n'a pas osé se désespérer devant vous. Pauvre garçon ! je suis sûr qu'à cette heure, il pleure toutes les larmes de son cœur.

— Bon, bon, les chagrins d'amour ne durent guère. Je suis donc retournée auprès d'Aurélie lui dire : « Ton cousin te rend ta promesse; veux-tu te marier avec le comte ? » La chère enfant m'a sauté au cou pour toute réponse.

— Et puis après ?

— Comment et puis après ? Eh bien ! notre fille sera comtesse.

— Avec huit cent mille francs de dot, n'est-ce pas ?

— Pourquoi non ?

— Ah çà ! est-ce que vous vous moquez du monde, à la fin des fins ? Est-ce que je peux donner à Aurélie une dot de huit cent mille francs, moi ! Est-ce qu'il ne faut pas aussi que j'établisse sa sœur ? — Et se levant brusquement, monsieur Jouffroy se mit à marcher avec agitation dans le salon. — Huit cent mille francs ! Plus des quatre cinquièmes de notre fortune ! Est-ce que nous n'avons pas une autre enfant ! Est-ce que nous devons donner tout à l'une et rien à l'autre ? Miséricorde ! je ne suis pas un mauvais père, heureusement, non, non ! Et parce que cette pauvre Marianne est infirme, je ne la sacrifierai pas à votre sotte vanité de voir Aurélie comtesse ou marquise ! Entendez-vous bien cela, ma femme? Ah ! mais ne me croyez pas

Ah! un pareil reproche, dit Marianne en fondant en larmes — Page 51.

plus faible et plus bonasse que je le suis, car vous vous tromperiez fort, je vous en avertis !

— Qu'est-ce que cela signifie? ma volonté ne compte donc pour rien ici?

— Non ! — s'écria monsieur Jouffroy élevant la voix au-dessus de celle de sa femme, — non, votre volonté ne comptera pour rien si vous voulez me forcer à commettre une injustice, une indignité ! absurde et folle créature !

— Vous êtes un manant!

— Et vous... une mauvaise mère !

Soudain, au milieu des éclats de voix des deux époux irrités, la porte du salon s'ouvrit brusquement. Aurélie, inquiète, s'arrêta au seuil de l'appartement. A la vue de leur fille, le père et la mère gardèrent le silence.

XXXV.

Aurélie, après être restée un instant au seuil de la porte, s'avança timidement, et dit en s'adressant aux deux époux :

— Excusez-moi d'être entrée indiscrètement peut-être, mais, en passant devant la porte du salon, j'ai entendu des éclats de voix, et je...

— Sais-tu ce qui arrive ? Ton père ne veut pas que tu te maries avec monsieur de Villetaneuse.

A ces mots de sa mère, qui ruinaient si brusquement ses plus chères espérances, Aurélie éprouva un tel saisissement qu'elle pâlit, chancela, et fut obligée de s'appuyer au dossier d'un canapé. Madame Jouffroy, alarmée, la voyant presque défaillante, courut à elle, la prit dans ses bras, et, l'asseyant sur ses genoux, comme on y assoit un enfant, elle l'étreignit passionnément et mêla ses larmes aux siennes.

Cette femme, dominatrice jusqu'à la dureté, vaniteuse jusqu'à la complète aberration du sens commun, sentait en ce moment son cœur déchiré par la douleur de sa fille, et elle lui dit d'une voix entrecoupée :

— Ma chérie, ne pleure pas ainsi, je t'en supplie ; calme-toi, mon Dieu ! c'est la première fois que je te vois éprouver un vrai chagrin. Ah ! je ne connaissais pas le mal qu'on endure en voyant souffrir son enfant !

— Oh! maman, — reprit Aurélie en sanglotant et serrant convulsivement sa mère contre son sein, — tu es bonne, toi... tu es bonne !

Et toutes deux restèrent ainsi enlacées.

A ces mots d'Aurélie : *Tu es bonne, toi, maman!* monsieur Jouffroy éprouva une peine cruelle. Il était donc méchant, lui? Atterré, muet, désespéré, l'excellent homme regardait sa femme et sa fille, qu'il adorait, abîmées dans leur chagrin et le laissant à l'écart. Hélas ! lui aussi voyait pour la première fois, en proie à une véritable douleur, sa fille toujours jusqu'alors souriante, idolâtrée! Lui aussi, il ressentait pour la première fois ce mal qu'on endure en voyant souffrir son enfant; pour la première fois enfin, il voyait sa femme plongée dans une affliction profonde. Leur vie avait été jusqu'alors si paisible, si heureuse! Incapable de résister plus longtemps à ses fermes et sages résolutions, s'étourdissant sur la question de la dot, et cédant à la faiblesse habituelle de son caractère, il se rapprocha de sa femme et de sa fille, s'agenouilla devant elles et leur dit d'une voix suppliante, en tâchant de saisir leurs mains afin de les baiser.

— Aurélie... Sophie... ne me repoussez pas; pardonnez-moi si je vous ai affligées, c'est involontairement.

— Laissez-nous, laissez-nous ! — reprit madame Jouffroy, non plus avec un accent impérieux et irrité, mais avec un accent navrant. La douleur abattait cette femme altière; la sincérité de son affliction porta un dernier coup à son mari, qui s'écria :

— Aurélie, ma fille chérie, puisque tu aimes le comte et qu'il t'aime, tu l'épouseras, je te le promets; nous arrangerons les choses comme nous pourrons; mais, par pitié, ta mère et toi, ne me repoussez pas, ne me désespérez pas!

A ces mots, toutes deux tournèrent peu à peu vers lui leurs visages baignés de larmes; il lut sur leurs traits ce qu'il appelait *son pardon*, et les enlaçant alors toutes deux dans ses bras.

— Vous ne m'en voulez plus? vous me pardonnez? Je ne suis plus un méchant homme?

— Toi, méchant? Mon Dieu! peux-tu croire que j'aie pensé cela? — reprit Aurélie en essuyant ses pleurs; — tu es ce que tu as toujours été, le meilleur des pères.

— Et d'une! — reprit le faible et excellent homme, ne se possédant pas de joie et baisant la main d'Aurélie. — Et l'autre, la maman, est-ce qu'elle ne sera pas aussi indulgente que sa fille? — Et il cherchait aussi à prendre la main de sa femme, que celle-ci lui abandonna enfin en murmurant :

— Vilain Jouffroy, va!... Vois-tu, nous sommes trop bonnes!

— Ne dis pas cela, ne dis pas cela! — reprit-il en serrant dans ses mains celles de sa femme et de sa fille. — Enfin, la paix est faite; plus de chagrins, plus de larmes!

— Non, non, mon ami; puisque tu es raisonnable, nous serons heureux comme par le passé.

— Oh! merci, merci à vous deux! Si vous saviez combien j'ai souffert! Quel martyre durant ces quelques instants où je vous voyais là, pleurer en me repoussant!... Je l'avoue, pauvre Mimi, j'ai été trop vif envers toi, j'ai eu tort; mais que veux-tu... cette dot m'avait...

— Ne parle plus de cela; j'arrangerai la chose, ne te tourmente pas.

— De quoi s'agit-il, maman? quelle dot?

— Il s'agit d'affaires, mon enfant; tu n'y entends rien : cela me regarde. — Et, s'adressant à son mari : — Je te le répète, j'arrangerai la chose à ta satisfaction... me comprends-tu? à ta complète satisfaction... Est-ce clair?

— Mais, comment?...

— Laisse-moi faire!

— Ah! si cela se pouvait!

— Cela se peut; cela sera. Sois tranquille, tu n'auras rien, absolument rien à te reprocher!

— Bien sûr?

— Je te le promets!

Après cela, Mimi, je sais que quand tu as quelque chose dans la tête, ça y est bien, — reprit monsieur Jouffroy, enchanté de voir sa femme se charger de résoudre la question de la dot de façon à ce qu'il n'eût à se reprocher aucune injustice, quoiqu'il ne devinât pas par quel moyen l'on pouvait arriver à ce résultat; mais, grâce à sa confiance aveugle dans sa femme, il se sentait délivré d'un grand poids.

— Ah çà! maintenant, — reprit madame Jouffroy — il ne faut pas oublier que monsieur le marquis nous présente ce soir son neveu...

— Ce soir! — dit Aurélie, rougissant et tressaillant de surprise et de bonheur. — Il viendra ce soir?

— Fifille... tu l'aimes donc bien?

— Ah! mon père!... je n'osais l'avouer. Mais, depuis hier... je ne pensais qu'à lui! Et si tantôt j'ai promis à ce pauvre Fortuné de...

— Ton père sait tout. C'est fini... Il sait aussi que ton cousin t'a rendu ta parole, et qu'il a pris très facilement son parti là-dessus.

— Tu me l'as dit, maman, et cette pensée adoucit mes remords.

— Tu ne dois pas en avoir; ne pensons plus à cela, c'est fini. Et maintenant, dépêchons-nous, il est tard; il faut, mon enfant, songer à ta toilette. Toi, Jouffroy, tu vas ôter les housses des meubles du salon, la gaze du lustre et des candélabres, et veiller à ce que l'on mette des bougies neuves partout.

— Oui, Mimi, et l'on allumera le feu d'avance, pour que ça ne fume pas comme ce matin.

— Il faudra aussi dire à Pierre de mettre sa redingote neuve pour ouvrir la porte ; nous dînerons de bonne heure, afin que la salle à manger soit rangée quand ces messieurs entreront.

— Mon Dieu! maman, il sera trop tard pour avoir le coiffeur. Voilà qu'il est déjà quatre heures.

— Marianne et moi nous te coifferons, sois tranquille; il ne s'agit pas d'une coiffure de bal... Avec tes beaux cheveux ondés en bandeaux et une tresse, tu seras toujours charmante... Ah! mon ami, j'oubliais! je vais tout de suite écrire aux Richardet pour leur demander de venir ici sur les neuf heures passer la soirée sans façon avec nous. Cette glorieuse madame Richardet, qui faisait sonner si haut l'avantage de recevoir dans sa société un comte et un marquis, les trouvera ce soir chez nous. Et quand elle saura pourquoi ils y sont, elle sera capable d'en crever de jalousie. Tant mieux! Allons, Aurélie, va vite tout préparer pour ta toilette, et dis à Marianne de venir me parler dans ma chambre.

— Oui, maman.

— Et toi, mon ami, fais vite enlever les housses du salon.

— Afin que ce soit plus tôt fait, — dit monsieur Jouffroy en ôtant sa redingote, — je vais me charger de ce soin, et j'aiderai Pierre à tout ranger ici. — Puis, le digne homme ajouta tout bas : — Je vais me mettre en quatre pour contenter Mimi, et j'obtiendrai que mon pauvre ami Roussel revienne à la maison comme par le passé.

— Ah! — fit madame Jouffroy, — et les rafraîchissements? Il faudra des gâteaux, un fromage glacé ; cours chez le glacier et chez Félix ; Pierre arrangera le salon.

— Très bien, Mimi, — répondit monsieur Jouffroy en reprenant et vêtissant à la hâte sa redingote, qu'il venait de quitter afin d'être plus à l'aise; — Je cours chez le glacier.

Quelques instants après, madame Jouffroy, qui finissait d'écrire sa lettre d'invitation aux Richardet, vit entrer Marianne dans sa chambre à coucher.

XXXVI.

Marianne, après avoir entendu sa sœur promettre sa main à Fortuné Sauval, venait d'apprendre que ce mariage était rompu ; aussi, se rappelant les paroles de la tante Prudence, se disait-elle avec l'égoïsme inséparable de l'amour :

— Le refus d'Aurélie plongera Fortuné dans une douleur profonde; il sentira le besoin de consolations, d'affection. Peut-être me sera-t-il donné d'adoucir un peu sa peine, à force de témoignages d'intérêt et d'attachement.

— Ma chère Marianne, — lui dit affectueusement sa mère en lui faisant signe de s'asseoir à côté d'elle, — nous avons à causer très sérieusement ensemble.

— Maman, je t'écoute.

— Tu sais que ta sœur a retiré la promesse qu'elle avait faite à Fortuné?

— Oui, maman.

— Il se présente pour Aurélie un parti superbe, inespéré : monsieur le comte de Villetaneuse, neveu de monsieur le marquis de Villetaneuse, la demande en mariage ; le roi signera au contrat; enfin, c'est magnifique.

— Elle vient de me raconter cela. Si tu savais, maman, combien elle est heureuse, cette chère Aurélie !

— Je le sais, je sais aussi que tu es une excellente fille, et que tu adores ta sœur.

— C'est tout simple.

— Certainement, et rien ne te coûterait, j'en suis sûre, pour assurer son bonheur.

— Oh! non, rien.

— Hé bien! mon enfant, tu peux beaucoup pour le bonheur de ta sœur.

— Moi, maman?

— Oui.

— Je ne te comprends pas.

— Je m'expliquerai plus clairement tout à l'heure. Mais, dis-moi, je me suis, ainsi que ton père, aperçue depuis longtemps du peu de goût que tu as pour le monde, et de ton penchant à la retraite. Car enfin, quelle est ta vie ici? Tu ne sors presque jamais avec nous ; cela te convient, rien de plus naturel. Tu n'aimes pas la toilette, et pourvu que tu aies une robe chaude en hiver, légère en été, peu t'importe sa couleur et qu'elle soit taillée comme un sac, puisque tu es la modestie et la simplicité en personne. Tu restes toute la sainte journée occupée à broder ou à coudre dans ta chambre ou dans celle de ta tante Prudence ; ce n'est guère récréatif ; mais encore une fois, cela te plaît, rien de mieux. Aussi, voyons, ma petite Marianne, sois franche ; avoue que plus d'une fois tu as pensé à te retirer dans un couvent.

— Moi, maman? — répondit Marianne avec stupeur, — moi ?

— Ne t'en défends pas.

— Je vous assure que...

— Hé! mon Dieu! je te devine : tu crains qu'une pareille résolution nous fasse douter de la tendresse pour nous. Non, non, mon enfant, rassure-toi. D'abord, je te l'ai dit, pour rien au monde, je ne voudrais contrarier tes goûts. Et puis, si tu entrais au couvent, cela serait au mieux pour ta sœur. Voilà pourquoi je te disais tout à l'heure que je pouvais beaucoup pour son bonheur. Écoute-moi bien, tu vas comprendre cela tout de suite.

— Oui, maman, — reprit Marianne abasourdie. — Je t'écoute.

— Mais d'abord il faut me promettre une chose...

— Laquelle, maman ?

— De ne pas dire un mot à ta sœur de notre entretien ; c'est une preuve de grande confiance que je te donne ; me promets-tu d'être discrète ?

— Oui, maman.

— Je compte sur ta parole. Tu sauras donc que monsieur le comte de Villetoneuse apporte en mariage à Aurélie huit cent mille francs. Tu le vois, c'est superbe. Il suit de là qu'il est en droit d'attendre d'Aurélie une pareille dot, parce que ta sœur, une fois comtesse et plus tard ambassadrice, figure-toi qu'elle sera un jour ambassadrice ! enfin, lancée dans le plus grand monde, ta sœur doit, comme nous le disait monsieur le marquis, tenir honorablement son rang, avoir une voiture, des diamans, de ravissantes toilettes, un hôtel pour recevoir la belle société de son mari. Or, tout cela coûte beaucoup d'argent... beaucoup, tu comprends bien, n'est-ce pas, mon enfant ?

— Certainement...

— Hé bien ! pour que nous puissions donner à Aurélie huit cent mille francs de dot, il faut que, toi comme nous, chacun y mette du sien ; c'est pour la sœur un si magnifique mariage, que, pour l'assurer, aucun sacrifice ne doit nous coûter à tous ; ainsi, moi et ton père, nous réduirons énormément notre dépense, il est probable que nous nous mettrons en pension chez notre gendre, et nous nous contenterons d'un petit appartement chez lui dans son hôtel, afin de n'être pas séparés de ta sœur. Ah dame ! ajouta naïvement, sincèrement, madame Jouffroy, — quand on aime ses enfans, il faut savoir se sacrifier. Tu le vois, nous te prêchons d'exemple ; il ne s'agit pas même pour toi d'un sacrifice, puisque, je le sais, tu préfères la vie de couvent. La pension que nous aurions à payer pour toi dans l'un de ces établissemens sera peu de chose, de sorte que, n'ayant plus qu'Aurélie à doter, nous pouvons lui donner ces huit cent mille francs ; c'est enfin comme si nous n'avions qu'une fille.

— Oui, ma mère, — répondit Marianne, pouvant à peine contenir ses larmes ; — en effet, vous agissez comme si vous n'aviez qu'une fille.

— Absolument, car tu sens bien que, s'il avait été dans tes goûts de te marier, nous ne pouvions, sans une injustice criante, te donner une dot moindre que celle de ta sœur ; or, comme il nous est impossible de donner huit cent mille francs à Aurélie et autant à toi, le mariage dont il s'agit n'avait pas lieu, et ta pauvre sœur eût été capable de mourir de chagrin. Heureusement ton entrée au couvent arrange tout. Je vais aller dire à ton père que c'est une affaire convenue entre nous. Embrasse-moi, tu es une excellente fille.

— Maman, excusez-moi, mais...

— Mais ?...

— Vous vous êtes méprise... vous vous méprenez sur mes intentions...

— Comment cela ?

— Je n'ai pas, je n'ai jamais eu la pensée d'entrer au couvent. Dotez ma sœur aussi richement que vous le voudrez, je ne suis jalouse que de votre affection. Je vous demande seulement la permission de vivre auprès de vous, comme par le passé, sans me montrer plus que par le passé, moins encore peut-être, car je sens combien je serais déplacée dans la brillante société qui va désormais être la vôtre.

— Voilà du nouveau, par exemple ! Comment! vous ne voulez plus entrer au couvent.

— Mais, maman, encore une fois, jamais je n'ai eu cette pensée.

— Que vous l'ayez eue ou non, qu'est-ce que cela prouve ? Vous êtes décidée à vivre en recluse, pourquoi ne pas aller au couvent ? C'est donc de l'entêtement, un entêtement absurde, ou plutôt c'est de l'envie contre votre sœur. Vous voulez, méchamment, faire manquer son mariage.

— Ah ! un pareil reproche ! — dit Marianne en fondant en larmes, — c'est trop, c'est trop, je ne le mérite pas !

— Vous le méritez !

— Mon Dieu ! je vous le répète, dotez ma sœur aussi richement que vous le voudrez, mais...

— Vous ne savez pas ce que vous dites. Est-ce que si vous ne vous faites pas religieuse, nous pouvons donner huit cent mille francs à votre sœur et à vous presque rien ! Tout le monde crierait à l'injustice ; tandis que si vous entrez au couvent, la chose est simple comme bonjour.

Mais, changeant de ton et espérant obtenir par la douceur, par la persuasion, ce qu'elle craignait de ne plus obtenir par une autorité impérieuse, madame Jouffroy ajouta en câlinant sa fille :

— Hé bien ! j'ai eu tort. Non, tu n'es pas jalouse de ta sœur ; non, tu ne voulais pas faire manquer son mariage... Je connais ton bon cœur. Mais, voyons, ma petite Marianne, raisonnons un peu : tu l'avoues toi-même, tu es décidée à vivre encore plus retirée que par le passé. Alors, qu'est-ce que cela peut donc te faire d'entrer au couvent ?

Marianne n'osait et ne pouvait dire qu'en allant au couvent, elle perdait tout espoir de revoir Fortuné. Puis, malgré la préférence dont elle se voyait, surtout en ce moment, victime, elle aimait son père, sa mère, sa sœur, non moins tendrement que la tante Prudence, surtout depuis l'échange de ses confidences avec la vieille fille. Aussi, Marianne put répondre avec sincérité, tout en conservant le secret de son cœur :

— Si j'entre au couvent, je serai pour toujours séparée de vous, de mon père, de ma tante, de ma sœur... et cela me serait trop pénible.

— Ce sont là des enfantillages.

— Ah ! ma mère ! ma mère !...

— Nous irons te voir souvent..... tu viendras à la maison...

— Mon Dieu ! est-ce que c'est la même chose ? Je ne vous verrai ainsi que de loin en loin, au lieu de vous voir chaque jour, comme à présent.

— Tu exagères tout.

— Bonne et chère mère ! je ne désire au monde qu'une chose : rester près de vous ; je vous le répète, dotez ma sœur aussi richement que vous le voudrez ; loin de m'en plaindre, je m'en réjouirai, puisque le bonheur d'Aurélie est à ce prix... mais quitter la maison me serait impossible.

— C'est ce que nous verrons, mademoiselle ! — s'écria madame Jouffroy, exaspérée de la résistance de Marianne. — Vous n'êtes qu'une envieuse, et j'en suis maintenant certaine. Vous voulez, par méchanceté, empêcher le mariage de votre sœur. Vous ne valez pas mieux que votre tante Prudence, et parce que vous êtes, comme elle, laide et sans cœur, vous êtes rongée de jalousie. Mais je saurai vous mater, entendez-vous ! Et que vous le désiriez ou non, vous irez au couvent. Je vais prévenir votre père que vous consentez à cela de bon gré. Nous verrons si vous avez l'audace de me démentir !

— Ah ! ma mère ! je m'en aperçois aujourd'hui, vous ne m'avez jamais aimée, — répondit Marianne en fondant en larmes ; — ma sœur est tout pour vous, et moi... rien.

— Vous êtes une insolente ! Retirez-vous, et si vous allez pleurnicher auprès de votre sœur, au sujet de tout ceci, vous aurez affaire à moi.

— Rassurez-vous, ma mère, — répondit Marianne avec un accent navrant, — je connais le cœur d'Aurélie ; elle m'aime tendrement, elle ! oh ! oui ; et plutôt que de me voir malheureuse, elle renoncerait à ce mariage, qui lui est pourtant bien cher. Mais, je l'ai promis, elle ne saura rien de ce que vous venez de m'apprendre. Je ne veux pas diminuer son affection pour vous. Grâce à Dieu ! ma sœur ignore, ignorera toujours ce que vous exigez de moi en son nom.

Et Marianne, désolée, quitta la chambre de sa mère.

XXXVIII.

Pendant que les scènes précédentes se passaient dans l'intérieur de la famille Jouffroy, Fortuné Sauval, le désespoir dans l'âme, retournait chez lui, où l'avaient devancé, depuis une demi-heure environ, le père Laurencin et Michel l'apprenti.

L'on sait quelles furent la surprise, la douleur, l'indignation du vieillard, lorsqu'il eut reconnu la mère de son petit-fils dans madame de Morlac, courtisane de renom. Agité par mille pensées, par mille appréhensions, songeant, à en juger du moins d'après la violence des émotions de cette femme, suivies d'un évanouissement, qu'elle avait aussi reconnu son fils, et voudrait peut-être, un jour, user de ses droits maternels afin de garder Michel auprès d'elle, le père Laurencin était revenu en hâte à l'atelier avec l'apprenti, afin de réfléchir plus à loisir, et, au besoin, de consulter Fortuné sur la conduite à tenir en cette circonstance.

Michel, de son côté, assez surpris de ce qui s'était passé en sa présence chez madame de Morlac, se rappelant l'évanouissement de celle-ci, l'empressement du père Laurencin à sortir de la maison et à retourner à l'atelier, Michel, regrettant quelque peu sa promenade du dimanche, remarquait avec inquiétude l'air soucieux de son grand-père, qui demeurait silencieux et accablé.

Ils venaient d'entrer tous deux dans l'atelier : la forge éteinte ne jetait plus çà et là ses clartés flamboyantes sur les noires murailles. L'on ne voyait non plus sur l'établi aucune de ces orfèvreries étincelantes, en or ou en argent, dont l'éclat semblait égayer cette vaste salle froide, basse, sombre et enfumée ; aussi rien de plus triste que l'aspect qu'elle présentait alors.

Le père Laurencin plaça dans la caisse le prix du bracelet vendu à madame de Morlac, se jeta sur une chaise voisine de la porte, appuya ses coudes sur ses genoux et le front dans ses mains.

Michel, de plus en plus surpris et alarmé, s'approcha de son grand-père et lui dit timidement :

— Mon Dieu ! qu'avez-vous donc ? c'est à peine si vous m'avez parlé pendant notre retour ici ! Est-ce que vous êtes fâché contre moi ?

— Fâché contre toi, cher enfant ! — reprit le vieillard en relevant la tête et en embrassant son petit-fils avec effusion. — Non, non, c'est toi qui devrais être fâché contre moi... je te ramène ici au lieu de continuer notre promenade et de faire notre petite partie du dimanche, après avoir rapporté l'argent dans la caisse ; mais, mon pauvre enfant, il faut absolument que j'attende monsieur Fortuné ; j'ai à m'entretenir avec lui ; je crains bien que pour aujourd'hui tu sois obligé de renoncer au plaisir que tu te promettais.

— Eh bien ! grand-père, remettons notre partie à la semaine prochaine ; il n'y a pas, Dieu merci ! qu'un dimanche dans l'année. Dès que vous n'êtes pas fâché contre moi, je n'ai rien à regretter, — ajouta-t-il résolument. — Je passerai ma journée aussi bien ici que dehors : je vais m'amuser à copier ce bel ornement tracé au trait par maître Fortuné ; vous savez ? cet encadrement de feuillage au milieu duquel il y a des enfans et des oiseaux. — Puis tendant son front au vieillard avec une grâce charmante : — Embrassez-moi encore une fois, et ne vous inquiétez pas de moi : vous savez combien j'aime à dessiner...

Après avoir reçu cette nouvelle caresse du père Laurencin, l'apprenti approcha une table, prit dans un carton le modèle de l'ornementation qu'il voulait reproduire, et se mit allègrement au travail, pendant que le vieillard s'absorbait dans les pensées éveillées en lui par la rencontre imprévue de la mère de Michel.

— Grand-père, — dit l'apprenti au bout de quelques instans et continuant de dessiner, — j'y pense maintenant : est-ce que pendant que je vous attendais sous la porte cochère de la maison de cette dame, c'est vous qui m'avez envoyé chercher par sa bonne ?

— Non, mon enfant, — reprit le père Laurencin, embarrassé de cette question, — c'est ce monsieur qui est monté chez elle.

— Et pourquoi donc m'a-t-il envoyé chercher ?

— Je n'en sais rien. Il allait sans doute nous l'apprendre quand cette femme s'est trouvée mal.

Le vieil ouvrier prononça ces mots : *cette femme*, avec une si méprisante amertume, que l'apprenti, frappé de l'accent de ces paroles, s'interrompit de dessiner en disant avec surprise :

— On croirait que vous avez quelque chose à lui reprocher, à cette pauvre dame.

— Moi ? mais non, pas du tout.

— Ah ! tant mieux ! — reprit Michel en continuant de dessiner. — Pauvre dame ! quand je suis entré, elle est devenue si pâle, si pâle, que j'en ai été effrayé ! Mon cœur s'est serré. C'est qu'aussi il y avait bien de quoi s'effrayer : elle serait tombée à la renverse sur le tapis, sans ce monsieur qui l'a soutenue dans ses bras. Elle a une figure bien jolie et bien douce, cette dame, n'est-ce pas, grand-père ?

— Je ne l'ai pas très bien regardée, — répondit le vieillard, que cet entretien navrait ; et afin de le rompre, il reprit : — Mon pauvre Michel, je te fais passer un triste dimanche ; mais si monsieur Fortuné ne rentre pas trop tard, nous pourrons sortir après que j'aurai causé avec lui.

— Comme à moi, j'ai tant de plaisir à copier cet ornement, que je ne quitterai pas ma table d'ici à ce soir, si vous voulez.

— En travaillant ainsi, et grâce à tes dispositions, tu seras un jour un véritable artiste.

— Oh ! je n'ai pas tant d'ambition. Devenir seulement aussi bon ouvrier que vous l'êtes, grand-père, et que l'était mon père, voilà tout ce que je demande. — Puis, l'apprenti soupira soudain, sa jolie figure s'attrista, et, après un moment de silence, il reprit : — Ah ! tenez, savez-vous parfois ce qui me donne envie de pleurer, comme je l'ai maintenant ?

— En effet, tu as les larmes aux yeux ; d'où te vient ce chagrin ?

— Pardon, grand-père, de vous attrister, mais, quand je pense à cela...

— Parle, mon enfant, ne crains pas de m'attrister, va !

— Hé bien ! quand je pense à mon père, il me semble que je parviens à me le figurer tel qu'il était, à le voir enfin, puisque vous m'avez dit qu'à part l'âge il vous ressemblait beaucoup; mais ce qui m'afflige, c'est de ne pouvoir me représenter ma mère, puisque vous ne l'avez jamais vue, et qu'il vous est impossible de me donner aucune idée de ses traits.

— Je te l'ai dit, mon enfant, ton père s'est marié en pays étranger, ta mère est morte peu de temps après t'avoir mis au monde, et ton père est revenu à Paris, t'amenant avec lui, tout enfant.

— D'après ce qu'il vous racontait de ma mère, vous n'avez jamais pu vous figurer comment elle était?

— Non.

— Cependant il devait vous parler d'elle bien souvent... Hélas! morte si jeune! il devait tant la regretter!

— Oui, sans doute, — reprit le vieil artisan, voyant avec peine la conversation ramenée sur le sujet dont il avait tâché de la détourner. — Mais, tiens, Michel, causons d'autre chose.

— Grand-père, — reprit tristement l'apprenti, — lorsque je vous parle de ma mère, est-ce que je vous fais de la peine?... Vous changez toujours d'entretien.

— C'est que cela me rappelle de cruels souvenirs, mon enfant!

— Je m'en suis déjà aperçu; sans cela je vous aurais fait beaucoup de questions sur ma mère, dont je ne sais presque rien. Mais, pardon, ma curiosité vous afflige.

— Non, non, elle est si naturelle! Et puis elle prouve ton bon cœur.

Michel, après quelques momens de silence, reprit en soupirant :

— Ah! ceux qui ont leur père et leur mère sont bien heureux! Sans doute vous me restez, bon grand-père, je n'ai pas le droit de me plaindre. Mais, hélas! mes parens vous manquent autant qu'à moi. Oh! dites, quel bonheur c'eût été pour nous de travailler ensemble dans l'atelier de maître Fortuné, le grand-père, le père et le petit-fils! puis, notre journée finie, de retourner à la maison, et d'y trouver ma mère nous attendant tous trois! Quelle joie chaque soir que ce retour chez nous! Tenez, grand-père, j'ai beaucoup de cœur à l'ouvrage, je suis très content lorsque maître Fortuné me dit qu'il est satisfait de mon application; mais, si j'avais encore ma mère, oh! voyez-vous, je ne sais pas tout ce que j'aurais fait pour qu'elle fût fière de moi! Mon Dieu! combien je l'aurais aimée!

Un léger bruit, plaintif, semblable à un sanglot étouffé, se fit entendre derrière la porte de l'atelier, non loin de laquelle se trouvait le vieil artisan et l'apprenti. Leur attention eût été sans doute attirée par ce bruit, si, au même instant, la porte n'avait été ouverte, puis refermée, par Fortuné Sauval, qui rentra dans l'atelier, disant à une personne invisible, restée au dehors :

— Madame, vous vous trompez; ce nom m'est inconnu.

— A qui parlez-vous donc, monsieur Fortuné? — dit le père Laurencin, en s'adressant au jeune orfévre, dont il ne remarqua pas tout d'abord la pâleur. — Est-ce qu'il y avait quelqu'un là?

Mais Fortuné, sans répondre au vieillard, se jeta sur un siége, cacha son visage entre ses mains, poussa un douloureux gémissement et murmura :

— Mon Dieu! mon Dieu! que je souffre!

XXXIX.

Le père Laurencin et son petit-fils, à la vue de leur patron pâle, défait, accablé, murmurant : « Mon Dieu! que je souffre! » coururent à lui. L'apprenti s'écria dans son naïf effroi :

— Est-ce que vous êtes blessé, maître Fortuné?

A ces mots, l'orfévre releva son pâle visage, empreint d'une douleur si navrante, que le vieil artisan recula d'un pas en joignant les mains, tandis que Fortuné, regardant Michel avec une sorte d'égarement, lui répondit :

— Tu me demandes si je suis blessé! Oui, je suis blessé au cœur; blessé à mort!

— O ciel! — reprit l'apprenti, dont les yeux se remplirent de larmes, et qui, de plus en plus frappé de l'altération des traits de son patron, qu'il aimait tendrement, prit ses paroles dans leur sens physique. — Vous entendez, grand-père, maître Fortuné est blessé!

— Rassure-toi, pauvre enfant, — dit l'orfévre avec une poignante amertume; — ces blessures-là ne saignent pas au dehors; elles saignent au dedans, et sans cesse!

Et sa douleur faisant explosion, il s'écria en pleurant :

— Ah! mes amis, je suis bien malheureux! je vous le dis à vous, les seuls compagnons de mes travaux... Oh! je suis bien malheureux!

Il y avait quelque chose de si touchant et de si désespéré dans cette confidence faite par Fortuné à cet enfant, à ce vieillard, humbles compagnons de sa vie, que le père Laurencin et son petit-fils fondirent en larmes.

— Hélas! — reprit le vieil artisan, rompant le premier le silence, — que vous est-il donc arrivé?

— Ma cousine consentait à notre mariage; j'avais sa foi, sa parole; elle a retiré sa promesse! — répondit Fortuné avec désespoir.

Et sanglotant, brisé par la douleur, il appuyait sa tête sur l'épaule de l'apprenti, qui se tenait debout à côté de son patron, assis sur une chaise; puis, après être resté ainsi pendant quelques instans, le front penché sur l'épaule de Michel, interdit et rougissant de cette confidence, l'orfévre se leva brusquement, et appuyant sur ses tempes ses deux poings crispés, il s'écria :

— Malheur à moi! elle en épouse un autre... malheur à moi!

Et il marcha çà et là, dans l'atelier d'un pas tantôt chancelant, tantôt précipité.

Le père Laurencin, pensant avec raison que, dans l'égarement et l'expansion de ses chagrins, Fortuné oubliait que l'âge de l'apprenti ne lui permettait ni d'entendre ni de comprendre ces tristes confidences, le père Laurencin dit tout bas à son petit-fils :

— Va m'attendre dans notre chambre, mon enfant...

— Oui, grand-père, — répondit Michel avec sa docilité habituelle. — Ah! pauvre maître Fortuné, combien il paraît malheureux! Grand-père, si vous avez besoin de moi, s'il y avait une commission à faire, vous m'appelleriez.

— Oui, va, et attends-moi.

L'apprenti sortit par l'une des portes latérales de l'atelier, dont l'une communiquait à la chambre de l'orfévre, l'autre à celle occupée par Michel et son grand-père. Celui-ci, se rapprochant de Fortuné, qui, debout, l'œil fixe, les bras croisés sur la poitrine, paraissait plongé dans un abîme de noires pensées, lui dit :

— Monsieur Fortuné, vous devez bien souffrir... Hélas! chacun a ses peines...

— Pour comble de malheur, — reprit l'orfévre en regardant le vieillard, — savez-vous qui Aurélie épouse?

— Je l'ignore.

— Monsieur de Villetaneuse!

— Que dites-vous?

— Oui, elle épouse cet homme, et hier encore il est venu ici au bras d'une courtisane! Ah! j'oublie mes souffrances en songeant à l'avenir d'un pareil mariage!

— Et cette courtisane, savez-vous qui elle est? — s'écria le vieil artisan d'une voix douloureusement indignée.

— Cette créature perdue, c'est la veuve de mon fils, c'est la mère de Michel!

— Que dites-vous?

— Ah! monsieur Fortuné, vous le voyez, chacun a ses peines, et la mienne est horrible!

— Cette courtisane, — répéta Fortuné avec stupeur, — est la mère de Michel!...

A ce moment, la porte extérieure de l'atelier s'ouvrit, et une femme vêtue d'une robe et d'un mantelet noirs entra lentement; elle portait sur son chapeau un voile très épais, qui cachait complètement sa figure. L'orfévre se retourna vers la nouvelle venue et dit impatiemment au père Laurencin :

— Encore cette femme ! je l'ai tout à l'heure trouvée près de la porte ; elle m'a demandé un nom que je ne connais pas. Si c'est une cliente, recevez-la ; je n'ai pas la tête à moi. Je ne veux voir personne.

Et Fortuné rentra précipitamment dans sa chambre.

XL.

Fortuné Sauval rentra chez lui, laissant dans l'atelier le père Laurencin et la femme vêtue de noir.

Elle releva brusquement son voile.

C'était Catherine de Morlac.

Le vieillard, en reconnaissant cette femme, courut à la porte de la chambre où se trouvait Michel, ferma la serrure à double tour et mit la clef dans sa poche.

Madame de Morlac, d'une pâleur mortelle, les joues sillonnées de larmes récentes, la figure bouleversée, remarqua le mouvement du vieil artisan et son empressement à fermer à clef la porte d'une chambre voisine de l'atelier. Elle remarqua aussi qu'il se dirigeait ensuite vers la fenêtre ; il s'en rapprochait à dessein, cet endroit étant assez éloigné de la chambre de Michel pour que celui-ci ne pût entendre un mot de l'entretien de son grand-père et de Catherine.

Elle suivit le vieillard jusqu'auprès de la croisée, et dit d'une voix à la fois contenue et altérée :

— Monsieur, vous vous appelez Laurencin ?
— Oui.
— L'enfant, — et la voix de madame de Morlac trembla légèrement, — l'enfant qui vous accompagnait chez moi ce matin, est... votre petit-fils ?
— Qui êtes-vous, madame, pour m'interroger ? — reprit le vieillard, dominant à peine son indignation ; — je n'ai pas à vous répondre.
— L'enfant qui ce matin vous accompagnait chez moi est votre petit-fils ; sa mère existe.
— Quoi ! cette misérable existe encore ?
— Monsieur...
— Elle existe encore, cette infâme qui a fait mourir mon fils de chagrin ! Ah ! le ciel n'est pas juste !
— Monsieur, elle a pu avoir des torts, des torts graves ; son extrême jeunesse pourrait, sinon les justifier, du moins, peut-être, les excuser.
— De sorte qu'après avoir déshonoré son mari et avoir abandonné son enfant, elle s'est repentie ? — reprit le vieillard en attachant un regard terrible sur madame de Morlac. — De sorte qu'elle s'est amendée ? Elle est devenue honnête femme ?
— Monsieur, je... je... ne sais...
— Je le sais, moi. Catherine Vandaël, après avoir été adultère, a continué de vivre dans la débauche, dans l'ignominie ; elle est à cette heure courtisane et prend le nom de madame de Morlac.

A ces paroles écrasantes, Catherine pâlit davantage ; elle fut obligée de s'appuyer au rebord de l'établi, afin de ne pas défaillir ; puis, espérant imposer au vieillard, elle reprit d'une voix résolue :

— Je viens chercher mon fils !
— Malheureuse !
— Ces injures...
— Votre fils...
— Je suis sa mère, je ferai valoir mes droits.
— Vos droits ? quelle audace ! Vous auriez le droit d'emmener votre fils dans votre maison où vous vendez pour de l'argent...
— Mon Dieu !... oh ! mon Dieu !
— Vos droits ? Osez donc les faire valoir en justice ! essayez donc de m'enlever votre fils, élevé par moi dans le travail et l'honnêteté ! exigez donc qu'il aille vivre chez vous pour y manger le pain de votre prostitution présente ou passée !

— Grâce ! mon fils est là ! — murmura Catherine, éperdue de honte et d'épouvante, en tombant aux genoux du vieillard ; et de nouveau elle murmura d'une voix basse, entrecoupée :

— Grâce, grâce ! mon fils peut nous entendre !
— Vous n'avez plus de fils ; vous l'avez abandonné à sa naissance ; il est mort pour vous, vous êtes morte pour lui !
— Oh ! parlez plus bas, je vous en supplie à genoux ! — reprit madame de Morlac en joignant les mains et les élevant vers le père Laurencin. — Si vous saviez ce que, ce matin, j'ai ressenti à la vue de cet enfant, lorsque, frappée de sa ressemblance avec moi, et me rappelant quelques-unes de vos paroles...
— Malheureuse ! ces paroles vous apprenaient la mort de mon fils ; vous êtes restée impassible, le regard sec.
— C'est vrai.
— Elle l'avoue, mon Dieu ! elle l'avoue !
— J'avoue le mal, afin que vous croyiez au bien.
— Le bien ! Une bonne pensée dans votre âme ! Croyez-vous me duper comme ceux que vous ruinez ? C'est trop d'effronterie ! Sortez !
— Monsieur, par pitié...
— Sortez ! — s'écria le vieillard hors de lui, en élevant la voix, — sortez d'ici !
— Grand-père, qu'y a-t-il donc ? — demanda soudain Michel à travers la porte ; — vous parlez d'un ton fâché ; est-ce que l'on vous menace ?

L'apprenti, essayant d'ouvrir la porte, s'aperçut qu'elle était fermée en dehors.

— Grand-père ! — ajouta-t-il, — je suis enfermé.
— Il n'a rien entendu ! il ne sait rien encore ! — dit Catherine avec un élan de bonheur et d'espérance indicible.
— Merci, mon Dieu, merci !

L'accent, l'invocation de cette femme, ses yeux noyés de pleurs, ses traits livides, contractés par le désespoir, témoignaient en ce moment d'une douleur si profonde, de remords si sincères, que le père Laurencin en fut frappé, malgré l'horreur que lui inspirait madame de Morlac. Il alla vers la chambre où était enfermé son petit-fils, et lui dit à travers la porte :

— Ne t'inquiète pas, je vais aller tout à l'heure te rejoindre.

Catherine, se relevant, s'assit sur une chaise et fondit en larmes.

Le vieil artisan, lorsqu'il revint près d'elle, la contempla en silence et se sentit quelque peu apitoyé, mais il se révolta contre cette faiblesse.

— Ah ! — pensa-t-il, — c'étaient des larmes de sang que versait mon fils lorsqu'il est mort entre mes bras, après son long martyre !

— Monsieur, — reprit la courtisane, d'une voix basse et palpitante, — quelle que soit l'ignominie où elle est tombée, une mère est toujours une mère... je le sens.
— Ne parlez pas du sentiment maternel, vous le profanez.
— Vous pouvez me traiter ainsi, vous pouvez me frapper du pied, comme une femme perdue ; mais, mon Dieu ! vous ne pouvez pas m'empêcher de me sentir mère, moi ! depuis que j'ai revu mon enfant.

Ce dernier cri, parti des entrailles maternelles, ce cri, d'une sincérité déchirante, émut le vieillard ; mais, se reprochant de nouveau sa faiblesse :

— Vous mentez ! vous mentez ! Une mère qui se sent mère n'abandonne pas son mari et son enfant après un an de mariage.
— Monsieur, par pitié, écoutez-moi. Je vous le jure, je ne mens pas ! Non ! Si invraisemblable qu'elle vous paraisse, je vous dis la vérité. Tout à l'heure, je m'écriais : « J'avoue le mal, afin que vous croyiez au bien. » Vous ne m'avez pas laissé achever. Eh bien ! oui, à seize ans, j'ai trahi mes devoirs d'épouse, de mère ; oui, j'ai abandonné froidement mon mari, mon enfant ; oui, jetée depuis lors dans

le désordre par ma première faute, je suis devenue courtisane ; oui, dans ce commerce horrible, mon cœur s'est endurci, dépravé ; oui, sans pitié pour les hommes que je ruinais, je n'avais qu'un but, m'enrichir, afin de sortir un jour de cette fange. Ce but, je l'ai atteint ; maintenant, je suis riche.

— Riche de honte et d'infamie !

— C'est vrai. Je me mets aussi bas que possible ; je ne marchande pas mon ignominie. Je vais plus loin : oui, ce matin, en apprenant de vous la mort de votre fils que j'avais trahi, abandonné en lui laissant notre enfant, mon cœur est resté froid. Vous le voyez, je ne veux rien atténuer ; j'avoue tout. Cependant, comment se fait-il que, quelques instans après, frappée de la ressemblance extraordinaire qui existait entre votre petit-fils et moi, soudain éclairée par le souvenir de vos paroles, mon émotion a été si profonde, que j'ai perdu connaissance au moment où vous emmeniez mon fils ?

A un mouvement du vieillard, Catherine s'interrompit et reprit avec une résignation navrante :

— Hé bien ! non ; pardon ! puisque cela vous blesse, je ne dirai plus mon fils, je dirai votre petit-fils. Mais enfin, vous en avez été témoin, je me suis trouvée mal, ce n'était pas un mensonge, une ruse, cela !

— Qui sait ?

— Mon Dieu !

— On vous dit si rouée !... pour parler votre langage.

— Je mérite tous les soupçons, toutes les injures. Mais pourquoi aurais-je feint de me trouver mal à la vue de mon... de cet enfant ?

— Peut-être, dans un but que j'ignore, vouliez-vous, par cette odieuse comédie, tromper l'homme avec qui vous vivez maintenant, et obtenir de lui quelque chose.

Et le vieillard se dit :

— Et c'est à un pareil homme que monsieur Fortuné est sacrifié !

— Ce soupçon est affreux ! — reprit la courtisane en dévorant ses larmes, — et cependant, je vous jure...

Mais se reprenant :

— Non. Que prouverait le serment d'une femme comme moi ! Enfin, je songeais alors si peu à monsieur de Villetaneuse, que le retrouvant près de moi, lorsque j'ai repris connaissance, sa présence m'a été insupportable. Sans vouloir entendre ses paroles, répondre à ses questions, je l'ai renvoyé de chez moi, d'où il est sorti très irrité, me jurant que, de ma vie, je ne le reverrais. Peu m'importait. Je voulais être seule pour réfléchir, pour me livrer à un sentiment si nouveau pour moi, éveillé par la rencontre inattendue de cet enfant. A mesure que ce sentiment pénétrait mon cœur, je me sentais redevenir mère. Mon Dieu ! vous allez encore me dire que je mens ! vous allez me répondre qu'avant d'avoir revu mon fils, j'étais mère aussi, et que pourtant je l'avais abandonné : c'est vrai ! Qu'ignorante de son sort, je n'avais pris de lui aucun souci : c'est encore vrai ! Vous le voyez, je ne cherche pas à excuser mes fautes, mon crime passé. Croyez-moi donc, au nom du ciel ! lorsque je vous jure que je reviens à des sentimens meilleurs. On n'a jamais blâmé, repoussé le repentir !

— Quand il est sincère.

— Mon Dieu, mon Dieu ! mais encore une fois, pourquoi voulez-vous que je mente ?

— Non, il n'est pas possible qu'après être restée quinze ans indifférente au sort de votre enfant, vous ressentiez soudain pour lui de la tendresse ! non, c'est impossible !

— Impossible ? mais songez donc que c'est affreux, ce que je vais vous avouer !

Après un moment de silence :

— Que risqué-je ? Vous avez déjà de moi une telle opinion que je ne saurais l'empirer. Hé bien ! quand j'ai abandonné cet enfant, il était en nourrice. Je l'avais à peine vu, et je vous l'ai dit, c'est affreux, mais c'est vrai : je ne ressentais rien pour lui, je m'en suis séparée sans regret. Comment se fait-il donc qu'aujourd'hui, le revoyant dans son adolescence, avec sa charmante figure, son air doux et

timide, vêtu de sa blouse d'ouvrier qui annonce assez sa vie laborieuse et rude, oui, comment se fait-il que je me sente tout à coup redevenue mère, capable de tous les sacrifices, de tous les dévouemens pour me rapprocher de mon enfant ? Et je m'en rapprocherai, entendez-vous ! Oui, — ajouta la courtisane avec résolution, — quoi que vous fassiez, je reprendrai mon fils, car il m'aime !

— Lui !

— Avant le retour de monsieur Sauval, j'étais là, derrière cette porte, hésitant à entrer. J'ai entendu la voix de Michel, j'ai écouté, il vous parlait de sa mère, il vous disait combien il l'aurait aimée, son cœur filial vibrait à chacune de ses paroles. Oh ! quelles délicieuses larmes j'ai versées ! je me sentais absoute, pardonnée par la tendresse de mon fils ! Et lorsqu'il m'absout, lorsqu'il me pardonne, vous vous mettriez entre lui et moi ! vous voudriez me l'enlever ! Je vous en défie ! Hé ! je suis par trop stupide aussi de tant vous supplier !...

Puis, se dirigeant vers la porte :

— Mon fils est là, prenez garde ! puisque vous refusez de me le rendre, j'élève la voix, je lui crie à travers cette porte : « Je suis ta mère ! » et malgré vous, son cœur me répondra.

— Vous auriez cette audace !

Madame de Morlac, pour toute réponse, bravant le vieillard, se dirigea vers la chambre, mais il la saisit par le bras et lui dit à mi-voix :

— Si vous apprenez à Michel que vous êtes sa mère, moi je lui révèle, devant vous, votre vie infâme !

— Grand Dieu ! — murmura la courtisane, écrasée sous cette terrible menace. — Ah ! c'est trop souffrir, c'est trop !

Et brisée, elle se laissa tomber sur un siège à sa portée ; puis, affaissée, repliée sur elle-même, elle mordit son mouchoir pour étouffer le bruit de ses sanglots convulsifs.

XLI.

Le père Laurencin, après un moment de silence, regagna le fond de l'atelier, d'où l'on ne pouvait entendre la suite de son entretien avec madame de Morlac, et lui dit à demi-voix :

— Rapprochez-vous, et terminons cette conversation : vous ne pouvez rester ici plus longtemps.

Catherine se leva chancelante, et, se sentant à jamais dominée par le vieil artisan, elle revint à quelques pas de lui, et reprit d'une voix faible, comme si elle eût craint d'entendre ses propres paroles :

— Menacer une mère de la déshonorer aux yeux de son enfant, c'est épouvantable !

— Votre infamie a causé la mort de mon fils !

— Vengez-le donc ! Ma vie, mon avenir, sont entre vos mains ; car, je le sens, je ne vis plus que par mon fils. Qu'exigez-vous de moi ?

— Sortez d'ici, et n'y revenez jamais.

— Mais mon fils...

— Je vous l'ai dit : il est mort pour vous, vous êtes morte pour lui !

— Quoi ! pas même l'espérance !

— Non.

— Ah ! vous êtes impitoyable !

— Avez-vous eu pitié de mon fils ?

— Hélas ! ayez pour moi la pitié dont j'ai manqué pour lui ! Vous m'accusez et vous m'imitez !

— Je suis juste : je punis le crime.

— Monsieur, vous êtes inflexible envers moi, mais votre cœur est bon, tout le prouve : votre tendresse pour votre fils, et les soins que, dans votre pauvreté, vous avez pris de Michel. Mon repentir doit vous toucher. Que voulez-vous que je devienne, que je fasse, sachant mon enfant près de moi, dans cette ville, et me voyant pour toujours séparée de lui ?

Tu me demandes si je suis blessé? oui, je suis blessé au cœur. — Page 53.

— N'ayez pas plus de souci de lui que vous n'en avez eu jusqu'ici ; son sort est assuré ; je l'ai élevé en honnête homme, je lui ai donné un état ; il est laborieux, il gagnera honnêtement, courageusement son pain.

— Gagner son pain?... mais je suis riche, moi, et je ne veux pas que mon fils...

La courtisane s'interrompit à un brusque mouvement du vieil artisan, silence où elle voyait celui-ci, se contraignant, lui dit :

— Poursuivez.

— Tout ce que je possède au monde appartient à mon fils ; ma fortune est telle qu'il n'a pas besoin de son état pour vivre.

A un nouveau mouvement du père Laurencin, dont elle ne comprit pas la signification, Catherine s'empressa d'ajouter :

— Mon Dieu! vous m'avez déclaré que je ne verrais plus Michel, mais vous ne pouvez m'empêcher d'espérer malgré vous en votre pitié, de compter sur la sincérité de mon repentir, qui peut-être un jour vous apitoiera. En attendant ce jour, souffrez du moins que je pourvoie aux besoins de mon fils. Il a quinze ans, il est encore d'un âge à entrer dans ces pensions d'où l'on sort pour parcourir de brillantes carrières. J'aurais pour lui tant d'ambition! je ferais avec tant de joie les dépenses nécessaires pour lui donner une excellente éducation! Il aurait un précepteur en chambre, tous les maîtres imaginables! Heureusement doué comme il l'est, il profiterait si bien de leurs leçons! Monsieur, mon désir est louable ; vous ne pouvez me refuser du moins la consolation de procurer à Michel tous les moyens de devenir un homme distingué... Vous ne me répondez pas?

— Je vous écoute, achevez. N'avez-vous pas d'autres projets?

— Que vous dirai-je, — reprit la courtisane encouragée par le silence du père Laurencin, silence où elle voyait une adhésion tacite à ses espérances. — Si un jour mon fils, ayant acquis une position honorable, songeait à se marier, trouvait une jeune personne qui lui plût et fût digne de lui...

— Vous la doteriez sans doute?

— Oh ! à lui tout ce que je possède, tout ! je me réserverais seulement le plus strict nécessaire, et...

— Dites-moi, — reprit le vieillard avec un flegme effrayant en interrompant la courtisane, — cet argent que vous destinez à l'éducation de votre fils, cet argent dont vous voulez le doter, après lui avoir assuré une position honorable, cet argent, comment l'avez-vous gagné?

A cette question terrible, implacable, la courtisane resta muette de stupeur et de honte.

Le vieil artisan poursuivit avec une ironie contenue, mais sanglante :

— De sorte que votre fils devrait son éducation, sa carrière, sa dot, le bien-être de sa femme et de ses enfans au gain de vos prostitutions !

Mais ne pouvant plus maîtriser son indignation, bien qu'il modérât l'éclat de sa voix afin de n'être pas entendu par Michel, le vieillard ajouta :

— Sortez, sortez !... Votre repentir m'avait malgré moi un moment touché ; je croyais à vos sentimens maternels, vous mentiez !

— Monsieur... par pitié!...

— Vous mentiez ! Quoi! vous osez dire que vous aimez votre enfant, et vous voulez le rendre complice de votre infamie en on partageant les profits avec lui !

— Mon Dieu ! — murmura la courtisane avec désespoir, — mais il aurait tout ignoré...

— Et vous, auriez-vous ignoré que votre fils, à son insu, vivrait des fruits de votre honte?

A ces paroles accablantes, Catherine répondit par un sourd gémissement et cacha son visage dans son mouchoir.

Au même instant, Fortuné Sauval ouvrit la porte de sa chambre et parut au seuil de l'atelier, croyant trouver seul le père Laurencin ; mais celui-ci, frappé d'une idée subite à la vue de son patron, le supplia du geste de rentrer chez lui, ce qu'il fit.

LA FAMILLE JOUFFROY

Cet argent, comment l'avez-vous gagné ? — Page 56.

La courtisane, entendant ouvrir une porte, avait brusquement rabattu son voile, afin de cacher sa pâleur et ses larmes. Elle n'aperçut donc pas le jeune orfèvre, qui parut et disparut presque instantanément, tandis que le père Laurencin, de plus en plus préoccupé de la pensée que venait de lui suggérer la présence de son patron, gardait un silence méditatif.

— Monsieur, — lui dit madame de Morlac d'une voix altérée, — mes forces sont à bout... ce que j'ai souffert depuis que je suis ici est horrible... Il ne me reste aucune espérance... je ne m'abuse pas. En vain je m'adresserais à la justice pour réclamer mon enfant: l'indignité de ma vie s'opposerait à ce qu'il me fût rendu ; enfin, en lui révélant qui je suis... vous pouvez lui inspirer pour moi une horreur invincible. Un moment j'avais cru épurer la source de mes richesses en les consacrant à Michel : vous m'avez anéantie par ces terribles paroles : *Comment avez-vous gagné cet argent?...* Je le reconnais, mon fils ne pourrait, sans souillure, profiter d'une obole de mes biens... Et pourtant je l'aime passionnément! Vous me diriez de sacrifier à ce moment ma triste vie pour lui, je la sacrifierais avec ivresse... De ce sacrifice, du moins, mon enfant n'aurait pas à rougir... Mon Dieu ! serez-vous donc sans pitié ! toujours sans pitié ! Si vous doutez encore de ma tendresse maternelle, éprouvez-moi, ordonnez. Que faut-il faire ? J'obéirai... Laissez-moi un espoir, si vague, si lointain qu'il soit, mais que du moins je puisse espérer !... L'on n'a jamais refusé l'espérance à ceux qui se repentent !

Et de nouveau Catherine étouffa ses sanglots dans son mouchoir.

— Écoutez, — reprit le père Laurencin, — je crois à votre repentir ; je crois qu'à la vue de votre fils, pauvre enfant, si digne d'être aimé... votre cœur de mère s'est réveillé.

— Merci, oh ! merci, de croire cela ! — murmura la courtisane avec ravissement. Et en tombant à genoux devant le vieillard, elle saisit malgré lui ses mains, qu'elle baisa en pleurant... L'émotion le gagna, et aidant Catherine à se relever, il lui dit d'une voix moins sévère :

— Vous m'avez rendu depuis quinze ans le plus malheureux des hommes ! Il ne s'est pas passé un jour sans que j'aie pleuré mon fils; j'ignore si je pourrai jamais oublier le mal que vous lui avez fait, mais enfin parlons du présent. Vous rendre Michel, c'est impossible.

— Je le sais, mon Dieu ! Je le sais... je ne demande pas cela.

— Vous me disiez tout à l'heure : « Ordonnez ! Que faut-il faire pour vous prouver ma tendresse à l'égard de mon fils? »

— Oh ! parlez ! parlez !

— Vous devez une profonde reconnaissance à ceux qui se sont intéressés à lui.

— Pourriez-vous en douter ! Ne vous ai-je pas dit que vous...

— Il ne s'agit pas de moi. Je n'ai pas seul concouru à l'éducation de Michel, à le rendre ce qu'il est devenu : laborieux, doux, modeste, appliqué, déjà savant dans son métier. Mon patron, monsieur Fortuné Sauval, l'a aimé, instruit, dirigé, ainsi qu'il eût fait pour son enfant.

— Oh ! la reconnaissance de toute ma vie est acquise à cet homme généreux !

— Si je pouvais vous croire !

— Oh ! de grâce ! de grâce ! mettez-moi à l'épreuve.

— Vous vivez avec monsieur de Villetaneuse ?

— Oui, — répondit la courtisane en rougissant pour la première fois de honte à la pensée de cette liaison, — oui, mais je vous jure que désormais...

— Vous avez un très grand empire sur monsieur de Villetaneuse ?

— Mon empire sur lui était absolu.

— Il va se marier.

— Lui?...

— Oui.

— C'est impossible, je le saurais.

8ᵐᵉ LIVRAISON

— Je vous le répète, il va se marier.
— Non, non, car je...
Mais s'interrompant et réfléchissant,
— J'oubliais que ce matin, lorsque j'ai eu repris connaissance, après votre départ de chez moi, monsieur de Villetaneuse m'a dit qu'il avait une chose très importante à me confier; mais toute à la pensée de Michel, je n'ai voulu rien entendre, et j'ai renvoyé monsieur de Villetaneuse de chez moi. Sans doute, il voulait m'instruire de son mariage. Soit ! qu'il se marie ! peu m'importe à présent ; je ne veux vivre que pour mon fils !
— Il ne faut pas que monsieur de Villetaneuse se marie.
— Que dites-vous ?
— Il faut qu'usant de votre empire absolu sur lui, vous empêchiez ce mariage.
— Moi !
— Écoutez : monsieur Fortuné Sauval, qui a tant fait pour Michel, aime passionnément sa cousine, mademoiselle Jouffroy.
— Mademoiselle Jouffroy ? — reprit Catherine en tressaillant à ce nom; puis se parlant à elle-même;
— Il y a tant de Jouffroy !... mais cependant...
Et elle reprit tout haut :
— Le père de mademoiselle Jouffroy avait-il un frère ?
— Oui, — reprit amèrement le vieillard, — ce frère, monsieur Laurent Jouffroy, était votre parrain : c'est lui qui a conseillé à mon pauvre fils de vous épouser.
— Grand Dieu !
— Qu'avez-vous ?
— Mademoiselle Jouffroy serait la nièce...
— De votre parrain.
— Il n'était pas mon parrain.
— Comment ?
— C'était mon père !
— Lui ! — s'écria le vieil artisan en joignant les mains, frappé de stupeur, — lui !...
— Oui, — continua madame de Morlac, — monsieur Laurent Jouffroy était mon père. Il avait séduit et abandonné ma mère. Cette première faute l'a conduite au désordre, à la honte. Jugez quels enseignemens j'ai reçus dans ma première jeunesse.
— Ainsi, — s'écria le père Laurencin, — vous appartenez à la famille Jouffroy ? Mon Dieu ! quelle honte pour elle !
— Cette honte, elle l'ignore, elle l'ignorera toujours, si vous me gardez le secret; vous seul le savez.
— Quelle révélation ! j'en tremble encore !
— En deux mots j'ai fini sur ce triste sujet. Mon père, monsieur Laurent Jouffroy, voyageait à l'étranger pour le commerce; de temps à autre, il nous visitait, ma mère et moi, quand il venait en Belgique ; il nous donnait quelques secours ; il passa d'abord, à mes yeux, pour mon parrain ; plus tard, ma mère m'apprit qu'il était mon père. J'avais quinze ans et demi, lorsqu'il trouva une position avantageuse pour votre fils, dans une maison de Bruxelles.
— Oui... ce fut à la recommandation de monsieur Fortuné ; mon pauvre fils voulait absolument voir un peu du pays, et monsieur Laurent Jouffroy, voyageur de commerce, nous avait offert ses services. Ah ! maudit soit le jour où je les ai acceptés !
— Votre fils nous fut présenté par mon prétendu parrain. Ce que je vous dis là est affreux... mais c'est la triste vérité. Pour échapper à la responsabilité que ma naissance faisait peser sur lui, et pour que je ne fusse plus à charge à ma mère, monsieur Laurent Jouffroy a été l'instigateur de ce mariage.
— Oh ! c'est infâme ! il devait vous connaître !
— Il savait, il devait savoir que l'éducation, que les enseignemens que j'avais reçus ne pouvaient offrir aucune garantie de bonheur à mon mari ; ma vie, chez ma mère, était tellement misérable, que, pour sortir de cet enfer, je consentis avec joie à épouser votre fils. Il m'aimait éperdument ; mon ingratitude envers lui a été odieuse. Je ne cherche pas à excuser ma conduite. Vous en connaissez les suites. Le nom de mademoi*** Jouffroy a provoqué la révélation que je vous fais. Malheureuse jeune fille, épouser Henri de Villetaneuse ! Mais elle ignore donc quel est cet homme !

Le père Laurencin, encore sous le coup de la révélation de la courtisane, garda un moment le silence, et reprit :
— Par respect pour les parens de monsieur Fortuné, je garderai le secret que vous m'avez confié; personne ne saura que vous appartenez à cette famille, dont vous seriez le déshonneur ; personne ne saura que le frère de l'estimable monsieur Jouffroy a été l'auteur de cet indigne mariage qui a causé le désespoir et la mort de mon fils. Maintenant, écoutez-moi : s'il vous reste ou s'il s'est éveillé en vous quelque bon sentiment, usez de votre empire absolu sur monsieur de Villetaneuse, empêchez-le de se marier avec mademoiselle Jouffroy ; ce que vous venez de dire de cet homme prouve combien elle serait à plaindre si cette union s'accomplissait. Monsieur Fortuné aime beaucoup sa cousine; il est plus que personne au monde digne et capable de la rendre heureuse; elle lui avait d'abord promis de l'épouser, puis, par un caprice de jeune fille, elle lui a préféré ce monsieur de Villetaneuse ; mais si celui-ci renonçait à elle, j'en suis convaincu, elle reviendrait pour le bonheur de sa vie à son cousin, à son ami d'enfance.
— Mais mon fils ! mon fils !
— N'est-ce donc rien pour vous de prouver votre reconnaissance à celui qui, depuis cinq ans, traite Michel, non comme son apprenti, mais comme son enfant ?
— Écoutez-moi à votre tour. Rompre le mariage de monsieur de Villetaneuse, c'est forcément renouer ma liaison avec lui, c'est continuer le commerce infâme que vous avez flétri et dont j'ai horreur depuis que j'ai retrouvé mon enfant. Cela, n'est-ce pas, vous semble étrange ? Vous allez me dire encore que je mens ! Et pourtant, je dis la vérité. A la seule pensée, voyez-vous, de vivre comme par le passé avec monsieur de Villetaneuse ou avec tout autre, tout en moi se révolte. Oui, d'aujourd'hui, je me sens honnête femme. Avec la maternité, l'honneur m'est revenu ! Catherine ne mentait pas, l'amour maternel devait la réhabiliter, de même qu'un amour sincère, dévoué, a pu réhabiliter d'autres courtisanes. Aussi, malgré l'aversion qu'elle inspirait au père Laurencin, il crut, il eut raison de croire à son repentir, à ses bonnes résolutions.
— Il se peut, que, vous régénérant dans la sainteté de l'amour maternel, vous soyez résolue à renoncer à vos désordres, — reprit le vieillard. — La douleur de monsieur Fortuné me navre; sa cousine sera malheureuse avec monsieur de Villetaneuse. J'avais d'abord pensé que votre influence sur lui pouvait rompre ce mariage, mais dès que vous êtes fermement décidée à entrer dans une voie meilleure, il ne m'est plus permis de vous demander un service qui vous obligerait de continuer votre liaison avec cet homme. Non, non, le changement qui s'opère en vous est d'un heureux augure, je ne veux pas risquer d'ébranler vos bonnes intentions. Que ce fatal mariage s'accomplisse donc !
— Il ne s'accomplira pas ! — reprit soudain Catherine après un moment de réflexion ; — non, et pourtant je ne faillirai pas à mes nouvelles résolutions.
— Mais comment ?
— Fiez-vous à moi et au dégoût insurmontable que m'inspire à présent cette vie honteuse qui si longtemps fut la mienne. Maintenant, dites, si j'empêche ce mariage, si je prouve ainsi, hélas ! bien faiblement sans doute, ma reconnaissance envers monsieur Fortuné Sauval, à qui Michel doit tant, me donnerez-vous quelque espoir ? Mon Dieu ! je serai patiente, résignée ; mais au moins laissez-moi espérer par votre fils...
Elle n'acheva pas et fondit en larmes.
— Eh bien ! — reprit le père Laurencin apitoyé, — si ce mariage est rompu, si vous persistez à revenir au bien, vous verrez votre fils.
— Joies du ciel !
— Je dirai à Michel que vous avez autrefois connu à mère, et...

Le vieillard fut interrompu par l'arrivée du cousin Roussel, qui, triste et soucieux, entra dans l'atelier.

Madame de Morlac abaissa vivement son voile, et le père Laurencin lui dit tout bas :

— Lorsque j'aurai la certitude de la rupture du mariage, vous verrez Michel. Je vous écrirai... En quel endroit ?

— Venez demain matin chez moi, à midi, — répondit vivement et tout bas la courtisane.—Vous aurez la preuve, la preuve écrite de la rupture de ce mariage !

— Quelle assurance ! Par quel moyen comptez-vous...

— Je n'en sais rien encore, mais je vous dis que ce mariage sera rompu, et je verrai mon fils... Oh ! merci, merci !

Madame de Morlac, grâce à l'obscurité, car la nuit était presque venue, put prendre, sans être aperçue du cousin Roussel, la main du père Laurencin; elle la porta à ses lèvres, et, après s'être arrêtée pendant un instant devant la porte de la chambre où était renfermé l'apprenti, elle sortit précipitamment.

— Ah ! monsieur Roussel, — s'écria le père Laurencin lorsqu'il fut seul avec Joseph, — venez, venez ! allons trouver monsieur Fortuné.

— Il est rentré désespéré, n'est-ce pas ?

— Oh ! oui... Mais au désespoir va succéder l'espérance.

— Que voulez-vous dire ?

— Venez, venez ! Il est là, dans sa chambre... Ah ! il ne s'attend pas, ni vous non plus, à ce que je vais lui apprendre... Venez, venez !

Et il entra chez Fortuné Sauval, en compagnie du cousin Roussel, de plus en plus surpris des paroles du vieil artisan.

XLII.

Pendant la soirée de ce même jour, Henri de Villetaneuse devait être formellement présenté par son oncle à la famille Jouffroy, comme fiancé d'Aurélie.

Deux mots rétrospectifs :

L'on se souvient que, le matin, Henri de Villetaneuse, après son entretien avec son oncle, s'était montré fort irrésolu au sujet du mariage proposé par le marquis, et voulait absolument subordonner son consentement à celui de madame de Morlac, dont il subissait aveuglément l'empire.

Catherine, sortant de son évanouissement après le départ de Michel, ne songeant qu'à lui et aux moyens de le revoir, ne voulant entendre aucune des paroles du comte, le chassa de chez elle, lui défendant d'y revenir jamais. Celui-ci, exaspéré de ce caprice, quitta la courtisane et retourna chez le marquis. Le rusé vieillard, profitant de l'irritation de son neveu, arracha son consentement au mariage, courut chez madame Jouffroy, brusqua les choses ainsi qu'on l'a vu, obtint la parole d'Aurélie, et afin de ne pas laisser à Henri de Villetaneuse le temps ou l'occasion de faillir à sa résolution, il retourna chez lui dans le jour, lui apprit la réussite de ses démarches, l'emmena dîner à son club, et à neuf heures le conduisit chez madame Jouffroy.

Madame de Morlac, fidèle à sa promesse faite au père Laurencin de rompre le mariage du comte, s'était aussitôt rendue chez lui, et ne l'y trouvant pas, elle fit causer son domestique, sut de lui qu'il avait ordre d'aller le soir, avec une voiture, chercher chez madame rue du Mont-Blanc, chez monsieur Jouffroy. Ce renseignement fut un trait de lumière pour Catherine. Elle s'avisa en conséquence.

Henri de Villetaneuse avait donc été officiellement présenté à monsieur et à madame Jouffroy ainsi qu'à Aurélie.

La tante Prudence, instamment priée par son frère d'assister à cette solennité de famille, refusa. Marianne, prétextant d'un violent mal de tête, resta près de sa tante et ne dit pas un mot à sa sœur de son pénible entretien avec leur mère. Celle-ci, comptant vaincre la résistance de Marianne à l'endroit du couvent, se crut en mesure d'annoncer à monsieur Jouffroy que leur fille désirant se retirer dans une maison religieuse, la question de la dot se trouvait ainsi heureusement tranchée, puisqu'il n'aurait plus qu'une fille à doter. Chagrin, mais peu surpris de la prétendue résolution de Marianne, que son goût pour la retraite et son infirmité avaient jusqu'alors tenue éloignée du monde, monsieur Jouffroy crut à l'affirmation de sa femme, et, malgré son regret de voir sa fille aînée entrer au couvent, se sentit allégé du poids d'une grande iniquité. Il espérait d'ailleurs, en témoignant tant de condescendance aux volontés de sa femme, obtenir d'elle quelques paroles de réconciliation à l'endroit de leur vieil ami Roussel; puis, enfin, raison surtout dominante et décisive pour ce faible et excellent homme, il voyait Aurélie et sa mère si radieuses, si glorieuses de cette union, qu'il finit par partager leur enthousiasme, oubliant ses préférences pour Fortuné Sauval, et l'énormité de la dot exigée par le marquis.

La famille Jouffroy (moins Marianne et la tante Prudence) se trouvait réunie dans le grand salon, peu de temps après l'arrivée du marquis et de son neveu.

Aurélie se croyait parfois le jouet d'un rêve éblouissant. La veille au soir, à peu près à la même heure, elle avait rencontré Henri de Villetaneuse pour la première fois. Vivement impressionnée pour lui, elle regardait d'abord comme une folie la seule pensée de l'épouser, *de devenir comtesse*, et, vingt-quatre heures après cette rencontre, elle le voyait là, près d'elle et de sa mère, leur disant, tandis que plus loin monsieur Jouffroy et le marquis causaient ensemble près de la cheminée :

— Oui, mesdames, lorsque tantôt j'ai été instruit par mon oncle que j'aurais l'honneur de vous être présenté ce soir, je ne saurais vous exprimer quel a été mon trouble, mon embarras.

— Ah ! monsieur le comte, — dit madame Jouffroy, — c'était, au contraire, à nous d'être embarrassées.

— Madame, voulez-vous, voulez-vous mademoiselle Aurélie, me faire la grâce de m'accorder une faveur dont je serais bien heureux ?

— Parlez, monsieur le comte.

— Veuillez ne plus me donner ce titre cérémonieux... J'ai maintenant le droit d'espérer que vous, madame, et mademoiselle votre fille, vous daignerez me traiter avec plus de familiarité; je vous en prie, appelez-moi monsieur Henri, en attendant ce jour, le beau jour où il me sera permis de vous appeler ma mère.

— Oh ! monsieur le comte, bien volontiers, puisque vous le permettez.

— Nous vous appellerons monsieur Henri, — s'empressa d'ajouter Aurélie, qui éprouvait un doux charme à prononcer ce nom, et elle reprit en souriant : — Ainsi, monsieur Henri, lorsque vous avez appris que vous deviez nous être présenté ce soir, votre embarras a été grand ? Il nous faut croire... et cependant...

— Et cependant mon embarras ne vous semble pas très explicable, mademoiselle Aurélie ? Que voulez-vous ! rien ne me paraît plus embarrassant que le bonheur inattendu et surtout immérité.

— Monsieur le comte, vous êtes trop modeste, et...

— Maman, — dit Aurélie souriant et interrompant sa mère, — nous avons promis à monsieur de Villetaneuse de l'appeler monsieur Henri.

— C'est vrai. Hé bien ! monsieur Henri est par trop modeste.

— Non, madame, ce n'est pas modestie, mais conscience. Voyons, quel est mon mérite ? D'avoir été frappé, oh ! oui, profondément, de l'éblouissante beauté de mademoiselle votre fille ?

Et se tournant vers madame Jouffroy :

— Je vous parle absolument comme si mademoiselle n'était pas là. Il est convenu qu'elle ne nous entend pas... Ainsi, après avoir été frappé de sa beauté, j'ai été peut-être encore plus frappé de sa grâce, de son esprit, de la bonté de son cœur.

Et il ajouta, s'adressant toujours à madame Jouffroy :

— Heureusement, mademoiselle Aurélie ne m'entend pas; elle a trop de modestie pour ne pas fuir les éloges les mieux justifiés.

— Il est très heureux que je ne vous entende pas, monsieur Henri, — reprit gaîment Aurélie, — sinon je vous demanderais comment vous avez pu découvrir en moi tant de belles qualités pendant la durée d'une contredanse.

— Ah! mademoiselle, vous m'attaquez?... Hé bien! je vais me défendre. Madame votre mère sera juge entre nous.

— C'est ça! et je vous jure, monsieur Henri, de ne pas montrer de préférence dans mon jugement.

— Ainsi, mademoiselle Aurélie s'étonne de ce que, durant le temps d'une contredanse, j'aie pu reconnaître, apprécier sa beauté, la grâce de son esprit, la bonté de son cœur? Je répondrai qu'il m'a suffi d'un instant pour être ébloui de sa beauté, ce qui est fort croyable. Quant à la bonté de son cœur, vous me concéderez ceci, madame, je l'espère, qu'après avoir, je suppose, respiré une fois le parfum d'une fleur, cela suffit à apprécier la suavité de ce parfum.

— C'est évident, — reprit madame Jouffroy, ravie de cette galanterie, — c'est de la dernière évidence.

— Ah! vois-tu, maman, comme tu te montres partiale envers monsieur Henri!

— De grâce, mademoiselle Aurélie, n'influencez pas madame votre mère. Or, j'en appelle à vos souvenirs : vous avez, hier soir, prononcé quelques mots qui révèlent aussi parfaitement la bonté de votre cœur que le parfum révèle la fleur. Une jeune personne assez laide, et fort ridiculement habillée, dansait dans le même quadrille que nous. Je fis sur elle une plaisanterie ; vous m'avez interrompu, mademoiselle, en me disant, avec la grâce la plus touchante : « Ah! monsieur, la mère de cette jeune personne » est là, derrière nous... elle pourrait vous entendre : vos » paroles lui causeraient tant de chagrin! » — Maintenant, madame, je vous le demande, de telles paroles ne suffisent-elles pas à prouver la bonté charmante de la personne qui les a prononcées?

— Aurélie, tu ne nies pas le fait?

— Non, maman.

— Alors, je suis obligé, monsieur Henri, en ma qualité de *jugesse*, de vous donner raison contre ma fille... Ah dame! mon enfant, tant pis pour toi!

— Vous le voyez donc bien, madame, je disais avec raison que mon seul mérite est d'avoir été profondément frappé de ce que la bonté de mademoiselle Aurélie égalait sa beauté. Aussi, en apprenant que vous daigniez agréer ma demande, j'ai ressenti ce trouble, cet embarras que cause toujours un bonheur imprévu et immérité.

— Du moins, monsieur Henri, — reprit Aurélie en souriant de bonheur et baissant les yeux, — vous n'êtes jamais embarrassé pour m'adresser les flatteries les plus aimables.

— Des flatteries? mon Dieu, le vilain mot! Il faudrait vraiment, mesdames, inventer un autre terme, lorsqu'il s'agit d'exprimer une pensée à la fois élogieuse et sincère. Affirmer l'éclat du diamant c'est donc le flatter, affirmer la fraîcheur, le doux parfum d'une rose, c'est donc la flatter? Enfin, mademoiselle, lorsque vous serez présentée à la cour, cette pauvre marquise de Lussan, cette infortunée duchesse de Morainville, qui passent à cette heure pour des reines de beauté, seront donc des flatteuses, parce qu'à votre vue, mademoiselle Aurélie, elles s'avoueront détrônées, ces belles merveilleuses?

— Vraiment, monsieur le comte, — reprit madame Jouffroy dans un incroyable et pourtant si sincère ravissement de vanité maternelle, que les larmes lui vinrent aux yeux, — vous croyez que ma fille détrônera, écrasera ces belles dames?... Ah! quel beau jour pour moi!

Cette exclamation attira l'attention du marquis de Villetaneuse, qui s'entretenait auprès de la cheminée avec monsieur Jouffroy.

— Je gage, — s'écria le marquis en se rapprochant, — je gage, mesdames, que mon mauvais sujet de neveu vous dit quelque folie. Que voulez-vous, c'est amoureux! Mais ne le ménagez point ; je vous abandonne tous mes droits sur lui, tancez-le vertement.

— Le tancer! ah! bien oui, après ce qu'il vient de dire! Tenez, si j'osais, je l'embrasserais sur les deux joues.

— Osez, *ma mère*, osez, — répondit Henri de Villetaneuse avec beaucoup de grâce en s'agenouillant devant madame Jouffroy, qui, profondément touchée, ainsi qu'Aurélie, de ces mots : « Ma mère, » ne put retenir ses larmes en donnant deux gros baisers à Henri de Villetaneuse.

— Peste! la mère Jouffroy, comme elle y va! Mon malheureux neveu ne s'attendait guère à l'accolade! — dit à part soi le marquis en aspirant sa prise de tabac et se détournant quelque peu afin de cacher son envie de rire ; — décidément nous aurions dû demander le million, chiffre rond.

Le domestique, *maître Jacques* de la maison, ayant revêtu sa redingote neuve, entra dans le salon au moment où Henri de Villetaneuse se relevait, d'agenouillé qu'il était aux pieds de madame Jouffroy.

— Madame, — dit le domestique, — c'est monsieur et madame Richardet. Peuvent-ils entrer?

— Mais certainement, — et s'adressant au marquis, après la sortie du domestique :

— Les Richardet sont nos bons amis, vous les connaissez aussi, nous n'avons pas à leur cacher le mariage d'Aurélie ; au contraire, — ajouta-t-elle, et savourant d'avance le dépit et l'envie des Richardet, elle se dit : — Ils vont en crever de jalousie.

— *Chère duchesse*, — reprit en souriant le marquis, — je me croyais jusqu'ici avec vous et mademoiselle en petit comité, au faubourg Saint-Germain ; mais voici que ce Richardet me rappellent à la réalité ; je crois, ainsi que vous, que nous n'avons point à leur cacher le mariage de nos enfans, au contraire!

Et le marquis ajouta à part soi :

— Peste soit du Richardet! il connaît au vrai ma position pécuniaire et celle d'Henri ; si par hasard le bonhomme Jouffroy allait demander à ce procureur des renseignemens sur notre fortune, ce serait désastreux. Diable! ceci devient inquiétant, et nut moyen d'endoctriner le Richardet. D'un autre côté, en l'invitant ce soir lui et sa femme, la mère Jouffroy s'engage irrévocablement, car elle est impatiente d'ébruiter le mariage, et lorsqu'il le sera parmi son monde bourgeois, la mère et la fille, plutôt que de démordre, se feraient assommer avec le bonhomme Jouffroy par dessus le marché! Il n'importe, peste soit de la venue du Richardet!

XLIII.

Madame Jouffroy et son mari étant allés au devant des Richardet jusque dans la salle à manger, Henri de Villetaneuse resta seul avec Aurélie, le marquis s'empressant aussitôt de tourner discrètement le dos aux fiancés, en se chauffant les pieds à la cheminée.

Henri, profitant de la circonstance, saisit hardiment la main de la jeune fille, la serra passionnément, et lui dit d'une voix palpitante, en jetant sur elle un regard de flamme :

— Aurélie, je vous adore! Ah! si vous m'aimiez comme je vous aime!...

— Monsieur Henri, je vous devrai, je le sens, le bonheur de ma vie! — reprit mademoiselle Jouffroy d'une voix altérée en serrant faiblement à son tour la main du comte, douce et brûlante étreinte qui jeta la jeune fille dans un trouble à la fois délicieux et inconnu.

— Vous m'aimez, Aurélie? vous m'aimez?...

— Vous me le demandez! — répondit-elle ; et pendant un instant ses yeux s'arrêtèrent sur ceux de monsieur de Villetaneuse. Ce regard la fit tressaillir, la bouleversa ; elle sentit ses genoux trembler, le sang lui monta au visage, un nuage passa devant sa vue ; heureusement un hem !... hem !... sonore et significatif du marquis vint fort à propos la rappeler à elle-même ; car son père et sa mère rentraient avec les Richardet.

— Vous êtes bien gentille, ma bonne petite, d'être venue ce soir, — disait madame Jouffroy ; — vous allez vous trouver en pays de connaissance.

— En pays de connaissance ? — reprit madame Richardet, qui du seuil du salon n'apercevait pas encore les personnes qui s'y trouvaient. — Quelles sont donc ces connaissances, ma chère ?

— Monsieur le marquis de Villetaneuse et son neveu !

— Comment ! ils sont ici ! ils vont aussi chez vous ?

— Pourquoi donc pas, ma chère ? — répondit madame Jouffroy, savourant le dépit de son amie, pendant que le marquis, s'adressant aux nouveaux venus, leur disait :

— Bonsoir, madame Richardet ; je ne croyais pas hier soir avoir le plaisir de vous rencontrer ici aujourd'hui.

— Ni nous non plus, monsieur le marquis, — répondit madame Richardet très interloquée ; — ni nous non plus, bien certainement !

— Aussi, ma chère, — reprit madame Jouffroy gonflée de vanité triomphante, — voyez le hasard des choses ! il nous arrive un grand bonheur aujourd'hui, c'est à vous que nous le devons, et nous nous sommes empressés de vous inviter à venir ici ce soir, afin que vous en preniez votre part de ce bonheur ! Cela vous étonne, ma chère ? Tenez, monsieur le marquis voudra bien, j'en suis sûre, vous expliquer la chose.

— Oh ! la chose est à la fois la plus heureuse et la plus simple du monde, — dit le marquis en aspirant sa prise de tabac. — Hier, mon neveu a eu l'honneur, madame, de rencontrer chez vous mademoiselle Aurélie ; je suis venu aujourd'hui demander à monsieur et à madame Jouffroy s'ils voulaient agréer mon neveu pour gendre ; ils l'ont agréé, mademoiselle Aurélie pareillement, et dans quinze jours... le mariage.

— Oui, ma chère, — ajouta madame Jouffroy ; — et comme c'est chez vous que les jeunes gens se sont rencontrés, c'était bien le moins que vous eussiez la primeur de la nouvelle de ce mariage. Du reste, vous pouvez en répandre la nouvelle parmi nos amis : ce n'est plus un secret, Dieu merci !

Les Richardet se regardaient muets d'ébahissement, lorsque le maître Jacques rentra d'un air assez embarrassé, tenant une lettre à la main. Il s'approcha du fauteuil de sa maîtresse, en lui disant tout bas :

— Madame, c'est une lettre que le domestique de monsieur le comte vient d'apporter en venant le chercher avec sa voiture.

— Monsieur Henri, — reprit madame Jouffroy, prenant la lettre des mains du domestique et se plaisant à affecter devant les Richardet, toujours muets d'étonnement, sa familiarité avec le comte ; — mon cher monsieur Henri, c'est une lettre pour vous... tenez.

Le comte, assez surpris, s'approcha, prit la lettre, tressaillit imperceptiblement en reconnaissant l'écriture de Catherine de Morlac, et s'inclinant à demi devant madame Jouffroy :

— Vous permettez, madame, que j'ouvre cette lettre ?

— Nous n'en sommes plus à faire des façons entre nous, mon cher monsieur Henri ; lisez votre lettre. — Et s'adressant à madame Richardet : — Avouez que vous ne vous attendiez guère à ce mariage-là, ma chère, hein !

— Et vous donc, vous y attendiez-vous, ma chère ? — riposta, non sans aigreur, madame Richardet.

A cette réplique, la mère d'Aurélie resta muette et embarrassée, tandis que, après avoir lu sans sourciller la lettre de Catherine, Henri de Villetaneuse, que sa fiancée ne quittait pas des yeux, disait au marquis :

— Mon cher oncle, nous oublions lord Mulgrave, à qui nous avons promis de le présenter, ce soir, au prince Maximilien ; ce digne lord nous attend dans sa voiture, selon le rendez-vous que nous lui avons donné à la porte de madame Jouffroy. Il m'écrit ce billet au crayon, afin de nous rappeler notre promesse.

— Quel diable de lord est-ce cela ?... Henri fait un conte à ces bonnes gens, — se dit le vieillard, mais il reprit tout haut :

— Il faut, mon ami, avoir le courage de se sacrifier à l'accomplissement de sa promesse ; en ce moment surtout qu'il s'agit de quitter ces dames, ce courage devient de l'héroïsme.

— Ces dames me permettront de venir me dédommager demain de cette soirée trop tôt interrompue, — répondit Henri de Villetaneuse en s'inclinant.

— Mais, j'y pense, — reprit le vieillard, — c'est demain lundi ; il y a bal aux Tuileries, les princes n'iront pas à l'Opéra. Je ferai demander leur loge, qu'ils ont eu souvent la bonté de m'offrir ; nous viendrons prendre ces dames à sept heures et demie, si cette proposition leur convient.

— Si cela nous convient ! — s'écria madame Jouffroy, en jetant un regard de superbe triomphe sur les Richardet. — Aller à l'Opéra, dans la loge des princes ! nous irions sur la tête, monsieur le marquis.

— Grâce à Dieu ! chère madame, nous vous épargnerons l'inconvénient de cette posture-là, — répondit le marquis en aspirant sa prise de tabac.

Après quoi, l'oncle et le neveu quittèrent le salon, reconduits, quoiqu'ils en eussent, jusque dans l'antichambre par monsieur et par madame Jouffroy.

Monsieur et madame Richardet, sans être doués d'une extrême pénétration, devinèrent aisément qu'en les conviant à cette soirée, la mère d'Aurélie avait voulu, à la fois, jouir de leur dépit et les faire servir (que l'on excuse cette vulgarité), les faire servir de trompettes à ce mariage, dont ils colporteraient la nouvelle dans leur société habituelle. Aussi, après un échange de quelques banalités, madame Richardet donna d'un regard le signal du départ à son mari. Celui-ci, se levant, dit à monsieur Jouffroy avec un accent légèrement sardonique :

— Mon cher, je vous fais mon compliment sincère sur ce superbe mariage.

— Mais, j'y pense, — reprit vivement monsieur Jouffroy en emmenant l'avoué à l'écart dans un coin du salon, — puisque monsieur le marquis et son neveu vont chez vous, mon ami, vous connaissez peut-être leur position de fortune ?

— Certes, je la connais... et de reste.

— Monsieur le marquis évalue à huit cent mille francs la dot de son neveu.

— Ah bah ! monsieur le marquis l'évalue à ce chiffre ?

— Oui, mon cher ami. Est-ce que cela vous étonne ?

— Beaucoup.

— Vous m'inquiétez. D'où vient votre surprise ?

— D'où elle vient ?

— Oui, oui.

— Ma surprise vient, mon digne ami, de ce que monsieur le marquis s'est contenté d'évaluer la dot de son neveu à ce modeste chiffre de huit cent mille francs, — reprit l'avoué d'un air sournoisement sarquois. — Monsieur le marquis pouvait pousser jusqu'au million.

— Jusqu'au million ! mon cher Richardet, jusqu'au million !

— Parbleu ! et même au-delà.

— Et même au-delà ?

— Certainement.

— Vous êtes sûr de cela ?

— Très sûr.

— Ainsi, vous qui connaissez l'état de fortune de monsieur le marquis et de son neveu, vous croyez qu'ils auraient pu pousser l'évaluation jusqu'au million, et même au-delà ?

— Oui, et s'ils ne l'ont point fait, c'est qu'ils ne l'ont point voulu.

— Peut-être de crainte de nous humilier ?

— Probablement... et là-dessus, bonsoir, mon cher ami.

Je vous réitère tous mes compliments ; c'est un superbe mariage pour votre fille. Ah ! superbe !!! Nous allons finir notre soirée chez Durand le notaire, qui donne un bal ; nous annoncerons cette fameuse nouvelle. — Et il ajouta mentalement : — Ah ! l'on nous invite ici pour nous humilier !... A bon chat... bon rat...

Quelques momens après, monsieur et madame Richardet quittèrent le salon, laissant leur ami persuadé que le cousin Roussel était complètement dans l'erreur au sujet de la ruine de monsieur de Villetaneuse et de son oncle.

Aussitôt après le départ des Richardet, madame Jouffroy saisit sa fille entre ses bras, et, pleurant de joie, l'embrassa passionnément, en lui disant avec effusion :

— Vas-tu être heureuse ! vas-tu être heureuse !

— Oh ! oui, maman, — répondit Aurélie avec expansion, ne pouvant non plus contenir des larmes d'attendrissement. — C'est trop de bonheur pour moi... c'est trop !

— Non pas trop ; tu n'en auras jamais assez de bonheur, chère petite comtesse ; car te voilà comtesse. Ça y est... tu es comtesse ! Nous irons demain à l'Opéra, dans la loge des princes, et ça ne fait que commencer. Tiens, c'est à en devenir folle !

Puis, s'adressant à son mari, qui, silencieux, mais non moins ému, contemplait sa femme et sa fille :

— Hé bien ! et toi... tu ne dis rien !

— Dame ! que veux-tu que je dise ? Je vous vois toutes deux si heureuses, que ça me met du baume dans le sang, et je vous regarde... Quoique je ne parle pas, je n'en pense pas moins !

— Avoue qu'on n'est pas plus aimable, plus délicieux que notre gendre, car, tant pis... à partir d'aujourd'hui, je dis notre gendre !

— C'est vrai, on ne peut voir un plus aimable jeune homme, et puis il a l'air si doux... si bon enfant.

— Mon ami, quel beau jour pour nous et pour Aurélie !

— Oh ! maman, — répondit la jeune fille en appuyant son front brûlant sur l'épaule de sa mère, — ma pauvre tête que les autres jours me semblent pâles auprès de celui-ci.

— Veux-tu bien te taire, par exemple, vilaine enfant, — dit madame Jouffroy en embrassant sa fille avec un redoublement de tendresse, — je compte bien que ce bonheur-là n'est rien auprès de celui qui t'attend !

— Pourquoi faut-il que ce beau jour m'ait coûté l'amitié de mon vieux Roussel ! — pensait monsieur Jouffroy en étouffant un soupir. — Mais, heureusement, Mimi est si contente que j'obtiendrai, je l'espère, la grâce de Roussel. Ce qui me gâte aussi ce beau jour, c'est la résolution de Marianne de nous quitter, d'entrer au couvent, selon ce que m'a dit ma femme. Je sais que, d'un autre côté, la question de la dot devient toute simple. Quoique huit cent mille francs... hum !... hum !... ça soit fièrement d'argent ; il est vrai que, d'après Richardet, qui connaît leurs affaires, le marquis et son neveu sont encore plus riches qu'ils ne le disent... C'est égal, huit cent mille francs !!! Ce pauvre Fortuné ne demandait pas tant, lui ! Il n'avait pas seulement parlé de dot... Enfin, tifille préfère monsieur le comte... Qu'elle soit heureuse, je ne regretterai rien.

Le digne homme se livrait à ses réflexions en contemplant sa femme et Aurélie, lorsque la tante Prudence entra lentement dans le salon.

Madame Jouffroy, à la vue de la vieille fille, haussa impatiemment les épaules, et dit entre ses dents :

— Allons, bon, voilà rabat-joie qui arrive !

XLIV.

L'épithète de rabat-joie, donnée par madame Jouffroy à la tante Prudence, lorsque celle-ci entra dans le salon était justifiée en cela que sa physionomie n'avait jamais paru plus âpre, plus soucieuse, plus sévère.

— Mon enfant laisse-nous ; j'ai à causer avec ton père et ta mère, — dit la tante Prudence à sa nièce.

Aurélie éprouvait un si vif désir d'être seule avec sa pensée pour se remémorer délicieusement les événements de cette journée, qu'elle obéit avec empressement à l'invitation de la vieille fille, lui donna son front à baiser, embrassa son père et sa mère, puis sortit.

La tante Prudence, symptôme grave, n'apportait pas avec elle son tricot ; elle prit silencieusement place dans un fauteuil au coin de la cheminée.

— Ma chère, — lui dit sa belle-sœur, non sans impatience, — il paraît que nous en aurons pour longtemps ?

— C'est probable, — répondit sèchement la vieille fille.

Et faute de son tricot, sa contenance habituelle, elle croisa ses mains sur ses genoux, commença de faire tourner ses pouces, puis, après quelques momens de silence, elle dit gravement à son frère :

— Est-il vrai qu'Aurélie épouse monsieur de Villetaneuse ?

— Oui, tante Prudence, — répondit vivement madame Jouffroy, — le mariage est convenu, conclu, décidé, la chose est faite.

— J'aurais dû, ce me semble, mon frère, être sinon consultée sur un acte si grave, du moins prévenue de ta résolution.

— Ma sœur, c'est que... c'est que...

— Tante Prudence, — reprit madame Jouffroy, venant en aide à l'embarras de son mari, — les choses ont marché si vite que nous n'avons pas eu le temps de vous prévenir.

— Fort vite, en effet, ont marché les choses, et m'est avis que, lorsque l'on marche si vite, l'on risque fort de ne point savoir où l'on va, et de prendre le mauvais chemin pour le bon.

— Ainsi, mademoiselle, — reprit impérieusement madame Jouffroy, — vous prétendez vous mettre à la traverse de ce mariage ?

La vieille fille secoua tristement la tête, et sans répondre à sa belle-sœur :

— Ce mariage, mon frère, t'a déjà coûté le sacrifice de ton meilleur, de ton plus ancien ami.

— Quoi ! tu sais que Roussel...

— Il est venu me faire ses adieux, m'apprendre qu'on le chassait de cette maison.

— Hélas ! ma sœur, ce n'est pas moi qui...

— Oh ! je le sais. Mais, dis-moi, est-ce vrai que tu donnes à Aurélie huit cent mille francs de dot ?

— Hum !.. hum !.. je vais t'expliquer cela ; je...

— Donnes-tu, oui ou non, huit cent mille francs de dot à Aurélie ?

— Oui, mademoiselle, — répondit madame Jouffroy, — nous donnons huit cent mille francs de dot à Aurélie. C'est clair, je crois.

— C'est clair, madame, très clair, trop clair !

— Écoute-moi, Prudence, — reprit monsieur Jouffroy ; — tu me connais ; je serais, tu le sais, incapable de déshériter l'une de mes filles au profit de l'autre. Voici ce qui arrive : Marianne préfère au monde la retraite ; tantôt sa mère a longuement causé avec elle de cette chère enfant, et, à mon grand regret, je l'avoue, elle est décidée à entrer au couvent. N'ayant plus que sa sœur à doter, il est possible, sans injustice, je le vois, mais en nous gênant beaucoup, de donner huit cent mille francs à Aurélie.

— Il y a, mon frère, à ceci une observation : Marianne ne veut point entrer au couvent ; elle s'y refuse absolument.

— Que dis-tu ?

— Tantôt, elle est venue tout en larmes me confier, sur avoir fait cette triste révélation à Aurélie, que sa mère voulait lui imposer l'obligation d'entrer au couvent, mais qu'elle n'y consentirait jamais.

— L'effrontée ! — s'écria madame Jouffroy. — Elle ose...

— Ma femme, — reprit l'ancien commerçant avec sévérité, — tu n'avais pourtant assuré tantôt que Marianne voudrait se retirer dans une maison religieuse. Je n'ai point songé à interroger notre fille à ce sujet, ainsi que je l'avais dit : préparatifs de la soirée ; je l'ai crue sur parole, et ce soir j'ai formellement promis cette dot à monsieur le marquis. Mais si, par malheur, tu m'avais menti, — ajouta-t-il avec une angoisse croissante, — si tu m'avais menti...

— Ah ! je vous reconnais là, vipère que vous êtes ! — s'écria madame Jouffroy furieuse en interrompant son mari et s'adressant à la vieille fille. — Il faut que vous apportiez le trouble partout.

— Il ne s'agit pas d'injurier ma sœur, mais de dire, oui ou non, s'il est vrai que Marianne demande à entrer au couvent, sinon...

— Sinon quoi ? — reprit impérieusement madame Jouffroy. — Voyons, monsieur, articulez donc !... sinon quoi ?

— Aussi vrai que Dieu m'entend, ce mariage sera rompu !
— Vous osez...

— Oui, ce mariage sera rompu, s'il ne doit se conclure qu'au prix de cette dot ! Moi ! dépouiller une de mes filles pour enrichir l'autre ! Est-ce que vous êtes folle ! Ma fortune m'appartient, peut-être ! J'ai eu assez de peine à la gagner ! J'en disposerai en bon père de famille ! Entendez-vous cela, ma femme ?

— Ah ! votre fortune vous appartient à vous seul ! Ainsi, moi, je n'ai été pour rien dans le gain de cette fortune ! Je n'étais donc pas au comptoir depuis huit heures du matin jusqu'à dix heures du soir ? Je ne m'occupais donc pas de la vente ? Je ne tenais donc pas vos livres et la caisse ? Je ne réglais donc pas votre maison ? Ce n'était donc pas moi qui me chargeais des placements de nos bénéfices, parce que, bonasse comme vous l'êtes, vous auriez eu confiance dans le premier venu, et compromis vos capitaux ! Je ne vous ai donc pas apporté en mariage le double de ce que vous possédiez ? Et aujourd'hui vous avez l'ingratitude et l'audace de dire que, seul, vous avez gagné notre fortune ! Vous osez parler de rompre un mariage qui a assuré le bonheur de notre fille !... Ah ! tenez ; prenez garde ! monsieur, prenez garde ! Ne me poussez pas à bout ; votre vie depuis vingt-cinq ans n'a été qu'un paradis, vous me l'avez souvent répété, mais, jour de Dieu ! si vous renouvelez souvent les scènes d'aujourd'hui, votre vie deviendrait un enfer !

— Oh ! je vous crois, allez !... je vous crois ! — répliqua le digne homme en pleurant ; — je sais quelles secousses j'ai eues depuis ce matin ; il y aurait de quoi me perdre la tête, et si ça recommence, vous me ferez perdre tout à fait... Je sens déjà mes tempes battre comme tantôt, lorsque vous m'avez disputé, à propos de cette malheureuse dot !

— Allons, du courage, mon pauvre frère, ou plutôt de la résignation, — reprit tristement la tante Prudence. — Je le reconnais, tu n'es pas de force à lutter contre une domination qui pendant vingt-cinq ans a été excellente, mais qui, maintenant, égarée par de déplorables vanités, menace de devenir pour toi aussi funeste qu'elle a été jadis salutaire... Non, je ne t'engage pas à la résistance... Si je la croyais possible de ta part, je te tiendrais un autre langage. Je sais la bonté, la sensibilité, mais aussi la faiblesse de ton caractère ; si tu tentais de faire dominer ici la voix de la raison, la femme te l'a dit : ta vie serait un enfer... Cède donc, afin d'échapper à l'enfer...

— Ah ! tu m'aimes, toi ! — murmura douloureusement l'ancien négociant, — tu comprends les angoisses d'un père qu'une malheureuse folle veut forcer à l'injustice !

Madame Jouffroy, exaspérée par les dernières paroles de son mari, saisit la tante Prudence par le bras, et lui dit avec emportement :

— Mademoiselle, ne continuez pas d'exciter ainsi votre frère contre moi, sinon vous me forcerez à...

— Rassurez-vous, madame, — reprit la vieille fille en interrompant sa belle-sœur et se dégageant de son étreinte avec dignité, — ma présence ici ne vous sera plus à charge.

— Prudence ! que dis-tu ?
— Mon frère, je quitte cette maison, il faut nous séparer.
— Nous séparer ! mais c'est impossible ! mais tu n'y penses pas ! mais depuis quarante ans nous vivons ensemble ! Mon Dieu, mon Dieu ! oh ! je crois que ma tête va éclater ! le sang m'étouffe ! — murmura ce malheureux, qui, d'un tempérament sanguin, presque apoplectique, sentait le sang affluer violemment à son cœur et à son cerveau ; puis, après un moment de douloureux silence, il reprit d'une voix suppliante, entrecoupée :

— Non, non, tu ne m'abandonneras pas ! Miséricorde ! voir dans le même jour s'éloigner de moi mon plus vieil ami et ma sœur, c'est trop ! Non, tu ne peux pas m'abandonner au moment où jamais je n'ai eu plus besoin de toi. — Et il ajouta, bouleversé presque égaré : — Je ne veux pas rester seul ici avec ma femme ! J'en ai peur maintenant... Hé bien ! oui, là, j'en ai peur depuis qu'elle m'a menacé de rendre ma vie un enfer !

A ces mots, madame Jouffroy, malgré l'emportement de son caractère, se sentit péniblement émue.

La tante Prudence aussi fut péniblement émue. Elle hésita pendant un moment à se séparer de son frère en de telles circonstances. Mais elle connaissait tellement le caractère de monsieur Jouffroy, à la fois si faible, si bon, et depuis si longtemps façonné au joug de sa femme, que cette hésitation cessa, et la vieille fille reprit :

— Mon ami, tu n'as aucun motif de redouter ma belle-sœur, dès que, selon la coutume, tu te soumettras à ses volontés. J'ai maintenant à te faire, ainsi qu'à elle, une proposition au sujet de Marianne.

— Quelle proposition ? — reprit madame Jouffroy assez surprise ; — que voulez-vous dire, mademoiselle ?

— Mon frère, je connais la générosité de ton cœur, ton équité, mais tu seras, malgré tes scrupules, obligé de doter Aurélie au détriment de Marianne, puisque ta femme l'exige ; je désire t'épargner, en partie, le remords d'une injustice que tu commettras forcément, bien qu'elle te révolte. Je te propose donc de me charger de Marianne.

— Que veux-tu dire ? — reprit l'ancien négociant, dont l'entendement commençait de faiblir, par suite de si cruelles secousses. — J'ai comme des étourdissements, c'est à peine si je te comprends.

— Ecoute-moi, mon pauvre ami. Mon patrimoine s'est plus que triplé par mes économies ; ma fortune sera la dot de Marianne, si elle se marie, et, en ce cas, je demeurerai avec elle et son mari. Si, au contraire, elle reste fille, nous continuerons de vivre ensemble, et un jour elle sera mon unique héritière ; elle consent à venir habiter avec moi, ne croyant vous blesser en rien, madame, — ajouta la tante Prudence, s'adressant à sa belle-sœur, — puisqu'il doit vous être indifférent que votre fille soit au couvent ou auprès de moi.

— Certainement, mademoiselle, dès que Marianne vous préfère à nous, elle est libre de nous quitter.

— Ah ! c'est notre faute ! — s'écria en gémissant monsieur Jouffroy, — c'est notre faute ! toutes nos préférences ont été pour Aurélie... et sa sœur ne nous aime plus... elle se sépare de nous ! Mon Dieu ! — et il cacha son visage éploré entre ses mains. — Je ne m'attendais pas à ce dernier coup... Ah ! je n'y résisterai pas...

— Mon frère ! de grâce ! ne te méprends pas sur la cause du désir de Marianne ; sa tendresse envers toi, envers sa mère, n'a été en rien altérée par vos préférences pour Aurélie, qu'elle chérit autant que par le passé ; mais cette pauvre enfant sait combien elle serait déplacée dans la société qui va nécessairement devenir la vôtre, par suite du mariage en question.

— Entendez-vous, ma femme ? voilà les conséquences de votre sotte gloriole ! — s'écria monsieur Jouffroy avec amertume. — Au lieu de vivre heureusement, paisiblement, en famille, parmi les personnes de sa sorte, on veut être du grand monde, la vanité vous tourne la tête, et alors sœur, fille, ami, vous abandonnent !

— Mon frère, nous ne t'abandonnons pas ; nous nous verrons souvent, très souvent, je l'espère. Ainsi tu consens à ce que j'emmène Marianne ?

— Hé ! mon Dieu ! nous reparlerons de cela plus tard ; j'ai ce soir la tête perdue... je viens d'avoir encore un éblouissement... ça finira par un coup de sang... je suis accablé... C'est pourtant assez de chagrin en un jour !

Aurélie, je vous adore — Page 60.

Mon ami, crois-moi, il m'en coûte beaucoup d'insister pour connaître ta décision au sujet de Marianne; car j'ai l'intention de m'en aller d'ici dès demain.

— Vous prévenez mon plus vif désir, mademoiselle, — dit madame Jouffroy avec une irritation contenue. — Après ce qui s'est passé entre nous, il fallait que vous ou moi, l'une de nous, sortît d'ici.

— Ainsi ferai-je, madame, et dès demain, je vous le répète.

— Demain? — reprit monsieur Jouffroy avec stupeur, — Prudence! est-il possible? Écoute-moi par pitié, écoute-moi!

— J'étais résolue de quitter demain cette maison, je la quitterai demain : après les paroles de ta femme, que tu viens d'entendre, il ne m'est plus possible de demeurer ici; j'avais, d'ailleurs, prié tantôt notre cousin Roussel de me retenir provisoirement un petit appartement garni dans le voisinage de la cour des Coches, où demeure Fortuné.

— Demain, mon Dieu! demain, te quitter! Est-ce que je rêve! est-ce que tout cela est vrai! s'écria monsieur Jouffroy, dont la faible intelligence s'oblitérait de plus en plus.

— Pourquoi partir d'ici plutôt demain qu'un autre jour?

— Parce que cette séparation devant s'accomplir, mon ami, il faut qu'elle ait lieu le plus tôt possible, je ne saurais désormais rester un jour de plus dans cette maison, après avoir été traitée comme je l'ai été par ma belle-sœur, il me faut donc prendre courageusement mon parti, et si tu consens à ce que Marianne,..

— Hé bien! qu'elle parte! Fille, sœur, ami, abandonnez-moi tous! Allez au diable, et moi aussi! — s'écria ce malheureux en proie à un égarement croissant, qui devint bientôt le délire d'un violent accès de fièvre chaude. — J'ai mérité ce qui m'arrive! C'est bien fait, c'est bien fait! — ajouta-t-il en marchant çà et là d'un pas précipité et d'un air hagard. Je suis un imbécile, une poule mouillée, un crétin sans volonté, sans cœur, sans courage. Et toi, vois-tu? — et il montra le poing à sa femme, qui commençait à s'alarmer de ce dérangement d'esprit; — toi et ta fille, avec votre vanité, vous ferez notre malheur à tous, et le vôtre! — Puis, poussant un éclat de rire sardonique : — Ah! ah! ah! il commence bien, ce mariage! En un seul jour, ma sœur, une de mes filles et mon meilleur ami s'éloignent de moi, me méprisent comme un niais que sa femme mène par le bout du nez. Ah! comme ils ont raison, comme ils ont raison!! Ah! ah! ah! quel sot bonhomme je suis!.. mais aussi, madame Jouffroy... ta fille sera comtesse! tu seras la mère d'une comtesse! Ah le beau mariage, le beau mariage! superbe... et pas cher!! huit cent mille francs! pour rien... pour rien! Travaillez donc comme un nègre pendant vingt-cinq ans de votre vie, à seule fin d'enrichir monsieur le comte... Serviteur de tout mon cœur, mon noble gendre!.. huit cent mille francs! comme vous allez, sans doute, les fricasser! Oh! le beau mariage! les heureuses noces que voilà! Ah! ah! ah! nous y danserons, n'est-ce pas, duchesse Mimi, aux noces de la comtesse Aurélie? En avant deux, la, la, tradori, tradora, la, la...

Enfin, poussant un gémissement étouffé, monsieur Jouffroy trébucha et s'affaissa sur lui-même; ses traits, d'abord d'un rouge cramoisi, devinrent d'un pourpre violacé. Il tomba frappé d'un coup de sang.

— Vous le tuerez, malheureuse folle! — s'écria la tante Prudence, en s'adressant à sa belle-sœur, qui, épouvantée, fondant en larmes, s'était jetée à genoux sur le tapis auprès de son mari.

La vieille fille, après avoir sonné à tout rompre, dit au domestique qui accourut :

— Allez vite chercher le médecin qui demeure dans la maison en face de celle-ci, et surtout ne dites pas un mot à mes nièces de l'indisposition de leur père!

— Elles sont couchées, mademoiselle.

— Allez vite, et ramenez le médecin tout de suite.

Le domestique sortit en hâte, tandis que madame Jouf-

LA FAMILLE JOUFFROY

Elle l'adossa à un fauteuil. — Page 65.

froy, éperdue, éplorée, sanglotait aux côtés de son mari en murmurant :

— Mon pauvre ami! mon pauvre Baptiste!

La tante Prudence, conservant sa présence d'esprit, se hâta de dénouer la cravate de son frère, et au lieu de le laisser étendu sur le tapis, elle l'adossa à un fauteuil en ordonnant à sa belle-sœur, qui obéit, d'ouvrir toutes les croisées, et de l'aider à approcher monsieur de Jouffroy de ce courant d'air.

Le médecin arriva bientôt, et après avoir examiné le malade :

— Rassurez-vous, mesdames, c'est une simple congestion cérébrale. Une légère saignée, du repos, la diète, des bains de pieds, et bientôt monsieur Jouffroy sera debout.

XLV

Le cousin Roussel occupait un appartement de garçon dans la rue du Faubourg-Saint-Honoré, non loin de la cour des Coches, où se trouvait l'atelier de Fortuné Sauval. Cet appartement se composait d'une entrée, d'une salle à manger et d'un salon communiquant d'un côté à une chambre à coucher, de l'autre à un cabinet de travail formant bibliothèque. L'épicier en retraite partageait le goût de la tante Prudence pour les vieux et bons livres.

Vers les sept heures du soir, le lendemain du jour où Henri de Villetaneuse avait été accepté par Aurélie comme fiancé, triste journée terminée par l'indisposition de monsieur Jouffroy, frappé d'une congestion cérébrale, le cousin Roussel, debout dans son salon, éclairé par une lampe, donnait les instructions suivantes au portier de la maison :

— Vers les sept heures et demie ou huit heures, une dame viendra me demander.

— Bien, monsieur Roussel.

9ᵐᵉ LIVRAISON.

— Vous ferez monter cette dame, vous l'accompagnerez dans la salle à manger, vous la prierez d'attendre là, pendant un moment, et vous m'avertirez de son arrivée.

— Oui, monsieur, et si d'autres personnes venaient, je ne les laisserai pas monter. C'est entendu.

— Ce n'est point entendu du tout, monsieur Jérôme! Est-ce que par hasard vous me croiriez en bonne fortune?

— Monsieur...

— Vous laisserez, au contraire, entrer les personnes qui auraient à me parler.

— Alors, monsieur, c'est différent. Tenez, justement on a sonné.

— Allez ouvrir.

Le portier sortit, et presque aussitôt le père Laurencin parut dans le salon.

— Et Michel? — dit le cousin Roussel au vieillard, — est-ce qu'il ne vous accompagne pas?

— Si, monsieur; mais il est resté dans la salle à manger; nous pourrons ainsi causer un instant.

— Grâces vous soient rendues, père Laurencin! Cette courtisane usant, d'après votre ordre, de son empire absolu sur monsieur de Villetaneuse, s'est opposé à ce qu'il épousât Aurélie. Elle échappe ainsi aux malheurs que je prévoyais, et maintenant Fortuné peut tout espérer.

— Ah! monsieur Roussel, il est comme un fou, il va, il vient, il ne peut rester un moment en place; il a quitté l'atelier depuis tantôt, et nous ne l'avons pas revu.

— Pauvre garçon! c'est la fièvre de la joie qui l'agite.

— Et ce bon monsieur Jouffroy se ressent-il encore de son indisposition?

— Non, selon ce que m'a écrit hier la tante Prudence, qui m'avait instruit de cet accident; elle devait quitter la maison de son frère, mais son indisposition et la rupture du mariage ont suspendu le départ de ma vieille amie.

— Et mademoiselle Aurélie?

— Sa tante me dit dans sa lettre que cette chère enfant, en apprenant qu'elle devait renoncer à monsieur de Villetancuse, s'est montrée courageusement résignée. Cela ne m'étonne pas, elle a d'excellentes qualités; mais elle s'était laissée égarer par la déplorable vanité de sa mère, capable de tout sacrifier au sot orgueil de voir sa fille comtesse; aussi j'espère qu'Aurélie, plus sagement inspirée, reviendra maintenant à Fortuné. Noble et bon cœur ! il offre à sa cousine tant de garanties de bonheur ! Cette madame de Morlac aura du moins, une fois dans sa vie, concouru à une action louable en usant de son influence dans un but honorable. Cette femme ne peut tarder à venir. Vous lui avez donné exactement mon adresse ?

— Oui, monsieur Roussel, puisque vous voulez bien permettre que cette entrevue ait lieu chez vous.

— Il n'était pas convenable que Michel allât chez cette créature. Mais, grand Dieu ! quel abîme que le cœur humain ! Cette courtisane égoïste, cupide, artificieuse, corrompue jusqu'à la moelle des os, délaisse son enfant pendant quinze ans, fait ainsi preuve d'une horrible insensibilité, elle le retrouve, et voilà qu'à cette heure elle ressent toutes les angoisses de l'amour maternel !

— Que vous dirai-je, monsieur Roussel ? Lorsque avant-hier, je suis, sur son invitation, allé chez elle pour y chercher la lettre dans laquelle le comte de Villetaneuse annonçait à monsieur et à madame Jouffroy que, pour des raisons survenues depuis la veille, son mariage avec mademoiselle Aurélie devenait impossible...

— Autre contradiction étrange ! — reprit Joseph en interrompant le vieil artisan. — Ce monsieur de Villetaneuse, sur le point d'épouser une honnête jeune fille merveilleusement belle, et qui lui apportait une fortune considérable, ce monsieur de Villetaneuse, quoique ruiné, bien qu'on ait dit son oncle, sacrifie Aurélie et sa dot à l'empire de cette madame de Morlac, courtisane plus âgée que lui !

— Et ce sacrifice, il l'a accepté presque sans hésitation, m'a dit cette femme en m'engageant à lire la lettre de rupture dictée par elle, lettre convenable et très polie d'ailleurs. Ah ! monsieur Roussel, lorsque je l'ai eu montrée à monsieur Fortuné, avant de la cacheter et de la porter moi-même chez la concierge de monsieur Jouffroy, j'ai cru d'abord que mon jeune patron allait devenir fou de joie...

« Aurélie est à moi ! — s'écriait-il, — elle tiendra maintenant la parole qu'elle m'avait donnée librement. » Aussi, témoin de la joie de monsieur Fortuné, je n'ai pas eu le courage de refuser à cette malheureuse créature le bonheur de se rencontrer aujourd'hui avec son fils, puisqu'elle avait tenu ses promesses. Je suis retourné la prévenir que Michel serait ici ce soir. Ah ! si vous l'aviez vue, si vous l'aviez entendue ! Elle baisait mes mains, elle fondait en larmes, elle se livrait à des élans de joie incroyables, et puis elle recommençait à pleurer.

— Oh ! l'âme humaine ! l'âme humaine ! Qui pourrait en sonder les profondeurs ? — dit Joseph d'un air pensif. Puis, entendant la sonnerie de la pendule :

— Sept heures et demie, — reprit-il. — J'ai dit au portier de la faire attendre dans la salle à manger, où se trouve maintenant votre petit-fils. Ne serait-il pas temps de le préparer à cette entrevue ?

— Certainement, — répondit le vieillard. Tandis que Joseph, ouvrant la porte qui communiquait à la pièce voisine, appelait Michel, celui-ci entra dans le salon.

— Mon enfant, — lui dit son aïeul, — souvent tu m'as parlé de ton vif désir d'avoir sur ta mère des détails que je ne pouvais te donner, puisque, ainsi que je te l'ai dit, ton père s'est marié en pays étranger, où il a perdu sa femme, mais j'ai appris hier que cette personne chez qui nous étions allés dimanche porter un bracelet avait connu ta mère.

— Cette pauvre dame qui s'est trouvée mal ?
— Oui.
— Elle a connu ma mère ! elle pourrait me parler d'elle ! Mon Dieu ! quel malheur de n'avoir pas su cela quand nous étions chez cette dame !

— Rassure-toi, elle voit quelquefois monsieur Roussel.

— Elle viendra ici ce soir, — ajouta Joseph, — et tu pourras causer avec elle.

L'apprenti, les yeux humides de douces larmes, se jeta au cou du père Laurencin. Le cousin Roussel les contemplait tous deux avec attendrissement, lorsque le portier entra et dit :

— Monsieur, cette dame est arrivée.
— Priez-la d'entrer.

Et bientôt madame de Morlac parut à la porte du salon. Catherine, cédant à un sentiment de délicatesse exquise, puisé dans l'amour maternel qui la régénérait, avait renoncé à son élégance habituelle ; elle portait une robe de laine de couleur sombre, un châle d'un prix minime, et un chapeau d'une extrême simplicité. Ces modestes vêtemens étaient neufs : elle se souvenait des terribles paroles du père Laurencin, au sujet des richesses impures dont elle voulait d'abord faire profiter son fils, et elle aurait cru profaner sa première entrevue avec lui en s'y rendant couverte de somptueux vêtemens, témoins, pour ainsi dire, de ses désordres.

Cette secrète pensée de la courtisane fut comprise et appréciée du père Laurencin ; il lui dit tout bas, en indiquant l'une des portes communiquant au salon :

— Je vais entrer avec monsieur Roussel dans cette chambre, dont la porte restera ouverte ; j'entendrai votre entretien avec mon petit-fils ; ainsi, pas un mot qui puisse lui faire soupçonner que vous êtes sa mère, sinon cette entrevue sera la dernière que vous aurez avec lui.

— Ne craignez rien, monsieur, — répondit Catherine d'une voix basse et résignée, — je ne risquerai pas de compromettre la seule espérance qui me reste.

Le cousin Roussel n'avait jamais vu madame de Morlac ; il l'observait avec un redoublement de pénible curiosité, tandis que le père Laurencin, s'approchant de Michel :

— Mon enfant, pendant que monsieur Roussel et moi nous allons dans ce cabinet nous occuper d'une affaire qui nous intéresse, tu pourras parler de ta mère avec cette dame.

— Oh ! merci, merci, grand-père ! quel bonheur pour moi !

Joseph et le vieillard, après que celui-ci eut de nouveau, par un geste significatif, recommandé à Catherine de ne pas se trahir, la laissa dans le salon avec Michel.

XLVI.

Madame de Morlac, pour la première fois, se trouvait près de Michel, et pouvait le contempler à loisir ; enfin, elle l'avait là, près d'elle.

Comment exprimer ce qu'éprouvait, ce que souffrait cette malheureuse, obligée de contenir son geste, sa voix, son accent, ses regards, en ce moment où son cœur s'élançait au devant de son enfant, en ce moment où elle se mourait d'envie de sauter à son cou, de le couvrir de larmes, de baisers, et de lui dire, du plus profond de ses entrailles de mère :

— Mon fils ! mon fils !

Mais, dominée par une nécessité redoutable, la courtisane se contint, se rapprocha de Michel, qui, rougissant et baissant les yeux, hésitait à prendre la parole.

— Mon enfant, — lui dit Catherine, s'efforçant de dissimuler l'altération de sa voix, — votre grand-père vous a dit que j'avais connu, beaucoup connu votre mère.

— Oui, madame, et de cela je suis bien heureux.

— Vous l'auriez tendrement aimée, n'est-ce pas, votre mère ?

— Oh ! madame, puisque, sans l'avoir jamais vue, je l'aime tant !

— Elle vous manque bien, n'est-ce pas ?

— Mon grand-père est, pour moi, bon ! mais bon ! comme vous ne pouvez pas vous l'imaginer, madame ;

maître Fortuné me traite comme son fils, et pourtant il ne se passe pas de jour sans que mon cœur se serre en pensant à elle. — Puis, s'enhardissant peu à peu, il leva ses grands yeux, humides de larmes, vers la courtisane, et lui dit avec un ravissement ingénu qui donnait à ses traits un charme inexprimable : — Ainsi, madame, vous avez connu ma mère ! vous l'avez vue ! vous lui avez parlé ?

— Oui, — répondit Catherine, de qui le cœur se brisait ; cette femme, toujours si fourbe, si fausse, si maîtresse d'elle-même, si dangereusement habile à paraître ce qu'elle n'était point, lorsque cette dissimulation servait sa cupidité, ne pouvait feindre l'indifférence auprès de son enfant que grâce à des efforts inouïs, surhumains. — Oui, — ajouta-t-elle, — j'ai souvent vu votre mère, et...

Catherine n'acheva pas, un sanglot étouffa sa voix.

— Mon Dieu ! madame, vous pleurez ! — s'écria Michel ; qu'avez-vous ?

Presque aussitôt, la courtisane, entendant le père Laurencin tousser assez haut dans le cabinet voisin, comprit l'avertissement que lui donnait ainsi le vieil artisan, surmonta son émotion, essuya ses yeux, et dit à Michel d'une voix encore tremblante :

— Pardon. Je n'ai pu retenir mes larmes, on vous parlant de celle... de celle qui a été ma meilleure amie.

— Madame, je regrette...

— Oh ! ne regrettez rien, mon cher enfant ; pour moi, ces larmes sont douces, bien douces !

— Je vous crois, madame, car lorsque je pense à ma mère, quoique cette pensée m'attriste, elle m'est aussi bien douce. Pauvre chère maman, elle devait m'aimer autant qu'elle aimait mon père, car elle l'aimait bien, n'est-ce pas, madame ?

— Oui, — murmura Catherine, baissant les yeux devant le candide regard de son fils. — Oui, elle l'aimait... beaucoup.

— Combien ils devaient être heureux ensemble ! Mon père, par le cœur, valait mon grand-père, j'en suis certain. Mais j'y songe, madame : vous avez dû aussi le connaître, mon père ?

— Je... je... le voyais rarement, ses travaux l'occupaient tout le jour.

— Oh ! d'ailleurs, de lui je peux parler avec mon aïeul. Il n'en est pas ainsi de ma mère, qu'il n'a jamais vue. Il me semble que la bonté devait se lire sur sa figure. Est-ce que ses yeux étaient bleus ou noirs ?

— Ils étaient bleus.

— Et ses cheveux ?

— Blonds.

— Est-ce que... puis, s'interrompant timidement, — madame, je crains que mes questions...

— Non, non, continuez, cher enfant.

— Hélas ! madame, je le disais encore dimanche à mon grand-père, ce serait pour moi une consolation de pouvoir me figurer le visage de ma mère ; il me semble qu'ainsi je la verrais dans ma pensée.

— Ce désir est si touchant, qu'il ne faut pas craindre de m'adresser des questions.

— Oh ! merci, madame, je sais déjà que maman était blonde, qu'elle avait les yeux bleus. Et sa taille, était-elle grande ?

— Non, moyenne.

— Et quelle était sa coiffure habituelle ?

Catherine craignait, en continuant de donner un signalement trop conforme au sien, d'éveiller les soupçons de Michel. Aussi, afin de le dérouter complètement (elle portait de longues anglaises), elle lui répondit au sujet de la coiffure dont il s'informait :

— Votre mère se coiffait ordinairement en bandeaux, et, singularité assez rare, ses sourcils étaient noirs, quoique sa chevelure fût blonde, — ajouta la courtisane, — afin d'éloigner toute idée de ressemblance avec elle.

— Des sourcils noirs, des cheveux blonds et des yeux bleus ! En effet, madame, cela est très rare. Oh ! encore merci de ce détail, il complète à peu près le portrait de ma mère, — reprit Michel. — Maintenant, il me semble que je la vois, avec ses cheveux blonds qu'elle portait en bandeaux. Qu'est-ce que je pourrais donc vous demander encore, madame. Ah !... son front était-il haut ?

— Non, il était assez bas.

— Comme celui de ces belles statues grecques que maître Fortuné me fait admirer au Musée, — reprit Michel avec un naïf orgueil filial. Et réfléchissant de nouveau : — Est-ce que maman avait le nez droit ou aquilin ?

— Aquilin, — répondit Catherine, dont le nez était droit très fin et légèrement relevé.

— Mon Dieu, que maman devait donc être belle ! Oh ! je veux, grâce à ce que vous venez de m'apprendre, madame, faire une esquisse de son portrait. Je vous le montrerai, vous me direz s'il est quelque peu ressemblant, car je vous reverrai encore, n'est-ce pas, madame ?

— Je le crois, je l'espère, du moins, — répondit Catherine d'une voix tremblante, — et ce vœu, cette espérance, s'adressaient au père Laurencin, qui, placé dans la chambre voisine, écoutait cet entretien.

— Hélas ! — pensait la courtisane, — cette image d'une mère si regrettée que mon fils évoquera dans son esprit, ne sera pas même mon image !

Et elle reprit tout haut :

— Mon enfant, j'ai répondu à vos questions, je répondrai à toutes celles que vous pourrez encore m'adresser. Permettez-moi à mon tour, au nom d'une personne qui fut ma meilleure amie, de vous parler de votre enfance, de vos travaux, enfin de tout ce qui eût tant intéressé votre mère.

— Oh ! avec plaisir, madame, — dit Michel. — J'aurai ainsi l'occasion de vous apprendre ce que je dois à mon grand-père et à maître Fortuné.

XLVII.

La courtisane ne savait des premières années de Michel que ce qu'elle avait appris par quelques mots du père Laurencin ; cela ne suffisait pas à satisfaire l'avidité de sa curiosité maternelle ; d'ailleurs, elle ignorait encore si on lui permettrait prochainement d'avoir une autre entrevue avec son fils.

— Dites-moi, — reprit-elle, — à quelle époque remontent les souvenirs que vous avez conservés de votre première enfance ?

— Tout ce dont je me rappelle, madame, c'est de l'école des frères où mon grand-père me menait le matin en allant à son atelier, et d'où il me ramenait le soir après sa journée. Je me souviens encore de la boutique d'orfèvrerie du père de maître Fortuné : rien ne me plaisait davantage que la vue des bijoux, de l'argenterie. Je disais toujours à mon grand-père que je désirais être apprenti bijoutier ; aussi, à l'âge de dix ou onze ans, je ne suis plus allé à l'école ; maître Fortuné m'a pris pour apprenti, et depuis ce temps-là je travaille chez lui avec mon grand-père...

— Vous trouvez-vous heureux de votre condition, cher enfant.

— Oh ! oui, madame ; maître Fortuné me donne des leçons de dessin ; il est pour moi rempli de bonté ; enfin, mon grand-père est, voyez-vous, ce qu'il y a de meilleur au monde.

— Ainsi, votre état vous plaît ?

— Beaucoup ; maître Fortuné me dit souvent que je deviendrai un artiste, et je travaille de mon mieux pour le contenter.

— Avez-vous de temps en temps quelques plaisirs, quelques distractions ?

— Certainement, madame, tous les dimanches je vais me promener avec mon grand-père, et nous dînons dehors en partie fine, comme il dit. Parfois, maître Fortuné nous accompagne, et, ces jours-là, nous allons au Musée voir les tableaux, les statues, les belles orfèvreries de la renaissance.

— Et lorsque vous rencontrez des jeunes garçons de votre âge, vêtus avec élégance, se promenant en voiture, cela ne vous attriste pas, cela n'éveille pas votre envie?...

— Oh! mon Dieu! non! Je n'y prends seulement pas garde, à leurs beaux habits et à leurs voitures. Mon grand-père ne me laisse manquer de rien; il est même très coquet pour moi, mon vieux grand-père, — ajouta Michel en souriant; — car le dimanche, c'est lui qui fait la raie de mes cheveux et qui noue ma cravate dans le bon genre. Je n'ai donc rien à envier, et puis d'ailleurs...

— Achevez, mon enfant.

— Le soir, quand mon grand-père est couché, je lui fais la lecture dans des livres qu'il choisit; ces lectures, ainsi que les enseignemens, les exemples qu'il me donne, me font penser que celui qui gagne honnêtement sa vie n'a rien à envier à personne, et comme dit mon grand-père : « Il y a tant de gens que l'on mépriserait comme la boue, » au lieu de les envier, si l'on savait comment ils ont ga- » gné cet argent qui les rend si fiers... » Il a grandement raison, mon grand-père, n'est-ce pas, madame? Rien de plus honteux que des richesses mal acquises.

— Sans doute, — répondit la courtisane d'une voix tremblante en songeant à l'abîme que cette horreur précoce du mal devait creuser entre son fils et elle, — votre aïeul se montre d'une rigoureuse sévérité. Du reste, ces sentimens font l'éloge de votre éducation. Ainsi, votre état vous plaît, et vous n'avez pour l'avenir aucune ambition?

— Oh! si, madame.

— Voyons, dites-moi tout.

— Eh bien! madame, — reprit Michel avec un accent confidentiel d'une naïveté charmante, — mon ambition serait... mais non, c'est espérer trop.

— Enfin, dites.

— D'abord je voudrais, car je n'ai qu'une seule ambition : d'abord, je voudrais devenir assez habile dans l'art de ciseler, d'émailler, de nieller, de graver, pour que maître Fortuné me gardât toujours près de lui, comme son père a gardé mon grand-père, et puis... oh! mais voilà qui est trop ambitieux.

— Achevez.

— Je voudrais, — ajouta Michel, en baissant un peu la voix, tandis que sa ravissante figure exprimait une joie touchante, à la seule pensée de ce vœu, — je voudrais, en devenant excellent ouvrier, enfin artiste, comme le dit maître Fortuné, gagner assez d'argent pour pouvoir dire un jour à mon grand-père : « Vous avez depuis mon en- » fance travaillé pour nous deux ; maintenant à mon » tour. Votre vue se fatigue, votre main tremble; reposez- » vous, grand-père, reposez-vous. C'est à moi maintenant » de travailler pour deux, et nos parties fines du diman- » che, c'est moi qui les paierai. »

Michel accentua ces derniers mots avec une expression de triomphe si ingénue; la suprême ambition de cet aimable enfant prouvait tellement l'excellence de son cœur, que Catherine, de plus en plus émue, au récit de cette vie simple, digne, laborieuse, honnête, ne put résister davantage à l'ineffable bonheur d'embrasser son fils pour la première fois.

— Au nom de votre mère, — murmura la courtisane, fondant en larmes délicieuses, — permettez-moi de vous embrasser, cher... cher enfant!

Et, sans attendre la permission de Michel, elle saisit sa tête entre ses deux mains, et couvrit son front et ses cheveux de baisers passionnés.

Un violent et significatif accès de toux du père Laurencin, dont madame de Morlac comprit l'intention, vint la rappeler à elle-même, et presque au même instant il rentra dans le salon, ainsi que le cousin Roussel.

Tous deux avaient pleuré, en écoutant l'entretien du fils et de la mère. Celle-ci, à l'aspect du vieillard, reprit son sang-froid, et s'éloigna de Michel non moins surprise que touchée des caresses de l'étrangère.

Le retour du vieil artisan annonçait à Catherine la fin de son entrevue avec son fils. Son cœur se déchira ; mais elle devait se résigner.

Tout à coup, la porte du salon s'ouvrit, et Fortuné Sauval entra précipitamment, pâle, les traits bouleversés. Puis, avisant le cousin Roussel et le père Laurencin, il s'écria :

— Oh! mes amis... Aurélie... si vous saviez... C'est affreux... affreux!

Et Fortuné cacha son visage entre ses deux mains et tomba sur un siège.

XLVIII.

A ces mots sans suite, prononcés d'une voix entrecoupée par l'orfèvre : « Mes amis... Aurélie... Oh! c'est affreux... affreux! » le cousin Roussel et le père Laurencin pressentirent quelque sinistre événement. Le vieillard, profitant de la surprise générale causée par les paroles et la brusque apparition de l'orfèvre, dit tout bas à Michel, afin de mettre terme à son entrevue avec Catherine :

— Va m'attendre à la maison, je ne tarderai pas à rentrer.

— Oui, grand-père ; — et se ravisant, Michel ajouta : — Est-ce que je ne dois pas dire adieu à cette bonne dame, et la remercier encore ?

— Je la remercierai pour toi. Va, mon enfant, je te rejoins bientôt.

— Bien, grand-père, à tout à l'heure.

Et il sortit.

La courtisane, malgré l'étonnement causé par la soudaine arrivée de Fortuné Sauval, n'avait pas quitté Michel du regard. Lorsqu'elle le vit quitter le salon, elle ne put contenir un gémissement étouffé, elle fit même involontairement un pas pour le suivre, mais un regard menaçant du vieillard la retint clouée à sa place.

— Hélas ! — pensait Catherine, — peut-être ne me sera-t-il plus permis de revoir mon fils ! Oh ! à cette idée, tout se désespère, tout se révolte en moi ! Je ne sais qui me retient de courir sur ses traces... de lui dire : « Je suis ta mère... viens, fuyons ! » Mais que répondre, lorsqu'il me demandera pourquoi je l'enlève à l'affection de son grand-père qu'il aime, qu'il doit aimer si tendrement ? Que répondre lorsqu'il me demandera pourquoi je passais pour morte ? Que répondre lorsqu'il me demandera pourquoi je l'ai abandonné depuis son enfance ? Mentir ? toujours mentir ! devant mon fils ! Impossible ! sa candeur et la honte feraient expirer le mensonge sur mes lèvres. Et puis je suis mère, vraiment mère. Je l'aime plus encore pour lui que pour moi, et je le sens, ce serait un crime de le séparer de son grand-père, qui l'a élevé dans l'amour du juste, du bien et du travail. Je voudrais lui disputer mon fils ! Que suis-je donc, moi ? Hélas ! je suis une malheureuse courtisane repentie, dont la conversion date de trois jours à peine ! et si Michel savait jamais mon opprobre... Oh ! je frissonne, en me rappelant ses paroles de mépris pour ce qui est coupable et indigne. Non, non, je subirai jusqu'à la fin l'expiation du passé !

Madame de Morlac, absorbée dans ces pénibles réflexions, restait étrangère à ce qui se passait autour d'elle.

Le cousin Roussel, voyant Fortuné tomber pâle, défait, accablé, sur un siège, s'était approché de lui avec inquiétude, ainsi que le père Laurencin, aussitôt après le départ de son petit-fils.

— Fortuné, mon ami, qu'est-il arrivé ? — disait Joseph au jeune artiste, qui semblait en proie à une sorte d'égarement. — De grâce, réponds-moi. Tu parles d'Aurélie?... ta pâleur, ton agitation m'effraient!

Mais Fortuné, apercevant madame de Morlac, que dans son trouble il n'avait pas encore remarquée, s'écria, en allant à elle d'un air presque menaçant :

— Madame, votre empire sur monsieur de Villetaneuse a rompu ses projets de mariage avec mademoiselle Joffroy. Il faut que ce mariage se renoue, il faut qu'il se fasse!

— Que dites-vous? — s'écria la courtisane, stupéfaite de ce revirement et effrayée de l'expression menaçante des traits et de l'accent de l'orfèvre. — Monsieur... je... ne...

— Il faut que le comte de Villetaneuse épouse mademoiselle Jouffroy! — reprit Fortuné en frappant du pied; — sinon, j'apprends à votre fils... quelle méprisable créature vous êtes!

— Oh! monsieur, grâce! — murmura la courtisane avec épouvante, en levant ses mains jointes et suppliantes vers Fortuné; — grâce!...

— Non, pas de grâce! — reprit Fortuné, — pas de grâce, si monsieur de Villetaneuse n'épouse pas Aurélie!

— Mon Dieu! mon Dieu! — dit Catherine pleurant et s'appuyant chancelante à l'angle d'un meuble; car, à la seule pensée de la révélation dont on la menaçait, elle se sentait défaillir.

Le cousin Roussel et le père Laurencin contemplaient Fortuné avec un redoublement de stupeur, croyant à la complète aberration de son esprit.

— Mon ami, — dit Joseph en prenant les deux mains de Fortuné dans les siennes, — reviens à toi... écoute-moi... le...

L'orfèvre, interrompant le cousin Roussel, le regarda fixement et lui dit avec un sanglot étouffé :

— Savez-vous ce qui est arrivé?

— Tu m'effraies!

— Aurélie s'est empoisonnée!

— Oh! c'est horrible! — s'écria Joseph, non moins terrifié que le père Laurencin. — Malheureuse enfant! Mais quand?... mais pourquoi s'est-elle empoisonnée? Mon Dieu! lui a-t-on porté des secours? Est-elle sauvée? Elle est donc sauvée, puisque tu parles de ce mariage?

— Laissez-moi, je n'en sais rien, ma tête se perd, j'en deviendrai fou... Oh! c'est trop souffrir! c'est trop!..

Devant la violence d'un pareil désespoir, le cousin Roussel et le vieil artisan se turent; la courtisane, malgré ses angoisses maternelles, se sentit aussi apitoyée sur le sort de Fortuné Sauval, et pendant quelques instans un morne silence régna parmi ces divers personnages.

Ce silence et l'apaisement de la première effervescence de sa douleur rappelèrent peu à peu le jeune artiste à lui-même. Il passa ses deux mains sur son front brûlant, et reprit bientôt d'une voix affaiblie, en s'adressant au vieillard et au cousin Roussel, qui le regardaient avec compassion:

— Excusez-moi, mes amis; tout à l'heure je n'avais plus la tête à moi, je ne pouvais répondre à vos questions. Voici ce qui s'est passé. L'on a du moins, grâce à Dieu! l'espoir de sauver Aurélie; elle a été secourue à temps.

— Ah! je respire! — dit Joseph. — Pauvre enfant! Mais cette sinistre résolution, à quoi l'attribuer?

— A quoi? — reprit Fortuné avec une sombre amertume; — à l'amour d'Aurélie pour monsieur de Villetaneuse, aux lamentations de ma tante, répétant sans cesse que la rupture de ce mariage annoncé à toutes les connaissances de la famille la couvrirait de ridicule.

— Ah! — dit tristement le cousin Roussel, — je comprends tout maintenant.

— La rupture de ce mariage m'avait d'abord comblé de joie, — reprit Fortuné; j'aimais tant, j'aime tant Aurélie! J'espérais la voir revenir à moi; mais, jugez de ma douleur, de mon effroi, lorsque ce soir...

Et Fortuné, suffoqué par l'émotion, s'interrompit un moment; puis il reprit :

— Lorsque ce soir j'ai appris qu'elle aimait si passionnément cet homme, qu'elle a voulu se tuer parce que ce mariage était rompu...

— Mon Dieu! mais comment as-tu été instruit de ce triste événement?

— Malgré le bonheur que me causait cette pensée : « Aurélie est libre...» de vagues pressentimens me tourmentaient; je songeais au chagrin que devait lui causer la rupture de ce mariage; enfin, mon inquiétude s'accroissant, je me rends tantôt chez mon oncle, afin de demander à Marianne des nouvelles de sa sœur. Je me croise dans l'escalier avec le domestique qui descendait effaré : « — Ah! » monsieur Fortuné ! — me dit-il, — quel malheur! mademoiselle Aurélie s'est empoisonnée avec du vert-de-gris ; » elle se l'est procuré en mettant depuis hier des gros sous » tremper dans du vinaigre. »

— Pauvre mademoiselle Aurélie ! — dit le père Laurencin, tandis que Catherine prêtait une oreille attentive à ce récit.

— Je monte en hâte, — reprit Fortuné. — Je sonne. Une servante vient en larmes m'ouvrir. Je la prie de dire à Marianne que je suis là, que je la supplie de venir un instant. Bientôt elle accourt, et m'apprend que, la surveille, Aurélie, instruite de la rupture de son mariage, avait éprouvé une faiblesse. On l'avait mise au lit ; elle avait absolument voulu rester seule dans sa chambre, les volets fermés, quoiqu'il fît jour. Marianne dut aller passer la nuit près de sa tante Prudence, Aurélie s'opposant à ce que personne la veillât. Mais au moment où sa sœur la quittait, elle lui demanda une fiole de vinaigre, afin, disait-elle, d'en respirer quelques gouttes si elle retombait en faiblesse. L'eau de Cologne lui semblait trop fade.

— Malheureuse enfant ! sa résolution était déjà prise, — dit le cousin Roussel, tandis que madame de Morlac redoublait d'attention.

— Marianne, l'excellente créature ! — poursuivit Fortuné, — Marianne resta la nuit tout entière sur une chaise, dans le corridor où s'ouvre la porte de la chambre de sa sœur, prêtant l'oreille au moindre bruit. Elle n'entendit rien. Le matin venu, elle supplia Aurélie de lui permettre d'entrer chez elle, et la trouva calme en apparence, mais très pâle. Elle avait passé une assez bonne nuit, disait-elle, mais se trouvait encore faible et désirait ne pas quitter son lit ni voir le jour, prétextant une grande envie de dormir. En effet, toute la journée, elle parut sommeiller ; ses parens entr'ouvrirent plusieurs fois sa porte, ils crurent qu'elle reposait. Cependant, vers le soir, la tante Prudence insista pour qu'on allât chercher le médecin. Lorsque madame Jouffroy annonça cette visite à Aurélie, elle refusa de la recevoir; demandant en grâce qu'on la laissât tranquille. Elle se trouvait bien, et, afin de le prouver, prétendit avoir faim, se fit servir un potage, en prit quelques cuillerées pour détourner les soupçons. Cette nuit s'écoula comme l'autre, calme en apparence. Ce matin, Marianne entre chez Aurélie, qui l'embrassa tendrement, et lui dit presque gaîment: « Petite sœur, j'ai passé une très bonne nuit ; je veux dormir encore, mais viens me chercher dans quatre heures. N'y manque pas. » — Enfin, — ajouta Fortuné avec un accent déchirant, — à quatre heures, Marianne va trouver Aurélie. Celle-ci la fait approcher de son lit ; puis l'attirant à elle et l'embrassant avec une force convulsive: « Petite sœur, ouvre les volets, et va vite appeler mon » père, ma mère, ma tante. Je désire vous voir tous avant » de mourir ; je n'ai pas voulu survivre à la rupture de » mon mariage avec monsieur de Villetaneuse. »

— Quel amour! — dit le cousin Roussel.

— Marianne, épouvantée, court aux volets, les ouvre ; elle voit Aurélie livide et bientôt en proie à d'horribles convulsions, — poursuivit Fortuné d'une voix altérée. — Marianne appelle la famille à grands cris. Le médecin arrive, et, malgré la violence du mal, par cela même que les doses de poison étaient énormes, il espère, il est presque certain de sauver Aurélie. Maintenant, mes amis, écoutez-moi, — reprit Fortuné d'un ton plus ferme. — Instruit par le père Laurencin que la mère de Michel serait chez vous ce soir, je suis accouru en hâte pour la forcer d'user de son empire sur monsieur de Villetaneuse afin qu'il épouse Aurélie ; sinon, mon Dieu ! à peine arrachée à la mort, elle attenterait encore à ses jours. Ah ! malheur à moi, malheur à moi ! mon égoïste amour a causé son désespoir, a failli déjà la tuer. Oh ! si elle était morte, si elle mourait, ce serait le remords de toute ma vie. — Et s'adressant à madame de Morlac d'un ton menaçant, — Vous m'entendez ! Il faut que cette nuit, ce soir même monsieur de Villetaneuse, sur qui vous avez une influence sans bornes, écrive à la famille Jouffroy, qu'instruit du malheur qui vient d'arriver, il la supplie de renouer ce mariage. Cette assurance peut rappeler Aurélie tout à fait à la vie; sinon, je vous le répète, je révèle à votre fils quelle femme vous êtes !

— Monsieur, — reprit la courtisane avec résignation. — vous avez mon secret, ma vie est entre vos mains. J'obéirai. Oui, mon empire sur monsieur de Villetaneuse est sans bornes. Oui, j'en suis presque certaine, il renoncera ces projets de mariage qui le sauvaient d'une ruine prochaine et inévitable. Oui, en me rendant chez lui, à cette heure, je pourrai, je le crois, le décider à écrire à la famille Jouffroy qu'instruit du malheur affreux dont elle est frappée, et dont il est involontairement cause, il la supplie de lui accorder la main de mademoiselle Jouffroy. Oui, je crois réussir à cela. Votre menace, monsieur, me ferait tenter l'impossible. Je vous obéirai donc. Mais réfléchissez. Je connais monsieur de Villetaneuse. Ce mariage fera le malheur de votre cousine.

— Cette femme a raison, — reprit le cousin Roussel. — Songe que le comte n'a pas hésité à renoncer à cette union, et si maintenant il la contracte, quelle garantie de bonheur apporte-t-il à Aurélie ? Prends garde ! Tu vas en ce moment décider de son avenir. Prends garde !

La gravité, la justesse de ces paroles, frappèrent le jeune orfévre. Livré à des hésitations remplies d'angoisses, il garda pendant un moment le silence, et reprit :

— Mais, mon Dieu ! Aurélie l'aime avec passion, cet homme ! Elle a voulu se tuer, elle est capable de tenter un nouveau suicide, et cet horrible événement serait mon désespoir éternel ! Non, non, qu'elle vive ! qu'elle épouse cet homme ! que leurs destinées s'accomplissent !

— Et si cette destinée doit être funeste ? — s'écria Joseph avec anxiété, — quelle terrible responsabilité pèsera sur toi !

— Et si Aurélie se tue, ne sera-t-elle pas plus terrible encore, la responsabilité qui pèsera sur moi ?

Puis, voulant mettre fin à ce débat dont il était navré, il dit à la courtisane :

— Partez sur l'heure : il faut que ce mariage se fasse !

— J'obéis, — répondit Catherine, — mais si votre désir est satisfait, ne me sera-t-il pas permis de voir encore mon fils ?

— Le grand-père de Michel vous répondra. Mais partez, partez ! ne perdez pas un moment !

La courtisane se tourna du côté du vieillard d'un air suppliant.

— Faites ce que désire monsieur Fortuné, reprit le père Laurencin, et vous reverrez encore votre fils.

Madame de Morlac quitta en hâte le salon et se rendit chez le comte de Villetaneuse.

XLIX.

Environ six semaines après la tentative de suicide d'Aurélie Jouffroy, S. A. S. monseigneur le prince Charles-Maximilien rentrait, dans l'une des voitures de la cour, au palais de l'Élysée-Bourbon, mis ordinairement, par le roi des Français, à la disposition des membres des maisons souveraines qui venaient passagèrement habiter Paris.

Le prince laissa dans leur salon de service les aides de camp qui l'accompagnaient, et entra seul dans sa chambre à coucher, où l'attendait monsieur Müller, son premier valet de chambre, serviteur éprouvé, digne à tous égards de la confiance illimitée de son maître.

Il était environ dix heures du soir. Charles-Maximilien, vêtu de noir, portait au cou le collier d'or et d'émail de la Toison-d'Or, et, sur son gilet blanc, le grand cordon rouge de la Légion d'honneur, dont la plaque, enrichie de diamants, étincelait au côté gauche de son habit. L'Altesse sérénissime trouvait de bon goût de se parer des insignes d'un ordre français (parmi tous ceux qu'il possédait) lorsqu'il assistait en France à quelque cérémonie.

Charles-Maximilien, âgé d'environ trente-six ans, d'une figure régulière, gracieuse et martiale, d'une taille élevée, d'une tournure fort élégante, était, nous l'avons dit, un homme fort séduisant.

Lorsque la porte de sa chambre à coucher fut fermée, le prince marcha de long en large avec agitation. Après avoir remis ses gants et son chapeau à monsieur Müller, qui suivait d'un regard respectueux, mais attentif, les évolutions de son maître, celui-ci, au bout de cinq minutes de silence, s'écria :

— C'est décidé, nous partirons demain pour l'Allemagne.

— Votre Altesse voudra bien, en ce cas, me donner ses ordres.

— Oui, car plus j'y réfléchis, plus ce départ me semble sage, prudent et habile. D'ailleurs, je ne saurais me contraindre, et ce serait compromettre l'avenir. Je partirai donc. Que veux-tu ! je bats en retraite devant l'ennemi, mon pauvre Müller, mais dans l'espoir de prendre plus tard l'offensive. J'imite en cela l'habituelle et savante tactique de feu mon glorieux cousin l'archiduc Charles.

Et après un moment de silence, le prince ajouta en soupirant :

— Quelle adorable créature que cette jeune comtesse ! Ah ! Müller, je suis véritablement amoureux cette fois.

— Votre Altesse me permettra de le lui dire, cette fois-là s'est déjà rencontrée plusieurs fois.

— Non, car jamais, je te le répète, mes yeux n'ont admiré beauté plus idéale. Dix-huit ans, une perle, un trésor de jeunesse, de grâce et de candeur ! Oh ! Müller, qu'elle était belle sous sa virginale parure de fiancée ! Oui, ce soir, je l'ai trouvée plus adorable encore qu'avant-hier, jour de la signature de son contrat. Quelle heureuse inspiration le comte de Villetaneuse a eue de me choisir pour témoin de son mariage ! Müller, crois-moi, ceci est grave, très grave, je ressens ce que je n'ai jamais éprouvé, c'est amour est aussi soudain que profond ; j'en suis effrayé !

Et après un nouveau silence, l'altesse s'adressant à son honnête serviteur :

— Tu m'as souvent rendu de grands services en pareille circonstance. Je compte sur ton dévouement, sur ta discrétion, sur ton intelligence accoutumée. Résumons-nous : as-tu bien réfléchi à mon projet ? l'as-tu mûri ? l'as-tu étudié sous toutes les faces ? le trouves-tu réalisable ? Éclos, improvisé dans la nuit d'hier, après une première rencontre avec cette ravissante jeune femme, il peut offrir des objections, de grandes difficultés ; s'il en est ainsi, parle-moi sincèrement, nous le modifierons.

— La seule objection, monseigneur, objection capitale, est celle-ci : Malgré mon dévouement aux ordres de Votre Altesse, et ma résolution de mener la chose à bonne fin, il se pourrait que monsieur le comte de Villetaneuse ne m'agréât point parmi ses domestiques.

— C'est juste... et si ta crainte se justifie, nous tâcherons d'aviser. Mais j'ai tout lieu de croire, grâce à la puissante recommandation de mon ami le duc de Manzanarès (le comte doit surtout ignorer que tu sors de chez moi, puisque heureusement tu étais absent lors de son voyage en Allemagne), j'ai tout lieu de croire, dis-je, que, grâce à la recommandation du duc, tu feras partie de la maison du comte, qu'il veut, m'a-t-il dit, monter sur un grand pied. Or, une fois dans la maison...

— Le reste, monseigneur, va de soi.

— Ainsi, mon projet te paraît praticable ?

— Oui, monseigneur. La mission est difficile, délicate, épineuse, mais avec de la persévérance, de l'adresse et du temps...

— Quant à cela, tu seras seul juge de l'opportunité de... Mais à quoi songes-tu ?

— Votre Altesse n'a plus à se préoccuper de cette hypothèse que je pourrais ne pas être reçu au service du comte ; en ce cas-là j'ai un moyen assuré de toujours arriver à mon but. "

— Je te crois ; je ne t'interroge même pas sur le moyen dont tu parles. Je connais ton prodigieux esprit de ressources.

— Il est entendu qu'à un moment donné, monseigneur, j'aurai carte blanche ?

— Oui, sans cependant outrepasser certaines limites ; souviens-toi que nous sommes en France et non dans les États de mon frère.

— Que Votre Altesse se rassure.

— C'est que parfois tu vas... un peu loin.

— Monseigneur fait allusion à l'aventure de la fille de ce bourgmestre ?

— Justement...

— Mais, ainsi que Votre Altesse me l'a fait remarquer très judicieusement, nous sommes ici en France, et c'est autre chose.

— Tout autre chose, encore une fois, ne l'oublie pas.

— Non, monseigneur, je serai prudent ; tout réussira ; ayez confiance en votre étoile d'abord, et ensuite dans mon vif désir de bien servir Votre Altesse.

— Ah ! Müller... puisse cette confiance ne pas t'abuser ! Si tu savais combien la comtesse est belle ! quel éclat ! quelle fraîcheur ! quelle fleur de jeunesse et d'innocence ! Et puis, un son de voix si doux, un regard si ingénu, si timide ! La timidité, charme divin auquel les femmes de cour ne m'ont guère habitué ! Je n'ai adressé que deux fois la parole à cette ravissante enfant, car c'est vraiment une enfant... il fallait voir son trouble enchanteur, tandis que sa mère, une grosse et grande diablesse de femme, de la taille d'un de mes grenadiers, disait, suffoquée d'orgueil, à un bonhomme placé derrière elle, son mari sans doute : « — Son Altesse parle à notre fille ! » Il y avait dans ces seuls mots, dans leur accent, une joie si triomphante, si burlesque, que, Dieu me damne ! j'aurais embrassé cette belle enfant, que la mère se fût écriée plus triomphante encore : « Son Altesse embrasse ma fille ! »

— Monseigneur, je noterai cette mère-là sur mes tablettes. Elle peut être un auxiliaire sans le savoir : ce sont les meilleurs.

— Quant au comte, si je ne savais pas quel homme c'est, je n'aurais conçu aucune espérance ; je t'ai d'ailleurs suffisamment édifié sur lui...

— D'après les renseignemens de Votre Altesse, je le connais... comme s'il m'avait emprunté de l'argent !

— Je t'ai dit aussi ce que c'était que son oncle le marquis.

— Il vendrait son âme à Belzébuth, si Belzébuth savait quoi faire d'une pareille âme. Je serai sur mes gardes.

— Tu agiras sagement, ce vieux drôle est très fin, très pénétrant, très roué. Ah ! Müller ! lui ! son neveu ! quel détestable entourage pour cette jeune femme !

— Au contraire, monseigneur, ils feront la moitié de ma besogne.

— Ton observation est juste ; elle m'encourage. Ah ! je le sens aux battemens de mon cœur, à mon impatiente ardeur, à la mélancolie que me cause ce départ, mélancolie non sans charme, parce que l'espérance l'adoucit ; oui, je le sens, je n'ai que trente ans, ou plutôt je suis amoureux comme à vingt ans ; l'amour me rajeunit. Combien les jours, les mois vont me durer loin de cette adorable comtesse ! quel supplice ! et pourtant il me faut partir, il le faut ! Je ne serais pas maître de moi ; mon secret viendrait du cœur à mes lèvres, si je revoyais à présent la comtesse. Je ne me reconnais plus, vois-tu, je suis fou !

— Au jour de son triomphe, Votre Altesse retrouvera sa raison.

— Le dieu des amours t'entende, mon pauvre Müller !

— Ce dieu n'a jamais été sourd aux prières de Votre Altesse. Cette fois encore, il lui sera favorable. Mais, avant de quitter Paris, monseigneur ne laissera-t-il pas une preuve de souvenir à madame la comtesse, en manière de pierre d'attente ? Ceci me semblerait indispensable. J'ai mes motifs pour insister là-dessus auprès de monseigneur.

— Rien de plus simple. Il m'est permis, en ma qualité de témoin du mariage de la comtesse, de lui offrir une marque de souvenir. Mais, d'ici à demain, que choisir ? La délicatesse, le bon goût, exigent que ce présent soit précieux par le travail que par la matière, et je ne sais...

— Monseigneur, pourquoi ne pas offrir à madame la comtesse cette magnifique coupe d'or émaillée, un des chefs-d'œuvre de l'orfèvre Fortuné Sauval ? La valeur vénale de cet objet d'art, m'a dit Votre Altesse, est au plus de deux ou trois mille francs, et il en a coûté douze mille en raison de son admirable travail.

— Ma coupe d'or ! mon bijou de prédilection ! Cette merveille que Benvenuto Cellini eût enviée...

Et, après un moment de réflexion :

— Justement, le prix que j'attache à ce chef-d'œuvre me fait un devoir de l'offrir à la comtesse.

— Ah ! monseigneur, si la comtesse pouvait vous entendre... que dis-je, elle vous entendra.

— Comment ?

— Je sèmerai, Votre Altesse récoltera.

— Müller, tu es impayable. Demain j'enverrai la coupe à la comtesse par mon premier aide de camp, avec un billet d'adieu.

— Ah ! — dit Charles-Maximilien à son honnête Mercure, lorsque celui-ci l'eût aidé à se mettre au lit, — si je pouvais rêver d'elle !

L.

Henri de Villetaneuse avait loué et fait somptueusement décorer un hôtel situé au faubourg Saint-Germain, rue Vanneau. Le rez-de-chaussée se composait des salons de réception et de la salle à manger ; le premier étage était destiné aux nouveaux mariés. Monsieur et madame Jouffroy devaient occuper un entresol fort bas de plafond, et qui, selon le mode de construction adopté pour beaucoup d'anciens hôtels, séparait le rez-de-chaussée du premier étage, au-dessus duquel se trouvaient les combles et les chambres des domestiques.

Après la bénédiction du mariage, qui eut lieu à l'aristocratique chapelle du Luxembourg, toute la famille était venue habiter pour la première fois l'hôtel de la rue Vanneau.

Le lendemain matin, monsieur et madame Jouffroy, déjà levés et habillés, s'entretenaient ainsi dans leur chambre à coucher, où ils avaient fait transporter les meubles de leur ancien appartement.

— Et toi, — disait madame Jouffroy à son mari, — as-tu bien dormi ?

— Comme ça, Mimi, comme ça... Tu comprends, l'émotion d'un si grand jour... et puis... cet entresol est très bas, et tu sais que j'aime beaucoup l'air... Je crois bien qu'ici j'étoufferai un peu, mais bah ! nous sommes avec fifille, c'est l'essentiel.

— Ne vas-tu pas regretter la rue du Mont-Blanc, à présent que nous voici dans le faubourg Saint-Germain, le noble quartier, comme dit ce cher monsieur le marquis ?

— Je ne regrette pas notre ancien logement ; je suis même content de n'y plus demeurer, car, après le départ de ma sœur, je ne pouvais passer devant la porte de sa chambre sans serrement de cœur, et c'était pis, cent fois pis, quand, en passant devant la chambre de nos filles, je me rappelais cet horrible jour où Aurélie, quasi mourante... — et tressaillant à ce lugubre souvenir : — Ah ! c'est affreux quand on pense à cela !

— A qui le dis-tu ? — reprit madame Jouffroy, dont les yeux devinrent non moins humides que ceux de son mari.

— Ah ! ç'a été un événement bien déplorable, sans parler de ses conséquences, — reprit en soupirant l'ancien commerçant, — car enfin, voyant à quel point Aurélie aimait monsieur de Villetaneuse, regardant dès lors le ma-

Elle couvrit son front de baisers passionnés. — Page 6?.

riage comme certain, tu n'as pas voulu me permettre d'aller aux informations sur la fortune de notre gendre, et...
— Allons! encore cette idée-là! Est-ce que Richardet ne t'avait pas dit que le marquis et son neveu pouvaient, s'ils l'avaient voulu, évaluer leur fortune à plus d'un million?
— C'est vrai, Richardet connaît leurs affaires, je devais l'en croire, mais enfin...
— Mais enfin... quoi? Il fallait, n'est-ce pas, aller aux informations de tous côtés, risquer que cela vînt aux oreilles du marquis ou de notre gendre, blesser ainsi leur délicatesse, leur faire rompre le mariage encore une fois, désespérer Aurélie, et la pousser une seconde fois à...
— Oh! tais-toi, ma femme, tais-toi! c'est à faire frémir!
— Je le crois bien! car enfin, admettons ce qui n'est pas, ce qui ne peut pas être; oui, supposons que monsieur de Villetaneuse, comme le disait cette mauvaise langue de monsieur Roussel, eût été ruiné, que nous en ayons eu la preuve, est-ce que, malgré cela, nous ne lui eussions pas donné notre fille plutôt que de la voir mourir de chagrin?
— Grand Dieu! je le crois bien!
— Il valait donc mieux nous en tenir aux renseignements de Richardet, qui méritaient toute confiance, et ne pas nous exposer à provoquer une nouvelle rupture par des démarches choquantes pour l'amour-propre de messieurs de Villetaneuse.
— Tu as peut-être raison; cependant...
— Que tu es donc insupportable avec tes *si* et les *mais!* Est-ce que le jour de la signature du contrat, monsieur le marquis n'a pas remis à son neveu quatre cent mille francs en beaux et bons billets de banque, dans un portefeuille à ses armes, en lui disant : « Mon neveu, je te ferai » attendre le restant de mon héritage le plus longtemps » possible! » Tu l'as vu? tu l'as entendu?
— Distinguons, Mimi, distinguons! J'ai entendu monsieur le marquis dire cela, c'est vrai; j'ai vu le gros portefeuille qu'il a remis à notre gendre, c'est encore vrai; mais je n'ai point vu du tout ce qu'il y avait dans le portefeuille.

— Quoi! vous n'avez pas honte d'une pareille défiance?
— Dame!.. non.
— Taisez-vous, c'est indigne!
— Mais, Mimi...
— C'est comme pour la terre de Montfalcon, en Dauphiné, estimée quatre cent mille francs, vous n'avez pas eu de cesse que vous n'ayez écrit au régisseur. Qu'est-ce qu'il vous a répondu?
— Que la terre était évaluée environ quatre cent mille francs, et appartenait à monsieur le comte Henri de Villetaneuse.
— Hé bien! c'est clair, je crois?
— Oui, mais il pouvait y avoir des hypothèques, et tu m'as défendu de...
— Laissez-moi tranquille, vous rabâchez toujours la même chose. Ce qui est fait est fait; notre fille est mariée, elle est aux anges. Que voulez-vous de plus?
— A la bonne heure, Mimi, à la bonne heure! Je ne me plains pas. Ce n'est pas l'intérêt qui me guide. Bon Dieu du ciel! lorsque j'ai vu Aurélie mourante, j'aurais donné jusqu'à mon dernier sou pour la sauver. Mais, enfin, il nous reste, tout compte fait, cent quatre vingt mille francs.
— Ne nous voilà-t-il pas bien à plaindre! Notre pension et notre logement chez notre gendre nous coûteront six mille francs par an.
— Je ne dis pas ça pour moi; mais il me serait pénible de te voir te priver de quelque chose, ma pauvre Mimi; car, enfin, quoique Prudence ait assuré tout ce qu'elle possède à Marianne, nous ne pouvons, sans injustice criante, donner moins de cent mille francs à Marianne, si elle se marie.
— Ne t'occupe pas de cela. Il y a parfois de bons coups à faire à la Bourse.
— Jouer à la Bourse! Ah! mon Dieu! qu'est-ce que tu dis là? j'en ai la chair de poule! Jouer à la Bourse! Est-ce que tu aurais la pensée de...
— Allons, te voilà tout ahuri.

LA FAMILLE JOUFFROY

M. Muller, je suis véritablement amoureux cette fois. — Page 70.

— Il y a bien de quoi, bonté divine ! Jouer à la Bourse ! c'est un jeu comme un autre, on peut s'y ruiner en un tour de main. Comment, toi toujours si prudente en affaires, toi qui autrefois épluchais si rigoureusement nos placemens, préférant un intérêt modique, mais certain, tu voudrais...

— Je veux que tu ne te mettes pas martel en tête à propos d'une parole en l'air. Me prends-tu pour une écervelée, capable de compromettre les capitaux qui nous restent?

— Dieu m'en garde ! Mimi, j'ai trop de confiance en toi pour cela ; tes paroles me rassurent.

— C'est fort heureux !

— Tiens, à cette seule pensée de jouer à la Bourse, la sueur m'en était montée au front.

— En vérité, tu ne sais qu'inventer pour te tourmenter; tu n'es jamais content de rien.

— Moi ! ah, par exemple !

— Certainement. Nous sommes au lendemain du mariage de notre fille, son bonheur est assuré, mais tu ne sais qu'imaginer pour attrister ce beau jour. Tu vas chercher midi à quatorze heures ; tu étoufferas dans cet entresol, tu regretteras ceci, cela...

— Dame ! je peux bien dire que ne vivant plus chez nous, mais chez notre gendre, il y a quelques petites choses que je regrette.

— Quoi donc ? je voudrais bien le savoir ! Voilà qui est un peu fort !

— Non, non... quand je dis que je regrette ces choses-là, c'est une façon de parler.

— Voyons, que regrettez-vous? Ayez donc le courage de le dire !

— Allons, Mimi, ne te fâche pas, nous causons : eh bien ! par exemple, j'étais habitué à la cuisine de Jeannett ; il y avait des petits plats dont j'allais surveiller la confection, cela m'amusait ; or, tu sais bien que je ne me permettrai pas d'aller fourrer le nez dans la cuisine de notre gendre.

10me LIVRAISON.

— Pardi! ni moi non plus, tandis qu'il me fallait toujours être sur les talons de Jeannette. Elle avait des qualités, mais c'était un bourreau pour le beurre.

— Je ne dis pas non, mais elle cuisinait fièrement à mon goût, et elle n'avait pas sa pareille pour les pieds de mouton à la poulette, un vrai régal.

— N'allez-vous pas maintenant vous plaindre de la table de notre gendre, qui a un chef et deux aides de cuisine !

— Ce qui, par parenthèse, doit lui coûter gros, et le reste de la maison est à l'avenant.

— Ce sont ses affaires et non les nôtres.

— A la bonne heure, Mimi ! mais tu ne peux pas me faire un crime de préférer la cuisine bourgeoise à la cuisine du grand genre. Et puis, il y a encore une chose...

— Allons, quoi encore?

— J'aimais à mettre moi-même mon vin en bouteilles; ça passait le temps, et de la sorte mon vin n'était jamais baptisé. Je sais bien qu'après cela je pourrai proposer à notre gendre, si toutefois ça lui est égal, de me charger de...

— De mettre son vin en bouteilles, peut-être ?

— Pourquoi pas ?

— Ma parole d'honneur, je ne sais pas à quoi vous rêvez ! faire une pareille proposition à notre gendre ! vous êtes donc fou ?

— Tu crois que...

— Je crois que c'est tout bonnement absurde !

— Très-bien, Mimi, très bien, c'est entendu, je n'en soufflerai pas mot à notre gendre. — Et souriant avec bonhomie : — Voyons, que je vide mon sac aux regrets, afin que ce soit fini, et que je ne m'impatiente plus.

— Achevez, achevez !

— Il y avait encore ce pauvre Coco...

— Quel Coco ?

— Coco, notre cheval. Il paraît qu'il n'était pas beau, quoiqu'il nous ait coûté sept cent francs; car, lorsque je l'ai montré à monsieur le comte, quand il venait nous voir, rue du Mont-Blanc, il s'est mis à rire.

— Je crois bien! l'attelage de la voiture de noces d'Aurélie a coûté huit mille francs, m'a dit notre gendre, et il a acheté pour lui deux chevaux de selle du même prix.

— Seize mille francs! rien que pour les chevaux, sans compter les voitures et les harnais, c'est fièrement salé! Mais, pour en revenir à Coco, il me connaissait, je descendais tous les matins à l'écurie pour lui porter des croûtes de pain; dès que j'entrais, il dressait les oreilles, il hennissait, il frappait du pied, et la pauvre bête me léchait les mains. Pourvu que dans la maison où il est il soit aussi heureux que chez nous! Enfin, je passais encore une petite demi-heure à l'écurie avec Coco, ça m'amusait. Or, tu dois penser que pour rien au monde, je ne m'aviserais d'entrer dans l'écurie de notre gendre, et de m'approcher de ses grands scélérats de chevaux anglais, qui sont si fougueux, qu'hier je mourais de peur en te voyant monter, avec fifille, dans sa belle voiture neuve.

— Hein! le fringant équipage, avec des armes et une couronne sur la portière. Dieu! les belles armes! Il y a comme trois espèces de petits crapauds d'or sur un fond rouge.

— Je n'ai point remarqué, Mimi, quelles bêtes c'étaient; mais ce qu'il y a de certain, c'est que lorsque ce pauvre Coco était attelé à notre calèche, je vous y voyais monter sans crainte, toi et mes deux filles.

Puis la figure de cet excellent homme s'attrista de nouveau si visiblement, que sa femme s'en aperçut et lui dit impatiemment :

— Allons, à quoi encore est-ce que vous pensez?

— A Marianne. Cette chère enfant...

— Hé bien! Marianne...

— Elle n'a pas assisté au mariage de sa sœur. Je sais que, boiteuse comme elle est, elle aurait mal figuré avec sa canne, au milieu de tout ce beau monde. Cependant, ça me serrait le cœur de ne pas la voir là, non plus que ma sœur, et mon vieux Roussel...

— Comment! monsieur Roussel, qui s'est montré si insolent envers monsieur le marquis, vous auriez voulu le voir assister à ce mariage!

— Passe encore pour Roussel; mais ma sœur, mais Marianne?

— Votre sœur n'a-t-elle pas déclaré formellement, avec sa gracieuseté ordinaire, qu'elle n'assisterait pas à la noce? Et, quant à Marianne, ne lui ai-je pas dit : « Mon enfant, » si tu veux venir au mariage de ta sœur, je te ferai faire » une jolie toilette; mais, moi, à ta place, vu ton infir- » mité, j'aimerais mieux ne pas paraître à la cérémonie. » Tu feras d'ailleurs, à cet égard-là, ce qui te conviendra. »

— Elle aura craint de nous humilier, à cause de son infirmité.

— Ça n'empêche pas qu'elle pouvait assister au mariage, si cela lui eût convenu. Certes, je ne rougirai jamais de Marianne; mais, après tout, pour elle-même, elle a tout aussi bien fait de ne pas venir, elle aurait été trop honteuse de se trouver en si belle société. Hum! quand on songe qu'un des témoins de notre gendre était un duc et l'autre un prince, une altesse!

— Quant à cela, le prince avait aussi proposé à Fortuné d'être son témoin... Pauvre garçon!

— Mon Dieu! que vous êtes donc impatientant ce matin avec vos jérémiades!

— Quelles jérémiades?

— Ce pauvre Coco, cette pauvre Jeannette, ce pauvre Roussel, cette pauvre Prudence, cette pauvre Marianne, ce pauvre Fortuné! Ah! quel pauvre homme vous êtes vous-même!

— Pour l'amour de Dieu! Mimi, ne te fâche pas! nous causons. Certes, je suis aussi flatté que toi que l'un des témoins du mariage de notre fille ait été une altesse.

— Sans compter que le prince a parlé deux fois à Aurélie.

— Je n'y ai pas fait attention.

— Je ne sais pas alors où vous aviez les yeux et à quoi vous songiez! Un prince parle deux fois à votre fille, et vous ne vous en apercevez seulement pas! Son Altesse est pourtant assez remarquable pour qu'on fasse attention à lui.

— Remarquable?... en quoi donc?

— Comment, en quoi? Mais, d'abord, c'est un très bel homme; trente-six ans tout au plus, et puis un air... enfin un air d'altesse... puisque son frère est souverain en Allemagne. Je pourrai toujours dire que le frère d'un souverain en Allemagne a parlé deux fois à la comtesse ma fille!

— C'est déjà bien joli comme ça, fifille comtesse!

— Voilà-t-il pas! Il y en a, ma foi! qui sont duchesses et princesses qui sont loin de la valoir!

— Allons, notre fille est comtesse, et cela ne satisfait point encore ton amour-propre? Que diable veux-tu donc qu'elle devienne maintenant?

— Tenez, je ne sais pas sur quelle herbe vous avez marché ce matin, vous ne dites que des bêtises.

— A la bonne heure! — répondit avec sa douceur et sa résignation accoutumées monsieur Jouffroy, au moment où le maître d'hôtel de monsieur de Villetaneuse, après avoir frappé à la porte, dit en s'inclinant :

— Je viens avertir monsieur et madame que le déjeuner de madame la comtesse est servi.

— Comme ça vous a bon genre! — dit madame Jouffroy à son mari, après le départ du maître d'hôtel. — « Le déjeuner de madame la comtesse est servi! » tandis que cet imbécile de Pierre nous criait de sa grosse voix : « C'est servi! » ou bien : « La soupe est sur la table! » Allons, vite, vite, — ajouta madame Jouffroy, — descendons déjeuner, ne faisons pas attendre notre gendre!

— C'est étonnant, se disait monsieur Jouffroy en suivant sa femme, j'avais toujours si bon appétit le matin, et je n'ai pas faim du tout... Bah! l'appétit vient en mangeant... mais c'est égal: je n'ai pas osé avouer cela à Mimi, qui m'a fait m'habiller de pied en cap. Je regrette de ne pouvoir plus déjeuner en robe de chambre, comme autrefois chez nous, en famille, sans façon, en dégustant une vieille bouteille de sauterne avec mon pauvre Roussel. — Et monsieur Jouffroy, étouffant un soupir, ajouta : — Enfin, fifille est heureuse.

LI.

Monsieur et madame Jouffroy, en sortant de leur entresol, rencontrèrent Henri de Villetaneuse descendant du premier étage. Il baisa courtoisement la main de madame Jouffroy, et lui dit :

— Ma chère belle-mère, Aurélie désire vous voir; elle est chez elle; nous vous attendrons pour nous mettre à table.

Madame Jouffroy se hâta d'aller rejoindre sa fille dans la chambre nuptiale, et au bout de quelques instants toutes deux se rendirent dans la salle à manger.

L'éclatante beauté d'Aurélie n'avait été en rien altérée par sa tentative de suicide; les joies de l'amour partagé donnaient une expression nouvelle et charmante aux traits de la jeune femme. Un joli bonnet de dentelles cachait à demi ses magnifiques cheveux bruns, à reflets dorés; elle portait un frais et élégant peignoir de la meilleure faiseuse. Elle embrassa tendrement son père, et prit place à table, entre lui et Henri de Villetaneuse. L'on commença de déjeuner. Monsieur Jouffroy se sentit très embarrassé; cette réfection du matin, servie à la mode anglaise, selon la coutume d'un certain monde, se composait de viandes froides, d'œufs, de légumes, mais (toujours selon la coutume anglaise) on ne voyait point de vin sur la table. Il était remplacé par d'excellent thé, contenu dans une théière d'argent, accostée d'un pot au lait et d'un sucrier placés à portée des convives, de sorte que chacun pouvait à volonté remplir sa tasse. Monsieur Jouffroy, considérant le thé comme une espèce de breuvage pharmaceutique destiné au soulagement des indigestions, frémissait à la seule pensée d'arroser d'une tasse de thé au lait une tranche de bœuf froid ; mais, n'osant souffler mot, il se résigna et déjeuna sans boire, quoiqu'il étranglât de soif ; déjeuner fort léger d'ailleurs, composé d'un œuf à la coque, d'une tranche de bœuf et de jambon, émincées comme des feuilles de papier (toujours selon la coutume anglaise), et de quelques cardons à la moëlle.

— Heureusement, je n'avais pas grand faim, — se disait monsieur Jouffroy, — mais j'aurai de la peine à m'habituer à ce régime-ci. Le déjeuner était mon meilleur repas, et je m'en acquittais solidement. Enfin, du moins, nous déjeunons avec fifille.

Cette pensée était la consolation suprême et universelle de ce digne homme lorsqu'il songeait à ses déconvenues.

Madame Jouffroy, douée d'un appétit non moins robuste que celui de son mari, trouvait aussi cette réfection peu substantielle ; mais elle pensait qu'il était sans doute du bel air de ne presque point manger le matin. Or, la belle-mère d'une comtesse doit nécessairement vivre en femme du bel air. Puis, l'élégance raffinée du service, la splendeur de l'argenterie, les élégantes porcelaines, le luxe de la salle à manger aux tentures cramoisies et aux boiseries de chêne rehaussées de moulures dorées, les soins prévenans du maître d'hôtel et du valet de chambre du comte, faisaient oublier à madame Jouffroy son appétit.

Quant à Aurélie, elle mangeait comme une amoureuse heureuse, c'est-à-dire environ comme un oiseau ; le comte, accoutumé à ce régime, trouvait le déjeuner très suffisant.

Le valet de chambre et le maître d'hôtel étant par hasard sortis ensemble pour les besoins de leur service, Henri se leva galamment, afin de changer l'assiette et le couvert de sa femme ; puis se rasseyant, il lui dit gaîment :

— Je profite de mon reste, ma chère Aurélie, car lorsque nous aurons un second valet de chambre, spécialement attaché à votre personne, il restera toujours derrière votre chaise, et je n'aurai plus le plaisir de vous offrir une assiette, ainsi qu'en ce moment.

— En ce cas, mon ami, — reprit la jeune comtesse, — je ne suis pas très impatiente de voir arriver ce nouveau domestique.

— Vous êtes un ange ; mais notre maître d'hôtel et mon valet de chambre ne sauraient nous suffire. J'en cherche un second qui sera, je vous le dis, particulièrement à vos ordres. — Et s'adressant à madame Jouffroy : — Vous m'excusez de parler ainsi ménage, ma chère belle-mère ?

— Je crois bien ; le ménage, c'est mon fort.

— Alors, mon gendre, — se hasarda de dire monsieur Jouffroy, — puisque nous parlons ménage, est-ce que vous ne trouvez pas que deux domestiques pour vous servir à table, c'est…

Un hum ! hum ! sonore et un formidable regard de sa femme interrompirent monsieur Jouffroy, qui resta court.

— Vous me faisiez observer, mon cher beau-père, — reprit le comte. — que deux domestiques……

— Rien, rien, mon gendre, — se hâta de répondre monsieur Jouffroy : — c'était une idée en l'air ; mettons que je n'ai rien dit.

— Ah ! ça ma chère Aurélie, — reprit le comte, — que ferez-vous de votre journée ?

— Mais, mon ami, disposez-en.

— Prenons, tout d'abord, de bonnes habitudes. Je suis heureux de vous dire ceci en présence de vos excellens parens : vos moindres désirs seront toujours ma loi suprême. Vous êtes la maîtresse, ordonnez, agissez en complète liberté.

— Henri… comme vous êtes bon !

— Ah ! fifille, comme monsieur le comte te gâte ! — dit monsieur Jouffroy. — Ma foi, il a joliment raison.

— Mon ami, — répondit Aurélie à son mari, — je désirerais aller voir ma sœur, qui n'a pu assister à notre mariage.

— A merveille ! A quelle heure désirez-vous votre voiture, afin que je donne mes ordres avant de sortir ?

— Vous ne m'accompagnerez donc pas, Henri ? — dit Aurélie avec un léger accès de surprise et de regret. — Marianne serait, j'en suis certaine, très heureuse de vous voir. Je me promettais le plaisir de vous présenter à ma tante Prudence.

— Je craindrais d'être indiscret, — reprit le comte en souriant. — Vous aurez à raconter à mademoiselle votre sœur la cérémonie d'hier, les jolies toilettes que vous avez remarquées, que sais-je encore… et je serais désolé de gêner vos confidences. Ainsi, chère Aurélie, dites-moi l'heure à laquelle vous désirez votre voiture.

— Vers une heure, si vous le voulez bien, — répondit Aurélie en étouffant un soupir, tandis que monsieur Jouffroy se disait à part lui :

— Mon gendre me semble bien peu désireux d'être avec fifille… un lendemain de noces ! Quand je pense que pendant plus d'une année je ne quittais pas Mimi. J'étais comme son ombre. Allons, il paraît que ce n'est pas l'usage dans le grand monde.

Le valet de chambre rentrant en ce moment dit à Henri :

— Le premier aide de camp de S. A. le prince Maximilien demande à parler à monsieur le comte.

— Priez-le d'attendre dans le salon, j'y vais à l'instant, — répondit monsieur de Villancuse. Puis, il ajouta : —
— Chère belle-mère, et vous, Aurélie, vous permettez ?

— Comment donc, mon gendre, — fit madame Jouffroy.
— Allez donc vite, dépêchez-vous donc, courez donc !

Et se retournant vers sa fille, pendant que le comte sortait de la salle à manger suivi du domestique,

— As-tu entendu, Aurélie ? Le premier aide de camp de Son Altesse demande à parler à ton mari !

— Fifille, — se hâta de dire monsieur Jouffroy à demi-voix, — pendant que ton mari et les domestiques ne sont pas là, je dois t'avouer que j'étrangle de soif et que je n'ai pour ainsi dire rien mangé. Il n'y avait pas de vin sur la table, et je ne me gêne pas pour flûter ma bouteille le matin ; enfin, ces petites lichettes de bœuf et de jambon accompagnées d'un œuf à la coque pour tout potage ne font que creuser l'estomac. Est-ce que tu ne pourrais pas glisser à l'oreille de mon gendre que…

— En vérité, vous ne pensez qu'à votre ventre ! — reprit madame Jouffroy en haussant les épaules ; — vous êtes d'une indiscrétion !

— Pauvre bon père ! — reprit Aurélie, — pardon, mille fois pardon ! Je n'avais pas songé à tes habitudes. Désormais, tu seras servi comme tu l'étais chez nous ; je me charge de ce soin.

— C'est ça ! vous allez tout bouleverser chez notre gendre, — reprit madame Jouffroy en haussant les épaules et s'adressant à son mari, — vous vous ferez passer pour un gros glouton !

— Maman, oublies-tu que mon père est ici chez lui ?

— Ah ! ah ! Mimi, — reprit monsieur Jouffroy en se frottant les mains, — tu entends fifille, elle ne me gronde pas, elle ne me reproche pas d'être un gros glouton !

— D'abord, je vous prie de ne plus m'appeler Mimi, et ensuite de ne jamais me tutoyer !

— En voilà bien d'une autre ! Nous devons, donc toujours nous parler comme si nous étions fâchés ?

— Il ne s'agit pas de fâcherie, mais j'ai remarqué que notre gendre disait toujours vous à Aurélie ; ça doit être de bon ton.

— Que veux-tu, maman, — reprit Aurélie, — quand j'ai vu qu'Henri ne me tutoyait pas devant nous, j'ai fait comme lui.

— Et tu as bien raison, mon enfant. C'est sans doute de bien meilleur genre. Aussi, monsieur Jouffroy, vous me ferez le plaisir de ne plus me tutoyer devant le monde, et surtout de ne plus m'appeler Mimi.

— Mais, sac à papier ! je ne peux pas renoncer comme ça de but en blanc à une habitude de vingt-cinq ans ! Voilà vingt-cinq ans que je te tutoie, que je t'appelle Mimi, et…

Le valet de chambre rentra et dit à Aurélie :

— Monsieur le comte prie madame la comtesse de vouloir bien venir dans le salon.

— Aurélie, — dit tout bas madame Jouffroy à sa fille, — est-ce que nous pouvons aller avec toi ?

— Mais certainement! Peux-tu me faire une pareille question, chère maman? — répondit la jeune femme.

Et elle se dirigea vers le salon accompagnée de sa mère et de monsieur Jouffroy.

LII.

Un homme d'un âge mûr, vêtu d'un uniforme étranger, fond blanc à paremens rouges, et portant les insignes de colonel, se trouvait dans le salon avec Henri de Villetaneuse. Celui-ci dit à sa femme, en lui présentant l'officier :

— Ma chère amie, monsieur le colonel Walter est chargé par Son Altesse le prince Maximilien d'une mission auprès de vous.

Aurélie rougit, regarda son mari avec une extrême surprise; le colonel, s'inclinant profondément, lui dit en lui remettant une lettre :

— Son Altesse m'a chargé, madame la comtesse, de vous présenter ses respectueux hommages, et de vous remettre cette lettre ainsi que cet écrin, — ajouta-t-il en désignant un étui circulaire en maroquin rouge déposé sur un guéridon placé près d'Aurélie; — Son Altesse m'a de plus chargé, madame la comtesse, de vous exprimer ses profonds regrets de n'avoir pas eu l'honneur de venir vous faire ses adieux avant son départ pour l'Allemagne.

Aurélie, confuse et troublée, avait machinalement pris la lettre que lui présentait l'aide de camp, mais dans son embarras, elle ne trouvait pas un mot à répondre. Son mari vint à son secours et dit :

— Mon cher colonel, madame de Villetaneuse est très sensible au bon souvenir de Son Altesse; nous osons espérer que le prince ne nous oubliera pas lors de son premier voyage en France.

Le colonel s'inclina de nouveau, et, par courtoisie, monsieur de Villetaneuse voulut le reconduire jusqu'au perron de l'hôtel.

A peine le comte eut-il quitté le salon, que madame Jouffroy s'écria :

— Son Altesse écrit à ma fille! — Et s'adressant à Aurélie, qui tenait encore à la main la lettre du prince, — Mais lis donc vite ce que Son Altesse t'écrit! Es-tu peu curieuse, va !

— Si c'était une lettre d'Henri, — répondit la jeune femme en souriant et brisant le cachet, — il y a longtemps que je l'aurais lue.

— A la bonne heure! — reprit madame Jouffroy, — mais il est tout simple de recevoir une lettre de son mari, tandis qu'une lettre d'Altesse, c'est aussi rare qu'un merle blanc.

— Moi, — dit monsieur Jouffroy en fixant l'étui de maroquin rouge d'un regard curieux, tandis qu'Aurélie lisait la lettre, — je voudrais bien savoir ce qu'il y a là-dedans. C'est sans doute un cadeau que le prince, en sa qualité de témoin de mon gendre, envoie à fifille. Est-ce que tu ne crois pas cela, Mimi ?

— Voilà encore que vous me tutoyez! que vous m'appelez Mimi, et Aurélie Fifille !

— Mais, mon Dieu, nous sommes seuls; et puis, je ne peux pas m'habituer à...

— Vous me ferez le plaisir de vous y habituer, au contraire. Comment! notre fille reçoit des lettres d'une Altesse, et cela ne vous donne pas honte de parler comme un je ne sais qui ? — Et, s'adressant à Aurélie, qui après avoir lu, souriait complaisamment :

— Hé bien! que dit Son Altesse?

— Ecoute, maman, — et elle lut :

« Madame la comtesse... »

— Madame la comtesse! — fit madame Jouffroy. — Quel beau titre ! Je ne peux pourtant pas encore me figurer que l'on t'appelle madame la comtesse. Continue.

Aurélie reprit :

« Madame la comtesse mon départ subit pour l'Allemagne me prive, à mon grand regret, de l'honneur d'aller
» prendre congé de vous... »

— Son Altesse regrette d'être privée de l'honneur d'aller prendre congé de... ma fille... la comtesse ! — répéta madame Jouffroy, prête à suffoquer. — Entendez-vous cela, monsieur ?

— Oui, Mim... — Mais, se reprenant à un regard de sa femme, le digne homme ajouta : — J'entends. C'est très flatteur pour notre fille et pour notre gendre.

Aurélie continua :

« Ai-je besoin, madame la comtesse, de vous exprimer
» de nouveau les vœux que je fais pour vous et pour ce
» cher comte... »

— Ce cher comte ! — s'écria madame Jouffroy. — Son Altesse daigne appeler notre gendre son cher comte ! Quelle charmante lettre ! Aurélie, tu me la laisseras copier, — ajouta cette étrange femme, les larmes aux yeux ; — je la relirai souvent. — Puis, embrassant sa fille avec passion, — Ah ! tu me rends la plus heureuse, la plus fière des mères ! Je disais bien, moi, que tu pouvais prétendre à tout ! Lisons vite la fin de la lettre de Son Altesse, car ton mari peut rentrer d'un moment à l'autre.

— Où en étais-je donc, maman ?

— Tu en étais à l'endroit où Son Altesse appelle ton mari : Ce cher comte ! Reprends la phrase ; nous l'entendrons bien deux fois.

« Ai-je besoin, madame la comtesse, — reprit Aurélie, —
» de vous exprimer de nouveau les vœux que je fais pour
» vous et pour ce cher comte ? Il a bien voulu me prier
» d'être témoin de son bonheur ; daignerez-vous me per-
» mettre, madame la comtesse, en mémoire d'un jour si
» heureux pour vous et pour ce cher comte, de vous offrir
» un souvenir qui, peut-être, vous rappellera parfois mon
» amitié pour monsieur de Villetaneuse, et le respectueux
» dévouement dont j'ai l'honneur, madame la comtesse,
» de vous réitérer l'assurance ?
» CHARLES MAXIMILIEN. »

— Le fait est que l'on ne saurait écrire d'une manière plus aimable et plus polie, — dit monsieur Jouffroy, tandis que sa femme savourait silencieusement les délices de cette lettre princière, et qu'Aurélie se sentait aussi légèrement étourdie par les fumées enivrantes de la vanité.

— Ah! oui, je la copierai, la lettre de Son Altesse ! — dit enfin madame Jouffroy. — Ce sera l'honneur de notre famille. Mais, a-t-il de l'esprit, ce prince, en a-t-il !... Si spirituel et si beau, c'est rare !

— Comment, maman, tu le trouves beau ?

— S'il est beau ! Ah ça ! mais tu ne l'as donc pas regardé ?

— Non, pas beaucoup ; je ne regardais qu'Henri, et, lorsque le prince m'a parlé, j'étais si troublée que je n'ai pas osé lever les yeux sur lui.

— Hé bien ! si tu les avais levés, tu aurais vu le plus joli cavalier que l'on puisse imaginer.

— Oh ! oh ! maman, à l'exception d'Henri cependant, — répondit la jeune femme, avec un charmant sourire ; et s'adressant à monsieur Jouffroy, — Je devine ta curiosité, bon père ; ouvre donc cet écrin, que nous voyions le cadeau de Son Altesse.

Monsieur Jouffroy ouvrit l'étui de maroquin et en tira une grande coupe d'or d'un merveilleux travail. Un groupe de figurines soutenait la cype, extérieurement et intérieurement ornée de médaillons émaillés, représentant des enfans jouant avec des oiseaux et des fleurs ; les vives couleurs de l'émail étaient si parfaitement fondues et appliquées sur l'or de ces médaillons, qu'on les aurait crues exécutées par le pinceau le plus délicat. Cette coupe, exécutée au repoussé (1), était si légère, malgré sa hauteur et son diamètre, de près d'un pied, qu'elle pesait à peine une livre ; tout son prix résidait comparativement dans la main-d'œuvre ; aussi, le prince avait-il pu, sans sortir des limites des convenances et du bon goût, offrir à la jeune

(1) Les objets d'orfévrerie exécutés au repoussé sont creux et d'une valeur décuple des objets fondus ou massifs.

comtesse un objet d'une valeur vénale presque insignifiante, si on le comparait à son immense valeur artistique.
— Ah! ma fille, que c'est beau! — s'écria madame Jouffroy; — mon Dieu, que c'est donc beau! que c'est donc magnifique! comme Son Altesse sait faire les choses! C'est un présent vraiment royal!
— C'est merveilleux! — dit Aurélie, partageant l'admiration de sa mère et joignant les mains dans une sorte de naïve extase. — Vois donc, maman, ces ravissants médaillons, et ces grandes figures d'or, comme elles sont élégantes! La richesse de ce cadeau me rend confuse; c'est trop beau pour moi, n'est-ce pas, mon père? — puis, remarquant seulement alors la figure profondément attristée de monsieur Jouffroy, qui, pensif et le regard humide, contemplait la coupe, Aurélie ajouta : — Mon Dieu! papa, qu'est-ce que tu as donc? te voilà tout triste...
— C'est vrai, — reprit madame Jouffroy, s'adressant impatiemment à son mari; — comment! voilà tout ce que vous trouvez à dire au sujet du superbe cadeau que Son Altesse fait à notre fille?
— Hélas! — répondit l'excellent homme en secouant mélancoliquement la tête, — c'est que cette belle coupe...
— Hé bien! mon père, cette belle coupe...
— C'est l'œuvre de Fortuné, — répondit monsieur Jouffroy en soupirant; — il y travaillait encore l'an passé, lorsque j'allais le voir dans son atelier. Pauvre garçon! — Et se retournant, de crainte d'être vu de sa fille et de sa femme, il essuya une larme furtive et répéta : — Pauvre garçon!
La vue de cette coupe, en rappelant à Aurélie le souvenir de Fortuné, éveilla dans son âme, jusqu'alors radieuse de bonheur, un vague et secret remords. Bien que sa mère lui eût cent fois répété que l'orfèvre s'était très facilement résigné à renoncer au mariage convenu, l'instinct d'Aurélie lui disait que cette résignation n'avait dû être qu'apparente; aussi, profondément attendrie à la vue de cette coupe, et ressentant une vive compassion pour son cousin, si cruellement déçu de ses espérances, la jeune comtesse dit en soupirant :
— Cher Fortuné! grâce à son génie, ses œuvres deviennent des présens si merveilleux, que l'on est embarrassé de les recevoir... Ah! cette coupe m'est maintenant doublement précieuse!
— Pauvre Fortuné! — pensait, à part lui, monsieur Jouffroy. — Ah! voilà le gendre qu'il me fallait, un homme de notre sorte, et, comme nous, simple et sans façon. J'aurais été aussi à mon aise chez lui que chez moi. Quel dommage que ce mariage n'ait pas convenu à Aurélie! j'aurais encore Marianne et ma sœur auprès de moi; je verrais presque tous les jours mon vieil ami Roussel... Allons, allons, je suis un égoïste... Après tout, fifille est heureuse...
Madame Jouffroy, sous l'empire de l'exaltation de sa vanité surexcitée par la lettre et par le présent du prince, restait insensible aux souvenirs que la vue de cette coupe éveillait dans l'esprit de sa fille et de son mari; aussi, dit-elle à celui-ci :
— Vous aviez bien besoin d'apprendre à Aurélie que cette coupe était fabriquée par Fortuné! Au lieu de la laisser jouir tranquillement du cadeau de Son Altesse, voilà que vous l'avez tout attristée, cette chère enfant.
— Oh! non, maman, ne pense pas que je sois triste; je suis glorieuse, au contraire, en songeant que c'est mon cousin, mon ami d'enfance, qui est l'auteur de ce chef-d'œuvre. Peut-être Fortuné me regrettera-t-il encore, mais bientôt il m'oubliera, il épousera une femme digne de lui, et il sera aussi heureux qu'il mérite de l'être.
— Dieu t'entende, — reprit monsieur Jouffroy, — Dieu t'entende, fifille!
— Allons! voilà encore que vous appelez Aurélie fifille!
— Comment! même entre nous, je ne peux pas lui donner le nom que je lui donne depuis son enfance! C'est par trop fort aussi!
— Silence! voilà notre gendre qui rentre avec monsieur le marquis.
Henri de Villetaneuse rentrait en effet dans le salon avec son oncle, qui s'empressa d'aller galamment baiser la main de la jeune comtesse. Son mari remarquant la coupe placée sur un guéridon :
— Ma foi! ma chère Aurélie, le prince vous a donné là une des choses auxquelles il tenait le plus au monde. Je l'ai souvent entendu vanter cette coupe comme une des merveilles de ce temps-ci.
— Henri, vous me rendez encore plus confuse que je ne l'étais déjà. Recevoir de Son Altesse un cadeau si magnifique!
— Est-il quelque chose de trop magnifique pour vous, ma belle nièce? — dit le marquis; — le prince agit en prince, voilà tout.
— De prince à laquais, la transition est brusque, ma chère Aurélie, — reprit le comte en riant. — Je dois cependant vous dire qu'il se présente un valet de chambre pour vous; j'ai causé avec lui tout à l'heure, après avoir reconduit le colonel Walter. Ce domestique me paraît très au courant du service; il a une excellente recommandation du duc de Manzanarès, mais il n'a jamais été en maison à Paris, il est resté pendant dix ans avec son ancien maître, soit en Angleterre, soit en Italie; sauf cet inconvénient, et sauf votre avis, il me semble que nous ferions un bon choix en prenant ce serviteur. Désirez-vous le voir?
— C'est inutile, mon ami; s'il vous convient, il me convient aussi.
— Touchant accord! — dit le marquis à madame Jouffroy. — Combien je suis heureux de penser que nos chers enfans s'entendront toujours ainsi!
— Je l'espère bien, monsieur le marquis; ils s'aiment tant! — Puis s'adressant à sa fille : — Ah ça! Aurélie, si tu veux sortir à une heure pour aller voir ta sœur, tu n'as que le temps d'aller t'habiller.
— Tu as raison, maman.
— Venez, ma chère amie, vous verrez en passant votre nouveau valet de chambre, — dit le comte à sa femme.
Et tous deux sortirent du salon.

LIII.

Le marquis de Villonateuse, resté seul avec monsieur et madame Jouffroy, suivit des yeux les nouveaux mariés, puis, lorsqu'ils eurent disparu, il dit d'un air souriant et mystérieux :
— Les voilà partis; c'est à merveille. Écoutez-moi, belle dame, mais il faut me promettre, ainsi que monsieur Jouffroy, de me garder un secret absolu.
— Vous pouvez y compter, monsieur le marquis.
— Oh! moi et Mim... — Mais monsieur Jouffroy se reprenant à un regard de sa femme, — Oh! nous ne sommes point bavards.
— Il ne faut souffler mot de ceci ni à Aurélie ni à mon neveu. — Et le marquis ajouta doucement : — Il s'agit d'une conspiration.
— Vraiment, monsieur le marquis, — reprit madame Jouffroy en souriant aussi, — une conspiration?
— Terrible!... et qui doit éclater dans quelque temps, au grand étonnement de nos chers enfans. J'étais venu ici, ce matin, dans l'intention de vous mettre tous deux au nombre des conjurés. Or, comme l'argent est le nerf de la guerre et des conspirations, vous allez d'abord, mon cher monsieur Jouffroy, me compter, pour votre cotisation, deux cents louis; moi, de mon côté, en qualité d'oncle, je pousse, ma foi! jusqu'à trois cents louis.
— Hum! — fit le bonhomme, tout ébahi, — hum! monsieur le marquis, je...
— Non, mieux que cela, — reprit le vieillard, en riant de tout son cœur et s'adressant à madame Jouffroy, — ce sera beaucoup plus plaisant ainsi : Vous allez, mon cher monsieur, me prêter, vous entendez bien? me prêter deux cents louis, absolument comme si je vous les empruntais

t que je dusse vous les rendre ; en un mot, comme si je venais tout bonnement vous dire : « Mon cher monsieur, » faites-moi l'amitié de me prêter deux cents louis ; » — et se tournant vers madame Jouffroy, fort interloquée : — Vous verrez, ce sera ravissant. Pauvres chers enfans !

— Vraiment ? — reprit-elle en riant aussi, et tâchant, mais en vain, s'efforçant de comprendre la chose, tandis que son mari, comprenant seulement qu'il s'agissait de débourser deux cents louis, restait penaud et disait :

— Hum ! hum !.. monsieur le marquis, c'est que...

— Encore une fois, figurez-vous que je ne vous ai point parlé de notre fameuse conspiration, et que, de but en blanc, je viens vous demander un prêt de deux cents louis ; là, est-ce clair ?

— C'est clair comme le jour, — dit madame Jouffroy à son mari ; — comment ! vous ne comprenez pas cela ?

— Si, ma femme, je comprends bien : deux cents louis.

— Et vous allez avoir l'air de les prêter à monsieur le marquis en les lui remettant.

— Oh ! quelle idée ! — ajouta le marquis en allant près de la cheminée tirer le cordon d'une sonnette. — Je vais vous donner un reçu de la somme, cher monsieur Jouffroy ! un bel et bon reçu, valable et en forme, de sorte que, lorsque notre conspiration éclatera, nos chers enfans... Ah ! ah ! ah ! ma chère madame, si vous saviez quelle sera leur surprise ? Ah ! ah ! ah ! vous le voyez, j'en ris aux larmes... ce reçu de deux cents louis... Ah ! ah ! ah !

— Ah ! ah ! ah ! — fit aussi madame Jouffroy, cédant à la contagion de l'hilarité du marquis ; — ah ! ah ! ah ! ce sera très plaisant !— Puis, voyant son mari, loin de rire, demeurer soucieux et piteux, elle lui dit tout bas : — Mais, riez donc aussi ! vous avez l'air d'un enterrement ! mais riez donc !

— A la bonne heure, ma femme... Ah... ah... ah... — fit il en s'efforçant de rire ; — ah... ah... ah !... deux cents louis... ah... ah... ah ! — Puis, redevenant soudain très sérieux : — deux cents louis... c'est que c'est une somme !

— Mais, puisque c'est une plaisanterie, une conspiration, sans doute une surprise pour nos enfans ! — reprit madame Jouffroy, pendant que le marquis disait au valet de chambre venu à l'appel de la sonnette :

— Donnez-moi à l'instant ce qu'il faut pour écrire.

Le domestique revenant bientôt avec un buvard et une écritoire, le marquis se mit à écrire.

— Ma femme, — reprit à voix basse monsieur Jouffroy, — deux cents louis... c'est quatre mille francs... et tu sais que maintenant nous devons économiser beaucoup.

— On vous répète que c'est une plaisanterie... une conspiration.

— Conspiration tant que tu voudras : il n'en faut pas moins que je donne l'argent !

— Allez-vous rester en affront devant monsieur le marquis ! vous avez justement six mille francs sur vous... que vous deviez porter à la Banque...

— Mais, ma femme...

— Mon cher monsieur, — reprit le marquis en revenant du fond du salon et tenant à la main le reçu qu'il venait d'écrire, — écoutez bien ceci, et il lut :

— « Je reconnais... avoir reçu de monsieur Jouffroy,
» la somme... de quatre mille francs... que je m'engage à
» lui rembourser à la première invitation... », et se retournant vers madame Jouffroy : — C'est charmant, c'est en forme... rien n'y manque.— puis donnant le reçu à son créancier improvisé : — La chose est, je crois, ainsi parfaitement en règle... mon cher prêteur. Et maintenant, pour compléter la chose...

— Mon mari va vous remettre les quatre mille francs, monsieur le marquis, justement il a de l'argent sur lui...

Monsieur Jouffroy, soupirant, prit dans son portefeuille quatre billets de mille francs, et sa femme dit au marquis en souriant :

— Cette fameuse conspiration, quand éclatera-t-elle ?

— Elle éclatera avant qu'il soit peu, — répondit le marquis en empochant les billets de banque ; — mais silence... voilà nos chers enfans.

Aurélie, portant une charmante toilette du matin, entrait en effet dans le salon avec Henri de Villetaneuse.

— Adieu, mon père ; adieu, maman ! — dit la jeune comtesse. — Je recommanderai à Marianne de ne pas oublier qu'il est convenu qu'elle doit venir passer tous ses dimanches avec nous.

— Oh ! certainement, — reprit monsieur Jouffroy, — et qu'elle arrive chaque dimanche de bien bonne heure, cette chère enfant !

— Encore adieu, maman.

— Nous allons t'accompagner jusqu'à ta voiture, madame la comtesse, — répondit madame Jouffroy en embrassant sa fille.

Le marquis, offrant galamment son bras à Aurélie.

— Vous me permettez, ma chère nièce, d'être votre cavalier ?

— Adieu, Henri ! — dit la jeune femme à son mari au moment de quitter le salon. — Ainsi, décidément, vous ne venez pas avec moi ?

— Vous savez pourquoi, ma chère Aurélie, il me faut renoncer à ce plaisir, — répondit le comte en baisant la main de sa femme. — N'oubliez pas que nous dînons à sept heures.

— Oh ! je serai de retour ici bien avant cette heure-là, mon ami.

— Moi aussi, je l'espère ; mais je veux vous conduire jusqu'à votre voiture.

Aurélie sortit du salon, donnant le bras au marquis. Henri et madame Jouffroy les suivaient.

Le valet de chambre et son nouveau camarade Müller, l'honnête serviteur du prince Charles-Maximilien, se trouvaient dans une pièce d'attente. Ils s'inclinèrent au passage de leurs maîtres, après avoir ouvert les deux battans de la porte qui communiquait au vestibule.

Un élégant coupé, attelé de très beaux chevaux, stationnait devant le perron de l'hôtel ; un valet de pied, en grande livrée comme le cocher, tenait ouverte la portière armoriée.

— A la bonne heure ! voilà un équipage digne de toi, ma belle comtesse ! — dit madame Jouffroy, radieuse, en embrassant sa fille une dernière fois.

— Quelle jolie voiture, n'est-ce pas, maman ? Henri a si bon goût ! — ajouta la jeune femme, non moins glorieuse que sa mère. — Puis se tournant vers monsieur Jouffroy : — Adieu, bon père !

— Adieu, mon enfant ! embrasse bien pour moi Marianne et ma sœur ; dis-leur que j'irai les voir demain.

— Oui, papa.

Et la jeune femme descendit légèrement les marches du perron, accompagnée d'Henri et du marquis, monta toute joyeuse dans la voiture blasonnée, dont le valet de pied ferma la portière en disant, son chapeau demi-levé :

— Quels sont les ordres de madame la comtesse ?

— Je vais chez ma tante, hôtel de Beauvais, rue du Faubourg-Saint-Honoré.

— Hôtel de Beauvais ! faubourg Saint-Honoré ! — dit le valet de pied au cocher, pendant qu'Aurélie faisait un signe d'adieu à son mari, resté, ainsi que le marquis, sur le dernier degré du perron.

Le fringant attelage partit au grand trot. Le marquis prit le bras de son neveu, et tous deux, saluant du geste monsieur et madame Jouffroy, quittèrent bras dessus bras dessous la cour de l'hôtel.

— Quel bel équipage ! et comme ma fille a bien l'air là-dedans d'une vraie comtesse ! — dit madame Jouffroy à son mari. — Avez-vous entendu le domestique dire à Aurélie : « Quels sont les ordres de madame la comtesse ? » Comme c'est bon genre ! Quelle différence avec notre imbécile de Pierre qui, de son siège, nous criait de sa grosse voix : « Où-se-que nous allons ! »

— Oui, oui, la voiture de notre fille a très bon genre, — répondit monsieur Jouffroy, étouffant un soupir et regrettant, à part soi, sa modeste calèche à vasistas attelée du pacifique Coco, et dans laquelle toute la famille trouvait place en se serrant un peu... Enfin, que fifille soit heureuse, je ne demande que cela.

Et il rentra dans l'intérieur de la maison sur les pas de sa femme.

LIV.

Henri de Villetaneuse, après avoir quitté son oncle sur le pont de la Concorde, se dirigea vers la demeure de Catherine, se disant :

— C'est, pardieu ! un heureux sort que le mien ! je suis remis à flot... J'ai une maison excellente, une femme ravissante qui m'aime à la folie, et la maîtresse la plus piquante, la plus amusante du monde. Ma femme n'a pas, il est vrai, plus de conversation qu'une pensionnaire. Elle est douce, timide, candide, et, conséquemment, sera toujours de la dernière insignifiance ; mais qu'importe ! n'ayant jamais d'autre volonté que la mienne, cette chère enfant vivra le plus heureusement du monde ; elle est comtesse, elle aura tout ce qui pourra flatter sa vanité, cinquante ou soixante louis par mois pour sa toilette ; elle recevra chez elle la meilleure compagnie de Paris, elle sera libre comme l'air, qui est à l'étoffe d'un mari jaloux. Que peut-elle désirer de mieux ? J'ai voulu dès aujourd'hui l'habituer à sortir seule, afin de conserver de mon côté une liberté entière ; j'irai tous les jours, de deux à six heures, chez Catherine. J'ai consenti de tout mon cœur à prendre chez moi la mère Jouffroy et son bonhomme de mari : ils tiendront compagnie à leur fille, et, comme je l'habituerai à aller seule dans le monde, je pourrai, sauf nos jours d'Opéra ou de réception, consacrer presque toutes mes soirées à Catherine. Étrange femme ! combien elle m'aime ! je n'oublierai jamais ses larmes, son désespoir lorsque, ayant appris de Bayeul, m'a-t-elle dit, mes projets de mariage (découverte qui avait causé son évanouissement, et l'espèce de fureur avec laquelle elle m'avait repoussé sans explication), elle est venue m'attendre à la porte de monsieur Jouffroy, le soir du jour où j'avais été présenté à Aurélie. « Je vendrai le peu que je possède ; je
» coudrai, s'il le faut, afin de gagner de quoi vivre ; je lo-
» gerai dans une mansarde : je ne vous serai pas à char-
» ge, » — me disait Catherine en fondant en larmes, —
» mais vous ne vous marierez pas ! vous ne m'abandonne-
» rez pas ! » — En vain je lui disais que ce mariage ne changerait presque rien à nos relations. — « Un partage
» m'est impossible ! » — me répondait-elle — « si vous
» vous mariez, vous ne me reverrez jamais ! » — Rompre avec Catherine était au-dessus de mes forces ; j'ai préféré rompre mon mariage, et cette pauvre Aurélie a voulu s'empoisonner. C'est en cette occasion surtout que j'ai pu apprécier le cœur de Catherine et son amour pour moi.
« Henri, » — me dit-elle en arrivant chez moi à l'improviste,
» — « depuis deux jours j'ai profondément réfléchi ; l'é-
» goïsme de mon amour m'égarait ; j'ai exigé la rupture
» d'une union où vous trouveriez de grands avantages ; cette
» malheureuse jeune fille a voulu s'empoisonner. Le mo-
» ment viendra, hélas ! où vous ne m'aimerez plus, et ce se-
» rait mon éternel remords de vous avoir imposé un sacri-
» fice que vous regretteriez un jour ! d'avoir aussi été cause
» du désespoir peut-être mortel de cette jeune personne !
» Épousez-la donc ; je saurai me résigner à cette nécessité,
» à la condition que vous m'accorderez tous les moments
» dont vous pourrez disposer ; seulement... et ne vous é-
» criez pas sur ce que vous regarderez peut-être comme
» un caprice... je veux que d'ici au jour de votre mariage
» nous nous voyions comme amis, et non plus comme
» amans : j'éprouverais une répugnance invincible à me
» dire qu'en sortant de chez moi vous allez parler à cette
» chaste jeune fille de l'amour qu'elle vous inspire. Il y au-
» rait là quelque chose de lâche, de perfide, dont la seule

» pensée me révolte. Cette susceptibilité de la part d'une
» femme comme moi a droit de vous surprendre ; mais,
» vous le savez, on l'a dit souvent : notre cœur est un abîme
» de contradictions. » — Cette délicatesse si rare m'irritait et me charmait à la fois. Grâce à ces six semaines, durant lesquelles nous avons en effet toujours vécu en amis, je suis, quoique notre liaison dure depuis plus de deux ans, je suis autant que par le passé amoureux de Catherine. Ces scrupules de sa part ont-ils été sincères ? Ne sont-ils pas un adroit manège de coquetterie, afin de lutter ainsi contre l'influence d'Aurélie ? Je l'ignore. Mais, vive Dieu ! je ne peux, sans battement de cœur, songer que tout à l'heure je vais revoir Catherine. Voilà d'ailleurs deux grands jours que je ne suis allé chez elle, retenu par les mille obligations de mon mariage.

En songeant ainsi, Henri de Villetaneuse arrive rue Tronchet, et sans s'inquiéter autrement du fait, il remarque d'abord à la porte de la demeure de madame de Morlac une énorme voiture de déménagement que des commissionnaires achevaient de charger ; mais en s'approchant de la voiture, il reconnaît parmi les meubles qu'on y transportait certaine causeuse de damas blanc semé de bouquets de roses, sur laquelle il s'était souvent assis à côté de Catherine. Saisi d'un vague pressentiment, il monte en hâte à l'entresol, trouve toutes les portes de l'appartement ouvertes, les tapis, les rideaux déposés, en un mot l'appartement complètement vide et démeublé.

Monsieur de Villetaneuse stupéfait court à la chambre à coucher de Catherine ; il aperçoit un garçon tapissier occupé d'enlever les rideaux d'une fenêtre, seuls objets d'ameublement qui restassent dans cette pièce.

— Que signifie cela ? — s'écrie le comte pâle et à demi-suffoqué par une angoisse croissante ; — madame de Morlac a donc déménagé ?

Le garçon tapissier, fort surpris de l'interrogation et surtout de l'émotion de monsieur de Villetaneuse, lui répond du haut de son échelle :

— Monsieur, j'ignore si cet appartement était occupé par cette dame.

— Comment ! et vous enlevez ses meubles ?

— Certainement, puisque mon patron les a achetés.

— De qui ? de qui les a-t-il achetés ?

— D'un monsieur.

— D'un monsieur ?

— Oui, il est venu hier soir proposer à mon patron d'acheter en bloc, meubles, tapis, rideaux, etc., etc. ; mon patron est venu estimer les objets, a conclu le marché, l'a payé comptant, et il nous a envoyés ce matin faire le déménagement. Voilà.

Et le garçon tapissier continua de décrocher les rideaux des croisées.

Henri de Villetaneuse resta pendant un moment immobile de stupeur, puis il descendit en hâte chez le portier de la maison, qui lui dit en le voyant :

— Monsieur le comte, madame m'a laissé cette lettre pour vous.

Henri prit la lettre et lut ces mots :

« Ne cherchez pas à retrouver mes traces, ce serait inu-
» tile, vous ne me reverrez jamais.

» CATHERINE. »

— Mon Dieu ! mon Dieu ! — murmura Henri de Villetaneuse, atterré, presque saisi de vertige, — est-ce que je suis fou ?

— Monsieur le comte, vous pâlissez ! donnez-vous la peine de vous asseoir, — dit le portier.

Monsieur de Villetaneuse, dominant enfin son émotion, reprit :

— Quand madame de Morlac a-t-elle quitté cette maison ?

— Hier, à trois heures, monsieur le comte ; elle a monté en fiacre avec sa femme de chambre, emportant plusieurs malles. Sans doute elle est allée s'entendre avec le propriétaire pour la résiliation du bail de l'appartement, car hier soir le propriétaire est venu me dire que je pouvais

Son Altesse m'a chargé, Madame la comtesse, de vous présenter ses respectueux hommages. — Page 74.

laisser enlever tous les meubles de madame, vu qu'elle les avait vendus à un tapissier.

— Et dans la journée, il n'est venu personne d'inconnu chez madame de Morlac ?

— Madame n'a reçu hier absolument personne.

— Pas de lettres non plus ?

— Non, monsieur le comte; il n'est venu hier aucune lettre pour madame.

— Et sa femme de chambre Justine, qui souvent causait avec vous et votre femme, ne vous avait rien dit qui pût vous faire soupçonner ce brusque départ ?

— Non, monsieur le comte; elle croyait que madame ne faisait qu'une absence de quelques jours, car hier mademoiselle Justine est venue dans la loge pour me prier de descendre plusieurs malles du grenier, et elle m'a dit : « Vous me voyez toute surprise ; il paraît que madame va s'absenter pendant quelques jours... » Moi je l'ai cru aussi. C'est le propriétaire qui m'a détrompé en venant hier m'apprendre que les meubles étaient vendus et que je pouvais mettre écriteau pour l'appartement.

Le comte de Villetaneuse, désespéré, quitta la maison, se disant :

— Ah! maintenant, je sens plus que jamais combien Catherine était indispensable à ma vie! Quelle peut être la cause de cette brusque rupture? Mon mariage? Non, non. J'y avais d'abord renoncé ; c'est elle-même qui, ensuite, l'a exigé. Ah! maudit soit ce mariage! s'il m'a fait perdre Catherine! Oh! je la retrouverai! Ni temps, ni démarches, ni argent, rien ne me coûtera pour la retrouver. Je ne peux pas, je ne veux pas vivre sans Catherine! Mort et furie! Sans elle que devenir! Que me resterait-il?... Le jeu! rien que le jeu!

LV

La cour des Coches, localité retirée où se trouvait l'atelier de Fortuné Sauval, était entourée de plusieurs corps de bâtiments, à travers lesquels s'ouvrait un dédale de ruelles et de passages. La majorité des locataires de ces demeures, et surtout de leurs derniers étages, se composait de pauvres artisans. Grand nombre de misères ignorées se cachaient dans les mansardes et dans les greniers de ces sombres et vieilles maisons. Beaucoup de familles vivant du labeur de leur chef se voyaient souvent réduites à une détresse extrême, par la maladie ou par le chômage de l'industrie de leur unique soutien. Aussi, parfois, le dernier jour du terme expiré, la famille, hors d'état de payer le loyer de son triste logis, le quittait forcément, emportant son grabat, quelques nippes, et s'en allant à l'aventure, malheureux émigrants, d'un quartier dans un autre quartier de la ville immense !

La tante Prudence, après son départ de la maison de monsieur Jouffroy, avait provisoirement occupé, en compagnie de Marianne, un appartement garni du faubourg Saint-Honoré, puis elles s'étaient toutes deux définitivement établies au second étage de l'une des maisons de la cour des Coches, maison contiguë à celle où demeurait Fortuné Sauval.

Le logement de la vieille fille et de sa nièce se composait d'une entrée assez obscure, d'une cuisine, d'une petite salle à manger, d'un salon et de deux chambres à coucher, communiquant l'une avec l'autre.

La tante Prudence, fidèle à ses habitudes et à ses souvenirs de famille, conservait son ancien ameublement, qui avait, en partie, appartenu à sa mère. Une propreté recherchée était le seul luxe de cette modeste retraite où se passait la scène suivante, environ une année après le mariage d'Aurélie.

Marianne, étendue sur un canapé, à demi recouverte d'une courte-pointe, ainsi qu'une personne convalescente, s'occupait d'un travail de couture. Au lieu d'être aplatis, comme autrefois, en bandeaux sur ses tempes, sans la

Elle courut à Fortuné en lui tendant les mains. — Page 86.

moindre recherche, ses beaux cheveux blonds cendrés encadraient son visage de longues boucles soyeuses, et dissimulaient la saillie trop prononcée de ses pommettes ; une jolie cravate de satin bleu d'azur se nouait sous son large col brodé, qui, rabattu, laissait voir son cou d'ivoire ; le corsage de sa robe, non plus disgracieusement taillé en blouse, mais élégamment ajusté à sa taille, la dégageait et faisait valoir sa finesse ; enfin, ainsi coiffée, ainsi vêtue, Marianne, grâce aux ressources de cette innocente coquetterie exigée par sa tante, était presque méconnaissable ; l'ensemble de sa personne ne manquait pas d'un certain charme. Assise auprès du canapé où se tenait sa nièce, la vieille fille, ses besicles d'argent sur le nez, s'occupait, est-il besoin de le dire ? de son éternel tricot.

— Avouez, ma tante, — disait Marianne, — que c'est une chose extraordinaire !

— Très extraordinaire, mon enfant.

— Incompréhensible !

— Ma foi ! oui, incompréhensible, vu que c'est inexplicable.

— Car enfin, quel est donc le mystérieux bienfaiteur de tant de pauvres gens ?

— Voilà ce que je me demande comme toi.

— Avant-hier encore, ce pauvre et honnête ménage, composé du père malade, de la mère et de trois enfans, allait être mis hors de cette maison, faute du paiement d'un terme, lorsque soudain arrive un commissionnaire apportant, non-seulement l'argent du loyer, mais encore de bons vêtemens pour les enfans, et une petite somme suffisante à subvenir aux besoins de la famille jusqu'à ce que son chef fût en état de reprendre ses travaux. Les braves gens demandent en pleurant de joie le nom de leur bienfaiteur : impossible de le savoir ; le commissionnaire, étranger à notre quartier, a été envoyé dans la maison par une personne inconnue.

— Ce qu'il y a surtout de très singulier dans tout cela, mon enfant, c'est que ce bon génie de la cour des Coches, comme on l'appelle, doit habiter quelqu'une de ces maisons-ci, car il est incroyablement et journellement renseigné sur toutes les misères qui, hélas ! abondent autour de nous.

— Évidemment, ma tante, il est instruit de tout ce qui se passe. Tenez, hier encore, notre femme de ménage me disait qu'un très bon et très honnête ouvrier de nos voisins, se trouvant sans ouvrage, avait été obligé, pour subvenir à ses besoins et à ceux de sa femme, de mettre en gage ses outils, son gagne-pain. Le bonheur veut qu'il trouve du travail ; mais sans ses outils, comment travailler ? Jugez de son chagrin ! Or, le jour même, il reçoit, dans une lettre, un mandat de quarante francs sur la poste.

— Pour connaître ainsi les misères des pauvres habitans de la cour des Coches, il faut certainement vivre au milieu d'eux, car les bienfaits de ce mystérieux bon génie se renouvellent presque chaque jour.

— Moi, — reprit Marianne souriant et rougissant, — j'avais d'abord cru deviner quelle était cette personne secourable.

— De qui veux tu parler ?

— De Fortuné.

— Si l'on en juge d'après son bon cœur, il serait fort capable d'être ce bon génie-là, mais...

— Mais le bon génie de la cour des Coches s'est manifesté par ses bienfaits peu de temps après le départ de Fortuné pour l'Angleterre.

— C'est ce que j'allais justement te faire observer. Enfin, quoique ton cousin soit dans l'aisance, il ne pourrait suffire à ces dons, si multipliés depuis environ trois mois qu'il est parti.

— Hélas ! oui, chère tante ! Trois mois, trois grands mois ! et son absence, disait-il, ne devait durer qu'un mois au plus ; le temps de monter, à Londres, ce grand ouvrage d'orfèvrerie commandé pour la reine d'Angleterre. Je croyais d'autant plus au prompt retour de Fortuné, qu'il avait emmené avec lui, pour l'aider dans ses travaux, le père Laurencin et son petit-fils.

— De sorte qu'il n'est resté personne pour garder la maison. Aussi des voleurs, espérant faire un bon coup, sont entrés dans l'atelier en sciant les barreaux de la fenêtre.

— Grâce à Dieu, ma tante, Fortuné avait eu la précaution de déposer à la Banque tous ses objets précieux ; les voleurs en ont été pour leur tentative.

— Il n'en est pas moins vrai que c'est un précédent fâcheux. Ces misérables peuvent, au retour de ton cousin, et supposant alors que l'atelier renfermera de grandes valeurs, tenter encore un mauvais coup.

— C'est effrayant. Maudit voyage ! Vraiment, Fortuné n'est pas raisonnable : prolonger ainsi son absence !

— À qui la faute ? À ce vilain cousin Roussel ; il a voulu être du voyage ! — reprit la tante Prudence d'un ton de récrimination courroucée, en tricotant avec fureur. — Monsieur Roussel s'est mis en tête de faire le touriste ! Ce jeune et bel Anacharsis, dans l'espoir de former apparemment sa tendre adolescence par d'instructives pérégrinations, aura débauché ton cousin et prolongé son séjour dans ce pays. Monsieur Roussel ne connaissait ni l'Angleterre ni l'Écosse ; monsieur Roussel a voulu les connaître : voyez-vous ça ! Voilà-t-il pas une belle connaissance pour l'Angleterre et pour l'Écosse !

— Ah ! tante Prudence, tante Prudence ! — dit Marianne, en riant de la furibonde sortie de la vieille fille, — l'absence du cousin Roussel vous pèse autant que me pèse, à moi, l'absence de Fortuné.

— Laisse-moi donc tranquille ! Joli museau pour qu'on le regrette, cet affreux Roussel !

— Ma bonne tante, je vous dirai, ainsi que vous me disiez autrefois : Soyez sincère, soyez sincère !

— Allons, tu es folle !

— Oh ! que non !

— Soit ! Je ne pense qu'au cousin Roussel, je rêve du cousin Roussel, je le vois partout et toujours, cet Adonis, le chef orné de cette irrésistible casquette de loutre dont il était si galamment coiffé jusqu'aux oreilles, le jour de son départ ! Ah ! qu'il était beau, mon Dieu ! qu'il était donc beau, le cousin Roussel ! J'en maigris, j'en sèche, j'en meurs ! Voilà des aveux, je les espère ! tu les arraches à ma pudeur gémissante, rougissante et expirante ! Es-tu satisfaite, méchante enfant ?

— Ma bonne tante, malgré vos plaisanteries, j'ai bien vu votre chagrin le jour du départ de notre vieil ami.

— Moi, chagrine ?

— Sans doute, et malgré votre contrainte, vous aviez le cœur bien gros.

— Voyez-vous ces petites filles, comme elles sont pénétrantes !

— Il ne m'a pas fallu une grande pénétration pour remarquer votre tristesse, ma bonne tante.

— Au fait, pourquoi dissimuler avec toi ? reprit la vieille fille en changeant soudain d'accent. — Eh bien, oui ! ce vilain Roussel me manque : c'est la première fois depuis trente ans que je reste si longtemps sans le voir, et à mon âge, mon enfant, c'est une si douce chose que l'habitude ! Enfin, depuis sa rupture avec mon frère, le cousin Roussel venait nous voir plus souvent encore. Que te dirai-je ? mais ne va pas te moquer de la tante Prudence, — reprit la vieille fille, cédant à l'un de ces retours d'attendrissement où la bonté de son âme s'épanchait sans contrainte. — Que te dirai-je ? Joseph n'est plus jeune, je redoute pour lui les fatigues d'un voyage dans les montagnes d'Écosse, c'est un vrai Parisien, il n'a jamais quitté sa grande ville... Mon Dieu, un accident est si vite arrivé ou bien une maladie vous atteint !... Ah ! quand on pense que loin des siens, loin de son pays, et peut-être abandonné sans secours dans une chambre d'auberge... notre pauvre cousin peut... Tiens, je frémis de penser à cela !...

— Mon Dieu ! ma tante, vous pleurez, calmez-vous.

— Que veux-tu ?... voilà plus d'un mois que nous n'avons reçu de leurs nouvelles. Ces craintes sont, de ma part, une faiblesse ridicule, mais je suis cruellement inquiète ! Ah ! mon enfant, il n'est pas au monde un meilleur, un plus loyal cœur que celui de notre vieil ami, et... tu ne saurais t'imaginer mes regrets si... par malheur...

La vieille fille n'acheva pas. Elle ôta ses besicles et porta son mouchoir à ses yeux noyés de larmes.

— De grâce, ma tante, rassurez-vous ; Fortuné veillera sur notre cousin Roussel comme sur un père ; ils sont trois dans ce voyage, ils s'entr'aideront... Et cependant, ainsi que vous le dites, un accident est si vite arrivé ! — reprit Marianne d'une voix tremblante, le regard humide, et commençant aussi à s'alarmer. — Hélas ! si, en effet, le silence de nos amis avait une cause fâcheuse !

— Allons, mon enfant, calme-toi, — dit la vieille fille en essuyant ses yeux et remettant ses lunettes ; tu me fais doublement regretter ma faiblesse. Je suis une folle !... Après tout, les montagnes d'Écosse ne sont point un pays sauvage ; notre ami ne voyage pas seul, ses compagnons ne l'abandonneront pas ; mais, nous autres badauds de Parisiens, dont les colonnes d'Hercule sont la foire à Saint-Cloud, nous nous effarouchons d'un rien. Encore une fois, rassure-toi, mon enfant ; si nos amis ne nous ont pas écrit depuis un mois, c'est que, sans doute, leur retour est proche, ils veulent nous surprendre. Qui sait ? peut-être les verrons-nous arriver demain, ou même aujourd'hui.

Puis la vieille fille reprenant son accent caustique et railleur afin de calmer les inquiétudes de sa nièce : — Ah ! par ma foi, vous me les paierez cher, ces sottes angoisses que vous nous aurez causées, monsieur Roussel ! Vous pouvez vous attendre à être joliment reçu, beau montagnard écossais ! vous serez rudement traité, quand bien même vous ne joueriez cent airs de pibrock pour m'attendrir !.. Oui, oui, venez-y ! vous serez dûrement accueilli, vous et votre pibrock ! Car tu verras, ma chère, qu'il aura appris à instrumenter de la cornemuse, ce jeune Anacharsis, et qu'il va nous arriver en jupon court, ni plus ni moins qu'un montagnard de Walter Scott !

À cette saillie de la vieille fille, Marianne ne put s'empêcher de sourire, et répondit en soupirant :

— Fasse le ciel, ma tante, que nos amis reviennent bientôt, et que nos espérances ne soient pas trompées !

— Non, non, elles ne seront pas plus trompées que celles que je te donnais autrefois au sujet de ton cousin, te rappelles-tu ?

— Hélas ! bonne tante !...

— Comment, hélas ! Ah çà, voyons, raisonnons un peu. Que t'avais-je dit ? « Je ne crois pas que ta sœur consente à épouser Fortuné. » Cela s'est-il réalisé ?

— Oui, ma tante.

— Ne t'avais-je pas dit encore : « Aimant ta sœur comme il l'aime, le désespoir de Fortuné sera d'abord cruel, » puis il se calmera, le temps aidant. »

— Et cependant, ma tante, Fortuné nous parlait toujours d'Aurélie les larmes aux yeux.

— Oui, mais il s'épanchait avec nous ; il nous confiait ses chagrins. Enfin, où passait-il toutes ses soirées ?

— Chez nous.

— À qui parlait-il de ses travaux, de ses projets ?

— À nous, ma tante ; c'est vrai, toujours à nous.

— Lorsque je l'ai eu peu à peu amené à chercher quelques distractions à son chagrin, avec qui est-il allé, l'été passé, faire quelques parties de campagne aux environs de Paris ?

— Avec nous et le cousin Roussel.

— Dans ces promenades, à qui Fortuné donnait-il le bras ?

— À moi, ma tante.

— Durant ces promenades, tandis que je faisais enrager le cousin Roussel, que te disait Fortuné ?

— Qu'il ne trouvait de consolation à ses peines que dans le travail et les réunions de famille.

— Et lorsque tu as eu l'excellente idée de demander à ton cousin de nous adjoindre souvent dans nos parties de campagne le père Laurencin et son petit-fils, que t'a dit Fortuné ?

— Ma tante !...

— Allons, pas de fausse honte, nous sommes seules.
» Il m'a dit : « Ma chère Marianne, tu es si gentille, si
» bonne, si prévenante; tu t'ingénies si délicatement à al-
» ler au devant de ce qui peut m'être agréable, que, grâce
» à toi, j'oublie souvent mes chagrins. »
— N'est-ce donc rien que cela, mon enfant ?
— Oh! sans doute, ma tante, je ne devais pas espérer
d'entendre Fortuné m'adresser des paroles si affectueuses.
Enfin, quand il est ici, je le vois chaque jour, il se plaît
auprès de nous. Je serais insensée d'oser espérer davantage.
— Hé bien! moi, je suis plus osée que toi. Oui ! j'en ai
la certitude, un jour, attaché à toi par les liens de l'habitude, que ton aimable naturel, tes excellentes qualités ren-
dront de plus en plus précieux, Fortuné t'épousera... Voilà
mon pronostic !
— Oh! ma tante, ma tante !
— Oh! ma tante! ma tante! — reprit la vieille fille avec
un accent d'affectueuse moquerie, en contrefaisant sa
nièce. — Est-ce qu'avant son départ, je ne lui ai pas dit
un jour : « Certes, Marianne n'est pas jolie, mais toi qui
» es artiste, et qui sais mieux que personne que le char-
» me du visage ne consiste pas uniquement dans la régu-
» larité des traits, avoue qu'en observant attentivement
» Marianne, l'on finit par trouver sa physionomie très in-
» téressante ? — C'est vrai, m'a-t-il répondu. Hier, elle
» ne me voyait pas, elle regardait le ciel à travers la fenê-
» tre, j'ai été frappé de l'expression ingénue et touchante
» de sa figure. »
— Fortuné sait combien vous m'aimez, bonne tante; il
voulait vous plaire en vous parlant ainsi.
— Certainement, certainement. Il veut me plaire, me séduire, m'épouser. Je ne suis point déjà un si mauvais parti,
n'est-ce pas? C'est donc toujours avec cette arrière-pensée
séductrice qu'il me disait une autre fois, l'adroit scélérat :
« Savez-vous, tante Prudence, que Marianne, coiffée à
» l'anglaise avec ses beaux cheveux blonds qui s'harmoni-
» sent si bien avec la blancheur de son teint, et vêtue
» presque coquettement maintenant, au lieu de porter
» toujours comme autrefois une robe de couleur sombre
» faite en manière de blouse, savez-vous que Marianne
» n'est plus reconnaissable ? Sa taille est élégante et fine ;
» quel dommage que cette pauvre petite Marianne soit bot-
» teuse! » Ah! c'est là où je l'attends à son retour,
avec son « quel dommage, » ce beau cousin ! Il t'a laissée
boiteuse, il te retrouvera ingambe.
— Encore cette espérance! — dit Marianne en secouant
mélancoliquement la tête; — jamais je ne l'ai partagée.
— Voyons, le docteur n'a-t-il pas répété cent fois, et hier
encore, que ton infirmité avait pour cause une fracture
mal réduite autrefois, ce que nous savions de reste ?
— Oui, ma tante.
— Je ne t'écoute pas. Or, par un bonheur providentiel,
ajoutait le docteur, l'accident dont tu as été victime il y a
deux mois, chère enfant, et il eût peut-être, hélas! été
mortel sans la présence d'esprit, sans le courage de cette
excellente créature qui, d'abord ta garde-malade, est devenue notre femme de ménage...
— Oh! je n'oublierai jamais ses soins, son dévouement,
— reprit Marianne en interrompant la vieille fille. — Pauvre
femme. Encore jeune et belle, on la croirait au-dessus de
sa condition, n'est-ce pas, ma tante ? Et...
— Il ne s'agit point de cela du tout; tu veux changer
l'entretien.
— Si vous saviez combien je redoute de me laisser entraîner malgré moi aux espérances que vous donne ma
guérison.
— Libre à toi de ne pas espérer, mais, moi, je ne dé-
mords point de ceci, le docteur affirme
que, lors de ce dernier accident, tu as eu la jambe cassée
justement au même endroit où elle avait été fracturée jadis, et que, cette fois-ci, la fracture ayant été parfaitement
réduite, comme dit cet Esculape que Dieu bénisse! il est
certain que tu ne boiteras plus, ce dont nous serons assurés

avant peu de jours, puisque c'est seulement par un excès
de précaution que le docteur ne te permet point encore
d'essayer de marcher.
Le bruit de la sonnette d'une porte extérieure interrompit l'entretien de la tante Prudence et de sa nièce. Le tinte-
ment ayant redoublé, la vieille fille se leva en disant:
— Sans doute notre femme de ménage n'est pas enco
arrivée.
— Cela est étonnant ; elle est toujours si exacte !
— Il n'importe ! je vais aller ouvrir.
— Pardon, ma tante...
— Oh ! sois tranquille, lorsque tu seras sur tes jambes,
je ne t'empêcherai point d'aller ouvrir la porte, d'y courir
même si cela te plaît, chère enfant, et ce jour-là, je ferai
de ta canne un fameux feu de joie.
Ce disant, la tante Prudence sortit, et rentra bientôt accompagnée de son frère.
Monsieur Jouffroy n'avait plus, comme autrefois, une
figure épanouie, souriante, ouverte, où se lisaient la quié-
tude de son âme et le bonheur domestique dont il jouissait
alors. Son visage amaigri, son front soucieux, une sorte
de contrainte perçant presque à chacune de ses paroles,
annonçaient de graves changemens survenus dans son
existence. Cependant, à la vue de sa sœur et de sa fille,
son front s'éclaircit ; il les embrassa toutes deux, et déposa près de lui, sur une table, un petit paquet enveloppé de
papier qu'il avait sous le bras.
— Eh bien ! mon enfant, — dit-il à Marianne, — as-tu
passé une bonne nuit ?
— Excellente, mon père.
— Et ta jambe ?
— Justement, mon frère, je disais à Marianne, lorsque
tu es entré, que j'étais certaine, moi, qu'elle ne boiterait
plus.
— C'est ce que le médecin veut nous faire espérer... Que
Dieu l'entende ! mais une pareille cure tiendrait du miracle, ma chère Prudence.
— Va pour le miracle ! Pourvu que notre Marianne ne
soit plus infirme...
— Et maman ?... et Aurélie ? — dit la jeune fille à monsieur Jouffroy, — comment vont-elles ?
— Tout le monde va bien à la maison, mon enfant; l'on
y fait les préparatifs d'un grand bal pour ce soir... Encore
une fière corvée!!! Toute la société de ton frère et ta mère sera
là. Depuis que ces beaux messieurs et ces belles dames
hantent la maison, je ne suis pas plus avancé qu'auparavant, je ne connais pas un chat de tout ce beau monde.
D'ailleurs, je suis très timide avec les étrangers; je n'ose
pas ouvrir la bouche. Mimi, — mais se reprenant vite, —
Ma femme, au contraire, se trouve maintenant chez notre
gendre aussi à son aise que chez elle. Ce n'est pas étonnant, elle est si crâne!... Elle parle à ces grandes dames
sans se gêner : madame la baronne par ici, madame la
duchesse par là! Enfin, elle devient forcenée pour la toilette... C'est cher, très cher... la toilette... à preuve que le
mois passé, elle a...

Monsieur Jouffroy s'interrompit et étouffa un soupir.

LVI.

— Enfin, reprit monsieur Jouffroy, après un moment de
silence, et dans le but de rassurer Marianne et la tante Prudence, enfin, fifille est contente... elle est devenue ce que
l'on appelle une femme à la mode; les autres dames de sa
société la jalousent à en crever ; les jolis messieurs n'ont
des yeux que pour elle; en un mot, elle et sa mère nagent
en pleine aristocratie, comme elles disent. Quant à moi, dès
que j'aurai ce soir fait acte d'apparition dans les salons,
comme d'habitude, je regrimperai dans notre entre-sol, où
je tâcherai de m'endormir.
— Ainsi, mon ami, — reprit la tante Prudence en atta-

chant sur son frère un regard pénétrant, — tout le monde continue à être heureux chez toi?
— Certainement, certainement! — se hâta de répondre le digne homme en baissant les yeux ; — ce n'est pas moi qui me plaindrai !
— Tu es toujours satisfait de ton gendre ?
— Oui, oui, c'est un charmant garçon ; seulement, il...
— Achève, mon frère...
— Rien, rien ! Je voulais dire que c'était un très charmant garçon.
— Aurélie se loue-t-elle toujours de lui ?
— Sans doute ; est-ce qu'elle ne vous le dit pas, lorsqu'elle vient vous voir ?
— Si fait.
— Tout va donc à la maison pour le mieux, — reprit monsieur Jouffroy, en évitant toujours les regards de sa sœur. Puis, voulant changer un entretien qui semblait l'embarrasser : — Et Fortuné, avez-vous de ses nouvelles?
— Nous n'en avons pas reçu depuis un mois.
— Ni de ce brave Roussel, non plus?
— Non.
— Ah! Prudence ! si tu savais combien il me manque, notre vieil ami ! J'allais déjeuner chez lui deux fois chaque semaine, comme au bon temps ! — Et monsieur Jouffroy étouffa de nouveau un soupir. — C'étaient mes meilleurs momens, y compris ceux que je viens passer ici avec vous deux. C'est si bon, si doux, de se retrouver en famille ! Ce n'est pas que je ne sois point en famille chez notre gendre. Je m'y trouve très bien, on ne peut mieux, — se hâta d'ajouter monsieur Jouffroy ; — mais, enfin, vous comprenez? c'est toute autre chose : je suis ici sans gêne.
— Bon père, — dit tendrement Marianne, — tu nous rends bien heureuses aussi lorsque tu viens nous voir.
— Je vous crois, si j'en juge d'après ce que je ressens moi-même. Il y a maintenant, voyez-vous, tant de momens dans ma vie où je... où j'en...
— Achève donc, mon frère.
Monsieur Jouffroy retint de nouveau une confidence prête à lui échapper. La vieille fille, l'observant attentivement, remarquait ses fréquentes réticences. Elle ne voulut pas augmenter son embarras, et reprit, afin de donner un autre tour à la conversation :
— Qu'est-ce donc que ce paquet que tu as apporté?
— C'est une robe en pièce, que j'ai achetée pour cette brave femme qui t'a si bien soignée, ma petite Marianne. J'ai pensé qu'elle serait plus sensible à ce petit cadeau qu'à de l'argent.
— Cher père, combien tu es bon d'avoir songé à elle ! Combien je te remercie de ton souvenir ! Elle en sera d'autant plus touchée, qu'elle est, je crois, au-dessus de sa condition.
— C'est ce qui m'a paru. Elle a dû être très jolie, et n'a pas du tout l'air d'une domestique. Il faut qu'elle ait éprouvé de grands malheurs.
— C'est ce que Marianne et moi nous pensons, — reprit la tante Prudence, — mais cette digne femme est si réservée, si discrète, que, de crainte de l'affliger ou de la blesser, nous n'avons jamais osé l'interroger sur son passé.
— Et vous êtes contentes d'elle, depuis que vous l'avez prise comme femme de ménage ?
— Parfaitement contentes, mon frère ; elle est si prévenante, si douce, si laborieuse ! Elle fait, en outre du nôtre, deux autres ménages dans la maison, et garde des malades quand elle trouve à en garder : cela lui suffit pour vivre. Elle occupe une petite mansarde au cinquième étage, dans le même escalier que nous, et ne bouge jamais de chez elle, où elle passe son temps à coudre, lorsqu'elle n'est pas occupée ailleurs.
— Pauvre créature! —dit Marianne,—elle n'était pas née sans doute pour la condition qu'elle accepte avec tant de résignation. Elle a des mains charmantes ; elle s'habille toujours en vieille femme, elle porte une vilaine cornette qui cache entièrement ses cheveux, mais je suis sûre qu'elle a au plus trente-quatre à trente-cinq ans.

— A cet âge, et encore belle, être réduite à faire des ménages ou à garder des malades! reprit tristement monsieur Jouffroy. — Ah dame ! l'on a vu tant de gens d'abord riches, heureux, tomber dans la gêne, dans la ruine, dans la misère, et n'avoir plus que les yeux pour pleurer ! Ah dame, oui ! ça s'est vu ; il ne faut souvent qu'un mauvais coup de bourse à la hausse ou à la baisse, pour vous enlever le peu que vous avez. Ah ! tout ce qui reluit n'est pas or !... Les apparences,—ajouta-t-il le regard fixe et sombre en secouant la tête, — les apparences...
Mais tressaillant et s'interrompant encore, il reprit en tâchant de sourire, et changeant soudain d'entretien :
— Ah çà ! la *bonne fée* de la cour des Coches fait-elle toujours des siennes?
— Justement nous parlions encore tout à l'heure, avec Marianne, d'un nouveau bienfait de ce bon génie mystérieux, — reprit la tante Prudence, continuant à dessein de ne pas sembler remarquer les nombreuses distractions, les fréquentes réticences de son frère ; — en vain nous cherchons à deviner qui peut être le protecteur inconnu de tant de braves gens.
— En effet, Prudence, c'est fièrement extraordinaire ; mais, je pense, si c'était...
— Qui cela, mon frère?
— Tu sais que notre gendre a eu pour témoin de son mariage un prince allemand ?
— Oui, Aurélie nous a dit cela.
— Eh bien ! figure-toi qu'il n'existe pas au monde de seigneur plus généreux que celui-là. Clara, la femme de chambre de fillotte, est parente de l'un des domestiques du prince ; elle sait de lui des traits de bonté, de charité, admirables ; enfin elle dit, toujours d'après son cousin, que le prince est un vrai saint Vincent de Paule.
— Oui, — reprit Marianne, — souvent Aurélie m'a raconté des actions touchantes ou chevaleresques, qui font le plus grand honneur au prince Charles-Maximilien ; elle les a apprises par sa femme de chambre.
— Soit ! — reprit la tante Prudence ; — mais quel rapport vois-tu, mon frère, entre ce prince allemand et le bon génie de la cour des Coches ?
— Qui sait si le prince ne serait pas ce bienfaiteur mystérieux que vous ne pouvez découvrir ?
— Tu n'y songes pas, mon frère ! le prince est, je crois, en Allemagne !
— Sans doute.
— Comment veux-tu donc que, de ce pays lointain, il connaisse toutes les misères de ce quartier-ci et leur vienne en aide.
— C'est juste, ma sœur, le prince ne peut pas être ce bon génie. Enfin, pourvu que le bien se fasse, peu importe qui le fait. Mais j'en reviens là, c'est toujours fièrement extraordinaire. Fortuné sera bien surpris, à son retour, d'apprendre qu'il y a une fée dans la cour des Coches. Ah çà ! petite Marianne, tu te charges de remettre cette robe à votre femme de ménage?
— Elle eût été beaucoup plus contente de recevoir ce cadeau de ta main, mon bon père, mais, contre sa coutume, elle n'est pas encore venue ici ce matin. Combien je te remercie pour elle !
— Allons donc, chère enfant, c'est une misère ! J'aurais voulu mieux récompenser les soins de cette brave femme; mais, comme on dit, les jours se suivent et ne se ressemblent point. Si j'avais seulement pu rattraper les quatre mille francs que j'ai déboursés pour la conspiration de ce maudit marquis!...
— Quelle conspiration, mon frère? Comment, tu conspires?
— Non, non, c'est une manière de parler, une plaisanterie. C'était seulement pour te dire, ma petite Marianne, que, si ce cadeau est bien mince, c'est que... c'est que... Ah dame ! vois-tu, autrefois...
Monsieur Jouffroy n'acheva pas, il resta silencieux et absorbé.
Cette fois, la tante Prudence se reprocha d'avoir paru

jusqu'alors indifférente aux diverses réticences de son frère. Peut-être, pensait-elle, ne demandait-il qu'à être pressé pour confier certains chagrins dont il était oppressé. Aussi lui dit-elle :
— Mon ami... tu n'as rien à me dire en particulier ?
— Moi ?
— Oui.
— Pas du tout, Prudence, je te parle à cœur ouvert comme toujours ; je n'ai rien à vous cacher, à toi ni à Marianne.
— Tu pourrais désirer me confier quelque chose à moi... à moi seule ?
— Je t'assure que non.
— Veux-tu que nous allions dans le salon ?
— En vérité, ma sœur, je n'ai rien de particulier à te dire. Qui peut te faire penser que...
— Soit ! ne parlons plus de cela. Tu n'as pas de meilleure amie que moi, tu le sais ; en toute circonstance tu trouveras mon affection aussi sincère qu'autrefois.
— Oh ! j'y compte bien, Prudence, et si jamais j'avais quelque peine sérieuse... ce ne serait pas à d'autre que toi que je m'ouvrirais.
Puis, prenant son chapeau pour sortir, et s'adressant à Marianne avec une sorte d'inquiétude,
— Je t'en conjure, mon enfant, lorsque Aurélie viendra vous voir, ne va pas lui dire... que la tante m'a demandé si je n'avais pas quelque chagrin à lui confier ; cela pourrait arriver aux oreilles de ta mère, et... bon Dieu du ciel ! je serais... hum... hum... je serais désolé, parce que ta mère pourrait croire que... que... Enfin tu me promets d'être discrète ; et toi aussi, Prudence ?
— Certainement, mon frère ; le secret nous sera d'autant plus facile à garder, que tu ne nous as rien dit du tout.
— Je le sais bien, mais cette pauvre Mimi pourrait croire que j'aurais voulu vous dire quelque chose... Elle se mettrait martel en tête et se tourmenterait. Adieu, Prudence ; adieu, ma petite Marianne.
— Quoi ! mon père, vous nous quittez déjà ?
— Oui, mon enfant, il le faut ; ta mère m'a chargé de quelques commissions pour la fête de ce soir. Allons, embrasse-moi... Adieu.
— Adieu, bon père, et surtout à bientôt.
— Oui, à après-demain au plus tard.
— Adieu, mon frère... Mais je vais te reconduire.
— Je t'en supplie, Prudence, ne te dérange pas ; je connais les êtres ; reste auprès de Marianne.
— Mais laisse-moi du moins te conduire jusques à la porte du salon, car lorsqu'elle n'est pas ouverte, l'antichambre est si obscure, que l'on n'y voit point ; c'est un vrai casse-cou.
— Sois tranquille, ce n'est pas d'aujourd'hui que je viens ici ; encore une fois, je connais les êtres ; si tu te déranges, tu me désobligeras.
Évidemment monsieur Jouffroy craignait de se trouver, même pendant un instant, seul avec sa sœur, et d'être de nouveau pressé par elle de lui faire ses confidences. La vieille fille, devinant la secrète pensée de son frère, lui dit tristement :
— Soit ! je ne t'accompagnerai pas, mon frère... Adieu, et à bientôt.
— Oui, oui, à bientôt, — répondit monsieur Jouffroy en se hâtant de sortir de la chambre.

LVII.

La tante Prudence, restée seule avec sa nièce après le départ de monsieur Jouffroy, demeura pendant quelques momens pensive.
— Ma tante, — dit la jeune fille avec inquiétude, — est-ce qu'il ne vous semble pas que mon père était ce matin très distrait, très préoccupé ?

— Ce n'est pas seulement d'aujourd'hui que j'ai remarqué ses distractions, ses réticences ; il a, depuis quelque temps, du moins je le crains, des chagrins secrets ; mais, par fausse honte, il n'ose m'en faire l'aveu, redoutant mes reproches et surtout cet insupportable : Ah ! ah ! je vous l'avais bien dit !... sempiternelle rédite de ceux-là dont les sages conseils n'ont point été suivis. Ton père se trompe, je ne lui reprocherai jamais ce qui s'est fait contre son gré. Il est, je le sais, aussi faible qu'il est bon. Ta mère est parfois une terrible femme. J'ai grand'peur que, depuis qu'elle est complètement affolée par le mariage d'Aurélie, elle ne rende la vie dure à mon pauvre frère.
— Ne croyez pas cela ; non, maman est vive, emportée, mais elle s'apaise aussi vite qu'elle se fâche ; puis, elle aime tant mon père et ma sœur ! Ah ! de ma vie je n'oublierai cet horrible jour où Aurélie s'était empoisonnée ! Que de larmes a versées maman ! elle était comme folle ; et, pendant la convalescence de ma sœur, que de soins, que de tendresses ! Elle l'a, ainsi que moi, veillée pendant plusieurs nuits. Tenez, ma tante, sans doute toutes les préférences de ma mère sont pour Aurélie, mais ces préférences passionnées, qu'on les excuse.
— Tu es, tu seras toujours la meilleure créature que je connaisse, ma petite Marianne... Tant d'autres, à ta place, ne montreraient pas cette résignation !
— Résignation bien facile, bien douce, ma bonne tante : ne suis-je pas auprès de vous ? ne me traitez-vous pas comme votre enfant ?... Et puis enfin, avouez-le : si d'autres que moi se seraient senties blessées des préférences dont nous parlons, combien en est-il qui, à la place d'Aurélie, auraient été gâtées par elles !
— Hum ! hum ! — fit la vieille fille en grattant sa tempe droite du bout de son aiguille à tricoter. — Enfin, c'est ta sœur, et tu es généreuse.
— Soyez juste. Est-ce qu'Aurélie manque jamais de venir nous voir au moins une fois ou deux par semaine ? Malgré le tourbillon de fêtes où elle vit, nous a-t-elle jamais oubliées ?
— Oubliées... je ne dis pas cela.
— Lorsque, avant cet accident qui me retient au lit depuis deux mois, j'allais chaque dimanche passer ma matinée avec Aurélie, et vous saviez comme elle était prévenante, gentille, empressée de deviner ce qui pouvait me plaire ! Je ne revenais presque jamais de chez elle sans rapporter un petit présent... des riens, sans doute, mais ils prouvaient qu'elle pensait toujours à moi...
— Elle a été assez richement dotée à ton préjudice pour te faire des cadeaux !
— Ma tante, je vous dirai toute ma pensée : Aurélie a voulu se tuer lorsqu'elle a cru à la rupture de son mariage avec monsieur de Villetaneuse ; hé bien ! moi, je jurerais que, si elle avait su que nos parens me déshéritaient, pour ainsi dire, afin de la doter magnifiquement, elle eût renoncé à ce mariage...
— Crois cela, mon enfant. Après tout, il vaut toujours mieux, entre parens, croire le bien que le mal.
— Ma tante, je suis sûre de ce que j'avance, et même encore aujourd'hui, si elle savait l'histoire de sa dot... (elle l'ignore, maman ayant prié monsieur de Villetaneuse de garder le secret à ce sujet), Aurélie serait désolée de cette injustice.
— Peut-être bien, car il y a encore en elle un fond de bons sentimens.
— Et il en sera toujours ainsi, ma tante.
— Espérons-le, mon enfant.
— Voulez-vous une preuve de ce que j'affirme ?
— Voyons la preuve.
— Vous ai-je raconté ce que ma sœur m'a dit au sujet de sa belle coupe ?
— Quelle belle coupe ?
— Celle que le prince Maximilien lui a donnée ; ce prince dont on fait tant d'éloges.
— Non, tu ne m'as jamais parlé de cette coupe.

— Elle est magnifique. Or, savez-vous quel est l'auteur de ce chef-d'œuvre? C'est Fortuné! Aussi Aurélie me disait un matin, en me montrant cette coupe, qu'elle garde précieusement dans sa chambre à coucher :

« — Voilà, petite sœur, parmi les objets de luxe que je » possède, mon trésor le plus précieux; ce présent m'a » été fait par un prince dont mon mari a mérité l'estime, » et de cette estime on doit être fier, car chaque jour j'en- » tends vanter l'adorable bonté, la délicatesse exquise et » le caractère chevaleresque de ce prince. Puis cette coupe » est l'œuvre de notre cousin Fortuné. — Aurélie hésitait à » continuer; sa charmante figure semblait s'attrister. — » Achève donc, chère sœur, lui ai-je dit. — Enfin, a-t-elle » ajouté, si par hasard je devais un jour être malheureuse, » je trouverais dans les souvenirs qui pour moi se ratta- » chent à cette coupe, sinon la consolation de mes cha- » grins, du moins le courage de m'y résigner, on me di- » sant : Il n'a tenu qu'à moi d'épouser le célèbre artiste » dont cet objet d'art est le chef-d'œuvre. J'ai refusé la » main du meilleur des hommes, je n'ai pas le droit de me » plaindre de mon sort. » En parlant ainsi, Aurélie avait les larmes aux yeux. Avouez, ma tante, que de telles paroles prouvent qu'elle n'a perdu aucune de ses qualités, que son cœur est toujours le même.

— Mon enfant, — reprit la tante Prudence après avoir très attentivement écouté sa nièce, — quand Aurélie t'a-t-elle dit cela?

— Je me le rappelle maintenant : c'est le jour où ce fâcheux accident m'est arrivé, et où j'étais peut-être tuée sans le courageux dévouement de notre femme de ménage. Oui, je me le rappelle, c'était un dimanche, je revenais en fiacre de chez Aurélie. Je m'explique maintenant comment, dans la première émotion de notre accident, j'ai oublié de vous raconter notre entretien.

— Ainsi, ta sœur t'a dit : « *Si je devais un jour être malheureuse,* » et elle avait les larmes aux yeux en te parlant ainsi?

— Oui, ma tante.

— Oh! mes pressentiments... je devrais dire mes certitudes!

— Vous m'inquiétez! Expliquez-vous, de grâce!

— Ta sœur ne t'a rien confié qui pût faire supposer qu'elle eût à se plaindre de son mari?

— Au contraire, ma tante, elle se louait toujours de lui.

— Oh! sans doute... l'orgueil!... la mauvaise et fausse honte d'avouer une déception retient toute confidence!... l'on dévore ses chagrins en secret! l'on a la mort dans l'âme et le sourire aux lèvres!

— Comment, ma tante, vous craignez que...

— Quand tu allais chez ta sœur, voyais-tu souvent son mari chez elle?

— Non, ma tante : il savait qu'Aurélie et moi nous désirions être seules. Je l'ai vu très rarement.

— Comment la traitait-il?

— Avec beaucoup d'égards. Il était aussi très poli, très prévenant pour moi. Il s'excusait de n'être jamais venu vous voir, parce qu'il savait, disait-il, que vous étiez brouillée avec ma mère, et que...

— Oui, oui, ce beau monsieur craignait que la tante Prudence n'y vît trop clair à travers ses lunettes.

— Mon Dieu! vous croyez qu'Aurélie n'est pas heureuse?

— Elle t'a dit, il y a deux mois, les larmes aux yeux : « Si je devais être malheureuse un jour... »

— Oui, ma tante, *si je devais...* c'était une simple supposition.

— Ah! mon enfant, les gens heureux ne font guère de ces suppositions-là.

— Mais chaque fois qu'Aurélie vient nous voir, n'est-elle pas la première à nous dire que son mari est charmant pour elle?

— Certainement, elle est la première à le dire, et peut-être la dernière à le penser, d'autant plus que, depuis environ deux mois qu'elle t'a parlé du triste sort qui pourrait être un jour le sien, ta sœur ne tarit point sur son bonheur. Elle jouit, à l'entendre, d'une félicité parfaite, complète et céleste! A l'appui de la chose, ce sont des narrations, des amplifications à n'en pas finir sur les fêtes où elle brille, sur le grand monde qu'elle fréquente. Car il va de soi que les Huguet, les Chamousset et autres Richardet, anciens amis de sa famille, sont des croquants indignes de la société de madame la comtesse! qui me paraît, surtout depuis quelque temps, chercher à s'étourdir sur la sottise qu'elle s'est entêtée à faire.

— Hélas! ma tante, si le malheur voulait qu'il en fût ainsi, combien cette pauvre Aurélie serait à plaindre!

— A plaindre? ma foi, non! Les bons avis ne lui ont pas manqué; elle n'en a tenu compte, tant pis pour elle! Sais-tu qui je plains véritablement? C'est ton pauvre père, dont la bonté est excessive; ta mère et la sœur sont des folles. Et j'irais m'intéresser à ces ahuries de Chaillot? Allons donc!

— Chère tante, vous faites comme cela la méchante; puis, le moment venu d'être indulgente et complaisante, vous l'êtes plus que toute autre.

— Ah bien oui, compte là-dessus!

— Ma tante, on a sonné, on a ouvert; entendez-vous les pas de plusieurs personnes dans le salon? Oh! mon Dieu! si c'était...

Marianne n'acheva pas, la porte s'ouvrit, et le cousin Roussel, accompagné de Fortuné, entra dans la chambre de la vieille fille.

LVIII.

Joseph Roussel, selon la coutume des voyageurs parisiens, et subissant aussi l'exigence de la saison, était emmitouflé d'épais vêtements; des bottes fourrées montaient jusqu'au milieu de ses cuisses; il portait un foulard noué en marmotte, recouvert de sa casquette de loutre à oreillères; enfin, autour de son cou s'enroulait l'un de ces cache-nez que, par modestie, disait-elle, pour le nez de l'épicier en retraite, la tante Prudence tricotait avec tant de soin.

Voulant s'informer de la santé de la vieille fille et de sa nièce, Joseph, au lieu de retourner directement chez lui en descendant de la diligence, avait suivi jusqu'à la cour des Coches ses compagnons de voyage.

Fortuné, étant rentré un moment chez lui, venait de quitter son surtout de voyage.

La vieille fille et la jeune fille tressaillirent de surprise et de joie à la vue des voyageurs. Une larme d'attendrissement roula dans les yeux de la tante Prudence; mais grâce au miroitement du verre de ses besicles et à son empire sur elle-même, elle cacha cette larme, se promettant, par manière de compensation, de rabrouer vertement l'épicier en retraite, et de se venger ainsi des inquiétudes qu'elle avait ressenties.

Marianne, loin de dissimuler sa joie, son attendrissement, à la vue du jeune orfèvre, non-seulement ne contraignit pas ses douces larmes, mais, cédant à un élan irrésistible, elle se leva brusquement du sofa où elle était étendue, oublia les prescriptions du docteur, et courut à Fortuné en lui tendant les deux mains.

— Marianne, prends garde! — dit la tante Prudence, d'abord avec angoisse, craignant pour sa nièce quelque rechute; puis, presque aussitôt, la vieille fille s'écria rayonnante :

— J'en étais sûre! le miracle est accompli : elle ne boite plus!

En effet, Marianne s'avança vers son cousin sans le moindre claudication. Celui-ci, profondément surpris, quoique averti du fait par l'exclamation de la tante Prudence, se recula machinalement à mesure que Marianne s'avançait vers lui, comme s'il eût voulu s'assurer du prodige en obligeant sa cousine à faire vers lui quelques pas de plus.

— Que vois-je ! Est-ce un rêve ? Tu ne boites plus, ma petite Marianne ! — dit Fortuné ébahi, en serrant dans ses mains celles de la jeune fille qui l'avait rejoint à l'autre bout de la chambre. — Quel est ce prodige ?

— C'est à ne pas en croire ses yeux ! — reprit à son tour cousin Roussel sortant de son ébahissement. — Chère tite Marianne, viens donc m'embrasser; que je...

— Ta, ta, ta! vous l'embrasserez lorsqu'elle sera replacée sur son canapé, cousin Roussel ! Vertu-Dieu ! vous me paraissez bien empressé d'embrasser les jeunes filles ! C'est l'air d'Albion, probablement, qui vous a rendu si galant, —ajouta la tante Prudence en interrompant Joseph et venant soutenir Marianne. — Aidez-moi d'abord à la reporter sur son lit de repos. Elle a commis une grande imprudence en se levant si tôt, mais elle n'a pu résister au désir d'aller au devant de Fortuné.

Ce disant, la vieille fille avait, à l'aide de Joseph, replacé Marianne sur le canapé. Toute heureuse de sa guérison et du retour de son cousin, la pauvre enfant, presque miraculeusement délivrée de son infirmité, voyait un obstacle de moins à ce mariage qu'elle osait à peine espérer.

— Et maintenant, chère tante, — reprit Fortuné, — dites-nous donc ce qui est arrivé à Marianne.

— Il y a environ deux mois, elle revenait de chez sa sœur, en fiacre; on s'arrête à la porte; Marianne descend, perd l'équilibre au milieu du marchepied, et tombe sous les roues de la voiture; les chevaux effrayés se mettent en marche...

— Grand Dieu ! — firent à la fois le cousin Roussel et Fortuné, en regardant la jeune fille avec un redoublement d'intérêt.

— Une digne femme qui demeurait depuis peu dans la maison et qui se trouvait heureusement au seuil de la porte, —reprit la tante Prudence, — voit le danger que court Marianne, s'élance à la tête des chevaux, tandis que l'imbécile de cocher, descendu de son siège pour nous a ouvrir la portière, restait là comme une huître; et, au moment où la voiture allait passer sur le corps de Marianne, cette brave femme les arrête !...

— Courageuse créature ! — reprit Fortuné; — elle demeure dans la maison ?

— Oui, nous l'avons prise pour femme de ménage. C'est elle qui tout à l'heure a dû vous ouvrir la porte.

— Ma tante, l'entrée est, vous le savez, si obscure, que je n'ai pas distingué les traits de la personne qui nous a ouvert la porte ; mais, en sortant, j'exprimerai à cette digne femme toute ma reconnaissance.

— Chère petite Marianne, — ajouta le cousin Roussel, — quel danger tu as couru !

— Et pourtant, à quelque chose malheur est bon, — reprit la vieille fille ; — car ce cruel accident l'a guérie de son infirmité. Cette pauvre enfant s'était, en tombant, cassé la jambe au même endroit où elle l'avait eu cassée dans son enfance, et...

— Je comprends, — dit vivement Joseph. — Un médecin de mes amis m'a conté en effet, qu'après des fractures mal réduites, l'on était souvent obligé (si le sujet avait le courage de se résigner à cette douloureuse opération) de briser l'os de nouveau, et, alors, il s'en suivait une cure complète.

— Vous parlez comme Esculape, cousin Roussel, — reprit la tante Prudence avec ironie; — il ne vous manque qu'une grande canne entortillée de serpens et une toge antique pour compléter la ressemblance.

— Allons, allons, tante Prudence, je m'aperçois que votre bienveillant naturel ne s'est point altéré durant notre absence, —répondit le cousin Roussel, assez dépité du sardonique accueil de la vieille fille, tandis que Fortuné reprenait :

— Ma tante, comment nous avez-vous laissé ignorer ce triste accident arrivé à Marianne ?

— Ma foi ! mon garçon, nous n'avons point été tout d'abord certains de la complète guérison de ta cousine, et j'ai craint de t'inquiéter : l'on apprend toujours assez tôt les mauvaises nouvelles; c'est pour cela que je ne t'ai pas non plus instruit de certaine tentative de vol...

— Quel vol, ma tante ?

— Le portier de la cour ne t'a pas dit cela en arrivant

— Je ne l'ai pas vu.

— Hé bien ! mon garçon , il y a quelques jours, l'on a scié les barreaux de la fenêtre de ton atelier.

— Grâce à Dieu, il ne restait chez moi aucun objet précieux, mais l'audace est grande. A-t-on quelque soupçon sur les auteurs de cette tentative ?

—Il paraît que l'on soupçonne, au moins de connivence, ce vieux monsieur qui demeure au quatrième étage, la porte à gauche, au-dessous des mansardes où loge notre femme de ménage.

— C'est impossible : monsieur Corbin est un vieux rentier.

— Il s'appelle monsieur Corbin ?

— Oui, ma tante. Il est fort à l'aise , et ne saurait être complice d'un vol.

— On dit qu'il reçoit chez lui des hommes de mauvaise mine. Voilà tout ce que j'en sais.

— Enfin, les voleurs en auront été pour leur effraction ; il n'y a que demi-mal, et j'aurais été moins inquiet de cette tentative de vol que de l'accident de cette pauvre Marianne.

— C'est ce que nous avons pensé, — reprit la jeune fille, — et j'ai dit à ma tante : « N'écrivez pas à Fortuné ce qui m'est arrivé; cette mauvaise nouvelle lui causerait peut-être quelque inquiétude, et... »

— Peut-être, Marianne ? tu dis peut-être ! Ah ! je croyais que tu appréciais mieux mon attachement pour toi, — reprit Fortuné avec un accent de tendre reproche. — Penses-tu donc que je sois ingrat ? que j'oublie jamais les douces consolations que j'ai trouvées près de toi, et près de vous, ma tante, lors du plus cruel chagrin de ma vie ?... — Puis il ajouta avec un accent d'intérêt profond, mais contenu, cependant deviné par Marianne, qui étouffa un soupir :— Et Aurélie, la voyez-vous souvent ? Comment va-t-elle ? Est-elle toujours heureuse ?

— Et mon vieux Jouffroy ? —reprit le cousin Roussel,—comment se porte-t-il ?

— Aurélie est toujours charmante, élégante, pimpante, ébouriffante, et plus que jamais comtesse, tout ce qu'il y a de plus comtesse, mon pauvre garçon !— répondit la tante Prudence.— Elle danse, valse, se divertit, jabotte, roucoule et fait la belle.

— Enfin, ma tante, — dit Fortuné, — elle se trouve toujours heureuse ?

— Elle ! mon bon Dieu ! Comment peux-tu me faire une pareille question ? Elle reçoit dans son hôtel des barons et des baronnes, des marquis et des marquises, des ducs et des duchesses !

— Mais son mari, ma tante, son mari , est-il pour elle ce qu'il doit-être ? sait-il apprécier son trésor ?

— Lui ? Peste ! je crois bien, qu'il l'apprécie, son cher trésor, et il en use rondement ! Ce ne sont dans la maison, à ce que me dit mon frère, que fêtes et galas, loges au spectacle, gros jeu, grande chère ; le tout grâce à ce cher, à cet adoré, à cet amoureux trésor de beaux écus comptans que monsieur le comte a palpés en dot... Et tu viens me demander, mon pauvre garçon, s'il l'apprécie, Ah ça ! pour qui le prends-tu donc ?

— Mon Dieu ! ma tante, je parlais au figuré, je parlais d'Aurélie, je vous demandais si elle était appréciée par son mari ce qu'elle vaut.

— Je ne pourrais point au juste te répondre là-dessus.

— Et moi, je te dirai, Fortuné,—reprit Marianne, — que ma sœur n'a qu'à se louer de son mari. Tu sais qu'elle a confiance en moi, et, soit que j'aille la voir, soit qu'elle vienne ici, elle m'a toujours assuré que monsieur de Villetaneuse était parfait pour elle.

— Tant mieux ! oh ! tant mieux ! — reprit l'orfèvre avec une satisfaction mélancolique;—du moins qu'elle soit heureuse!

— Tante Prudence,—reprit le cousin Roussel, — je vous ai demandé des nouvelles de votre frère, mon vieil ami.

Il la ramena sur la berge. — Page 89.

— Nous l'avons vu ce matin, — répondit la vieille fille ; — il est en assez bonne santé ; seulement il ne me paraît point considérablement réjoui des festoiemens de monsieur son gendre ; mais, en revanche, mon frère a l'agrément de voir sa femme se livrer à des toilettes forcenées. Néanmoins, malgré tant de bonheurs domestiques, ne s'est-il pas imaginé que votre absence lui pesait horriblement, cousin Roussel? Est-ce imaginable? est-ce croyable? Il vous regrettait, s'il vous plaît !

— En voilà bien d'une autre ! C'est ainsi, tante Prudence, que vous m'accueillez après trois grands mois de séparation?

— Laissez-moi tranquille !... je suis furieuse contre vous !

— Contre moi?

— Pardi !

— Et à propos de quoi, je vous prie?

— Vous avez le front de me le demander ! Tenez, il y a là une glace : regardez-vous donc, pour l'amour de Dieu... regardez-vous donc !

— Comment ! — reprit Joseph abasourdi ; — pourquoi voulez-vous que je me regarde?

— Afin de rougir de vous-même ; car enfin, ce matin encore, je disais à Marianne : « Le cousin Roussel va nous surprendre ; nous allons le revoir, à son retour des montagnes d'Écosse, cet intrépide voyageur, galamment troussé comme un chef de clan des romans de Walter Scott, bonnet sur l'oreille, claymore au côté, plaid sur l'épaule, court jupon, jambes nues, cothurnes, et nous saluant gentiment d'un petit air de pibrock. » Ah bien oui ! va-t'en voir s'ils viennent ! Vous nous arrivez avec des bottes fourrées, une affreuse houppelande, un foulard en marmotte surmonté de cette abominable casquette de loutre ! Vous la portez en vertu d'un vœu d'amour, me répondrez-vous peut-être? Je n'y contredis point, mais elle n'est pas du tout d'un amoureux aspect, cette casquette, je vous en avertis !

— Comment, tante Prudence, vous me...

— Allons donc, cousin Roussel ! est-ce qu'on débarque des montagnes d'Écosse dans cet équipage-là ! Encore une fois, regardez-vous donc ! voyez un peu la belle dégaine ! Oh ! cher montagnard de mes rêves, où es-tu, où es-tu?

— C'est par trop fort aussi ! — s'écria le cousin Roussel, en regardant Fortuné. — Voilà pourtant ce qu'elle trouve de plus aimable à me dire à mon retour de voyage ! à moi, un ami de trente ans ! Ah ! quelle femme ! quelle femme !

— Cousin Roussel, — reprit Marianne en souriant, — ne voyez-vous pas que ma tante plaisante?

— Parbleu ! c'est clair qu'elle plaisante ; voilà ce dont je suis outré ! Et j'avais été assez benêt pour dire à Fortuné : « Nous aurions dû prévenir la tante Prudence de notre arrivée, au lieu de la surprendre brusquement, parce que, tu conçois, la surprise, l'émotion... » Ah ! combien j'étais sot ! Tu la vois, tu l'entends, cette tante Prudence !

— Vous ne savez pas ce que vous dites, cousin Roussel. J'avais justement prié notre femme de ménage de tirer à l'avance un grand seau d'eau du puits à seule fin de me le verser dare dare sur la tête, pour me rappeler à moi-même, dans le cas où votre triomphant aspect montagnard m'aurait fait défaillir ; mais je vous revois outrageusement fagotté, je ne peux pas défaillir. Soyez donc raisonnable !

— Allez ! vous serez toujours la même, vous avez un cœur de pierre !

— Calmez-vous, jeune Anacharsis. Voyons, racontez-nous vos aventures, vos dangers. Il n'y a pas de voyages sans dangers ; le sel, c'est le piquant de la chose.

— Ma tante, vous croyez rire, — reprit Fortuné ; — cependant il nous est arrivé, non loin d'Édimbourg, un accident qui...

— Mais tais-toi donc, Fortuné, — reprit le cousin Roussel en interrompant l'orfèvre ; — on va se moquer de nous !

— Mon Dieu ! Fortuné, — reprit Marianne avec intérêt, — que vous est-il donc arrivé?

— Tu ne le sauras que trop tôt, mon enfant, en écoutant ses intrépides et surtout véridiques voyageurs, — reprit la

Tout en frappant à la porte, elle se retourna pour adresser quelques mots au cocher. — Page 95.

vieille fille. — Quant à moi, je frémis, je frissonne de leur récit à l'avance... parce qu'après il sera peut-être fièrement difficile de frissonner...

— Que te disais-je, Fortuné? — s'écria le cousin Roussel avec un dépit comique; — ne prononce pas un mot de plus!..

— Laissez donc parler ce garçon; la modestie vous étouffe, cousin Roussel; voyons vos prouesses; combien étaient-ils, ces brigands-là... qui vous ont attaqués? Combien en avez-vous exterminé, pourfendu à vous tout seul?

— Allez au diable, tante Prudence! A quoi bon notre récit? Vous n'avez pas plus de sensibilité que cette bûche!

— Il ne s'agit pas d'une aventure de brigands, ma tante, — reprit Fortuné, — mais d'une action si courageuse, si honorable pour notre cher cousin, que...

— Ah! mon Dieu! je gage que c'est quelque princesse persécutée que ce Galaor de cousin Roussel aura arrachée à de terribles ravisseurs ou à de redoutables enchanteurs! Hé bien! ça ne m'étonne point du tout de sa part: c'est un Amadis, un Roland! Mais pour l'amour du ciel, pourquoi donc, après de tels exploits chevaleresques, nous revient-il avec un foulard en marmotte surmonté d'une casquette de loutre! Où sont donc son casque empanaché, son écu et sa lance? Il les a donc laissés au bureau de la diligence, avec son carton à chapeau, sa canne et son parapluie?

— Morbleu! tante Prudence, puisque vous parlez d'enchanteurs, il faut, sur ma foi! que la plus âpre, la plus aigre, la plus revêche, la plus sardonique, la plus grognon des fées grognons ait jadis présidé à votre naissance! — s'écria Joseph. — Allons-nous-en, Fortuné... viens...

— Je vais vous venger, mon cousin; ma tante regrettera ses plaisanteries en apprenant ce qui s'est passé.

— Allons donc! tu es fou!... elle, s'attendrir! Est-ce que nous ne la connaissons pas?

— Pauvre cousin Roussel! — se dit en souriant Marianne, — s'il savait... s'il savait!...

— Voici, ma tante, notre histoire en deux mots, — reprit Fortuné: — Nous approchions d'Édimbourg, suivant la diligence et gravissant une côte très rapide; le petit Michel courait deçà delà, tout joyeux, au bord du chemin, taillé en cet endroit presque à pic, et au bas duquel se trouvait un petit lac... Le pied manque à l'enfant, il tombe et roule sur cette pente escarpée, où l'on voyait seulement quelques broussailles, et qui aboutissait à l'étang!...

— Ah! mon Dieu! — dit Marianne avec inquiétude. — Pauvre enfant!

— Je donnais le bras au père Laurencin, pour l'aider à monter la côte, croyant Michel et notre cousin Roussel derrière nous; soudain, j'entends un grand cri; je me retourne, je n'aperçois personne sur la route. Je cours à son bord, et, à vingt-cinq ou trente pieds au-dessous de moi, j'aperçois notre cousin s'accrochant de broussailles en broussailles, se laissant glisser vers le lac, où était tombé Michel. Je m'élance aussi; mais avant que je l'eusse rejoint, notre cousin s'était jeté intrépidement à l'eau. Il saisit le pauvre enfant qui se débat, et le ramène sur la berge, si escarpée en cet endroit, que, sans mon aide, notre cousin et Michel auraient pu difficilement sortir du lac. Vous le voyez, ma chère tante, il ne s'agit pas d'une aventure de brigands ni d'enchanteurs, mais d'un acte de cœur et de courage, dont vous serez touchée comme nous.

Un moment de silence succéda au récit de Fortuné.

Marianne, connaissant la tendre et secrète affection que Joseph inspirait à la vieille fille, était impatiente de savoir si celle-ci jouerait jusqu'au bout son rôle d'insensibilité apparente.

La tante Prudence, grâce aux verres de ses besicles et à sa grande cornette dont la garniture cachait à demi son visage baissé vers son tricot qui semblait absorber toute son attention, avait pu dissimuler son émotion et ses larmes d'attendrissement provoquées par le récit de Fortuné; mais voulant se venger des inquiétudes dont elle avait souffert durant l'absence de Joseph, la tante Prudence rompit la première le silence, et, la tête toujours inclinée

1re LIVRAISON.

sur son tricot, elle dit en se grattant la tempe droite du bout de l'une de ses aiguilles :

— Par ainsi, mon pauvre cousin Roussel, vous avez eu le désagrément de vous administrer, malgré vous, un bain froid dans une mare en Ecosse? C'est probablement par suite du rhume de cerveau dont vous aurez été incommodé que vous portez un foulard en marmotte?... Dites-moi donc, est-ce qu'en ces lointains parages d'outre-mer, on trouve du jus de réglisse?

— Ah! ma tante, — dit Fortuné avec un accent de reproche, — la plaisanterie est cruelle!

— Ecoutez, Prudence, — reprit Joseph d'un ton péniblement ému — je vous connais depuis trente ans, je ne me suis jamais fâché de vos railleries, si mordantes qu'elles fussent; j'en riais et je les provoquais moi-même, tout à l'heure encore, je vous l'avoue, quoique assez dépité de votre accueil sardonique après une longue absence, je vous accusais, non de sécheresse d'âme, mais d'une invincible causticité d'esprit. Maintenant il n'en va plus ainsi, et je vous le dis sincèrement, tristement, votre dernière plaisanterie me blesse au cœur;... oui...—ajouta-t-il d'une voix altérée, — oui, cette plaisanterie me blesse au cœur, parce qu'elle me fait douter du vôtre... Il ne s'agit de moi ni du plus ou du moins de danger que j'ai pu courir... il s'agit d'un pauvre enfant qui a failli périr d'une mort affreuse... et devant cette pensée de mort, vous avez le courage de railler! Tenez, Prudence, pour la première fois depuis trente ans que je vous connais, je suis tenté de croire décidément que...

Mais trop douloureusement affecté pour continuer, Joseph se tourna brusquement en disant :

— Adieu !

— Cousin Roussel ! — s'écria Marianne, prête à livrer le secret de la vieille fille en voyant le chagrin profond de cet excellent homme, — mais vous ne savez donc pas que ma tante vous...

— Ah ! mon enfant ! — dit vivement la vieille fille interrompant sa nièce et d'un regard et d'un geste qui semblaient lui dire : « J'ai confié un secret à ta parole et tu vas le trahir ! »

Marianne resta muette et baissa les yeux.

Fortuné, au moment où Joseph avait fait un pas vers la porte, s'était opposé à son départ, en lui disant tout bas :

— Mon Dieu ! ne connaissez-vous pas l'intempérance de langue de la tante Prudence ?

La vieille fille, de son côté, se reprochant ses sarcasmes, et craignant surtout de voir compromises, par le juste ressentiment de Joseph, des relations si chères à son cœur, reprit bientôt, non plus de sa voix âpre et sarcastique, mais d'un ton affectueux, néanmoins encore empreint d'une certaine brusquerie calculée :

— Allons, allons, Joseph, ne vous courroucez pas, ne vous sauvez pas ! J'ai eu tort; pardonnez-moi. Voyons, suis-je assez humble ? Oui, je regrette de vous avoir blessé. N'allez point, mon Dieu ! me prendre tout à fait pour une méchante femme! il n'en est rien : vous le savez bien ! Vous nous avez laissés longtemps sans nous donner de vos nouvelles; cela me fâchait ; je m'étais promis de vous taquiner un peu à votre retour ; de là, mes criminelles plaisanteries sur votre innocente casquette ; jusque-là, je restais dans mon antique droit de me moquer de vous ; mais ensuite, j'ai été trop loin ; j'ai raillé votre généreuse et courageuse action ; c'était mal, c'était mentir, parce qu'au fond et malgré mon cœur de roc, j'étais touchée, oui, très touchée de cette noble action ; mais, ma diablesse de langue m'a encore joué l'un de ses mauvais tours ; prenez-vous-en à elle, et non point à moi. Allons, Joseph ! — ajouta la tante Prudence avec une nuance d'attendrissement ; — allons, mon vieil ami, soyez aussi indulgent que vous êtes bon ; donnez-moi votre main...

— Ah ! Prudence, que l'on vous me faites en me parlant ainsi ! — s'écria Joseph avec expansion, en prenant et baisant pour la première fois de sa vie la main osseuse de la vieille fille.

La tante Prudence à ce baiser ne put vaincre son trouble et une légère rougeur, seulement aperçus de Marianne, qui disait à part soi : — Pauvre tante !

— Non ! — reprit Joseph ému aux larmes, en conservant dans les siennes les mains tremblantes de sa vieille amie, non, vous ne sauriez croire combien il m'était douloureux de vous trouver insensible à ce point ! Je ne serais peut-être pas parvenu à me le persuader tout à fait, mais le doute seul m'était odieux.

L'arrivée du père Laurencin et de Michel permit à la tante Prudence de reprendre son calme habituel, si profondément troublé par le baiser cordial déposé par le cousin Roussel sur la main amaigrie de la vieille fille. Quel ridicule atroce pour elle si son émotion eût été pénétrée par tout autre que par Marianne !

LIX.

Le père Laurencin, en entrant dans la chambre avec Michel, s'était arrêté au seuil en disant :

— Mademoiselle Prudence, nous sommes peut-être indiscrets, mon petit-fils et moi, mais nous avons trouvé la porte de l'escalier entr'ouverte, et comme votre servante est sans doute sortie pour un moment, nous avons cru pouvoir nous présenter sans être annoncés, afin de vous offrir nos respects en arrivant de voyage.

— Et vous avez très bien fait, père Laurencin, — reprit la vieille fille.—Bonjour, mon petit Michel ! Tu as donc couru un grand danger, mon pauvre enfant ?

— Comment ! mademoiselle, — reprit le vieillard, — vous savez déjà que...

— ... Que mon cousin Roussel, au péril de ses jours, a sauvé la vie de votre petit-fils. Oui, Fortuné m'a raconté ce beau trait-là...

— Ah ! mademoiselle, c'est une dette que Michel et moi nous ne pourrons jamais acquitter envers monsieur Roussel.

Au moment où le vieil artisan prononçait ces mots, la porte s'ouvrit de nouveau, et la femme de ménage de la tante Prudence parut en disant :

— Mademoiselle, j'avais par mégarde, en emportant la clef, laissé pour un instant la porte entre-bâillée ; à mon retour je l'ai trouvée fermée... Est-ce qu'il est venu quelqu'un ?...

— Oui, madame Catherine, — répondit la tante Prudence. — Mais, tenez, voilà que l'on sonne ; allez voir ce que c'est.

Catherine obéit aux ordres de la vieille fille, et sortit en jetant sur Michel un regard triomphant. Ce regard semblait dire : « désormais, je vivrai dans la même maison que mon enfant ! »

La femme de ménage de la tante Prudence n'était autre que Catherine de Morlac, Catherine la courtisane, si méconnaissable sous ses grossiers vêtements et son bonnet blanc sans garnitures, qui cachait complétement ses cheveux, que le père Laurencin, le cousin Roussel, Michel et Fortuné ne la reconnurent pas tout d'abord. Son identité ne leur fut complétement démontrée qu'alors qu'ils l'entendirent nommer *madame Catherine* par la tante Prudence.

— Cette femme ! — s'écria le père Laurencin, sortant de sa stupeur et s'adressant à la vieille fille, — cette femme qui est-elle ?

— C'est notre femme de ménage, — répondit la tante Prudence, très surprise de l'accent du vieillard. — Elle est devenue la garde-malade de Marianne, après l'avoir empêchée d'être tuée. Madame Catherine est la meilleure créature que je connaisse.

— Quoi ! ma tante, — dit à son tour Fortuné, — c'est cette femme dont tout à l'heure vous nous faisiez un si grand éloge ?

— Oui, — reprit Marianne,—et de ma vie je n'oublierai

le service qu'elle m'a rendu, les soins qu'elle m'a donnés.

— Voilà qui est étrange! — reprit le cousin Roussel en jetant à l'orfèvre un regard significatif, tandis que Michel, s'adressant tout bas au vieil artisan,

— Comment, grand-père, cette jolie dame qui avait connu maman et que je voyais de temps à autre chez monsieur Roussel demeure ici? Quel bonheur! je la verrai souvent, et elle me parlera de ma mère!

— Ah! — se dit le vieillard courroucé, — je comprends. Elle a profité de notre absence pour s'introduire dans cette maison et capter la bienveillance de mademoiselle Prudence, afin de se rapprocher de Michel. Quelle astuce! Oh! je déjouerai ses desseins ; je prévois où ils tendent.

Soudain la porte de la chambre s'ouvrit, et Aurélie de Villetaneuse entra chez sa tante.

LX.

Madame de Villetaneuse revoyait, pour la première fois depuis son mariage, Fortuné Sauval et le cousin Roussel. Ceux-ci passaient habituellement leurs soirées chez la tante Prudence, tandis qu'Aurélie, au contraire, venait toujours la voir dans la matinée. Il leur eût été d'ailleurs pénible, par des raisons faciles à deviner, de se rencontrer avec la jeune comtesse, et cette rencontre, ils l'avaient constamment évitée jusqu'alors.

Fortuné, douloureusement ému à l'aspect d'Aurélie, sentit tous ses regrets se raviver. Il l'avait quittée jeune fille, ingénue, timide, peu façonnée au monde ; il la retrouvait, sinon plus belle, du moins plus séduisante encore que par le passé ; l'aisance de son maintien, la gracieuse liberté de ses manières, quelque chose de coquettement provocant dans son regard, dans sa démarche, dans ses moindres attitudes, tout lui donnait ce charme particulier aux belles jeunes femmes toujours recherchées, toujours entourées d'une cour nombreuse, et qui, si honnêtes qu'elles soient demeurées, ou par cela même qu'elles sont demeurées honnêtes, éprouvent incessamment l'irrésistible besoin de plaire, d'incessamment galantiser, afin de retenir auprès d'elles un essaim d'adorateurs, gens d'ordinaire fort peu désintéressés, mais qui cependant, à défaut de la proie, se laissent assez longtemps amuser de son ombre. Cette attrayante coquetterie s'était tellement incarnée dans Aurélie, que Fortuné, subissant son empire avant qu'elle eût prononcé un mot, la contemplait avec une admiration mélangée d'amertume.

Madame de Villetaneuse tressaillit, rougit, baissa les yeux ; son sein palpita fortement, et pendant un moment elle garda le silence ainsi que Fortuné.

Le père Laurencin et Michel se retirèrent discrètement. La tante Prudence, le cousin Roussel, Marianne et le jeune orfèvre restèrent seuls avec Aurélie.

— Fortuné, — dit-elle à son cousin, — je ne m'attendais pas à te voir, je l'avoue. Mon émotion te prouve du moins que, si j'ai eu de grands torts envers toi, ils me sont toujours présents, ainsi que les bons et chers souvenirs de notre enfance.

— Je t'en prie, ne parlons plus du passé, — répondit tristement Fortuné à Aurélie, — ça n'a pas eu de torts envers moi, tu m'as fait redemander ta parole par ma tante, tu as suivi ton penchant, tu es heureuse, je n'ai rien à regretter.

— Soit, ne parlons plus du passé, — reprit la jeune femme, et, s'adressant à Joseph : — Bonjour, cousin Roussel. Il y a longtemps que nous ne nous sommes vus. Vous m'avez tenu rigueur. Que de fois pourtant j'ai prié ma tante, ma sœur et mon père de vous dire combien je serais heureuse de vous recevoir chez moi! Vous m'auriez indiqué une heure à votre convenance, ma porte eût été fermée à tout le monde, et nous aurions longuement causé sans redouter les fâcheux.

— Mon enfant, — dit Joseph d'un ton grave et pénétré, — je t'ai vue naître; j'ai pour toi une affection sincère. Si jamais, ce qu'à Dieu ne plaise! tu avais sérieusement besoin de moi, tu pourrais compter sûrement sur ma vieille amitié ; mais, je te l'avoue avec ma franchise habituelle, en raison de plusieurs motifs faciles à deviner, il me serait pénible d'aller chez toi... sans y être appelé par des intérêts sérieux.

— Enfin, puisque la glace est rompue... et que nous nous sommes revus, je compte maintenant sur mon heureuse étoile pour vous rencontrer, vous et Fortuné, quelquefois, chez ma tante, — répondit affectueusement la comtesse. Puis, s'adressant à la vieille fille et à Marianne : — Chère tante, et toi, petite sœur, vous m'excusez de ne pas vous avoir encore embrassées?

La jeune femme embrassa tendrement sa tante et Marianne. Celle-ci, trop éprise pour n'être pas clairvoyante, ne répondit point aux caresses de sa sœur avec son effusion accoutumée, remarquant, non sans une chagrine appréhension, le trouble que causait à Fortuné la rencontre imprévue d'Aurélie, trouble si évident que l'orfèvre, craignant de se trahir, dit à la vieille fille :

— Adieu, tante Prudence.

— Hélas! il n'ajoute pas à ce soir! — pensait tristement Marianne. — Le voilà plus que jamais amoureux de ma sœur. En un seul moment je perds tout ce que j'avais gagné dans l'affection de Fortuné.

— Comment! tu t'en vas déjà, mon garçon ? — avait répondu la vieille fille à l'orfèvre. — Qu'est-ce donc qui te presse autant?

— Voilà trois mois que je suis absent, ma tante ; je désire lire les lettres qui m'auront été adressées pendant mon voyage.

— Et de ce voyage, tu as été satisfait, sans doute ? — dit Aurélie à Fortuné. — Grâce à ta célébrité, tu dois être aussi connu en Angleterre qu'en France...

— La reine l'a reçu avec une distinction toute particulière, — reprit le cousin Roussel; — elle a voulu assister elle-même à la mise en place du bel ouvrage d'orfévrerie qui avait été commandé à Fortuné ; en un mot, la reine l'a reçu en grand artiste; elle lui a écrit, de sa main, une lettre charmante, en lui envoyant une vue de Windsor, dessinée par elle, disant dans sa lettre, avec beaucoup de grâce, que ce souvenir d'art était la seule chose qu'elle osât offrir à l'illustre artiste, en mémoire de son séjour en Angleterre.

— Fortuné, — reprit Aurélie, — combien tu dois être justement fier de ces hommages rendus à ton génie!

— Oh! sans doute, — reprit l'orfèvre avec une secrète amertume, en songeant que, malgré son génie, Aurélie lui avait préféré monsieur de Villetaneuse. — Il n'est rien au-dessus des jouissances de l'amour-propre : le bonheur est là... pour ceux qui le cherchent là!...

— Moi, tout ce que je crains, — ajouta Joseph, — c'est que d'autres têtes couronnées, s'autorisant du précédent de la reine d'Angleterre, prétextent de grandes commandes d'orfèvrerie pour attirer aussi Fortuné à leur cour pendant quelque temps.

— Je ne partage pas vos craintes à ce sujet, cousin Roussel, — répondit le jeune artiste. Et se hâtant de sortir, afin de cacher ses pénibles ressentiments, il reprit : — Adieu, ma tante; adieu, Marianne.

Il se dirigeait vers la porte, lorsque la comtesse lui dit avec un accent de doux reproche :

— Et à moi, tu ne me dis pas adieu?

— Adieu, ma cousine, — ajouta-t-il sans lever les yeux.

Et il sortit suivi de Joseph, qui, avant de quitter la chambre, s'adressant à Aurélie, —

— Mon enfant, tu préviendras ton père de mon retour. S'il veut déjeuner demain matin avec moi, il me fera grand plaisir. Adieu. Je vais me débarrasser de cet accoutrement de voyage, qui m'a valu Dieu sait quels brocards de la diable de tante. — Et se tournant vers la vieille fille : — La diable de tante, c'est vous, Prudence.

— Cela va de soi, cousin Roussel, vu que vous êtes un saint, probablement. Et sur ce, saint Roussel, bon saint Roussel, priez pour nous, s'il vous plaît!

— Tu le vois, — dit Joseph à Aurélie, — ta tante n'a pas changé : elle a toujours le dernier mot. Encore adieu. N'oublie pas de dire à ton père combien j'ai hâte de le revoir.

Ce disant, le cousin Roussel laissa la tante Prudence en compagnie de ses deux nièces.

LXI.

Les impressions de Fortuné, à la vue d'Aurélie, n'avaient point échappé à la vieille fille ; aussi, remarquant la tristesse de Marianne après le départ de son cousin, la physionomie de la tante Prudence devint-elle singulièrement âpre et sardonique à l'endroit de la comtesse, qui lui dit :

— Ma tante, j'aurais à causer avec vous.

— Eh bien ! causons, ma chère. Tu as sans doute à nous raconter comme quoi tu ne saurais suffire aux invitations de bals, de fêtes, de spectacles, dont on t'assomme ? Heureusement, à cet égard-là, tu as la vie dure ; tu ne mourras point encore d'un excès de divertissement.

— Ma tante, — reprit Aurélie avec un sourire contraint, — l'entretien que je désire avoir avec vous a une cause sérieuse. — Et se tournant vers Marianne, — Petite sœur, tu permets que je me retire dans le salon avec notre tante ?

— Oh ! oh ! — fit celle-ci, — il s'agit donc d'une grosse confidence, madame la comtesse ?

— Oui, ma tante, — répondit Aurélie sans paraître remarquer l'accent ironique de la vieille fille; et voyant Marianne se disposer à quitter son lit de repos : — Je t'en conjure, petite sœur, ne te dérange pas : nous irons dans la chambre voisine, ou du moins laisse-moi t'aider à marcher ; appuie-toi sur moi ; prends bien garde de faire un faux pas.

— Merci, Aurélie... je marche toute seule maintenant...

Marianne prononça ces mots avec une sorte de coquetterie amère, si l'on peut s'exprimer ainsi, se sentant presque fière de se montrer délivrée de son infirmité aux yeux de sa sœur, à qui elle reprochait la froideur des adieux de Fortuné.

La comtesse prononça se lever, descendre lestement de son lit de repos, se diriger vers la porte d'un pas égal et ferme, jeta un cri de joie si profond, si sincère, en courant vers sa sœur et l'embrassant tendrement, que, malgré ses jaloux ressentimens, Marianne fut touchée aux larmes de cette nouvelle preuve de l'attachement d'Aurélie, qui, la serrant dans ses bras, lui disait :

— Il est donc vrai, petite sœur, l'espoir du médecin n'a pas été trompé ; tu n'es plus boiteuse!

Puis, se reculant de quelques pas, elle ajouta avec une expression de curiosité affectueuse et touchante :

— Je t'en prie, chère Marianne, si cela ne te fatigue pas, marche encore un peu... Si tu savais quel bonheur c'est pour moi de te voir à jamais débarrassée de cette vilaine disgrâce!

Marianne, à la fois souriante, attendrie, se prêta au désir de sa sœur, et fit quelques pas de plus.

— Ma tante, voyez donc ! — s'écria Aurélie, — voyez donc ! la taille de Marianne, qui autrefois semblait dévier du côté où elle boitait, est maintenant souple, droite, élégante... l'on n'en saurait voir de plus jolie...

— Ah! ma sœur, ma sœur ! — reprit Marianne doucement émue de la joie cordiale d'Aurélie, — tu me gâtes ! tu me flattes !

— Je te flatte ! Ma tante, est-ce que je flatte ma sœur ?

— Non, non, tu dis vrai; — et la vieille fille ajouta tout bas : — Allons, il y a toujours du bon dans le cœur d'Aurélie. J'étais cependant fort en humeur de faire payer à madame la comtesse le chagrin jaloux dont a souffert ma pauvre Marianne; mais, après tout, est-ce la faute d'Aurélie si Fortuné la trouve toujours belle et séduisante ?

Pendant les réflexions de la vieille fille, les deux sœurs échangèrent encore quelques tendresses. Marianne sortit et laissa Aurélie avec sa tante. Celle-ci fut frappée de l'expression douloureuse que prirent soudain les traits d'Aurélie. Hélas ! cette jeune femme de dix-neuf ans, déjà ployée, rompue au monde et à ses exigences, avait vitement acquis l'habitude de dissimuler ses émotions et de prendre au besoin le masque voulu par les circonstances.

— Ma tante, vous l'avez deviné, j'ai à vous faire une confidence, — dit Aurélie d'une voix altérée, — une grave confidence!

— Parle, je t'écoute, nous avons le temps de causer.

— Le temps? — reprit amèrement la comtesse en tirant sa montre et y jetant les yeux; puis elle ajouta : — Ma tante, il est midi et demi : il faut qu'avant que deux heures aient sonné j'aie pris une résolution d'où peut dépendre mon avenir!

LXII

La vieille fille entendant Aurélie lui dire avec un accent navrant qu'avant deux heures elle devait avoir pris une résolution d'où pouvait dépendre son avenir, la vieille fille interrompit soudain son tricot, manifestant ainsi son profond étonnement, regarda fixement sa nièce par-dessus les verres de ses besicles, et lui dit :

— Cette confidence est donc encore plus grave que je ne pensais ? De quoi s'agit-il ?

— Ma tante, vous et notre cousin Roussel, vous êtes les seules personnes de notre famille qui ayez un jugement ferme et un sens droit.

— Cette découverte est un peu bien tardive, Aurélie.

— Je vous comprends; laissez-moi achever. Vous savez si j'aime ma mère et mon père ; mais, aveuglés par leur tendresse pour moi, ils seraient incapables de me donner un sage conseil dans la situation où je me trouve ; je ne veux d'ailleurs les affliger. C'est donc à vous, ma tante, ou à notre cousin Roussel, que je devais m'adresser. Je vous ai choisie, parce qu'il est des confidences moins pénibles à faire à une femme qu'à un homme.

— Je te sais gré de ta confiance; j'y répondrai par une sincérité absolue. Mon défaut n'est point de ménager les vérités.

— D'abord, ma tante, veuillez lire cette lettre... je l'ai reçue ce matin par la poste.

Et la comtesse, entr'ouvrant son corsage agité par les soulèvemens précipités de son sein, prit une enveloppe qu'elle remit à la tante Prudence. Celle-ci lut à haute voix ce qui suit :

« Madame,
» Votre mari vous trompe d'une manière indigne. Il dé-
» pend de vous de vous en assurer. Voici le moyen : pre-
» nez un fiacre, baissez les stores, faites-vous conduire
» aujourd'hui, vers les deux heures, passage Cendrier;
» dites au cocher de s'arrêter dans un renfoncement qui
» se trouve à peu de distance de la maison portant le nu-
» méro 17. Attendez là quelques instans, et vous verrez
» arriver et entrer successivement dans cette maison, où
» ils se donnent habituellement rendez-vous, monsieur de
» Villetaneuse et la femme à laquelle il vous sacrifie; puis,
» au bout d'une heure au plus, vous les verrez ressortir
» tous deux séparément.

» UN AMI INCONNU. »

« P. S. La personne dont il s'agit ne vient jamais chez
» vous, quoiqu'elle ne vous soit pas inconnue. Monsieur
» de Villetaneuse et elle ont dîné avant-hier tête-à-tête au
» Cadran-Bleu, et sont allés ensuite à l'Ambigu-Comique,
» dans une loge d'avant-scène grillée. »

Un assez long silence suivit la lecture de cette lettre anonyme, lecture pendant laquelle des larmes d'humiliation vinrent souvent noyer les beaux yeux d'Aurélie, tandis que, du bout de son petit pied, elle frappait fébrilement et par intermittence le parquet.

— Ma chère nièce, — dit enfin la vieille fille en remettant la lettre à Aurélie, qui froissa convulsivement dans sa main l'écrit anonyme, — je ne t'accablerai point de ce stérile et désespérant : « Je vous l'avais bien dit... » mais je...

— Et j'ai voulu me tuer pour lui ! — s'écria la jeune femme en bondissant sur son siége et se levant d'un air presque égaré. — A son abandon j'ai préféré la mort ! Mon Dieu ! mon Dieu !... — Et elle retomba assise en cachant entre ses mains son visage légèrement pâli et contracté par un sourire d'une amertume navrante.

— Ma pauvre Aurélie, — dit la tante Prudence en secouant tristement la tête, — le passé est malheureusement le passé... ne récrimine point contre toi ; le mal est irréparable, songeons au présent.

— Le passé est regrettable, le présent odieux !... jugez de l'avenir, ma tante. Ah ! quelle vie !

— Calme-toi... je conçois ton chagrin... ton indignation, mais l'indignation ne raisonne point et il nous faut raisonner...

— Pardon, ma tante, pardon... — murmura la jeune femme en se jetant au cou de la vieille fille ; — je suis bien malheureuse !...

Et ses larmes longtemps contenues coulèrent avec abondance.

La vieille fille, en répondant à l'étreinte de sa nièce, se disait :

— Hélas ! elle n'est qu'au commencement de ses peines. Ah ! que de malheurs j'entrevois !... — Et elle ajouta, en soutenant Aurélie éplorée : — Allons, courage ! je ne suis-je pas là, un peu quinteuse et grondeuse, mais au fond affectionnée à la famille ?

— Ah ! ma tante, sans vous que deviendrais-je ? à qui me confier ? Vous connaissez maman : la lecture de cette lettre l'aurait bouleversée, mise en fureur, et mon pauvre père n'aurait pu que pleurer.

— J'approuve complètement ta réserve envers ton père et ta mère dans cette pénible circonstance ; mais afin que je puisse voir un peu clair à tout ceci, il faut que tu répondes franchement à quelques-unes de mes questions.

— Vous le savez, je n'ai jamais menti.

— Non, tu es la sincérité même. Réfléchissons d'abord. Cette lettre est anonyme ; ces ignobles dénonciations doivent inspirer peu de créance.

— Mais les détails qu'elle donne, ma tante, ces détails si positifs !...

— Admettons au pis-aller la vérité de cette lettre, soit ! Ton mari est infidèle ; c'est un malheur, un grand malheur ; mais, dis-moi, et n'est pas là un reproche de dissimulation que je t'adresse, lorsque tu venais nous voir, lorsque ta sœur allait chez toi, tu nous parlais toujours de ton bonheur.

— Ma tante...

— Mon Dieu, je comprends ton embarras : les peines de l'âme ont leur pudeur. Souvent une femme préfère souffrir en silence, par dignité pour elle et pour l'homme qui cause son chagrin... Ah ! ma pauvre enfant !... Je ne sais qui a dit : *Les crimes dévoilés ne sont rien auprès des crimes demeurés dans l'ombre...* Crois-moi, l'on peut dire aussi : Les chagrins révélés ne sont rien auprès de ceux qui demeurent ensevelis au plus profond de bien des cœurs !

La vieille fille accentua ces mots avec une si touchante mélancolie, ses traits exprimèrent une si tendre bienveillance, que la comtesse, non moins surprise que l'avait été autrefois sa sœur, lors de la confidence de son amour pour Roussel, regardait, écoutait la tante Prudence, dans une sorte de stupeur, et lui disait enfin, subissant un charme tout nouveau pour elle :

— Combien je regrette mon hésitation à m'ouvrir à vous, ma tante !

— Tu craignais mes railleries, mes gronderies ? Es-tu un peu rassurée ?

— Ah ! je le suis tout à fait !

— Hé bien ! donc, mon enfant, parle en toute confiance. Voyons, dis-moi, est-ce d'aujourd'hui seulement que tu as à te plaindre de ton mari ?

— Je n'en sais rien, ma tante.

— Comment ! tu n'en sais rien ?

— Ma réponse doit vous paraître étrange, stupide, insensée ; cependant elle est sincère.

— Tu ne sais pas si tu as ou, jusqu'à aujourd'hui, quelque grief à reprocher à ton mari ?

— Non, en cela que jamais, depuis notre mariage, il n'a manqué de soins, d'égards, de prévenances pour moi. J'aime la toilette ; il me donne pour cette dépense douze cents francs par mois, et me dit souvent : « Si cette somme ne vous suffit pas, ma chère amie, vous aurez davantage. » Il veille à ce que ma voiture soit toujours très élégamment attelée ; il m'a loué une loge à l'Opéra et aux Italiens ; enfin, que vous dirai-je ? il se montre empressé, attentif, lorsqu'il est près de moi, momens bien rares, il est vrai.

— Bien rares ?

— Oui, ma tante.

— Il sort le matin après déjeuner, il ne rentre qu'à l'heure du dîner, puis, sauf nos jours d'Opéra et d'Italiens, où il vient quelquefois, il passe toutes ses soirées dehors ; et de ma chambre, voisine de la sienne, je l'entends souvent rentrer fort tard chez lui.

— Et depuis combien de temps a-t-il adopté cette manière de vivre ?

— Depuis le lendemain du jour de notre mariage. Il m'a présentée aux femmes de sa connaissance, lors de nos visites de noces, il m'a accompagnée un ou deux fois chez les personnes qui recevaient le soir, puis il m'a dit : « Maintenant, ma chère amie, vous pourrez aller seule » dans le monde. » Et depuis lors, en effet, j'y vais toujours seule.

— Est-ce que tu n'as pas été d'abord surprise, chagrine, de l'espèce d'isolement où te laissait ton mari ?

— Oh ! si, ma tante... J'avais cru passer mes journées entières auprès de lui, vivre enfin avec lui ainsi que j'avais vu toujours mon père et ma mère vivre avec ma mère.

— Tu oubliais que ton père et ta mère vivaient à la bourgeoise, en bonnes gens. Chaque classe a ses coutumes.

— C'est ce que j'ai pensé ; aussi, de crainte de paraître ridicule aux yeux de mon mari, j'ai accepté, sans oser me plaindre, cette vie si différente de celle que j'avais rêvée.

— Ah ! oui, les rêves... c'est charmant, c'est ravissant ! malheureusement ils ont l'inconvénient d'être suivis du réveil. Ah çà ! et ta mère, et ton père, ne s'étonnaient point des fréquentes absences de ton mari ?

— Ma mère me disait : « Il paraît que c'est le grand genre » de vivre ainsi. »

— C'est juste. Et mon pauvre frère répétait sans doute en soupirant : « Allons, Mimi, puisque c'est le grand genre, » va pour le grand genre, pourvu que fifille soit heu- » reuse ! » Enfin tu usais de la liberté absolue que te laissait monsieur de Villotanouse ?

— D'abord, affligée de ma première déception, j'ai passé quelques soirées seule, triste, découragée ; puis, cédant aux instances de maman et à celles de mon mari, qui me reprochait de laisser se faner mes jolies toilettes, je suis allée dans le monde, d'abord avec ma mère, tantôt seule ; ma première timidité surmontée, et elle était extrême, le monde m'a plu chaque jour davantage ; c'était, je l'avoue, un étourdissement, mais...

— Cela valait mieux que tes soirées écoulées dans de tristes réflexions ; et puis... tu dois être très entourée, très recherchée ?... ta beauté attire autour de toi un brillant essaim d'admirateurs ?

— Ma tante...

— Ma pauvre enfant, tu me connais ; ce n'est pas, Dieu m'en garde ! à dessein de flatter ta vanité que je te parle de la sorte. Je suis environ comme un médecin que l'on consulte : je précise des faits. Quant à ta beauté, s'il m'était possible de te rendre à l'instant aussi laide que moi, je n'y manquerais point, et jamais je ne t'aurais donné meilleure preuve de tendresse. Je m'entends. Continuons. Le monde te plaisait chaque jour davantage; tu t'y voyais naturellement très entourée, ainsi que doit l'être une jeune et charmante femme isolée de son mari. Enfin, avouons-le moi, ces adorations te plaisaient.

— Oui, ma tante.

— Et tu devenais peu à peu coquette, mais coquette en honnête femme qui cherche ou s'amuse à plaire. Rien de plus, rien de moins. C'est ma conviction; je suis certaine qu'elle n'est pas trompeuse.

Ce disant, la tante Prudence attacha ses yeux fins et pénétrans sur Aurélie. Celle-ci soutint ce regard avec le calme d'une conscience pure et reprit amèrement :

— Ah! ma tante! si j'avais la moindre chose à me reprocher, serais-je aussi indignée, aussi blessée de la conduite de mon mari? Non, non, ces hommages, ces coquetteries, je vous l'ai dit, m'amusent, m'étourdissent, et surtout...

— Allons, achève. Pourquoi cette réticence? Ne me cache rien.

— Ah! ma tante, vous me le disiez autrefois : « Tu ne » seras jamais qu'une étrangère, qu'une intruse dans la » société de ton mari. »

— Cela devait être. Ces grandes dames, jalouses de ta beauté, te font sentir ton manque de naissance.

— Et je me venge en étant coquette avec les hommes qui s'occupent d'elles. Triste vengeance, ma tante, car lorsque, rentrée chez moi après ces fêtes brillantes, je me retrouve seule, l'enivrement cesse; souvent je redeviens d'une tristesse mortelle... Que sera-ce donc maintenant, maintenant que cette odieuse lettre m'a ouvert les yeux, et me prouve que mon mari ne m'a jamais aimée? Non, non, l'isolement où il me laisse, la liberté qu'il m'accorde, sont autant de preuves de son indifférence! Il me dédaigne!

Et la comtesse, redressant la tête, fière et courroucée, ajouta : — Être dédaignée!... ah! pour la première fois j'endure cet outrage!

— Aurélie, prends garde! Cette colère hautaine est mauvaise; elle peut suggérer des idées de vengeance, et une femme trompée qui se venge de son mari par la loi du talion se déshonore.

— Rassurez-vous, ma tante; je ne suis pas, je ne serai jamais de ces femmes-là.

— Je te crois, et tout me dit que tu es sincère. Je t'ai attentivement écoutée, tu m'as demandé des conseils, les voici : Tu vas jeter cette lettre anonyme au feu, regarder la délation qu'elle renferme comme une calomnie, et surtout tu te garderas bien d'aller t'assurer, à l'heure dite, de la réalité du rendez-vous dont il est question. Résigne-toi, ferme les yeux, continue de jouir en honnête femme de cette vie frivole et brillante, et tu trouveras bientôt du moins l'oubli de ton chagrin.

— Me résigner à un outrage si humiliant! — reprit la comtesse avec stupeur, après avoir écouté la vieille fille. — Quoi! ma tante, c'est vous, vous, qui me conseillez cette lâche résignation?

— Il n'est pas d'autre parti à prendre. Que veux-tu faire? Que peux-tu faire?

— Que sais-je!...

— Hé! sans doute, tu ne le sais pas; c'est tout simple : ta dignité, ta droiture, s'opposent à ce que tu rendes à ton mari outrage pour outrage. Encore une fois, résigne-toi noblement, dignement.

— Me résigner à voir chaque jour l'homme qui me trompe, me dédaigne et rit de moi, sans doute, avec sa maîtresse! Elle est donc bien belle, sa maîtresse!

— Ma pauvre enfant, parlons raison. Tu ne veux pas te venger, tu ne peux pas te résigner; que feras-tu?

— Je me séparerai de mon mari.

— S'il y consent.

— Il le faudra bien!

— Il n'y consentira pas.

— Ma tante!...

— Il n'y consentira pas, tant que..

Et s'interrompant, la tante Prudence ajouta mentalement:

— Révéler à Aurélie que cet homme l'a épousée pour sa dot, qu'il dissipe sans doute, c'est porter un dernier coup à cette malheureuse jeune femme; c'est l'exaspérer; c'est la pousser à des extrémités dont les conséquences m'épouvantent. Elle est si belle!

— Achevez, ma tante, — avait dit Aurélie, lorsque la vieille fille s'était interrompue.

— Je te le répète, ton mari ne consentira pas à une séparation tant qu'il lui conviendra de vivre avec toi, pour une raison ou pour une autre; enfin, tu aimes ta mère, ton père?

— C'est la crainte de les désespérer qui m'a conduite à vous confier mon pénible secret.

— Songe donc alors à la douleur de ta mère, de ton père, à cette idée de séparation au bout d'une année de mariage. Et dans le cas même où cette séparation serait possible, songe donc aux railleries sanglantes, au triomphe insolent de ces femmes qui te jalousent! « Voyez donc cette pe- » tite bourgeoise qui a voulu venir s'asseoir parmi nous, » diront les grandes dames de ta société : — « son mari l'a » trouvée sotte, si gauche, malgré sa beauté, au bout » d'un an de mariage, elle est devenue insupportable; il » lui a fait des infidélités et il la renvoie chez ses parens! » qu'elle y reste! nous ne la recevrons certainement plus » dans nos salons, cette comtesse de hasard! »

— Oh! oui, — reprit Aurélie avec un dépit amer.— Elles sont assez envieuses, assez méchantes pour dire cela!

— Aussi, juge de leur joie à la nouvelle de cette séparation! Elles te fermeront leur porte au nez, ravies d'être débarrassées d'une rivale qui les écrasait. Et ce sera bien une autre chanson, ma foi! dans l'ancienne société de tes parens! chez les Huguet, les Richardet, les Chamousset! « Ah! ah! mademoiselle Jouffroy a fait la superbe! la » glorieuse! elle a voulu devenir madame la comtesse!... » la voilà joliment lotie! son mari l'a plantée là! Le monde » où elle s'était faufilée, grâce au nom qu'elle portait, » lui tourne le dos, à cette fière comtesse! Ah! ah! ah! » comme c'est bien fait!... Que nous sommes donc contens! qu'elle s'avise maintenant de venir dans notre so- » ciété! nous la recevrons d'une drôle de façon, madame » la comtesse! »

— Oh! c'est indigne! c'est affreux! — reprit Aurélie avec des larmes de colère! — Méprisée par les uns, moquée par les autres. Mon Dieu! Mon Dieu!

— Oui, méprisée par les uns, raillée par les autres, voilà, ma pauvre enfant, ce qui t'attend si tu donnes un irréparable et scandaleux éclat à une triste découverte qui doit rester cachée. Crois-moi donc, continue de vivre comme par le passé, estimée des honnêtes gens, si tu te conduis en femme de bien. Allons, mon enfant, courage! Certes, j'aurais préféré pour toi un autre mariage, mais enfin, ce qui est fait est fait. Tâche donc de tirer le meilleur parti possible de ta position. Ferme les yeux sur l'infidélité de ton mari; ce sera sagesse et dignité; votre vie est arrangée de telle sorte que tu le vois peu; il sera donc pour toi facile de contenir la première âpreté de ton ressentiment; puis, tôt ou tard, le temps, les distractions de la vie mondaine, amèneront forcément l'oubli d'un chagrin si vif aujourd'hui. Je t'en conjure, mon enfant, suis mon conseil; il est le seul, il est le seul que je puisse te donner.

— Oui... vous avez raison, — reprit Aurélie, le regard fixe, pensif, et en ce moment frappée, convaincue de la justesse des avis de la vieille fille, et résolue à les suivre.

— Merci... merci, ma bonne tante... Hélas! si je vous avais toujours écoutée...

— Bon, bon, tous les hélas du monde à propos du passé, ne valent pas une ferme décision à propos du présent... Cette prise, bien prise, bien prise, cette décision?

— Oui, ma tante.

— Embrasse-moi, chère enfant! et, puisqu'il y a déjà un secret entre nous, je t'en supplie, si désormais il t'arrive quelque nouveau chagrin, viens tout de suite à moi. Sur-

tout pas de coup de tête ! Je me défie de la tête, et j'ai foi dans ton cœur.
— Je vous le promets, ma tante, je suivrai vos avis, je viendrai à vous si un nouveau coup me frappe, — répondit la comtesse en embrassant sa tante. Et craignant d'éveiller par l'altération de ses traits les inquiétudes de sa sœur, elle sortit sans revoir Marianne.

LXIII.

Madame de Villetaneuse avait promis à sa tante de fermer les yeux sur l'infidélité de son mari et de se résigner à cet outrage avec une sage dignité. Cependant elle ne put résister à la poignante curiosité de s'assurer de la réalité des détails donnés par la lettre anonyme.
— Il se pourrait que cette délation fût mensongère, — pensait la jeune femme ; — s'il en était ainsi, quelle serait ma joie ! Si, au contraire, la cruelle certitude m'est acquise, elle ne changera rien à ma résolution de suivre les avis de ma tante.
Aurélie, dans sa précipitation à se rendre chez la vieille fille, n'avait pas voulu attendre que ses chevaux fussent attelés : elle était sortie en fiacre. Elle dit au cocher qui l'attendait de la conduire passage Cendrier, et d'arrêter sa voiture dans un endroit qu'elle lui désigna après une seconde lecture du billet anonyme ; puis elle baissa soigneusement les stores, et le fiacre se mit en marche.
Il y a peu de distance entre la cour des Coches et le passage Cendrier, où la voiture entra bientôt. Il est assez désert et bordé de hautes murailles servant de clôture aux jardins voisins. Le fiacre, selon les indications d'Aurélie, s'arrêta dans une sorte de renfoncement formé par la retraite de deux pans de murs.
De cet endroit, l'on apercevait, à quelques pas, une maison d'assez pauvre apparence, dont la porte bâtarde était surmontée du n° 7, ainsi que l'annonçait la lettre anonyme. Les persiennes du second étage de cette demeure étaient fermées.
Au bout d'environ un quart d'heure d'attente, Aurélie, regardant à travers l'étroite ouverture laissée entre la bordure du store et le panneau de la portière, vit d'assez loin venir Henri de Villetaneuse fumant négligemment son cigare et se dirigeant vers la maison n° 7. Un moment avant que de frapper à la porte, il s'arrêta, remarquant à quelque distance un fiacre stationnaire, aux stores baissés ; puis, supposant que cette voiture était celle de la personne qui l'avait probablement devancé au rendez-vous convenu, Henri de Villetaneuse hâta sa marche, frappa à la porte bâtarde, qui s'ouvrit et se referma sur lui.
Aurélie ne conservait plus aucun doute sur l'infidélité de son mari, et quoiqu'elle dût s'attendre à cette découverte, un nuage passa devant ses yeux ; un élancement aigu poigna son cœur ; on eût dit qu'elle souffrait en ce moment fort affreux, cent fois plus affreux que ce qu'elle avait souffert une heure auparavant, en admettant la possibilité du fait qui se réalisait. Elle se remettait à peine de son émotion, lorsqu'elle entendit au loin, dans le passage, le roulement d'une voiture ; la marche se ralentissait à mesure qu'elle se rapprochait du n° 7. La comtesse, se tenant encore aux aguets, vit un fiacre aux stores baissés s'arrêter devant la porte bâtarde. Le cocher quitta son siège, vint ouvrir la portière, et une femme de petite taille, enveloppée d'un long châle de cachemire orange, bondit, plutôt qu'elle ne descendit du fiacre ; puis, tout en frappant à la porte, se retourna pour adresser quelques mots au cocher.
Quelle fut la stupeur de madame de Villetaneuse en reconnaissant madame Bayeul, cette effrontée petite femme aux cheveux blonds ardens qui, à la première entrevue de mademoiselle Jouffroy et du comte, avait si vivement excité le dépit jaloux de la jeune fille !
Ce nouveau coup fut peut-être plus douloureux encore à Aurélie que le premier. Peu de momens après cette cruelle découverte, elle se fit conduire à l'hôtel de Villetaneuse.

LXIV.

Le père Laurencin, après avoir rencontré chez la tante Prudence, et d'une manière si imprévue, Catherine de Morlac, s'informa de la chambre qu'elle habitait dans la maison, et, après plusieurs tentatives inutiles faites dans cette même journée, il trouva Catherine chez elle peu de temps avant la tombée de la nuit.
Cette femme, qui pendant plus de quinze années avait vécu au milieu des recherches du luxe, cette brillante et insatiable courtisane habituée à voir ses fastueux amans s'empresser de prévenir ses moindres caprices, occupait au cinquième étage une petite chambre, éclairée par une fenêtre en tabatière, mansarde froide, sombre, aux murailles nues et crevassées. Un lit de fer, garni d'une mince matelas ; une table, une chaise, une commode ; quelques grossiers ustensiles de ménage placés sur une tablette scellée dans le mur, tel était l'ameublement.
Assise au-dessous de l'étroit châssis vitré qui filtrait une rare lumière dans la mansarde, Catherine rapiéçait des bas, au moment où le vieil artisan entrait chez elle. En retrouvant dans ce taudis, vêtue d'une robe grossière, cette femme qu'il avait vue dans un appartement splendide, habillée avec une rare élégance, le père Laurencin fut ému de ce contraste entre le présent et le passé ; puis, refrénant cette pitié en songeant aux conséquences fâcheuses que pouvait avoir pour Michel la présence de sa mère en cette maison, le vieillard dit à Catherine, qui s'était levée à son approche :
— Dieu soit loué ! vous êtes ruinée... Il y a une justice au ciel ! Ces richesses, fruit de votre honte, vous les avez perdues...
A ces paroles, la courtisane ne répondit pas d'abord ; elle resta pensive, et reprit au bout de quelques instans :
— Je devrais vous laisser croire à ma ruine, ce serait de ma part plus méritoire ; mais vous serez peut-être indulgent pour moi en sachant la vérité... Non, je ne suis pas ruinée.
— Alors pourquoi donc vivez-vous dans cette mansarde ? pourquoi faites-vous des ménages ? pourquoi gardez-vous des malades ?
— Je fais des ménages, je garde des malades, je ravaude des bas, j'accepte, je demande tel travaux les plus humbles, afin de gagner ma vie laborieusement, honnêtement, et je la gagne. Je loge dans cette mansarde, parce que mon fils demeure dans la maison.
— Ainsi, vous espérez... vous osez...
— Ne craignez rien : vous possédez mon secret ; jamais je n'abuserai de la facilité que j'ai maintenant de voir ou d'entrevoir seulement mon fils... Ah ! si vous saviez quel bonheur c'est pour moi d'habiter la même maison que lui, de le savoir là, près de moi.... Tenez, monsieur Laurencin, cette pauvre mansarde je ne la changerais pas maintenant contre un palais !
— Et c'est vrai... c'est bien vrai, ce que vous dites là ?...
— Pourquoi mentirais-je ?
— Si je pouvais vous croire !... Quoi ! il dépendrait de vous de vivre comme autrefois dans le luxe et les plaisirs, mais, transformée, régénérée par l'amour maternel, vous préférez vivre dans une laborieuse pauvreté, afin de... Non, non, c'est impossible ! Un tel sacrifice, une résignation si noble, si courageuse de votre part... non, cela n'est pas vrai ! vous êtes ruinée, votre ruine vous impose une existence misérable, mais vous voulez me persuader que vos privations sont volontaires ! Je ne serai pas dupe de votre astuce !
La courtisane sourit tristement, alla vers sa commode, prit dans l'un des tiroirs un portefeuille, le remit au vieillard et lui dit :

Elle saisit ses mains qu'elle couvrit de larmes et de baisers. — Page 97.

— Ouvrez ce portefeuille, monsieur Laurencin, et assurez-vous de ce qu'il renferme.
— Que vois-je! — s'écria le vieil artisan avec une stupeur croissante; — des billets de banque, des bons du trésor, des inscriptions de rente au porteur!...
— Ces valeurs représentent plus de trois cent mille francs, — répondit simplement Catherine; — vous pouvez vous convaincre de ce que j'avance.
— Est-ce que je rêve? Non, non, cette femme ne ment pas, elle est toujours riche... — Et s'adressant à Catherine, encore étourdi de l'évidence de ces preuves, le vieillard ajouta: — Mais de ces sommes considérables, quel usage comptez-vous faire?
— L'usage que j'en fais depuis trois mois, monsieur Laurencin.
— Que voulez-vous dire?
— Quoique de retour ici ce matin même, peut-être avez-vous entendu parler d'un bienfaiteur mystérieux qui... souvent...
— ...Vient au secours d'une foule de misères, si nombreuses ici parmi les habitants de la cour des Coches? Oui, c'est une des premières choses dont la portière nous a entretenus, Michel et moi, dès notre arrivée. Mais personne n'a pu jusqu'ici découvrir quel était ce mystérieux bon génie...
— Ce secret, je peux vous le confier, si vous me promettez de le garder fidèlement.
— Je vous le promets.
— Eh bien, ce bienfaiteur mystérieux, c'est...
— Achevez...
— C'est moi.
— Vous!
— Oui, monsieur Laurencin.
— Est-il possible!... C'est vous!... vous!
— Grâce à la fortune que je possède en portefeuille, rien ne m'est plus facile que de venir en aide à un grand nombre de souffrances dignes d'intérêt. Ma présence dans cette maison depuis trois mois vous expliquera comment ce mystérieux bienfaiteur est si exactement informé des misères des habitants de la cour des Coches... Maintenant, monsieur Laurencin, m'accuserez-vous encore de mensonge?...
— Grand Dieu!.. vous accuser! — s'écria le vieillard profondément ému. — C'est à moi de vous demander pardon de mes soupçons.
— Ma conduite passée les autorisait... J'avais d'abord songé à vous cacher le peu de bien que je faisais; l'expiation de mes désordres m'eût ainsi paru plus complète... mais j'ai craint ce qui est arrivé... j'ai craint que vous ne vissiez dans ma résolution de gagner désormais honnêtement, laborieusement, mon pain... qu'une exigence de la nécessité... J'aurais ainsi peut-être mérité votre pitié... mais non votre estime... et il faut que vous m'estimiez pour me permettre de voir souvent mon fils...
— Quel changement, mon Dieu! — dit le vieillard en levant les mains au ciel; — quel changement dans cette femme!
— Il vous surprend?...
— J'en crois à peine ce que je vois, ce que j'entends...
— Ah! je vous le disais bien, que j'étais devenue mère, après avoir été si longtemps sans entrailles pour mon enfant! Tenez... le jour même où vous m'avez apporté ce bracelet... Oh! ce bijou... il est le seul que j'aie conservé, je le porte toujours. — Et, relevant la manche de sa robe grossière, elle montra le précieux joyau agrafé à son bras.
— Ce bracelet ne me quittera qu'à ma mort; il date pour moi le jour où j'ai revu mon fils. Ce jour-là donc, je causais avec mon homme d'affaires : nous établissions le chiffre de ma fortune; il s'étonnait de mon insatiable cupidité. — » Monsieur Bayeul, » lui disais-je, » je songe à l'avenir; » j'ai vu tant de femmes de mon espèce, après avoir roulé » sur l'or, réduites à un sort ignoble, abject! que sais-je? à » être garde-malades ou femmes de ménage, et à vivre » dans un galetas, que je veux échapper à une si horrible

Vous niez? soit, votre identité sera constatée. — Page 99.

« destinée... » — Je disais vrai; ce sort me paraissait en ce temps-là hideux, horrible... Il est aujourd'hui le mien, volontairement le mien, et j'en suis heureuse... j'en suis fière... car maintenant, — ajouta Catherine les larmes aux yeux, — car maintenant, vous m'estimez, bon père... car maintenant vous ne redouterez plus ma présence dans la maison où demeure mon fils.

— Il est donc vrai, tout peut s'expier, tout peut se pardonner! — reprit le vieil artisan ne pouvant retenir ses pleurs. — Catherine, vous êtes la plus vaillante, la meilleure des mères!

Le père Laurencin tendit ses bras à la courtisane. Mais celle-ci, tombant à ses genoux, saisit ses mains, qu'elle couvrit de larmes et de baisers.

— Non, non, venez dans mes bras, sur mon cœur, pauvre femme! — s'écria le vieillard en la relevant et la serrant paternellement contre sa poitrine.

LXV.

Un assez long silence suivit la réconciliation de Catherine et du père Laurencin; tous deux, accablés par l'émotion, se sentaient trop oppressés pour parler. La courtisane reprit :

— Bon père!... oh! n'est-ce pas, vous permettez que je vous appelle ainsi?

— Oui, oui, car il me semble que mon fils, témoin de votre repentir, de votre expiation, de votre tendresse maternelle, vous aurait pardonné comme je vous pardonne.

— Oh! merci, merci! — répondit Catherine en baisant encore les mains du vieillard. — Laissez-moi vous dire en peu de mots, bon père, comment je suis venue m'établir dans cette maison, et ce que j'attendrais encore de la bonté que vous me témoignez, si mon désir est réalisable.

13ᵐᵉ LIVRAISON.

— Parlez, parlez!

— Le lendemain du mariage de monsieur de Villetaneuse, j'ai quitté ma demeure; malgré ses recherches, il a perdu mes traces; je suis allée, vous le savez, loger au fond du Marais; vous me permettiez de temps à autre de voir mon fils chez monsieur Roussel. Je vous l'avoue, la rareté de ces entrevues me désolait. J'appris votre départ et celui de Michel pour l'Angleterre. J'avais réalisé en une somme considérable tout ce que je possédais. Il me semblait déshonorant, depuis que je sentais ma dignité de mère, d'user personnellement de ces biens honteusement acquis. Je crus pouvoir les utiliser d'une façon généreuse, décidée que j'étais à gagner laborieusement ma vie et à me rapprocher de mon fils. Profitant de votre absence de la maison, j'y ai loué cette mansarde. La cour des Coches est presque entièrement peuplée de pauvres artisans. Il me serait donc possible, me disais-je, de secourir des infortunes méritantes, en demeurant inconnue. Je pourrais aussi, grâce au grand nombre de locataires de cette maison et des maisons voisines, trouver quelques occupations qui me rapporteraient un modique salaire. Je mettais à honneur de ne pas distraire pour mes besoins personnels quoi que ce fût de la somme réalisée par moi.

— C'était beau, c'était bien! vous êtes une vaillante femme!

— Mes désirs furent comblés. Peu de temps après mon arrivée dans cette maison, je gagnais de quoi vivre. Le hasard me permit de rendre un service à mademoiselle Marianne; depuis ce temps, j'ai été employée chez sa tante. Je connaissais mieux que personne les misères honorables d'un grand nombre de nos pauvres voisins; je leur venais en aide au moyen d'un mandat sur la poste, qu'ils recevaient dans une lettre, ou bien, m'adressant à quelque commissionnaire des quartiers éloignés, je le chargeais de porter différens objets aux personnes que je désirais secourir. Ce messager ne devant jamais me revoir, ne pouvait trahir mon secret. J'attendais avec an-

xiété le retour de Michel et le vôtre, bon père, dans l'espoir que, touché de mon repentir, de mes efforts pour rentrer dans la bonne voie, vous me pardonneriez le moyen dont j'ai usé pour me rapprocher de mon fils, et que, peut-être... Mais je n'ose...
— Achevez, Catherine, achevez.
— Vivant dans cette maison, il me sera sans doute facile de me trouver souvent avec Michel; mais...
— J'y songe: il m'a déjà plusieurs fois demandé comment il se faisait que vous fussiez devenue femme de ménage, vous qu'il a vue dans ce bel appartement de la rue Tronchet.
— Nous dirons à Michel, et cela sans mensonge, qu'un grave événement de riche m'a rendue pauvre; mais laissez-moi vous confier un projet qui depuis quelque temps est le plus doux, le plus cher de mes rêves.
— Quel est-il?
— Vous allez me trouver ambitieuse. Rencontrer souvent Michel dans la maison, lui parler parfois, ce sera pour moi un grand bonheur sans doute; mais, que voulez-vous? je deviens insatiable!
— Quel serait donc votre projet?
— Dans votre profession d'orfévre, est-ce que l'on n'emploie jamais de femmes comme ouvrières?
— Si. Elles sont pour la plupart brunisseuses.
Catherine reprit avec un léger tremblement dans la voix qui trahissait l'anxiété de son espérance:
— Est-ce que leur apprentissage est très difficile?
— Je devine votre pensée.
— Elle me rend fâché pas?
— Loin de là, elle me touche!
— Oh! bon père! — s'écria Catherine en pressant les mains du vieillard entre les siennes et attachant sur lui un regard brillant de larmes de joie. — Concevez-vous un bonheur égal au mien! Etre acceptée comme ouvrière par monsieur Fortuné! travailler avec vous et Michel! être ainsi, près de lui, toute la journée! Toute la journée, mon Dieu! Tenez, ce serait si beau pour moi, qu'encore une fois je n'ose espérer!...
— Espérez, courageuse mère, espérez!
— Joies du ciel!
— Aujourd'hui même, je parlerai de votre désir à monsieur Fortuné.
— Oh! vous êtes bon! Merci, merci! vous verrez!... mon apprentissage sera prompt! l'intelligence ne me manque pas. Je passerai, s'il le faut, les jours, les nuits, afin de me rendre capable d'entrer dans votre atelier, de pouvoir y travailler à côté de mon fils! Jugez donc! en présence d'un pareil but, on ferait des prodiges! Et puis, ce but atteint, je n'aurai plus rien à désirer, puisque... — ajouta la courtisane, avec un profond soupir, — puisque Michel doit toujours ignorer que je suis sa mère...
— Hélas!
— Comment lui expliquerais-je le mystère dont je me serais entourée jusqu'au jour de cette révélation? Il me faudrait donc mentir, toujours mentir à mon fils? et cela, voyez-vous, bon père! je le sens... cela me serait aussi affreux, aussi impossible, que de lui dire: « Je t'ai abandonné depuis ton enfance, pour vivre dans l'infamie! »
— Il n'est que trop vrai, il vous faudrait choisir entre ces deux alternatives.
— Non, non, j'accepte résolument ma destinée: elle dépassera même mon espoir, si je puis avoir le bonheur d'être employée chez monsieur Fortuné.
— Ce sera facile; notre patron occupe hors de l'atelier plusieurs ouvrières au brunissage de certaines parties de ses ouvrages d'orfévrerie; je dirai à mon patron tout ce qu'il y a de beau, de bien, de vaillant dans votre conduite; il saura les mystérieux secours que vous donnez à tant de pauvres gens.
— Bon père, je vous demande en grâce que ce secret reste entre vous et moi, s'il n'est pas nécessaire d'en instruire monsieur Fortuné pour qu'il m'accueille chez lui.
— Cela n'est pas sans doute indispensable; le service que

vous avez rendu à sa cousine, votre repentir, votre louable conduite dans cette maison, suffiraient à l'intéresser à vous, lors même qu'il croirait seulement que vous avez perdu votre fortune.
— En ce cas, je vous en supplie, gardez-moi le secret. Il me serait doux de penser que vous seul le possédez. Je vous l'ai confié dans l'espoir de mériter votre estime et de me rapprocher ainsi de Michel; mais faire cet aveu à une autre personne, sans nécessité absolue, serait, ce me semble, une sorte d'ostentation.
— Le sentiment qui vous guide, Catherine, est si délicat, que je ne saurais le contredire. Il en sera donc ainsi que vous le désirez. Votre secret restera entre vous et moi. Néanmoins, je suis certain de vous faire agréer comme ouvrière chez monsieur Fortuné.
— Quel bonheur, mon Dieu! je peux à peine y croire. et...
Mais soudain le visage du vieillard s'attristant, il interrompit Catherine en disant:
— Ah! fatal passé!... fatal passé!
— Mon Dieu! vous m'alarmez!
— Je pensais que vous auriez pu faire votre apprentissage dans notre atelier. Intelligente et laborieuse, guidée par mes conseils, vous n'eussiez pas tardé à connaître votre nouveau métier.
— Ah! de grâce, expliquez-vous! cette incertitude me tue. Quel obstacle voyez-vous à ce projet? En quoi peut-il être atteint par mon triste passé?
— La clientèle de monsieur Fortuné est très restreinte; elle se compose de gens du grand monde; ils ont pu autrefois vous rencontrer à la promenade, au spectacle; ils viennent souvent à l'atelier s'informer de leurs commandes; si l'un d'eux vous reconnaissait... et que devant Michel...
— Oh! n'achevez pas, vous m'épouvantez! — murmura la courtisane, et elle répéta d'une voix déchirante: — Oui, vous dites vrai... fatal passé!... fatal passé! Mon rêve était trop beau!... Allons, du courage, de la résignation!
— Pauvre femme! — reprit le vieillard pensif, douloureusement attendri en voyant les larmes couler lentement des yeux de Catherine morne, abattue. Puis soudain il ajouta: — Mais, j'y songe!... peut-être... y aurait-il moyen cependant...
— Oh! parlez! — dit la courtisane d'une voix palpitante et renaissant à l'espérance, — oh! de grâce, parlez!
— En effet, — reprit le vieillard, réfléchissant à son dessein; — au lieu de travailler avec nous dans l'atelier, vous pourriez vous tenir, durant le jour, dans la chambre que Michel et moi nous occupons. Jamais les clients n'entrent dans cette pièce-là; vous ne risqueriez pas d'être reconnue.
— Vous me sauvez, bon père! — s'écria Catherine avec un élan de joie indicible, et redevenant radieuse; — vous me sauvez! je ne serai pas, il est vrai, à côté de Michel, mais il n'importe, je le saurai dans la pièce voisine. Et puis, d'ailleurs, quoique déjà presque méconnaissable sous les vêtements que je porte, j'emploierai tous les moyens possibles pour n'être jamais reconnue. Vous verrez: je prendrai de larges besicles comme mademoiselle Prudence, je couperai mes cheveux, je les remplacerai par un tour de cheveux gris... enfin, Dieu merci! les rides viendront bientôt changer, dénaturer complétement mes traits; alors je n'aurai plus à redouter d'être reconnue par ceux-là qui, autrefois, m'ont vue brillante et parée...
— Catherine, — reprit le père Laurencin, profondément ému, — j'aurais pu douter de votre conversion, que je n'en douterais plus à cette heure. Oh! vous êtes si cère, tout le prouve: ce complet détachement d'une beauté qui vous a été funeste, votre impatience de voir arriver les rides, la vieillesse enfin, l'effroi de toutes les femmes!
— Hé! que m'importe ma beauté, maintenant! Est-ce que Michel n'est pas beau comme un ange? — s'écria Catherine dans son exaltation maternelle. Puis attachant sur le vieillard des yeux ravis, — Ainsi, bon père, c'est plus qu'une espérance, c'est une certitude? Monsieur Fortuné

me recevra chez lui ? vous guiderez mon apprentissage ?
— Oui, je réponds d'avance du consentement de monsieur Fortuné. Tout s'arrangera, moyennant les précautions dont nous sommes convenus. Ayez bon courage, Catherine. Ce que vous venez de m'apprendre redouble mon estime, mon affection pour vous. Aussi, voici ce que je vous propose. Il y a longtemps que vous n'avez passé quelques momens avec Michel?
— Oh! oui, longtemps! bien longtemps!
— Patientez jusqu'à après-demain dimanche. D'ici là je parlerai de vos projets d'apprentissage à monsieur Fortuné. S'il les accepte, comme je n'en doute pas, nous irons passer à la campagne notre dimanche avec Michel. Pendant cette promenade, nous lui apprendrons que vous devez être désormais notre compagne de travail.
— Oh! merci, merci! Une journée passée près de ce cher enfant, et tant d'autres journées ensuite! n'être plus jamais séparée de lui! c'est à devenir folle de joie!
— Dès que vous saurez suffisamment votre métier de brunisseuse (je me charge de vous l'enseigner promptement), vous pourrez gagner aisément quarante à cinquante sous par jour; mais jusque-là, comme il vous faudra renoncer aux occupations qui jusqu'ici vous ont donné du pain, je pourvoirai à vos besoins. Grâce à Dieu, j'ai quelques économies.
— Bon père, c'est vous priver.
— Je ne me prive pas, et, s'il le fallait, je me priverais plutôt que de vous voir toucher, pour vos besoins personnels, à un sou de cette somme dont vous faites un généreux usage.
— Je vous comprends, je vous suis doublement reconnaissante.
— Votre intelligence aidant, vous serez bientôt en état de suffire à vos besoins ; votre salaire sera minime, mais enfin...
— Que dites-vous ? il me suffira... et j'espère... oh ! le beau jour que celui-là!... j'espère bien pouvoir, à force d'économies, faire bientôt un petit présent à Michel : une jolie cravate, un gilet, la moindre des choses, mais qu'il la tienne de moi !
— Digne femme! les sentimens les plus purs, les plus délicats, vous sont maintenant familiers, tandis qu'autrefois... Mon Dieu! quel contraste!
— Je vous l'ai dit, je n'étais pas mère... et je le suis devenue, — reprit Catherine en baisant la main du vieillard.
— A dimanche, Catherine, — dit le vieil artisan. Le jour baisse, mademoiselle Prudence peut avoir besoin de vous... Puis, réfléchissant : — Ah! les événemens sont parfois bizarres!... Penser que le frère de mademoiselle Prudence était votre père!... que vous êtes aussi bien sa nièce à elle que mademoiselle Marianne et madame de Villetaneuse! De cette parenté ignorée de la famille Jouffroy, du moins je ne rougis plus pour elle à cette heure, puisque vous êtes réhabilitée. Adieu, Catherine, adieu ! Je vous quitte le cœur content.
— Bon père, — dit la courtisane, — souffrez que je vous donne le bras jusqu'au palier du quatrième étage; l'escalier qui conduit ici est rapide et très sombre.
— Allons, j'y consens, car ma vue n'est plus très bonne, — répondit le vieillard.
Et, s'appuyant sur le bras de Catherine, il descendit l'espèce d'échelle qui, une autre rampe qu'une corde à puits, conduisait aux mansardes.
Catherine, par surcroît de précaution, voulut encore offrir l'aide de son bras au père Laurencin et l'accompagner jusqu'au troisième étage, l'escalier devenant à cet endroit moins rapide et éclairé ; le vieil artisan accepta cette nouvelle preuve de prévenance, puis Catherine remonta chez elle.

Au moment où elle arrivait au palier du quatrième étage, elle se rencontra avec un homme dans la maturité de l'âge. Il sortait de l'appartement de ce vieux rentier, nommé Corbin, qui recevait parfois, disait-on, des gens de mauvaise mine. Ce signalement pouvait s'appliquer au personnage avec lequel Catherine se trouvait face à face : sa figure sinistre et flétrie, ses vêtemens râpés, ses bottes éculées, son chapeau rougeâtre, graisseux, donnaient à sa misère une apparence plus repoussante qu'intéressante. Cet homme, en passant près de Catherine, la regarda fixement, puis, au moment de quitter le palier, il se retourna pour la regarder encore, mais haussant les épaules en paraissant se reprocher une pensée absurde, il descendit l'escalier, tandis que la courtisane atterrée se disait :
— Grand Dieu ! c'est Mauléon ! je l'ai autrefois abandonné sans pitié après l'avoir ruiné !... Il sort de chez cet homme, le seul locataire de la maison dont la vie soit suspecte... Ah ! je me sens presque défaillir ! Mauléon pouvait me reconnaître !
Et pâle, chancelante, elle fut obligée de s'appuyer à la rampe, se sentant à ce moment incapable de faire un pas.
— Mauléon me hait à la mort, — ajouta Catherine. — Cette misère abjecte où il est sans doute tombé, j'en ai été la cause. Quels souvenirs! Oh ! le père Laurencin a raison : fatal passé! fatal passé!
La courtisane fut soudain tirée de ces tristes réflexions par un grand tumulte; elle entendit les pas précipités de plusieurs personnes qui criaient en montant l'escalier :
— Arrêtez ! arrêtez !...

LXVI.

Catherine, effrayée de ces cris, se pencha vivement en dehors de la rampe, et vit, pendant un moment, à deux étages au-dessous d'elle, Mauléon, livide de terreur, cherchant à devancer plusieurs agens de police, qui l'atteignirent bientôt, et auxquels il essaya de résister. Catherine, ne pouvant plus rien apercevoir de l'endroit où elle se tenait alors, entendit le bruit d'une lutte acharnée, entrecoupée de juremens, de menaces de mort ; puis, une sorte de silence se fit, et Mauléon reprit d'une voix essoufflée :
— Allons, je me rends ; pas de brutalité. De quel droit m'arrêtez-vous ?
— J'ai un mandat d'amener contre vous, — répondit un officier de paix qui rejoignit ses agens sur le palier du troisième étage, où cette scène se passait. — Vous vous appelez Mauléon ?
— Non.
— Vous niez ? Soit ; votre identité sera constatée.
— De quoi m'accuse-t-on ?
— D'une tentative de vol, commis la nuit et avec effraction, chez monsieur Sauval, orfèvre, demeurant dans cette maison.
— C'est faux !
— Bien entendu ! Vous niez votre nom, vous niez naturellement l'acte qu'on vous impute : tout s'éclaircira.
— Encore une fois, je ne m'appelle pas Mauléon ; je n'ai commis aucune tentative de vol ; vous me prenez pour un autre.
— Nous savons qui vous êtes, vous allez d'abord nous suivre là-haut.
— Où, là-haut ?
— Chez un certain monsieur Corbin, que l'on soupçonne d'être votre complice.
— Je ne connais pas l'homme dont vous parlez.
— Vous ne le connaissez pas ?
— Non.
— Vous descendez de chez lui.
— Vous vous trompez.
— Le portier, à qui vous avez demandé si monsieur Corbin était rentré, vous a répondu affirmativement, et vous êtes monté.
— Le portier rêve.
— Il est au contraire fort éveillé. Vous allez donc nous accompagner chez le nommé Corbin, afin d'être confronté avec lui.

— C'est parfaitement inutile; je vous le répète, je ne le connais pas.
— C'est ce dont nous allons nous assurer; allons, marchons.
— C'est inutile.
— Marcherez-vous, à la fin !
— Mille tonnerres ! ne me touchez pas
— Alors, montez avec nous, et filez doux, nous sommes en nombre.

Catherine, clouée d'abord à sa place par l'épouvante, avait écouté ce dialogue; elle entendit que l'on montait vers l'étage où elle se trouvait; la terreur lui donna des forces, elle s'élança, regagna sa mansarde avec une rapidité vertigineuse, puis, verrouillant sa porte, elle tomba presque évanouie sur son lit en s'écriant avec horreur :
— Oh! j'en frissonne encore! Cette arrestation pouvait avoir lieu dans la cour... Mon fils pouvait se trouver là, ainsi que moi, et Mauléon me reconnaissant, car tout à l'heure il m'a regardée par deux fois, Mauléon pouvait me dire : « Catherine de Morlac! tu m'as ruiné! la misère m'a » conduit au vol... voilà ton ouvrage, infâme courtisane !» Oui, cet homme pouvait m'adresser ces terribles paroles devant mon fils! Mon Dieu ! ayez pitié de moi !... Oh ! fatal passé !... fatal passé !...

LXVII.

Peu de temps après que la comtesse de Villetaneuse se fut rendue chez la tante Prudence, afin de lui demander ses conseils, les tapissiers, les fleuristes, envahirent le rez-de-chaussée de l'hôtel de Villetaneuse pour s'occuper des préparatifs de la fête qui avait lieu le soir même ; les murailles du vestibule disparaissaient sous d'immenses glaces où devaient se réfléchir, à l'infini, les arbustes et les lumières de cette salle d'entrée; les jardiniers changeaient en buissons de fleurs les encoignures des salons et les baies des fenêtres, tandis que d'autres ouvriers achevaient la décoration d'une galerie de charpente improvisée dans le jardin de l'hôtel; cette galerie devait à la fois servir de salle de bal et relier entre elles les diverses pièces du rez-de-chaussée.

Müller, valet de chambre-Mercure de S. A. S. le prince Charles-Maximilien, était, depuis le brusque départ de cette altesse, resté au service du comte de Villetaneuse, et bientôt devenu son homme de confiance, grâce à sa finesse insinuante; de plus il avait cru devoir, dans l'intérêt des honnêtes projets du prince, conquérir les bonnes grâces de mademoiselle Clara, femme de chambre de la comtesse.

Müller et Clara disposaient en ce moment des tables de jeu dans un salon du premier étage, exclusivement réservé aux joueurs de baccarat et de lansquenet.

Mademoiselle Clara, brune très piquante, fort accorte, quoique déjà sur le retour, élégamment vêtue, en femme de chambre de bonne maison, disait à Müller, continuant ainsi un entretien commencé :
— De sorte que Son Altesse quitta subitement Paris, sans revoir madame la comtesse ?
— Oui, et monseigneur me laissa la mission toute confidentielle, dans le cas où je pourrais me faire agréer parmi les gens de cette maison, de le tenir pour ainsi dire presque jour par jour au courant des variations du baromètre.
— Que viens-tu me chanter avec ton baromètre?
— Ma chère, il s'agit ici du baromètre de l'amour de monsieur pour madame et de l'amour de madame pour monsieur. Or, en fille d'esprit, tu comprendras qu'ordinairement ce baromètre-là, après avoir marqué le beau fixe durant la lune de miel, descend souvent...
— Au variable.
— Puis à l'orage, à la tempête, et entre nous, je crois, je suis même certain, que ce baromètre est en ce moment à la tempête.

— A la tempête ? du côté de madame la comtesse ou de monsieur le comte?
— Oh ! monsieur le comte, lui, est invariablement au beau fixe; il est toujours d'une sérénité magnifique, rien ne l'émeut. Il a perdu avant-hier soir quatre mille cinq cent soixante louis au lansquenet, il a fredonné une ariette en se déshabillant, et le lendemain, lorsqu'à dix heures j'ai ouvert les volets de sa chambre, monsieur le comte ronflait comme un bienheureux. Son premier mot en s'éveillant a été de me dire : « Müller, vous irez ce matin » toucher cent mille francs chez mon banquier, puis vous » porterez de ma part, avant midi, quatre mille cinq cent » soixante louis à ce cher lord Mulgrave. » Il n'en a été que cela. Monsieur le comte est le plus beau joueur que j'aie vu de ma vie.
— Avec cette belle qualité-là, sans compter les autres, la dot de madame doit être fièrement écornée.
— Parbleu ! j'ai dû tenir Son Altesse au courant des variations de cet autre baromètre, qui baisse aussi à vue d'œil.
— Soit. Mais dans quel but monseigneur tient-il à être fidèlement instruit par toi de ce qui se passe ici, puisqu'il est retourné en Allemagne ?
— Dis-moi, Clara, es-tu ambitieuse?
— Comment ?
— As-tu un rêve, un désir favori ?
— Un très grand.
— Lequel ?
— L'âge vient; je m'ennuie de servir, d'être toujours au coup de sonnette d'une maîtresse. Mon rêve serait de tenir une table d'hôte dans le grand genre; j'y recevrais des hommes de plaisir et des femmes, enfin des femmes aimables.
— J'entends.
— Je donnerais à jouer après dîner... Il y a une fortune à faire en peu d'années. J'ai bien quelques économies... mais les premiers fonds d'un pareil établissement sont considérables.
— Hé bien ! ma chère, tu peux avoir les fonds nécessaires à l'établissement de la table d'hôte, car monseigneur est reconnaissant et magnifique.
— Explique-toi donc plus clairement.
— En deux mots, voici la chose : il est temps de te parler à cœur ouvert, les événements vont singulièrement se précipiter. Je t'ai priée, depuis ton entrée ici (prière, soit dit sans reproche, accompagnée d'assez jolis cadeaux), de parler souvent, très souvent, à la maîtresse des excellentes, des héroïques, des admirables qualités de Son Altesse.
— Je n'y ai point manqué, ajoutant toujours, d'après tes instructions, que j'étais ainsi renseignée sur monseigneur grâce à l'un de mes cousins actuellement au service du prince.
— C'est à merveille... je te parlais de ceci seulement pour mémoire.
— Entre nous, je ne comprends rien à ce que tu me fais faire, car enfin si le prince était à Paris, je me dirais : « Il est amoureux de madame... et... en lui disant continuellement du bien de monseigneur, je la prépare à un aveu, » mais Son Altesse est au fond de l'Allemagne.
— L'on assure même qu'il va partir pour Constantinople...
— Le prince ?
— Oui.
— Alors je renonce absolument à comprendre, mais, j'y songe, à propos de choses incompréhensibles, et ce petit appartement ?
— Quel appartement ?
— Ce rez-de-chaussée dont la porte se trouve en face de celle du jardin de l'hôtel.
— Eh bien ! tu l'as fait louer par ta belle-sœur, et meubler confortablement, ce rez-de-chaussée.
— Oui, parce que ni moi ni toi ne devions paraître dans cette affaire, m'as-tu dit.
— Sans doute.

— Mais à quoi bon ce petit appartement ?
— Tu le sauras plus tard. Contente-toi de toujours exécuter mes instructions avec intelligence, exactitude, et l'établissement de la table d'hôte est assuré.
— Alors apprends-moi ce que tu attends encore de mon zèle.
— Ce matin, madame la comtesse a reçu par la poste une lettre écrite sur gros papier, et dont l'enveloppe était cachetée de vert ?
— D'où sais-tu ?
— Peu importe. Dis-moi, quel a été l'effet de cette lettre sur madame ?
— Affreux ! Elle est devenue tremblante comme la feuille, pâle comme une morte, et puis, après avoir pleuré...
— Elle a pleuré ?... beaucoup pleuré ?
— Comme une Madeleine.
— Très bien ! — dit Müller en se frottant les mains. — Continue.
— Madame a voulu sortir tout de suite, sans attendre que l'on ait attelé ses chevaux et sans même me donner le temps de la lacer ; elle a pris à la hâte un mantelet et un chapeau, m'a envoyée dire au concierge de faire avancer un fiacre, où elle est montée tout éperdue...
— De mieux en mieux ! Du reste je prévoyais la chose... Maintenant, ma chère Clara, tu vas savoir ce que j'attends de toi... et songe à ta table d'hôte... Il faut que... tout à l'heure...

L'entretien des deux dignes serviteurs fut interrompu par un autre domestique qui vint dire au valet de chambre :
— Monsieur Müller, je sors pour aller chez le glacier ; voulez-vous qu'en même temps j'aille à la caserne des pompiers pour y demander les cinq hommes de service que monsieur le comte désire avoir à l'hôtel à cause de la galerie de bois bâtie dans le jardin ?... Je ferais la commission.
— Pas du tout, — reprit vivement Müller, — ce soin me regarde... j'irai moi-même tout à l'heure à la caserne des pompiers.
— Diable ! ne l'oubliez pas au moins, monsieur Müller ! cette galerie est bâtie en planches de sapin, couverte en toile goudronnée, tapissée d'étoffes ; tout ça brûlerait comme des allumettes si un malheur arrivait, et...
— Faites-moi le plaisir de vous mêler de ce qui vous regarde, d'aller faire vos commissions ; je me charge des pompiers.
— A la bonne heure, monsieur Müller. Moi je vous disais cela parce que jo...
— C'est bien, c'est bien ! Laissez-nous tranquilles !
Le domestique sortit. Müller reprit, s'adressant à Clara :
— Ecoute-moi attentivement. Madame la comtesse ne peut guère tarder à rentrer.
— Je crois même que la voici, — dit la femme de chambre, en ce moment placée près de l'une des fenêtres du salon ; puis prêtant l'oreille au roulement d'un fiacre entrant dans la cour de l'hôtel, et regardant à travers les vitres, Clara reprit : — Je ne m'étais pas trompée, c'est madame. Je vais à sa rencontre.
— Viens vite au contraire dans ma chambre ; je t'apprendrai en peu de mots ce qu'il faut que tu fasses.
— Mais madame, en rentrant chez elle, va me sonner !
— Tu la laisseras sonner. Viens, viens !...
Müller et Clara sortirent précipitamment du salon.

LXVIII.

Aurélie de Villetaneuse, de retour chez elle depuis quelques moments, avait jeté loin d'elle son manteau, son chapeau, et se promenait avec agitation dans sa chambre à coucher, garnie de meubles de bois de rose rehaussés de médaillons de porcelaine de Sèvres, et tendue de damas bleu tendre semé de gros bouquets de roses ; la magnifique coupe d'or émaillée, l'un des chefs-d'œuvre de Fortuné Sauval, et cadeau du prince Charles-Maximilien, placée sur une étagère, attirait les yeux par son inimitable perfection.

La jeune comtesse allait et venait dans sa chambre, se disant d'une voix entrecoupée :
— Madame Bayeul ! cette effrontée ! sans grâce, sans beauté, sans naissance ! madame Bayeul ! c'est à cette créature que mon mari m'a sacrifiée, mon Dieu ! C'est à devenir folle... Et je suivrais les conseils de ma tante ! je me résignerais... je fermerais les yeux !... ah ! je serais par trop stupide aussi ! Non ! et je veux à l'instant...

Aurélie agita brusquement un cordon de sonnette, s'écriant avec impatience :
— Où est donc cette Clara ! voilà trois fois que je la sonne. Elle est insupportable !

Puis, continuant de marcher avec agitation,
— Me préférer madame Bayeul, cette petite rousse, qui a l'air d'une fille entretenue ! Je suis pourtant plus belle que cette femme, moi ! — ajouta Aurélie en s'arrêtant devant une psyché en face de laquelle elle se trouvait alors.

Et par un mouvement de jalouse colère, la comtesse rompit la ceinture de sa robe, qui, ainsi brusquement ouverte, dégagea son cou si noble, où s'attachait sa tête charmante. Alors, se mirant dans sa merveilleuse beauté avec une fierté courroucée, la jeune femme s'écria :
— Je suis donc la sacrifiée, la dédaignée, la méprisée, moi ! Est-ce assez d'humiliation, assez de honte !

Puis, les larmes succédant à sa colère :
— Et j'ai tant aimé mon mari ! J'ai préféré la mort à la rupture de notre mariage, mon Dieu ! J'ignorais encore les vraies tortures de la jalousie ! Cette lettre m'avait bouleversée ; pourtant, je pouvais encore douter de cette odieuse réalité. J'ignorais quelle était ma rivale ; mais à cette heure, je le sais, oh ! je le sais !... Une madame Bayeul ! Je souffrirais cela ! Je ne me vengerais pas ! Oh ! si, je me vengerai, non en me déshonorant, mais la coquetterie a des armes terribles ! Il suffit des apparences pour frapper atrocement un homme dans son orgueil ! Eh ! dès ce soir, monsieur de Villetaneuse, vous aussi, vous connaîtrez l'enfer de la jalousie ! Tout à l'heure, en rentrant au milieu des préparatifs de cette fête, je la maudissais. Bénie soit-elle, au contraire ! Elle servira ma vengeance ; oui, du moins, je pourrai...

Et s'interrompant avec un sanglot étouffé :
— Mais non, non ! je ne pourrai pas... j'ai la tête perdue, je suis brisée... je serai laide... j'ai les yeux rouges... j'ai tant pleuré ! Ah ! heureusement cette indigne madame Bayeul ne vient pas chez moi... Elle serait belle de son bonheur, belle de son triomphe !... elle m'écraserait ! Non, non, ce soir toutes les femmes m'effaceraient, leur envie devinerait mes souffrances ! Je ne paraîtrai pas à cette fête, je dirai que je suis malade, j'irai passer ma soirée près de mon pauvre bon père ; ma mère fera les honneurs du salon.

Après un moment de silence, Aurélie reprit avec une désolante amertume :
— Ah ! ma mère ! ma mère ! votre tendresse aveugle m'a perdue ! Je n'étais pas vaniteuse, je le suis devenue !... Vous me répétiez sans cesse que, belle comme je l'étais, je devais être duchesse ou princesse ! La tête m'a tourné ! Je suis comtesse, je suis riche, j'ai dix-neuf ans, je suis belle...

Elle s'interrompit encore, et se redressant fière, superbe, résolue :
— Quoi ! je suis comtesse, j'ai dix-neuf ans, je suis belle, et je pleure !... Ah ! j'ai honte de ma lâcheté ! Je la vaincrai... Oui, ce soir je veux être belle... je le serai... oui, belle à éblouir... Tremblez, monsieur de Villetaneuse !

Aurélie sonna de nouveau sa femme de chambre, afin de lui donner ses ordres pour sa toilette de bal ; presque aussitôt Clara entra chez sa maîtresse.

LXIX.

La jeune comtesse, à la vue de sa femme de chambre, domina son émotion et dit à Clara :
— Où étiez-vous donc, mademoiselle ? voilà plusieurs fois que j'ai sonné.
— Je demande mille pardons à madame la comtesse, mais j'ignorais qu'elle fût rentrée, j'étais dans la lingerie.
— Vous allez me peigner et me coiffer ; préparez ce qu'il faut dans ma chambre de toilette.

Quelques momens après, Aurélie, vêtue d'un peignoir brodé, assise dans un fauteuil, devant une toilette à la duchesse garnie de dentelles et de flots de rubans roses, livrait sa magnifique chevelure châtaine, à reflets dorés, aux soins de mademoiselle Clara, qui pensait à part soi :
— N'oublions aucune des recommandations de Müller ; il y va de l'établissement de ma table d'hôte... Le difficile est d'amener adroitement l'entretien... enfin, essayons...

Elle reprit tout haut, en passant le démêloir d'écaille dans l'écheveau soyeux qu'elle tenait entre ses mains, et qui, sans ce soutien, fût tombé jusqu'à terre :
— Je ne crois pas qu'il y ait au monde une chevelure aussi longue, aussi belle que celle de madame la comtesse...

Aurélie ne répondit rien à cette flatterie de sa femme de chambre, mais, évoquant le passé avec une mélancolie navrante, elle se disait :
— Oh ! ma petite Marianne ! sœur chérie ! où est-il cet heureux temps où tu te plaisais à me coiffer pour le bal... J'étais toujours heureuse et souriante alors... confiante dans l'avenir, que je rêvais si beau !... Hélas ! combien je prévoyais peu les chagrins que j'endure aujourd'hui !

Mademoiselle Clara poursuivit :
— Il y a cependant une personne dont les cheveux, quoique d'une autre couleur que ceux de madame la comtesse, sont, dit-on, presque aussi beaux que les siens... ce sont ceux de madame la grande-duchesse de Holzern, sœur de Son Altesse le prince Maximilien.
— Ah ! — dit Aurélie, saisissant cette occasion de se distraire de ses noires pensées, — le prince a une sœur ?
— Oui, madame, et l'on cite, à propos d'elle, un trait de Son Altesse qui prouve son dévouement fraternel.
— Cela ne m'étonne pas, si j'en juge d'après tout le bien que je vous entends dire journellement du prince... Quel est ce trait ?
— La grande-duchesse se trouvait alors dans ses Etats, à environ cinquante lieues du palais du prince ; il apprend qu'elle est malade... c'était l'hiver, par un temps affreux, Son Altesse, craignant de ne pas arriver assez vite en voiture, fait venir deux chevaux de poste, et suivi d'un seul aide de camp, il fait ainsi, de relais en relais, cinquante lieues à cheval en quinze heures, malgré la neige ; il arrive, et pendant plus d'un mois Son Altesse, ne quittant pas le chevet du lit de sa sœur, l'a veillée jour et nuit...
— Ce trait est touchant, il fait honneur au cœur du prince, — dit Aurélie en soupirant. — Les hommes capables d'un pareil dévouement sont rares ; le prince est une noble exception. Heureux le peuple qu'il gouvernera un jour !
— Si madame la comtesse savait combien monseigneur est aimé ! Que dis-je ? adoré, idolâtré, béni de tous ceux qui l'entourent ! Ce n'est pas seulement de sa générosité qu'ils se louent, mais de sa bonté. Madame croirait-elle que mon cousin (il est, je l'ai dit à madame, au service de Son Altesse) s'étant trouvé un jour gravement malade, a vu monseigneur entrer dans sa chambre pour venir s'informer lui-même de ses nouvelles ? et mon cousin n'est pourtant qu'un pauvre domestique.
— Je trouve ce trait non moins touchant que celui que vous venez de me citer.
— Que dirai-je à madame ? Mon cousin ne m'écrit pas une seule fois sans me raconter quelque chose à l'avantage de Son Altesse : ce sont de pauvres familles secourues avec une délicatesse qui double le prix du bienfait, ou bien des actes de courage admirables. Est-ce que j'ai raconté à madame l'histoire du chien enragé ?
— Non.
— Ah ! madame, c'est effrayant. Le prince revenait à cheval de la chasse ; il avait perdu sa suite. Il entend des cris de terreur en approchant d'un hameau, et voit une femme et deux enfans fuyant un énorme chien furieux. Son Altesse saute à bas de son cheval, et, à coups de couteau de chasse, attaque et tue le chien enragé.
— C'est d'un noble courage !
— Aussi les habitans des domaines du prince regardent-ils son départ comme une calamité lorsqu'il va en voyage ; aussi en ce moment sont-ils dans la désolation de la désolation !
— Pourquoi cela, mademoiselle ?
— Ce matin, j'ai reçu de mon cousin une lettre. J'avouerai à madame que c'est la lecture de cette lettre qui me retenait tout à l'heure dans la lingerie et qui m'aura empêchée d'entendre la sonnette, — répondit Clara, continuant de s'occuper de la coiffure de sa maîtresse, et elle ajouta :
— Madame la comtesse veut-elle que je tresse ses cheveux en deux nattes ou en une seule ?
— En une seule.
— Je disais donc à madame que j'ai reçu de mon cousin une lettre dans laquelle il m'apprend que le prince va partir pour Constantinople. Aussi, tous les habitans des domaines de Son Altesse sont dans l'affliction.
— Je le comprends, le prince entreprend un bien long voyage.
— Il paraît que Son Altesse cherche ainsi à se distraire et à s'étourdir.
— A s'étourdir... sur quoi ?
— Le prince est, depuis environ un an, miné par un secret et profond chagrin. Mon cousin m'écrit que monseigneur, avant de se déterminer à ce voyage, passait des jours entiers tout seul, dans un pavillon situé au milieu des bois, à une lieue du palais. Son Altesse ne voulait absolument voir personne de sa cour.
— Et sait-on, mademoiselle, quelle est la cause de ce profond chagrin ?
— On l'ignore, — répondit Clara, et elle reprit : — La tresse de madame la comtesse est nattée... Veut-elle que je m'occupe maintenant de ses bandeaux ?
— Oui, faites.
— Je disais donc à madame que l'on ignorait la cause du profond chagrin de Son Altesse : les domestiques vivant toujours auprès de leurs maîtres savent naturellement bien des choses que le monde ne peut savoir ; cependant, mon cousin, malgré son dévouement pour monseigneur, n'a pu deviner la cause de cette peine secrète ; il m'écrit que le prince est presque méconnaissable tant il a pâli et maigri. Enfin, avant son dernier voyage à Paris, il avait une liaison... Madame la comtesse comprend...
— Parfaitement.
— Le prince avait donc une liaison avec la plus jolie femme de sa cour ; cette liaison a été rompue lorsque Son Altesse est revenue de Paris, et depuis, monseigneur, ainsi que je le disais à madame la comtesse, a toujours vécu au fond d'une profonde retraite, jusqu'au jour où il s'est décidé à partir pour Constantinople... sans doute dans l'espoir de se distraire, de s'étourdir.
— Pauvre prince ! — se disait Aurélie pensive, — un cœur si noble, si généreux ! Ah ! ceux-là plus que les autres sont exposés à souffrir !
— Madame veut-elle que je m'occupe de son autre bandeau ?
— Oui.
— Mon Dieu ! j'y songe, — reprit soudain mademoiselle Clara, semblant frappée d'une idée subite, — madame la comtesse serait peut-être curieuse de voir l'écriture de Son Altesse ?
— Comment cela ?
— Je l'avoue à madame ; je suis si reconnaissante des

bontés du prince à l'égard de mon cousin, que j'ai pour Son Altesse une sorte d'idolâtrie... et... mais je n'ose achever... madame la comtesse va se moquer de moi...

— Continuez, mademoiselle, continuez.

— J'avais dit à mon cousin que s'il pouvait m'envoyer ne fût-ce qu'un mot, une adresse de lettre écrite par Son Altesse... je garderais cela comme une relique... Or, le bonheur a voulu... que mon parent ait justement trouvé dans la cheminée du cabinet de Son Altesse un papier écrit de sa main et à demi brûlé, un morceau d'une lettre sans doute déchirée, puis jetée au feu... Mon cousin a cru pouvoir, sans indélicatesse, ramasser dans la cheminée ce chiffon de papier et me l'envoyer dans sa poche de ce matin. Madame la comtesse doit juger de ma joie. Je possède enfin ma précieuse relique! quelques mots de la main de monseigneur ! J'ignore ce qu'ils contiennent, car madame m'ayant sonné, j'ai à peine eu le temps de lire la lettre de mon parent qui m'annonce cet envoi ; mais si madame est curieuse de voir l'écriture de Son Altesse, — ajouta mademoiselle Clara en fouillant à sa poche (et tirant d'une enveloppe un petit morceau de papier soigneusement plié, elle le déposa sur la toilette), — madame pourra satisfaire sa curiosité. — Puis la fine mouche, sans plus parler du papier, qu'Aurélie n'avait ni accepté ni refusé : — Madame la comtesse est coiffée ; veut-elle me dire quelle robe elle mettra ce soir, afin que je prépare sa toilette?

— Je n'en sais rien encore ; j'y vais songer, je vous sonnerai tout à l'heure.

Mademoiselle Clara sortit de la chambre se disant :

— Ma foi! je crois n'avoir pas été trop sotte, Müller sera content, et l'établissement de ma table d'hôte est, je l'espère, en bon train.

LXX.

Madame de Villetaneuse, en écoutant le babil de sa femme de chambre et certaines circonstances rapportées par elle, était devenue de plus en plus rêveuse. Elle prit machinalement le papier laissé par Clara sur la toilette et le déplia, cédant à un vague sentiment de curiosité. Ce papier lacéré, froissé, irrégulièrement brûlé sur ses bords, avait dû faire partie d'une lettre ; il contenait quelques lignes d'une écriture fine, serrée, qu'Aurélie reconnut facilement pour être celle du prince Charles-Maximilien, en la comparant, de souvenir, à celle de la lettre d'envoi de la coupe émaillée. Ces lignes étaient tronquées par la lacération et la brûlure du papier ; cependant Aurélie put lire et mentalement compléter les phrases suivantes (le commencement de la lettre se trouvait, sans doute, sur l'un des fragments détruits par le feu) :

« Aussi, j'ai voulu quitter Paris le lendemain de son
» mariage, dont j'avais été le heureux et le malheureux té-
» moin... l'absence loin de calmer mon amour...
» et je pars, ne comptant plus...
» de ce long voyage en Orient...
» Oh! ma sœur, si tu la...
» cette folle passion qui...
» avec ma vie...
» de cette coupe...
» quelquefois mon souvenir... »

Aurélie, pouvant à peine en croire ses yeux, lut et relut plusieurs fois ce fragment de lettre qui semblait avoir été adressé par le prince Maximilien à sa sœur, puis courut à un meuble où elle conservait le billet d'envoi de la coupe, le prit, et compara les deux écritures. Elles étaient absolument semblables.

La comtesse ne pouvait soupçonner le complot infernal qui se tramait autour d'elle, mademoiselle Clara lui ayant (d'après les instructions de Müller) expliqué d'une manière parfaitement vraisemblable comment elle se trouvait en possession de ces quelques lignes de la main du prince, sans avoir, disait-elle, eu le temps d'y jeter les yeux.

— Il m'aime ! — se disait madame de Villetaneuse relisant encore ce fragment de lettre et suppléant si ciment aux mots lacérés. — Le prince a voulu quitter Paris le lendemain de mon mariage, dont il avait été l'heureux et le malheureux témoin! il voulait échapper à cet amour... et l'absence, loin de le calmer, l'a encore augmenté! il compte sur les distractions de ce voyage d'Orient pour s'étourdir ; il dit à sa sœur que si elle me connaissait, elle comprendrait cette folle passion qui ne finira qu'avec sa vie! il espère que la coupe dont il m'a fait présent me rappellera quelquefois son souvenir... C'est de moi... oui, c'est bien de moi qu'il s'agit... le prince m'aime toujours ! il part pour l'Orient, afin de se distraire de cet amour sans espoir... Mon Dieu ! je rêve, ou si je veille... Il m'aime ! Était-ce donc un vague pressentiment de cet amour, le doux plaisir que j'éprouvais à entendre Clara me parler chaque jour du prince? Je me plaisais à me rappeler ses traits, son accent, le peu de paroles qu'il m'a dites autrefois ; je sentais germer dans mon cœur une sympathie, une admiration profonde pour cet homme à la fois si délicat et si chevaleresque, si charmant et si bon, que je le regardais comme un être idéal, comme un héros de roman. Oh ! souvent, durant ces heures de solitude que me faisait la continuelle absence de mon mari, je me suis dit, sans jamais penser, mon Dieu ! que Charles-Maximilien m'eût seulement remarquée : « Combien la » femme qu'il aime doit être fière et heureuse !... » Et c'est moi qu'il aime! Oh! béni soit ce voyage. Jamais je ne reverrai le prince ; je pourrai l'aimer sans honte, sans remords : telle sera ma secrète et chère vengeance des mépris de mon mari! Ah! cet amour sans avenir, je le sais, sera du moins ma consolation, mon soutien ; il me donnera conscience de moi-même ; il me relèvera à mes propres yeux ; il me prouvera que je vaux bien une madame Bayoul !... Il est prince! il est frère d'un souverain! il est jeune encore! il est beau! il a rompu avec une charmante maîtresse, il a fui sa cour pour vivre de mon souvenir dans une profonde solitude... et c'est à peine s'il ose compter sur les distractions d'un long voyage pour l'étourdir sur cette passion qui ne finira qu'avec la vie! Oui, voilà comme je suis aimée d'un prince qui doit régner un jour, tandis que je suis délaissée, méprisée par monsieur de Villetaneuse !... donc il ne sacrifiée à qui ?... A une effrontée créature sans beauté, sans esprit!... Et l'homme qui me délaisse ne m'a peut-être épousée que pour ma dot!... Oh! cet amour me venge!... Je ne serai pas ingrate, non, non, et pour me souvenir de vous, monseigneur, je n'aurai pas besoin de regarder cette coupe!

La jeune femme, contemplant cet objet d'art avec un sourire mélancolique, disait :

— Cher trésor! maintenant doublement précieux pour moi! Divin chef-d'œuvre de mon ami d'enfance! souvent, dans l'isolement où me laissait l'homme qui aujourd'hui m'outrage, me dédaigne, j'éprouvais une vague appréhension des tourments dont je souffre à cette heure, et je te disais : « Si je dois être malheureuse un jour, ton as-
» pect me donnera le courage de la résignation. Je me
» rappellerai qu'il n'a tenu qu'à moi d'épouser l'artiste il-
» lustre dont tu es le chef-d'œuvre. J'aurais été la plus
» heureuse des femmes, j'ai refusé sa main, je n'ai pas le
» droit de me plaindre. » Oh! je le parlais ainsi, cher trésor, et maintenant je te dirai : « Tu éveilleras toujours en
» moi le souvenir de mon ami d'enfance... mais tu seras
» aussi à mes yeux le gage d'un amour dont je suis fière,
» dont je n'ai pas à rougir, tu seras le noble fruit de l'admiration qui depuis longtemps germait dans mon cœur? Oh! je m'abandonnerai sans réserve, sans crainte et avec délices à cet amour, car je ne dois jamais revoir celui qui l'inspire... Oh ! prince charmant! c'est le nom inventé que vous dés ce jour je vous donne, vous êtes venu comme le bon génie du conte de fée changer mes larmes en joie, mon désespoir en espérance, mes feuilles sèches

Je saurai le faire marcher au pas, moi, cet insolent-là ! — Page 106.

en perles et en diamans, les ronces de mon chemin en bouquets de fleurs. Prince charmant, vous serez mon bon génie !

Cette amoureuse invocation d'Aurélie au prince charmant fut interrompue par mademoiselle Clara, qui entra et dit :

— Monsieur le comte fait demander à madame la comtesse si elle peut le recevoir.

— Tout à l'heure, — répondit en soupirant la jeune femme, soudain rappelée à la réalité ; — puis, après un moment de silence, et s'adressant à sa femme de chambre, non sans un certain embarras :

— Mademoiselle, vous n'avez pas lu, m'avez-vous dit, ce fragment de lettre du prince ?

— Non, madame la comtesse.

— Tenez-vous beaucoup à ce chiffon de papier ?

— Oh ! beaucoup ; c'est pour moi une véritable relique. Je l'ai dit à madame.

— S'il en est ainsi, je ne peux guère espérer que vous m'abandonniez cette précieuse relique.

— Madame...

— Une de mes amies rassemble une collection d'autographes des personnes les plus considérables de notre époque ; ces quelques lignes de la main du prince eussent très bien figuré dans cette collection.

— Madame la comtesse doit penser que je n'ai rien à lui refuser, et dès qu'elle désire garder cet écrit, je...

— Merci, Clara, merci... je saurai récompenser votre bonne grâce à m'être agréable. Priez monsieur de Villelaneuse de m'attendre dans mon boudoir.

— Oui, madame la comtesse, — répondit Clara en sortant, et elle se dit :

— Ma maîtresse veut conserver ces lignes amoureuses... décidément, j'aurai ma table d'hôte !

LXXI.

Madame de Villelaneuse vint bientôt rejoindre le comte, qui l'attendait dans un boudoir, voisin de la chambre à coucher. Aurélie, d'abord calme et digne, dit froidement à son mari :

— Vous désirez me parler ?

— Oui, ma chère amie ; je viens vous prier de vouloir bien signer ces quelques papiers d'affaires. — Et il les lui montra. — Je viens en outre vous adresser un reproche, un grave reproche.

— A moi ? — répondit Aurélie avec stupeur ; — à moi, un grave reproche ?

— Hé ! sans doute, à vous. — Puis, prenant un air sévère, — Comment se fait-il, madame, que je sois obligé de vous dire... car enfin un tel oubli de votre part est impardonnable... Oui, comment se fait-il que je sois obligé de vous dire que vos boucles d'oreilles en diamans ne sont aucunement en rapport avec la richesse de votre parure ? aussi, madame, ajouta le comte en souriant et fouillant à sa poche, dont il tira un petit écrin, — outré, révolté de ce complet oubli de vos devoirs de femme élégante, je viens vous les rappeler en vous apportant cette paire de boucles d'oreilles.

— Vous êtes trop généreux, vraiment, — répondit Aurélie avec une amertume contenue en songeant à l'aventure du passage Cendrier, — vous me comblez.

— Ne parlons plus de cela. Veuillez, je vous prie, ma chère amie, signer ces papiers... le clerc de mon notaire les attend... il s'agit d'un placement très avantageux, et, si vous voulez, je vous expliquerai...

— C'est inutile, monsieur ; donnez-moi ces papiers, — répondit Aurélie avec distraction et absorbée qu'elle était par mille pensées diverses ; puis s'approchant de sa table à écrire, — Où faut-il signer ?

— Il faut, ma chère amie, d'abord écrire ici : *Approuvé*

Avouez, monsieur de Maillebois, que vous venez complimenter Madame. — Page 109.

l'écriture ci-dessus... Bien, voilà qui est fait... Maintenant, votre signature au bas de ces mots... signez encore ici... et là encore... A merveille, — dit le comte en remettant les papiers dans sa poche. — mille grâces...

— Est-ce tout, monsieur ?

— Oui, ma chère... Ah! j'oubliais : j'aurai à vous présenter ce soir une personne qui... — mais remarquant la pâleur d'Aurélie, il s'interrompit et ajouta : — Mais qu'avez-vous donc ?... vous semblez préoccupée, soucieuse !

— Préoccupée, peut-être... mais soucieuse, non, Dieu merci !

— Je vous assure que vous avez l'air fort soucieux.

La comtesse, en proie à une agitation violente, d'abord contenue, ne put dominer plus longtemps ses ressentimens, et, après un moment de silence, reprit brusquement, d'une voix altérée :

— Monsieur, savez-vous où est situé le passage Cendrier ?

— Le passage Cendrier ?

— Oui.

— Voilà, ma chère, une question topographique singulièrement inattendue.

— Inattendue, je le crois ; enfin, faites-moi la grâce de me répondre.

— Le caprice est bizarre ; mais, soit, voyons, il me semble que le passage Cendrier doit être quelque part vers le boulevard des Capucines, et, si je ne me trompe, c'est un affreux passage.

— Affreux ! peut-être ; mais il n'est pas tel sans doute à vos yeux, monsieur : vous devez le trouver charmant, grâce aux souvenirs qu'il vous rappelle.

— Ce passage me rappelle, dites-vous, des souvenirs ?

— Et des plus récens ; vous êtes allé ce matin encore dans ce passage si affreux !

— Ah bah !

— Vous êtes entré dans la maison qui porte le n° 7.

— Vraiment !

— Et madame Baycul est bientôt venue vous rejoindre dans cette maison... Osez le nier, monsieur... osez-le !

— Nier quoi, ma chère ?

— Votre rendez-vous avec cette femme! Ne dites pas non! je l'ai vue! elle avait un chapeau blanc et un châle orange !

— Un chapeau blanc ! un châle orange ! voilà qui me paraît fort circonstancié.

— Ainsi, monsieur, vous avouez... vous avouez !

— Vous me paraissez si convaincue, ma chère, qu'il serait de mauvais goût de contrarier votre certitude ; et puisque vous tenez particulièrement à croire que...

— Monsieur !

— Je vous en prie, calmez-vous.

— Je suis très calme, vous le voyez !

— Pas tout à fait calme, mais beaucoup plus calme que je ne devais m'y attendre. Vous avez débuté par l'ironie, non par la colère ou par les larmes ; cela prouve du sang-froid, du dédain, une sorte d'indifférence de la chose. Or, cette indifférence est du meilleur augure pour notre repos et notre bonheur à tous deux ; décidément, ma chère Aurélie, vous êtes une femme d'esprit, de tact, de bon sens ! Vive Dieu! nous sommes faits pour nous entendre ! il n'y aura pas maintenant d'existence comparable à la nôtre. Nous nous comprendrons à demi-mot, nous nous serons réciproquement indulgens. Tenez, vous êtes un ange !

— Monsieur... vous me méprisez donc bien ?

— Moi ! vous mépriser ! Vous me dites cela tout justement au moment où je vous admire.

— Soyez sincère, vous ne m'avez jamais aimée !

— D'abord, ma chère, qu'est-ce que l'amour ?

— Mais... c'est... c'est...

— Allons, j'écoute, c'est...

— C'est le sentiment que malheureusement j'éprouvais pour vous, monsieur.

— Et vous ne l'éprouvez plus ?

— Vous osez me le demander !

14ᵐᵉ LIVRAISON.

— Ah ! si je pouvais vous croire !
— Monsieur !…
— Hé, sans doute ! si vous ne m'aimiez plus, nous n'aurions alors rien à envier aux plus heureux de ce monde ; gais, contens, placides, confians l'un envers l'autre, jamais jaloux ni chagrins, jamais soupçonneux ni soupçonnés, toujours pardonnant ou pardonnés, vivant en bons amis, nos belles années s'écouleraient dans des plaisirs sans contrainte, sans recourir à la ruse, à la feinte, au mensonge ! Enfin, l'âge venant, le souvenir de notre bon temps charmerait notre vieillesse. Que de joyeuses histoires à nous raconter en tisonnant ! Ah ! ma chère Aurélie, si vous le vouliez, quels charmans camarades de plaisir nous serions !
— Camarades de plaisir, et complices d'ignominie, n'est-ce pas, monsieur ?
— Vous êtes un enfant, vous réfléchirez ; votre calme de tout à l'heure, en me parlant du passage Cendrier, est pour moi, je vous le répète, d'un excellent augure. Ah çà ! vous serez belle, ce soir ? que dis-je, belle ! belle, c'est tout simple, mais éblouissante, n'est-ce pas ?
— Non ! jamais homme si pervers, si dégradé qu'il soit, n'a tenu pareil langage à une femme de dix-neuf ans… à une femme qui ne lui a pas donné le droit de douter d'elle ! Mon Dieu ! mon Dieu !
— Qu'avez-vous donc ?
— Oser me proposer un marché infâme ! oser me dire : Ayez vos amours, j'aurai les miens ; puis, l'âge venu, tous deux vieillis dans le vice, nous parlerons du bon temps…
— Écoutez-moi… je…
— Un homme trompe sa femme, c'est odieux ! — s'écria douloureusement Aurélie ; — mais enfin, en outrageant sa femme, cet homme la respecte ordinairement encore assez pour lui dire : Madame, prenez garde… mon infidélité ne justifierait pas la vôtre ! l'honneur me ordonne de répondre à mon outrage par une conduite irréprochable.
— Quoi ! l'absurde, le féroce égoïsme de ces stupides et jaloux butors ne vous révolte pas, ma pauvre Aurélie ? Quoi ! traitant de crime abominable les doux méfaits qu'ils commettent à la journée, ils disent à leur femme…
— Ils disent à leur femme : « Je suis un misérable ; mais » votre honneur vous défend de m'imiter. » Vous, monsieur, vous me dites : « Je suis un misérable ! Allons, ma » chère, imitez-moi ; montrez-vous encore plus misérable » que moi… vous buvrez le calice de la honte jusqu'à la lie, » car le monde est sans pitié pour les fautes de l'épouse ! » Mon Dieu ! — ajouta la comtesse, et ses sanglots éclatèrent, — on se résigne à n'être plus aimée, à être dédaignée, sacrifiée, mais l'on ne se résigne pas à une pareille insulte !
Madame Jouffroy entra dans le boudoir au moment où la comtesse fondait en larmes.

LXXII.

Madame Jouffroy, depuis le mariage de sa fille, la voyait pleurer pour la première fois ; elle fut surtout frappée de la pâleur et de la douloureuse altération des traits d'Aurélie. La mère la moins clairvoyante eût deviné qu'il s'agissait, non pas d'une légère discussion de ménage, mais d'un dissentiment grave et pénible : aussi madame Jouffroy, courant vers sa fille, s'écria en jetant au comte un regard menaçant :
— Pourquoi Aurélie pleure-t-elle ? — Puis embrassant celle-ci avec effusion, elle reprit d'une voix remplie d'angoisse : — Mon enfant, je t'en conjure, dis-moi ce que tu as… Ta pauvre figure est toute bouleversée, tu n'es pas reconnaissable.
— Je n'ai rien, maman.
— Tu n'as rien ! et tes joues ruissellent de larmes, tu es pâle comme une morte, tu es oppressée à étouffer, tes mains tremblent, tu frissonnes… et tu dis que tu n'as rien !
Puis se retournant impétueusement vers le comte :

— Mon gendre, qu'est-ce que cela signifie ?
— Cela signifie, ma chère belle-mère, que notre Aurélie est une enfant.
— Il ne s'agit pas de cela. Pourquoi la faites-vous pleurer ? Pourquoi la mettez-vous dans un état pareil ? Est-ce que vous croyez que je vous ai donné ma fille pour que vous la rendiez malheureuse ?
— Maman, je t'en prie, calme-toi. Monsieur a raison, — reprit la comtesse avec une amertume navrante, — j'ai eu tort de pleurer pour peu de chose… je suis une enfant.
— Tu appelles ton mari *monsieur*, ton pauvre sourire me fait venir les larmes aux yeux… Je te dis, moi, qu'il s'est passé entre vous quelque chose de terrible. Jour de Dieu ! si je savais…
— De grâce, chère belle-mère, calmez-vous. Il n'est pas besoin de dire : Si je savais… Vous vivez avec nous, vous savez par vous-même si ma femme est malheureuse.
— Il y a commencement à tout.
— Avez-vous quelque chose à me reprocher ?
— Vous êtes toujours dehors, vous ne sortez quasi jamais avec ma fille.
— De cela s'est-elle plainte jusqu'ici ? s'en plaint-elle ?
— Elle ne se plaint jamais, parce qu'elle est l'agneau du bon Dieu. Mais puisque l'occasion se présente, et que je trouve Aurélie en larmes et dans un état à faire pitié, je vous dirai ce que j'ai depuis longtemps sur le cœur. Entendez-vous, monsieur mon gendre ? L'on ne se marie pas pour vivre de son côté, à sa guise, et rentrer toutes les nuits à je ne sais quelle heure. Sans son père et moi, ma fille serait toujours seule à la maison. Je suis sûre que cet isolement est une des causes de son chagrin. Elle se sera révoltée à la fin, et vous lui aurez dit des duretés. N'est-ce pas que c'est ça, ma pauvre chérie ?
— Maman, je t'en prie… ne…
— C'est indigne à vous, mon gendre… vous êtes un monstre !
— Ma chère belle-mère… vous êtes un peu vive ; je me permettrai de vous faire observer que vous me traitez de monstre sans trop savoir pourquoi.
— Tenez, vous me faites bouillir le sang dans les veines avec votre sang-froid gouailleur !
— Ma mère, je t'en supplie…
— Laisse-moi faire, ma pauvre chérie, tu n'as plus de défense qu'un mouton ; mais moi, Dieu merci ! j'ai bec et ongles, je ne reculerai pas devant ton mari, et s'il veut commencer à te tourmenter, qu'il prenne garde à lui !
— Encore une fois, madame, quelle est la cause de ce grand courroux ? Pourquoi cet éclat soudain ?
— Comment, pourquoi ? Est-ce que vous vous moquez du monde ? Je trouve ma fille en larmes et toute bouleversée ; ce n'est point assez, peut-être ! Ne croyez pas, voyez-vous, m'imposer par votre flegme impertinent.
— Madame… ces expressions…
— Hé bien ! quoi donc, monsieur ?… je vais peut-être prendre des mitaines pour vous parler !
— Des mitaines… je n'en exige point, mais j'ai le droit d'attendre de vous, madame, que vous me parliez poliment.
— Vous allez voir qu'à mon âge et devant ma fille, je vais recevoir des leçons d'un blanc-bec comme vous !
— Ma mère ! ma mère !
— Laisse-moi donc tranquille ! ne t'en mêle point ! — s'écria madame Jouffroy, complètement exaspérée par le froid persiflage du comte. — Je saurai le faire marcher au pas, moi… cet insolent-là !
— Ma chère belle-mère, il m'en coûte de vous prier de remarquer que votre prétention de faire marcher les gens au pas pourrait justifier la ressemblance que les méchans veulent, à tort, à grand tort, trouver absolument entre vous… et un tambour-major…
— Vous êtes un manant !
— Monsieur… ah ! monsieur… insulter ma mère !
— Hé bien ! hé bien ! qu'est-ce qu'il y a ? on se chamaille donc ? — dit la voix nasillarde du marquis entrant en ce moment dans le boudoir avec monsieur Jouffroy.

LXXIII.

Madame Jouffroy, à la vue de son mari accompagnant le marquis de Villetaneuse, s'écria :

— Avance ici, Jouffroy ! viens voir ta fille en larmes, viens entendre de quelle manière l'on traite ta femme.

— Qu'y a-t-il donc ? — reprit l'excellent homme avec anxiété en courant vers sa femme et Aurélie. — Ah, mon Dieu ! fille, comme tu es pâle... et toi, Mimi, comme tu es rouge !

— Est-ce qu'il n'y a pas de quoi se mettre hors de soi ! ce freluquet-là rend notre fille malheureuse comme les pierres, et m'appelle tambour-major !

— Tambour-major ! — répéta le marquis en ricanant ; — mais, chère madame, il n'y a point du tout lieu de vous offusquer de cette ressemblance-là ! un tambour-major ! mais c'est un personnage fort majestueux... qu'un tambour-major !

— Oui, — reprit amèrement madame Jouffroy, — je ressemblais à une duchesse... lorsque vous veniez m'entortiller pour que je donne ma fille à votre neveu.

— Belle dame... que je meure si j'ai jamais eu l'inconvenante pensée de... vous entortiller, — ajouta le marquis en aspirant sa prise de tabac. — Peste ! vous entortiller !

— Tenez ! vous ne valez pas mieux que votre neveu ! les deux font la paire ! — s'écria madame Jouffroy, exaspérée par la sardonique impertinence du marquis. — Le cousin Roussel vous avait bien jugé, lui ! Vous n'êtes qu'un vieux roué !

— Madame... mes cheveux blancs...

— Parlez-en donc, de vos cheveux blancs ! Vous les honorez joliment !... Et nos quatre mille francs ?

— Quels quatre mille francs ?

— L'argent que mon mari vous a remis le lendemain du mariage de ma fille, sous prétexte d'une conspiration, d'une surprise... que vous vouliez, disiez-vous, ménager à Aurélie et à votre neveu !

— Chut, chut, chère madame ! la conspiration marche toujours ; un peu de patience ; d'ailleurs, votre mari n'a-t-il pas un reçu de moi, une quittance en forme ! Il est donc parfaitement en règle.

— Il est bien avancé avec sa quittance ! c'est quatre mille francs de flambés... Quand je pense que j'étais assez bête pour croire à votre conspiration... Ah ! il y a bien d'autres choses auxquelles j'ai cru pour le malheur de ma fille... Mais, par Dieu ! je sais là, et il faudra marcher droit, monsieur mon gendre !

— Oui, nous serons là, — reprit timidement monsieur Jouffroy, — nous ne voulons pas que notre fille soit malheureuse... ah ! mais dame, non !

— Mon bon père, — reprit Aurélie, que cet entretien mettait pour tant de raisons au supplice, — j'ai eu avec monsieur de Villetaneuse une discussion, j'ai pleuré, maman est entrée ; émue de mes larmes, elle a adressé des reproches à monsieur de Villetaneuse, il a répondu à ma mère en des termes dont j'ai été profondément affligée ; il les regrette, je l'espère... Je t'en conjure, bon père, et toi aussi, maman, oublions ce qui s'est passé ; il y a bal ici ce soir, il est déjà tard ; si je n'assistais pas à cette fête, il s'ensuivrait mille commentaires ; il me faut donc songer à ma toilette ; nous allons dîner bientôt... et...

— Ma pauvre enfant, — reprit madame Jouffroy en interrompant Aurélie, — tu veux excuser ton mari, je le reconnais là ; mais demain, nous tirerons cette affaire-là au clair, nous aurons une explication sérieuse.

— Et moi, ma femme, sans attendre à demain, je profiterai, s'il te plaît, de l'occasion pour adresser tout de suite une question à notre gendre, — reprit monsieur Jouffroy, désirant profiter de l'occasion bien rare où il voyait sa femme disposée à le soutenir et à partager enfin ses appréhensions pour l'avenir de leur fille, appréhensions de plus en plus vives pour lui, mais dont, jusqu'alors, il n'avait osé parler, tant il craignait de se trouver en désaccord avec madame Jouffroy.

— Mon cher beau-père, — reprit le comte, — vous avez, dites-vous, une question à m'adresser ?

— Oui, mon gendre ; je voudrais savoir, hum... hum... savoir un peu l'état de vos affaires... et de la fortune de ma fille... hum... hum... Vous dépensez énormément d'argent, ultime semble, mon gendre... hum... hum... que vous allez un peu vite.

— Mon cher beau-père, tout ce que je peux vous répondre à ce sujet, c'est que vous n'avez aucune espèce d'inquiétude à avoir.

— J'espère que voici une réponse péremptoire, — ajouta le marquis en prenant son tabac, — péremptoire et des plus rassurantes.

— Allons donc ! — s'écria madame Jouffroy, — vous et votre neveu, vous vous entendez comme des larrons en foire !

— Belle dame, cette comparaison de larrons en foire est un peu...

— Tant pis si elle vous blesse ! mon mari et moi, nous voulons des preuves et non des mots, entendez-vous, monsieur mon gendre ! oui, nous voulons connaître votre passif et votre actif. Oh ! il n'y a pas à nous tromper : je sais les affaires, moi ! vous aurez donc à nous justifier vos dépenses depuis votre mariage, à livres, sous et deniers.

— Parbleu ! mon neveu est suffisamment émancipé, j'imagine !

— Je gère ma fortune et celle de ma femme ainsi qu'il me convient, — poursuivit le comte ; — personne n'a le droit de se mêler de cette gestion.

— C'est un peu fort ! — s'écria madame Jouffroy. — Quoi ! nous aurions donné huit cent mille francs de dot à notre fille, et nous n'aurions pas le droit d'exiger que vous nous en rendiez compte !

— Moralement, oui ; matériellement, non, madame, et je vous en rends compte moralement en vous disant, et j'ai le droit d'être cru, que vous ne devez avoir aucune inquiétude au sujet de notre situation de fortune.

— C'est clair. Que diable pouvez-vous exiger de plus de mon neveu ?

— Pardon, monsieur le marquis ; notre gendre nous donnant cette assurance nous doit aucunement craindre. Hum... hum... de nous montrer, à ma femme et à moi, ses livres de dépenses, ses valeurs en caisse, de compter avec nous, enfin, de clerc à maître, et de...

— Aurélie, — dit soudain madame Jouffroy, frappée d'une idée subite, — ton mari ne t'a-t-il jamais rien fait signer ?

— Si, maman, et aujourd'hui encore...

— Que signais-tu ainsi ?

— Je n'en sais rien ; monsieur de Villetaneuse me priait de signer... je signais.

— Sans lire, malheureuse enfant ?

— Oui, mon père.

— Grand Dieu ! — s'écria madame Jouffroy, — je n'ai pas prévenu ma fille ! Hélas ! je ne me doutais de rien. — Et se retournant vers le comte avec angoisse, — Quels actes avez-vous fait signer à Aurélie, aujourd'hui encore ?

— J'ai la chair de poule, — dit monsieur Jouffroy ; — s'il s'agissait de transferts de rentes, toute la dot de fille était en rentes !

— Mais répondez donc ! — s'écria madame Jouffroy hors d'elle-même, en saisissant le comte par le bras : — quels actes avez-vous fait signer à ma fille ?

— Vais-je donc n'a jamais poussé plus loin l'indiscrétion ! reprit le marquis ; — mais c'est intolérable ! mais c'est une véritable inquisition !

— Madame, je n'ai rien à vous répondre, — dit monsieur de Villetaneuse ; — ma femme, confiante en moi comme elle doit être, a signé ce qu'il m'a paru bon de lui faire signer dans notre intérêt commun ; vous n'en saurez pas davantage.

— Je vous dis, moi, qu'il faut à l'instant nous montrer cet acte qu'aujourd'hui même ma fille a signé... Cet acte où est-il?

— Cet acte, monsieur de Villetaneuse l'a sur lui, — dit Aurélie avec angoisse, en pressentant une nouvelle indignité de son mari. — J'ai signé tout à l'heure un papier timbré.

— Cet acte ! — s'écria madame Jouffroy ; — cet acte, ou sinon...

— Me prenez-vous, madame, pour un enfant ? — répondit le comte en haussant les épaules ; — j'ai dit non, c'est non.

— Mais vous voulez donc dépouiller ma fille, la ruiner, ne lui laisser que les yeux pour pleurer, malheureux que vous êtes !

— Mon Dieu ! — se dit Aurélie, — qu'apprends-je encore !

— Madame, j'entends être maître dans ma maison, — reprit Henri de Villetaneuse pâle de colère ; — ne m'obligez pas de vous rappeler que vous n'êtes pas ici chez vous, mais chez moi... et que je ne permets à personne de m'outrager chez moi.

— Ma fille, tu l'entends ! — s'écria madame Jouffroy en levant les mains vers le plafond, — il nous chasse ! il nous chasse !

— Madame la comtesse est servie, — vint dire à haute voix Müller une serviette sur le bras et paraissant à la porte du boudoir, dont il ouvrit les deux battans en jetant un regard pénétrant sur les divers acteurs de cette scène de famille, qui gardèrent aussitôt le silence, obligés de se contenir devant ce domestique.

Le marquis, impassible, offrit son bras à Aurélie, qui, tremblante, s'y appuya ; le comte offrit le sien à sa belle-mère, qui fut obligée de l'accepter ; monsieur Jouffroy suivit tristement sa femme.

— Monsieur le comte, — dit Müller à son maître, lorsque celui-ci passa devant lui, — j'ai vu le commandant des pompiers, il enverra les hommes que monsieur le comte a demandés...

— C'est bien, c'est bien, — répondit avec distraction Henri de Villetaneuse, et la famille descendit dans la salle à manger, située au rez-de-chaussée.

LXXIV.

La fête donnée par le comte et par la comtesse de Villetaneuse était splendide : les invités se succédaient à chaque instant ; une galerie en bois, intérieurement garnie de tentures et élevée dans le jardin, reliait entre eux les salons du rez-de-chaussée, brillans de lumières, de dorures et de fleurs.

Aurélie avait dû faire les honneurs du bal, malgré le trouble et la douleur où la jetaient les divers événemens de cette journée ; non seulement le comte la trompait et la supposait assez dégradée pour accepter, ainsi qu'elle le disait, un marché de tolérance infâme, mais, abusant de sa confiance facilité à signer sans les lire les actes qu'il lui proposait, il la ruinait et ne l'avait évidemment épousée que pour sa dot.

Lorsqu'à ces dédains, à ces indignités, la jeune femme comparait, dans sa pensée, l'amour si discret, si profond du prince Charles-Maximilien, cet homme aux sentimens délicats et chevaleresques (selon les récits de mademoiselle Clara), elle sentait redoubler son penchant pour lui, s'y livrait, se promettant de s'y livrer toujours avec d'autant plus d'innocence et de sécurité, qu'elle ne devait jamais revoir le prince. Cet amour inconnu serait, pensait-elle, la mélancolique consolation de ses chagrins ; elle attendait d'ailleurs le lendemain de la fête, afin d'aviser, soit avec son père et sa mère soit avec sa tante Prudence et le cousin Roussel, sur le parti à prendre dans les tristes circonstances où elle se trouvait.

La comtesse, en proie à mille émotions diverses, faisait donc les honneurs du bal. Connaissant l'emportement de sa mère, sachant combien peu elle se pouvait contraindre, et craignant de sa part quelque éclat à l'endroit du comte, elle avait supplié madame Jouffroy de rester chez elle. Monsieur Jouffroy se trouvait toujours si embarrassé, si dépaysé au milieu de la société de l'hôtel de Villetaneuse, qu'il s'était empressé d'offrir à sa femme de lui tenir compagnie afin de chercher ensemble les moyens de s'éclairer sur la position pécuniaire de leur gendre, et, s'il en était encore temps, de préserver leur fille d'une ruine imminente.

Henri de Villetaneuse, léger, souriant, gracieux, faisait de son côté les honneurs de chez lui, quittant parfois les salons du rez-de-chaussée pour monter au salon de jeu du premier étage, où, en sa qualité de joueur aussi malheureux que magnifique, il risquait et perdait au lansquenet des sommes considérables avec sa parfaite insouciance de grand seigneur.

Cet homme, le présent et le passé le prouvent, était un de ceux-là qui en amour (si cela peut s'appeler de l'amour), ayant un goût essentiellement dépravé, se plaisent à rechercher, à subir le joug souvent honteux, parfois ridicule, de créatures tarées ou médiocres, alors qu'ils dédaignent et avilissent des femmes incontestablement supérieures à celles qu'ils préfèrent.

Ainsi, monsieur de Villetaneuse, après avoir subi l'empire absolu de madame de Morlac, courtisane plus âgée que lui, subissait l'empire de madame Bayeul, indigne d'être, en quoi que ce fût, comparée à Aurélie. Madame Bayeul, cette petite blonde un peu rousse, blanche et faite au tour, à l'œil impudique, au nez mutin, aux lèvres sensuelles, à la démarche lascive, à la physionomie provocante, effrontée jusqu'à l'audace, offrait au comte une saveur de perversité, un montant de cynisme, un bouquet de libertinage, seuls capables de réveiller le goût corrompu de cet homme blasé.

Que nos lecteurs doués de quelque peu d'expérience de la vie interrogent leur mémoire : ils se rappelleront certains faits très probans à l'endroit de la détestable influence que de vicieuses créatures, de l'espèce de madame Bayeul, exercent malheureusement trop de fois au détriment de jeunes femmes dont la beauté est aussi pure, aussi sereine que leur vertu.

La comtesse de Villetaneuse faisait donc, avec une tristesse centuplée, les honneurs de son bal. Elle était vêtue d'une robe de moire blanche. Ayant à peine le temps de songer à sa coiffure, au milieu des fâcheux incidens de la soirée, elle portait un fil de perles enroulé dans les tresses de ses cheveux bruns à reflets dorés ; l'extrême simplicité de cet ajustement semblait s'accorder avec la légère pâleur des traits d'Aurélie et le mélancolique sourire qui effleurait ses lèvres. Assise dans une pièce voisine du salon d'attente, elle recevait là, les personnes invitées, qui, dès leur entrée dans le bal, venaient tour à tour la saluer ; elle causait un moment avec elles, tâchant de ne pas se laisser distraire de l'entretien par les mille pensées dont elle était agitée.

La comtesse en ce moment causait avec madame la marquise de Bauprèau, jeune, assez jolie et fort impertinente : elle résumait pour ainsi dire en elle les sentimens malveillans de la généralité des femmes de ce monde hautain, qui regardait comme une intruse la fille de l'ancien marchand de soieries, devenue par hasard comtesse de Villetaneuse. Aurélie eût été disgracieuse eût bientôt été oubliée comme un paquet (terme d'argot de salon), protégée par l'indifférence qu'elle inspirait ; mais loin de là, les hommes de l'aristocratie, ordinairement très égalitaires à l'endroit des femmes, malgré leur naissance, se montraient empressés autour de l'intruse. Attirés par le charme de sa beauté ravissante et par l'appât de son innocente coquetterie, plus d'un merveilleux avait vivement excité la jalousie d'une vraie duchesse ou d'une vraie marquise en venant coqueter auprès de la jeune comtesse de hasard. Ces rivalités, ces dépits jaloux, redoublaient la malveillance féminine envers Aurélie; malveillance même partagée par celles-là qui ne craignaient pas de voir enlever leurs adorateurs, vu qu'elles n'en avaient point. Mais l'esprit de caste, de coterie, est un puissant esprit de corps, et la ligue féminine contre l'intruse était à peu près générale. Est-il besoin d'ajouter que l'expression de cette hostilité ne sortait jamais des limites imposées à ces belles dames par le savoir-vivre et le savoir-dire résultant de l'habitude d'une extrêmement bonne compagnie ? Mais quoique plus fins, plus polis, les sarcasmes n'en étaient pas moins cruellement acérés. Aurélie, jusqu'alors sans motifs de chagrins sérieux, confiante dans sa beauté, dédaignait ces attaques, parfois même s'en amusait; mais ce soir-là son cœur, vivement froissé, endolori, devait être impressionnable à des atteintes jusqu'alors presque insensibles.

La marquise de Baupréau avait justement à reprocher à son adorateur, monsieur de Maillebois, des empressemens, des galanteries à l'adresse de la *comtesse de hasard*, à qui la vraie marquise disait avec le plus aimable sourire :

— Mon Dieu ! madame, quelle délicieuse fête vous nous donnez ce soir!

— Madame, — répondit Aurélie, pressentant vaguement, d'après ce début, quelque perfidie, — vous êtes trop indulgente.

— De l'indulgence ? Ah ! madame, vous êtes, au contraire, de ces personnes si merveilleusement douées, qu'elles peuvent braver la malveillance la plus décidée; mais vous *nous* inspirez, madame, un sentiment tout autre que celui-là : *nous* rendons un juste hommage à votre bon goût, à votre bonne grâce, et *nous* nous estimons très heureuses de vous voir parmi *nous*, madame.

Il était impossible, grâce à ces *nous* réitérés, de dire avec une impertinence plus polie à la jeune comtesse : « Vous » n'êtes que tolérée dans *notre* société, d'où votre manque » de naissance devait vous éloigner. »

Aurélie sentit le coup, le sentit doublement, car elle se disait :

— A quel prix, mon Dieu! ai-je acheté le droit d'entrer dans cette brillante société qui me dédaigne ? Hélas ! c'est au prix du bonheur de ma vie! — Mais dominant sa pénible émotion, la jeune femme répondit à la marquise de Baupréau avec un sourire contraint:

— Vous m'honorez beaucoup, madame; je suis aussi touchée des éloges dont vous me comblez que vous êtes sincère en me les prodiguant...

Monsieur de Maillebois, adorateur de la marquise, vint interrompre cet entretien, qui déjà tournait légèrement à l'aigreur. Ce jeune homme coquetait beaucoup depuis quelque temps auprès d'Aurélie; elle s'amusait de ses hommages sans les prendre au sérieux, aimant assez d'ailleurs à exciter la jalousie de celles-là qui la considéraient comme une étrangère parmi elles. Madame de Baupréau, à la vue de monsieur de Maillebois, qu'elle supposait attiré par la coquetterie d'Aurélie, éprouva un dépit cruel, mais le cachant, elle dit très gracieusement :

— Avouez, monsieur de Maillebois, que vous venez complimenter madame de Villetaneuse sur sa ravissante toilette.

— Non, madame, Dieu m'en garde ! — reprit en souriant monsieur de Maillebois; — je suis désolé d'avoir à vous dire que vous êtes dans l'erreur. Si je me permettais de complimenter madame de Villetaneuse, ce ne serait pas sur sa toilette, d'autres termes sur le mérite de sa couturière ; mais madame de Villetaneuse a les complimens en horreur : donc je regarde, j'admire, et je me tais.

— Vous ne vous trompez pas, monsieur, je redoute beaucoup les complimens, lors même qu'ils sont aussi spirituels que peuvent l'être... des complimens, — répondit Aurélie en tâchant de sourire.

La marquise, dont le dépit allait croissant, reprit :

— Hé bien ! moi, monsieur, au risque d'avoir le malheur de ne point paraître à madame aussi spirituelle que vous, au risque de la désobliger peut-être, en faisant platement l'éloge de sa couturière, je me permettrai de dire à madame qu'elle est ce soir mise à ravir... et que cette robe... de... de... pardon, madame, quel est donc le nom de cette superbe étoffe ?

— Mais, — répondit naïvement Aurélie, — c'est de la soie moirée, madame.

— Il faut avouer que l'on travaille maintenant admirablement! — reprit la marquise, et elle ajouta en lançant à Aurélie un regard venimeux : — Quelle différence avec les étoffes que l'on fabriquait il y a quinze ou vingt ans! Ma mère, s'il m'en souvient, se fournissait de soieries dans la *boutique* de monsieur votre père, madame, et l'on n'y eût certainement pas alors trouvé une étoffe aussi belle que celle-là... Pourtant, la *boutique* de monsieur votre père... c'est un légitime hommage à lui rendre... était, dit-on, de toutes les *boutiques* de Paris... la *boutique* la mieux assortie. — Et triomphante de l'embarras et de la rougeur de la comtesse : — Allons, je dis comme vous, monsieur de Maillebois, décidément nous sommes en progrès : l'on fait et surtout l'on voit de nos jours des choses surprenantes.

La confusion d'Aurélie redoublait; mais si pénible qu'elle fût, elle l'oublia bientôt en apercevant, à la porte du salon, monsieur de Villetaneuse donnant le bras à madame Bayeul, et suivi de monsieur Bayeul, qui, non plus que sa femme, n'était jusqu'alors jamais venu à l'hôtel de Villetaneuse.

LXXV.

— « Je veux aller au bal chez vous, afin de voir le beau » monde et de faire endiabler votre femme, qui prend des » airs de grande dame et ne fréquente plus notre société » bourgeoise, qu'elle méprise sans doute, » — avait dit, quelques jours auparavant, madame Bayeul à Henri de Villetaneuse.

Le comte, subissant le joug honteux de madame Bayeul, ainsi qu'il avait subi celui de Catherine de Morlac, ne put résister à ce qu'exigeait de lui madame Bayeul, ignorant encore, il est vrai, la découverte de son rendez-vous au passage Cendrier. Ajoutons qu'aussitôt après son orageux entretien avec Aurélie et sa famille, le comte avait écrit en hâte un mot à madame Bayeul, afin de la prévenir que la fête n'aurait pas lieu. Malgré son dédain des plus simples convenances lorsqu'il était sous l'empire de ses dégradantes passions, il sentait que l'invitation de madame Bayeul, invitation déjà fort excentrique au point de vue de sa société à lui, devenait d'une inconvenance odieuse et des plus blessantes pour Aurélie, désormais instruite de la liaison de son mari avec madame Bayeul. Mais cette effrontée créature, flairant que la désinvitation du comte cachait une défaite ou un mensonge, envoya aussitôt son portier s'informer de la vérité à l'hôtel de Villetaneuse. Apprenant par son messager que le bal n'était nullement contremandé, elle sentit naturellement accroître son désir d'assister à cette fête et d'être ainsi doublement désagréable à Aurélie.

Madame Bayeul, pimpante, triomphante, était donc arrivée au bal, à la grande surprise et vive contrariété d'Henri de Villetaneuse. Il lui fallait, en cette extrémité, mettre à la porte cette effrontée, très capable, le cas échéant, de pousser les hauts cris et de faire un éclat, ou bien se résigner à la présenter à la comtesse. Il prit en maugréant ce dernier parti, moins scandaleux en apparence que le premier, offrit son bras à la nouvelle venue, et la conduisit dans le salon où se tenait Aurélie assise à côté de la marquise de Baupréau, alors que celle-ci venait d'amener si perfidement l'entretien sur la *boutique* de monsieur Jouffroy.

Madame de Villetaneuse, ignorant la tentative faite par son mari afin d'empêcher madame Bayeul de venir chez lui, vit dans cette audacieuse présentation un nouvel et sanglant outrage, et fut sur le point de défaillir sous ce dernier coup.

Madame Bayeul, coiffée d'une couronne de pampres, comme une Érigone, sa longue chevelure d'un blond ardent tombant en boucles nombreuses jusques à son corsage excessivement échancré par devant, et décolletée jusqu'au bas de ses épaules, non moins accomplies que ses bras et sa poitrine, exhibait ainsi deux grains de beauté, signes noirs veloutés, qui faisaient ressortir encore l'éblouissante blancheur d'une peau satinée ; sa robe, beaucoup trop voyante de bon goût, était assez courte pour mettre en évidence un pied fort joli d'ailleurs et le commencement d'une jambe fine et bien tournée. Madame Bayeul, ainsi vêtue, arrogante, agaçante et sautillante, s'accrochait au bras de monsieur de Villetaneuse, qui, semblant être au supplice, dit à sa femme :

— Ma chère amie, je vous présente madame et monsieur Bayeul.

Ce dernier marchait derrière sa femme, plus petite que lui de deux pieds ; il s'inclina, tandis que madame Bayeul, regardant insolemment Aurélie et se campant sur la hanche, lui dit d'un air narquois :

— Madame, nous nous connaissons déjà, nous nous sommes autrefois très souvent rencontrées chez les Ricardot, chez les Chamousset et autres : vous n'étiez pas comtesse en ce temps-là...

— Madame, — répondit Aurélie, tâchant de surmonter son indignation, sa honte et sa douleur, — madame, il est possible que nous nous soyons autrefois rencontrées, mais je suis très surprise de vous voir chez moi...

— Comment, comment ? — reprit madame Bayeul d'une voix de plus en plus perçante, vous êtes surprise de me voir chez vous, madame ?... Qu'est-ce que ça veut donc dire, s'il vous plaît ?

— Permettez-moi, madame, de vous conduire dans la salle du bal, — reprit Henri de Villetaneuse, en usant d'une sorte de violence contenue pour se faire suivre de cette impudente, qui, cédant cependant au mouvement du comte qui l'emmenait presque par force, se retourna par deux fois en jetant sur la jeune comtesse des regards de haine et de défi. Monsieur Bayeul, impassible, marchait sur les pas de sa femme avec une raideur automatique.

Madame de Beaupréau jouissait délicieusement du cruel embarras où la présentation de madame Bayeul jetait Aurélie ; mais remarquant que monsieur de Maillebois semblait prendre sincèrement en pitié la pénible situation de madame de Villetaneuse, la marquise dit à celle-ci d'un ton contrit :

— En vérité, madame, je partage votre indignation. Il faut, permettez-moi de vous le dire, que monsieur de Villetaneuse ait perdu la tête pour oser vous présenter une pareille espèce. Vous me répondrez sans doute qu'il est affolé de cette impertinente ; ceci est fort probable d'après ce qui vient de se passer. Cependant je prendrai la liberté de vous faire observer, madame, qu'il est parfaitement désobligeant pour une femme qui se respecte de se rencontrer dans votre salon avec une créature habillée en véritable danseuse de cordes, et qui sort de chez les Duflot et les Chamousset, où vous avez eu, dit-elle, l'agrément de la connaître. Ces anciennes relations, madame, sont certes des plus vénérables ; néanmoins, il est exorbitant de se voir commettre avec une pareille impudente, née sans doute dans quelque arrière-boutique.

— Pardon, madame, — reprit Aurélie avec une dignité triste, — vous oubliez sans doute que mon père tenait une boutique et que madame votre mère se fournissait chez lui.

— C'est vrai, madame... mais, enfin, vous avez maintenant l'honneur de porter le nom de monsieur de Villetaneuse, et vous êtes admise parmi nous.

À cette cruelle repartie, Aurélie, malgré ses efforts surhumains pour se vaincre, perdit contenance, les larmes lui vinrent aux yeux. Elle allait quitter le salon et laisser son mari faire les honneurs de la fête, lorsqu'elle entendit son valet de chambre Müller annoncer d'une voix sonore dans l'un des salons voisins :

— Son Altesse Sérénissime monseigneur le prince Charles-Maximilien.

LXXVI.

La comtesse de Villetaneuse, en entendant annoncer chez elle le prince Charles-Maximilien, qu'elle croyait parti pour un voyage en Orient (pérégrination lointaine entreprise dans l'espoir de se distraire de son amour, selon le fragment de lettre reçu par Clara), la comtesse de Villetaneuse tressaillit, rougit, moins frappée de l'arrivée si imprévue de l'Altesse que de cette pensée funeste, mais instinctive et presque involontaire, qui domina toutes les autres :

— J'ai subi aujourd'hui des humiliations, des hontes, des dédains cruels ; ces nobles dames me reprochent la bassesse de mon origine ; mon mari m'outrage à la face de tous ; le prince me vengera... il m'aime !

Désormais rassurée, triomphante à son tour, la jeune femme redressa fièrement le front ; ses yeux, naguère voilés par des larmes contenues, brillèrent d'un éclat fiévreux, fiévreux comme la légère rougeur qui ranima les roses de son teint. Aurélie se transfigurait, et lorsque, à la vue du prince qui s'avançait traversant le salon voisin, elle se leva brusquement du siége où elle était assise à côté de la marquise de Beaupréau, celle-ci se dit :

— Qu'a-t-elle donc ? elle n'est plus reconnaissable. — Et elle ajouta tout haut, très surprise, très contrariée de ce que le frère d'un prince régnant condescendait à assister au bal donné par cette comtesse de hasard, fille d'un boutiquier : — Mais, madame, on ignorait absolument le retour de Son Altesse à Paris. Le prince est donc tout récemment arrivé ?

— Probablement, madame, puisque Son Altesse vient ce soir chez moi, — répondit Aurélie d'un ton hautain et dégagé, en appuyant sur ces mots « chez moi, » avec un accent qui semblait dire : « Chez moi, fille d'un boutiquier, madame la marquise ! »

Le prince Charles-Maximilien, en habit de ville, toujours élégant et beau, quoique sa figure fût amaigrie et un peu pâle (cette observation n'échappa pas à Aurélie lorsqu'il s'approcha d'elle), vint la saluer accompagné de monsieur de Villetaneuse, tandis que, dans l'embrasure de la porte du salon, où se trouvaient alors seuls la marquise, monsieur de Maillebois et la jeune comtesse, l'on apercevait madame Bayeul, à qui son digne époux parlait tout bas, comme s'il eût voulu la détourner d'un projet extravagant.

— Madame la comtesse, — dit le prince en s'inclinant de nouveau et profondément devant Aurélie, — arrivé avant-hier à Paris, j'ai appris que vous donniez un bal, et, quoique je n'aie pas eu l'honneur d'y être invité, daignerez-vous m'excuser, madame, d'avoir saisi avec empressement cette occasion de vous présenter mes respectueux hommages ?

La première assurance d'Aurélie se changeait en un trouble croissant ; elle fit au prince une révérence en s'inclinant, mais ne put trouver un mot à lui répondre.

Müller, à ce moment, parut à la porte du salon, portant un plateau de vermeil chargé de glaces, jeta un regard observateur sur ce qui se passait dans le salon, et disparut alors que monsieur de Villetaneuse, venant au secours de l'embarras de sa femme, répondait au prince :

— Votre Altesse nous comble de bontés, madame de Villetaneuse et moi, nous sentons tout le prix de la faveur que monseigneur nous accorde ce soir.

— Nous sommes d'autant plus heureux de recevoir Votre Altesse, que nous ne comptions pas sur cet honneur, — hasarda de dire timidement Aurélie. Puis voyant Charles-Maximilien saluer madame de Beaupréau, qui accueillait ce salut par l'une de ces majestueuses révérences de cour dont la tradition s'est conservée chez les femmes de l'aristocratie, Aurélie céda à un besoin de vengeance, et, certaine de blesser l'orgueil de la marquise en présentant au prince cette noble dame, elle, Aurélie, fille d'un boutiquier, elle dit à Charles-Maximilien :

— Permettez-moi, monseigneur, de vous présenter madame la marquise de Beaupréau...

La marquise sentit le trait, se mordit les lèvres, et fit à l'altesse une seconde révérence du plus grand air.

— Madame la marquise, — répondit Charles-Maximilien, — je serai toujours heureux de me rencontrer avec les personnes qui ont l'honneur d'être reçues chez madame la comtesse de Villetaneuse.

— En ce cas-là, monseigneur, moi je profite de l'occasion pour me présenter moi-même ! — dit soudain une voix d'un ton délibéré.

Cette voix était celle de madame Bayoul, qui, malgré les exhortations de son mari, avait obstinément voulu parler au prince *tout comme une autre*, disait-elle.

La présence inattendue de cette femme, qu'elle détestait à tant de titres, arracha un mouvement d'indignation à Aurélie. Ce ressentiment n'échappa point à la pénétration de Charles-Maximilien ; sa physionomie, jusqu'alors d'une affabilité extrême, se rembrunit soudain ; la fierté, la morgue souveraine de sa race royale, se peignirent sur ses beaux traits. Il se retourna vers madame Bayoul, la toisa d'un regard surpris et glacial, puis, après un instant de silence, laissa tomber dédaigneusement ces mots, en s'adressant à Henri de Villetaneuse :

— Mon cher comte, quelle est madame ?

— Monseigneur, — reprit monsieur de Villetaneuse très embarrassé, — madame est... madame Bayoul...

— Ah ! — fit l'altesse, et sans s'adresser ni un mot ni un coup d'œil à l'effrontée petite créature, il lui tourna carrément le dos et continua son entretien avec Aurélie.

Madame Bayoul, décontenancée, malgré son audace, devint pourpre de rage, prit le bras de son mari, et sortit de ce salon au moment où Müller, semblant vaquer aux soins de son service, s'arrêtait un instant et observait le prince et Aurélie.

— Quoi ! pas un moment de tête-à-tête ! cela n'en finira pas ! — se dit Müller. — Ma foi, brusquons le dénouement !

Et Müller disparut précipitamment.

— Madame la comtesse, disait Charles-Maximilien, assis auprès du canapé, où la jeune femme s'était replacée de nouveau à côté de madame de Beaupréau, pendant que le comte et monsieur de Maillebois se tenaient debout. — Madame la comtesse, vous avez nécessairement oublié, au milieu de tout le bonheur dont vous êtes si justement entourée, qu'il s'est déjà passé plus d'une année depuis que j'ai eu l'honneur de vous voir pour la première fois. Quant à moi, et je ne sais si ce phénomène doit être attribué à la pesanteur proverbiale des heures de notre pauvre Allemagne, quant à moi, cette année m'a paru d'une longueur démesurée. — Puis s'interrompant comme s'il eût été frappé d'une idée subite. Mille pardons, madame la comtesse, de ne m'être pas encore informé de la santé de madame votre mère et de monsieur votre père... De grâce, où sont-ils ?

— Je remercie en leur nom Votre Altesse de son bon souvenir ; mon père et ma mère sont, ce soir, souffrans... ils n'ont pu assister à cette fête.

— Cette indisposition n'a rien de grave, j'espère ? — reprit le prince avec l'accent d'un vif intérêt, qui donnait à sa mâle et belle figure un charme touchant. — Mais, que dis-je ! votre présence ici me rassure au sujet de la santé de vos chers parens.

— En effet, monseigneur, leur santé ne court aucun danger. Je n'en suis pas moins profondément reconnaissante de l'intérêt que Votre Altesse veut bien leur témoigner, — répondit Aurélie avec une émotion à peine contenue.

L'instinct de la jeune femme ne l'avait pas trompée... déjà le prince la vengeait... Il la vengeait des dédains de son mari ; il la vengeait de madame Bayoul ; il la vengeait de la marquise de Beaupréau ; enfin le prince la vengeait des insolences aristocratiques prodiguées à son père et à sa mère, ces boutiquiers, en témoignant hautement de sa considération pour eux, par l'insistance avec laquelle il s'informait de leurs nouvelles.

Toutes les paroles de Charles-Maximilien eussent été calculées d'après la position présente d'Aurélie, qu'elles n'auraient pas eu plus d'action sur son esprit et sur son cœur. son trouble, sa rougeur augmentaient ; les battements précipités de son sein allaient peut-être la trahir, lorsqu'il se fit un grand tumulte dans les salons voisins de la galerie, et tout à coup l'on entendit crier :

— Au feu ! au feu !

LXXVII.

Lorsque Charles-Maximilien, madame de Beaupréau, madame de Villetaneuse, son mari et monsieur de Maillebois, réunis dans le petit salon où personne n'était entré, par déférence pour le prince, entendirent crier au feu, il y eut parmi ces différens personnages **un moment de stupeur, de silence et d'indécision. Presque aussitôt un flot d'invités, éperdus, effarés, fit invasion dans le petit salon assez éloigné du foyer de l'incendie, et madame Bayoul accourut des premières.**

Si brusque que fût cette invasion, suivie d'un tumulte inexprimable, Aurélie put remarquer que le premier mouvement de son mari, à l'annonce du péril, avait été de courir à madame Bayoul, afin de la protéger et de l'entraîner à travers la foule effrayée.

Müller, à l'instant même où les cris Au feu ! furent poussés, entra précipitamment, et, à la faveur du tumulte, s'approchant du prince, lui dit quelques mots à l'oreille.

— Misérable ! — murmura Charles-Maximilien en jetant un regard indigné sur son serviteur, qui répondit à voix basse :

— Monseigneur, votre rôle est superbe ! Saisissez-vous de madame la comtesse, et suivez-moi...

Ces quelques paroles furent échangées entre le prince et Müller au milieu de l'épouvante croissante, alors qu'Aurélie, partageant la terreur générale, voyait son mari entraîner madame Bayoul. Un flot d'invités fuyant l'incendie, dont la fumée noire et épaisse commençait de remplir le petit salon, faillit séparer la jeune comtesse de Charles-Maximilien, qui, courant vers elle aux derniers mots de Müller, l'avait enlacée de ses bras, afin de la protéger contre la presse de la foule, en s'écriant :

— Venez, madame !... venez !...

— Ah ! je me sens mourir ! — murmura la comtesse déjà presque suffoquée par la fumée, par la chaleur ; et succombant à de trop vives émotions, elle s'abandonna presque inerte à la conduite du prince. Celui-ci ne perdait pas de vue Müller, et ainsi que lui faisait de violens efforts afin de fendre la foule et de soutenir la comtesse, qui pouvait à peine le suivre. Soudain, il entendit Müller s'écrier :

— Sauve qui peut !... Le feu a aussi gagné l'antichambre.

A ces mots, les fuyards refluèrent violemment. Le prince cédait à ce mouvement, redoutant, comme eux, un nouveau danger, lorsqu'il se sentit saisir par le bras, et Müller lui dit à l'oreille, en l'entraînant en sens inverse de la foule :

— C'est une ruse... Suivez-moi, monseigneur... Encore un effort !

L'effort fut facilité par le mouvement rétrograde des fuyards, et au bout de quelques pas, à travers une vapeur noire qui ne lui permettait de rien distinguer, le prince sentit au visage une bouffée d'air frais, trébucha, faillit tomber avec son précieux fardeau, en descendant deux ou trois marches, et se trouva dans un corridor complètement obscur.

Charles-Maximilien agenouillé, soutenait le coussin où elle appuyait sa tête brûlante et appesantie. — Page 113.

— Monseigneur, marchez devant vous en vous appuyant aux murailles... je vous précède... ce passage mène au jardin... je cours ouvrir la porte.

Et Müller s'éloigna en hâte.

— Madame, — dit Charles-Maximilien à la comtesse qu'il soutenait de ses deux bras, — courage, vous êtes sauvée.

Aurélio ne répondit rien : elle avait épuisé ses dernières forces en suivant machinalement le prince à travers la foule, et s'attachant convulsivement à lui afin de ne pas en être séparée, puis foulée aux pieds. Aussi lorsque Charles-Maximilien lui répéta : — Courage, madame, vous êtes sauvée ! — il sentit le corps souple et charmant d'Aurélie glisser entre ses bras; elle était complètement évanouie.

Müller venait d'ouvrir la porte du couloir, à l'extrémité duquel l'on apercevait alors les lueurs de l'incendie éclairer de reflets rougeâtres les arbres et les pelouses du jardin.

— Müller ! — cria le prince d'une voix alarmée, — elle se trouve mal ! viens m'aider à la transporter... Mais où la conduire, mon Dieu !... l'hôtel est en feu !

Müller accourut.

— Ah ! malheur à toi, misérable ! — murmura Charles-Maximilien d'une voix étouffée en soulevant Aurélie, tandis que Müller soutenait les pieds de la comtesse et répondait à son maître sans paraître avoir entendu ses reproches.

— Nous trouverons dans une maison voisine un abri pour madame la comtesse ; hâtons-nous, monseigneur.

Le prince et Müller sortirent du couloir, et transportèrent ainsi Aurélie à travers le jardin. Les fenêtres du rez-de-chaussée de l'hôtel, mais par bonheur les séries élevées, n'avaient pas été atteintes encore par les flammes qui foyaient et l'incendie ; mais Müller, connaissant les détours de l'hôtel, ayant guidé le prince à travers un couloir de service communiquant de l'antichambre au jardin, le traversa et en

sortit, aidant toujours son maître à transporter Aurélie privée de connaissance.

De l'autre côté de la rue, en face du jardin de l'hôtel, se trouvait une maison de modeste apparence, où peu de temps auparavant Clara, ainsi qu'on l'a dit, avait loué un appartement par ordre de Müller. Cet homme songeait à tout ! Il ouvrit la porte bâtarde de cette demeure au moyen d'un passe-partout, tandis que le prince soutenait seul dans ses bras madame de Villetaneuse évanouie, puis, ayant encore ouvert au moyen du même passe-partout la porte du rez-de-chaussée voisine de l'entrée, le digne serviteur aida son maître à porter Aurélie dans un salon et à la déposer sur un canapé. Un bon feu chauffait cette pièce éclairée par des bougies allumées à l'avance et confortablement meublée. Une antichambre la précédait.

— Maintenant, — dit tout bas Müller d'un air triomphant, — monseigneur me pardonne sans doute. La reconnaissance d'une femme que l'on vient d'arracher au péril est immense.

— Scélérat ! — reprit à voix basse le prince, en lançant à Müller stupéfait un regard foudroyant. Et il ajouta avec indignation :

— Cours à l'instant à l'hôtel rassurer monsieur et madame Jouffroy sur le sort de leur fille, et amène-les ici à l'instant. Ah ! tu auras plus tard un terrible compte à me rendre !

Müller impassible s'inclina et sortit en disant :

— Décidément monseigneur est devenu timide comme un écolier. Il est amoureux fou ; il voudra filer le parfait amour durant des semaines et des mois. Ce serait fastidieux pour mon excellent maître ; servons-le donc encore une fois malgré lui. Il réfléchira et reconnaîtra combien je lui aurai été utile en tout ceci. Donc, en avant les grands moyens !

Rassurez-vous, je ne me battrai point avec son Altesse Sérénissime. — Page 114.

LXXVIII.

Lorsque la comtesse de Villetaneuse, sortant de son long évanouissement, reprit ses sens, elle se vit à demi couchée sur un sofa. Charles-Maximilien, agenouillé, soutenait le coussin où elle appuyait sa tête brûlante et appesantie.

— Où suis-je ? — murmura la jeune femme d'une voix faible, en se dressant sur son séant et cherchant à rassembler ses souvenirs. — Que s'est-il passé ? — Puis apercevant le prince : — Ah ! je me rappelle tout maintenant : l'incendie, cette foule, cette épouvante. Mais mon père, ma mère ! — reprit-elle en s'adressant au prince avec angoisse. — Monseigneur…

— Rassurez-vous, madame, — se hâta de répondre Charles-Maximilien, — vos chers parents n'ont couru aucun danger.

Un mouvement d'Aurélie ayant exprimé ses doutes, le prince ajouta :

— Un homme sûr, envoyé par moi à votre hôtel, a vu tout à l'heure madame votre mère et monsieur votre père ; il leur a parlé : ils n'ont couru, il me le répète, et je vous le jure, madame, aucun danger ; on les a aussi rassurés à votre égard ; bientôt ils viendront vous rejoindre.

— Mais où suis-je, monseigneur, où suis-je ?

— A deux pas de votre hôtel, madame. J'ai eu le bonheur de pouvoir traverser avec vous la salle de bal, puis de gagner le jardin et la rue en vous emportant évanouie ; enfin, grâce à l'obligeance d'une personne qui demeure dans cette maison, j'ai pu y trouver momentanément un abri pour vous. Je me suis hâté de m'enquérir de vos chers parents, de leur faire savoir que vous aviez échappé au danger. Vous les verrez bientôt ; vous pourrez, madame, retourner chez vous avec eux, lorsque vous aurez repris tout à fait vos forces.

— Merci ! oh ! merci, monseigneur ! vous avez songé à tout, et c'est à vous, à vous que je dois la vie ! — Puis, se rappelant les douloureux événements de cette journée, songeant à l'avenir qu'ils semblaient lui promettre, Aurélie ne put retenir ses larmes et ajouta : — Hélas ! monseigneur, il fallait me laisser mourir !

— Madame, que dites-vous ?

— Ah ! si vous saviez…

— Je sais tout ! aussi je suis accouru à Paris.

— Quoi ! monseigneur…

— Je sais tout ce que vous souffrez, tout ce que vous avez souffert, madame ; et de ces souffrances, j'avais le pressentiment lorsque j'ai eu l'honneur d'être l'un des témoins de votre mariage.

— Comment, monseigneur, déjà vous prévoyiez…

— Je connaissais depuis longtemps monsieur de Villetaneuse comme un aimable compagnon de plaisir, mais il ne réunissait, selon moi, aucune des qualités capables d'assurer le bonheur d'une femme telle que vous, madame ; dès lors j'ai craint pour votre avenir. Malheureusement, mes prévisions ne m'ont pas trompé.

— Monseigneur ! — reprit Aurélie d'une voix navrante, — ce soir, au moment où ces cris : Au feu ! se sont fait entendre ; au moment où il y avait pour moi, pour tant d'autres, péril de mort, est-ce à moi que monsieur de Villetaneuse a songé d'abord ? Non ! non ! il…

— … Il a songé d'abord à cette femme éhontée qu'il vous a préférée, madame ! — répondit Charles-Maximilien en achevant la pensée d'Aurélie ; — je l'ai vu.

— Hélas ! monseigneur, je vous le disais, il fallait me laisser mourir ! — Et la comtesse ne put de nouveau retenir ses larmes. — Quelle sera désormais ma vie, mon Dieu !

— Madame, — reprit le prince d'une voix émue, pénétrée, — instruit de vos malheurs, je suis accouru à Paris, avant de partir pour un voyage en Orient que je vais entreprendre.

Ces mots rappelaient à Aurélie le secret amour du prince, cet amour à la fois si profond, si délicat, si réservé, qui devait être pour elle l'innocente consolation de ses chagrins, alors qu'elle croyait ne jamais revoir Charles-Maximilien. Mais il était là, près d'elle; déjà il l'avait, ce soir-là même, vengée de cruels dédains; il l'avait sauvée d'un grand péril... et il accourait, disait-il, à Paris, parce qu'il la savait malheureuse !

Tant de preuves de dévouement, d'affection, de la part d'un homme qui ne lui avait jamais adressé une parole d'amour, augmentaient le trouble d'Aurélie ; mille pensées confuses, douces et amères à la fois, agitaient son cœur : elle entrevoyait vaguement de nouvelles luttes, de nouveaux dangers. Décidée à continuer de vivre honnêtement, elle se sentait cependant touchée d'un amour dont elle croyait posséder le secret à l'insu du prince ; elle se demandait avec anxiété quels projets il pouvait avoir. Aussi répondit-elle presque machinalement et seulement *pour parler*, afin de cacher son émotion :

— Mes chagrins vous affligent, monseigneur. Comment en avez-vous été instruit?

— Madame... je ne dois rien vous cacher... vous avez à votre service un homme nommé Müller?

— Oui, monseigneur.

— Il a été très longtemps chez moi.

— Müller ?

— Oui, madame ; je pouvais compter sur sa discrétion. Aussi, le lendemain de votre mariage, forcé de quitter la France, très inquiet de votre sort, sachant quel homme était monsieur de Villetaneuse, j'ai dit à Müller : « Vous tâ-
» cherez d'entrer au service du comte ; vous êtes clair-
» voyant, il est presque impossible que les domestiques ne
» soient pas forcément initiés à la vie intime de leurs maî-
» tres... Vous me tiendrez au courant de la conduite de
» monsieur de Villetaneuse à l'égard de madame la com-
» tesse... et... » mais pardon, madame, cette espèce de surveillance, établie par moi à votre insu, au sein de votre maison... doit vous révolter...

— Monseigneur...

— J'ai hésité, je l'avoue, devant cette mesure ; mais les vives appréhensions que je ressentais pour votre avenir, madame, ont étouffé mes scrupules. Peut-être me demanderez-vous de quel droit je me permettais de m'intéresser si indiscrètement à ce qui vous concerne, madame, moi qui n'avais eu l'honneur de vous voir que deux fois dans ma vie...

— Monseigneur, je... je... ne sais...

— Je vous supplie de me laisser à tout jamais garder le secret du profond et respectueux intérêt que vous m'inspirez, madame, répondit le prince avec tristesse et résignation. — Ce secret doit mourir avec moi. Seulement, je vous le demande en grâce, à mains jointes, daignez me croire le meilleur, le plus dévoué de vos amis.

Ces derniers mots furent prononcés par Charles-Maximilien avec un accent si tendre et cependant si contenu, qu'Aurélie, qui redoutait un aveu d'amour, se sentit allégée d'un grand poids; elle ressentit une ineffable gratitude envers le prince, qui lui épargnait la confusion, l'embarras que cause toujours aux honnêtes femmes l'aveu qu'elles doivent repousser. Aussi reprit-elle avec un triste sourire :

— Les bontés de Votre Altesse, le grand service qu'elle m'a rendu aujourd'hui, me prouvent mieux encore que ses paroles l'intérêt qu'elle veut bien ressentir pour moi.

— Merci, de mon tour, madame, merci ! J'avais besoin de vous savoir convaincue de mon dévouement pour vous parler sans contrainte. Je connais donc, madame, la triste position dans laquelle vous vous trouvez; mon désir, mon plus vif désir serait de vous aider à sortir de ce pas difficile ; et, désormais sans inquiétude sur ce qui vous regarde, je partirai pour l'Orient, et, peut-être...

Le prince fut interrompu par la voix de Müller qui, ouvrant la porte du salon, annonça gravement :

— Monsieur le comte de Villetaneuse !

LXXIX.

Charles-Maximilien stupéfait de voir entrer inopinément monsieur de Villetaneuse, et surtout de l'entendre annoncer par Müller, Charles-Maximilien, malgré son empire sur lui-même, pâlit et se leva brusquement du siège qu'il occupait à côté du canapé où Aurélie se tenait à demi couchée. Celle-ci, non moins stupéfaite que le prince, se dressa sur son séant, tremblante, épouvantée à l'aspect de son mari, quoiqu'elle n'eût rien à se reprocher.

Le comte, calme, souriant, salua profondément le prince, et lui dit avec un accent de sardonique impertinence :

— Je demande mille pardons à Son Altesse Sérénissime de venir interrompre un amoureux tête-à-tête, mais...

— Monsieur ! — s'écria Charles-Maximilien avec indignation, vous calomniez, vous outragez madame...

— Grand Dieu ! je suis perdue ! — murmura la comtesse, sentant que les apparences étaient contre elle, et cachant son visage entre ses mains.

— Rassurez-vous, madame la comtesse, — reprit Charles-Maximilien avec dignité, — tout va s'éclaircir, et, lorsqu'il saura la cause de votre présence ici, monsieur regrettera profondément ses odieux soupçons... Je...

— Permettez, monseigneur, — reprit le comte en interrompant le prince. — Nous autres, maris parisiens, nous sommes les meilleures gens du monde : notre réputation à l'endroit de notre parfait bonhomie est proverbiale ; mais enfin, lorsque, ainsi que le bonhomme Orgon..... nous avons vu... de nos yeux vu... ce qui s'appelle vu...

— Comment, monsieur ! — s'écria le prince courroucé, — malgré ma dénégation, malgré ma parole, vous osez prétendre encore...

— Non, non, diable ! je ne prétends plus à rien du tout, monseigneur ! c'est assez comme cela... c'est même beaucoup trop...

— Monsieur le comte, vous êtes gentilhomme, — dit le prince d'une voix basse et menaçante ; — la persistance de vos soupçons est pour madame une odieuse calomnie, et pour moi une insulte... Cette insulte comble la distance qui nous sépare... me comprenez-vous ?

— Fort bien, monseigneur ; je suis on ne peut plus sensible à l'honneur que me fait Votre Altesse Sérénissime en me proposant de se couper la gorge avec moi.

— Un duel ! — s'écria Aurélie avec terreur, en s'élançant vers son mari. — Mais je vous jure Dieu que je suis innocente !... Je...

— Ma chère amie, — reprit le comte en prenant sa femme par la main et la reconduisant vers le canapé, où elle tomba éplorée, le front caché sur les coussins, — rassurez-vous, je ne me battrai point avec Son Altesse Sérénissime ; ne craignez rien pour ses jours, ni pour les miens. Je ne suis pas de ces maris farouches qui demandent la mort du pécheur, et encore moins de la pécheresse, lorsqu'elle est aussi adorable que vous.

— Monsieur le comte, — reprit Charles-Maximilien plus calme, — vos soupçons, si outrageans qu'ils soient, sont justifiés, je l'avoue, par une sorte d'apparence. Je vais, en deux mots... et vous croirez, je l'espère, à ma parole d'honnête homme... je vais vous expliquer comment...

— Mille grâces, monseigneur ! Ne prenez pas cette peine : ma pratique de ces choses-là suppléera plus que suffisamment aux explications de Votre Altesse ; puis, entre nous, il est assez désobligeant pour un pauvre diable de mari de s'entendre expliquer...

— Monsieur, prenez garde !

— Je supplie Votre Altesse Sérénissime de parler moins haut : monsieur le commissaire de police est dans la pièce voisine.

— Que dites-vous ! — s'écria le prince abasourdi, — le commissaire...

— Est en ce moment dans la pièce voisine, en compagnie de mon cher beau-père et de ma non moins chère belle-mère ; mais tout se passera le mieux du monde, monseigneur, si vous ne vous emportez point, et si, en cette occasion, vous vous conduisez en galant homme.

— Oh ! quelle honte ! — murmura Aurélie au milieu de sanglots convulsifs. — Perdue, déshonorée aux yeux de tous !...

Charles-Maximilien restait atterré, non que cet éclat inattendu nuisît à ses projets : cet éclat au contraire les servait au delà de toute espérance ; mais cet homme, malgré sa perversité, souffrait du scandale de cette aventure ; il en souffrait surtout pour la comtesse, qui, malgré son innocence, allait être en butte aux accusations de tous, et ainsi presque autoriser aux yeux du monde l'indigne conduite du comte.

Celui-ci, rompant le silence, dit au prince :

— Monseigneur, ignorant les intentions *subséquentes*... pardon du mot barbare ; ignorant, dis-je, les intentions subséquentes de Votre Altesse Sérénissime, j'ai dû prévenir un magistrat, afin de faire au besoin constater le flagrant délit de votre conversation criminelle avec ma femme.

— Monsieur, encore une fois, je vous donne ma parole d'honnête homme que...

Aurélie interrompant le prince se leva, et forte de sa conscience indignée, elle saisit son mari par le bras, et l'attirant près des bougies, dont la lumière éclairait alors en plein les traits de la jeune femme,

— Monsieur, — dit-elle au comte en attachant sur lui ses yeux brillants d'innocence et de sécurité intérieure, — regardez-moi bien en face, et osez dire si vous lisez sur mon visage la honte, l'humiliation, la crainte ou le remords que ressent une femme coupable !

Aurélie était admirable ainsi, fière, révoltée, palpitante, le front haut et superbe.

— Qu'elle est belle, mon Dieu ! qu'elle est belle et touchante ! — murmura Charles-Maximilien attendri. — Oh ! ma vie à elle... ma vie entière !

Et cet homme croyait être sincère en ce moment.

Henri de Villetaneuse impassible dit à sa femme en la reconduisant pour la seconde fois sur le canapé :

— Ma chère, vous êtes belle comme un ange ; vous jouez à merveille l'indignation de la vertu outragée. Ce juste hommage rendu à vos qualités physiques et morales, revenons à notre affaire.

— Oh ! c'est affreux ! — s'écria la jeune femme en se tordant les mains de désespoir. — Qui donc me croira ? que dire, que faire pour qu'on me croie ?

— Ah ! voilà la grande difficulté de votre position, — reprit le comte, — car, moi, le plus intéressé dans la chose, je ne vous crois pas du tout.

— Hé ! que m'importe votre estime à vous que je méprise ! — murmurait Aurélie en sanglotant, — c'est l'estime des honnêtes gens que je perds à jamais !

— Dame ! ma chère, à qui la faute ? — reprit le comte. — Je vous trouve ici en conversation criminelle avec Son Altesse, je fais au besoin constater le flagrant délit, et vous restez déshonorée. Prenez-vous-en à la trop tendre facilité de votre cœur.

— Misérable ! je comprends tout ! — s'écria le prince frappé d'une idée subite. — Vous êtes certain de l'innocence de madame, mais vous exploitez de fausses apparences afin de spéculer sur le scandale !

— Monseigneur, ces mots sont vifs, mais ils ne me feront pas sortir de mon sang-froid. Votre Altesse Sérénissime suborne ma femme, et Votre Altesse Sérénissime se fâche ! Ceci serait plaisant, même en Allemagne, pays sérieux par excellence ; mais, d'honneur ! ici, en France, c'est en vérité à mourir de rire !

— Malédiction ! je...

— Mon Dieu ! monseigneur, ainsi va le monde : on séduit une femme, le mari vous surprend, on ne le fait pour s'épargner le souci de se charger de la femme que l'on a subornée.

— Quelle insolence !... vous osez !

— J'ose humblement supplier Son Altesse de me dire ce qu'elle compte faire de ma femme, maintenant qu'elle est perdue et que l'honneur m'impose de me séparer à jamais d'elle.

— Monsieur !

— Encore un mot, monseigneur. Si j'avais trop présumé de votre délicatesse en pensant qu'après avoir séduit une jeune femme de dix-neuf ans, vous ne la livreriez pas, sans soutien, aux justes mépris du monde ; si vous deviez abandonner madame de Villetaneuse avec une lâche cruauté, je vous en avertis carrément, monseigneur, je pousserais les choses jusqu'au bout, je ne reculerais devant aucun scandale ; l'ignominie d'un procès en adultère rejaillirait sur vous ; oui, à l'instant, je ferais entrer ici le magistrat, et il verbaliserait. Si, au contraire, monseigneur, vous vous conduisez en galant homme ; si vous me donnez votre parole de veiller du moins sur l'avenir de la malheureuse que vous avez déshonorée ; si vous me promettez de quitter Paris avec elle, au plus tôt, aujourd'hui même, je retire la plainte que j'ai déposée entre les mains du magistrat ; j'étouffe ce scandale naissant. Puisse-t-elle, après cette terrible leçon, revenir à une vie meilleure !

— Monsieur, — reprit le prince, — je n'ai malheureusement pas le droit de prendre madame la comtesse de Villetaneuse sous ma protection : ce serait justifier une calomnie infâme.

— Cette manière d'éluder la question est sans doute adroite, monseigneur, mais fort peu honorable ; et je vous déclare donc que...

— Assez, monsieur ! Je vous défends de soupçonner mon honneur ! Je dirai à madame la comtesse de Villetaneuse, — ajouta Charles-Maximilien en se tournant vers la jeune femme et s'adressant à elle d'un ton pénétré, — Madame, si dans la douloureuse extrémité où vous réduit une calomnie infâme, exploitée avec une rare perfidie, vous voulez quitter la France en compagnie de monsieur et de madame Jouffroy, je m'estimerai trop heureux d'être honoré de votre confiance, et si ma proposition vous agrée, je vous ferai conduire par mon premier aide de camp, monsieur le colonel Walter, auprès de ma sœur l'archiduchesse Sophie ; elle vous accueillera, madame, vous, et votre famille, avec tout l'intérêt, avec tous les égards qui vous sont dus ; je vous recommanderai à l'affectueuse sollicitude de ma sœur, et je partirai ensuite pour un voyage en Orient que je projetais. Ai-je besoin d'ajouter, madame la comtesse, que si vous daigniez accepter ces offres, je serais un peu consolé d'avoir été, malgré moi, à mon éternel chagrin, l'une des causes involontaires du malheur immérité qui vous accable ?

— Allons, monseigneur, je suis content de vous, — dit impudemment Henri de Villetaneuse ; — j'ai eu tort, je le confesse, de vous supposer capable de manquer aux devoirs que l'honneur vous imposait ; mon seul vœu en cette pénible conjoncture est que du moins, après un égarement qui m'éloigne à jamais d'elle, madame de Villetaneuse trouve un appui dans l'homme qui l'a séduite ! A ces conditions, je retire ma plainte en adultère, je consens à une séparation amiable.

Et s'adressant à Aurélie, morne, abattue, et dont les forces tant d'assauts étaient à bout :

— Ainsi, madame, vous consentez à quitter Paris aujourd'hui même ? à vous retirer en Allemagne, auprès de la sœur du prince ?

— Que sais-je ?... laissez-moi ! je souffre trop ! — répondit la jeune femme, en proie à une violente agitation nerveuse ; — laissez-moi ! vous me rendez folle ! Ah ! maudit soit le jour où je vous ai épousé !

— Madame, ce sont là des mots ; récriminer le passé, n'est point répondre. Acceptez-vous, oui ou non, une séparation amiable, à la condition de quitter aujourd'hui Paris ?

— Mais ayez donc pitié d'elle ! monsieur, vous la tuez !... — s'écria Charles-Maximilien, en voyant Aurélie sangloter.

— Madame, — reprit opiniâtrement le comte. — acceptez-vous, oui ou non, les propositions de monseigneur ?
— Hélas ! il le faut bien... vous m'avez perdue !... répondit la comtesse en cachant sa figure entre ses mains et poussant des gémissemens étouffés.

Henri de Villetaneuse, toujours impassible, se dirigea vers la porte du salon, s'arrêta au seuil, et dit à haute voix :

— Monsieur le commissaire, je retire ma plainte... vous pouvez vous retirer... Monsieur et madame Jouffroy, donnez-vous la peine d'entrer.

Aurélie, à la vue de son père et de sa mère, pâles, consternés, accourant près d'elle, s'élança au devant d'eux en s'écriant :

— Je suis innocente !

Mais ne pouvant résister à cette nouvelle émotion, la jeune femme perdit connaissance et tomba dans les bras de monsieur et madame Jouffroy, qui fondaient en larmes.

LXXX.

Vers la fin de la journée qui suivit la fête donnée par la comtesse de Villetaneuse, le prince Charles-Maximilien, logé à l'Elysée-Bourbon, selon son habitude, lors de ses voyages à Paris, avait l'entretien suivant avec le colonel Walter, son premier aide de camp :

— Colonel, je désire vous charger d'une mission de haute confiance.
— Je suis aux ordres de Votre Altesse.
— Ce soir, à six heures, vous monterez dans l'une de mes voitures de voyage, et vous irez chercher à son hôtel madame la comtesse de Villetaneuse, son père et sa mère.
— Oui, monseigneur.
— Vous ferez partir, un quart d'heure auparavant, un courrier qui veillera à ce que les relais soient préparés sur la route d'Allemagne.
— Oui, monseigneur.
— Selon l'état de la santé de madame la comtesse ou selon son désir, vous voyagerez plus ou moins vite, et vous vous rendrez à Riestaldt, chez ma sœur. Elle sera prévenue de l'arrivée de ses hôtes par le major Hartmann, que j'ai ce matin dépêché à Riestaldt avec une lettre de moi pour l'archiduchesse.
— Les ordres de monseigneur seront ponctuellement exécutés.
— Colonel Walter, je ne puis mieux vous prouver mon affection qu'en vous chargeant de cette mission ; je vous prie d'avoir pour madame la comtesse de Villetaneuse et pour ses parens les soins, les égards que vous auriez pour moi-même. Vous entendez, mon cher colonel, pour moi-même... Je sais depuis longtemps tout ce que je peux attendre de votre dévouement à ma personne.
— Je serai heureux de donner à Votre Altesse cette nouvelle preuve de mon empressement à lui obéir, — reprit le colonel avec ce servilisme naïf que donne la longue habitude des cours. — Attendrai-je à Riestaldt de nouveaux ordres de Votre Altesse ?
— Oui, et vous me renverrez le major Hartmann ; il viendra me rejoindre ici ; je resterai environ six semaines à Paris. Madame de Villetaneuse voyagera sous le nom de la comtesse d'Arcueil, son père et sa mère sous les noms du baron et de la baronne de Formont. J'ai mes raisons pour préférer cet incognito. Vous voudrez bien, mon cher colonel, durant votre séjour à Riestaldt, remplir auprès de madame la comtesse les fonctions de premier gentilhomme, l'accompagner partout où elle désirera d'aller, à moins qu'elle ne préfère sortir seule avec sa famille. Vous veillerez, je vous prie, à ce qu'il y ait toujours des chevaux et des voitures à leurs ordres ; madame la comtesse et sa famille habiteront le petit palais d'été ; ma sœur voudra bien le mettre à leur disposition. Quant à la maison de madame la comtesse, elle doit être tenue sur le pied de la mienne ; vous ferez donc venir de Meningen les gens de service nécessaires ; je compte sur vous pour veiller à tout, et tâcher de pénétrer, de prévenir les moindres désirs de madame la comtesse et des personnes qui l'accompagnent. Allez faire vos préparatifs de départ, mon cher colonel. Croyez-le, je n'oublierai jamais ce nouveau témoignage de votre dévouement.

Le colonel Walter s'inclina, sortit, et Charles-Maximilien rentra dans sa chambre à coucher où l'attendait Müller.

— Hé bien ! — dit vivement le prince à son honnête serviteur, — quelles nouvelles ?... quelles nouvelles ? — Puis, par réminiscence, et ainsi que l'on dit, « pour l'acquit de sa conscience, » ce bon prince ajouta d'un ton solennel :
— Tout à l'heure nous aurons un autre compte à régler.
— J'espère prouver à Votre Altesse que mon zèle seul a pu m'égarer...
— Comment ! coquin, tu oses !... Mais patience ! dans un instant nous reviendrons à cela... Quant à présent, quelles nouvelles de l'hôtel de Villetaneuse ?
— Madame la comtesse, ayant repris ses sens peu de temps après le départ de Votre Altesse, a été reconduite chez elle par monsieur et madame Jouffroy.
— De ces terribles secousses, est-ce qu'elle ne se ressent pas gravement ? — demanda le prince avec anxiété.
— Mon Dieu ! elle doit tant souffrir !
— Madame la comtesse est très pâle, très abattue ; mais sa santé ne paraît pas altérée.
— Que s'est-il passé lors de son retour à l'hôtel ?
— D'abord, madame Jouffroy a exigé que madame la comtesse se mît au lit, ce qu'elle a fait ; puis il y a eu entre madame Jouffroy, son mari et monsieur le comte, une violente explication. Clara, la femme de chambre, écoutait à la porte du salon, et a tout entendu. Madame Jouffroy a accablé monsieur le comte de reproches sanglans, l'accusant d'avoir trompé, ruiné sa fille, et de la calomnier ensuite. Monsieur le comte ayant répliqué que le flagrant délit était prouvé, madame Jouffroy s'est écriée « que sa
» fille, d'ailleurs, fût-elle coupable, ainsi que de fausses ap-
» parences semblaient le démontrer, elle aurait eu raison
» de préférer une Altesse remplie de délicatesse et de gé-
» nérosité à un misérable qui, après avoir épousé sa
» femme pour son argent, la trompait et l'outrageait in-
» dignement. » Ce sont les paroles textuelles de madame Jouffroy.
— Continue...
— Monsieur le comte a répondu qu'il avait, par pitié pour madame la comtesse, retiré sa plainte en adultère ; mais que si sa femme ne quittait pas Paris le jour même, ainsi que monsieur et madame Jouffroy, un procès aurait lieu, qu'il s'ensuivrait un honteux scandale. Madame Jouffroy, s'emportant de plus en plus, tandis que monsieur Jouffroy pleurait et gémissait, s'est écriée qu'elle ne sortirait pas de l'hôtel avant de savoir où en était la fortune de madame la comtesse, et que monsieur le comte lui eût remis, à elle, madame Jouffroy, ce qui restait de la dot de sa fille. Monsieur le comte s'est mis à rire, répondant que sa chère belle-mère n'entendait rien aux questions d'intérêt... Ce sont les propres paroles de monsieur le comte.
— Achève !... achève !...
— Les questions d'intérêt regardaient les gens d'affaires, a ajouté monsieur le comte ; les siens s'entendraient plus tard avec ceux de madame la comtesse ; mais en attendant il allait remettre à madame Jouffroy cinquante mille francs, payant ainsi deux années d'avance de la pension qu'il s'engageait à servir à madame la comtesse. J'ouvrirai à ce sujet une parenthèse, si monseigneur le permet, et j'ajouterai que madame Jouffroy, jouant à la bourse à l'insu de son mari, a ainsi presque entièrement perdu les capitaux qui leur restaient après avoir si richement doté leur fille.
— Ensuite... ensuite... poursuis...
— Sur ces entrefaites, monsieur le colonel Walter a demandé à être introduit. Il venait au nom de Votre Altesse

proposer à madame Jouffroy, à son mari et à madame la comtesse de les conduire en Allemagne, auprès de S. A. I. la grande-duchesse Sophie, de partir le soir même à six heures, et...

— Madame Jouffroy a accepté cette proposition au nom de sa fille; je sais cela; ensuite?

— Madame Jouffroy, accablant son gendre de nouveaux reproches, lui disait : « Votre femme dédaignée, outragée, » calomniée par vous, trouve un asile à la cour d'une » grande duchesse! » Monsieur le comte, pour terminer cette scène, a remis à madame Jouffroy les cinquante mille francs représentant le paiement des deux années de la pension qu'il se proposait d'assurer à sa femme (promesse illusoire, car s'il reste à monsieur le comte cinquante mille écus sur la dot qu'il a reçue, c'est beaucoup). Il a enfin notifié à son beau-père et à sa belle-mère qu'il allait sortir, mais qu'à son retour, il prendrait de rigoureuses mesures si sa femme, ainsi que sa famille, n'avaient pas quitté l'hôtel. Lorsque je l'ai quitté moi-même, madame Jouffroy s'occupait en hâte des préparatifs du départ; monsieur Jouffroy semblait complètement hébété ; pardon, monseigneur, je voulais dire atterré.

— Mais la comtesse, la comtesse?

— Clara m'a dit que sa maîtresse pleurait beaucoup ; cependant, j'ajouterai que l'une des premières choses que madame la comtesse ait recommandée à sa femme de chambre d'emballer est la coupe dont Votre Altesse a fait autrefois présent à madame de Villetaneuse.

— Ah! ma vie, ma vie entière sera consacrée à lui faire oublier ses chagrins! — se dit Charles-Maximilien. Puis, après quelques moments de silence, et cédant à une sorte de respect humain, il affecta un courroux rétrospectif et dit à Müller :

— Vous avez commis un crime en mettant le feu à cette galerie, drôle que vous êtes !

— Monseigneur trouve le tour excellent, mais il veut jouer un peu l'indignation ; laissons-lui cet innocent plaisir, — pensa Müller ; et il reprit tout haut d'un air piteux :

— Votre Altesse me permettra-t-elle de lui rappeler qu'elle m'avait donné carte blanche?

— Carte blanche! Avais-je en seulement la pensée d'un pareil expédient? Quoi! l'incendie!

— Il n'y a eu, monseigneur, aucun grave dommage ; la galerie seule a brûlé, ainsi que quelques rideaux des salons et...

— Mais, double coquin, il pouvait y avoir des personnes blessées, tuées dans cet incendie!

— Personne n'a été ni tué ni blessé. Votre Altesse n'aura aucun remords sur la conscience. J'avoue humblement qu'emporté par mon zèle et voulant donner à monseigneur l'occasion de rendre un grand service à madame la comtesse, en l'arrachant du milieu des flammes plus effrayantes que dangereuses, j'ai omis, à dessein, d'aller demander les pompiers, qui devaient, selon les ordres de monsieur le comte, rester à l'hôtel durant la fête en cas d'incendie ; puis, au moyen de quelques bottes de paille placées sous le plancher, j'ai cru pouvoir, et cela très innocemment, je l'avoue, j'ai cru pouvoir mettre le feu à...

— Taisez-vous, drôle! c'est horrible ; mais ce n'est pas tout.

— Quoi encore, monseigneur?

— Au lieu d'accourir m'avertir de l'arrivée imprévue du comte, ou de faire au moins vos efforts pour l'empêcher d'entrer dans cet appartement, sachant combien les apparences pouvaient être fâcheusement interprétées, vous venez m'annoncer tranquillement ce bon homme.

— L'arrivée de monsieur le comte n'avait rien d'imprévu pour moi, monseigneur, puisque j'étais allé le prévenir qu'il trouverait madame la comtesse en tête-à-tête avec Votre Altesse.

— Quoi! c'était toi?

— Certainement, monseigneur.

— Traître!

— Moi traître! mais au contraire, je servais admirablement Votre Altesse.

— Quelle audace!

— Monseigneur daignera-t-il me permettre de m'expliquer?

— Parle. Je veux savoir jusqu'à quel point tu pousseras l'impudence!

— J'avais (et je demande pardon à Votre Altesse de m'être permis de douter un instant de son respect envers madame la comtesse) ; j'avais d'abord cru que cédant, malgré lui, oh! bien malgré lui, sans doute, à l'entraînement de sa passion, monseigneur profiterait de ce tête-à-tête pour avouer sa passion à madame la comtesse.

— Infâme! Moi, profiter de cet événement? tu m'as cru capable de cette indignité!

— J'ai reconnu mon erreur, monseigneur ; aussi me suis-je empressé d'aller instruire monsieur le comte de votre tête-à-tête avec madame la comtesse, en suggérant de plus, assez adroitement, je pense, à monsieur de Villetaneuse, l'idée des avantages qu'il trouverait à une rupture éclatante, et l'engageant à amener avec lui un commissaire de police.

— Décidément, ce drôle de Müller est un homme de génie dans son espèce, — pensa le prince, et il dit tout haut :

— Savez-vous, maraud, que tout cela est d'un machiavélisme infernal?

— Dame! monseigneur, selon mon petit jugement, il fallait brusquer les choses. Madame la comtesse, jouissant d'une réputation irréprochable et méritée, aurait longtemps hésité à se séparer de son mari, soit par la crainte d'un éclat, soit par une indécision très naturelle au moment de prendre une résolution si grave ; puis, qui sait? peut-être devait-on craindre un retour d'affection de madame la comtesse pour monsieur le comte, à qui elle avait autrefois été sur le point de sacrifier sa vie. Toutes ces raisons pouvaient faire traîner les choses en longueur, tandis qu'elles ont marché rapidement, et j'ose le dire, monseigneur, à vos souhaits. Tout le monde est d'ailleurs satisfait ou le sera bientôt... Monsieur le comte est enchanté de l'occasion de se séparer de sa femme en conservant le beau rôle et ce qui lui reste de la dot de madame la comtesse ; il exige qu'aujourd'hui même elle parte pour l'Allemagne ; il la met sous la sauvegarde de Votre Altesse, et...

— Soit... J'admets qu'en cette occasion tu sois excusable... mais, cet incendie!

— De grâce, monseigneur, ne parlons plus de cela ; peu de feu, beaucoup de fumée ; aucun mal, beaucoup de frayeur ; quelques planches brûlées, quelques tentures roussies, voilà mon crime !... Votre Altesse, dont les vœux sont aujourd'hui comblés, se montrera-t-elle impitoyable pour son pauvre Müller? Que monseigneur se rappelle qu'il y a environ une année il me disait : « Ah! Müller, je » le sens, je ne suis amoureux comme à vingt ans ; je n'ai » jamais éprouvé ce que je ressens... Ah! si j'étais assez » heureux... »

Je n'achève pas, monseigneur ; ce soir, à six heures, madame la comtesse part pour l'Allemagne, où vous irez bien tôt la rejoindre, je pense, que vous ne partirez pour Constantinople, monseigneur. Votre Altesse daigne sourire, elle me pardonne l'excès de mon zèle. Je pourrai encore la servir.

— Non, plus comme par le passé. Müller! c'est fini de folles amours ; mon cœur est à jamais fixé.

— Vivre et mourir auprès de Votre Altesse, dans quelque emploi que ce soit, telle est mon ambition. Mais, pour en finir avec le passé, me permettrez-vous, monseigneur, de vous rappeler les bons services de ma compagne Clara? Elle reste à Paris, car je l'avoue, la comtesse en Allemagne, Clara, possédée du désir de tenir une table d'hôte, espère assez en la munificence de Votre Altesse pour...

— Ta compagne sera satisfaite. Maintenant, retourne à l'hôtel de Villetaneuse jusques au moment du départ de la comtesse; reviens aussitôt après que tu l'auras vue monter en voiture.

. . . .

Le soir, à six heures, madame de Villetaneuse, sous le nom de la comtesse d'Arcueil, son père et sa mère, sous le nom du baron et de la baronne de Formont, quittèrent Paris, afin de se rendre en Allemagne sous la conduite du colonel Walter.

LXXXI.

La scène suivante se passe en Allemagne, dans la principauté de Meningen, environ deux ans et demi après la séparation du comte de Villetaneuse et de sa femme.

Il est midi, le soleil de juin dore de sa chaude lumière les ruines du vieux château de Meningen, souvent visitées des voyageurs ou des artistes; elles servent de point de vue, et, pour ainsi dire, de *fabrique* (style de paysagiste) au moderne palais de cette principauté. On l'aperçoit au loin; il est séparé des ruines par les pelouses et les quinconces du vaste parc de cette magnifique résidence.

Parmi les débris de l'antique manoir, aux tours crevassées, éventrées, couvertes de lierres, comme ses murailles démantelées, l'on remarque, au rez-de-chaussée, les vestiges d'une grande salle, aux fenêtres ogivales, jadis garnies de vitraux coloriés, à cette heure remplacés par de verdoyans rideaux de vigne vierge, de clématites sauvages, de liserons à fleurs d'un rose pâle, à travers lesquels se jouent quelques rayons du soleil.

A gauche de l'entrée principale de la grande salle se trouve la baie d'une porte conduisant de plain-pied à une tourelle, dont les degrés en vis servaient autrefois de communication entre les caves du château et ses étages supérieurs; mais, l'escalier ayant été détruit, la portion souterraine de cette tourelle ressemble à une sorte de puits dont l'œil ne saurait sonder la noire profondeur.

Enfin, au delà d'un arceau à demi écroulé, faisant face à l'entrée principale de la grande salle, on aperçoit un amas de décombres, de buissons, de ronces, au-dessus desquels se dressent encore quelques pans de murailles et des piliers de pierres noirâtres d'inégales grandeurs, les uns encore couronnés de leurs chapiteaux gothiques, les autres bizarrement tronqués.

Trois hommes pénétrèrent au milieu de ces ruines.

Le premier, vieux, obèse, d'une figure placide, semble s'occuper de collectionner des papillons, ainsi que l'annoncent le filet de gaze verte qu'il porte emmanché au bout d'une canne, et la boîte de fer-blanc attachée en sautoir sur son épaule. Le second, d'un âge mûr, et déjà grisonnant, paraît s'adonner à la botanique; un herbier portatif, façonné en forme de gros registre destiné à recevoir les plantes fraîches entre ses feuillets de papier gris, est attaché au moyen d'une lanière sur des bretelles. Enfin, le troisième de ces personnages, âgé de vingt-cinq ans au plus, d'une taille svelte, élevée, offre le type accompli de la beauté méridionale en ce qu'elle a de plus mâle et de plus charmant à la fois. Que l'on s'imagine l'une de ces admirables figures italiennes, remplies de jeunesse, d'élégance et de caractère, si magistralement reproduites par Léopold Robert dans ses œuvres immortelles, et l'on aura la fidèle image d'Angelo Grimaldi. Ses compagnons avaient l'attirail ordinaire des entomologistes et des botanistes; il avait, lui, l'attirail de l'artiste en voyage : l'album placé dans son étui, la chaise pliante, le grand parasol cousu d'un vis à une canne et sous lequel le dessinateur peut s'abriter du soleil ou de la pluie.

Angelo Grimaldi est vêtu avec une simplicité de bon goût: ses deux acolytes ne sont pas inconnus du lecteur : l'un s'appelle Mauléon; l'autre, déjà vieux, s'appelle Corbin.

L'on se souvient sans doute que Mauléon, jadis ruiné par Catherine de Morlac, avait été arrêté presque sous ses yeux dans l'une des maisons de la cour des Coches, au moment où il sortait de l'appartement de monsieur Corbin, rentier, soupçonné d'avoir des relations suspectes avec des hommes de mauvaise mine. L'arrestation de Mauléon avait eu pour cause la tentative de vol, commise de nuit et avec effraction, dans l'atelier de Fortuné Sauval.

Cependant, l'apparence des deux compagnons d'Angelo ne trahit en rien leurs antécédens criminels; ils ont, ainsi que lui, les dehors d'honnêtes touristes, utilisant leur voyage par l'étude des sciences naturelles et des dispositions des hommes et des beaux-arts. Tous trois entrent dans la grande salle ruinée en gens qui connaissent les *êtres*, se débarrassent de leur attirail scientifique et artistique, puis, après s'être désaltérés au moyen de la bouteille d'osier que chacun porte suspendue à un cordon, ils s'assoient sur des décombres, et la conversation suivante s'engage entre eux :

— D'abord, — dit Angelo Grimaldi, avec un accent parfaitement parisien, fort peu en rapport avec le nom italien et le caractère de la beauté méridionale de ce jeune homme, — d'abord, — continua-t-il en feuilletant son album qu'il tenait sur ses genoux, — rendons-nous exactement compte de la disposition des lieux... Ah! les belles inventions que le dessin et la musique! Vous fredonnez une ariette au pied d'un balcon ou d'une terrasse, et, grâce à ce mélodieux passe-temps, vous pouvez compter les carreaux d'une fenêtre ou examiner à loisir les dispositions de la serrure d'une porte rébarbative, pendant que quelque jolie femme, cachée derrière sa persienne, prête à vos chants une oreille ravie; ou bien encore vous faites le croquis du palais de Meningen, je suppose; et, grâce à cet innocent croquis, vous possédez la désignation exacte des lieux que vous avez intérêt de connaître. Donc, je le répète, vivent les beaux arts... au point de vue spéculatif... c'est le mot; car que sommes-nous?... de simples spéculateurs.

— Tu dessines à merveille, tu as la plus charmante voix du monde, Angelo, — répond Mauléon — tes talens pourront nous servir non moins utilement que nous a déjà servi notre goût apparent, à Corbin et à moi, pour l'entomologie et la botanique. Ce filet à papillons et cet herbier sont d'excellens *passe-partout*... Peut-on se défier de nous autres, admirateurs de la nature?

— Tout ceci est bel et bon, — reprend le vieux Corbin, en essuyant son front chauve baigné de sueur; — mais il est oiseux de nous congratuler; le temps presse. Nous sommes dans la situation d'une réunion d'actionnaires; laissons les sornettes, parlons affaires.

— Soit, — ajouta Mauléon. — En ta qualité de capitaliste, nous te nommons président de l'assemblée.

— C'est dit, — reprit Angelo. — L'on n'aura la parole qu'à son tour; en attendant que j'aie à la demander, je vais rêver à ma belle inconnue.

— Au diable l'enragé troubadour! Quand on est aussi beau garçon que toi, Angelo, on reste homme à bonnes fortunes et l'on ne se mêle point d'opérations financières, — répond Corbin en haussant les épaules. — Résumons-nous donc, posons nettement la question : Il s'agit d'une valeur de plus de deux millions; nous la suivons à la piste depuis Paris (voyage dont j'ai déboursé les avances). Nous espérions trouver en route quelque heureuse occasion d'encaisser ladite valeur; notre attente a été frustrée: le trésor était embarqué sur une diligence des Messageries royales avec ses gardiens. Nous prenons, afin d'éviter tout soupçon, nos places dans les Messageries générales, s'arrêtant aux mêmes relais, couchant dans les mêmes villes que l'autre voiture; mais cet endiablé de Fortuné Sauval et ses ouvriers déploient une telle vigilance, que nous passons la frontière et que nous arrivons jusqu'ici sans avoir pu mener à bonne fin notre opération.

— Mauléon, — dit Angelo à son compagnon en lui montrant, sur une des pages de son album, une esquisse qu'il venait de crayonner, — que dis-tu de ce profil? Je viens de le dessiner de souvenir.

— Il est adorable!

— Hé bien! mon cher, c'est celui de **ma** belle inconnue!

que l'on dit être la maîtresse du prince de céans. Je l'ai vue une seule fois à un kiosque de la villa Farnèse, ainsi qu'on appelle cette délicieuse demeure, voisine du palais ; le kiosque donnait sur une avenue : j'ai roucoulé ma plus amoureuse romance, et...

— C'est par trop fort! — s'écria monsieur Corbin avec courroux. — Je n'ai jamais vu traiter les affaires sérieuses avec une légèreté pareille! Savez-vous, messieurs, que je me lasse de faire des avances, et que déjà je suis à découvert de neuf cent quatre-vingt francs et tant de centimes, depuis huit jours que nous avons quitté Paris ?

— Allons, seigneur capitaliste, — reprend Mauléon, — ne vous fâchez pas; vos avances vous seront remboursées sur le pied de cent pour cent, selon nos conventions; c'est un joli placement, ce me semble ? sans compter double dividende dans le partage des bénéfices de l'opération. Vous le savez, nous sommes gens d'honneur... à notre manière.

— Gens d'honneur de toutes les manières, — dit Angelo. — Voyons, papa Corbin, voyons, respectable collègue, lorsque vous m'avez avancé cinquante louis afin de pouvoir entrer au jeu contre ce jeune Russe, l'un des coryphées de la table d'hôte de Clara, ne vous ai-je pas remis : 1º les deux mille francs avancés; 2º trois mille francs de dividende pour votre quote-part dans mon gain à cette fameuse partie de lansquenet où, grâce à mes cartes biseautées, j'étais certain de plumer vif cet oison du Nord? Malheureusement, j'ai reperdu le lendemain ce que j'avais gagné; j'ai été refait à mon tour par un grec plus grec que moi, et alors...

— Qu'importe tout cela! — s'écrie Corbin en frappant du pied ; — comment pourrez-vous tous deux me rembourser les avances faites par moi, à propos de l'affaire dont nous nous occupons, si elle ne réussit pas? Or, pour qu'elle réussisse, n'est-il pas urgent que nous prenions une résolution le plus tôt possible? Ne dit-on pas dans la ville que le prince Maximilien peut être de retour au palais d'un moment à l'autre? Son absence nous sert à souhait, et vous perdez un temps précieux !

— Papa Corbin, ce reproche est d'autant moins opportun, que je viens de prendre un dessin exact des quatre faces du palais.

— Et moi, avant-hier, n'ai-je pas eu l'excellente idée d'écrire au gouverneur, pour lui demander, en notre qualité de voyageurs étrangers, l'autorisation de visiter le palais ? — ajouta Mauléon. — La permission nous est accordée courtoisement, et hier...

— Beau résultat! — s'écrie Corbin, en interrompant son complice. — Hier, les gardiens nous ont fait visiter les grands appartements, les galeries d'armes et les tableaux ; mais nous n'avons pu découvrir dans quel endroit du palais se trouve l'atelier provisoire où Fortuné Sauval, en compagnie de six ouvriers, s'occupe de monter cette magnifique toilette d'argent massif de six pieds de hauteur.

— Il nous faut pourtant, hélas! la dédaigner!...

— Parbleu ! deux hommes ne pourraient seulement la soulever! — dit Corbin ; — mais, par compensation, rien de plus attrayant, de plus portatif que cette parure de diamans, dont on a tant parlé à Paris, et à laquelle ont contribué pour le choix des pierreries les plus fameux lapidaires de Londres et de Hambourg ; pierreries évaluées à plus de deux millions par les journaux de Paris...

— Oh! la belle invention que la publicité! — reprend Angelo! — Bienheureuse et indiscrète réclame en l'honneur du moderne Benvenuto Cellini! il me semble la lire encore, cette friande réclame! « Le célèbre orfévre, monsieur » Fortuné Sauval, qui avait été mandé il y a deux ans à » Londres par S. M. la reine d'Angleterre, va prochaine- » ment partir pour Meningen, ville ducale d'Allemagne, où » il doit aller lui-même ajuster les pièces d'une splendide » toilette d'argent massif commandée par S. A. S. le prince » Charles-Maximilien, et lui porter en outre une parure de » diamans, diadème, collier, etc., etc., dont notre Bonvo- » nuto Cellini doit achever la monture en Allemagne, afin » de la mettre en harmonie avec d'autres précieux joyaux » appartenant à la maison grand-ducale de Meningen, etc. » Une idée soudaine illumine mon esprit, je cours proposer l'affaire à Mauléon, qui sortait de Poissy, où j'avais eu l'honneur de faire sa connaissance...

— J'accepte la proposition, voulant venger ma défaite lors de la tentative infructueuse de la cour des Coches; je propose à mon tour à notre célèbre capitaliste Timothée Corbin d'opérer le premier versement de fonds indispensable à l'entreprise, frais de voyage et autres, par cette excellente raison, qu'en sortant des prisons de Poissy, Angelo et moi, nous n'étions pas positivement millionnaires.

— Aussi vrai que je m'appelle Timothée Corbin, j'en serai pour mes déboursés, car, pour mon malheur, mes associés, dont l'un du moins devrait être mûri par l'âge et l'expérience, ont de vrais étourneaux qui, en ce moment, perdent un temps précieux à divaguer au lieu d'agir.

— C'est vrai, je suis pis qu'un étourneau, je suis un triple sot! — s'écrie soudain Mauléon, frappé d'une idée subite ; — peut-être ai-je trouvé le moyen de...

— Achève.

— Explique-toi.

— Cependant, le moyen pourrait avoir ses dangers, — reprend Mauléon en réfléchissant. — C'est sans doute pour cela que dans le premier moment où cette pensée m'est venue, ne songeant qu'à la possibilité de ce péril, je n'aurai pas approfondi le parti que l'on pourrait tirer de cette circonstance.

— Quelle circonstance?

— En vérité, Mauléon, tu parles à bâtons rompus, il est impossible de te comprendre... et notre honorable doyen me reproche mes distractions amoureuses!

— Mes amis, — reprend Mauléon, — nous sommes, n'est-ce pas, arrêtés par la difficulté de savoir où se trouvent dans le palais l'atelier de l'orfévre, et conséquemment les joyaux en question ?

— Évidemment, puisque grâce à mon croquis d'une fidélité scrupuleuse, nous avons une connaissance parfaite des portes et des croisées du palais, dont j'ai dessiné les quatre façades. Et si nous savions dans quel appartement se trouve ce trésor si tendrement convoité, il nous serait facile, connaissant (toujours d'après mon croquis) la hauteur, la largeur, l'élévation de chacune des fenêtres, il nous serait, dis-je, facile de baser notre plan d'attaque à l'endroit de la chambre du trésor... si j'ose m'exprimer ainsi.

— C'est évident, — dit Corbin, — tout est là... Comment savoir... si...

— Écoutez-moi, — reprend vivement Mauléon. — S'il nous était possible de nous associer l'un des compagnons de l'orfévre ?

— Parbleu ! — et Corbin hausse les épaules, — nous serions alors presque assurés de la réussite de notre affaire ; mais en se rappelant l'insupportable vigilance que ces coquins montraient en route, il est absurde de penser que l'un d'eux consente à...

— Peut-être ! et voici comment, — reprend Mauléon. — Vous n'ignorez pas que j'ai autrefois possédé une belle fortune ?

— Au diable ! voici les divagations qui recommencent !

— Je ne divague point, je suis dans les entrailles mêmes du sujet ; je le prouve, si vous ne m'interrompez pas.

— Allons, poursuis.

— Donc, avant que d'être réduit à être ce que je suis... et ce que vous êtes...

— Je demande à présenter une seule observation, — dit Angelo Grimaldi, au grand désespoir de Corbin ; — je ne saurais accepter, pour ma part, l'espèce de dédain avec lequel notre cher collègue parle de notre condition sociale, au moment même où nous avons besoin de toute notre confiance en nous-mêmes pour réussir ; n'oublions donc jamais, disons-nous donc toujours avec un légitime et touchant orgueil, que notre industrie fait vivre une foule d'honnêtes pères de famille... huissiers, recors, geôliers, employés des bagnes, agens de police, gendarmes,

Le dessin est ne tremo, tu as la plus charmante voix du monde. — Page 118.

argousins, que sais-je ! Car, à bonheur ! je vous le demande, que deviendraient sans nous ces pauvres gens ? Leur profession, leur avenir, seraient perdus, leurs intéressantes familles au désespoir !... Nous avons le courage de nous sacrifier pour assurer leur existence... Ayons du moins conscience du peu de bien que nous faisons, puisons dans cette douce conviction le désir de mériter toujours les bénédictions de ceux-là qui nous doivent leur pain quotidien, et pour le leur assurer, livrons-nous à de nouveaux actes de l'espèce de celui que nous méditons. Ainsi encouragés par la noblesse du but que nous poursuivons, forts de nos intentions philanthropiques, nous triompherons des obstacles !... J'ai dit !

Cette abominable plaisanterie fait rire aux larmes le vieux Corbin lui-même, malgré son horreur des divagations, et Mauléon reprend :

— Je retire l'expression dont s'est offensée la délicatesse d'Angelo. Je dirai donc qu'avant de concourir à l'existence des nombreux et intéressans fonctionnaires que notre collègue vient d'énumérer, je possédais une fort belle fortune. Cette fortune... — et les traits de Mauléon devinrent sombres, — cette fortune m'a été mangée par une certaine Catherine de Morlac. Cette femme, après m'avoir ruiné, m'a indignement abandonné ; or, je suis certain que l'ouvrière dont est accompagné l'orfèvre n'est autre que Catherine de Morlac.

— Que diable nous contes-tu là ?

— Cette Catherine devenue ouvrière ? c'est impossible !

— Laissez-moi achever, reprit Mauléon.

— Vous vous souvenez, — continua Mauléon, dont ses deux compagnons, Angelo et Corbin, écoutaient les paroles avec une attention croissante, — vous vous souvenez que la surveille de notre arrivée ici, la diligence que nous suivions s'étant arrêtée pour passer la nuit dans une petite ville, nous avions trouvé moyen d'occuper, dans l'auberge de l'Aigle d'or, deux chambres voisines du logement de l'orfèvre ?

— Oui, oui, Angelo et moi, nous avons occupé l'une,

toi l'autre ; mais ces coquins se sont relayés pour veiller pendant toute la nuit sur leur trésor.

— Ma chambre à moi n'était séparée de celle de l'orfèvre que par une cloison ; je la perçai au moyen d'une vrille, afin d'examiner ce qui se passait chez nos voisins.

— Nous aussi, nous avons vu d'abord l'orfèvre, puis un jeune ouvrier, puis un vieillard à barbe blanche, venir tour à tour veiller auprès du précieux coffret déposé dans une pièce bien éclairée ; ils avaient de plus, à leur portée, une paire de pistolets, et chacun de ces drôles, après avoir, pour ainsi dire, monté sa garde, était relevé par un de ses compagnons, et allait se reposer dans une autre chambre.

— J'avais justement percé la cloison de cette chambre contiguë à la mienne ; aussi, en prêtant l'oreille et regardant par les ouvertures, ai-je vu le vieux à barbe blanche et l'ouvrière ; ils étaient seuls ; l'ouvrière, je n'en saurais douter, est Catherine de Morlac. Elle répondait au vieil ouvrier, continuant sans doute un entretien commencé : — « Non, non, même avec votre consentement, jamais je n'oserais lui dire que je suis sa mère ; ma seule crainte, vous le savez, est qu'un hasard fatal lui découvre ce secret, » car j'en mourrais de honte. — Silence, Catherine, le voilà ! » — reprit l'homme à barbe blanche. En ce moment le jeune ouvrier entra. Ce nom de Catherine me rappela soudain madame de Morlac ; j'examinai plus attentivement cette femme, et malgré le changement apporté dans son extérieur par l'âge et par des vêtemens grossiers, je reconnus Catherine de Morlac, cette misérable qui m'a ruiné, que je hais à la mort, et qu'autrefois j'aurais étranglée, si elle n'eût quitté Paris après m'avoir mangé mon dernier sou !

— Attends donc ! — dit Angelo en appuyant son front dans ses mains, — il me semble en effet qu'il y a quelque parti à tirer de la rencontre.

— Pourquoi diable ne nous as-tu pas jusqu'ici parlé de cette circonstance ? Elle est grave, et...

— Silence ! — reprend Mauléon à voix basse en prêtant

l'oreille d'un air inquiet et en indiquant du geste l'arcade à demi ruinée faisant face à l'entrée principale, à travers laquelle l'on apercevait au loin quelques décombres.

— Est-ce que vous n'avez pas entendu marcher de ce côté ?

— Non... et toi, Angelo?

— C'est sans doute le bruit du vent dans les buissons.

— Il n'importe, — reprit Mauléon en se levant, — je vais m'assurer du fait par moi-même, car si l'on nous avait écoutés, épiés, ce serait dangereux.

— Bah ! — dit Angelo haussant les épaules, en voyant son compagnon se diriger d'un pas prudent vers le fond, — la police allemande ne peut avoir sur nous aucun soupçon; d'ailleurs, elle est encore dans l'enfance, mon cher, et digne du temps des patriarches! Je l'ai pratiquée une fois, elle est pitoyable, elle ne va pas à la cheville de la police anglaise. Oh! oh ! quant à celle-là, je le déclare, sans prévention nationale, elle est vraiment remarquable.

— Hé! tenez, à propos d'Angleterre, voilà les fils d'Albion dont nous aurons entendu le pas; ils auront parcouru les ruines avant d'arriver à l'entrée principale.

Ce disant, Carbón montre à Angelo une société d'Anglais, hommes et femmes, qui viennent en touristes visiter les débris du vieux château de Meningen.

Mauléon, après une vaine exploration, rejoint ses deux complices; ils reprennent leur attirail d'amateurs d'histoire naturelle et de beaux-arts, puis se disposent à quitter la grande salle. Angelo Grimaldi, remarquant parmi les touristes une jolie lady, se lorgne, se cambre, rajuste sa chevelure, *pose* enfin en homme à bonnes fortunes, désireux d'attirer l'attention. Or, ce misérable, grâce à sa beauté rare, à l'élégance de sa tournure, est en effet remarqué par les touristes; il les salue en passant près d'eux avec une parfaite courtoisie, et, à peine sorti des ruines, ainsi que ses deux complices, il commence à chanter, en s'éloignant, une cavatine de Rossini, d'une voix si pure, si fraîche, si délicieusement timbrée, que les voyageurs anglais, surpris et charmés, se taisent, écoutent ce chant mélodieux, qui, de plus en plus lointain, semble devenir plus suave encore ; puis, lorsqu'il a complètement cessé, la jolie lady s'écrie :

— Quelle voix ravissante! Rubini en serait jaloux !...

— Ce jeune homme nous a salués avec une bonne grâce et une politesse exquises...

— Il a, selon moi, le défaut d'être trop beau : on doit se retourner pour le regarder.

— Ce doit être un Espagnol ou un Italien...

— Il avait un album sous le bras ; s'il dessine aussi bien qu'il chante, il réunit tous les talens.

— En tout cas, — reprit un vieil Anglais, résumant ainsi les louanges diverses accordées par les personnes de la société à Angelo Grimaldi, — ce beau jeune homme doit être un *gentleman* accompli !

LXXXII.

L'atelier improvisé que Fortuné Sauval occupait au palais de Meningen était situé au premier étage de la façade du nord.

A l'une des extrémités de cette vaste pièce, l'on voyait une admirable toilette d'argent massif de plus de six pieds de hauteur, dont les divers fragmens, apportés séparément dans des caisses, avaient été réunis, ajustés par l'orfèvre et ses compagnons de travail ; plus loin, au milieu d'une table chargée de divers outils et avoisinant un grand coffre de fer, appartenant au garde-meuble du palais, brillaient, étincelaient, ici, dans leur écrin de velours, ailleurs, dispersés çà et là, des joyaux ornés d'énormes diamans de la plus belle eau ; l'on remarquait, entre autres, une petite couronne ducale, mais fermée comme les couronnes royales, et devant sans doute compléter la coiffure d'une femme; rien de plus chatoyant, de plus éblouissant que ce bijou constellé de diamants, de rubis, gros comme des noisettes.

Fortuné Sauval lisait une lettre, laissant en ce moment le père Laurencin s'occuper seul d'ajuster les derniers montants de la toilette couronnée d'un écusson d'émail blasonné, soutenu par deux figures d'enfants, et placé au sommet du miroir ovale. Sa bordure se composait de tiges de lis fleuris, aux corolles ici à demi ouvertes, ailleurs complètement épanouies, formant ainsi le merveilleux encadrement de la glace; une large tablette de lapis-lazuli d'un azur éclatant, supporté par quatre cariatides du plus haut style, devait recevoir l'aiguière et la cuvette; les coffrets à essence et autres ustensiles d'argent précieusement niellés ou ciselés étaient épars sur la table parmi les joyaux et les pierreries.

Catherine, assise non loin de son fils, s'occupait, à l'aide d'une pierre de *sanguina*, de rendre d'un poli étincelant l'intérieur de la large cuvette de l'aiguière, et montrait dans ce travail de *brunissage* l'habileté d'une ouvrière consommée. Elle était devenue telle à force d'application, d'intelligence; elle commençait aussi à pratiquer l'art attrayant de l'émaillage, sorte de peinture composée de minéraux en fusion, et appliquée sur le métal. Catherine, toujours occupée, depuis environ deux ans, dans l'atelier de l'orfèvre, gagnait alors trois à quatre francs par jour. Le salaire du père Laurencin et de son petit-fils s'élevait quotidiennement pour eux deux à huit ou dix francs. Ils étaient à Paris nourris chez leur patron ainsi que Catherine, chargée par lui de la surveillance de son ménage, mais elle continuait d'habiter sa mansarde dans l'une des maisons de la cour des Coches, dont elle était le bon génie invisible.

Qu'on juge du bonheur de cette vaillante femme, complètement régénérée par l'amour maternel, par le travail, par la charité! Elle ne quittait plus son fils! A force de persévérance dans le bien, elle était parvenue à conquérir, à mériter le pardon, l'estime, l'affection du père Laurencin, après avoir été si longtemps pour lui un objet de mépris et d'horreur; mépris et horreur alors justifiés par la conduite passée de Catherine, si longtemps indigne mère, indigne épouse, courtisane infâme.

Michel, alors âgé de dix-huit ans et demi, ne conservait de son adolescence que sa candeur; sa taille s'était renforcée, développée; sa barbe blonde et soyeuse (il voulait la laisser pousser ainsi que faisait son grand-père) duvetait son menton; sa charmante figure, plus accentuée, prenait chaque jour un caractère viril, nuancé depuis quelque temps d'une teinte de mélancolie. Quant au moral, Michel conservait ses qualités natives; devenu très habile artisan dans toutes les branches de l'orfèvrerie, entre autres dans la gravure des métaux, il annonçait devoir être un artiste éminent, selon les prévisions de Fortuné. Celui-ci, durant leur séjour à Paris, envoyait chaque soir l'apprenti à une académie de dessin tenue par un excellent professeur, et où l'on dessinait à la lampe d'après nature. Grâce à ces études sévères, à son assiduité, à ses dispositions pour les arts, et aux leçons d'ornementation que lui donnait son patron, Michel dessinait, composait déjà avec autant de goût que de pureté : il avait plusieurs fois modelé en cire certaines figurines à la complète satisfaction de Fortuné dès, plus quelques légères retouches, s'en était servi pour ses travaux.

Michel, ce jour-là, s'occupait de remonter d'une façon moderne d'anciennes pierreries destinées à compléter la parure royale apportée par Fortuné Sauval. Mais Michel, ordinairement attentif à sa besogne, semblait tour à tour distrait et rêveur. Sa mère seule, pénétrante, vigilante comme une mère, remarquait depuis leur commun départ de Paris les croissantes préoccupations de son fils, pour qui elle continuait d'être madame Catherine, autrefois riche, et obligée, par de soudains revers, de gagner sa vie en travaillant comme ouvrière brunisseuse, après avoir été gardemalade et femme de ménage.

L'une des causes, secondaire d'ailleurs, des préoccupations de Michel, mais assez singulière, était celle-ci: sorti de l'adolescence et devenu jeune homme, il remarquait parfois, non sans surprise, les preuves d'intérêt que lui donnait journellement Catherine. Celle-ci, cédant peu à peu à la douce habitude de témoigner sa tendresse à son fils, ne contraignait pas assez, surtout lorsqu'elle se trouvait seule avec lui, l'expansion de ses sentiments; elle les croyait suffisamment justifiés, aux yeux de Michel, par la prétendue liaison d'amitié autrefois contractée entre sa mère et elle. Cependant, ces marques d'affection qu'il recevait parfois d'une femme deux fois plus âgée que lui inquiétaient passagèrement Michel; puis cette impression s'effaçait bientôt, grâce à la mobilité d'esprit naturelle à son âge. Néanmoins il n'oublia pas complètement la circonstance suivante. Peu de temps avant son départ pour l'Allemagne, travaillant seul dans l'atelier avec Catherine et cédant à l'accablante chaleur du jour, il s'était endormi sur sa chaise. Il se réveilla soudain, croyant avoir senti des lèvres s'appuyer sur son front.—Erreur ou rêve,—pensa-t-il lorsqu'il fut tout à fait sorti de son assoupissement, car il vit Catherine assise à deux pas de lui, continuant de s'occuper de ses travaux. Pourtant Michel crut un instant remarquer quelque embarras sur les traits de sa compagne d'atelier; mais il ne s'appesantit pas longtemps sur cette observation, et, comme par le passé, il se montra confiant, amical envers Catherine.

Michel n'était pas d'ailleurs dans une disposition d'esprit qui lui permît de rechercher quelle pouvait être la cause réelle de la tendresse que lui témoignait Catherine. Michel était distrait, préoccupé, mélancolique, nous l'avons dit, et, au risque d'anticiper quelque peu sur les événements, nous ajouterons que cette mélancolie rêveuse avait daté de l'époque où une ouvrière nommée Camille, âgée de quinze ans, était entrée dans l'atelier de Fortuné Sauval pour y terminer son apprentissage d'ouvrière brunisseuse, sous la surveillance de Catherine, incapable de suffire à elle seule aux nombreux travaux de ce genre.

Ceci dit, revenons à nos personnages diversement occupés dans l'atelier improvisé au palais de Meningen.

Le père Laurencin, voyant son patron remettre dans sa poche la lettre dont il venait de prendre connaissance, lui dit en continuant de travailler :

— Hé bien ! monsieur Fortuné, quelles nouvelles de Paris? Votre tante Prudence et mademoiselle Marianne se portent-elles bien ?

— Oui, bon père, ma tante me charge de vous faire ses amitiés, ainsi qu'à madame Catherine et à Michel.

— Mademoiselle Prudence a trop de bonté de vouloir bien penser à moi, monsieur Fortuné, — répondit Catherine. — Lorsque vous lui répondrez, veuillez lui dire combien je suis touchée de son souvenir.

— Vous la remercierez aussi pour moi, monsieur Fortuné, — ajouta le père Laurencin, — se retournant vers son petit-fils, qui, le regard fixe, rêveur, avait discontinué son travail :

— Hé bien ! Michel, tu n'entends donc pas ce que vient de nous dire monsieur Fortuné ?

— Quoi, grand-père? — reprit le jeune homme en rougissant de sa rêverie; — quoi?... Pardon... je ne sais...

— Ah çà, mon garçon, tu rêves donc tout éveillé? Monsieur Fortuné nous apprend que sa tante nous fait ses amitiés, ainsi qu'à toi, et tu ne réponds rien ?

— Encore une fois, pardon, grand-père... pardon, maître Fortuné... je... n'avais pas fait attention... mon travail m'absorbait tellement... Je vous prie de remercier pour moi mademoiselle Prudence.

— C'est étrange! depuis notre départ de France, mon fils devient de plus en plus triste, — dit Catherine tandis que Fortuné répondait en souriant au jeune ouvrier :

— Oh! je ne te fais pas un reproche de ce que ton travail t'absorbe à ce point que tu ne m'entends pas, mon cher Michel. Mais vous allez être bien surpris d'une chose, mes amis. Le fait dont je veux vous parler date de notre voyage d'Angleterre, qui, par parenthèse, m'a valu celui-ci; car je ne pouvais guère refuser au prince Maximilien de venir en Allemagne, puisque j'étais allé en Angleterre à la demande de la reine.

— Ma foi ! quant à nous, le voyage ne nous déplaît pas, — reprit le vieillard. — Même à mon âge, c'est intéressant de voir des pays nouveaux, et Michel est enchanté de voir l'Allemagne; n'est-ce pas, mon garçon ?

— Michel ! — dit tout bas Catherine au jeune homme retombé dans ses distractions; et le poussant légèrement du coude, elle ajouta : — Votre grand-père vous demande si vous n'êtes pas ravi de voir l'Allemagne.

— Oh ! oui, grand-père, c'est un pays si beau, si riant ! — se hâta de répondre Michel en remerciant Catherine d'un regard.

— Je ne me plains pas non plus du voyage, mes amis, — reprit l'orfèvre ; — ces dérangemens sont toujours un peu incommodes, mais ils ont leur compensation.

— Tenez, monsieur Fortuné, nous sommes des égoïstes, nous autres, — reprit en souriant le père Laurencin ; — au moins nous voyons de nouveaux pays, tandis que cette pauvre mademoiselle Marianne, qui attend votre retour pour se marier avec vous, monsieur Fortuné, n'a pas de compensation ; aussi le temps doit fièrement lui durer !

— Pas plus qu'à moi, bon père, car j'ai hâte d'assurer le bonheur de ma vie ! Mais, pour revenir au fait dont je vous parlais, et dont vous allez, mes amis, être aussi étonnés que moi, je vous rappellerai que, depuis environ trois ans, un mystérieux bon génie hantait la cour des Coches ; la veille encore de notre départ, une nombreuse et pauvre famille a été généreusement secourue par ce bienfaiteur inconnu.

— Oui, maître Fortuné, — répondit Michel en s'efforçant de prendre part à l'entretien, — le chef de cette famille était tourneur en cuivre. Mais quelle chose étrange ! jamais jusqu'à présent l'on n'a pu découvrir quelle main secourable vient ainsi à l'aide de tant de pauvres gens.

Catherine et le père Laurencin échangèrent un regard et un sourire d'intelligence. Fortuné reprit :

— Hé bien ! peu de temps après notre départ, la bonne fée a disparu...

— Ah bah ! — fit le vieillard en feignant la surprise ; — et à quoi donc s'est-on aperçu qu'elle avait disparu, cette bonne fée ?

— Il est arrivé un cruel accident à l'un des habitans de la cour des Coches : il était l'unique soutien de sa vieille mère infirme ; très honnête homme, très digne d'intérêt ; cependant la fée n'est pas venue à son secours.

— C'est peut-être qu'il ne méritait pas d'être secouru, monsieur Fortuné ; n'est-ce pas, madame Catherine ?

— Probablement, père Laurencin, — répondit-elle ; — puis, s'adressant à l'orfèvre :

— Et mademoiselle Prudence ne vous apprend pas le nom de ce brave homme ?

— Non, madame Catherine ; mais, heureusement, ma cousine Marianne et ma tante, afin de sauvegarder la réputation du bon génie, l'ont remplacé cette fois : selon ce que m'écrit ma tante, le brave homme a été secouru.

— Je reconnais bien là le cœur de mademoiselle Marianne, — reprit le père Laurencin. — Ah ! quelle bonne et charmante femme vous aurez en elle, monsieur Fortuné ! Mais à propos de la famille, comment se porte monsieur Roussel ?... Votre tante vous donne-t-elle de ses nouvelles ?

— Certainement, — reprit en riant Fortuné, — ma tante commence ainsi sa lettre : « Le cousin Roussel sort d'ici » furieux, en m'envoyant à tous les diables, ce que je pro-» cure l'agrément et la facilité de l'écrire, ça cela que je » suis parvenue à faire enfin déguerpir ce vilain homme » qui était depuis trois grandes heures chez nous, jabo-» tant comme une pie borgne. » Et Fortuné ajouta gaîment : — Vous reconnaissez ma tante aux expédiens dont elle use pour se débarrasser de ses amis ?

— Mademoiselle Prudence vous donne-t-elle des nouvelles de monsieur Jouffroy et des autres personnes de sa famille ? — se hasarda de demander le père Laurencin, quoiqu'il craignît d'attrister son patron.

Celui-ci, dont les traits se rembrunirent soudain, répondit en soupirant :

— Ma tante Prudence, ainsi que par le passé, reçoit chaque quinzaine une lettre de son frère, à laquelle ma cousine Aurélie ajoute quelques lignes pour affirmer que son père, sa mère et elle-même se portent bien, que la famille continue d'être heureuse. La lettre ne contient aucune autre explication...

— Et l'on ne peut découvrir d'où viennent ces lettres, monsieur Fortuné ?

— Elles portent le timbre de Paris, où elles sont mises à la poste, mais évidemment ma cousine et ses parens n'habitent plus Paris depuis qu'elle est séparée de son mari.

— Où peuvent-ils être, monsieur Fortuné ? Voilà toujours ce que je me demande ; où donc peuvent-ils être ?

— Impossible de le savoir, — répondit Fortuné en étouffant un nouveau soupir. — Tout ce que nous avons appris, il y a deux ans et demi, c'est que le lendemain d'un bal donné à l'hôtel de Villetaneuse, bal interrompu par un commencement d'incendie, ma cousine, s'étant réfugiée à l'amiable de son mari, quittait le jour même Paris avec son père et sa mère. Quant à monsieur de Villetaneuse, je n'ai pas entendu parler de lui ; il aura sans doute dissi-- jusqu'au dernier sou de la dot de sa femme... Mais tu... père Laurencin, ne parlons plus de cela ; me voilà tout attristé; aussi, pour chasser ces souvenirs affligeans, songeons à une partie fine que je vous ai ménagée, mes amis.

— Oh ! oh ! une partie fine !... voilà qui te va joliment, mon petit Michel. Quand je dis petit, c'est par remémorance, car tu es maintenant plus grand que moi.

Cette fois encore, Catherine vint au secours de son fils, en l'arrachant à sa rêverie ; aussi reprit-il sans trop savoir ce dont il s'agissait :

— Oh ! oui, certainement, grand-père.

— J'en étais sûr, mon gaillard ; les parties fines, c'est ton fort. Ça me rappelle celles que nous faisions bras dessus bras dessous, chaque dimanche, quand tu étais bambin. Et cette partie, monsieur Fortuné, quelle est-elle ?

— Il y a près de ce palais, dont elle est l'une des dépendances, une maison bâtie à la mode des villas d'Italie ; aussi l'appelle-t-on la *villa Farnèse* ; ses jardins, dit-on, sont ornés d'admirables statues, de fontaines de marbre d'un travail exquis ; enfin il n'y a rien de comparable à cette villa pour la beauté des eaux, des ombrages.

— Et qui habite donc ce paradis terrestre, monsieur Fortuné ?

— Une jeune dame, et selon le bruit public (généralement il ne se trompe guère en ces sortes de choses), cette dame est la... — mais retenant sur ses lèvres le mot *maîtresse*, par égard pour l'âge de Michel, qui sortait à peine de l'adolescence, l'orfèvre se reprit et ajouta : — Cette dame est de la connaissance intime du prince Charles-Maximilien ; son intendant m'a autorisé à visiter la villa Farnèse, mais seulement de quatre à six heures, parce que c'est au moment de la journée, les personnes qui habitent ce lieu de plaisance sont sorties pour faire leur promenade accoutumée dans la forêt. Ainsi donc, dans une demi-heure, tenez-vous prêts, je viendrai vous prendre. Ah ! j'oubliais ! le gouverneur du palais m'a prié d'aller examiner dans la galerie d'armes une magnifique armure de Milan, damasquinée d'argent, qui aurait besoin de certaines endroits de quelques réparations. Venez avec moi, père Laurencin ; sans être des Florentins de la renaissance, nous pourrons, je crois, réparer ce damasquinage. Allons d'abord voir l'armure. — Puis s'adressant à Catherine et à son fils : — A quatre heures sonnant, nous venons vous prendre.

— Nous serons prêts, monsieur Fortuné, — répondit Catherine, et elle resta seule avec Michel.

LXXXIII.

Après le départ de Fortuné Sauval et du vieil artisan, Catherine dit à son fils avec un affectueux sourire :

— Mon cher Michel, il faut que je vous gronde... Vous permettez ?

— De grand cœur, madame Catherine ; une gronderie de votre part sera pour moi, comme l'on dit, du fruit nouveau. Voyons, grondez-moi, je vous écoute...

Et il ajouta mentalement :

— Je ne sais pourquoi depuis quelque temps je me sens embarrassé lorsque je reste avec elle.

Catherine éprouvait toujours une sorte de contrainte lorsqu'elle se trouvait près de son fils sous les yeux du père Laurencin ou de Fortuné. Tous deux, malgré la bienveillance croissante qu'ils témoignaient à cette *mère régénérée*, n'en possédaient pas moins son fatal secret ; aussi, tant qu'ils étaient là, le souvenir de son passé honteux pesait presque toujours sur elle ; mais seule avec son fils, oubliant ce passé, n'observant plus la réserve que lui imposait la présence de Fortuné ou du vieil artisan, s'abandonnait à la douceur de ces rares moments de bonheur que de funestes remémorances n'altéraient pas, la physionomie, l'accent, le regard de Catherine changeaient d'expression, révélaient dans toute sa sécurité, dans toute son expansion, son amour maternel. Il en fut ainsi après le départ des deux orfèvres, et, de plus, assez inquiète des rêveries, des distractions croissantes de Michel, désirant pénétrer leur cause ou obtenir de son fils une confidence à ce sujet, Catherine crut devoir redoubler d'affectuosité, se leva du siège qu'elle occupait, vint s'asseoir tout près de Michel, et lui dit d'une voix caressante :

— Oui, mon cher enfant, je veux vous gronder, oh ! vous gronder bien fort. D'abord, je ne suis aperçue que depuis notre départ de Paris, et surtout depuis notre séjour ici, vous êtes distrait, rêveur.

— Moi, madame Catherine ? — répondit Michel, intérieurement assez contrarié de cette remarque, n'ayant pas cru ses distractions si évidentes. — Vous êtes dans l'erreur.

— Non, non, tout à l'heure encore, votre grand-père et monsieur Fortuné vous ont adressé la parole ; vous ne les écoutiez pas.

— Cette monture de diamants m'absorbait tellement...

— Michel, n'espérez pas me donner le change.

— Je vous assure que...

— Vous n'êtes plus gai, causeur, actif, ainsi que vous l'étiez il y a quelque temps ; vous perdez l'appétit, vos nuits sont sans sommeil...

— Comment savez-vous...

— Je sais que vous ne dormez pas, parce que vous avez les yeux battus, voilés ; parce que votre figure pâlit de jour en jour. Ce n'est pas tout. Hier, ici, à cette place où vous êtes, vous aviez la tête baissée sur cette petite couronne de pierreries que vous ajustiez ; une larme, grosse comme cette perle, a roulé de vos yeux sur votre main. Oh ! ne le niez pas ! je l'ai vue.

— Mais, pour remarquer tant de choses, elle m'observe donc continuellement ? Elle est donc sans cesse occupée de moi ? Ce seraient là des preuves d'un intérêt vraiment incompréhensible, — pensait Michel avec un étonnement croissant. Mais, baissant la vue devant le regard fixe et pénétrant de Catherine, qui l'embarrassait de plus en plus, il répondit avec une sorte d'impatience :

— Encore une fois, je ne sais ce que vous voulez dire... Vous vous trompez.

— Je me trompe ? Ah ! Michel ! le cœur ne se trompe jamais dans ses inquiétudes !... Non, non, vous êtes préoccupé ; vous avez un chagrin, vous souffrez, et vous voulez me le cacher, à moi, votre ami !...

Catherine, en prononçant ces mots d'une voix émue, prit entre les siennes la main de son fils. Il tressaillit,

rougit, ses traits exprimèrent la contrainte, la confusion ; sa mère, se méprenant sur la cause de ce trouble, et de plus en plus désireuse d'obtenir de lui une confidence, dans l'espoir de calmer le chagrin qu'il ressentait, ajouta, avec un redoublement de tendresse, en serrant plus étroitement encore entre les siennes la main de Michel, qui fit un léger mouvement pour la retirer :

— Ma pénétration vous surprend, vous embarrasse ? Mais songez donc que si votre sourire me rend joyeuse, votre tristesse me navre ! Songez donc qu'il n'est pas une de vos impressions qu'à votre insu je ne ressente ! Songez donc que je n'ai au monde qu'une préoccupation, qu'une pensée ! Vous... vous... toujours vous !... Et vous croyez que votre peine secrète pouvait échapper à la clairvoyance... à la sollicitude de mon affection ?... Enfant ! — poursuivit Catherine d'une voix entrecoupée, — mais tu ne sais donc pas combien je t'aime !...

Ces derniers mots, ce tutoiement, échappés à l'amour maternel de Catherine et passionnément accentués, le mouvement involontaire auquel elle cédait en essayant d'attirer son fils à elle, furent faussement interprétés par lui. Il vit dans ces paroles, dans ce geste, un aveu d'amour ébonté ; ainsi, pour lui, se confirmaient de vagues, d'odieux soupçons, sur lesquels cette âme naïve et pure avait craint jusqu'alors de s'appesantir ou de s'éclairer.

— Elle m'aime ! — pensait-il avec une pénible stupeur. — Elle m'aime ! malgré la différence de nos âges !... Elle ose me faire ces honteux aveux !... Ah ! maintenant, je m'explique ses flatteries, ses prévenances, ses empressemens, ses preuves d'attachement sans nombre, dont j'étais parfois si surpris. Je m'explique ses regards incessamment fixés sur moi, et dont l'expression m'embarrassait. Ainsi, ce n'était pas un rêve !... Un jour, elle m'a embrassé pendant mon sommeil. Maintenant, je comprends tout : adolescent, elle s'est intéressée à moi ; puis, jeune homme, elle m'a aimé. Ah ! cette découverte me navre, me glace ! La gêne, la froideur, la répulsion, vont remplacer la douce confiance que j'avais dans cette femme ! Maudite soit-elle ! Sa jalousie va deviner, va épier, à notre retour, mon naissant amour pour Camille !... Hélas ! il n'est que trop vrai son souvenir, toujours présent à ma pensée depuis mon départ de Paris, cause mes distractions, mes tristesses ; cette femme s'en est aperçue. Elle deviendra notre argus, notre ennemie ; elle prendra Camille en haine ! elle la fera renvoyer peut-être de l'atelier, en rêvé ainsi notre secret à mon grand-père ou à maître Fortuné ! Oh ! si cela devait arriver, si l'on me poussait à bout... moi aussi, je quitterais l'atelier plutôt que de me séparer de Camille ! Je suis, à cette heure, en état de me suffire à moi-même par mon travail. Maudite, maudite soit cette femme ! l'instinct de sa jalousie cherchait à m'arracher mon secret, ou bien, peut-être, elle veut, me croyant amoureux de sa fille, épargner un aveu à ma timidité, en le prévenant par le sien. Ah ! ce qui me blesse, ce qui me révolte surtout, c'est que cette femme invoquait journellement la mémoire sacrée de ma mère, dans l'intérêt caché de cet amour ridicule et honteux, puisqu'elle a deux fois mon âge !

Ces réflexions, rapides comme la pensée, assombrirent, glacèrent tout à coup la physionomie de Michel ; il se leva brusquement du siège qu'il occupait auprès de sa mère, alors que celle-ci, ne remarquant pas encore le changement subit qui venait de rembrunir les traits de son fils, lui répétait :

— Non, enfant, tu ne sais combien je t'aime, et je...

Elle n'acheva pas, voyant Michel s'éloigner subitement d'elle, avec une expression de froideur et presque de répugnance.

— Michel, qu'avez-vous ? — dit Catherine avec surprise. — Pourquoi quitter cette chaise ?

— Il faut replacer ces pierreries dans le coffret, — répondit sèchement le jeune homme. — Il est bientôt quatre heures, madame.

Ce mot madame, et surtout l'accent de Michel en le prononçant, bouleversèrent Catherine. Trop clairvoyante, trop impressionnable pour ne pas s'apercevoir qu'en un instant une complète révolution venait de s'opérer dans les sentiments de son fils à son égard, elle ne pouvait cependant s'imaginer ni même supposer qu'il eût interprété comme un aveu d'amour des paroles échappées à la tendresse maternelle. Aussi, s'écria-t-elle avec angoisse :

— Mon Dieu ! vous aurais-je contrarié, blessé, en insistant sur les distractions que je remarquais en vous depuis quelque temps ? De grâce, Michel, répondez-moi !

— Non, madame, vous ne m'avez pas blessé, — répondit froidement le jeune homme, en s'occupant de rassembler les joyaux qu'il alla placer dans le grand coffre ; et il ajouta, désirant changer d'entretien : — Maître Fortuné va venir nous chercher bientôt pour aller visiter la villa Farnèse...

— Il ne s'agit pas de cela. Je vois bien que vous avez quelque chose contre moi ; par pitié, répondez...

— Je n'ai rien, madame.

— Vous n'avez rien ! et vous me dites sèchement *Madame* ! Votre figure est glaciale, tandis que tout à l'heure elle était amicale et confiante...

— Encore une fois, madame, vous vous méprenez, — répondit Michel avec une chagrine impatience, en haussant les épaules ; — je ne sais pas seulement ce que vous voulez dire.

Catherine ne put résister à cette brusquerie, elle fondit en larmes ; puis, levant vers son fils ses mains suppliantes et tremblantes,

— Michel, je vous en conjure, soyez sincère ; avouez que mon insistance à pénétrer la cause de vos distractions, de votre chagrin secret, vous a irrité contre moi.

— Hé ! madame, combien de fois faudra-t-il vous le répéter ? je n'ai aucun secret, je ne peux donc pas vous reprocher de vouloir le pénétrer.

— Tenez, mon enfant, vous ne vous doutez pas du mal affreux que vous me faites en me répondant ainsi.

— Oh ! malheureusement je m'en doute, — pensait le jeune homme, de plus en plus confirmé dans sa créance à l'amour de Catherine, en voyant ses larmes et la profonde altération de ses traits.

— Depuis que je vous connais, c'est la première fois que vous me parlez froidement, durement. Pourquoi cela ? — reprit la malheureuse femme en dévorant ses pleurs. — Ma tête se perd à chercher le motif de ce changement... Mon insistance à connaître votre secret ne vous a pas blessé, dites-vous... Alors d'où vient que tout à coup je semble vous être importune ? Que vous ai-je fait ? Votre cœur est bon, généreux et délicat ; vous seriez incapable de me traiter avec cette rudesse si vous n'aviez pour cela quelque raison. Cette raison, quelle est-elle ? Dites-la-moi, je vous en supplie à mains jointes, je vous en conjure au nom de votre mère !

— Ah ! madame ! — s'écria Michel avec indignation, — du moins ne prononcez plus le nom de ma mère ; respectez sa mémoire !

Catherine, atterrée de ces dernières paroles incompréhensibles pour elle, regardait son fils avec une sorte d'égarement, lorsque l'un des gens du palais entra, tenant une lettre, et dit :

— Un étranger vient de déposer cette lettre chez le concierge, en le priant de la faire remettre tout de suite à madame Catherine, l'ouvrière française qui travaille ici avec monsieur Sauval.

— Donnez, c'est pour moi, — répondit Catherine, les yeux toujours fixés sur Michel ; et elle reçut presque machinalement la lettre des mains du domestique, puis ajouta :

— Cet étranger attend chez le concierge la réponse. Je la lui porterai lorsque vous aurez lu cet écrit, madame.

Catherine, malgré ses cruelles préoccupations, ouvrit la lettre, se demandant qui pouvait lui écrire en ce pays, où elle se croyait inconnue, et afin de cacher au messager la trace des larmes qu'elle venait de verser, elle tourna le dos, se rapprocha d'une fenêtre, et jeta les yeux sur l'écrit qu'elle tenait entre ses mains ; mais soudain elle devint d'une pâleur mortelle ; l'épouvante se peignit sur ses traits elle fut au moment de défaillir ; mais, se remettant peu à peu, elle resta quelques instants dans l'embrasure de la croisée ; puis, lorsqu'elle se crut assez sûre d'elle-même pour pouvoir dissimuler son trouble, elle se retourna et dit au domestique :

— Je vous prie de répondre à ce monsieur... que je ferai ce qu'il désire.

Le domestique sortit.

— Ah ! tout m'accable à la fois ! — pensait Catherine. Allons, du calme, du courage, sinon je suis perdue !

Fortuné rentrait, accompagné du père Laurencin, qui dit gaîment à son petit-fils :

— Hé bien ! mon garçon, es-tu prêt ?

— Oui, grand-père, j'achevais de serrer les joyaux dans le coffre.

Catherine vint aider à la besogne de son fils, afin de se donner une contenance ; mais au bout d'un instant, il laissa sa mère s'occuper du soin de serrer les bijoux et alla prendre son chapeau.

— Le temps est magnifique, — dit Fortuné. — Notre promenade sera charmante ; l'on ne saurait choisir un plus beau jour pour visiter cette délicieuse villa Farnèse, ce véritable Eden. Allons, mes amis, sommes-nous prêts ?

— Monsieur Fortuné — dit Catherine après avoir soigneusement refermé le coffre de fer contenant les pierreries, — voici la clef.

— Gardez-la ainsi que de coutume, madame Catherine, — répondit l'orfèvre en se dirigeant vers la porte, — Michel prendra la clef de l'atelier.

— Voyons, mon garçon, sois galant, — dit le père Laurencin en souriant et jetant à Catherine un regard d'intelligence qui semblait lui dire : « Prenez le bras de votre fils, heureuse mère que vous êtes ! » — Michel, donne ton bras à madame Catherine, et partons.

— Je vais d'abord fermer la porte de l'atelier, — répondit le jeune homme d'un air contraint, en attendant que ses compagnons fussent sortis ; puis au lieu d'offrir son bras à Catherine afin de rejoindre avec elle l'orfèvre et le père Laurencin, qui prenaient les devants en suivant un long corridor, Michel marcha silencieusement à côté de sa mère.

— Ne pouvoir pénétrer la cause du refroidissement, de l'éloignement que mon fils me témoigne si soudainement ! Ah ! c'est à devenir folle, pensait la malheureuse femme. — Et ce rendez-vous... ce rendez-vous !.. malheur à moi !... Tout m'accable à la fois !

Au bout de quelques momens, nos quatre personnages sortaient du palais de Moningen pour se rendre à pied à la villa Farnèse.

LXXXIV.

La villa Farnèse, ses statues, ses fontaines, ses portiques, ses eaux limpides, ses frais ombrages semblaient avoir été, par un pouvoir magique, transportés d'Italie en Allemagne.

Jamais l'œil charmé ne s'arrêta sur une demeure plus riante, plus poétique.

Une colonnade de marbre blanc servait de portique aux appartemens du rez-de-chaussée ; à travers les arcades de cette galerie, l'on apercevait au loin les fines pelouses semées de grands massifs de fleurs de mille nuances, et au delà, les profondeurs bleuâtres de longues allées ombreuses, à l'extrémité desquelles des fontaines de marbre épandaient les cascades de leur onde argentée ; çà et là, de grands vases Médicis ou des statues antiques profilaient leur forme blanche et pure sur le fond vert des feuillées ou sur l'azur du ciel.

Les appartemens s'ouvraient sous le portique, et de chacune de ces pièces, somptueusement meublées, l'on embrassait d'un coup d'œil les merveilles de ces jardins enchantés.

Rien n'était plus élégant, entre autres élégances, qu'un salon d'été de forme ovale, revêtu de stuc blanc rehaussé de dorures et de peintures à fresque d'un goût exquis; d'immenses glaces multipliaient à l'infini les riantes et profondes perspectives des jardins; plusieurs coupes de porphyre, des vases de jaspe, quelques petites statues antiques d'un prix inestimable, ornaient ce salon, disposées avec goût et symétrie dans plusieurs niches d'une voussure gracieuse, qui séparait les divers panneaux artistement peints et dorés. Çà et là, sur des tables recouvertes de tapis de velours rouge à crépines d'or, on voyait des livres, des albums splendidement reliés, des collections d'admirables joyaux de la Renaissance, des bonbonnières, des boîtes en or émaillé enrichies de pierreries, chefs-d'œuvre du dernier siècle ; en un mot, l'on voyait une profusion d'objets aussi précieux par la matière que par le travail. Mais parmi eux brillait d'un éclat non pareil la *coupe d'or émaillé* due au génie de Fortuné Sauval ; placée seule en évidence sur un large socle de brèche antique, elle semblait le principal ornement de ce salon, où se trouvaient alors monsieur et madame Jouffroy sous le nom de baron et de la baronne de Formont, noms et titres qu'ils avaient pris, sur l'invitation du prince Charles-Maximilien, en quittant Paris avec Aurélie de Villetaneuse sous la conduite du colonel Walter.

La funeste issue du mariage d'Aurélie avait porté un coup douloureux et incurable à monsieur Jouffroy, et en blessant son cœur, ébranlé quelque peu son esprit, déjà faible, ainsi que l'a prouvé l'espèce d'égarement momentané dont il fut saisi après une première attaque apoplectique. Cet affaiblissement de son intelligence se trahissait seulement alors par un redoublement de condescendance craintive envers sa femme et d'aveuglement sur la position de sa fille; cependant, à cet égard, le malheureux homme éprouvait, de temps à autre, des indécisions, des doutes ; lorsque son bon sens naturel reprenait parfois le dessus, alors il entrevoyait vaguement la vérité, mais elle lui paraissait si horrible, qu'il fermait les yeux et s'abandonnait au courant des événemens.

Les deux époux s'entretenaient donc dans le salon d'été de la *villa Farnèse*.

— Oui, reine !—s'écriait madame Jouffroy, dans le paroxysme de son orgueil maternel, —oui, reine ; en d'autres termes, l'épouse d'un prince régnant. Ah! je disais bien, moi... que ma fille devait prétendre à tout!

— Reine ?... — reprenait monsieur Jouffroy avec ébahissement, — Fillole reine?... Je n'y comprends plus rien du tout!

— Vous me faites bouillir le sang dans les veines; voyons, cette canaille de monsieur de Villetaneuse est-il mortel, oui ou non ?

— Dam... oui, mortel comme tout le monde.

— Le frère de Son Altesse, actuellement régnante, est-il mortel, oui ou non?

— Sans doute, à preuve qu'il est tombé malade il y a peu de jours, et que monseigneur est parti en hâte pour aller le voir.

— Hé bien! n'est-il pas évident que lorsqu'Aurélie sera veuve et que Son Altesse régnera à la place de son frère, qui n'a pas d'enfans, il épousera notre fille ? Elle deviendra donc l'épouse d'un prince régnant... reine, enfin!

— Oh! comme cela, à la bonne heure; mais, en attendant... — et le bonhomme, de plus en plus soucieux, ajouta en étouffant un soupir, — en attendant...

— Achevez donc!

— Notre fille...

— Notre fille ?

— Après cela... je sais bien que tu soutiens toujours que ça n'est pas vrai...

— Quoi? qu'est-ce qui n'est pas vrai ?

— Que Son Altesse... hum... hum... — et portant à son front ses deux mains crispées, monsieur Jouffroy reprit d'une voix navrante :

— Miséricorde! si ça était ! si ça était! Ce n'est pourtant pas pour cela que nous avions élevé notre fille !

Et il cacha son visage entre ses mains.

Madame Jouffroy, jusqu'alors impérieuse et revêche, changea subitement de ton et dit affectueusement à son mari :

— Mon ami... puisque je t'assure que Son Altesse n'a jamais été qu'un ami, un frère pour Aurélie...Voilà la centième fois que je te le répète.

— Tu me répètes cela sans cesse, je le sais bien; mais j'ai parfois des doutes ; c'est plus fort que moi. Et dans ces momens-là , vois-tu , je me souffletterais et toi aussi. Mort de ma vie! penser que notre enfant !... et que nous, ses père et mère, nous sommes ici ! Je te dis que ce serait à rentrer à cent pieds sous terre. Bonté divine ! quelle infamie !

— Baptiste, écoute...

— Laisse-moi... tu es la cause de tout...

— Je t'en supplie... calme-toi... si Aurélie entrait...

— Oh ! si j'avais le courage de l'interroger... mais, je n'ose pas... lorsque j'ai envie de lui parler de cela... ma tête se trouble, mon cœur se serre... la honte me monte au front... je ne peux pas articuler un mot... Ah ! je suis trop faible... c'est ma faiblesse qui nous a perdus ! et elle augmente à mesure que je vieillis ; il y a des momens où je ne me reconnais plus moi-même. La pensée m'échappe tout à fait ; il me semble que je deviens fou. Ah ! si j'avais eu la fermeté de m'opposer à ce maudit mariage, d'écouter les conseils de Roussel, de ma sœur, nous n'en serions pas où nous sommes.

— Et Aurélie... où serait-elle, à cette heure ?... si ce mariage avait été rompu dans ce temps là... elle serait au cimetière...

— J'aimerais mieux savoir ma fille au cimetière que de la voir ici... entends-tu, ma femme! oui, j'aimerais mieux la savoir morte... que...

— Tais-toi... tais-toi... si elle entrait... mon bon Baptiste, tais-toi...

— Oh ! tu ne me rudoies plus... tu ne me bourres plus quand je te parle de cela... tu deviens douce comme un mouton, je suis alors ton bon, ton cher Baptiste,... sais-tu ce que cela me prouve?... c'est que tu as honte de toi-même, c'est que tu as des remords, c'est que toi et la fille vous me trompez! c'est qu'elle est la maîtresse du prince... Mon Dieu ! mon Dieu ! manger de ce pain là ! après avoir vécu toute sa vie dans l'honnêteté, sans avoir eu à rougir devant personne !

— Silence... je t'en supplie, voici quelqu'un...

Un huissier vêtu de noir, poudré, portant au cou une chaîne d'argent, entra et dit à madame Jouffroy :

— Faut-il faire atteler comme à l'ordinaire la voiture de madame la baronne, pour sa promenade dans la forêt ?

— Oui, — répondit madame Jouffroy, — nous sortirons à quatre heures avec ma fille...

L'huissier s'inclina et sortit.

LXXXV.

Madame Jouffroy, restée seule avec son mari assis dans un fauteuil et le visage caché dans ses mains, se rapprocha de lui.

— Mon ami, — lui dit-elle, — veux-tu m'entendre? et une fois pour toutes, nous nous expliquerons à fond sur un sujet qui t'est pénible, et te met martel en tête... Alors tu reconnaîtras, je l'espère, combien tes soupçons sont peu fondés.

— A propos du prince ?

— Oui.

— Tu oses prétendre que...

— Je te prouverai que tu te trompes...
— Ah! si tu pouvais me prouver cela! si je pouvais te croire! Mais non, non, tu m'abuses!...
— Je te demande seulement de m'écouter sans colère, et de répondre à quelques questions. Voyons, reportons-vous au passé : Ainsi, par exemple, lorsque notre scélérat de gendre est venu nous dire : « Votre fille a profité du tu-
» multe de l'incendie pour fuir avec le prince dans une
» maison voisine où ils sont en tête-à-tête criminel; sui-
» vez-moi, je veux vous rendre témoins du déshonneur de
» votre fille, sinon je fais scandale... » — Réponds, Baptiste, as-tu cru à l'accusation de ce gueux-là contre Aurélie?
— Non, elle revoyait le prince pour la première fois ; il aurait fallu que notre fille fût la dernière des créatures pour donner ainsi, le soir même, un rendez-vous au prince. Mais il n'en est malheureusement pas de même ici, et...
— Laisse-moi achever. Notre gendre a donc trouvé monseigneur en tête-à-tête avec Aurélie.
— Oui, mais en protestant plus tard de son innocence, elle nous a expliqué comment les choses se sont passées. J'ai cru, je crois encore qu'elle disait la vérité.
— A la bonne heure! cependant toutes les apparences étaient contre elle.
— De fausses apparences.
— Certainement, mais poursuivons... Son Altesse, cause involontaire de ce scandale, et instruite par notre gredin de gendre qu'il exigeait le départ de sa femme le jour même, Son Altesse nous propose une retraite en Allemagne, auprès de sa sœur. As-tu hésité à accepter ?
— Non; d'ailleurs je n'avais plus la tête à moi, j'étais comme fou : frappé coup sur coup de tant de malheurs imprévus, j'aurais consenti à aller chez Lucifer! C'est depuis ce jour-là, vois-tu, qu'il me semble sentir parfois ma raison déménager.
— Allons donc, ce sont des chimères !
— Oh ! je sais bien ce que je dis, moi.
— Tu dis une chose absurde, voilà tout.
— Que le ciel t'entende !
— Enfin, toujours est-il que nous partons accompagnés du colonel Walter; nous arrivons en Allemagne, dans la résidence de la grande-duchesse, qui nous fait loger dans un joli pavillon et vient nous voir plusieurs fois, toute grande-duchesse qu'elle est, nous assure de l'intérêt qu'elle nous porte, mais nous engage à vivre très retirés. Nous restons deux mois dans le voisinage de la grande-duchesse ; notre fille recevait souvent des lettres du prince, lettres si respectueuses, qu'elle nous les lisait. Est-ce vrai ?
— Je ne dis pas non.
— Au bout de deux mois de séjour à Paris, le prince, de retour en Allemagne, vient nous voir, et nous offre, dans le cas où cela nous conviendrait, de mettre à notre disposition une villa voisine de son palais, ajoutant que nous pourrions y vivre dans une retraite absolue, nous demandant seulement la permission de nous rendre quelques visites de temps en temps. Nous avons accepté son offre, craignant d'abuser de l'hospitalité de la grande-duchesse. Nous avons quitté ses États pour nous établir ici. Tu n'as fait aucune objection à cet arrangement.
— Non, parce que d'abord Aurélie se plaisait dans ce pays-ci, elle qui commençait à oublier ses chagrins. Et puis, qu'aller faire à Paris ? Nous exposer aux brocards de ceux-ci, à la pitié de ceux-là ?
— D'accord, nous voici donc installés ici dans cette superbe maison...
— Oh ! oui... superbe... beaucoup trop superbe pour nous.
— Le prince n'avait que cette habitation à nous offrir... il ne pouvait pas non plus enlaidir pour te faire plaisir...
— Je m'entends.
— Nous sommes ici absolument comme chez nous, nous ne recevons que les aides de camp et les amis de Son Altesse, entre autres cet aimable seigneur, monsieur le duc de Manzanarès, l'intime de monseigneur ; nous vivons heureusement, paisiblement auprès d'Aurélie ; tu passes ton temps à t'occuper de la volière, ce qui t'amuse beaucoup....
— Cela m'amuse... oui, quand j'ai l'esprit tranquille... quand j'oublie que notre fille... mon Dieu ! mon Dieu !
— Tu en reviens toujours là... Voyons, tirons la chose au clair. Quelle est ici notre vie et celle d'Aurélie ?
— Dame... toi et moi nous nous levons de bonne heure, selon notre habitude... Fifille se lève plus tard. Nous allons nous promener, en été, dans le parc ; en hiver, dans les serres chaudes ; ensuite, nous déjeunons avec Aurélie; puis, vient le père Stenbach, son maître de musique ; quant à cela, il faut être juste, elle est devenue bien bonne musicienne... Elle touche du piano comme une fée.
— Ensuite... comment finit la journée ?
— Ensuite... hum, hum...le prince arrive ordinairement sur les trois heures... hum, hum...quelquefois avec le colonel Walter ou le duc de Manzanarès, et le plus souvent seul... hum, hum.
— Tu m'impatientes avec tes hum, hum, et ton air de l'autre monde! Réponds : dans quel salon Aurélie reçoit-elle ordinairement monseigneur ?
— Dans celui-ci, en été ; dans le salon rouge, en hiver.
— Est-ce que, en été, les fenêtres de ce salon ne restent pas toujours ouvertes durant les visites de monseigneur ? Est-ce que, en hiver, il ne nous est pas arrivé vingt fois de traverser le salon rouge pendant qu'Aurélie s'y trouvait avec Son Altesse?
— Sans doute, sans doute !
— Il n'y a donc rien de plus innocent que ces visites. Continue à te rappeler l'emploi de nos journées.
— A quatre heures, quand le temps est beau, nous allons avec fifille faire une promenade en voiture dans la forêt, et puis nous rentrons ; quelquefois, le prince vient dîner avec nous ; d'autres fois, il vient seulement passer la soirée avec ses amis.
— Et après, Son Altesse remonte en voiture et retourne à son palais.
— Le fait est que nous l'accompagnons jusqu'au vestibule, et que nous le voyons remonter dans sa voiture, précédée d'un piqueur portant un flambeau.
— Maintenant, veux-tu me faire le plaisir de me dire ce que tu trouves de répréhensible dans une existence aussi régulière ?
— Et toi, veux-tu me faire le plaisir de me dire si c'est pour nos beaux yeux que le prince nous loge, nous héberge, nous promène?... car enfin nous sommes ici honteusement, vilainement, à ses crochets !
— A ses crochets ! Est-ce que, lorsque nous allions passer chez Richardet le temps des vacances de nos filles, à sa maison de campagne de Neuilly, où il nous logeait et nous hébergeait, nous étions à ses crochets ?
— Ce n'est pas du tout la même chose.
— Où est donc la différence? Si nous sommes aux crochets du prince, nous étions donc aux crochets des Richardet ? Tu ne peux pas sortir de là. Réfléchis donc que nous sommes vis-à-vis de Son-Altesse tout bonnement comme des personnes qui vont passer quelque temps à la campagne chez un ami.
— Quelque temps !... excusez du peu ! Voilà plus de deux ans que nous sommes ici.
— Le temps ne fait rien à la chose. Ensuite tu me dis : « Est-ce que c'est pour nos beaux yeux que Son Altesse nous garde chez lui ! » Certainement non, ce n'est pas pour nos beaux yeux, c'est pour ceux d'Aurélie.
— Tu vois bien, mort de ma vie ! tu l'avoues toi-même... tu l'avoues !...
— Qu'est-ce que j'avoue ? que monseigneur est amoureux d'Aurélie ?... Je ne m'en dédis pas, je m'en vante, au contraire. Et elle aussi, elle est amoureuse de ce cher seigneur, mais en tout bien tout honneur. Voyons, il ne mérite pas peut-être, cet amour ? Compare donc un peu

Faut-il faire atteler comme à l'ordinaire la voiture de madame la baronne ? — Page 126.

Son Altesse à notre gredin de gendre, qui trompait indignement Aurélie pour cette petite coquine de madame Bayeul !

— Sans compter qu'il a dévoré la dot jusqu'au dernier sou; il a été impossible à mon avoué de tirer un centime de ce malheureux-là depuis sa séparation d'avec Aurélie : tout était croqué ! Le scélérat montrait en goguenardant des procurations en règle, que notre pauvre fille lui avait autrefois signées, sans seulement savoir ce qu'elle faisait ! Bonté divine ! quand je pense que d'une dot de huit cent mille francs, il n'est resté que cinquante mille francs que le comte t'a remis lors de notre départ, et qui sont réduits presque à zéro, vu les dépenses et celles d'Aurélie pour votre toilette, sans compter les énormes pourboires que vous donnez aux domestiques du prince !

— C'est bien le moins, puisque nous sommes hébergés ici, comme tu dis, que nous soyons généreux envers les domestiques ; puis nous passons pour être baron et baronne, il faut faire grandement les choses. Quant à notre toilette, ne faut-il pas que nous nous montrions, par notre parure, dignes de l'hospitalité du prince?

— Tout cela est bel et bon ; il n'en est pas moins vrai que les huit cent mille francs de la dot de notre fille ont fondu comme la neige au soleil. Un argent si péniblement gagné par nous, ainsi dissipé ! Maudit mariage ! maudit mariage ! Ah ! si j'avais écouté Roussel et ma sœur !

— Enfin, ce qui est fait est fait.

— C'est bientôt dit, cela. Et maintenant, qu'est-ce qu'il nous reste donc pour vivre? Tu as voulu agir à la tête, et sans m'en prévenir jouer à la bourse peu de temps avant notre départ de France. Nous devions économiser afin de pouvoir au moins doter cette pauvre Marianne, ou lui laisser du moins une jolie fortune après nous. C'était possible : nous possédions encore près de deux cent mille francs. Ah ! bien oui, en quelques coups de bourse plus de cent quarante mille francs de raflés. Allez donc ! Et puis tu viens me dire tranquillement : Ce qui est fait est fait !

— A quoi ça avance-t-il de se désoler? cela ne remédie à rien. Après tout, si nous avons doté Aurélie aux dépens de Marianne, celle-ci héritera de sa tante Prudence. Quant à nous, nous n'avons pas, Dieu merci, à nous inquiéter de notre sort, car lorsque Aurélie aura épousé monseigneur et qu'elle sera comme qui dirait reine...

— Mais est-ce qu'il ne faut pas que notre gendre soit mort pour que notre fille épouse le prince!... car en vérité tu me fais damner !

— Hé bien ! en attendant que notre scélérat de gendre soit décédé... (S'il ne fallait que le vouloir, il y a longtemps que je l'aurais envoyé ad patres...) Enfin, en attendant qu'il meure, nous resterons avec Aurélie dans la position où nous sommes ici. Nous voilà-t-il pas bien à plaindre!

— Oui, elle est belle, elle est honnête surtout, notre position!... Si Aurélie...

— Mon Dieu! toujours cette idée! Mais est-ce que tu as jamais vu le prince lui manquer de respect? Est-ce qu'il ne l'appelle pas toujours madame la comtesse?

— Oh ! devant nous... certainement.

— Ne sommes-nous pas presque toujours en tiers avec eux? Est-ce que...

— Sophie, — reprit monsieur Jouffroy en interrompant sa femme d'un ton grave, sans dissimuler une anxiété profonde, — j'ai eu cent fois, depuis longtemps, sur les lèvres, une question nette, catégorique... je ne te l'ai jamais faite.

— Pourquoi?

— Parce que je préfère m'étourdir dans le doute que d'acquérir une certitude affreuse... Oh ! tiens, si je l'avais, cette certitude-là, je crois, Dieu me pardonne, que ma tête n'y résisterait pas!

— Quelle certitude?

— Ecoute-moi. Je suis un pauvre homme facile à tromper ; je ne suis ni fin ni rusé, j'ai même parfois maintenant des moments d'absence pendant lesquels je ne me souviens de rien.

— Encore une fois, c'est absurde ce que tu dis là!

Elle la contemple pendant un instant avec émotion. — Page 131.

— A la bonne heure ; mais je ne suis pas encore, vois-tu, devenu tout à fait imbécile. Je ne trouve rien à reprendre à la conduite apparente d'Aurélie envers le prince ; je tâche de fermer les yeux sur ce que notre position a ici d'équivoque. Mais notre fille est si heureuse, si heureuse, après avoir tant souffert, que si j'étais convaincu, absolument convaincu que le prince l'aime en tout bien, tout honneur, ce serait déjà pour moi une grande consolation.

— Mais je t'assure que...

— Sophie, — reprit monsieur Jouffroy d'une voix altérée, — l'appartement de notre fille est complétement séparé du nôtre...

— Sans doute. Elle demeure au rez-de-chaussée ; nous demeurons au premier.

— Il est une question que j'ai cent fois voulu te faire ; toujours je l'ajournais, parce que, je te le répète, si la réponse était un mensonge, il se découvrirait tôt ou tard, et il ne me resterait plus qu'à me flanquer à l'eau la tête la première, parce que tu serais complice de l'abjection de notre fille ! Entends-tu cela, madame Jouffroy ?

— Baptiste, je t'en prie, explique-toi ; tu m'effrayes.

— Me donnes-tu ta parole d'honnête femme, ta parole de mère de famille, qu'Aurélie... n'est pas... la maîtresse du prince ?

— Je... te...

— Prends bien garde ! j'ai tant besoin d'être délivré d'un doute affreux pour moi, j'aime tant ma fille ! j'aime tant à me confier en son honnêteté, à la tienne, que je croirai aveuglément à ta réponse ; mais si, par malheur, tu me trompais !... je...

L'entrée d'Aurélie interrompit monsieur Jouffroy.

LXXXVI.

La comtesse de Villetaneuse avait, si cela se peut dire,
17ᵐᵉ LIVRAISON.

encore embelli. On lisait sur son visage enchanteur l'épanouissement du bonheur presque idéal dont elle jouissait depuis deux ans. Elle tenait une lettre à la main.

— Tiens, mon bon père, — dit-elle à monsieur Jouffroy dont les traits s'éclairèrent à la vue de sa fille, — lis cette lettre, et avoue que jamais la reconnaissance ne s'est exprimée en des termes plus touchans.

— De quoi s'agit-il donc ? — reprit madame Jouffroy, pendant que son mari prenait connaissance de la lettre. — Encore quelque bonne action !

— Bonne? dis donc juste. Pauvres gens ! Le chef de cette famille avait commis je ne sais quel délit forestier ; les gardes du prince le mettaient en prison ; la famille, privée de son chef, son seul soutien, se voyait dans une détresse affreuse. Ces braves gens ont heureusement la pensée de m'adresser une supplique ; j'écris aussitôt à l'intendant des domaines de Son Altesse que je veux absolument que le chef de cette intéressante famille sorte de prison, et que de plus on lui donne un petit emploi assuré.

— Et l'on s'est nécessairement empressé de faire droit à ta demande ? Un mot de toi est un ordre... pour tous ceux qui entourent monseigneur... L'emploi est accordé, n'est-ce pas ?

— Oui, maman, et il dépasse toutes les espérances de cette pauvre famille, qui se voyait à la veille d'une horrible misère !

— D'après cette lettre, fifille, tu n'as pas obligé des ingrats. Tu es si charitable !

— Il n'y a aucun mérite à moi, mon bon père, je n'ai qu'à désigner au prince les infortunes, elles sont aussitôt secourues.

— Aussi, quelle charmante souveraine tu feras ! — dit madame Jouffroy ; — tu seras la Providence de tes sujets, lorsque tu auras épousé Son Altesse. Ce mariage est l'objet de tous ses vœux et des nôtres, on peut bien le dire. Il n'y a, pour tout le monde, rien que d'honorable dans un pareil désir.

9

— Oh! de grâce ne pensons pas à ma souveraineté, maman! — reprit la jeune femme avec un sourire mélancolique. — D'abord, pour que le prince règne à la place de son frère, ne faut-il pas qu'il ait le malheur de le perdre? Mon père et toi, n'avez-vous pas été témoins de sa douleur, à la nouvelle imprévue de la maladie du prince régnant? Mais, grâce à Dieu, cette maladie est, dit-on, sans gravité, quoique Son Altesse soit partie en toute hâte, avec son ami le duc de Manzanarès, afin de se rendre auprès de ce frère aussi tendrement aimé qu'il serait cruellement regretté.

— Il est vrai de dire que monseigneur témoigne d'un grand attachement pour son frère, — reprit monsieur Jouffroy; — il éprouverait un bien grand chagrin d'une pareille perte.

— Certainement; mais Son Altesse trouverait tant de consolations auprès de notre fille!

— Je l'espère, maman.

— Enfin, que veux-tu!... nous sommes tous mortels; il faut se faire une raison... Une fois Son Altesse régnant à la place de son frère, tous ses sujets s'adresseront à toi pour obtenir des grâces... Aussi, j'en reviens là : Quelle bonne et charmante souveraine tu serais!

— Ce titre ne m'appartiendrait pas encore, maman; mais j'userais de toute l'influence que veut bien m'accorder le prince pour faire tout le bien que je pourrai.

— Ce titre souverain ne t'appartiendra pas, sans doute; mais il pourra t'appartenir d'un moment à l'autre. Il suffira, pour cela, que ton monstre de mari...

— Ah! ma mère! — reprit Aurélie, péniblement affectée, — tu vas attrister cette journée. — Puis, s'efforçant de sourire : — Chère mère, bon père, vous ne savez pas? le prince revient aujourd'hui.

— Il l'a écrit, fillette?

— Non, mon père.

— C'est donc alors son ami, monsieur le duc de Manzanarès, qui t'annonce le retour de Son Altesse?

— Je ne suis pas en correspondance avec le duc, chère maman.

— Je te dis cela, parce que monsieur le duc est le meilleur ami de monseigneur, et que l'ayant accompagné, il pouvait...

— Non. Mes informations sont plus positives, plus certaines que toutes les lettres du monde.

— Enfin, d'où le tiens-tu, ces informations?

— D'un rêve...

— Pauvre fillette, un rêve!

— Aurélie a au contraire raison de croire aux rêves. L'on a vu des choses surprenantes prédites par les rêves!

— N'est-ce pas, maman?... Figure-toi donc qu'il y a deux heures, accablée par la chaleur du jour, je m'étais endormie, lorsqu'enfin dans mon rêve, je vois entrer le prince; — puis, s'attristant, — mais, hélas! vêtu de deuil...

— J'en étais sûre! — s'écria madame Jouffroy, ne pouvant contenir l'explosion de ses ambitieuses espérances. — Tu seras reine... Le roi est mort, vive le roi!... tant pis!

— Ah! maman! — dit Aurélie avec un accent de doux reproche, — maman!

Un huissier entra et annonça :

— La voiture de madame la baronne.

— Allons, Aurélie, prends ton manteau, ton chapeau; nous causerons en voiture.

— Maman, je t'en prie, toi et mon père sortez sans moi, j'ai une croyance absolue dans mon rêve, ou, si vous le préférez, dans mon pressentiment. Je serais désolée de ne pas me trouver ici dans le cas où le prince arriverait, ainsi que je l'espère, aujourd'hui... Il serait tellement affligé si mon rêve se réalisait de tous points, que je voudrais être la première à offrir des consolations à Son Altesse.

— Alors, fillette, puisque tu ne viens pas te promener avec nous, nous n'irons pas non plus.

— Et si le prince arrive sur ces entrefaites? — reprit tout bas la jeune Jouffroy à son mari, — Son Altesse préférera être seule avec Aurélie, pour pleurer la mort de son frère... car il doit être mort... oui... je mettrais ma main au feu qu'il est mort... les rêves ne trompent jamais... Ah! si je pouvais rêver cette nuit que notre affreuse canaille de gendre a trépassé!... Allons, viens Jouffroy.

— Hum... hum... — fit le bonhomme en allant prendre son chapeau; — allons donc nous promener, et laissons fillette.

— Adieu, bon père; adieu, maman, — dit Aurélie en conduisant monsieur et madame Jouffroy jusque sous le portique qui communiquait au jardin et devant lequel attendait la voiture, où ils montèrent tous deux. La comtesse resta seule.

LXXXVII.

Madame de Villetaneuse, après le départ de son père et de sa mère, vint lentement s'asseoir sur un divan placé près d'un meuble doré où était déposée la coupe émaillée, l'un des chefs-d'œuvre de Fortuné Sauval.

— Non, non, — se disait Aurélie, — je ne veux pas partager les ambitieuses espérances de ma mère; mon amour pour Maximilien ne cache aucune ambitieuse arrière-pensée. Je t'ai aimé, je t'aime, quoique riche, quoique frère d'un souverain auquel il doit succéder un jour. Oui, dans quelque condition que tu fusses né, Maximilien, je t'aurais aimé pour la délicatesse de ton généreux cœur, pour la noblesse de ton caractère, la grâce de ton esprit, le charme de la figure! Je t'aurais surtout aimé, Maximilien, parce qu'après m'avoir arrachée à cet incendie, où je pouvais trouver la mort, tu as été pour moi un ange de consolation et de bonté. Tu m'aimais! je le savais; cependant de cet amour si profond, si dévoué, tu n'as pas osé me dire un seul mot; tu m'as offert une honorable hospitalité près de ta sœur; ta touchante sollicitude nous a suivis, moi et les miens, durant ce voyage; puis à son terme, quel bienveillant accueil nous avons reçu de la grande-duchesse! Ah! pendant ces deux mois passés loin de toi, Maximilien, j'ai commencé à t'aimer d'amour. Cet amour est devenu passionné, idolâtre!... Je ne m'en étonne pas : n'étais-je pas depuis longtemps habituée à admirer la grandeur de ton caractère, l'élévation de ton âme? Chaque jour, à Paris, n'avais-je pas entendu cette pauvre fille de chambre, dont le parent était à ton service, parler de toi avec adoration? Ah! les hommages les plus humbles sont souvent les plus sincères... Enfin, lorsque, après ces deux longs mois d'absence, je t'ai revu... quel moment ineffable!... Oh! je l'avoue, sans rougir... parce que je t'aime vaillamment... de ce jour, Maximilien, j'ai senti que je devais être à toi. Rendue à la liberté par l'infâme conduite de mon mari, n'étais-je pas maîtresse de moi-même? Pourtant, de quelle réserve délicate n'as-tu pas entouré cet amour lorsque nous sommes venus habiter cette villa!... sauve gardant toutes les apparences, afin que mon père et ma mère, dont je ne saurais me séparer, pussent rester près de moi sans scrupule! Aussi, depuis ce jour où nous avons été pour jamais l'un à l'autre, Maximilien, notre amour, grâce à l'heureuse contrainte que nous nous imposions, s'est accru, loin de se refroidir avec le temps. Oh! je le sens, non, l'ambition n'est pour rien dans cet amour! non! et s'il est dans ma destinée de partager avec toi ce trône... où un jour... bientôt peut-être... tu t'asseoiras souverain... je...

Mais s'interrompant, Aurélie ajouta en souriant :

— Allons, soyons sincère avec moi-même, n'affectons pas un détachement au-dessus des forces humaines. Eh bien! oui, pourquoi ne pas te l'avouer? oui, je serais fière, moi, petite bourgeoise, à qui monsieur de Villetaneuse a fait l'aumône de son titre de comte, moi comtesse de hasard, si insolemment dédaignée par les nobles femmes qui me reprochaient d'être fille d'un boutiquier, oui, je serais fière, glorieusement fière du devoir que couronne à l'amour de Maximilien! plus fière peut-être encore de son amour que de cette couronne! mais enfin, je régnerais sur une cour, sur des sujets, moi, moi Aurélie Jouffroy! moi la rivale d'une effrontée madame Bayeul, à qui j'ai été indignement sacrifiée! moi qui, séparée de mon mari, n'aurais rencontré partout qu'humiliations ou dédain! Quelle étrange destinée que la mienne! Pauvre chère mère, on te traitait de folle lorsque tu disais dans ton orgueil maternel: — « Ma » fille serait duchesse, princesse, reine, si les titres se mesuraient à la beauté. »

Ces réflexions d'Aurélie furent interrompues par un chant lointain, d'une suavité délicieuse; les paroles de cette romance mélancolique arrivaient à peine distinctes aux oreilles de la comtesse: on eût dit le murmure plaintif d'une âme amoureusement blessée, soupirant sa peine à la fois cruelle et douce.

LXXXVIII.

Madame de Villetaneuse, distraite de ses pensées par ce chant lointain, y prêta l'oreille et se dit, lorsqu'il eut peu à peu cessé, comme le souffle de la brise expire dans la feuillée:
— Quelle ravissante voix! Où peut nicher ce rossignol? Voici la troisième fois, depuis hier, que je l'entends chanter. Nul étranger ne peut entrer dans le parc. Ce mélodieux chanteur se tient sans doute sous les arbres de l'avenue du dehors. Il est impossible d'avoir une voix plus pure, plus fraîche, plus délicieusement timbrée... Elle va au cœur, et y éveille je ne sais quelle brûlante langueur... Oh! en ce moment, ce chant triste et tendre semble être l'accompagnement de mes pensées d'amour... Maudite voix! malgré sa douceur, le trouble où elle me jette me rend plus pesante encore l'absence de celui à qui appartient mon âme, ma vie!... Fuyons ces pensées, elles m'accablent, elles mettent la fièvre dans mes veines!

Aurélie, en disant ces mots, se lève brusquement sur son séant; ses yeux s'arrêtent par hasard sur la coupe d'or émaillée; elle la contemple pendant un instant avec émotion.
— Oh! divin trésor, cher à mon cœur à tant de titres, que de souvenirs ta vue me rappelle! Le génie qui t'a créé, merveilleux chef-d'œuvre de l'art, était l'ami de mon enfance, et le prince à qui je te dois fait le bonheur de ma jeunesse. Je vois en toi le présent et le passé. Doux passé! ma vie de jeune fille, jours innocents et paisibles. Marianne, chère petite sœur! de combien de soins elle m'entourait, me gâtant jusqu'à l'idolâtrie! Fortuné si bon, si dévoué! pauvre Fortuné, je l'ai frappé au cœur!... Il m'a pardonné sans doute. Cependant, que doit-il penser, ainsi que Marianne et ma tante, de l'ignorance où nous les laissons au sujet de notre résidence? Ils ne peuvent être inquiets sur notre sort: chaque semaine ils reçoivent une lettre de nous; mais le secret que nous leur gardons sur notre manière de vivre doit les surprendre. Chère Marianne, quelle joie j'aurais à l'embrasser! Cent fois j'ai été sur le point de témoigner à Maximilien mon désir de voir ici près de moi ma sœur et ma tante; il eût été au-devant de ce désir s'il l'eût soupçonné, mais je n'ai pas osé... Non, je n'ai pas osé lui faire connaître ce désir: ma tante Prudence est plus clairvoyante que mon pauvre père. Et puis ma sœur... une jeune fille... vivre ici... près de moi...

Et après un silence pénible, la comtesse ajoute:
— Ne suis-je donc pas libre? Séparée de mon mari, sa cruauté envers moi, la sincérité de mon amour pour Maximilien, son affection si noble, ne justifient-elles pas ma conduite? Oui... mais pourtant...

Et après un nouveau silence.
— Oh! vienne le jour où Maximilien me proclamera sa femme devant Dieu et devant les hommes, alors avec quel bonheur, avec quel légitime orgueil j'appellerai sans rougir ma petite Marianne et ma tante auprès de nous, à notre cour! oui, chère tante Prudence, à notre cour souveraine!
— ajouta Aurélie, souriant à cette glorieuse pensée. — Si philosophe, si stoïque que vous soyez, chère tante Prudence, avouez que vous direz en vous rengorgeant quelque peu: « Hé! hé! ma nièce Aurélie est la femme d'un prince régnan. Cela n'est point, après tout, pire condition que d'être boutiquière! » Chère tante Prudence, il me semble la voir et l'entendre!

L'un des huissiers de la villa, entrant en ce moment d'un air assez effaré, dit à la jeune femme:
— Ah! mon Dieu, madame la comtesse!
— Qu'y a-t-il?
— Le concierge, voyant sortir la voiture à quatre heures, selon la coutume, a cru que madame était sortie avec monsieur le baron et madame la baronne.
— Hé bien!
— Madame la comtesse sait que le gouverneur du palais autorise quelquefois des étrangers à visiter la villa à l'heure où madame fait sa promenade accoutumée dans la forêt avec monsieur le baron et madame la baronne?
— Je sais cela; mais qu'est-il arrivé?
— Le concierge, croyant madame la comtesse sortie, a permis à des étrangers, munis d'une autorisation de monsieur le gouverneur, de visiter les jardins.
— Le concierge a eu tort, — reprit Aurélie avec impatience. — Il devait savoir que je restais ici; le prince peut arriver d'un moment à l'autre, et...
— Madame la comtesse, tenez, voici ces étrangers sous le portique.

Aurélie se retourna machinalement avant de se retirer dans un autre appartement; puis soudain tressaillit, pâlit en s'écriant:
— Fortuné!

LXXXIX.

Madame de Villetaneuse venait en effet de reconnaître Fortuné Sauval, accompagné de Michel, du père Laurencin, de Catherine et d'un autre personnage. A ce sujet, deux mots:

L'orfèvre, muni d'une permission du gouverneur du palais, s'était dirigé vers la villa. Au moment de sonner à la grille extérieure, où l'on arrivait par une longue avenue, Fortuné fut abordé par un beau jeune homme qui lui dit avec une aisance et une courtoisie parfaites:
— Monsieur, entre compatriotes se rencontrant en pays étrangers, l'on ose souvent être indiscret, je vais l'être probablement. Vous avez eu, je vois, le bonheur d'obtenir la permission de visiter la villa Farnèse, qui renferme, dit-on, des objets d'art du premier ordre. Je suis artiste, je vous serais profondément reconnaissant si vous me permettiez, monsieur, de me joindre à votre compagnie pour admirer les merveilles de la villa.

Cette demande, fort naturelle d'ailleurs, faite en très bons termes par un compatriote d'un extérieur distingué, fut obligeamment accueillie par Fortuné Sauval. Il engagea le beau jeune homme à l'accompagner. Or, le beau jeune homme n'était autre qu'Angelo Grimaldi, le rossignol invisible dont les chants mélodieux étaient, quelques moments auparavant, parvenus aux oreilles d'Aurélie.

L'orfèvre et ses compagnons, en visitant les jardins, s'approchèrent du portique conduisant de plain-pied aux appartements du rez-de-chaussée. Des vases, des statues antiques placés dans des niches décoraient l'intérieur de ce péristyle. Fortuné Sauval et Angelo, afin d'admirer de plus près ces belles choses, pénétrèrent sous la colonnade qui précédait immédiatement le salon où se tenait alors Aurélie, salon dont les portes et les fenêtres se trouvaient ouvertes. Aussi, lorsque madame de Villetaneuse, se retournant machinalement, vit à quelques pas d'elle Fortuné Sauval, elle ne put retenir une exclamation de surprise, et l'orfèvre, d'abord frappé de stupeur à cette rencontre imprévue, s'élança dans l'appartement et courut vers Aurélie.

Catherine, le père Laurencin et son petit-fils restèrent discrètement sous le péristyle.

Angelo Grimaldi suivit audacieusement Fortuné, en se disant :

— Je vais enfin voir de près ma belle inconnue.

Puis ce misérable, avisant sur une table à sa portée plusieurs bonbonnières et boîtes d'or du dix-huitième siècle, ornées de pierreries et d'émaux, profita de l'inattention de la comtesse et de Fortuné pour voler discrètement une merveilleuse tabatière d'or garnie de diamans.

— Du moins, — dit Angelo, — j'emporterai un souvenir de mon inconnue.

— Fortuné ! — s'était écriée madame de Villetaneuse en s'avançant vers son cousin.

— Que vois-je ! Aurélie ! toi ici ?

— Quelle rencontre ! je suis toute tremblante...

— Aurélie, — reprit soudain l'orfévre avec un accent d'angoisse inexprimable et regardant autour de lui, — c'est toi... qui habites cette villa ?

— Oui... — Et tendant la main à Fortuné : — Si tu savais combien je suis heureuse de te revoir... Mais qu'as-tu ?... pourquoi refuser ma main ?

— C'est toi que l'on appelle la comtesse d'Arcueil ? — reprit l'orfévre avec une angoisse de plus en plus douloureuse ; — c'est toi qui portes ce nom ?

— Je l'ai pris depuis mon séjour en Allemagne, et je...

— Mais ce nom, — s'écria Fortuné, — c'est celui de la maîtresse du prince !

— Mon Dieu ! — dit Aurélie pâlissante et confuse. — Laissez-moi t'expliquer...

— Ah ! — reprit l'orfévre avec un douloureux abattement, — tu es la maîtresse du prince ! Honte et malheur à toi !

— Monsieur ! — s'écria Angelo Grimaldi, jusqu'alors inaperçu d'Aurélie, — vous insultez madame !

Et il s'avança d'un air provocateur vers Fortuné.

La comtesse, interdite à l'apparition inattendue d'Angelo, se recula d'un pas, si troublée qu'elle ne put prononcer un mot, frappée malgré elle de la merveilleuse beauté du repris de justice, dont les grands yeux noirs, étincelans, semblaient lancer des éclairs, tandis que, les traits empreints d'une indignation généreuse, il répétait en s'adressant à l'orfévre :

— Vous avez insulté madame, vous me ferez raison de cet outrage !

— Monsieur ! — s'écria impétueusement Fortuné, — cette provocation...

— Qui êtes-vous ? — reprit vivement la comtesse en s'adressant à Angelo. — De qui êtes-vous, monsieur, entrez-vous chez moi ?... De quel droit prenez-vous ma défense ?... De quel droit osez-vous provoquer monsieur Fortuné Sauval, mon parent, mon ami ?

— Madame, — répondit le repris de justice en s'inclinant profondément devant Aurélie, — je vous supplie de me pardonner l'indiscrétion que j'ai commise ; veuillez excuser l'emportement involontaire auquel j'ai cédé... Hélas ! non, je n'ai aucun titre à prendre votre défense, madame. Heureux... oh bien heureux, ceux-là qui auraient le droit de se faire tuer pour vous !

Puis Angelo Grimaldi, après un nouveau et respectueux salut, sortit lentement du salon.

Catherine, restée jusqu'alors sous le portique, ainsi que Michel et le père Laurencin, avait, comme eux, entendu ces paroles adressées par l'orfévre à madame de Villetaneuse : « Tu es la maîtresse du prince ! Honte et malheur à toi ! »

— Malheureuse jeune femme ! — pensait Catherine, — elle a fait son premier pas dans cette voie d'opprobre où je me suis traînée pendant quinze ans !

— Fortuné, — avait dit Aurélie à son cousin après le départ du repris de justice, — je t'en prie, ferme cette porte et ces fenêtres... je veux causer avec toi. J'ai à cœur de te prouver que je ne mérite pas ton mépris !

L'orfévre alla vers le fond du salon et dit à ses compagnons :

— Achevez de visiter la villa, mes amis ; je vous rejoindrai au palais.

Puis il revint lentement près de madame de Villetaneuse.

XC.

La surprise, l'indignation premières de Fortuné Sauval, retrouvant dans une position dégradante cette jeune fille qu'il avait si éperdument aimée, cédèrent bientôt à une douleur navrante. Il cacha son visage entre ses mains et pleura...

Ces larmes silencieuses furent plus accablantes pour madame de Villetaneuse que ne l'eussent été de sanglans reproches. Elle baissa les yeux, et, d'une voix altérée s'adressant à son cousin :

— Fortuné, je te parais coupable ; je t'en supplie, écoute-moi, avant de m'accuser, avant de me juger.

— Je ne suis ni ton accusateur ni ton juge, — répondit l'orfévre en secouant tristement la tête et essuyant ses pleurs. — J'étais ton ami d'enfance, je t'ai connue chaste jeune fille, épouse honorée ; je te retrouve ici... mon cœur se brise !...

— Mon ami, toi que j'aimais, toi que j'aime encore comme un frère, encore une fois je t'en conjure, ne t'arrête pas aux apparences...

— Ah ! — reprit amèrement Fortuné, — j'espérais du moins trouver en toi la franchise accoutumée !

— En quoi manqué-je de franchise ?

— Es-tu, oui ou non, la maîtresse du prince Charles-Maximilien ?... Tu ne réponds rien, tu n'oses nier ce fait accablant, et tu parles d'apparences !

— Séparée de mon mari, ne suis-je pas libre ?

— Quoi ! libre... de vivre ici, chez le prince ! libre d'afficher ouvertement cette liaison !

— Ma vie est à jamais enchaînée à celle de Maximilien. Je ne rougis pas de mon amour pour lui.

— Tu ne rougis pas !... Dis-moi, Aurélie, as-tu vu tout à l'heure, là, sous ce portique, une femme jeune encore et vêtue en ouvrière ?

— Non, je ne l'ai pas remarquée.

— Te souviens-tu que, lors de ton fatal mariage, notre cousin Roussel, désirant te soustraire aux malheurs dont il avait le pressentiment, et voulant te faire connaître quel était l'homme de ton choix, t'a raconté comment monsieur de Villetaneuse était venu chez moi acheter un bracelet en compagnie d'une certaine femme ?

— Je m'en souviens : cette créature était une courtisane.

— Oui, c'était une courtisane, — reprit Fortuné, n'osant lever les yeux sur Aurélie. — Cette fille vivait dans la splendeur aux dépens des gens qui l'aimaient.

— C'est l'usage de ses pareilles, — répondit la comtesse avec un naïf dédain. — Mais à quoi bon me rappeler ces tristes souvenirs, mon ami ? Quel rapport y a-t-il entre cette courtisane et cette femme vêtue en ouvrière ?

— Je n'ose poursuivre, — pensait Fortuné. — Tel est l'aveuglement, l'enivrement d'Aurélie, qu'elle ne me comprend pas... Me faire comprendre serait lui faire entendre une vérité terrible... Je n'en ai pas le courage... Ce serait d'ailleurs inutile... Aurélie est sans doute à jamais perdue.

Il reprit tout haut :

— Je m'expliquerai tout à l'heure.

— Mais j'y songe, tu viens de Paris, — reprit vivement la comtesse ; — et Marianne ? ma tante Prudence ? le cousin Roussel ?

— Notre famille est en bonne santé.

— Marianne a reçu exactement notre lettre de chaque semaine ?

— Oui... Ainsi, ton père et ta mère habitent ce palais ?

— Il ne m'ont jamais quittée.

— Mon Dieu ! eux aussi !

— Qu'as-tu?
— Rien... Continue...
— Mon père et ma mère sont ici connus sous le nom du baron et de la baronne de Formont : le prince a cru cela convenable ; mais, je t'en prie, parle-moi de Marianne. Chère petite sœur ! tout à l'heure encore, je pensais à elle. J'y pense si souvent ! Elle est toujours bonne, gentille, charmante, n'est-ce pas? Sa guérison est complète? Elle ne boite plus du tout? Elle est toujours auprès de notre tante Prudence?
— Toujours, et grâce à notre tante, qui peu à peu m'a appris à connaître, à apprécier un trésor dont je soupçonnais à peine l'existence, l'amour a succédé à mon amitié pour Marianne : je dois l'épouser à mon retour d'Allemagne.
— Il serait vrai ! tu épouses Marianne !... Joie du ciel ! sera-t-elle heureuse ! — s'écria madame de Villetaneuse, les yeux humides de larmes de bonheur, et d'un accent si touchant, si ému, que Fortuné se disait :
— Son cœur est resté bon, sensible aux souvenirs de famille. Tout n'est donc pas perdu. Cette pensée me donnera le courage de tenter un dernier effort.

La comtesse, dans l'élan de sa joie en apprenant le mariage de sa sœur et de Fortuné, prit la main de ce dernier, lui fit faire quelques pas vers le meuble où brillait la coupe émaillée, la lui montra et dit :
— Fortuné, reconnais-tu cette coupe ?
— Oui, j'ai su par ta sœur que le prince t'avait fait ce présent.
— Cette coupe est mon trésor le plus précieux. Souvent, je disais à Marianne : « Si jamais je suis malheureuse en » ménage, cette coupe, chef-d'œuvre de notre ami d'en» fance, me rappellera que je dois sans murmurer me ré» signer à mon sort, car il a dépendu de moi d'être la plus » heureuse des femmes en épousant l'auteur de ce divin » objet d'art. » Quelle est ma joie aujourd'hui, mon ami, mon frère !! J'apprends que Marianne sera aussi heureuse que j'aurais pu l'être ; j'apprends que toi et elle, vous que j'ai toujours tendrement aimés, vous trouverez un bonheur certain dans le mariage qui va vous unir !
— Non, je n'en puis douter, — se dit Fortuné, — son cœur est encore sensible et délicat... Allons, du courage ! le coup sera cruel, mais, dans les cas extrêmes, n'emploie-t-on pas le fer et le feu pour sauver un malade?
— Aurélie, — reprit l'orfèvre d'un ton grave et pénétré, — je t'ai passionnément aimée. T'apprendre mon mariage avec Marianne, c'est te dire qu'à mon amour pour toi a succédé une amitié sincère...
— Oh! je te crois, je te crois! En ce moment surtout cette assurance de ta part est doublement précieuse à mon cœur.
— Oui, mon amitié est sincère, mais elle m'impose des devoirs rigoureux, cruels peut-être !... A ces devoirs je ne faillirai pas.
— Explique-toi.
— Mes paroles vont te blesser.
— Ne crains rien, mon ami.
— Mes paroles, te dis-je, vont te blesser, Aurélie, te cruellement blesser. Elles t'outrageront, te révolteront. Je ne les regretterai pas si elles peuvent te donner conscience de ta position.
— Toi... m'outrager ?... bon Fortuné !
— La vérité, parfois, est un sanglant outrage.
— Quelle vérité ?
— Tout à l'heure je te parlais de cette femme qui, autrefois, était venue chez moi, avec ton mari, acheter un bracelet... Tu m'as répondu dans ton naïf dédain : « Ah ! oui... cette courtisane. »
— Eh bien ?
— Sais-tu ce que tu es à cette heure, Aurélie ?
— Moi !
— Toi.
— Je suis... je suis...
— Tu es... la maîtresse du prince...
— Il m'aime autant que je l'aime !

— Il n'importe !... Tu es une courtisane !
— Ah ! c'en est trop ! Laissez-moi... sortez ! — s'écria la comtesse se redressant fière, courroucée, révoltée, impérieuse ; — oser venir m'outrager ici !
— La vérité parfois est un sanglant outrage, Aurélie !
— Souffrir de vous un pareille insulte !... de vous ! de vous ! Ah ! ce coup m'anéantit ! — murmura madame de Villetaneuse, et sa colère se noya dans ses pleurs.

XCI.

Fortuné Sauval, voyant madame de Villetaneuse fondre en larmes, péniblement ému lui-même, garda un moment le silence, et reprit :
— Ton indignation est sincère, Aurélie ; elle me prouve, du moins, que, jusqu'ici, tu n'as pas eu conscience de ta dégradation. C'est là ton excuse, c'est là mon espoir.
— Mon Dieu ! mon Dieu ! — répétait la comtesse au milieu de ses sanglots ; — moi, environnée ici de tant de respects, me traiter de courtisane !
— Ah ! ce terme te révolte, pauvre aveuglée ! Et qu'est-ce donc qu'une courtisane? N'est-ce pas une femme qui jouit de l'opulence d'un homme dont elle n'est pas l'épouse? Enfin, et ces mots me brûlent les lèvres ; enfin, n'est-ce pas une femme qui s'oublie, se dégrade à ce point de faire partager à son père... à sa mère... les splendeurs de sa honte?
— Juste ciel ! m'entendre reprocher... de... de...
La jeune femme n'acheva pas ; ses sanglots la suffoquaient.
— Voilà ce que c'est qu'une courtisane, — reprit l'orfèvre dans son inexorable et salutaire franchise ; — voilà, pauvre femme, ce que tu es devenue, à ton insu !... oui, à ton insu, je le crois ; ton indignation, ta colère, tes larmes, ta douleur, me le prouvent ; tu n'as pas conscience de ton opprobre ! Enivrée par l'amour, éblouie par l'éclat de la position presque souveraine du prince, cédant au vertige d'une existence royale, l'autorisant par l'indignité de ton mari, voyant ton père, ta mère, sauvegarder ton désordre par leur présence, tu aveugles, tu t'étourdis, et sincèrement, intérieurement, tu te dis : « Je suis libre, j'aime » le prince, il m'aime, je vis dans sa maison, ses fami» liers me respectent, ma conduite n'a rien de déshono» rant. »
— Non ! rien de déshonorant, — reprit Aurélie, relevant soudain son beau visage baigné de pleurs. — Je dis hautement : J'aime Maximilien. Qu'importe qu'il soit prince, qu'il ait une cour, des officiers, des palais, des richesses royales ! C'est lui... lui seul que j'aime !
— Et pourtant... ce palais... tu l'habites? Un luxe royal t'entoure! tu en jouis avec délices ; les hommages, les respects des courtisans du prince flattent ton orgueil.
— Mon amour est flatté, mais pas mon orgueil.
— Je te connais depuis l'enfance, Aurélie. Tu es née avec d'excellentes qualités. La folle vanité de ta mère t'a perdue. Tu as, lors de ton mariage, au moins autant aimé ton mari pour son titre que pour lui-même ; et, à cette heure, tu aimes peut-être davantage le prince que l'homme.
— Tu me crois donc bien méprisable? — reprit madame de Villetaneuse avec amertume. — Ainsi, mon amour pour Maximilien est intéressé?
— Aurélie, un amour désintéressé de ces vanités, chères à l'orgueil, funestes au cœur, recherche l'ombre, le mystère. Ah! si, lors de ton départ de Paris, résolue à venir habiter ce pays, afin de te rapprocher du prince, choisissant près de son palais quelque humble retraite, tu avais vécu modestement auprès de tes parents, des débris de leur fortune et de ta dot, leur cachant ta liaison avec Charles-Maximilien, exigeant de son honneur le plus profond secret sur vos entrevues, ne te recevant jamais dans la mai-

son paternelle, foyer sacré qui doit toujours être respecté, si enfin tu avais du moins montré dans cet amour coupable la délicatesse, l'abnégation, la dignité qu'inspire toujours une passion véritable, tu aurais eu quelque droit à l'indulgence, parce que toute passion vraie intéresse. Mais trôner audacieusement dans ce palais, au milieu de ces magnificences royales! mais l'afficher aux yeux de tous comme la maîtresse du prince! mais rendre ton père, ta mère, tes complices par leur présence ici! mais braver de front levé l'évidence, le scandale, alors que tu devais tâcher de mériter l'oubli! non, non, Aurélie, cela n'est pas aimer avec désintéressement, avec dignité!

— Je l'avoue, — reprit la comtesse pensive et accablée, — j'aurais dû peut-être vivre retirée, fuir l'éclat, la splendeur. Ah! pourquoi cette pensée ne m'est-elle pas venue!

— Cette pensée, pauvre femme, tu ne pouvais l'avoir, aveuglée par la vanité d'être aimée du prince, habituée au luxe par les folles prodigalités de ton mari. Ce besoin, cette soif de luxe, et c'est à mon épouvante, sont devenus pour toi irrésistibles; la magnificence est à tes yeux le complément nécessaire de la beauté. Aussi je frémis en pensant à ton sort si le prince te délaissait.

— Lui!... Maximilien!... me délaisser!... Ah! je ne crains rien : notre amour durera notre vie!

— Je ne veux pas jeter le doute dans ton cœur ; cependant écoute-moi, Aurélie : tu n'as que deux partis à prendre : le premier serait de rompre cette liaison...

— Dis-moi donc de cesser d'exister!...

— Ah! crois-moi, tu peux encore rentrer dans la voie du bien ; ton cœur est resté bon. Merveilleusement douée par la nature, tu as, malgré des désordres où tant d'autres femmes auraient déjà laissé toute pudeur, toute honte, tu as conservé quelques-unes de tes qualités premières ; tu es égarée, non pervertie, non dégradée, Aurélie. Je t'en conjure, romps cette liaison, reviens auprès de nous! nous vivrons en famille ; Marianne, ta tante, ton père, ta mère et toi... Les débris de votre fortune vous suffiront. Nous choisirons une habitation simple et riante, dans quelque quartier éloigné du centre de Paris. Notre existence sera paisible et retirée. Marianne t'adore, ta tante Prudence a un fond inaltérable d'affection pour toi ; ne crains rien, elles ne te demanderont pas d'où tu sors, quel est ton passé depuis deux ans. Non, non ; tout au bonheur de te revoir, de te posséder toujours, elles t'accueilleront à cœur ouvert. Reviens avec nous, te dis-je... Peu à peu, sous notre salutaire influence, tu reprendras plus aisément que tu ne le penses l'habitude de la simplicité dans laquelle tu as été élevée ; tu reconnaîtras avec surprise combien il est facile de se détacher de ces vanités qui à cette heure t'enivrent. Chère Aurélie, chère sœur!... Tu as vingt-deux ans à peine, rien n'est désespéré. Tu auras sans te souiller traversé les mauvais jours ; mais viens avec nous, viens respirer un air pur, salubre ; tu renaîtras, tu revivras pour le bien, pour le bonheur de ceux qui te chérissent... Je t'en conjure, au nom de nos souvenirs d'enfance. Au nom de...

— Fortuné, n'insiste pas! bon et loyal cœur! Abandonner Maximilien serait de ma part une ingratitude odieuse.

— De l'ingratitude!... que t'a-t-il donc donné en échange de ton honneur?

— L'amour se compte par les sacrifices, mon ami.

— Aurélie, je t'en supplie...

— Cet entretien m'est pénible, ma résolution est inébranlable.

— Malheureuse femme! elle ne voit pas l'abîme où elle court!

— J'y tomberai du moins avec mon amour.

— Insensée!... cet amour...

— J'aime! j'aime! tu dois comprendre tout ce que ce mot renferme, Fortuné, toi qui m'as tant aimée!

— Mais moi, de mon amour, je n'avais pas à rougir! Il était noble, pur, irréprochable.

— Soit! mon amour est coupable ; ce sont les plus tenaces.

— Que ta destinée s'accomplisse, donc!... tu l'auras voulu! — reprit Fortuné après un moment de douloureux silence. — Écouteras-tu du moins une dernière prière?... je te l'adresse dans l'intérêt même de ce fatal amour.

— Oh! parle... parle!

— Tu aimes, dis-tu, l'homme, et non le prince, et non l'éclat qui l'environne... Prouve donc ce désintéressement.

— Explique-toi.

— Quitte ce palais, reprends ton indépendance, ta dignité ; dis à Charles-Maximilien : Je ne veux désormais de vous que votre amour.

— Fortuné, cette idée est noble, elle me plaît.

— Déshabitue-toi ainsi de l'opulence, reviens à la simplicité première de ta vie... et si un jour cet amour, ton dernier espoir, te manquait, tu pleurerais un amour perdu, mais tu ne donnerais aucun regret à cette existence princière, à ce faste dont tu auras été entourée. Regret fatal, bien fatal, Aurélie... car presque toujours ceux-là qui le ressentent descendent tôt ou tard tous les degrés du vice dans l'espoir de retrouver ces jouissances, ce luxe, si chers à leur vanité!

— Mon Dieu, me crois-tu capable de tant d'ignominie!

— A cette heure, non... mais il est temps, plus que temps de te sauvegarder toi-même contre l'avenir en écoutant mes conseils. Change donc de manière de vivre ; si Charles-Maximilien sait apprécier ce changement, il y verra une preuve de ta délicatesse, de ta dignité, il ne pourra que t'en aimer davantage.

— Oh! je te le jure, son cœur me comprendra... Je suivrai tes conseils ; ils m'ouvrent une voie nouvelle, ils réveillent ma conscience ; puis il faut être sincère... et avec toi, Fortuné, je le serai... Oui, je l'avoue, renoncer à cette existence presque royale, cela me coûte. Oui, ce ne sera pas sans un vif regret que je reviendrai aux habitudes modestes de mes premières années ; oui, je le sens, ce renoncement sera pour moi un grand sacrifice. Béni soit Dieu! ce sacrifice, je le ferai à la dignité de mon amour pour Maximilien.

— Enfin, si jamais cet amour te manque, pauvre femme! si tu as besoin d'appui, de consolations, souviens-toi de nous ; nos bras te seront toujours ouverts, — reprit Fortuné avec un douloureux attendrissement, — sans aucune allusion au passé, nous te dirons : « Sœur, sois la bienvenue! » ta place au foyer de la maison était restée vide : reprends-« la, ne nous quittons plus. »

— O le meilleur, le plus généreux des hommes! — répondit madame de Villetaneuse les yeux remplis de douces larmes, et prenant dans ses deux mains la main de Fortuné qui détournait la tête afin de cacher ses pleurs. — O tendre ami de mes jeunes années! ta céleste bonté oublie le mal que je t'ai fait autrefois, tu n'as pour moi que des paroles de pardon, d'espérance!

Un huissier entrant à ce moment dit à la jeune femme :

— Madame la comtesse, un courrier vient de descendre de cheval dans la cour d'honneur, précédant les voitures de Son Altesse Sérénissime.

— C'est lui — se dit Aurélie avec un ravissement contenu. — Oh! mes pressentiments!...

Et s'adressant à l'huissier :

— Priez un valet de chambre d'aller dire à mes femmes de m'attendre chez moi et de préparer ma toilette du soir.

— Adieu, Aurélie, — dit Fortuné avec émotion, après le départ de l'huissier, — adieu... et sans doute pour bien longtemps, adieu!

— Mais j'y songe maintenant... Quel est l'objet de ton voyage en Allemagne?

— Le prince m'a prié de venir ici... pour...

Et, s'interrompant, l'orfèvre ajouta :

— Charles-Maximilien ignore nos liens de parenté, Aurélie ; sinon, il ne m'eût pas, ce me semble, invité à venir dans ce pays, sachant que je pouvais te rencontrer, toi... ou la famille... Il n'honore assez, je pense, pour être persuadé du profond chagrin que devait me causer une pareille rencontre.

— Maximilien ignore en effet que tu es mon cousin;

par une réserve que tu comprendras, je l'ai toujours laissé dans cette ignorance, bien que souvent il m'ait parlé de ton génie avec admiration. Oui, mon ami, en me rappelant notre passé, j'aurais éprouvé une sorte de remords à apprendre au prince que tu étais l'ami de mon enfance ; il ne m'avait d'ailleurs pas instruite de ton arrivée au palais.

— Il voulait sans doute te ménager une surprise.
— Une surprise ?...
— Je suis venu ici afin de monter et d'ajuster une toilette d'argent massif que j'apporte de Paris, ainsi qu'une magnifique couronne ducale fermée, c'est-à-dire souveraine.
— Une couronne ! — s'écria la comtesse palpitante, — une couronne souveraine !
Mais l'orfèvre, tressaillant à une réflexion subite,
— Grand Dieu !... cette toilette.... cette parure...
— Me sont destinées, — reprit la comtesse en souriant. Rassure-toi, mon ami ; fidèle à tes conseils et à ma promesse, je dirai à Maximilien : « Je ne veux de vous que » votre amour. » Oui, telles seront mes paroles, à moins qu'un événement imprévu ne me donne le droit de...
— Aurélie, — reprit l'orfèvre de plus en plus inquiet, — quel est le chiffre de la sœur du prince ?
— Un S et un F, elle s'appelle Sophie, et l'archiduc son mari se nomme François... Mais pourquoi cette question ? tu parais troublé.
— A qui donc alors peut être destinée cette parure et cette toilette ? — se demanda tout haut l'orfèvre avec angoisse ; — ce chiffre...
— Quel chiffre ?
— Celui que le prince m'a recommandé de placer au fronton de la toilette et sur le fermoir de la couronne ; ce chiffre n'est ni celui de la sœur du prince ni le tien : il se compose d'un double W et d'un M.
— Un M... c'est Maximilien... mais le double W...
Et, tressaillant à son tour, madame de Villetaneuse ajouta, non sans une vague inquiétude :
— Je dis comme toi, Fortuné : A qui donc peut être destinée cette couronne souveraine ?
Au moment où la comtesse prononçait ces mots, l'huissier ouvrit bruyamment les deux battants d'une des portes du salon d'une voix :
— Son Excellence le duc de Manzanarès !
— Et le prince ? — dit Aurélie en allant vivement vers le duc, qui la salua profondément. — Et le prince ?
— Son Altesse est restée à Ramberg, madame la comtesse.
— Il n'est arrivé au prince aucun accident fâcheux ? — reprit Aurélie avec une surprise mêlée d'anxiété, oubliant la présence de l'orfèvre. — La santé de Son Altesse continue d'être bonne ?
— Oui, madame la comtesse.
— Pourquoi revenez-vous seul, mon cher duc ? Pourquoi le prince est il resté à Ramberg ?
Monsieur de Manzanarès, sans répondre à la jeune femme, fit à Fortuné un demi-salut qui semblait signifier :
— Madame, nous ne sommes pas seuls.
La comtesse tendit la main à l'orfèvre et lui dit cordialement :
— A bientôt, mon cher cousin ; vous ne quitterez pas le palais sans me revoir... je vous le demande en grâce.
— Madame, j'attendrai vos ordres, — répondit Fortuné en s'inclinant, et il sortit laissant le duc avec madame de Villetaneuse.

XCII.

Monsieur le duc de Manzanarès, grand d'Espagne de première classe, chevalier de la Toison-d'Or, etc., etc., etc., ami intime de Charles-Maximilien, avait occupé plusieurs ambassades ; puissamment riche, fort grand seigneur en toutes choses, d'une politesse diplomatique, de manières parfaites, c'était un homme de cinquante ans environ, d'une tournure encore assez juvénile, malgré ses cheveux complètement blancs qui contrastaient avec son teint brun et ses sourcils noirs ; enfin, de fort belles dents, une extrême recherche de soi-même, une taille élégante et svelte, rendaient moins sensible chez le duc de Manzanarès que chez d'autres vieillards le progrès des années.

Madame de Villetaneuse, oubliant bientôt l'incident du chiffre de la toilette et de la couronne, incident alors pour elle secondaire, éprouvait une vague inquiétude : ses pressentiments l'avaient trompée au sujet du retour du prince ; elle ne savait à quoi attribuer la présence inattendue de monsieur le duc de Manzanarès.

— Mon cher duc, — lui dit-elle vivement, — nous voici seuls ; de grâce, apprenez-moi pourquoi le prince a prolongé son séjour à Ramberg. La maladie du duc régnant serait-elle devenue alarmante ?
— Madame, je suis porteur d'une sinistre nouvelle.
— Grand Dieu ! Mais vous m'avez dit que le prince...
— Son Altesse supporte courageusement le coup affreux dont elle est frappée.
— Quoi !... son frère...
— A rendu son âme à Dieu, madame la comtesse.
— Maximilien est aujourd'hui souverain !
Telle fut la première pensée d'Aurélie, et elle s'écria :
— Quelle doit être la douleur du prince ! et je n'étais pas là pour la partager ! Elle doit être horrible ! Il adorait son frère.
Et après un instant de réflexion :
— Monsieur le duc, je vais aller rejoindre le prince à Ramberg ; vous aurez la bonté de m'accompagner.
— Madame...
— Je vais à l'instant donner l'ordre de notre départ.
— Madame, permettez...
— Ah ! je ne laisserai pas Maximilien seul, alors que je le sais en proie à un si vif chagrin !
— Rassurez-vous, madame : Son Altesse n'est pas seule. Madame la grande-duchesse sa sœur s'était, de son côté, rendue à Ramberg à la première nouvelle de la maladie du duc régnant.
— Sans doute les consolations d'une sœur sont précieuses, monsieur le duc, mais celles que je veux porter au prince ne seront pas pour lui, je le crois, sans quelque douceur ; nous allons donc partir sur-le-champ. A quelle heure demain serons-nous arrivés à Ramberg ?
— Madame, il est de mon devoir de vous le déclarer, ce voyage est impossible.
— Impossible !
— Oui, madame.
— Je ne vous comprends pas, monsieur le duc.
— Vous me comprendrez, madame, j'en suis certain, lorsque j'aurai fait appel à la délicatesse habituelle de votre cœur. La cour de Ramberg est plongée dans le deuil ; le prince, plus que personne, partage l'affliction générale. Or, j'oserai vous le demander, madame, votre présence serait-elle convenable au milieu de ce deuil ?
— Maximilien souffre ; ma convenance à moi est d'aller le consoler, — reprit Aurélie ; — dussé-je partir seule, je suis résolue à partir.
— En ce cas, madame, je ne saurais vous cacher que le prince, prévoyant jusqu'où pouvait aller votre dévouement pour lui dans cette pénible circonstance, m'a, entre autres missions, donné celle de vous supplier de ne pas entreprendre ce voyage.
— En faveur du motif qui me guide, Maximilien me pardonnera d'avoir méconnu ses désirs.
— De grâce, daignez m'en croire, madame, malgré... ou plutôt, en raison même de sa profonde affection pour vous, Son Altesse serait désolée de votre arrivée à Ramberg.
— Je connais son cœur mieux que vous ne le connaissez, mon cher duc ; jamais ma présence ne le désolera.
— Madame, je vous en conjure...

Vous avez insulté madame, vous me ferez raison de cet outrage. — Page 132.

— Mais j'y songe, le prince a dû vous remettre une lettre pour moi?
— Oui, madame.
— Veuillez me la donner.
— Malheureusement, je ne le puis en ce moment.
— Qu'est-ce à dire?
— Je me conforme aux intentions de Son Altesse.
— Enfin, expliquez-vous, monsieur le duc.
— Voici, madame, les propres termes du prince : « Mon cher Manzanarès, je fais appel à votre amitié; rendez-vous sur-le-champ à Meningen; instruisez d'abord la comtesse des graves événemens de cette nuit... et après lui avoir donné les explications que vous savez, vous lui remettrez ma lettre. » Telles ont été, madame, les paroles de Son Altesse. Vous daignerez donc me permettre d'accomplir scrupuleusement la mission dont je suis chargé.

Madame de Villetaneuse, sans se rendre compte de la cause de cette impression, sentit son cœur se serrer.

Ces graves explications, dont devait être précédée la remise de la lettre du prince, l'alarmaient malgré elle; enfin, il lui semblait remarquer quelque chose de contraint dans le langage et dans la physionomie de monsieur de Manzanarès. Aussi lui dit-elle avec une anxieuse impatience :

— J'ai hâte d'entendre vos explications, monsieur le duc, et surtout de lire la lettre du prince.

XCIII.

Le duc de Manzanarès se recueillit pendant quelques instans, et s'adressant à Aurélie d'un ton solennel,

— Madame, j'ai assisté à la mort du duc régnant; je dois vous retracer cette scène imposante.

— Ce début est lugubre, monsieur le duc; à quoi bon évoquer de si tristes souvenirs?

— Ils sont intimement liés aux explications que j'ai mission de vous donner, madame la comtesse.

— Je vous écoute.

— Avant-hier soir, vers minuit, le colonel Walter vint en hâte me chercher de la part du prince; depuis la veille, il ne quittait pas le chevet de son auguste frère, sa maladie ayant fait soudain les progrès les plus rapides et les plus funestes. J'entrai dans la chambre mortuaire, ouverte, selon la coutume allemande, à toutes les personnes du palais; cette chambre, ainsi qu'une galerie que je traversai, était remplie d'une foule silencieuse agenouillée; je me suis mis aussi à genoux. Debout au chevet du lit funèbre, se trouvait monseigneur l'archevêque de Ramberg, revêtu de ses habits sacerdotaux, tenant un crucifix à la main; à droite et à gauche du lit, madame la grande-duchesse et le prince étaient agenouillés, pressant les mains déjà glacées du mourant et les couvrant de leurs larmes.

— Ah! je ne puis non plus retenir les miennes! — reprit Aurélie. — Mon Dieu! quel moment affreux pour Maximilien! assister à la mort de ce frère qu'il chérissait!

— Oh! oui, madame, il l'aimait tendrement, et de cette affection... il lui a donné en ce moment suprême une preuve éclatante, mais bien douloureuse pour son cœur!

— Quelle preuve, monsieur le duc?

— Permettez-moi, madame, de continuer mon récit. Il se fit un profond silence dans la chambre mortuaire; le duc régnant conservait, quoique expirant, toute sa connaissance. « Maximilien, — dit-il à son frère d'une voix affaiblie, — relevez-vous, et vous aussi, ma sœur... » Tous deux étaient agenouillés; ils se redressèrent en sanglotant. Le duc régnant dit alors à Son Altesse : — « Mon frère, je vous ai fait connaître, il y a six mois, lors de votre dernier voyage ici, ce que j'attendais de vous pour le bonheur et le repos de ces États, qui vont être les vôtres. Maximilien, vous m'avez promis de vous conformer à mes désirs; le moment est venu de renouveler votre

Pardon, madame, pardon de mon audace... ! Je vous aime comme un insensé. — Page 140.

» promesse devant Dieu et devant les hommes, de mettre
» cet engagement sacré sous la protection du ciel; mon-
» seigneur l'archevêque recevra votre serment... » Les
forces du duc régnant commencèrent à défaillir; il adressa tout bas quelques mots à monseigneur l'archevêque.

— Et quel était donc cet engagement entouré de tant de
solennité, monsieur le duc ?

— Ah! madame!...

— Qu'avez-vous ?

— Quel courage il a fallu à Son Altesse ! il se sacri-
fiait à la sécurité, au bonheur de ses Etats ; il donnait à
son frère, ainsi que j'avais l'honneur de vous le dire tout
à l'heure, madame, la plus grande preuve d'attachement,
de soumission qu'il pût lui donner.

— Mais encore, quel était cet engagement ?

— Ah! madame, vous ne le saurez que trop tôt !

— Mon Dieu ! mais cet engagement peut donc être funeste à Maximilien ?

— Funeste aux plus chers sentiments de son cœur, brisé,
déchiré... oui, madame... mais indispensable à la stabilité
des Etats sur lequel le prince règne aujourd'hui.

— Tenez, mon cher duc, vous allez sourire de ma faiblesse. Hé bien ! je vous l'avoue, je ne sais pourquoi vos
paroles m'inquiètent, me troublent; cependant il s'agit d'affaires d'Etat, auxquelles je suis heureusement étrangère.

— Plût à Dieu, madame la comtesse !

— Quoi ! ces affaires d'Etat m'intéressent ?

— Hélas !...

— Monsieur, vous m'effrayez !

— Du courage, madame, vous ne serez pas seule à souffrir.

— Seule à souffrir ?...

— Non... car vous ne pourriez, madame, vous imaginer
le désespoir de Son Altesse lorsque je l'ai quittée !

— Ce désespoir... la mort de son frère le causait.

— Il y avait encore un autre motif.

— Achevez, oh ! achevez !

18ᵐᵉ LIVRAISON.

— A la pensée du coup imprévu qui allait, madame,
vous frapper...

— Me frapper... moi ? Monsieur, vous ne répondez rien ?...
vous détournez les yeux ? Mon Dieu, il s'agit donc de
quelque chose d'imprévu, d'affreux ! Oh ! ma tête se perd !
Je tremble, et je ne sais pourquoi je tremble ! Que m'im-
portent à moi les affaires d'Etat !... Monsieur... un mot...
un seul mot... Maximilien m'aime-t-il toujours ?

— Aussi tendrement que par le passé, madame... mais...

— Merci, mon Dieu ! merci !... Je peux tout braver
maintenant, je défie le sort de m'atteindre !

— Il est cruel pour moi, madame, de détruire votre dernière illusion.

— Que dites-vous ?

— Madame... ce que je souffre en ce moment est horrible... je ne puis prolonger plus longtemps votre agonie.

— Mon agonie ?...

— Cet engagement sacré, juré par le prince Charles-
Maximilien en présence de son frère expirant, juré sur le
crucifix en présence d'un prince de l'Eglise, cet engagement était celui... de se marier !

— Lui !...

— De se marier avec l'archiduchesse WILHELMINE, princesse de la maison impériale d'Autriche.

XCIV.

Lorsque le duc de Manzanarès eut fait à madame de Vil-
leneuve cette foudroyante révélation, que Charles-Maximilien avait, devant son frère mourant, juré sur le Christ
d'épouser une princesse impériale de la maison d'Autriche,
la malheureuse femme devint d'une pâleur mortelle, porta
soudain ses deux mains à son cœur, comme si elle y eût

reçu un coup aigu, mais ses yeux restèrent secs, fixes, ardens.

Elle parut se recueillir, et tomba plutôt qu'elle ne s'assit sur un siège placé près d'elle.

— Allons, — se dit le duc, — elle est plus raisonnable que je ne le supposais; cela m'encourage, et peut-être... mais ne précipitons rien : il n'y a maintenant aucun inconvénient à lui remettre la lettre du prince.

Puis monsieur de Manzanarès, contemplant la comtesse avec une admiration contenue et passionnée, ajouta :

— Mon Dieu ! qu'elle est belle, malgré sa pâleur !

Tirant alors de sa poche une lettre, il se rapprocha d'Aurélie :

— Madame... Et le duc ajouta : — Elle ne m'entend pas ; la douleur l'absorbe... Madame... madame...

— Qu'est-ce? — reprit madame de Villetaneuse, redressant brusquement la tête et attachant sur le duc un regard presque égaré ; — que me veut-on ?

— Madame...

— Ah ! c'est vous, monsieur? — dit-elle avec un sourire navrant. — Pardon de ma distraction. Vous l'excuserez, n'est-ce pas?... Vous disiez donc...

— Voici la lettre du prince.

— Quelle lettre?

— Celle où il vous explique, madame, les raisons d'Etat qui l'ont malheureusement obligé de jurer à son frère mourant...

— En effet, je me le rappelle. Il s'agit de raisons d'Etat. Donnez-moi cette lettre.

Madame de Villetaneuse prend la lettre, la décachète lentement, et après l'avoir lue avec une effrayante impassibilité, la laisse tomber à terre, met ses deux coudes sur ses genoux, appuie son front dans ses deux mains, et reste silencieuse.

— Pauvre jeune femme ! — se dit le duc, — je préférerais la voir éclater en sanglots, en reproches. Ce muet désespoir a quelque chose de sinistre et d'alarmant. Pas une larme, pas une larme ! et elle doit tant souffrir !

Monsieur de Manzanarès se rapproche d'Aurélie, se penche au dossier du fauteuil où elle est assise immobile, son front caché dans ses mains.

— Madame, — dit le duc d'une voix pénétrée, — madame, du courage !...

La comtesse se relève soudain; ses traits sont pâles, contractés; un sourire nerveux fait trembler ses lèvres devenues incolores comme si tout son sang eût reflué vers son cœur ; l'accent de sa voix est bref, saccadé, fébrile ; ses yeux sont étincelans; elle reprend :

— Eh bien ! monsieur le duc, malgré les raisons d'Etat qu'il invoque, votre ami est un lâche !

— Madame... de grâce...

— Et il joint le mensonge à la lâcheté !

— Les reproches...

— La princesse qu'il épouse se nomme Wilhelmine ?

— Oui, madame.

— La première lettre de ce nom est un double W ?

— Naturellement, madame ; mais...

— Ma remarque, à propos de cette lettre, vous semble puérile, monsieur le duc. Cependant ce double W a été pour moi une révélation. Je n'en puis plus douter, le prince était résolu à se marier, dès avant la mort de son frère.

— Madame, ce soupçon...

— Ce n'est pas un soupçon pour moi, c'est une certitude.

— Je vous assure, madame, que... — balbutia le duc, se disant à part soi : — Comment sait-elle ces projets de mariage ?

— Le prince a commandé à un orfèvre de Paris une toilette d'argent, une parure, une couronne, marquées d'un double W et d'un M, chiffre de Wilhelmine et de Maximilien.

— Je ne saurais, madame, vous répondre à ce sujet.

— La réponse va de soi-même : le prince devait être, depuis quelque temps, résolu à ce mariage... La mort de son frère n'est qu'un prétexte. Ainsi, les dernières paroles d'amour qu'il m'a dites en partant étaient un mensonge. Il se jouait de moi, comme il se joue encore de moi en invoquant son serment juré sur le Christ!

— Je vous en conjure, madame, calmez-vous.

— Je suis très calme. C'est étrange ; mais, que voulez-vous? l'on ne commande pas aux impressions de l'âme, on les subit. Je ne fais pas même à votre ami l'honneur de le haïr : je le méprise, parce que le mensonge et la fausseté sont ce qu'il y a de plus méprisable au monde. Le mariage qui va s'accomplir était projeté depuis plusieurs mois, et telle a été la dissimulation de votre ami, que...

— De la dissimulation ! ah ! madame, gardez-vous de le croire. Le prince craignait surtout de vous affliger. Que n'avez-vous été témoin de ses adieux déchirans lorsque je l'ai quitté pour venir vous annoncer cette fatale nouvelle! Si vous aviez entendu ses recommandations au sujet des ménagemens à garder pour vous l'apprendre !

— Oh ! je n'en doute pas, le prince sait vivre en gentilhomme; il a l'habitude des ruptures, il y met des formes, et, en ce genre, sa lettre est un chef-d'œuvre; elle a dû, sauf quelques correctifs à l'endroit des raisons d'Etat, lui servir souvent.

— Madame...

— Mon Dieu ! monsieur, c'est fort simple : j'ai plu à votre ami, il n'a plus de goût pour moi, que faire à cela ? J'ai cru à la durée de son amour : j'étais une sotte, tant pis pour moi ! Il épouse une princesse d'Autriche et il me chasse... c'est l'ordre naturel des choses.

— Il vous chasse ! Ah ! madame, pouvez-vous croire...

— Pardon, le terme est un peu vif, — dit Aurélie en ramassant la lettre. — Et la parcourant des yeux, elle continue :

— Le prince m'écrit « qu'il va se rendre à Meningen
» afin de passer avec sa sœur les premiers temps de son
» deuil, et qu'il croirait forfaire à son serment si dès ce
» jour il ne se considérait pas comme engagé à la prin-
» cesse d'Autriche. Il me supplie donc de ne pas redoubler
» ses regrets par ma présence, et il m'engage à voyager. »

La comtesse jette la lettre sur une table et ajoute avec un sourire sardonique :

— Monsieur le duc, vous avez raison, l'on ne me chasse pas... non! l'on m'engage seulement à voyager; l'on ne saurait avoir de meilleurs procédés !

— Au sujet de ce voyage, madame, je dois aborder une question fort délicate.

— Laquelle?

— Je vous supplie surtout, madame la comtesse, de ne point vous méprendre sur les intentions du prince. Son Altesse a ouvert un crédit illimité chez son trésorier, et vous fixerez vous-même la...

— Oh! assez, monsieur, assez !

— Encore une fois, madame, je vous en conjure, ne vous méprenez pas sur les intentions de Son Altesse, qui serait au désespoir de blesser en rien votre susceptibilité; mais le prince désire...

— Me payer, après m'avoir chassée !

— Ah ! madame...

— Encore pardon, monsieur le duc, ma crudité de langage effaroucherait un peu, je le vois, votre diplomatie. Non, non, votre ami ne songe pas à me payer... ce serait révoltant ; il désire seulement me laisser un gage de son affectueuse estime... argent comptant.

— Grand Dieu ! madame, pouvez-vous penser que Son Altesse...

— Brisons là. Je m'étonne seulement de ce qu'un homme comme vous, monsieur le duc, ait consenti à se charger d'une offre ignoble.

— Madame, mon amitié pour le prince...

— Vous a fait oublier en cette circonstance le respect que vous me deviez, monsieur ! Qu'il ne soit plus entre nous question de ceci.

— Je n'insisterai pas à ce sujet, madame; je vous supplie de croire que si j'ai eu le malheur de vous déplaire en cette occasion, j'en suis profondément affligé. Il me reste, pour compléter ma mission, quelques mots à vous dire au sujet du voyage que Son Altesse vous engage à entreprendre, dans l'espérance que peut-être... les distractions...

— L'on ne saurait en vérité se montrer plus prévenant. Hé bien ! monsieur le duc, ce voyage ?...

Monsieur de Manzanarès se recueillit un moment et reprit :

— Son Altesse a pensé qu'un voyage d'Italie, en raison des beautés du pays, de la douceur du climat, serait peut-être pour vous, madame, la plus salutaire des distractions. Le hasard veut, car nous sommes une famille de diplomates, le hasard veut, dis-je, que l'un de mes neveux soit ambassadeur à Rome, et l'un de mes meilleurs amis, ambassadeur à Naples. Cette circonstance, madame la comtesse, en vous offrant la certitude d'être accueillie comme vous le mériteriez de l'être dans ces deux capitales de l'Italie, vous rendrait peut-être ce voyage agréable... et...

— Pourquoi vous interrompre, monsieur le duc ?

— Madame, ce n'est pas moi qui vais parler ici, c'est Son Altesse...

— Poursuivez, je vous prie...

— « Mon cher duc, — m'a dit le prince, — dans le cas
» où la comtesse accueillerait cette idée de pérégrination
» en Italie, et qu'elle voulût bien vous accepter... comme
» chaperon... rendez-moi le service de l'accompagner. Vous
» êtes plus que d'âge à être son père; elle voyagerait avec
» sa famille dans une voiture, vous dans une autre; les
» convenances seraient donc parfaitement sauvegardées.
» Vous pourriez être utile à la comtesse, en la présentant
» dans les ambassades des grandes villes d'Italie, et en
» l'introduisant dans ce monde d'élite dont en tout pays
» elle sera la reine; les hommages dont elle serait ainsi
» entourée, les mille distractions du voyage, adouciraient
» peut-être ses regrets. » Telles ont été les paroles de Son Altesse... Ai-je besoin d'ajouter, madame, que si précieuse, si désirable que fût la preuve de confiance dont le prince venait de m'honorer, je n'aurais jamais osé l'ambitionner? Mais si vous daigniez, madame la comtesse, me faire la grâce insigne de m'accepter pour cicérone dans ce voyage, je m'estimerais doublement heureux de ce que le prince a bien voulu songer à moi pour vous servir de guide et d'introducteur dans la haute société italienne.

— Monsieur le duc, je vous suis très reconnaissante de vos offres. Restez-vous à Meningen?

— J'y resterai, madame, afin d'attendre vos ordres au sujet du voyage en question, sinon je repartirai pour l'Espagne. En tout cas, madame la comtesse, vous voudrez bien m'instruire de vos intentions en me faisant l'honneur de m'écrire un mot au palais de Meningen, où Son Altesse a bien voulu me conserver mon appartement.

Le duc de Manzanarès s'incline profondément devant Aurélie et sort en disant :

— Elle n'a pas refusé... Espérons !

XCV.

Madame de Villetaneuse, aussitôt après le départ du duc de Manzanarès, s'écria :

— Seule, seule enfin, seule avec mon désespoir, avec ma honte ! Je peux pleurer maintenant, sans crainte de paraître faible et lâche !

Et ses larmes, jusqu'alors contenues, ruisselèrent sur ses joues.

— Je l'aimais tant, j'avais tant de confiance dans son amour! tant de foi dans ses promesses ! O mes rêves, mes illusions ! Plus d'espoir ! tout est perdu ! Et pourtant, combien de fois Maximilien ne m'a-t-il pas dit, et cela naguères encore : « Ma vie est à toi ; si jo règne un jour, près de
» toi je me reposerai du fardeau des affaires publiques;
» tu seras la Providence inconnue, le mystérieux bon ange
» de mes sujets. L'autorité sévère qui fait respecter, souvent craindre le souverain, sera mon partage. Mais à toi,
» bien-aimée, à toi l'indulgence, le pardon, la charité; à
» toi les grâces qui font bénir le prince; et si un jour tu
» deviens libre par la mort de ton mari, je pourrai couronner ton amour, tu seras ma femme, tu seras
» doublement souveraine... et par le rang et par la
» beauté. » Oui, voilà ce que Maximilien me répétait chaque jour, la veille encore de son départ pour Ramberg, en songeant avec tristesse qu'il serait bientôt appelé à régner, si la maladie de son frère devenait mortelle; et il me trompait ! il m'abusait lâchement ! Ces tendres paroles cachaient une raillerie outrageante ! Déjà il avait commandé la couronne de son impériale fiancée ! Mon Dieu ! quel mal lui avais-je fait, à cet homme? quel infernal plaisir trouvait-il à m'abuser ainsi? Ah! ce sont là, sans doute, jeux de prince! il raillait à part lui l'impertinente ambition de la petite bourgeoise, assez sottement orgueilleuse pour croire à de telles promesses ! et puis ses promesses exaltaient mon amour pour lui jusqu'à l'adoration. Ce n'était plus un homme à mes yeux, c'était un Dieu, et il s'amusait à so voir divinisé. Misère du ciel ! c'est trop! Oh ! c'est trop ! Je me vengerai, Maximilien, je me vengerai! Je partirai pour Ramberg, et là, à la face de ta sœur, de ta cour, je t'écraserai sous le scandale ! je ferai un terrible éclat ! Est-ce que j'ai quelque chose à ménager maintenant? Que suis-je donc, après tout ? Fortuné l'a dit, il disait vrai, je suis une courtisane de haut rang, une femme mariée qui a pour amant un prince chez qui elle vit. Hé bien, j'agirai en courtisane effrontée ! J'irai jusqu'au bout... je... Malheureuse folle ! le désespoir m'égare!... Si j'ose élever la voix, il me fera chasser de son palais par ses gardes ! Personne n'aura pitié de moi ! Je suis devenue l'une de ces femmes que l'on prend et que l'on délaisse, selon le caprice de la destinée ! Qu'est-ce que cela fait, à ces gens-là, que je pleure, que je souffre, que mon cœur se brise ! Mon amant m'a gardée tant qu'il lui a plu, son goût a passé, il m'envoie un bon sur son trésorier, et m'invite à voyager. Malheur! malheur ! j'ai aimé un prince ! Mais est-ce ma faute, à moi, s'il m'a sauvé la vie ! s'il s'est d'abord montré plein d'âme et de délicatesse ! est-ce ma faute, à moi, si, abandonnée, outragée, ruinée par mon mari, le chagrin, la reconnaissance, m'ont jetée dans les bras de Maximilien? est-ce ma faute, à moi...

Et après un long silence, la comtesse ajouta :

— Hélas ! oui, c'est ma faute, je n'ai pas même la consolation de pouvoir maudire ma destinée. Cette destinée, je l'ai voulue, je l'ai faite en repoussant Fortuné pour épouser monsieur de Villetaneuse. Il n'a dépendu que de moi d'être ce que sera ma sœur, la plus heureuse des femmes; mais j'ai cédé aux obsessions de ma mère; la vanité m'a égarée. Oh ! ma mère, ma mère, votre aveugle tendresse, votre orgueil maternel, m'ont perdue !

Aurélie resta pendant quelques instants plongée dans un muet accablement, puis d'une voix plus ferme :

— Ces regrets sont stériles ; songeons à l'avenir. Il me reste deux partis à prendre : retourner en France avec Fortuné, me fixer près de lui et de ma sœur avec mon père et ma mère, ou bien accepter l'offre du duc : chercher, dans les distractions du voyage, l'étourdissement, sinon l'oubli de mes chagrins. Ce voyage et ses suites, c'est l'inconnu ; inconnu peut-être brillant et riche de consolations, qui sait !... Vivre auprès de ma sœur et de Fortuné, c'est m'enterrer à vingt-deux ans, dans tout l'éclat de ma jeunesse; c'est mener une existence terne, retirée, sur laquelle pèsera toujours le souvenir du passé ! Si indulgents que soient Marianne et Fortuné, si tolérante que se montre ma tante Prudence, je serai toujours à leurs yeux une repentie revenue au bercail ; ma fierté, malgré leur mansuétude, aura longtemps à souffrir ; leur vie honnête, occupée, riante, paisible, sera mon éternelle condamnation, m'amènera journellement de cruels retours sur moi-même ; il me faudra végéter dans la médiocrité, me résigner à une retraite absolue. Quelle société pourrais-je fréquenter? Celle qui était la mienne avant mon mariage? Je n'y trouverais, si l'on m'y accueillait, que joie maligne ou pitié dédaigneuse, et je ne saurais plus supporter ces vulgarités bourgeoises. Quant à la société de mon mari, je ne peux maintenant songer à m'y présenter. Une retraite absolue, la monotonie d'une humble vie de famille, tel serait donc mon avenir, et j'ai vingt-deux ans! et depuis plusieurs années, malgré deux grands chagrins, mes jours se sont écoulés dans l'enivrement du faste, de l'amour et des plaisirs. J'ai vécu en reine, il me faudra retomber dans une condition bourgeoise. Oui, mais là, du moins, je trouverais repos, calme pour le présent, sécurité pour l'avenir; l'amitié de Fortuné, la tendresse de Marianne, me soutiendraient durant les premiers temps de ce changement de fortune : ce sont les plus rudes à passer; puis mon pauvre bon père entouré de soins par sa sœur, par Marianne, oublierait notre ruine, dont, hélas! je suis cause. Il aurait encore d'heureux jours. Oui, tout me le dit, le salut est là. Pourtant, qui sait peut-être pour moi l'issue de ce voyage d'Italie? Ne sera-t-il pas toujours temps de renoncer au monde? Que résoudre? Le duc et Fortuné attendent tous deux au palais ma décision. Ah! je le sens, le moment est solennel : deux voies s'ouvrent devant moi; laquelle choisir?

Madame de Villetaneuse reste plongée dans un abîme de réflexions; sa physionomie révèle les angoisses, les hésitations de son esprit. Tantôt elle marche à pas précipités; tantôt elle s'assied, et quelques larmes coulent encore le long de ses joues.

La nuit est presque entièrement venue; mais la lune en son plein projette dans le salon ses rayons argentés, à travers les fenêtres et les panneaux vitrés de la porte qui s'ouvre sur le portique extérieur, au seuil duquel paraît soudain Angelo Grimaldi, marchant avec précaution.

A ce moment, la comtesse, que le repris de justice n'a pu apercevoir encore, se lève brusquement en disant :
— Le sort en est jeté... Un mot au duc, un mot à Fortuné, lui qui m'a tant aimée, lui qui a pour moi l'attachement du plus tendre des frères.

Madame de Villetaneuse sort précipitamment du salon afin d'aller écrire les deux billets qu'elle se propose d'adresser au duc de Manzanarès et à Fortuné Sauval.

Angelo Grimaldi s'est approché avec précaution des vitres de la porte, à travers lesquelles il examine l'intérieur du salon; n'y voyant personne, il tourne sans bruit le bouton de la serrure et pénètre dans l'appartement sur la pointe du pied, regardant, prêtant l'oreille de côté et d'autre, à chaque pas qu'il hasarde en avant.
— Personne, je n'entends rien, — dit tout bas le repris de justice. — Pas d'imprudence, écoutons encore. Du reste, si l'on me surprenait ici, j'aurais une excellente excuse. Hâtons-nous, j'ai laissé partir les compagnons de l'orfèvre en me cachant dans un bosquet du parc. J'étais obsédé par le souvenir de ce guéridon couvert d'objets précieux, dont j'ai pris un échantillon en mémoire de ma belle inconnue. C'est un excellent coup à faire! Il y a là des valeurs considérables.

Angelo prête de nouveau l'oreille, avant de s'approcher du guéridon placé à l'autre extrémité du salon, près de la porte par laquelle Aurélie est sortie.
— Je n'entends rien, le trésor est à moi. Mes chers amis, qui m'attendent ce soir dans les ruines du vieux château, ne sauront rien de cette prise. A moi le danger, à moi le profit!

En parlant ainsi, Angelo s'est dirigé vers la table où brillent les bijoux ornés de diamans et de pierreries.

Tout à coup, Aurélie sort de la chambre voisine, tenant d'une main deux lettres et de l'autre un bougeoir, qu'elle laisse échapper, en poussant un cri d'effroi, à la vue d'Angelo.

La lumière de la bougie s'éteint sur le tapis; le salon n'est plus éclairé que par les rayons de la lune.

XCVI.

Angelo Grimaldi, presque surpris en flagrant délit de vol, tombe à genoux aux pieds de madame de Villetaneuse qui, se reculant vivement, n'a pu retenir une exclamation de surprise. La clarté lunaire resplendit sur le noble et charmant visage du repris de justice; ses traits, aussi purs que ceux de l'Antinoüs, semblent exprimer une passion profonde : ses grands yeux noirs, humides et rayonnans de flamme, fixent ardemment Aurélie, immobile, palpitante; il teint d'être lui-même si ému, que de ses lèvres vermeilles entr'ouvertes, et découvrant l'éclatant émail de ses dents, s'échappe un souffle précipité, comme si la parole lui eût manqué. Enfin, appuyant l'une de ses mains sur son cœur, levant l'autre d'un air suppliant, il dit de cette voix délicieusement timbrée dont l'accent avait déjà, dans la journée, frappé l'oreille de la comtesse :
— Pardon, madame, pardon de mon audace... mais je vous aime comme un insensé!
— Monsieur! — s'écrie Aurélie indignée, éperdue, quoique frappée de la ravissante beauté de l'inconnu, et subissant le charme irrésistible de sa voix, — monsieur, cette audace... Sortez, oh! sortez!
— Madame, il y a deux heures, après avoir provoqué cet homme qui vous outrageait, je n'ai pu quitter ce parc; une puissance invincible me ramène vers cette maison; j'espérais, je voulais vous voir une dernière fois,... vous voir au prix de ma vie, s'il le fallait!
— Monsieur, — reprit madame de Villetaneuse, accablée par tant d'émotions diverses et ayant à peine la force de se soutenir, — relevez-vous, sortez de chez moi, je vous l'ordonne!
— Non, je resterai là, à vos pieds, madame, tant que vous n'aurez pas pardonné mon audace, pardonné mon amour!
— Ah! c'en est trop!
— Hier, tantôt encore, dans une avenue voisine de cette villa, je chantais le tourment de mon âme. Hélas! me disais-je, cette femme adorée, que je n'ai entrevue qu'une fois pour mon malheur, je dois l'aimer toujours. Elle ne me connaîtra jamais, pauvre exilé que je suis, mais du moins ma voix, plus heureuse que moi, parviendra jusqu'à cette enivrante beauté dont le souvenir me brûle, me tue! Ah! — continua le repris de justice avec un accent enchanteur, — je vous aime, voyez-vous, comme jamais l'on n'a aimé!... Non, Veniso, ma patrie, mes amis, ma pauvre vieille mère, mon exil, la condamnation à mort qui menace ma tête, parce que j'ai défendu la liberté de mon pays, tout m'est indifférent; ce fatal amour me fait tout oublier! Maintenant ma vie, ma foi, mon avenir, c'est vous! Ma pensée, c'est vous! Le dernier soupir d'Angelo sera pour vous!..

Aurélie, dans son trouble, avait en vain tâché d'interrompre ce misérable; enfin, rassemblant ses forces défaillantes, elle reprit d'une voix ferme et ferme :
— Monsieur, un pareil aveu m'offense; je ne saurais tolérer plus longtemps votre présence ici... ne m'obligez pas de sonner et d'appeler quelqu'un... encore une fois, relevez-vous, monsieur, et sortez!
— Madame, un mot... de grâce, un mot...
— Qu'entends-je? — s'écria la comtesse, prêtant l'oreille au rapide roulement d'une voiture qui s'approchait de plus en plus, se dirigeant vers le portique; — c'est ma mère et mon père : ils rentrent de la promenade. Mon Dieu! s'ils me trouvaient ici... dans l'obscurité, avec un inconnu!

La voiture qui ramenait de la promenade monsieur et madame Jouffroy s'arrêtait en ce moment devant le péristyle.
— Ah! madame! je déplore mon imprudence, — dit le repris de justice en se relevant soudain; — plutôt mourir que de vous compromettre!

Et jetant les yeux sur la porte de la pièce voisine et s'y précipitant :
— Je vais me cacher là pendant un moment, madame.
Et Angelo referma la porte sur lui.
— Mais, monsieur, — s'écria la comtesse, — cette chambre... c'est..
Elle ne put achever.
Monsieur et madame Jouffroy, descendus de voiture, entraient dans le salon au moment où deux valets en grande livrée apportaient des candélabres dorés garnis de bougies.

XCVII.

La nuit est tiède et sereine ; la lune éclaire les ruines du vieux château de Meningen.
Mauléon et Corbin s'entretiennent ainsi au milieu des décombres de la grande salle.
— Que diable peut faire Angelo ?
— Pourquoi tarde-t-il autant à venir au rendez-vous convenu ?
— Je gage qu'il est à chanter sa romance sous le balcon de sa belle inconnue.
— Peste soit de l'associé que nous avons là ! Toujours sacrifier les affaires au plaisir ! Si l'on me reprend jamais à collaborer avec lui, je veux être pendu !
— Vous dites cela, père Corbin, parce que vous savez que l'on ne pend plus ; mais je regrette, comme vous, l'absence d'Angelo. Cette femme va venir, et, selon le résultat de notre entrevue avec elle, il nous faudra peut-être agir cette nuit même.
— En ce cas, l'absence d'Angelo sera déplorable. Il est agile, adroit et hardi ; je ne suis bon, moi, qu'à faire le guet, et...
— Silence ! écoutez, j'entends des pas, c'est Catherine.
— Il n'est point certain que ce soit elle, et si l'on nous surprenait à cette heure, au milieu de ces ruines...
— Ne sont-elles pas admirables à visiter au clair de lune ? C'est fort romantique ! Notre qualité d'artistes et de touristes expliquerait à merveille notre présence ici.
Mauléon s'interrompt en voyant paraître Catherine sous l'arceau qui sert d'entrée à la grande salle.
— J'étais sûr que cette femme viendrait, — dit-il à Corbin. — La voici.
— Maudit Angelo ! maudit troubadour ! — reprit le vieillard en suivant Mauléon, et se rapprochant, ainsi que lui, de Catherine, qui s'avançait avec hésitation à travers les décombres.
Mauléon, ruiné, puis abandonné par Catherine de Morlac, allait lui parler pour la première fois depuis leur rupture. Sa haine contre la courtisane, cause première de la dégradation où il vivait, était si violente, que tout d'abord il oublia ce que le vieux Corbin appelait cyniquement les affaires de la société, courut à Catherine, la saisit rudement par le bras, et lui dit avec un accent de sourde fureur :
— Te voilà donc, infâme, toi qui m'as dévoré jusqu'à mon dernier sou ?
— Ceci n'a nullement trait à nos intérêts communs ! — s'écria Corbin ; — nous perdons un temps précieux.
— Infâme créature ! — poursuivit Mauléon, tenant toujours par le bras Catherine atterrée, — avant de t'avoir connue, j'étais riche, heureux, honoré ! Tu m'as perdu ! Mon dernier écu dépensé, tu m'as repoussé du pied, me laissant, pour tout bien, la rage et la misère !...
— Oh ! — murmurait Catherine, — fatal passé ! fatal passé !
— Mais encore une fois, Mauléon, vous n'êtes pas dans la question ; ces reproches sont oiseux ! — s'écria le vieux Corbin avec impatience. — Arrivons donc au fait.
— Je t'aurais tuée, misérable ! — continua Mauléon, dont la colère s'exaltait de plus en plus, — oui, je t'aurais tuée, si j'avais pu te retrouver après que tu m'as eu écrit cette lettre insolente et féroce, où tu me disais : « Vous êtes » ruiné ! oubliez-moi, je vous ai déjà oublié... » Tu m'as écrit cela... t'en souviens-tu ? dis, t'en souviens-tu ?
— Je suis en votre pouvoir, ce lieu est désert, faites de moi ce que vous voudrez.
— Oh ! — reprit Mauléon d'un air sinistre, en levant soudain ses mains crispées vers Catherine, et à la hauteur de son cou, — je ne sais qui me retient... je t'étranglerais !
— Un meurtre ! — s'écria Corbin, épouvanté de l'expression des traits de son complice, et, se jetant entre lui et Catherine, — Malheureux ! tu es donc fou ! me compromettre dans une affaire capitale ! Est-ce que je suis un meurtrier, moi ? est-ce que je me suis associé avec toi pour commettre des crimes pareils ?
Et s'adressant à Catherine en la couvrant de son corps,
— Ne craignez rien, c'est une lubie ; il en a souvent, mais ça va lui passer.
Mauléon, après quelques momens d'un farouche silence, dit à Catherine :
— Écoute. Voilà ce que tu as fait de ma vie : tu m'as ruiné ; la misère est venue ; habitué à une oisive opulence, j'étais incapable du moindre travail ; le diable m'a tenté : je me suis associé à une bande de filous au jeu. J'avais, comme on dit, de bonnes manières, l'usage du monde ; je devais, mieux qu'un autre, inspirer de la confiance à nos dupes. J'ai vécu ainsi quelque temps de filouterie au jeu ; j'ai été découvert, signalé comme *grec*. Alors j'ai descendu plus bas l'échelle de l'infamie, je suis devenu escroc ; puis, descendant encore, voleur de nuit. J'ai été arrêté, emprisonné avec des gens tombés comme moi dans la fange du crime. Je me suis bronzé au feu de cet enfer qu'on nomme une prison ! Je suis maintenant et pour toujours voleur ! peut-être un jour deviendrai-je assassin ! Qui sait ? Mais, en attendant, je suis voleur, et tu seras voleuse, Catherine de Morlac !
— Moi ? grand Dieu !
— Enfin, nous voici dans le vif de la question, — dit Corbin ; — nous voici dans le vrai.
— Tu seras voleuse, Catherine de Morlac ! En me ruinant, tu m'as conduit au vol : tu deviendras ma complice.
— Vous me tuerez plutôt !
— Je ne te tuerai pas, ta vie m'est nécessaire, tu m'obéiras.
— Jamais !
— Tu abuses. Tu es ouvrière de Fortuné Sauval ?
— Oui.
— Il y a dans son atelier du palais Meningen des pierreries d'une valeur considérable ?
— Je n'en sais rien.
— Nous le savons, nous, — reprit Corbin ; — nos informations sont de la dernière exactitude, ma chère dame !
— Catherine, tu nous faciliteras cette nuit même le vol de ces pierreries.
— Vous me tuerez plutôt, je vous l'ai dit.
— Je t'ai répondu, je te répète : je ne te tuerai pas, et tu m'obéiras.
— Angelo ne vient pas, — murmura Corbin entre ses dents ; — où donc est-il ? où peut-il être ? maudit troubadour !
— Catherine, je t'ai écrit ce matin ceci : « Rends-toi ce » soir aux ruines du château de Meningen ; j'ai ton secret, » je le révèle si tu manques au rendez-vous. » Tu es venue.
— Je suis venue parce que je vous sais un homme capable de tout.
— Oui, capable de tout ; j'ai ton secret, ainsi tremble. Monsieur Fortuné Sauval est instruit du passé ; peu m'importe que vous lui révéliez mon secret.
— Ce n'est pas à lui que je le révélerai.
— A qui donc ?
— A ton fils.
Une sueur froide glaça le front de Catherine ; les battemens de son cœur s'arrêtèrent, mais par un de ces efforts

surhumains dont seule est capable l'âme d'une mère, elle répondit avec un calme apparent :

— Je ne sais pas ce que vous voulez dire... je n'ai pas de fils.

— Tu as un fils... il s'appelle Michel; il est, comme son grand-père, ouvrier chez Fortuné Sauval.

— Tout cela est faux.
— Tout cela est vrai.
— Non !
— Si !

— Ma chère dame, vous répéteriez *non* jusqu'à demain, Mauléon répéterait *si*..., que cela n'avancerait en rien nos affaires; l'identité du jeune homme est constatée. Résignez-vous donc de bonne grâce à nous servir. Que diable ! c'est pourtant bien facile !

— Vous me paraissez, monsieur, plus raisonnable que Mauléon; veuillez m'écouter : En me menaçant de trahir mon secret, vous espérez me rendre complice du vol que vous méditez.

— C'est cela même, ma chère dame.

— Ainsi, Mauléon me croit revenue à des sentiments honorables, puisqu'il compte exploiter ma peur de voir mon fils instruit de ma honte ; et vous pensez que j'aurais l'indignité d'être votre complice, à cette heure que je suis devenue honnête femme ?

— Oui, reprit Mauléon, — parce que tu peux, sans te compromettre aux yeux de ton patron, favoriser secrètement nos desseins, et échapper ainsi à la révélation dont je te menace.

— Mais je saurai, moi, que j'ai été complice d'un vol, et ma conscience...

— Ah ! ah ! ah ! — fit Mauléon avec un éclat de rire sardonique, — la conscience de Catherine de Morlac !

— Je n'ai pas à vous convaincre ici de ma sincérité, Mauléon; ce serait inutile... Je vous dirai seulement ceci : ma conduite envers vous a été odieuse, je l'avoue ; je vous ai poussé à votre ruine; les conséquences de ce malheur ont été terribles, je suis la cause première de votre dégradation, je la déplore; je peux réparer en partie le mal que j'ai fait...

— Toi ?

— Renoncez à ce vol, n'abusez pas de mon secret, retournez à Paris, je vous y rejoindrai bientôt, et je vous remettrai ou plutôt je vous restituerai une somme suffisante pour vivre à l'abri du besoin et vous conduire en honnête homme.

— Pardon, ma chère dame, mais vous nous prenez pour des imbéciles. Comment pouvez-vous, sans vous moquer de nous, proposer à Mauléon une somme considérable, vous, ouvrière chez Fortuné Sauval, après des revers de fortune qui vous imposent, sans doute, cette misérable condition ?

— Qu'importe, si j'accomplis ma promesse ?
— Mais cette somme, chère dame, où est-elle ?
— A Paris, déposée en lieu sûr.
— Ainsi, c'est seulement à Paris que le versement aurait lieu.
— Oui.

— Catherine de Morlac, je t'ai connue bien rouée, mais tu es devenue stupide depuis ton retour à des sentiments honnêtes. Tu as recours à un pitoyable mensonge pour échapper à cette alternative que je te pose une dernière fois. Tu seras notre complice, sinon ton fils saura que tu as été une infâme courtisane. Cette révélation sera suivie de détails tellement circonstanciés que ton fils ne pourra se refuser d'y croire; j'ai conservé ton portrait et certaines lettres où la dépravation éclate dans tout son jour.

— Je vous le jure, Mauléon, mon offre est sincère.
— Tu oses encore...

— Par pitié, écoutez-moi ! — reprit Catherine épouvantée. — Ce n'est pas la pauvreté qui m'a réduite à la condition d'ouvrière, c'est le remords du passé. Je suis riche encore ; j'ai de l'or, des billets de banque pour une somme considérable, cachée à Paris, chez moi.

— Impossible, chère dame ; vous abusez de notre innocence. Je vous reconnais maintenant : vous occupez cette mansarde dans le même escalier que moi, et vous voulez nous persuader que vous avez laissé là un trésor ?

— Au nom du Dieu vivant ! c'est la vérité. Je vais vous le prouver, je...

— Finissons, misérable ! — s'écria Mauléon avec une farouche impatience. — J'ai appris à te connaître, je ne serai pas ta dupe. Veux-tu, oui ou non, être notre complice ?

— Non, non, non ! — s'écria Catherine dans une angoisse désespérée. — Si mon fils doit apprendre que j'ai été courtisane, il saura du moins que je n'ai pas voulu être voleuse.

Cette réponse résolue irrita tellement Mauléon, et il s'approcha de Catherine d'un air si menaçant, qu'elle tendit instinctivement les bras en avant, afin de se garantir des violences qu'elle redoutait ; mais il saisit un des poignets de cette malheureuse en s'écriant :

— Ne me pousse pas à bout ! ces ruines sont désertes ; j'ai à me venger de toi, je te hais à la mort !

Et secouant le poignet de Catherine à le briser, il lui ramena brutalement le bras le long du corps ; dans ce mouvement, il sentit une grosse clef dans la poche de la compagne des orfèvres. La maîtriser d'une main, et de l'autre s'emparer de la clef, fut facile pour Mauléon ; il jeta l'objet au vieux Corbin, en lui disant, tandis qu'il contenait les efforts de Catherine :

— Examine cette clef.

— Elle est très grosse, et surmontée d'une couronne dorée ! — s'écria le vieillard en la regardant attentivement à la faveur d'un rayon lunaire. — Ce doit être la clef de quelque coffre du palais.

— Celui des pierreries ! plus de doute ! Catherine a la confiance de l'orfèvre ! — s'écria Mauléon en contenant la malheureuse femme, qui, se débattant vainement afin de reprendre la clef, murmurait :

— Malheur à moi, maintenant ! malheur à moi !

— Et ce scélérat d'Angelo qui ne vient pas ! — reprit Corbin ; — nous pourrions tenter l'affaire tout de suite, grâce à cette bienheureuse clef et à la désignation de l'endroit où est situé l'atelier ; nous forcerions bien cette femme à parler.

— Jamais ! et d'ailleurs cette clef ne peut vous être d'aucune utilité, — reprit Catherine d'une voix encore haletante de sa lutte avec Mauléon. — C'est la clef du logis que j'occupe dans les combles du palais.

— Tu mens ! tes efforts pour la reprendre l'ont trahi.

— Allons donc, ma chère, — reprit Corbin, — on n'orne point d'une couronne dorée la clef d'une chambre des combles. La trouvaille est précieuse ; c'est évidemment celle du coffre des pierreries. Il ne s'agit plus que de pénétrer dans l'atelier. Maudit soit Angelo !

— Catherine, tu vas maintenant nous dire dans quelle partie du palais se trouve l'atelier ; le reste nous regarde, j'ai mon projet.

— Vous n'obtiendrez pas une parole de moi à ce sujet.

— Prends garde ! ne me pousse pas à bout, réfléchis ; surtout pas de fausse indication, tu paierais cher ton mensonge !

— Vous ne saurez rien.
— Tu refuses ?
— Oui.
— Tu refuses ?
— Oui.
— Tu vas mourir.

— Mauléon ! un instant ! — s'écria Corbin ; — diable... jamais je ne tremperai dans un meurtre.

— Veux-tu donc qu'elle aille donner l'éveil au palais ?

— Je renonce plutôt à l'affaire que de verser le sang ! Diable ! diable ! je connais mon code !

— Il ne s'agit pas seulement de renoncer à l'affaire ; cette misérable va nous dénoncer, on nous arrêtera !

— Je vous le jure sur la vie de mon fils, je ne vous dénoncerai pas! — reprit Catherine éperdue de terreur ; — abandonnez vos mauvais desseins, et je...

— Tu vas mourir ! — s'écria Mauléon, — je serai vengé de ma ruine, de mon abjection ! Je te l'ai dit tout à l'heure : tu m'as fait voleur, je deviendrai peut être as-assin ; hé bien ! je deviens assassin, voilà tout ! Tu as été mon premier amour, tu seras mon premier meurtre !

Et Mauléon, contenant sa victime d'une main, tira de l'autre un couteau-poignard de sa poche.

— Grâce ! — murmura Catherine d'une voix défaillante, — grâce !...

— Mauléon ! une idée ! — s'écria le vieux Corbin, qui, dans sa crainte de se trouver compromis dans un assassinat, avait jeté çà et là des regards effarés. — A quoi bon tuer cette femme, si nous la mettons dans l'impossibilité de nous nuire ?

— Par l'enfer ! je...

— Laisse-moi donc achever... Tiens, vois cette espèce de puits que nous avons remarqué ce matin.

Il désignait du geste la cage de l'escalier de l'une des tourelles dont les degrés en vis avaient été détruits par le temps, de sorte qu'au-dessous du niveau du sol, cette maçonnerie circulaire n'offrait plus à l'œil qu'une sorte de gouffre.

— Descendons cette femme là dedans ; nous aurons toute la soirée, toute la nuit devant nous, soit pour tenter l'affaire, soit pour quitter la ville, — dit Corbin ; et s'adressant à Catherine. — Demain vous demanderez du secours aux étrangers qui viennent journellement visiter les ruines.

Mauléon, soit par pitié, soit qu'il reculât devant un meurtre désormais sans nécessité, réfléchit un moment en tenant toujours avec la force d'un étau les mains de Catherine serrées dans les siennes. Puis s'adressant à Corbin,

— Jette une pierre dans ce trou afin de sonder sa profondeur.

— Mais cette mort est affreuse ! — s'écria Catherine avec horreur, tâchant en vain d'échapper à son bourreau ; — si personne ne vient visiter ces ruines, je mourrai... là... dans les tortures de la faim ! Mon Dieu ! égorgez-moi, ce sera plus tôt fini !... Et rassemblant ses forces épuisées, elle s'écria, cédant plus à l'instinct de sa conservation qu'à l'espoir d'être entendue : — Au secours !... au meurtre !... au secours !...

— Te tairas-tu, maudite ! — reprit Mauléon en étouffant sous sa main les cris de sa victime, tandis que le vieillard s'approchait de l'entrée de la tourelle tenant entre ses mains une grosse pierre ; il la tint un moment suspendue au-dessus du gouffre, et la laissa tomber en disant à voix basse :

— Écoutez, écoutez !

Il y eut un moment de silence effrayant, après quoi le bruit souterrain de la pierre rebondissant de roc en roc arriva de plus en plus affaibli aux oreilles des trois acteurs de cette scène lugubre.

XCVIII.

Le vieux Corbin, les deux mains appuyées sur ses genoux et penché à l'orifice du puits au fond duquel venait de retentir le bruit lointain de la pierre, se redressa et dit en hochant la tête :

— Diable ! ce trou est plus profond que je ne le croyais ; c'est peut-être un effet d'écho et d'acoustique.

— Allons, — reprit Mauléon en entraînant Catherine vers le gouffre, — dépêchons, descends là-dedans.

— Grâce, Mauléon ! grâce !—disait Catherine en tâchant de se cramponner aux herbes poussées entre les jointures des dalles ; — grâce !... Vous m'avez autrefois tant aimée, vous n'aurez pas maintenant la barbarie de me tuer !

— Ne me rappelle pas mon amour pour toi, vipère ! je t'écraserais la tête à coups de talon ! — s'écria Mauléon, redoublant d'efforts pour entraîner Catherine. — Avanceras-tu !

— Oh ! mon fils !— s'écriait-elle d'une voix déchirante, — Michel, mon pauvre enfant, c'est fini, je ne te verrai plus, je vais mourir !

— Mais non, mais non ! — reprit Corbin, — je ne serai jamais complice d'un meurtre ! Nous allons vous descendre dans ce trou à l'aide de votre châle, que nous vous attacherons sous les bras, et ensuite, ma foi, au petit bonheur !... Voyons, une dernière fois, voulez-vous servir nos projets ?

— Au secours ! cria Catherine d'une voix déchirante, désespérée, car elle ne pouvait espérer à cette heure d'être entendue de personne ; — au secours ! au meurtre !

— Nous sommes perdus ! — s'écria soudain Mauléon, qui depuis un instant prêtait l'oreille à un bruit de pas précipités de plus en plus rapprochés. — Des soldats ! les cris de cette misérable les auront attirés !... Nous sommes cernés !

— Ce brigand d'Angelo est capable de nous avoir vendus ! — reprit le vieux Corbin avec désespoir en voyant des militaires en uniforme blanc accourir au pas de course et envahir les deux issues de la grande salle, pendant que trois hommes vêtus d'habits bourgeois, s'élançant à la rencontre des deux complices, leur barrèrent le passage.

— Du sang-froid, je réponds de tout ! — dit Mauléon au vieux Corbin ; et se baissant vers Catherine, qui, agenouillée, les mains jointes, remerciait Dieu de ce secours inattendu. — Si l'on nous accuse, et si tu nous trahis, je te dénonce comme notre complice !

— Au nom de l'autorité, je vous arrête, — dit en français aux deux bandits, mais avec un accent allemand très prononcé, l'un des hommes en bourgeois, bourgmestre de Meningen. — Pas de résistance !

— Nous ne songeons nullement à vous résister, monsieur, — reprit froidement Mauléon. — Vous allez profondément regretter votre erreur. Mon ami et moi, nous voyageons en touristes pour notre agrément ; nous sommes venus par curiosité visiter ces ruines d'un aspect pittoresque au clair de lune. Est-ce donc un crime en ce pays ? Ah ! prenez garde, monsieur, — reprit Mauléon avec hauteur, — dès demain je déposerai entre les mains de l'agent diplomatique français une plainte énergique à propos de cette méprise judiciaire.

— Et cette plainte, je la signerai des deux mains, — ajouta Corbin, — car il est en vérité déplorable d'être exposé à une vexation aussi arbitraire !

— Je sais parfaitement ce que je fais et ce que vous êtes, — reprit le bourgmestre ; — vous ne m'imposerez pas. Nous avons reçu hier un avis émanant de la police française, nous apprenant que les nommés Mauléon, Corbin et Angelo Grimaldi, malfaiteurs très dangereux, voyageant sous de faux noms, devaient se trouver en ce pays pour tenter, sans doute, quelque mauvais coup.

— Monsieur ! vous nous insultez !

— Monsieur, — ajouta Corbin, — je vous poursuivrai en dommages-intérêts pour cette atteinte à ma considération. Je demanderai cent mille francs au moins. Ma considération ne saurait être trop payée ; c'est une chose sans prix.

— Votre audace et celle de votre complice ne m'imposent pas, vous dis-je, — reprit le bourgmestre : — vous êtes les hommes que nous cherchons. L'un de mes agents, qui comprend le français, vous a suivis dès ce matin, et, muni de votre signalement, il vous a parfaitement reconnus ; de plus, vous voyant entrer dans les ruines, il y est entré après vous, et s'est caché là-bas, en dehors, derrière ce pilier. Il a entendu, lorsque vous êtes sortis, quelques mots de votre entretien, et, entre autres, que vous donneriez peut-être ici rendez-vous pour ce soir. J'ai pris mes mesures pour vous surprendre ; tout à l'heure, des cris de secours sont parvenus jusqu'à nous, nous sommes accourus, et...

Tu vas mourir! s'écrit Mauléon. — Page 145.

Mais apercevant seulement alors Catherine à demi cachée dans l'ombre,
— Quelle est cette femme? C'est elle, sans doute, qui appelait au secours. — Et s'approchant d'elle, — Que vois-je! l'ouvrière française qui travaille, au palais, avec les orfévres... Plus de doute, il s'agissait du vol que nous soupçonnions.
— Monsieur, — s'écria Catherine, — je suis innocente, et les cris que j'ai jetés...
— Tout ceci s'expliquera plus tard, — reprit le bourgmestre en interrompant Catherine. — Vous allez d'abord nous suivre au palais avec ces deux malfaiteurs, dans la compagnie de qui nous vous surprenons ici, dans ces ruines, à une heure indue... présomption grave contre vous! Leur autre complice s'est échappé sans doute ; nous le retrouverons. Marchons!...
— Morbleu! monsieur, — s'écria Mauléon, — nous ne nous laisserons pas traiter ainsi!
— Après un si odieux abus de la force, — ajouta Corbin, — ce n'est plus cent mille francs, mais deux cent mille francs que je demanderai en réparation de mon honneur outragé!
— Prenez garde! — reprit le bourgmestre, — si vous refusez de me suivre, je vous fais garrotter et traîner par les soldats.
— Nous cédons à la violence, — dit Mauléon avec dignité. — Saurons-nous du moins ce que vous prétendez faire de nous?
— Ah! mon bon ami, — soupira Corbin, — fuyons au plus tôt cette Allemagne inhospitalière! Terre ingrate! quoi! moi, honnête et paisible chasseur aux papillons, je me vois traité de malfaiteur!... Aimez donc la nature et l'histoire naturelle! Où nous menez-vous, monsieur?
— Nous allons d'abord vous conduire au palais de Meningen, afin que cette femme, évidemment votre complice, soit interrogée, ainsi que vous, devant monsieur Sauval et ses ouvriers. Après cet interrogatoire, on avisera sur votre destination, — répondit le bourgmestre. — Allons, marchons! pas de résistance!

Mauléon, le vieux Corbin et Catherine, escortés par les soldats accompagnés du bourgmestre, se mirent en marche pour se rendre au palais de Meningen.

XCIX.

Fortuné Sauval, ensuite de son entrevue avec madame de Villetaneuse, était retourné au palais, où il retrouva ses compagnons, à l'exception de Catherine. Il leur dit, après un repas pris en commun :
— Mes amis, j'ai hâte de quitter l'Allemagne, et afin de terminer plus promptement nos travaux, je vous demande d'y consacrer nos soirées. Nous pourrons ainsi avoir achevé notre besogne après-demain.

Les orfévres se mirent donc à l'œuvre, ainsi que leur patron, à la clarté de plusieurs lampes. La soirée s'avançant de plus en plus, ils commençaient à s'inquiéter sérieusement de l'absence si prolongée de Catherine. Tous trois étaient tristes, pensifs.

Fortuné, songeant avec un profond chagrin qu'Aurélie avait fait son premier pas dans le vice en devenant la maîtresse du prince, moins encore peut-être par amour pour Charles-Maximilien que pour jouir vaniteusement des splendeurs d'une existence princière; Fortuné se demandait avec anxiété si sa cousine aurait le courage de rompre cette liaison, de retourner à Paris avec son père et sa mère, et de se résigner désormais à une vie modeste et retirée.

Le père Laurencin s'affligeait en pensant que la cousine de son patron, auquel il vouait une si profonde affection, était entrée dans cette voie fatale d'où, après tant d'égarements et d'ignominie, Catherine était sortie victorieusement régénérée par l'amour maternel.

Monsieur Sauval, reconnaissez-vous cette clef ? — Page 145

« — Mon Dieu ! se disait-il en soupirant, — n'était-ce donc pas assez d'une courtisane, pour le déshonneur de la famille Jouffroy ! »

Enfin Michel, quoique absorbé par la pénible découverte qu'il croyait avoir faite, du ridicule et honteux amour de Catherine à son égard, — amour dont les conséquences lui semblaient menaçantes pour la passion naissante que lui inspirait Camille l'apprentie, — Michel éprouvait aussi un mélange de dégoût et de chagrin, en pensant que la cousine de son patron était la maîtresse du prince, et par conséquent une courtisane! Grâce à la délicatesse naturelle de ses sentiments, encore augmentée par l'austérité de son éducation et par son affection croissante pour Camille, le jeune artisan ressentait une répugnance, une aversion insurmontables pour ces misérables créatures qui trafiquent de leur beauté.

Telles étaient les pensées diverses de nos trois personnages qui s'occupaient ce soir-là de leurs travaux en échangeant quelques rares paroles.

— Monsieur Fortuné, — dit le père Laurencin, — voilà bientôt dix heures; Catherine ne revient pas, je commence à être très inquiet d'elle.

— Moi aussi, bon père; puis, comme elle a la clef du coffre où sont renfermés les joyaux, nous ne pourrons achever la monture de notre parure, et nous perdrons une partie de cette soirée, puisque voici tout à l'heure la toilette complètement ajustée. Je ne peux m'imaginer pourquoi l'absence de Catherine se prolonge autant.

— Elle m'a dit, en nous quittant après dîner, qu'elle ressentait un violent mal de tête, et que, pour le dissiper, elle comptait sur la promenade. Il est nuit depuis longtemps; Catherine ne revient pas; il serait peut-être opportun de prévenir le gouverneur du palais.

— J'y songeais, père Laurencin; il se peut que cette pauvre femme se soit égarée dans les bois voisins de la villa Farnèse, et l'on enverrait quelqu'un à sa recherche.

Au moment où l'orfèvre prononçait ces paroles, on entendit dans le vaste corridor par lequel on arrivait à la pièce servant d'atelier, le bruit de pas nombreux, d'abord lointains, puis de plus en plus rapprochés. Bientôt la porte s'ouvrit, et les trois orfèvres virent entrer Catherine, Mauléon et Corbin, les mains liées avec des cordes, conduits par le bourgmestre; celui-ci ordonna aux gens de police et aux soldats de rester dans le corridor.

A la vue de Catherine, pâle, défaite, les joues marbrées par les larmes, et garrottée, ainsi que deux inconnus, les orfèvres se lèvent, se regardent, silencieux et frappés de stupeur.

Le bourgmestre, s'adressant à Fortuné, lui montre une clef surmontée d'une couronne dorée.

— Monsieur Sauval, reconnaissez-vous cette clef ?

— Oui, monsieur, c'est la clef de ce coffre de fer où sont renfermés les joyaux appartenant au prince.

— Cette clef a été trouvée en possession de cet homme (le bourgmestre désigne Mauléon); nous l'avons fouillé, ainsi que son complice. Cette femme a été surprise avec eux, lors de leur arrestation, au milieu des ruines du vieux château de Meningen.

— Je ne m'explique pas, monsieur, comment cette clef peut se trouver au pouvoir de cet homme. Je l'avais confiée à mon ouvrière que voici, — dit Fortuné en montrant Catherine, — et je réponds d'elle comme de moi-même. Aussi, je l'avoue, monsieur, je suis profondément affligé de l'erreur que vous avez commise en traitant cette digne femme comme une coupable. Je vous adjure de la remettre à l'instant en liberté.

— Cette femme a indignement abusé de votre confiance, monsieur Sauval.

— C'est impossible, monsieur le bourgmestre !

— Et elle a été tout à l'heure arrêtée par nous, ainsi que ces deux hommes, avec qui elle tramait sans doute quelque projet criminel, car ils nous sont signalés par la police de Paris comme de très dangereux malfaiteurs.

— Monsieur, — s'écrie le père Laurencin, — madame

Catherine est incapable d'une mauvaise action ; elle travaille avec nous à l'atelier depuis plus de deux ans; notre patron vous l'a dit, il répond d'elle comme il répondrait de moi et de mon petit-fils que voilà.

Michel, déjà prédisposé à la malveillance envers Catherine, à qui surtout il reprochait d'avoir profané le nom de père, en l'invoquant à tout propos afin de capter son affection, sa confiance, dans l'unique intérêt d'un honteux amour ; Michel jette un regard glacial sur Catherine et ne prononce pas un mot pour sa défense.

— Ah ! — se dit la malheureuse mère, — il me croit coupable ! Le subit et inexplicable éloignement dont il m'a donné tant de preuves depuis tantôt va se changer en mépris, en aversion !...

— Catherine, — reprend Fortuné d'un ton confiant et affectueux, — je l'ai dit à monsieur le bourgmestre, je le lui répète devant vous : je suis fermement convaincu de votre scrupuleuse probité ; vous pouvez, seule, expliquer... rien sans doute ne vous sera plus facile.... comment il se fait que l'on vous ait surprise en relation avec ces deux hommes, et comment l'un d'eux s'est trouvé possesseur de cette clef...

— Prenez garde à ce que vous allez répondre, — dit vivement Mauléon à Catherine, en lui indiquant Michel d'un coup d'œil furtif et rapide, inaperçu des témoins de cette scène ; — prenez garde ! car, à mon tour je parlerai !

— Catherine, — reprend l'orfévre, ne pouvant deviner le sens caché de la menace de Mauléon, — les paroles de cet homme ne sauraient vous intimider... Dites la vérité tout entière... vous ne devez avoir aucun intérêt à la cacher.

— Je suis perdue ! — pensait l'infortunée. — Si je dis la vérité, Mauléon à l'instant révèle à mon fils que je suis sa mère, et quelle vie infâme a été la mienne !... Si je me tais, je passe pour la complice de ces voleurs !

— Quoi ! — reprend l'orfévre, péniblement surpris, — et regardant le père Laurencin, — quoi ! Catherine, vous vous taisez ?... vous semblez embarrassée lorsque, d'un mot, vous pouvez prouver votre innocence, si, comme je veux encore le croire, vous êtes innocente de l'indignité dont on vous accuse ?...

— Excusez-moi, monsieur Fortuné, mais... mon trouble...

— Oui, je le conçois, l'accusation qui pèse sur vous doit vous révolter, troubler votre esprit. Rassurez-vous ; je n'ai, je vous le répète, malgré la gravité des apparences, aucune prévention contre vous.

— Allons, ma chère amie, — ajouta le père Laurencin, — un peu de calme, de sang-froid ; vous savez pour combien de raisons j'ai lieu, moi, d'être certain de votre parfaite honnêteté. Remettez-vous, dites-nous ce qui s'est passé; voyons, tantôt, après-dîner, vous nous avez dit que vous souffriez d'un violent mal de tête, et, dans l'espoir que la promenade le dissiperait, vous êtes sortie seule, vous dirigeant vers les bois?

— Oui, monsieur Laurencin, je...

— Évidemment, cette promenade était un prétexte imaginé par cette femme afin d'aller rejoindre ses complices au rendez-vous convenu, — reprend le bourgmestre. — Les ruines du château se trouvent au milieu des bois voisins du palais ; cette femme vous trompe, et...

— Pardon, monsieur le bourgmestre, — dit le père Laurencin, — vous allez effrayer cette pauvre madame Catherine, lui faire perdre le fil de ses idées ; voyez, elle est pâle comme une morte, et peut à peine parler, tant elle est tremblante ; vous lui imposez beaucoup ; souffrez que je l'interroge.

— Soit! j'y consens.

— Vous nous avez donc quittés vers les sept heures, ma chère Catherine. Qu'avez-vous fait ensuite?

— Hélas ! monsieur Laurencin...

— Ne tremblez pas ainsi, n'ayez pas peur : nous croirons ce que vous nous direz, vous ne pouvez nous dire que la vérité.

— Mon Dieu !— répète Catherine, le regard fixe et d'une voix altérée, — la vérité... je ne sais... je ne puis...

— Moi aussi, je dirai la vérité ! —s'écrie Mauléon.—Songez à vos paroles, n'accusez pas des innocens !

— D'inoffensifs voyageurs ! — ajoute le vieux Corbin, — de paisibles touristes, d'honnêtes entomologistes, attirés en ce pays par les beautés du paysage et l'amour de l'histoire naturelle.

— Avouez ce qui est, —reprend Mauléon en jetant à Catherine un coup d'œil significatif. — La chose est fort simple, quoique monsieur le bourgmestre, à qui je l'ai répétée cent fois, ne veuille pas l'admettre ; en un mot, vous ne nous connaissez pas, vous nous avez rencontrés par hasard dans les ruines que nous venions, par curiosité, visiter au clair de lune, et...

— Mais la clef ? — demande le bourgmestre, — comment s'est-elle trouvée entre vos mains, si cette femme ne vous l'a pas remise dans une coupable intention ?

— Tout est là, en effet, — reprend Fortuné, commençant de trouver étrange et suspect l'embarras croissant de son ouvrière.—Expliquez-nous comment cette clef se trouve au pouvoir de cet homme.

— Monsieur Fortuné, je... je ne puis vous dire...

— Ah ! je ne voulais pas vous soupçonner, mais l'hésitation de vos réponses me ferait enfin douter de vous !

— Monsieur Fortuné... de grâce...

— J'avais une foi aveugle dans votre probité. A qui donc se fier désormais !

— Je suis innocente, je vous le jure!... je suis innocente !

— Mais alors, Catherine, pourquoi ne pas vous expliquer au sujet de cette clef ? — reprend sévèrement le père Laurencin, partageant les appréhensions de son patron ainsi que Michel, qui, silencieux, détournait la tête avec dégoût. — J'aurais mis ma main au feu en jurant de votre honnêteté, mais, je vous le déclare, je n'en jurerais plus maintenant.

— Vous! vous aussi, vous m'accusez ! — s'écrie Catherine en sanglotant.— Vous me connaissez pourtant mieux que personne.

— Mais cette clef, cette clef !

— Hélas ! je suis bien malheureuse !

— Cela n'est pas répondre.

— Mon Dieu ! je ne le puis pas !... je ne le puis pas !

— Monsieur Fortuné, vous l'entendez ! malgré nos instances, malgré l'intérêt qu'on lui témoigne, elle refuse de s'expliquer ! — reprend le vieil artisan avec indignation. — Je dis comme vous : A qui donc se fier désormais ! — Puis lançant à Catherine un regard de mépris et d'aversion : — Vous êtes une misérable !

— Monsieur Laurencin, grâce! Je vous le répète, je suis innocente. Laissez-moi vous...

Mais s'interrompant, Catherine, désespérée, se dit :

— Si je demande à lui parler en secret, Mauléon devinera mon intention et la préviendra en révélant à Michel que je suis sa mère.

— Monsieur le bourgmestre, — reprend Fortuné avec une pénible émotion, — l'incohérence des paroles de l'accusée, son trouble, son refus opiniâtre de s'expliquer au sujet de cette clef, sont, je le reconnais, de graves indices ; il m'est maintenant impossible d'attester en conscience de la non culpabilité de cette femme. Emmenez-la donc ; que justice ait son cours !

— Il n'y a plus maintenant à en douter, monsieur, cette femme et ces deux hommes complotaient le vol des joyaux précieux renfermés ici, — répondit le bourgmestre. — L'on ne peut expliquer autrement la conduite et le silence obstiné de cette misérable, au sujet de ses relations avec ses complices.

— Monsieur, cette pensée est horrible et cependant vraisemblable, — reprend l'orfévre accablé ; — un pareil abus de confiance !... c'est odieux !

Passer pour une voleuse aux yeux de Michel, — se disait Catherine, suffoquée par les sanglots,— et ne pouvoir parler ? Mon Dieu ! ma tête s'égare... je deviendrai folle ! Que faire, que faire ?... Malheur à moi ! fatal passé !

— Ah ! j'ai honte pour la mémoire de ma mère, en songeant qu'elle a eu pour amie une pareille femme ! — pensait Michel, tandis que son grand-père, hésitant encore à croire à l'indignité de Catherine, se disait :

— Et pourtant, comment admettre qu'elle voulait commettre un vol, elle qui possède, à Paris, cachée dans sa mansarde, une somme considérable ?

— Allons, suivez-nous ! — dit durement le bourgmestre à Catherine ; — il faudra bien qu'en prison vous parliez... Marchons !

A ce moment suprême et terrible, Catherine tressaillit soudain, un éclair d'espérance brilla dans ses yeux, mais se contraignant de peur de laisser pénétrer son émotion par Mauléon, elle s'approche rapidement du père Laurencin et lui dit deux mots à l'oreille ; le vieillard lui répond par un regard expressif, et Catherine reprend d'une voix ferme, s'adressant à Fortuné :

— Monsieur Sauval, je ne voudrais pas essayer de me justifier en accusant des innocens...

— Que dites-vous ? Ces hommes sont innocens ?

— Enfin ! — s'écrie le vieux Corbin, — la vertu sort tôt ou tard des plus rudes épreuves. Monsieur le bourgmestre, vous entendez cette femme ; cela vous prouve surabondamment que nous ne sommes point les malfaiteurs que vous croyez. Il y a erreur, déplorable erreur judiciaire.

— Laissez d'abord cette femme achever sa déposition, — reprend Mauléon en observant Catherine d'un œil défiant ; — après l'avoir entendue, monsieur le bourgmestre sera convaincu de...

Mais, s'interrompant soudain en frappant du pied avec rage, Mauléon s'écrie, en faisant un mouvement pour s'élancer vers la porte malgré ses liens :

— Enfer ! je suis joué !

En effet, le père Laurencin, après avoir répondu par un regard significatif aux paroles de Catherine, entendues de lui seul, s'était insensiblement rapproché de Michel, placé en ce moment tout près de la porte ouverte ; le saisissant alors soudain par les épaules, le vieillard venait de pousser son petit fils dans le corridor au milieu des soldats, et de le faire ainsi brusquement sortir de l'atelier dont il referma la porte derrière lui.

Cela s'était passé si rapidement que Mauléon, devinant, mais trop tard, l'intention du vieil artisan, ne put que s'écrier :

— Enfer ! je suis joué !

Mais au moment où la porte se referma, il s'écria écumant de fureur et d'une voix assez éclatante pour qu'elle pût arriver dans le corridor aux oreilles du jeune homme :

— Michel ! cette femme est ta...

— Misérable ! pas un mot de plus ! — s'écria Fortuné, comprenant alors le motif du silence que Catherine s'était imposé en présence de Mauléon, et s'élançant sur ce bandit, il étouffa ses paroles sous sa main.

Au même instant le père Laurencin emmenait son petit-fils dans leur chambre, et ne sachant trop comment lui expliquer la cause de son étrange manière de le faire sortir de l'atelier, le vieillard, feignant d'être en proie à une indignation dont il ne semblait pas maître, s'écria :

— Viens ! il m'était impossible de rester en présence de ces gueux-là ; je ne voulais pas te laisser plus longtemps témoin d'une si infâme corruption ! Un tel spectacle est mauvais pour la jeunesse ; tout me dit, d'ailleurs, que, malgré les apparences, Catherine est innocente.

Cette explication, assez vraisemblable, parut suffisante à Michel, préoccupé d'ailleurs par de tristes pensées. Il suivit donc le vieil artisan, tandis que Fortuné, le bourgmestre, Catherine, Mauléon et son complice restaient dans l'atelier.

C.

Catherine, aussitôt après le départ de son fils, redressa fièrement la tête et dit à Fortuné :

— Je peux maintenant faire connaître la vérité.

— Monsieur le bourgmestre, — reprit l'orfévre, — je désirerais que nous restassions seuls avec madame.

— Soit, monsieur. — Et le magistrat, ouvrant la porte, fit signe à Mauléon et à son complice de sortir, disant aux soldats : — Gardez ces deux hommes à vue.

— Catherine, tôt ou tard je me vengerai ! — dit Mauléon avec un accent de fureur.

La porte fermée sur ces misérables, Fortuné reprit :

— Catherine, j'ai tout compris ; cet homme vous avait menacée de révéler le passé en présence de Michel ?

— Oui, monsieur Fortuné ; j'ai reçu tantôt une lettre de Mauléon ; je l'avais autrefois connu. Il me donnait rendez-vous dans les ruines de Moningen. J'ai obéi ; il possédait mon secret, et...

— Monsieur le bourgmestre, — dit Fortuné en interrompant Catherine d'un regard significatif, et ne voulant pas l'exposer à rougir devant ce magistrat, — il s'agit de graves intérêts de famille ; permettez donc qu'à ce sujet madame n'entre pas dans de plus longs détails ; il m'est prouvé... vous croirez, je l'espère, à ma parole... que ce Mauléon a menacé Catherine d'abuser d'un secret de famille qu'il possédait, si elle ne venait pas au rendez-vous fixé par lui.

Le bourgmestre s'inclina. Catherine poursuivit :

— Lorsque je me suis trouvée au milieu des ruines avec Mauléon, il m'a dit : « Sois notre complice, sinon je révèle à ton fils ce que tu sais... » J'ai refusé. Furieux, il a porté la main sur moi. Dans ce mouvement, il a senti, à travers mes vêtemens, la clef du coffre ; il me l'a enlevée, me menaçant de mort parce que je refusais d'être sa complice dans le vol qu'il voulait tenter ici, et que la possession de cette clef facilitait. J'ai crié au secours... C'est alors que nous avons été arrêtés tous trois. Telle est la vérité... Vous comprenez, monsieur Fortuné, pourquoi je n'osais la dire en présence de Michel.

— Je vous crois, je vous crois, Catherine ; je sais quelle foi on doit avoir en vos paroles ; je vous prie de me pardonner mes soupçons injurieux, malheureusement autorisés par votre silence dont je ne pouvais d'abord deviner la cause.

Et s'adressant au bourgmestre,

— Si cela est nécessaire, monsieur, je me porte caution pour madame, je réponds de son innocence. Je vous demande en grâce de la mettre en liberté à l'instant.

— Votre caution est inutile, monsieur, — reprit le magistrat en déliant lui-même la corde qui garrottait les mains de Catherine. — Les faits me sont maintenant expliqués ; le langage de votre ouvrière est empreint d'un accent de vérité qui détruit tous mes doutes. Quant aux deux misérables qui voulaient vous forcer d'être leur complice, et qui heureusement n'ont pu exécuter leur criminel dessein, il n'y a d'autre charge contre eux que leurs coupables intentions ; ils seront reconduits prisonniers jusqu'à la frontière de France ; ils iront se faire pendre ailleurs qu'en Allemagne.

Le bourgmestre, après avoir salué Fortuné, sortit, afin de conduire à la prison de ville Mauléon et Corbin.

— Ah ! pauvre femme, combien tout à l'heure vous avez dû souffrir ! — dit à Catherine l'orfévre resté seul avec elle. — Placée dans cette horrible alternative de passer pour une voleuse ou de voir révéler par ce misérable votre secret à Michel !

— Oui, j'ai bien souffert, mais, grâce à Dieu, la pensée m'est venue de dire tout bas au père Laurencin : « Tâ» chez d'emmener brusquement Michel sans que Mauléon » ait le temps de lui parler. »

— La rage de cet homme, les mots qu'il a voulu prononcer et que j'ai étouffés au moment où votre fils disparaissait, ont été pour moi un trait de lumière. Enfin, ce péril est écarté, n'y songeons plus.

— Hélas ! monsieur Fortuné, un grand chagrin m'accable encore.

— Vous pleurez, Catherine? Mon Dieu ! qu'avez-vous?
— Michel éprouve maintenant de l'aversion pour moi.
— Lui? c'est impossible ! Vous vous trompez.

— Je suis malheureusement certaine de ce que je vous dis. Oui, aujourd'hui, Michel a brusquement changé de manière d'être à mon égard. Lui habituellement si affable, si prévenant, si cordial, est soudain devenu réservé, froid, presque dur.

— Quoi ! ce changement a été aussi instantané que vous le dites? C'est incompréhensible.

— Tantôt, monsieur Fortuné, vous êtes sorti de l'atelier, afin de vous rendre dans la salle des armures, nous engageant à nous préparer pour la promenade...

— Oui, je me rappelle cela.

— Jusqu'à ce moment, Michel s'était montré pour moi affectueux, ouvert, selon son habitude ; cependant, je remarquais chez lui, depuis notre départ de Paris, de fréquentes distractions...

— En effet, elles m'ont aussi frappé.

— Inquiète de ces distractions, des insomnies qu'elles causent à Michel, dont la santé s'est légèrement altérée, j'ai insisté près de lui dans l'espoir d'obtenir la confidence de ses préoccupations. J'ai cru d'abord que mon insistance à ce sujet l'avait blessé.

— Une preuve d'intérêt le blesser ! ce n'est pas probable.

— Monsieur Fortuné, je dois tout vous avouer. Tantôt, en réfléchissant avec douleur à ce qui s'était passé entre Michel et moi, et aux préoccupations dont il est si visiblement obsédé, j'ai deviné leur motif, j'en ai du moins presque la certitude. Oui, à force de chercher dans mon esprit, je me suis rappelé diverses circonstances qui ont précédé notre départ de Paris, le chagrin témoigné par Michel au sujet de ce voyage, dont il eût été ravi en toute autre occasion ; mais ce chagrin, mon fils ne le ressentait pas seul.

— Que voulez-vous dire?
— Une jeune fille le partageait.
— Une jeune fille?
— Michel est amoureux, monsieur Fortuné.
— Lui ! à dix-huit ans, élevé dans des principes austères! lui, qui ne nous a jamais quittés !
— Il n'a pas eu besoin de nous quitter pour cela.
— Comment ?
— Il est amoureux de Camille, l'apprentie entrée depuis peu de temps à l'atelier.
— Une enfant de quinze ans à peine ! y pensez-vous?

— Camille a fondu en larmes le jour de notre départ; je me souviens tantôt de ce fait et de bien d'autres encore, après que mon fils m'a eu témoigné son éloignement. Croyez-en l'instinct, la pénétration d'une mère : mon fils aime cette jeune fille... leur séparation cause sa tristesse, ses préoccupations; il l'aime, il l'aime, vous dis-je, et ainsi peut-être s'explique, j'y songe maintenant, l'éloignement que Michel me témoigne.

— Comment cela?

— Ce matin, épouvantée des conséquences du rendez-vous que m'imposait Mauléon, j'étais bouleversée ; j'ai l'esprit plus libre maintenant, oui, et plus j'y songe...

— Achevez...

— Non seulement Michel s'est irrité de mon insistance à pénétrer son secret, mais il m'a soupçonnée sans doute d'être plus instruite à ce sujet que je ne paraissais l'être ; il aura craint mon blâme, le vôtre ou celui de son grand-père, à propos de cet amour naissant.

— J'ai eu, il est vrai, les meilleurs renseignemens sur Camille : elle se montre laborieuse, intelligente et d'un excellent caractère ; elle promet d'être fort jolie, mais enfin c'est une enfant, elle a quinze ans. Il serait regrettable que Michel s'abandonnât à un attachement dont l'avenir est incertain. Il se peut, en effet, que, craignant nos remontrances, et vous supposant instruite de son secret, il se soit irrité contre vous; mais rassurez-vous, je placerai, s'il le faut, Camille chez un de mes confrères; nous couperons ainsi court à cet amour.

— Non, monsieur Fortuné, je m'abuse, — reprit Catherine, tellement absorbée dans ses réflexions qu'elle n'entendit pas les dernières paroles de l'orfèvre ; — non, — reprit-elle en secouant mélancoliquement la tête, — la cause de l'irritation de Michel contre moi doit être plus grave. Hélas! ne m'a-t-il pas dit ces paroles écrasantes : « Ah ! » madame, ne prononcez pas le nom de ma mère ! vous » profanez sa mémoire ! »

— Ces paroles sont cruelles, pauvre femme ! Mais, mon Dieu ! à quel propos Michel a-t-il pu les prononcer?

— Alors qu'espérant le ramener à sa confiance habituelle envers moi, j'invoquais le souvenir de sa mère.

— « Vous profanez la mémoire de ma mère, » vous a-t-il dit ; mais, encore une fois, quelle circonstance a pu motiver ce sanglant reproche ?

— Hélas ! je l'ignore; jamais je ne m'étais montrée plus tendre envers lui ; sa tristesse me navrait ; je lui demandais la cause de son chagrin, au nom de mon affection; je me suis rapprochée de lui pour prendre sa main; c'est alors que, se reculant et me jetant un regard glacial, il a...

Mais s'interrompant frappée d'une idée subite et le visage empreint de doute et d'espérance, Catherine s'écria :

— O ciel ! serait-il possible ! se tromper à ce point sur ma tendresse... Non, non ! je ne puis le croire, et, pourtant...

— Catherine, vous pâlissez; qu'avez-vous? — dit vivement l'orfèvre au moment où Michel rentrait dans l'atelier, ainsi que son grand-père.

CI.

Les traits du père Laurencin, lorsqu'il revint rejoindre Catherine et Fortuné Sauval, étaient douloureusement attristés.

— Tu es un mauvais garçon, un ingrat! s'écria-t-il en s'adressant à Michel. — Je vais me plaindre à monsieur Fortuné.

— De quoi s'agit-il ? — dit au vieillard l'orfèvre très surpris, — voici la première fois, bon père, que je vous entends gronder sérieusement Michel,

— C'est que pour la première fois, il me fait de la peine, beaucoup de peine, — dit le vieillard les larmes aux yeux ; — c'est un ingrat !

— Grand-père...

— Oui, un ingrat!... vouloir me quitter!... sortir de chez monsieur Fortuné où tu as appris ton état?

— Mon Dieu ! — se dit Catherine avec angoisse, — qu'entends-je ?

— Comment ! Michel... — reprend l'orfèvre ému, — il serait vrai?... tu voudrais nous quitter ?

— Monsieur Fortuné, de ma vie je n'oublierai que c'est à vous que je dois mon état; de ma vie je n'oublierai non plus la tendresse de mon grand-père.

— Et tu veux nous quitter, malheureux enfant !... Va, tu ne nous a jamais aimés ! — s'écria le vieillard en pleurant.

— Plus de doute, — pensa Catherine, se contenant à peine, — il veut me fuir. Je devine tout maintenant : Malheureux enfant ! écoutons, écoutons encore.

Et palpitante, elle écouta.

— Michel, — avait repris Fortuné d'une voix grave et pénétrée, — je ne peux croire encore que tu songes sérieusement à te séparer de nous. Je ne te parlerai pas du chagrin que j'éprouverais. J'étais habitué à te regarder comme mon enfant ; mais je te parlerai de l'affliction profonde où tu plongerais ton grand-père. A son âge, mon ami, les affections brisées laissent une plaie incurable.

— Ah ! j'en mourrai!—murmura le vieillard en cachant

son visage entre ses mains;— moi qui depuis dix-neuf ans ne vivais que pour lui !

— Michel, — dit Catherine, — auriez-vous le courage de causer tant de chagrin à votre grand-père ?

— Madame, — reprit sèchement le jeune homme, — je n'ai d'avis à recevoir que de mon patron et de mon grand-père.

Fortuné, peiné de l'acerbe réponse de Michel, lui dit :

— Avant de demander à ta loyauté, à ton attachement, des explications au sujet d'une séparation bien imprévue, je m'empresse, mon ami, de t'apprendre que les soupçons qui pesaient sur madame Catherine, soupçons que je regrette profondément d'avoir pu partager un instant, et dont je lui demande encore excuse, sont dissipés... Elle avait autrefois connu l'un des misérables que l'on vient d'amener ici; cet homme en ce temps-là était honnête; ne se défiant donc nullement de lui, elle s'est rendue à une entrevue qu'il lui demandait sous le prétexte de graves intérêts; tombée dans un guet-apens, elle s'est vu enlever la clef du coffre aux pierreries. Conduite ici avec ces misérables, elle a d'abord, par pitié pour l'un d'eux, hésité à dire la vérité, mais réduite à la faire connaître ou à passer pour complice d'un projet criminel, elle a tout révélé ; les deux bandits ont avoué leurs coupables desseins; madame Catherine reste ce que nous l'avons toujours connue : la digne et honorable compagne de nos travaux.

Cette interprétation des faits précédens parut et devait paraître vraisemblable à Michel, absorbé d'ailleurs par d'autres pensées que celles de la culpabilité de Catherine. L'affirmation de Fortuné, qu'il aimait, qu'il respectait, dans lequel il avait une foi aveugle, le persuada de l'innocence de la compagne de tous leurs travaux.

— Je suis heureux de ce que vous m'apprenez, maître Fortuné, — répondit Michel ; j'avais partagé vos soupçons, et je demande aussi pardon à madame de l'avoir crue capable d'une mauvaise action.

— Je vous pardonne de tout cœur, — répondit Catherine, ne quittant pas son fils du regard, et attendant avec angoisse le moment d'éclaircir ses nouveaux doutes au sujet de la froideur répulsive qu'il lui avait témoignée.

— Maintenant, Michel, — reprit l'orfèvre, — dis-nous franchement pourquoi tu veux nous quitter. D'où te vient cette résolution aussi imprévue que pénible pour nous ?

— Maître Fortuné, je... ne...

— Vous voyez, — s'écria le vieillard, — il hésite, il balbutie; il a tellement conscience, qu'il a honte de s'expliquer. Voici ce qui est arrivé, monsieur Fortuné. Tout à l'heure, je parlais à ce méchant enfant de notre prochain retour à Paris. Quelle est ma surprise, mon indignation, lorsque je l'entends me dire : « Grand-» père, je vous prie de prévenir maître Fortuné, afin qu'il » puisse chercher à l'avance un autre chef d'atelier, parce » qu'en arrivant à Paris, je désire travailler en chambre, » à mes pièces, et vivre indépendant. »

— Ainsi, Michel, tu veux quitter notre atelier ? — reprit Fortuné.—Tu as donc à te plaindre de moi ?

— Non, maître Fortuné, je vous l'ai dit, jamais je n'oublierai que c'est à vous que je dois ma profession.

— Et tu prouves ta reconnaissance envers notre patron en le quittant vilainement ? — s'écria le vieillard.— Tiens, tu n'es qu'un mauvais cœur !

— Bon père, — dit l'orfèvre, — soyez indulgent; Michel, j'en suis certain, a cédé à un caprice, à un coup de tête de jeune homme ; demain, de sens plus rassis, il ne songera plus à cette résolution dont il nous voit tous chagrins.

— Je vous demande pardon, maître Fortuné, — reprit Michel d'une voix ferme ; — ma résolution est bien prise; je désire travailler en chambre ; j'espère que vous voudrez bien me confier quelques ouvrages.

— Crois-tu augmenter ton salaire en travaillant à tes pièces ? Dis-le-moi, et je...

— Ah! maître Fortuné, me supposez-vous capable d'être guidé par l'intérêt ?

— En ce cas, pourquoi te séparer de nous ?

— Je voudrais vivre chez moi.

— La liberté dont tu jouis à la maison n'est-elle pas suffisante ? T'ai-je jamais demandé compte de l'emploi du temps qui t'appartient ?

— Non, mais je... je... désire être tout à fait indépendant.

— Monsieur Fortuné, — dit Catherine après une longue hésitation et faisant un violent effort sur elle-même, — je sais pourquoi Michel veut quitter l'atelier.

— Vous, madame ? — reprit le jeune homme avec une certaine amertume.— Vous vous trompez.

— Avouez que c'est en partie à cause de moi que vous voulez abandonner la maison de monsieur Fortuné ?

— Je ne sais pas ce que vous voulez dire.

— Je veux dire, Michel, que je suis pour vous maintenant un objet de répulsion, de dégoût.

— Madame...

— Vous me croyez amoureuse de vous, pauvre cher enfant !

A ces mots, prononcés avec un mélange de reproche, de douleur et de compassion ineffable, le jeune homme tressaillit, tandis que son grand-père et Fortuné se regardaient avec stupeur. Catherine continua, s'adressant à son fils :

— Vous vous êtes mépris sur la nature du sentiment que vous m'inspirez. Oui, oubliant que votre mère, ma meilleure amie, m'avait, en mourant, légué, pour ainsi dire, sa tendresse pour vous, mon enfant, vous avez attribué les preuves innocentes de cette tendresse presque maternelle à un sentiment que mon âge rendait à vos yeux honteux et révoltant. Vous vous taisez, Michel ? vous rougissez, vous baissez les yeux ! Ah ! l'on prend à témoin votre aïeul et monsieur Fortuné ! ils n'en peuvent plus douter maintenant. Telle était donc la cause de la répulsion soudaine que vous m'avez témoignée ce matin, et dont j'ai longtemps en vain cherché le motif !... telle était enfin la signification de vos écrasantes paroles de tantôt : « Madame, ne me parlez pas de ma mère ! vous » profanez sa mémoire ! »

Michel, accablé, confus, et cependant allégé d'un poids douloureux, car il lui avait coûté beaucoup de mésestimer Catherine, ne pouvant plus croire au désintéressement d'une affection d'abord si sincèrement partagée par lui, Michel ne trouvait rien à répondre.

— Quoi ! — s'écria le grand-père, — tu as pu avoir un doute si outrageant pour madame Catherine ?

— Ne l'accusez pas, monsieur Laurencin; j'ai eu mes torts aussi, j'aurais dû songer que je n'étais pas encore absolument une vieille femme, et que Michel n'était plus un enfant; qu'il ne se rendrait peut-être pas suffisamment compte des vivacités de l'affection presque maternelle qu'il m'inspirait, parce que sombre m'a dit un jour : « J'ai un fils, » si jamais tu le rencontres et qu'il ait besoin de ton dé-» voûment, remplace-moi auprès de lui... » Oui, voilà mon tort, je l'avoue... je me suis montrée trop mère envers vous, pauvre cher enfant ! — ajouta Catherine ne contenant plus ses larmes; j'ai trop voulu remplacer votre mère, si regrettée par vous.

— Oh ! madame Catherine, pardon, pardon de mes injurieux soupçons ! — s'écria Michel les yeux humides de pleurs; — combien j'ai honte de mon erreur. Oh ! si vous saviez...

— Je sais, oui, je sais que ces doutes odieux ne vous seraient peut-être pas venus sans votre amour pour Camille, amour qui a ouvert votre âme à des sentiments nouveaux, à des défiances nouvelles.

Michel, à cette révélation imprévue de son secret en présence de son grand-père et de Fortuné, devint pourpre. Son attendrissement fit place à la confusion, à la colère. Il s'écria :

— Madame, qui vous donne le droit de...

— Permettez-moi de vous interrompre, cher enfant, et d'achever ma pensée. Vous ne le regretterez pas lorsque vous m'aurez entendue. Vous m'avez crue tantôt instruite de votre secret, vous voyez en moi la rivale de Camille.

Ma jalousie, telle était votre crainte, devait épier, gêner, contrarier votre naissant amour, le dénoncer peut-être à votre grand-père ou à monsieur Fortuné, n'est-ce pas? Avouez encore, car maintenant pour moi tout s'enchaîne, avouez que votre brusque résolution de quitter l'atelier avait pour cause, non seulement votre désir de vous éloigner de moi, mais l'espoir de pouvoir, en devenant libre de vos actions, voir et aimer Camille sans contrainte, en l'engageant peut-être à quitter la maison de votre patron?

La profonde pénétration de cette tendre mère confondait Michel; il voyait toutes ses pensées dévoilées: il s'effrayait, se désolait en songeant aux nouveaux obstacles que ces révélations devaient mettre à son amour pour Camille; ces divers ressentiments n'échappèrent pas à Catherine. Priant du geste le père Laurencin et l'orfèvre de ne pas l'interrompre, elle poursuivit:

— Maintenant, Michel, je vous en conjure, ne voyez pas en moi une ennemie de Camille. J'ai pu, mieux que personne, depuis son entrée à l'atelier, puisqu'elle travaille sous mes ordres, apprécier sa douceur, son intelligence, son application, et souvent, monsieur Fortuné vous le dira, je lui ai parlé d'elle avec éloge.

— Il serait vrai!—s'écria vivement Michel, dont la colère contre Catherine s'apaisait comme par enchantement. — Vous pensez que Camille...

— Je pense quant à présent beaucoup de bien de Camille, mon cher enfant, — reprit Catherine avec un demi-sourire, — mais elle a quinze ans à peine, vous n'en avez pas dix-neuf, vous n'êtes encore ni l'un ni l'autre dans l'âge de vous marier. Je ne vous dirai pas: Cessez d'aimer cette jeune fille, je vous dirai: Gardez-lui le secret de cet amour, jusqu'au moment où vous pourrez lui en parler sans rougir et sans la faire rougir; d'ici là, étudiez son caractère; nous l'étudierons de notre côté, votre grand père et moi, avec une vigilante sollicitude; si dans deux ou trois ans elle se montre digne de vous, si votre amour persiste, votre grand-père et monsieur Fortuné, j'en suis convaincue, seront les premiers à approuver un mariage où vous trouverez alors toutes les garanties du bonheur désirables. Camille est, je le sais, une pauvre orpheline; vous aussi, cher enfant, vous êtes orphelin; votre seul bien est votre travail, mais il vaut mieux se marier dans sa condition que de chercher ailleurs une union plus brillante et souvent trompeuse... Donc, patience, courage, espoir!... Vous m'avez crue la rivale de Camille... peut-être lui servirai-je de mère au jour de votre mariage.

— Ah! madame Catherine! — s'écria Michel en prenant les mains de l'ouvrière et les baisant dans l'effusion de sa reconnaissance, — combien j'ai été coupable de méconnaître ainsi vos sentiments pour moi! vous me traitez comme un fils!

— Oui, oui, je vous regarde comme un fils bien-aimé!

— Et pour moi désormais vous serez une mère; vous remplacerez celle que j'ai perdue. Oh! je vous le jure! à force de tendresse, de respect, je vous ferai oublier qu'un jour j'ai eu le malheur de...

— Michel, plus un mot du passé, — s'écria Catherine en proie à la plus vive, à la plus délicieuse émotion, et s'y livrant cette fois sans contrainte; — désormais, grâce à Dieu, plus de défiance entre nous.

— Au nom de ma mère, permettez-moi de vous embrasser; vous me prouverez ainsi que vous m'avez tout à fait pardonné! — dit Michel d'une voix touchante.

Pour toute réponse, Catherine lui tendit les bras, le baisa par deux fois sur le front en murmurant avec ivresse:

— Cher, cher enfant! — tandis que le père Laurencin et Fortuné, profondément attendris, essuyaient leurs larmes.

— Ah çà, monsieur l'indépendant, — dit le vieillard à son petit-fils, — veux-tu toujours travailler à tes pièces? te mettre dans tes meubles? quitter l'atelier?

— Ah! grand-père, soyez, ainsi que maître Fortuné, non moins indulgent pour moi, que l'a été madame Catherine.

— A mon indulgence je mets une condition, c'est qu'en expiation de tes folies, tu appelleras désormais notre digne compagne: *mère Catherine*, — répondit en souriant Fortuné, — et que, selon les sages conseils qu'elle t'a donnés, tu ne parleras d'amour à Camille que lorsque tu pourras lui dire en même temps: Soyez ma femme.

— A ces conditions-là, mon garçon, foi de vieux grand-père, j'ouvrirai le bal de tes noces avec mère Catherine!

— Oh! grand-père, oh! maître Fortuné, — s'écria Michel, — combien vous êtes indulgents pour moi! j'ai le ciel dans le cœur!

Un domestique du palais entrant alors, remit une lettre à Fortuné en lui disant:

— Monsieur, c'est de la part de madame la comtesse d'Arcueil.

— Enfin!— se dit l'orfèvre avec angoisse,— je vais connaître la résolution d'Aurélie.

Et il quitta précipitamment l'atelier en disant:

— A demain, mes amis; je vous laisse heureux; pour moi, votre bonheur sera peut-être la consolation de la lettre que je viens de recevoir.

CII.

Le lendemain matin de ce jour où Catherine avait failli être à jamais séparée de son fils, Fortuné Sauval recevait dans l'appartement qu'il occupait au palais, la visite du colonel Walter, premier aide de camp de Charles Maximilien.

— Monsieur,—disait le colonel après avoir, de la part du prince, remis une lettre à l'orfèvre, qui en achevait la lecture,—son Altesse m'a chargé de vous réitérer ses regrets de ne pouvoir vous exprimer de vive voix toute sa gratitude pour la peine que vous avez bien voulu prendre de venir en Allemagne; mais le coup douloureux dont le prince vient d'être frappé, le soin des affaires de l'État, le retiennent encore à Ramberg.

Fortuné, dont les traits altérés témoignaient d'une nuit passée dans l'insomnie et dans l'anxiété, s'incline légèrement, garde un moment le silence et répond:

— Monsieur, permettez-moi une question, elle vous semblera peut-être indiscrète, mais vous m'excuserez lorsque vous saurez que la personne dont il s'agit est ma parente, ma cousine.

— Je vous écoute, monsieur.

— Madame de Villetaneuse habite la villa Farnèse sous le nom de la comtesse d'Arcueil?

— Monsieur...

— Colonel, madame de Villetaneuse est ma cousine. Je l'ai vue hier, elle m'a tout avoué.

— En ce cas, monsieur, que pourrai-je vous apprendre?

— Vous êtes homme d'honneur, colonel, vous comprendrez quelle a été ma surprise, ma douleur, lorsque j'ai retrouvé ici ma parente, mon amie d'enfance, maîtresse du prince.

— Monsieur, cette expression...

— Je ne saurais qualifier autrement madame de Villetaneuse; elle ne m'a d'ailleurs rien caché, je vous le répète; j'ai tâché, je le dis hautement, de l'engager à quitter le prince, à revenir en France vivre auprès de sa famille; notre entretien a été interrompu, madame de Villetaneuse m'a promis de m'écrire, elle m'a tenu parole. J'ai reçu d'elle hier soir un billet: elle m'apprend que tout en reconnaissant la sagesse de mes conseils, elle n'a pas le courage de les suivre, et qu'elle part pour un voyage. Madame de Villetaneuse va donc rejoindre le prince à Ramberg?

— Comment! monsieur, madame la comtesse ne vous a pas instruit dans sa lettre de...

— De quoi?

— Du mariage de Son Altesse?

— Le prince se marie?

— Son Altesse a dû promettre, sur les saints Évangiles

à son auguste frère mourant, d'épouser la princesse Wilhelmine, de la maison impériale d'Autriche. La raison d'Etat exigeait ce mariage.
— La princesse Wilhelmine !... plus de doute... le chiffre de cette toilette et de cette parure royale commandées par 'e prince depuis six mois !... Je comprends tout maintenant ! depuis longtemps il projetait d'abandonner madame de Villetaneuse; et hier encore elle se berçait des plus douces illusions. Ah ! malheureuse femme ! Mais, monsieur, c'est horrible ! le coup qui la frappe est affreux ! Du moins je suis ici... il est temps encore de l'arracher au sort qui la menace, et je vais...
— Vous ignorez donc, monsieur, que la comtesse est partie?
— Que dites-vous?
— Partie au point du jour.
— Grand Dieu ! mais où est-elle allée?
— En Italie, sous la protection de monsieur le duc de Manzanarès, ami intime de Son Altesse, et arrivé hier soir de Ramberg.
— En effet, c'est le nom que j'ai entendu annoncer hier, lorsque mon entretien avec madame de Villetaneuse a été interrompu. Partie ! mon Dieu ! plus d'espérance !
Et Fortuné, profondément accablé, garda le silence, tandis que le colonel reprenait :
— Monsieur le duc de Manzanarès avait reçu de Son Altesse la triste et confidentielle mission d'apprendre à madame la comtesse les raisons d'Etat qui obligeaient le prince de renoncer à un attachement si précieux pour lui; et, dans le cas où cette offre agréerait à madame la comtesse, le duc devait se mettre à ses ordres pour la conduire en Italie, dans l'espoir qu'elle trouverait quelque consolation à son chagrin dans les distractions de ce voyage. Madame la comtesse a accepté cette proposition. J'ai eu l'honneur de l'accompagner ce matin jusqu'au premier relais, selon les ordres de Son Altesse; j'avais quitté Ramberg peu de temps après !, et dans le cas où madame la comtesse se déciderait à partir, j'avais mission de l'accompagner pendant quelques lieues, afin de pouvoir rendre compte à monseigneur de l'état où elle se trouvait. Grâce à Dieu, malgré son profond abattement, sa santé ne donne aucune inquiétude.
— La voici donc à jamais, à tout jamais perdue ! — reprit Fortuné d'une voix navrante; — sa fatale destinée doit s'accomplir jusqu'à la fin !
Le colonel Walter, se méprenant sur le sens des paroles de l'orfèvre, lui dit :
— Permettez-moi, monsieur, de m'étonner de votre inquiétude au sujet de madame la comtesse; monsieur le duc de Manzanarès est un parfait gentilhomme ; sa fortune est immense; il voyage avec un train de prince. Madame la comtesse est avec sa famille dans une voiture, le duc dans une autre voiture, et...
— Vraiment ! la réserve est délicate ! la convenance exquise ! — reprit Fortuné avec une ironie amère, dont le colonel ne s'aperçut pas. — Ainsi, ce noble seigneur possède une fortune immense, mène un train de prince, et se montre parfait gentilhomme?
— Oui, monsieur; il est peu de caractères plus nobles que le sien. Je vais vous en donner une preuve... car...
— Et ce riche seigneur est veuf ou garçon, probablement?
— Il est veuf depuis longues années, — répondit le colonel, continuant de ne pas remarquer l'accent douloureux et sardonique de l'orfèvre.—J'avais l'honneur de vous dire, monsieur,—ajouta-t-il,—que le duc de Manzanarès était un homme du plus haut, du plus généreux caractère. En voici une preuve entre mille : j'ai été ce matin témoin du fait, en accompagnant madame la comtesse. Les voitures étaient lancées au galop, nous nous trouvions à une lieue environ du dernier relais, lorsqu'un jeune homme, traversant imprudemment la route, tombe sous les pieds des chevaux attelés à la voiture du duc. Les postillons ont eu le bonheur de s'arrêter à temps; le jeune imprudent, quoi-

que assez gravement blessé, échappe à un plus grand péril, et par les soins du duc il est transporté dans la calèche du secrétaire intime de Son Excellence; le blessé, d'abord évanoui, reprend ses esprits; je n'ai jamais vu de ma vie une plus belle et plus charmante figure que la sienne; le duc lui témoigne un vif intérêt, s'informe de son nom, de sa position, et apprend de ce jeune homme, nommé Angolo Grimaldi, que, Vénitien et condamné à mort en suite des derniers événemens politiques d'Italie, il fuit la police autrichienne. « Monsieur, — dit généreusement le
» duc au jeune proscrit, — je suis adversaire déclaré de vos
» opinions, mais je vous prends sous ma protection, et, si
» cela vous convient, vous passerez pour mon second se-
» crétaire; ainsi couvert par ma responsabilité, à l'abri de
» toute inquiétude, vous voyagerez avec nous jusqu'en
» Suisse, où vous n'aurez plus rien à craindre. » Ce jeune homme a accepté cette offre avec reconnaissance, et à cette heure, il voyage dans l'une des voitures de Son Excellence. Je vous cite ce fait si touchant, dont j'ai été témoin ce matin même, afin de vous donner, monsieur, la mesure du noble caractère du duc de Manzanarès, et de vous convaincre que madame la comtesse ne pouvait voyager sous la conduite d'un plus galant homme. Du reste, je...
Mais s'apercevant que Fortuné ne l'écoutait pas depuis qu'il racontait la générosité de monsieur de Manzanarès envers le prétendu proscrit, le colonel Walter, touchant légèrement le bras de l'orfèvre plongé dans de sinistres réflexions, ajouta :
— Pardon, monsieur, j'avais l'honneur de vous dire que madame la comtesse...
— Madame la comtesse de Villetaneuse, après avoir été la maîtresse de votre prince, monsieur, va sans doute devenir la maîtresse du duc de Manzanarès, à qui Charles-Maximilien l'aura léguée, par un tacite et ignoble accord !
— S'écria Fortuné Sauval désespéré. — De dégradation en dégradation, cette jeune femme tombera dans un abîme d'infamie ! Malheur à Charles-Maximilien ! Le premier, il a corrompu Aurélie. Ah ! de cette âme qu'il a perdue, il aura un jour un compte terrible à rendre à Dieu !

CIII.

Fortuné Sauval, marié à sa cousine Marianne depuis environ deux ans, avait quitté son logement de la cour des Coches pour aller occuper une maison neuve et jolie maison située dans le quartier Tivoli. Des rues encore non bâties, mais tracées au milieu des immenses jardins de cet ancien lieu de plaisance, le divisaient en un nombreuse quantité de lots, presque tous ombragés par des arbres rares et séculaires, respectés par les fondateurs de cette nouvelle cité, où l'on voyait seulement alors quelques maisons récemment construites.
La demeure de Fortuné Sauval, quoique d'une élégante simplicité, révélait, dans son ensemble et dans ses détails, intérieurement et extérieurement, l'excellent goût du moderne Benvenuto Cellini. Le rez-de-chaussée, en partie consacré à la montre des objets fabriqués, ressemblait à un musée d'orfèvrerie ; de grandes armoires d'ébène vitrées, intérieurement tendues de velours rouge, séparées par des colonnes torses, surmontées de frises aussi délicatement fouillées que les plus beaux meubles de la Renaissance, renfermaient des trésors dus au génie de Fortuné Sauval; l'émail, les nielles, l'argent, le vermeil, l'or, les pierreries, les diamans étincelaient aux yeux, encore plus charmés par l'art exquis de ces merveilles qu'éblouis par leur précieuse matière. Une grande table recouverte d'un tapis de velours, un magnifique encrier d'argent orné de figurines ciselées avec amour par Fortuné; quelques registres reliés en maroquin, destinés à l'inscription des commandes et des adresses de clients, tel était le *comptoir de la bijoutière* Marianne Sauval, ainsi qu'autrefois disait déjà

Camille. — Page 152.

gneusement sa mère, dans sa stupide et funeste vanité. Des jardinières remplies de fleurs, une admirable cheminée de marbre sculptée par Antonin Moyne, de beaux tableaux de différentes écoles anciennes ou modernes, des statues et des bas-reliefs antiques, complétaient la décoration de cette vaste galerie, que bien des palais eussent enviée. C'est là que Marianne, délicieusement entourée des chefs-d'œuvre de son mari, recevait habituellement une clientèle choisie, qui témoignait à la femme de l'illustre artiste autant de sympathie que de déférence.

Une partie des appartemens du premier étage était occupée par la tante Prudence et par les deux époux; ils destinaient les autres pièces, alors vacantes, à un usage dont nous parlerons bientôt.

Un jardin clos de murs, planté d'arbres magnifiques, entourait la maison; une grille y donnait accès; à gauche de cette entrée s'élevait le pavillon du concierge, et à droite un vaste bâtiment construit en chalet, renfermant les ateliers de Fortuné Sauval, dont la clientèle avait presque malgré lui, pris un très grand développement; nous disons presque malgré lui, parce que, continuant à *faire de l'art*, selon son expression, et non de l'orfévrerie ou de la bijouterie sans dessin, sans style, sans caractère, il dessinait lui-même tous ses modèles, les ciselant, les niellant, les émaillant au besoin; aussi pouvait-il à peine suffire aux commandes, et éprouvait-il d'extrêmes difficultés à rencontrer des ouvriers capables de le seconder.

Vers les dix heures du matin d'un beau dimanche printanier, Catherine, alors âgée de trente-huit ans, se trouvait dans la chambre qu'elle occupait avec une jeune ouvrière nommée Camille, brunisseuse d'orfévrerie. Ce logement, situé au-dessus des ateliers de Fortuné Sauval, donnait sur le jardin, était riant, meublé comfortablement, et d'une propreté extrême.

Camille atteignait à ses dix-huit ans; jolie brune aux yeux bleus, au teint frais et blanc, à la physionomie douce, ingénue, d'une taille déliée, simplement mais coquettement vêtue d'une robe d'indienne bien ajustée, coiffée d'un coquet petit bonnet, Camille offrait ce type charmant de l'ouvrière parisienne, type absolument particulier à la capitale de la France.

— Camille, — disait Catherine à la jeune fille, — nous avons à causer ensemble très sérieusement.

— De quoi s'agit-il donc, madame Catherine?

— Tu vas le savoir, mon enfant; écoute-moi bien. Il y a environ deux ans et demi, tu es entrée chez monsieur Fortuné pour terminer ton apprentissage. Ton premier patron, liquidant ses affaires, ne pouvait te garder. L'on avait sur toi les meilleurs renseignemens, tu les as justifiés. Laborieuse, appliquée, d'un aimable caractère, tu m'as plu tout de suite; je me suis intéressée à ton sort. Toi, après la mort de ta marraine, tu t'es trouvée, pauvre orpheline, sans personne qui pût veiller sur toi. Monsieur Fortuné se disposait à venir occuper cette maison; je lui ai demandé de te laisser partager la chambre qu'il me destinait ici. Notre patron, très satisfait de ton travail, de ta bonne conduite, a consenti à mon désir; depuis lors (c'était peu de temps après notre retour d'Allemagne), nous ne nous sommes jamais quittées. J'ai donc pu apprécier tout ce que tu vaux; je t'ai aimée de jour en jour davantage.

— Moi aussi, madame Catherine, j'ai senti s'augmenter chaque jour mon affection pour vous; seulement vous êtes trop indulgente en pensant de moi tant de bien.

— Je suis juste, mon enfant; tu es devenue très habile ouvrière, tu gagnes tes cinquante sous par jour; ce que tu brunis est net, égal, resplendissant à s'y mirer; de plus, tu commences à émailler très habilement.

— Oh! je suis bien loin de vous égaler quant au brunissage, madame Catherine; vous êtes notre maîtresse à toutes, sans compter que maintenant vous peignez sur émail de manière à surprendre notre patron lui-même.

— Ce travail est des plus attrayans; je gagne mes cinq francs par jour. Mais parlons de toi. Après avoir ainsi rappelé tes excellentes qualités, je ne te surprendrai pas

Hé! bon Dieu! ma pauvre Lilie, tu portes là un fardeau fleuri et aussi gros que toi. — Page 156.

beaucoup en l'apprenant qu'elles ont été remarquées, appréciées par un autre que par moi.
— Par qui donc? Il faut d'ailleurs que cette personne-là ait joliment du temps à perdre pour avoir fait attention à moi.
Catherine attacha sur la jeune ouvrière un regard pénétrant, et ajouta :
— La personne qui t'a remarquée, appréciée, est un monsieur fort riche.
— Ah, ah, ah, ah! la bonne histoire! — répondit Camille, en riant d'un rire franc et ingénu, qui découvrit ses jolies dents blanches ; — où m'aurait-il donc remarquée, ce brave monsieur? je ne sors jamais de l'atelier.
— Peu importe, mon enfant. J'ajouterai que ce monsieur est jeune, d'un extérieur agréable, qu'il est à la tête d'un beau magasin de bijouterie dans une grande ville de province; enfin, voilà qui va te surprendre encore...
— Achevez, madame Catherine...
— Ce monsieur désire t'épouser.
— Moi!
— Oui.
— Ah, ah, ah! — Et Camille de rire de plus belle; puis, réfléchissant et se reprenant à rire : — Mais je comprends, nous sommes au mois d'avril : madame Catherine, c'est un fameux poisson d'avril que vous me servez là!
— Je te parle sérieusement, très sérieusement.
— Alors, je vous crois, madame Catherine, quoique cela me paraisse bien extraordinaire, ce riche monsieur qui veut m'épouser, poisson d'avril à part.
— Tu es une folle ; mais enfin, voyons, que penses-tu de cette proposition? un jeune homme, d'un extérieur agréable, riche, j'ajouterai d'un honorable caractère, t'offre, à toi, orpheline et ouvrière, de t'épouser et de te mettre à la tête de son magasin de bijouterie.
— Dame! je pense d'abord que ce monsieur (toujours poisson d'avril à part), que ce monsieur a bon cœur, et surtout n'est pas fier! vouloir épouser une pauvre brunisseuse!... et puis...
— Et puis?
— Mais non, non, vous vous moquez de moi, madame Catherine.
— Mon enfant, lorsque je parle de ce que tu vaux de ce que tu mérites, je ne plaisante jamais.
— Eh bien! madame Catherine, je ne peux pas vous cacher que...
— Que tu es flattée de ces propositions ?
— C'est vrai.
— Ainsi, — reprit Catherine sans pouvoir dissimuler une légère contrariété, — tu acceptes ?
— Oh! ce n'est pas cela que je voulais dire.
— Quoi donc, alors?
— Cette proposition me fait plaisir, grand plaisir, — ajouta Camille en rougissant et hésitant, — parce que... parce que...
Elle n'acheva pas, rougit davantage et baissa les yeux.
— Mon enfant, puisque ces propositions te font plaisir, grand plaisir, il s'en suit que tu les acceptes...
— Oh! non, madame Catherine, il ne s'en suit pas cela du tout... au contraire...
— Comment! tu les refuserais, peut-être?
— Il n'y a pas de peut-être, madame Catherine.
— Quoi! un pareil mariage...
— Je le refuse, — répondit la jeune fille souriant, et ce sourire répondait à une pensée secrète ; — oui, je refuse ce mariage de tout mon cœur... c'est le mot !
— Est-il possible! rester ouvrière, au lieu de devenir dame de boutique !
— Chacun son goût, madame Catherine.
— Cependant, tu viens de m'avouer que ces propositions te faisaient plaisir.
— Oui, mais... mais... — et Camille rougit et se troubla de nouveau, — cela me fait plaisir à cause de...
— De qui?
— A cause d'une autre raison, madame Catherine.

— Enfin, cette raison, quelle est-elle ? Tu ne réponds rien, tu baisses les yeux, mon enfant. Soit ! je respecterai ton secret, mais jamais tu ne retrouveras un pareil mariage.
— Je n'en doute pas ; de telles occasions ne se rencontrent pas deux fois.
— Songez-y donc, mon enfant, dame de magasin !
— Oh ! c'est superbe !
— Avoir des ouvrières sous tes ordres au lieu d'être toi-même ouvrière !
— C'est magnifique, madame Catherine, mais...
— Mais...
— Encore une fois, je refuse.
— C'est singulier !
— Pas tant que vous le croyez, madame Catherine. Et je vais à mon tour beaucoup vous étonner en vous disant que, bien qu'un pareil mariage soit déjà au-dessus de tout ce qu'une pauvre brunisseuse comme moi pouvait rêver, je regrette qu'il ne soit pas encore plus avantageux, parce que j'aurais encore plus de plaisir à le refuser.
— Tu es une étrange petite fille. Sais-tu ce que tes réponses, en y réfléchissant, me donnent à penser ?
— Quoi donc, madame Catherine ?
— C'est que tu as un autre mariage en vue.
— Moi ?
— Tu es toute fière, toute heureuse de ces offres brillantes, afin de pouvoir en faire le sacrifice à la personne que tu aimes...
— Madame Catherine, — répondit Camille avec un mélancolique sourire, — il ne suffit pas d'aimer, il faut encore être aimée.

Michel en ce moment entra chez Catherine, lui jeta un regard significatif et inquiet. Camille rougit à la vue du jeune homme, et parut si embarrassée de sa présence qu'elle sortit en hâte, sans oser regarder Michel. Cependant elle se sentait l'esprit allègre, le cœur joyeux.

CIV.

Michel, aussitôt après le départ de Camille, dit à Catherine avec anxiété :
— Ah ! bonne mère ! (Il l'appelait ainsi depuis leur retour du voyage d'Allemagne, en expiation de ce qu'il avait cru Catherine amoureuse de lui.) — Ah ! bonne mère, je crains d'être arrivé trop tard.
— Que voulez-vous dire, mon enfant ?
— En y réfléchissant, j'ai semblé que cette épreuve pouvait être funeste. Hélas ! si Camille, éblouie par la perspective d'un pareil mariage, allait le prendre au sérieux ! Et puis, enfin, quoique l'intention soit bonne, c'est toujours un mensonge, et...
— Rassurez-vous, Michel ; l'épreuve a réussi au-delà de nos espérances.
— Camille refuse ?
— De tout son cœur ! m'a-t-elle répondu avec une grâce touchante, ne supposant pas que je pénétrais sa pensée. Oui, ces offres brillantes, elle les a refusées naïvement, sincèrement. Je ne la quittais pas des yeux, j'observais attentivement sa physionomie, son accent ; la chère enfant est restée complètement indifférente à ces propositions, qui eussent tenté, éveillé la cupidité de tant d'autres jeunes filles ; son seul regret était que cette offre ne fût pas plus magnifique encore, afin de vous la sacrifier avec un double plaisir : tel était le fond de sa pensée.
— Je respire ! Mais encore une fois, songez donc à ce qu'il pouvait y avoir de dangereux, de décevant dans cette offre ! Après tout, si Camille se fût laissée éblouir, tenter, quels regrets pour moi ! Non-seulement avoir la triste certitude de n'être pas aimé d'elle autant que je le croyais, mais éveiller en elle des espérances irréalisables ! quelle déception ensuite pour elle ! Et qui sait où l'amertume de cette déception pouvait conduire Camille ? Ah ! bonne mère, songez aux malheurs dont a été frappée la famille de maître Fortuné, parce que sa cousine Aurélie a voulu, par vanité, se marier hors de sa condition ! On ignore ce qu'est devenue cette malheureuse jeune femme, depuis le temps où nous l'avons retrouvée en Allemagne, maîtresse d'un prince, courtisane en un mot, et sans doute, à cette heure, elle est à jamais vouée à cette vie d'opprobre !

Ces derniers mots firent imperceptiblement rougir Catherine. Elle reprit :
— L'épreuve dont nous parlons avait ses dangers ; mais, vous le savez, Michel, ce projet n'a pas été conçu par moi. Fidèle à nos avis, vous avez sagement laissé ignorer à cet aimable enfant l'amour qu'elle vous inspirait, vous bornant à lui témoigner une affection toute fraternelle. Camille a noblement répondu à notre attente ; elle a, sans hésitation, sacrifié à son secret sentiment pour vous un riche mariage. La pensée de cette épreuve est venue à votre grand-père ; il en a désiré l'application. Je n'aurais pas osé prendre sur moi la responsabilité d'un pareil acte ; — et, souriant, Catherine ajouta : — Vous auriez pu me croire jalouse de Camille, et redevenue amoureuse de vous, mon pauvre Michel !
— Ah ! bonne mère, voilà qui n'est pas généreux à vous ! me rappeler ma sotte imagination d'il y a trois ans ! imagination plus que sotte, car elle vous a, en ce temps-là, cruellement affligée, vous qui aviez toujours eu pour moi la tendresse d'une mère.
— Cette tendresse, mon enfant, toujours un peu inquiète, ombrageuse, m'a fait accueillir cette épreuve proposée par votre grand-père au sujet de Camille ; elle m'inspirait tant de confiance, j'étais si sûre d'elle-même, son amour pour vous, qu'elle croit avoir caché à tous les yeux, même aux vôtres, se trahit à chaque instant d'une manière si charmante chez cette chère fille, incapable, quoiqu'elle y fasse de toutes ses forces, de la moindre dissimulation, que, malgré des réflexions analogues aux vôtres sur les suites que pouvait avoir cette épreuve, si malheureusement son résultat trompait nos espérances, je n'ai pourtant pas hésité. L'événement a justifié ma prévision.
— Grâce à Dieu, le désintéressement de Camille est, je l'avoue, le gage le plus assuré, le plus touchant de son amour. Mon grand-père désirait qu'elle eût atteint l'âge de dix-huit ans ; c'est un fait accompli depuis deux jours ; nous pouvons donc annoncer aujourd'hui notre mariage à maître Fortuné.
— Votre grand-père a dû lui en parler ce matin même, en lui faisant part de l'épreuve dont il prévoyait le résultat.
— Ah ! quel beau jour pour moi ! — s'écria Michel dans l'expansion de sa joie. Puis, après un moment de silence, il ajouta tristement : — Pourtant ce beau jour ne sera pas complet.
— Que voulez-vous dire, mon ami ?
— Hélas ! si ma mère eût été témoin de mon bonheur, il me semble qu'il eût été plus vif encore.
— Pauvre Michel ! — reprit Catherine attendrie ; — toujours ce souvenir !
— Toujours. Les années, la réflexion, me font chaque jour ressentir davantage cette perte irréparable. Que vous dirai-je ? il n'est pas jusqu'aux progrès que je fais dans mon art qui n'augmentent mes regrets. Chère et adorée mère ! elle eût été si heureuse de me voir habile dans mon métier ! être digne de mon père et de mon grand-père ! Dites, vous qui la connaissiez, n'est-ce pas qu'elle eût été bien joyeuse ?

« — Oh ! mon fils ! mon digne et brave enfant ! tu es la
» joie, l'orgueil de mon cœur !... » vous eût-elle dit, — s'écria Catherine, pouvant, grâce à cette supposition touchante, donner sans contrainte essor à ses sentiments, et pendant un instant se montrer véritablement mère aux yeux de Michel. — « Ta vie laborieuse et honnête, l'intel-
» ligence, l'étude, ta délicatesse, ta loyauté, ont fait de toi
» un homme de bien, un habile artiste ! Sois béni, mon
» enfant bien-aimé, sois béni au nom du plus doux, du
» plus sacré des sentiments ! Tu as été bon fils, tu seras

» heureux époux. La compagne de ta vie est digne de
» toi. »

— Oh! par pitié, assez, assez! votre émotion, votre accent, ces larmes qui vous gagnent... Mon Dieu! il me semble entendre ma mère. Oh! assez! cela me fait mal! cette illusion est cruelle! — reprit Michel d'une voix altérée, ne pouvant retenir ses pleurs.

A ce moment le père Laurencin entra dans la chambre en s'écriant gaîment :

— Ma chère Catherine, c'est à n'y pas croire! Si vous saviez quelle bonne nouvelle je...

Le vieillard, s'interrompant à la vue de Catherine et de Michel, dont il remarqua les yeux humides, ajouta tout surpris :

— Quoi! des larmes? Qu'y a-t-il donc?

— Oh! ces larmes sont douces, — reprit Catherine en les essuyant. — Je disais à Michel ce que lui eût dit sa mère en ce jour de bonheur; l'émotion nous a gagnés tous deux.

— Ah! je me rassure, — fit le vieillard, et s'adressant à son petit-fils : — Mon garçon, fais-moi le plaisir, et cela en sera aussi un pour toi, d'aller rejoindre Camille. Elle a un grand secret sur le cœur, il l'étouffe. Il s'agit sans doute de la proposition de ce superbe mariage qu'elle aura refusé. J'en étais certain d'avance.

— Vous ne vous trompez pas, grand-père, — répondit Michel, de qui l'émotion se calmait, — l'épreuve a réussi.

— Je ne pouvais en douter. Alors va récompenser cette chère enfant, va lui apprendre que tu l'adores, que vous vous marierez le plus tôt possible, vu qu'elle est bien la meilleure, la plus gentille créature qui soit au monde, et que nous savions qu'elle t'aimait depuis près de trois ans. Allons, il est probablement dans ma destinée de devenir bisaïeul, ce à quoi je me résignerai, ma foi, très facilement, pourvu que le bon Dieu me prête vie. Sur ce, va vite retrouver ta Camille. Pauvre enfant, quelle va être sa surprise, sa joie! Laisse-nous ; je brûle d'instruire Catherine d'une bonne nouvelle : tu ne dois pas la savoir quant à présent, quoiqu'elle t'intéresse particulièrement; tout ce que je peux te dire, mon garçon, — ajouta le vieillard d'un air mystérieux en se frottant les mains, — c'est qu'il se trouve que l'épreuve n'en était pas une.

— Que voulez-vous dire, grand-père?

— Camille, au lieu de rester ouvrière, sera dame de magasin, elle épousera un jeune artiste à la tête de l'une des plus importantes maisons de commerce de Paris.

— Je ne comprends pas ce que...

— Parbleu! je le père bien, mon garçon! si tu me comprenais, j'aurais fait là un beau coup! moi qui ai promis de garder le secret!

— Mais, grand-père, ce que vous venez de dire me...

— Veux-tu t'en aller tout de suite retrouver ta Camille, mauvais garçon! Je te dis que son secret l'étouffe! Dépêche-toi donc d'aller la soulager, — ajouta gaîment le vieillard, en poussant familièrement Michel vers la porte. — Laisse-nous, laisse-nous!

Le jeune homme sortit, et le père Laurencin resta seul avec Catherine.

CV.

Le vieillard, aussitôt après le départ de son petit-fils, dit à Catherine :

— Ah! quel cœur, que celui de monsieur Fortuné! Si vous saviez ce qu'il fait pour Michel, pour vous, pour moi!

— De grâce, expliquez-vous.

— Ce matin, ainsi que nous en étions convenus, je suis allé trouver notre patron, afin de lui faire part du mariage de Michel, dans le cas où l'épreuve réussirait, ce dont, pour ma part, je ne doutais point. Entre parenthèses, j'ajouterai que madame Fortuné assistait à notre entretien ;

non-seulement elle a fort approuvé l'épreuve, mais paraissant à ce sujet frappée d'une idée subite, elle a dit à son mari : « J'y songe, mon ami! Si ce matin nous employions
» aussi cette épreuve à propos de... Tu m'entends ? — Tu
» as peut-être raison, ma petite Marianne, a répondu
» monsieur Fortuné; nous y penserons tout à l'heure. »

— Que voulait dire monsieur Fortuné?

— Je l'ignore complètement; aussi, je ne vous parlais de cela, ma chère Catherine, qu'en manière de parenthèse. Mais pour en revenir à nous, voici les propres paroles de monsieur Fortuné, lorsque je lui ai demandé son avis sur les projets de mariage de Michel : « Père Laurencin, votre
» petit-fils fait un excellent choix en épousant Camille.
» Depuis bientôt trois ans qu'elle travaille ici, elle n'a mérité que des éloges. Quant à Michel, vous n'ignorez pas
» ce que je pense de lui : il est devenu un artiste éminent,
» il a gravé dernièrement au burin les ornements d'une
» aiguière avec une telle perfection, qu'il pourrait se faire
» un nom dans la gravure ; il montre une égale supériorité dans toutes les branches de notre art. Je serais donc
» ingrat et injuste envers lui en ne rémunérant son talent,
» son intelligence, que par son salaire de chaque mois. Il
» a exécuté, d'après ses dessins et modèles, des orfèvreries qui valent les miennes. Je désire désormais l'associer à ma maison. »

— Serait-il possible! associé de monsieur Fortuné!

— Attendez donc, Catherine, vous n'êtes pas au bout. « — Ma clientèle augmente chaque jour, — a ajouté notre
» patron, — le quartier retiré que nous habitons n'est pas
» assez central pour la vente courante; je garderai ici mon
» principal établissement; j'ouvrirai, comme succursale,
» un magasin dans les environs de la rue Vivienne ; je le
» destine à Michel ; madame Catherine tiendra
» le comptoir ; vous, bon père, vous surveillerez les ouvriers que Michel emploiera : ce sera votre retraite. »

— Que de bontés, mon Dieu !

« — Je me réserverai la direction du grand atelier que
» je conserve ici, — a poursuivi monsieur Fortuné ; — ma
» femme continuera de s'occuper de la vente, et de nos
» relations avec nos clients les plus considérables. Tels
» sont mes projets, père Laurencin; je crois qu'ils vous
» conviendront, ainsi qu'à Michel. »

— Ah! je suis fière pour mon fils, en songeant qu'il est digne de tant d'intérêt. C'est vous, bon père, qui, en l'élevant ainsi qu'il l'a été, lui avez ouvert une si honorable carrière... un si bel avenir...

— Hé! hé! le fait est que c'est une position superbe: associé de monsieur Fortuné Sauval! Aussi, je vous l'avoue, certes, depuis longtemps je connais suis la bonté au cœur de notre patron ; cependant, je suis resté tout ébahi de tant de preuves d'affection et de générosité à notre égard. Il m'a prié seulement de garder le secret envers Michel, se réservant le plaisir de lui apprendre lui-même de quelle manière il récompensait sa bonne conduite et son talent ; mais je n'ai pu résister au désir de lui dire à ce cher enfant (il est vrai qu'il n'y a rien compris du tout), que l'épreuve n'en était pas une, en cela que Camille, au lieu de rester ouvrière, serait dame de magasin, et qu'elle épouserait l'un des premiers orfèvres de Paris.

— Tenez, bon père, c'est trop de bonheur pour moi! j'en suis presque effrayée ; oui, c'est vraiment trop de bonheur! je tremble que quelque cruel retour de fortune vienne maintenant m'accabler!

— Quoi! pauvre femme! vous si vaillante dans l'adversité; vous qui avez si courageusement lutté, souffert, travaillé; vous qui, à force de persévérance, avez expié le passé, mérité mon affection, l'estime de monsieur Fortuné, voilà que le bonheur dont nous allons tous jouir vous effraie?... C'est vraiment déraisonnable !

— C'est faiblesse, folie, vous savez?... mais j'ai peur... Pourtant, tout à l'heure encore, si vous aviez entendu Michel regretter sa mère, dont la présence, disait-il, eût complété ce beau jour!...

— Catherine, je ne veux pas vous faire de reproche

mais enfin, que voulez-vous donc de plus? La tendresse filiale de Michel pour sa mère, qu'il ne croit pas connaître, semble augmenter avec les années. Ne jouissez-vous pas de ce sentiment délicieux presque aussi complétement que si Michel était instruit du lien qui vous attache à lui?

— Grand Dieu! c'est ma constante épouvante! c'est qu'un jour il apprenne...

Et frissonnant à ce souvenir, Catherine ajouta :

— Ah! je me souviens de ce que j'ai souffert lorsque, en Allemagne, j'ai vu cette révélation terrible prête à s'échapper des lèvres de Mauléon!

— Heureusement il a disparu; vous n'avez plus entendu parler de lui; je suis d'ailleurs, ainsi que vous, presque certain que ce misérable, devançant notre retour en France, vous a volé cette somme considérable dont vous vous proposiez de faire un généreux usage comme par le passé, et que vous aviez imprudemment laissée dans votre mansarde, en la cachant soigneusement, il est vrai.

— Je croyais cet argent plus en sûreté là que partout ailleurs: personne ne pouvant soupçonner qu'une si pauvre demeure recélât un pareil trésor; j'en regrette cruellement la perte, non pour moi, mais en songeant aux misères honorables que nous aurions pu encore secourir. Ah! pourquoi faut-il que, lorsque Mauléon me tenait en son pouvoir au milieu des ruines de ce vieux château, j'aie cru possible d'acheter son silence et la liberté par l'offre d'une somme considérable, lui affirmant que je la possédais chez moi! Pourtant il n'a pas cru d'abord à la sincérité de cette offre.

— Oui, mais se ravisant plus tard, il aura voulu s'assurer de la réalité de votre proposition: il est arrivé à Paris avant nous. Le premier soin de ce bandit aura été de s'introduire dans cette maison ouverte à tout venant, de forcer la porte de votre mansarde, de l'explorer minutieusement. Il aura ainsi découvert sous le carrelage de votre chambre la précieuse cachette. A cette heure, peut-être, il a dissipé en orgies ces sommes qui, comme par le passé, seraient venues en aide à tant de pauvres gens. C'est un grand malheur! mais ce malheur même doit vous rassurer, Catherine; Mauléon n'osera pas sans doute, après ce nouveau méfait, reparaître à Paris, et, quand même il y reviendrait, quel intérêt aurait-il à vous perdre aux yeux de votre fils?

— La haine!... Il me hait tant cet homme!... et je le mérite. Hélas! lorsqu'il m'a connue pour sa perte, il était heureux, riche, honoré. Je l'ai ruiné; puis sont venus la misère, la dégradation, le crime. Ah! vous me l'avez dit autrefois, bon père, et chaque jour je me répète en frémissant ces mots toujours menaçants comme la Providence vengeresse : Fatal passé! fatal passé!

La brusque entrée de Camille, éperdue de surprise et de joie, interrompit les sinistres réflexions de Catherine; elle oublia ses angoisses devant le radieux bonheur de la jeune fille et de Michel qui l'accompagnait.

— Il serait vrai, madame Catherine!—s'écria l'ouvrière, Michel m'aime!... il m'aimait depuis longtemps!... Monsieur Laurencin consent à notre mariage! Ah! comprenez-vous maintenant pourquoi je refusais ces offres brillantes? Cependant, je ne savais pas que Michel pensait à moi. Mais il n'importe! j'étais décidée à rester fille toute ma vie, plutôt que d'épouser un autre que lui!

— Allons, chère enfant, venez embrasser votre grand-père,—dit le vieillard, doucement ému, à la jeune fille en lui tendant les bras; nous irons ensemble chez monsieur Fortuné, qui désire causer avec vous et avec Michel.

Camille embrassa avec effusion le père Laurencin, ainsi que Catherine ; il conduisit ensuite son petit-fils et sa fiancée chez leur patron, celui-ci désirant leur apprendre lui-même les projets qu'il avait formés pour leur avenir.

CVI.

Fortuné Sauval, après avoir instruit de ses projets à leur égard Michel et sa fiancée, qui venaient de le quitter en lui exprimant leur vive reconnaissance, s'occupait dans son cabinet de quelques écritures, lorsqu'il vit entrer Marianne, suivie de sa petite fille, âgée de deux ans, tenant entre ses bras mignons et roses et portant à grand'peine une grosse gerbe de lilas blancs, dont les grappes colorantes cachaient à demi sa jolie tête blonde. Sa mère avait rassemblé dans une grande corbeille une profusion de fleurs encore humides de rosée, récemment moissonnées dans le jardin.

Marianne ne conservait, on le sait, nulle trace de son ancienne infirmité. Le contentement, la sérénité, se lisaient sur son doux visage. Selon les prévisions de la tante Prudence, elle était devenue presque jolie depuis son mariage avec Fortuné; le paisible rayonnement du bonheur donnait aux traits de la jeune femme un charme inexprimable ; sa taille, autrefois frêle et peu développée en raison de la vie sédentaire de la pauvre boiteuse, avait pris d'élégantes proportions ; en un mot, la personne de Marianne, vêtue d'une jolie robe du matin et coiffée de ses magnifiques cheveux blonds, offrait à l'œil un gracieux ensemble.

L'orfèvre, à la vue de Lilie (abréviation familière du nom d'Aurélie donné à l'enfant par sa mère en souvenir de sa sœur), dit en souriant :

— Hé! bon Dieu, ma pauvre Lilie, tu portes là un fardeau fleuri aussi frais et aussi gros que toi.

Puis, s'adressant à sa femme,

— Que veux-tu faire, chère Marianne, de ce monceau de fleurs?

— Orner les trois chambres, mon ami. — Et elle reprit avec un sourire mélancolique : — C'est aujourd'hui l'anniversaire de la naissance d'Aurélie; j'éprouve, pardonnez-moi cet enfantillage, j'éprouve une sorte de plaisir à fêter ce jour, en parant de fleurs cet appartement depuis si longtemps destiné à mon père, à ma mère, à ma sœur, s'ils doivent, comme je ne cesse de l'espérer, nous revenir un jour. — Et s'adressant à sa petite fille : — Allons, viens, Lilie.

La jeune femme entra, suivie de l'enfant, dans l'appartement voisin, se disant :

— Pauvre sœur! elle aimait tant les lilas blancs!

— Cœur excellent! âme délicate et tendre! — pensait Fortuné, resté seul en suivant sa femme du regard ; — touchante idée d'avoir voulu, depuis que nous habitons cette maison, réserver un appartement destiné à Aurélie, à son père et à sa mère, dans le cas où ils nous reviendraient un jour, ainsi que l'espère encore ma chère Marianne! Hélas! ce retour... moi je ne l'espère plus! Mon pauvre oncle est la faiblesse même ; sa femme et sa fille ont conscience de la dégradation où la première faute de l'une et la coupable tolérance de l'autre les ont jetées toutes deux. Elles ne voudront jamais s'exposer à rougir devant Marianne, devant moi, surtout devant la tante Prudence, dont les prévisions se sont si cruellement réalisées. Ah! je n'oublierai jamais avec quel pénible embarras, quelle défiante amertume Aurélie et sa mère m'ont accueilli il y a un an. Instruit par hasard de leur arrivée à Paris, je les revoyais pour la première fois, depuis ce fatal voyage d'Allemagne. Mes craintes s'étaient réalisées : Aurélie, abandonnée par Charles-Maximilien, avait consenti....à quel prix, mon Dieu!... à partager l'opulente existence du duc de Manzanarès ; puis cette seconde liaison rompue, pour les motifs que j'ignore, et peut-être suivie d'une autre également rompue, ma cousine et sa mère étaient revenues à Paris. Je les retrouvais dans un modeste hôtel garni, vivant sans doute des débris de leur fortune ou d'une dernière libéralité de monsieur de Manzanarès. Je pensais que se voyant peut-être à bout de ressources, la nécessité du moins les ramènerait à nous. J'ai tout tenté pour obtenir ce résultat ; raisonnemens, instances, prières, larmes, tout a été vain. Elles ont repoussé mes offres, dédaigné mes conseils : elles étaient, disaient-elles, libres de se conduire ainsi qu'il leur plaisait ; elles ne voulaient pas être à notre charge, et surtout exposées chaque jour à subir notre mépris secret ou les sarcasmes de la tante Prudence.

Leur sort m'épouvantait. Où s'arrêteraient désormais les désordres d'Aurélie, devenue, de chute en chute, ce que l'on appelle, dans la brutalité du mot, *une femme entretenue*? Elle, elle ! mon Dieu ! elle ! que j'ai connue jeune fille si pure, si candide, si honorée ! Ah ! c'est horrible, horrible ! Cachant cette triste entrevue à Marianne, afin de ne pas la désoler, j'ai pris l'avis de la tante Prudence et du cousin Roussel ; nous sommes convenus que, lui et moi, nous tenterions un nouvel effort auprès d'Aurélie et de sa mère. Nous étions inquiets au sujet de monsieur Jouffroy. Ne l'ayant pas vu chez elles, je m'étais informé de lui ; leurs réponses me parurent cacher un pénible embarras. Malheureusement, pressentant sans doute nos nouvelles tentatives, elles changèrent le jour même d'hôtel garni, sans laisser leur adresse. Impossible à nous de retrouver leurs traces. Où sont-elles à cette heure? quelle est leur vie ? Je l'ignore. Paris est un monde. Je vis dans ma famille ou dans mon atelier ; à peine le bruit de la grande ville parvient-il jusqu'à ma retraite. Je n'ose, par respect humain, prononcer le nom de madame de Villetaneuse devant le petit nombre de personnes qui pourraient peut-être me renseigner sur elle. J'ai dû continuer de cacher à Marianne ma triste entrevue de l'an passé avec Aurélie et sa mère. Ma femme croit que la seule faute que sa sœur ait à se reprocher est sa liaison avec le prince, et que, depuis leur rupture, elle voyage avec sa famille afin de se distraire de ses chagrins. J'entretiens Marianne dans ces illusions, les préférant encore pour elle à la connaissance de la réalité. Je feins de temps à autre d'avoir indirectement des nouvelles de nos parens par mes correspondans étrangers : aussi ma femme, quoique affligée de ne recevoir aucune lettre de ceux-là qu'elle continue d'aimer aussi tendrement que par le passé, espère toujours leur retour.

L'orfévre se livrait à ces tristes réflexions, lorsque Marianne, après avoir laissé Lilie aux soins de sa gouvernante, revint rejoindre son mari ; puis le voyant soucieux et croyant deviner (elle la devinait en partie) la cause de la préoccupation de son mari :

— Ils nous reviendront, te dis-je, mon ami ; ils se lasseront des voyages. Un beau jour, nous verrons arriver mon père, maman, et cette méchante sœur qui jamais ne m'écrit plus, la paresseuse ! parce qu'elle sait bien, sans doute, que je n'ai pas besoin de ses lettres pour penser à elle. Ils nous reviendront, te dis-je ; alors nous vivrons en famille pour ne plus nous quitter. Tu verras, mon Fortuné, combien ils se plairont chez nous ; nous les entourerons de tant de soins ! Et mon pauvre bon père, comme nous le gâterons !

— Que le ciel t'entende, ma petite Marianne !

— Et cette chère Aurélie, oh ! je la mettrai tout de suite à son aise en lui disant : « Sœur, tu as aimé le prince ; » l'indigne conduite de ton mari est, à la rigueur, une excuse ; mais du passé, je te parle aujourd'hui pour la pre- » mière et la dernière fois : embrasse ma fille, à qui » j'ai donné ton nom ; tu retrouveras en moi la petite Marianne d'autrefois, heureuse de t'aimer, heureuse d'être » aimée de toi. »

— Chère, chère femme adorée ! — dit Fortuné en serrant avec effusion les mains de Marianne dans les siennes.

— Oh ! soyez bénie ! tante Prudence, vous m'avez fait découvrir ce trésor de délicatesse, de charme, d'angélique bonté, qui a nom Marianne, et dont je soupçonnais à peine l'existence, aveugle que j'étais ! Bénie soyez-vous, tante Prudence ! vous m'avez appris à connaître, à apprécier celle à qui j'aurai dû le bonheur de ma vie !

— Quoique trop flatteuse pour moi, mon ami, je ne te reprocherai pas cette invocation à notre tante, car tu m'as rappelé ce que nous oublions complétement.

— Que veux-tu dire ?

— N'est-ce pas bientôt l'heure du rendez-vous que j'ai donné à notre cher convalescent ?

— Au cousin Roussel ?

— Sans doute.

— Je n'y songeais plus.

— Moi, j'y songe beaucoup. J'ai médité cette nuit une partie de notre grande entreprise.

— En vérité, j'admire ton courage ! Lutter contre l'impossible !

— J'ai une foi invincible dans mon projet.

— Oh ! la présomptueuse !

— Enfin, tu verras !

— Pauvre Marianne ! Mais vouloir changer le cours des saisons, faire remonter un fleuve vers sa source, faire briller le soleil au milieu de la nuit, seraient choses aussi praticables que celle que tu veux tenter.

— Eh bien ! qu'à cela ne tienne ! Le cours des saisons changera, le fleuve remontera vers sa source, le soleil brillera au milieu de la nuit ; car je viendrai à bout de mon entreprise, j'en ai le pressentiment.

— Quelle imperturbable confiance dans cette chère petite tête !

— Oh ! oui, j'ai confiance, non dans ma tête, mais dans mon cœur.

— Soit ; mais ce cœur, comme tous les nobles cœurs, est sujet à de généreuses illusions qui l'égarent.

— Fortuné, — répondit la jeune femme avec une expression grave et tendre, — lorsque, autrefois, moi, pauvre fille, infirme et à peu près laide, je t'ai aimé, passionnément aimé, malgré ton indifférence, osant vaguement espérer que peut-être tu m'aimerais un jour, n'était-ce pas de ma part, en ce temps-là, m'abandonner à une grande illusion ? Cependant l'illusion s'est un jour changée en une adorable réalité.

— Grâce à l'adorable réalité de tes qualités charmantes, tandis que ton projet...

— Écoute, — reprit la jeune femme en prêtant l'oreille du côté du jardin, — le timbre du concierge a frappé deux fois ; il annonce une visite. Voici midi : ce doit être le cousin Roussel.

— En ce cas, je te laisse avec notre cher convalescent ; je reviendrai vous rejoindre.

— Oh ! le vilain poltron ! il fuit au moment du combat.

— Je le serais un pitoyable auxiliaire. Il suffit parfois d'un poltron pour paralyser les plus fiers courages. Or, afin de t'épargner cet inconvénient, je me sauve au plus vite.

— Où vas-tu ainsi fuyant ?

— Chez la tante Prudence. Je ne l'ai pas encore vue aujourd'hui.

— Alors, attends-moi chez elle ; j'irai t'y rejoindre avec le cousin Roussel. Ta présence me sera nécessaire.

— Je t'attendrai donc ; mais, je te le répète, pauvre amie, tu vas tenter l'impossible.

Et ce disant, Fortuné baisa la jeune femme au front.

— Voilà un baiser qui redouble mon courage, ma confiance, — dit en souriant Marianne. — Je me sens maintenant capable de faire un miracle.

— C'est le moi, petite Marianne. Il ne faut rien moins que l'aide d'un miracle pour réussir dans ton entreprise, — répondit l'orfévre, et il sortit.

— Allons, à l'œuvre ! — se dit résolument la jeune femme. — N'oublions pas l'épreuve que le père Laurencin et Catherine ont fait subir à cette gentille Camille ; je peux aussi tirer parti de ce moyen. Ne négligeons rien : la chose est difficile. Tout à l'heure, devant Fortuné, je ne doutais de rien, j'étais rassurée, audacieuse ; mais maintenant que voici le grand moment venu, je ne me sens plus aussi certaine de moi-même. Je commence aussi à croire, ainsi que me l'a dit Fortuné, que j'aurai grand besoin d'un miracle pour me tirer de là... Pauvre chère tante ! si elle savait !...

Et puis, j'ai peut-être tort de vouloir, à son insu... Mon Dieu! si elle allait s'offenser, se blesser, de ce que, sans l'avoir prévenue, je...

L'arrivée du cousin Roussel, annoncé par un domestique, coupa court aux réflexions de Marianne.

CVII.

Le cousin Roussel relevait à peine d'une longue et douloureuse maladie. Cet homme, jadis d'une santé robuste, florissante, semblait l'ombre de lui-même. Pâle, amaigri, faible encore, courbé sous l'affaissement physique, il entra dans la chambre en s'appuyant sur une canne; mais, malgré la profonde altération de ses traits, l'expression de sa physionomie n'avait pas changé: son regard vif, son sourire bienveillant et fin, témoignaient toujours de sa bonhomie spirituelle, de son caractère sympathique et ouvert.

Marianne courut au devant de Joseph avec une gracieuse sollicitude, le débarrassa de sa canne, de son chapeau, lui offrit l'aide de son bras jusqu'à ce qu'il se fût établi dans un excellent fauteuil, plaça un tabouret sous ses pieds, puis lui dit:

— Si je n'avais su que le médecin vous ordonne chaque jour de sortir en voiture, afin de rétablir vos forces par un exercice salutaire, je ne vous aurais pas prié de venir à ce rendez-vous; car, enfin,—ajouta gaîment la jeune femme, —c'est un rendez-vous que je vous ai donné, cousin Roussel!

— Parbleu! un rendez-vous des mieux conditionnés! un coquet petit poulet à vignettes contenant ces mots: « A » midi, je vous attends; j'ai une foule de choses à vous » dire, mon bon cousin. Je vous embrasse de tout cœur. » Et signé, jeune imprudente, signé *Marianne Sauval*, en toutes lettres! Aussitôt je fais venir mon barbier, je me bichonne, et, dans mon impatiente ardeur, je m'élance au fond d'un milord, et me voilà. Excuse-moi de ne pas me jeter à tes pieds, ma petite Marianne: je ne pourrais pas me relever, ce qui serait outrageux pour un galantin de mon âge. Et là-dessus, viens m'embrasser, mon enfant.

Marianne donna deux bons baisers sur les joues du cousin Roussel, et s'assit sur une petite chaise à ses côtés.

— Maintenant, — lui dit-elle, — causons.

— Oh! je ne demande pas mieux, car depuis que ma convalescence me claquemure chez moi, où je vis seul comme un loup-garou, je n'ai guère occasion de jaboter comme une pie dénichée, ainsi que dit cette mauvaise tante Prudence; je ne trouve à qui parler, sauf à mon vieil ami Badinier, autrefois mon complice en épiceries; il vient parfois passer une heure avec moi, et encore je crois que ce diable de Badinier se dérange? je le soupçonne d'être sérieusement amoureux; quelques demi-confidences, la rareté de ses visites depuis quelque temps, me font croire que... enfin, suffit! Malgré son âge, Badinier est encore vert et gaillard; mais il n'est plus aimé, comme on dit, pour ses beaux yeux: le sentiment lui coûte gros, et je crains que... Allons, qu'est-ce que je viens te chanter là! je parle, je parle, sans rime ni raison! Ah! c'est que, vois-tu, petite Marianne, je me rattrape, vu que ça n'est point gai d'être tout seul, entre les quatre murs d'une chambre, sans avoir âme qui vive avec qui causer, lorsque l'ordonnance du médecin vous retient cloué chez vous!

— Ah! que je suis donc contente de ce que vous m'apprenez là, cousin Roussel!

— Contente de quoi? Ce n'est pas, je suppose, de ce que je m'ennuie à avaler ma langue, lorsque je suis forcé de rester seul chez moi?

— Vous ne pouviez rien me dire, au contraire, qui me fût plus agréable, plus délicieusement agréable...

— L'entendez-vous, cette petite méchante! Je crois, Dieu me pardonne, que la fréquentation de ta satanée tante Prudence est capable de t'inoculer sa diabolique malignité! Ah çà! j'espère bien que ce n'est pas dans la charitable intention de m'apprendre que tu es ravie de me savoir des momens d'ennui insupportables, que tu m'as donné rendez-vous ce matin?

— J'avais à peu près prévu la confidence de vos ennuis; or, cette confidence m'enchante, me transporte!...

— On croirait entendre la tante Prudence. C'est vraiment effrayant de ressemblance!

— Voyons, cousin Roussel, avouez-moi une chose...

— Je t'avouerai tout ce que tu voudras; je ne demande qu'à parler.

— Lorsque vous étiez dans la force de l'âge, plein de vie, de santé, pouvant aller, venir, visiter vos amis, vous ne trouviez jamais pesantes les heures que vous passiez seul chez vous?

— Loin de là! je les trouvais délicieuses. Je rentrais bien fatigué; je prenais l'un de mes bons vieux livres de prédilection: Rabelais, Molière, Lafontaine, Voltaire; le temps s'écoulait d'une manière charmante. Avais-je assez lu: je ressortais, j'allais au spectacle ou faire une partie de dominos; enfin, je me sentais alerte, gai, dispos; jamais une idée triste ne venait assombrir mon esprit. Je ne croyais pas aux infirmités; la pensée de la mort ne me troublait jamais; c'était charmant. Mais depuis que cette maudite maladie m'a cassé bras et jambes, depuis que j'ai enfin eu conscience de mon âge, soixante ans sonnés, bien sonnés, mon enfant, je n'ai plus, comme autrefois, vu tout couleur de rose, sauf ta riante et douce figure, chère petite Marianne. Cloué dans mon lit ou sur mon fauteuil de convalescent, les idées noires sont souvent les compagnes de ma solitude; je me dis: « Soit, je guérirai complètement de cette maladie, mais je peux en avoir une autre; l'âge m'affaiblit, la machine est détraquée. Il me faudra désormais m'entourer de soins, de précautions, ne plus veiller, sortir moins fréquemment, rester peut-être chez moi la majeure partie de mon temps, y rester seul; or, ma foi, ça n'est pas gai; je dirai plus: c'est abominablement ennuyeux! » Tu as voulu ma confession, la voilà.

— Cousin Roussel, — reprit Marianne en serrant entre les siennes les deux mains de Joseph, et attachant sur lui un regard attendri, quoique souriant, — dussiez-vous me reprocher encore d'être une véritable tante Prudence, je remercie Dieu de vous entendre si sincèrement confesser les ennuis, les tristesses que vous cause et que vous causera de plus en plus votre vie d'isolement, à mesure que viendront les années.

— Tu me dis cela d'un ton si affectueux, si pénétré, mon enfant, que je ne saurais te répondre par une plaisanterie. De grâce, explique-toi!

— Pourquoi vous priver plus longtemps de ces soins dévoués, délicats, que votre âge réclame? Pourquoi renoncer aux douceurs charmantes d'une intimité à la fois agréable, sérieuse et tendre, où votre esprit trouverait l'inépuisable ressource d'une conversation piquante, et votre cœur, la confiance, la sécurité qu'inspire un attachement sans bornes?

— Pourquoi je me prive de ce bonheur, mon enfant? Voilà, parbleu une singulière question. Et où diable veux-tu que je pêche une pareille intimité? en d'autres termes, si je te comprends bien, une telle femme? Est-ce que tu me crois par hasard assez vieilli, assez décidément infirme, assez incurable, assez abandonné de Dieu, des hommes ou du diable, pour songer à me remarier? à mon âge! un barbon comme moi!

— Il est possible, cousin Roussel, que vous ne songiez pas à vous marier...

— Je crois bien que c'est possible, puisque cela est.

— Soit, mais moi j'y songe.

— A quoi?

— A vous marier.

— Hein!... tu songes à me marier?

— Oui.

— A me marier... moi, moi?

— J'ai entrepris cela, cousin Roussel, et voyez ma présomption, mon audace! je suis presque certaine de mener cette entreprise à bonne fin.

— Hé bien, c'est ça! vive la joie, petite Marianne! disons des farces, des bêtises! ça me ragaillardit! Tu veux égayer le vieux podagre! c'est gentil à toi; je corresponds de tout cœur à ta bonne intention. Donc, voyons, c'est le monde renversé : les jeunes marient les vieux; ça commence très bien; me voilà sérieusement disposé au conjungo, à convoler à de nouvelles épousailles, à regoûter des délices du matrimonium; c'est dit. Dès demain je fais teindre mes cheveux en noir d'ébène, ou bien, non... en blond. Hein, n'est-ce pas? le blond, c'est plus jeunet, plus Lindor, plus Chérubin! La maladie m'a laissé un atome de ventre, je porterai une ceinture élastique : par ainsi j'aurai une taille à tenir entre les dix doigts. Je m'habille dans le dernier goût, rose à la boutonnière, cravate à la Colin, bottes vernies, gants jaunes, badine à la main, l'œil en coulisse, la bouche en cœur ; me voilà prêt à marcher à l'autel. Mais, sac à papier! ma petite Marianne, il ne suffit pas à un céladon de mon acabit de vouloir goûter les douceurs de l'hyménée (vieux style) : qui veut la fin veut les moyens; la cuisinière bourgeoise, dans son admirable bon sens, pose cet axiome d'une vérité mathématique : *pour faire un civet, il faut un lièvre*. Or, à l'endroit du ragoût conjugal, pour faire un mari, il faut une femme! Voyons, petite Marianne, il ne s'agit pas seulement de dire en l'air qu'on veut marier les gens. Je te prends au mot, entends-tu? et je te somme... ah! mais oui, je lâche les gros mots, tant pis! je te somme de me dire, sur l'heure, quelle charmante, adorable, angélique, vaporeuse et idéale créature tu m'as destinée pour virginale fiancée!... Réponds, sac à papier! réponds, sinon... je t'embrasse!

— Hé! mais, cousin Roussel, la femme que je vous destine, est tout simplement...

— Qui?

— La tante Prudence!

Le cousin Roussel, en entendant Marianne lui répondre de l'air le plus convaincu, le plus naturel du monde, qu'elle lui destinait *tout simplement* en mariage la tante Prudence; le cousin Roussel se livra à un accès d'hilarité si franche, si joyeuse, si retentissante, si prolongée, qu'elle se termina par une violente quinte de toux, dont Marianne fut presque inquiète, lorsqu'elle vit les traits de Joseph passer par toutes les nuances du rouge vif au pourpre violet, et qu'elle l'entendit, à demi suffoqué par sa prodigieuse hilarité, s'exclamer, selon que le permettaient les intermittences de sa quinte :

— Ah! ah! ah!... délicieux!... épouser la tante Prudence!... Elle, ma femme!... D'une mignonne, va!... pauvre ange adoré!... Elle a... tant de goût pour le mariage!... Je... je... la vois d'ici, de blanc vêtue... un voile flottant sur ses épaules!... Non... j'en mourrais... c'est trop fort!... Ah! petite Marianne, tu n'as pas pitié d'un pauvre convalescent! Il en est... des plaisanteries... comme des aliments... il y en a de trop... substantielles pour un malheureux malade, et celle-ci est de ce nombre... La tante Prudence... ma femme !... je te dis que j'en mourrai de rire!

Marianne s'était empressée de confectionner un verre d'eau sucrée, où elle versa une forte dose de fleur d'oranger, afin de calmer la toux convulsive de Joseph, qui semblait vraiment, et c'est le mot, étouffer de rire. Il accepta le breuvage avec une vive reconnaissance, et le sirotant à petits traits, il dit à la jeune femme :

— Ah! merci, Marianne ; sans ton bon secours, j'étranglais! c'est une précaution charitable d'avoir chez soi de la fleur d'oranger, quand on expose les gens aux suites dangereusement dépilantes d'une pareille plaisanterie. Moi, épouser la tante Prudence!...

Marianne, malgré son apparente assurance, doutait quelque peu de pouvoir son entreprise à bonne fin ; entreprise, est-il besoin de le dire? absolument ignorée de la vieille fille. Cependant, ne perdant pas tout espoir et attendant que la quinte et l'accès d'hilarité du cousin Roussel fussent complètement apaisés, Marianne vint se replacer près de lui, et dit en souriant :

— Allons, vous voici à peu près calme, cousin Roussel. Le plus fort de votre gaîté est passé. Pouvons-nous reprendre maintenant notre entretien?

— Notre entretien, sur quoi?

— Sur votre mariage avec ma tante Prudence.

— Comment, encore? — reprit Joseph en recommençant de rire ; — mais tu veux donc ma mort, malheureuse enfant! Ah! ah! ah!... ou plutôt non, merci, ma petite Marianne, merci! tu viens, au contraire, de me donner une antidote contre mes idées noires, et lorsqu'elles viendront m'assaillir, je m'imaginerai me voir aux genoux de la tante Prudence, lui disant amoureusement : « Ayez pitié, cruelle, du feu qui me dévore!... » Ah! ah! ah!... « et prenez-moi pour époux! » Dieu! quelle figure elle me ferait! Mais ceci n'est plus drôle et devient effrayant.

— Et pourquoi donc ne l'épouseriez-vous pas, si l'intérêt de votre avenir et surtout la reconnaissance vous conseillaient ce mariage? — se hâta d'ajouter Marianne, espérant faire succéder par ses paroles la surprise à l'hilarité recroissante de Joseph ; — oui, pourquoi n'épouseriez-vous pas la tante Prudence, à qui vous devez la vie?

— Moi?

— Sans doute.

— Est-ce que je rêve? est-ce que je veille? Tu dis que...

— Je dis, mon bon cousin, que si vous vivez à cette heure, que si vous vous livrez aux joyeux éclats de votre gaîté, grâce à la santé qui vous est revenue, cette santé, la vie enfin, vous la devez à ma tante, à votre vieille amie.

— Cette fois, ma petite Marianne, — reprit Joseph abasourdi, mais ne riant plus, — cette fois, tu ne plaisantes plus. Je comprends ton idée, je l'approuve. Voici la tienne. Tu as pitié de mon état ; tu as craint, en continuant tes ébouriffantes joyeusetés, de me faire crever de rire et d'hériter de moi. Tu emploies un autre procédé ; pour me distraire et m'amuser sans péril, tu me proposes des charades, des logogriphes à deviner. C'est moins gai, mais plus prudent. Va donc pour les énigmes! Je vas tâcher de deviner celle-là ; sinon, je t'en préviens, je donne ma langue aux chiens. Voyons, je dois la vie, la santé, à ta tante, ma vieille amie? C'est bien ça, le logogriphe, n'est-ce pas, petite Marianne?

— C'est la réalité, cousin Roussel ; je vous le dis sérieusement.

— Quoi! tu oses me dire sérieusement...

— Que vous devez la santé, la vie, à ma tante.

— Voilà qui est fort! Si je te croyais incapable de te moquer de moi, je...

— Veuillez m'écouter : je vous le répète, aussi vrai que j'aime mon mari et ma fille et que j'ai pour vous la plus tendre, la plus respectueuse affection, ce que je vais vous apprendre est la vérité pure, ce que je vais vous apprendre doit être cru de vous.

— A la bonne heure, mon enfant! mais je m'y perds, — répondit Joseph, frappé de l'accent et des paroles de la jeune femme. — Tu n'invoquerais pas légèrement, je le sais, la tendresse pour ton mari et pour ta fille, non plus que ton attachement pour moi ; cependant il m'est impossible de concevoir comment je dois la santé, la vie, à ta tante. J'écoute donc.

CVIII.

Marianne, cédant alors à l'invitation du cousin Roussel,

— Vous savez, lui dit-elle, combien a été brusque, violente, l'invasion de votre maladie ; lorsque nous vous avons su alité, Fortuné s'est rendu chez vous, mais déjà le mal avait fait de si rapides progrès, qu'au milieu du délire d'une fièvre ardente, vous avez à peine reconnu mon mari. Il est revenu nous apprendre cette triste nouvelle ; alors, tels ont été les premiers mots de ma tante : « Il est dé-

Ma tante, vous pleurez ! s'écria soudain Marianne. — Page 162.

» solant de songer que notre cousin va, dans cette grave
» maladie, être abandonné à des mains mercenaires, à
» quelque garde-malade insoucieuse ou inintelligente.
» Mon Dieu ! il peut mourir là, dans l'isolement, faute
» de ces soins de tous les instants, de cette sollicitude vigi-
» lante que l'on trouve seulement dans une affection dé-
» vouée, incessante. Hélas ! souvent le salut d'un malade
» est à ce prix. Pauvre cousin ! souffrir ainsi, mourir peut-
» être dans l'abandon... c'est affreux ! » Et ma tante Prudence a fondu en larmes.

— La tante Prudence a pleuré ?
— A chaudes larmes.
— La tante Prudence !
— Ah ! croyez-moi, je n'ai jamais vu douleur plus na-
vrante.

— Marianne, je te sais incapable de plaisanter sur un
pareil sujet ; mais, je te l'avoue, un tel accès de sensibilité
de la part de la tante, qui, depuis plus de trente ans, me
reçoit toujours l'épigramme et l'ironie aux lèvres, et chez
qui je n'avais jamais surpris la moindre trace d'émotion...

— Tel accès de sensibilité vous semble étrange ?
— Plus qu'étrange, incroyable !... Non, non, c'est impossible !

— Dans quel but vous tromperais-je ?
— Mon enfant, loin de moi la pensée de t'accuser de
mensonge ; seulement tu exagères sans doute quelque témoignage d'affection de ta tante. Après tout, depuis de
longues années, nous nous voyons presque chaque jour,
et, quoiqu'elle ne soit pas d'un naturel fort sensible, elle
aura dit : « — Ce pauvre diable de cousin Roussel est malade, c'est dommage... » ou bien elle aura témoigné l'é-
quivalent de cette marque d'intérêt ; mais fondre en larmes !
mais s'exclamer sur mon isolement, sur le manque de
soins dont j'aurais à souffrir, voilà ce que je ne puis admettre.

— Telle est pourtant la vérité, je vous l'assure ; je ne
saurais vous exprimer le chagrin, les angoisses de ma
tante.

— Allons donc, petite Marianne ! encore une fois, c'est
impossible ! Est-ce que je ne me rappelle pas de quelle façon elle m'a accueilli, lors de ma première visite de convalescence, il y a de cela huit jours ? Quels ont été ses premiers mots ? Tu l'as entendue comme moi : « — Enfin, vous
» voilà donc sur pied, cousin Roussel ? Vous nous avez
» fièrement inquiétés, allez ! » Jusque-là, rien de mieux ;
mais que diable de langue de la tante Prudence lui joue un
de ses tours, comme elle dit, et elle ajoute : « — Oh ! oui,
» vous nous avez fièrement inquiétés, vilain homme, car
» une fois parti pour l'autre monde, je ne pouvais plus
» vous faire enlever dans celui-ci... et savez-vous qu'ainsi
» je perdais un fameux passe-temps ? » Telles ont été les
preuves de *sensibilité* qu'elle m'a données en me revoyant.
Et tu veux que je croie que... Laisse-moi donc tranquille.

— Ah ! vous n'êtes pas au terme de vos étonnements : il y
a bien d'autres choses plus extraordinaires qu'il vous faudra cependant croire, cousin Roussel.

— Quoi donc encore ?
— Savez-vous quelle a été votre garde-malade, pendant
près d'un mois, alors que vous étiez, tantôt en proie au
délire, tantôt plongé dans une torpeur qui vous rendait
étranger à tout ce qui se passait autour de vous ?

— Comment ! qui est-ce qui a été ma garde-malade ?
mais la mère Bidaut, assistée de ma portière.

— Pas du tout, cousin Roussel.
— Ah çà, t'imagines-tu que la maladie m'a fait perdre
la mémoire ? Est-ce que je n'ai pas vu cent fois près de mon
lit la mère Bidaut, qui était, par parenthèse, sourde comme un pot, ce qui m'obligeait à m'égosiller lorsque j'avais
besoin de la moindre chose ?

— Oui, vous avez vu la mère Bidaut, lorsque vous avez
pu voir, lorsque vous avez eu la conscience de ce qui se
passait autour de vous, et alors vous étiez sauvé. Mais
tant que vous avez été entre la vie et la mort, presque ago-
nisant, ayant perdu tout sentiment, toute connaissance,

Vous… [illegible caption] vous ruiner votre femme pour d'indignes créatures. — Page 16?

avez-vous qui, pendant près d'un mois, n'a pas quitté votre chevet, vous entourant des soins les plus prévenans, les plus attentifs, les plus tendres? vous veillant nuit et jour? Savez-vous cela, et le médecin vous l'affirmera, savez-vous qui, en exécutant avec une exactitude, avec une intelligence extraordinaires chaque prescription, chaque ordonnance, a autant que lui concouru à votre guérison, à votre salut?… C'est…

— Mon Dieu! qu'entends-je!… achève… c'est…
— C'est la tante Prudence! — reprit Marianne d'une voix profondément émue et les yeux remplis de larmes d'attendrissement.

CIX.

Le cousin Roussel, connaissant la sincérité de Marianne, frappé de son émotion, ne pouvait plus douter de la réalité de cette révélation, si extraordinaire qu'elle lui parût, et bientôt d'ailleurs un vague ressouvenir éclairant son esprit, il s'écria, ému jusqu'aux larmes :

— Il serait vrai!… la tante Prudence! Mon Dieu! ce n'était donc pas un de ces songes éclos dans le délire de la fièvre?
— Que voulez-vous dire?
— Cela me revient maintenant à la mémoire… Plus d'une fois, lorsque, entre la vie et la mort, je n'avais plus conscience de moi-même, il m'a semblé pourtant confusément reconnaître ma vieille amie, penchée ou agenouillée près de mon lit ; mais lorsque, depuis ma convalescence, je me suis parfois rappelé ce souvenir, je l'ai toujours regardé comme un rêve de mon cerveau, naguère troublé par la maladie.
— Ce n'était pas un rêve, mon bon cousin. Si vous doutez de moi, votre médecin, votre garde-malade, votre portier, à qui nous avions recommandé un secret absolu à ce sujet, confirmeraient mes paroles.

— Douter de tes paroles, mon enfant! Ah! ce serait te faire injure! Non, non, je suis heureux de te croire! Tant d'attachement! de dévouement! Pauvre vieille amie! je m'accusais d'égoïsme, de sécheresse de cœur! Tiens, Marianne, tu le vois, à cette pensée, mes larmes coulent malgré moi, et… je… je…

Joseph n'acheva pas : des pleurs d'attendrissement et de reconnaissance étouffèrent sa voix.

La jeune femme jouissait délicieusement de l'émotion du cousin Roussel, se disant :

— Chère tante, je lui dois mon bonheur, mon mariage; si je pouvais m'acquitter envers elle!
— Ma petite Marianne, — reprit Joseph en essuyant ses yeux, — la reconnaissance de toute ma vie est acquise à la tante, mais ce que je ne m'explique pas, ce dont je suis confondu, c'est que, depuis plus de trente ans, rien dans sa conduite, dans ses paroles, n'ait pu me faire soupçonner ce trésor de bonté, de sensibilité qu'elle cachait au plus profond de son cœur!
— C'est que, depuis trente ans et plus, cousin Roussel, ma tante vous aime.
— Certes, son amitié…
— Non, non, elle vous a tendrement aimé d'amour dans sa jeunesse.
— Marianne! Marianne! plaisanter dans un pareil moment!…
— Ah! me croyez-vous assez ingrate pour vouloir déverser le ridicule sur une femme que je chéris, que je vénère à l'égal d'une mère? Mon Dieu! n'est-ce donc pas à elle, à elle seule que je dois mon bonheur? J'étais laide, infirme, dénuée d'agrémens. Fortuné, éperdument épris de ma sœur, ne songeait pas à moi ; cependant aujourd'hui il m'aime, je suis sa glorieuse et heureuse épouse. Encore une fois, ce bonheur, à qui le dois-je? à ma tante. Et je ne me permettrais pas à son égard une plaisanterie odieuse!

— Pardon, mon enfant, un tel soupçon serait indigne de ma part ; mais tout ce que tu m'apprends me bouleverse. — Quoi ! dans sa jeunesse, la tante Prudence...

— Vous a passionnément aimé d'amour. Par malheur, elle était laide ; rien en elle ne pouvait inspirer l'affection. Aussi, craignant de s'exposer au ridicule en se montrant aimante, elle a refoulé, caché tout ce qu'il y avait de tendre, de délicat, de sensible dans son âme ; elle a pris un masque, et, affectant un caractère égoïste et froid, elle a tourné son esprit à l'ironie, à l'épigramme. Alors chacun s'est dit : « Ah ! cette vieille fille, elle n'a jamais rien aimé ! Quel cœur sec, quel caractère revêche, quel esprit sardonique ! »

— Mon Dieu ! je crois à peine ce que j'entends !

— Enfin, vint le jour où, dépouillant de fausses apparences, ma tante devait m'ouvrir le fond de son âme, me confier ses pensées les plus cachées ; en un mot, le secret de sa vie, son inaltérable tendresse pour vous. J'aimais mon cousin sans espoir, ainsi que sans espoir ma pauvre tante vous avait aimé. Ce secret, elle me le livra, afin de vaincre ma défiance, d'obtenir l'aveu de l'amour que m'inspirait Fortuné. Elle ne cédait pas en cela à un sentiment de vaine curiosité. Non, non : elle voulait m'encourager, me guider, calmer mon chagrin, m'empêcher de désespérer, me faire entrevoir un meilleur avenir, peut-être même la possibilité d'épouser Fortuné. Depuis cette époque, à moi seule elle s'est montrée ce qu'elle était au vrai ; à moi seule elle parlait de l'affection profonde qu'elle vous portait et qui succédait à son amour ; à moi seule, lors de votre voyage d'Angleterre, par exemple, elle avouait ses angoisses, ses alarmes sur les chances de ce voyage ; elle pleurait en pensant qu'un accident, qu'une maladie, pouvaient vous frapper en pays étranger ; puis, à votre retour, vous l'avez vue vous accabler de sarcasmes. Oui, et pourtant ses yeux étaient encore humides des larmes qu'elle venait de répandre en songeant à vous.

— Oh ! je comprends tout maintenant ! Afin de me cacher cet inaltérable attachement qu'elle craignait de voir dédaigné ou raillé, elle affectait, elle outrait des apparences de sécheresse de cœur et de causticité d'esprit ?

— Il en était ainsi, car toujours elle vous a tendrement aimé. Une dernière espérance, une dernière illusion, un dernier chagrin, lui étaient réservés, lors de votre veuvage. Elle se disait qu'arrivée à un âge voisin de la vieillesse, alors que l'on commence à redouter l'isolement, peut-être vous songeriez à choisir, parmi vos amies de vingt ans ; que vous lui proposeriez d'être désormais la compagne de votre vie. « J'espérais, — me disait-elle avec un sourire touchant et triste, — j'espérais qu'à l'âge où nous étions, Joseph et moi, ma laideur ne compterait plus, et que, sachant pénétrer au-delà de mon écorce revêche, il devinerait en moi des qualités sérieuses, la constance de mon attachement ; mais je me suis trompée, je dois continuer mon rôle. »

— Pauvre vieille amie ! quel était mon aveuglement !

— Enfin est venu le jour où ma tante a appris que vous étiez mourant. Alors, tremblant de vous perdre, elle a voulu vous veiller, vous soigner elle-même, nous faisant promettre, à Fortuné, à moi, de vous garder un secret absolu à ce sujet. Vous le voyez, cousin Roussel, je manque à cette parole ; je manque, oh ! un serment presque sacré en vous confiant le secret de ma tante ; mon tort est grave, je le sens ; il deviendrait plus grave encore si cet aveu, fait à l'insu de votre vieille amie, devait être stérile. Oh ! je vous le jure, je n'ai eu le courage de trahir ma parole soutenue par l'espoir que vous reconnaîtriez enfin un si long, un si généreux attachement, en épousant ma tante, au lieu de continuer de vivre dans un isolement dont vous souffrez et dont vous vous effrayez avec raison pour l'avenir.

— Hé ! mon Dieu ! certainement, si elle consentait à se marier, je ne pourrais faire un meilleur choix. Maintenant je connais son affection, son dévouement si tendre, si généreux ; son esprit vif et railleur, son bon sens exquis, son jugement excellent me plaisent infiniment ; son instruction est solide et variée ; aussi, quand nous causons ensemble, bien qu'elle me fasse endiabler, les heures s'écoulent avec une rapidité prodigieuse. Je ne craindrais plus avec une pareille compagne d'être cloué chez moi par mes infirmités.

— Et puis, cousin Roussel, vous viendriez habiter avec nous, car ma tante ne voudrait pas se séparer de moi ; nous vivrions ici en famille.

— Tais-toi, serpent tentateur ! tu me fais entrevoir le bonheur afin de doubler mes regrets.

— Vos regrets ?

— Nous parlons comme des enfants, nous sommes fous !

— Que voulez-vous dire ?

— Est-ce que la tante Prudence, qui tient le mariage en horreur insurmontable, voudra jamais se marier ?

— Ne vous ai-je pas dit la cause de cette insensibilité apparente ?

— Ma petite Marianne, tu n'y songes pas ! proposer à ta tante de m'épouser, c'est quelque chose d'énorme, de formidable ! Certes, je ne manque pas de courage ; j'ai eu avec ma vieille amie de terribles assauts dont je suis sorti à mon honneur, malgré les lardins, les sarcasmes qu'elle a décochait avec sa prestesse et sa supériorité habituelle. Mais, vois-tu, malgré ma vaillance, je frissonne à la seule pensée de la grêle d'épigrammes, de l'avalanche d'ironie sous lesquelles ma piteuse proposition serait écrasée ! Je ne saurais où me fourrer. Moi, moi, parler de mariage à la tante Prudence ! Tiens, à cette seule pensée, je blêmis, je frissonne !

— La chose est redoutable, je le sais, mais...

— Ma petite Marianne, rends-moi un grand service, un immense service !

— Lequel ?

— Charge-toi de ma proposition.

— Je m'en garderai bien.

— Marianne, aie pitié d'un pauvre convalescent !

— Impossible.

— Mon Dieu, si j'étais en pleine santé, je risquerais l'aventure, mais...

— Encore une fois, mon bon cousin, je suis obligée de vous refuser ; ma tante doit toujours ignorer que j'ai trahi sa confiance en vous livrant son secret ; elle serait justement blessée, affligée de mon indiscrétion : il faut que cette proposition vienne absolument de vous, soit faite par vous.

— Voilà justement ce qui m'épouvante.

— Écoutez, cousin Roussel, il y a un moyen. Il m'est suggéré par une épreuve que madame Catherine, d'après l'avis du père Laurencin, a fait subir à cette gentille petite Camille que Michel doit épouser.

— Digne garçon, puisse-t-il être heureux !

— Il le sera, il mérite son bonheur à tous égards. Fortuné a l'intention de placer Michel et sa femme à la tête de la maison qu'il veut fonder au centre de Paris. Jamais l'intelligence, la bonne conduite, le travail, n'auront été mieux récompensés. Mais quelle est cette épreuve, chère Marianne ? comment pourra-t-elle m'aider à aborder cette terrible question de mariage avec la tante Prudence ?

— Rendons-nous chez elle, je vous dirai tout à l'heure mon projet. Allons, courage, cousin Roussel ! donnez-moi votre bras, ou plutôt prenez le mien, appuyez-vous sur moi.

— Comment ! aller chez ta tante, tout de suite ?

— À quoi bon retarder l'entrevue ?

— Laisse-moi un peu me reconnaître, que diable !

— Pas du tout, cousin Roussel ; ce sont de ces choses qu'il faut brusquer en fermant les yeux sur le péril.

— Ma petite Marianne, un moment, de grâce...

— Venez, venez !

— Soit, mais je n'ai pas une goutte de sang dans les veines, — dit Joseph avec une appréhension à la fois sincère et comique ; puis se levant appuyé sur sa canne et sur le bras de la jeune femme, il ajouta : — Il me semble que je vais avoir un duel à mort, ou que je marche à l'assaut d'une redoute !

— Mais c'est qu'en vérité vous tremblez...

— Parbleu, je le crois bien ! parler mariage à la tante Prudence!... à la tante Prudence !

CX.

La tante Prudence occupait, dans la maison de Fortuné Sauval, une jolie chambre donnant sur le jardin, et, fidèle à ses pieux souvenirs, elle conservait toujours l'ameublement maternel tour à tour transporté aux divers endroits qu'elle avait habités, chez monsieur Jouffroy ou dans la maison de la cour des Coches. L'on eût dit qu'il existait une sorte d'affinité mystérieuse, de lien sympathique entre la vieille fille et les objets dont elle ne s'était jamais séparée. Ces tentures d'une couleur sévère, ce sombre lit à baldaquin, ces meubles du siècle passé, ces bons vieux livres, amis constants de sa retraite, cette antique pendule qui depuis tant d'années sonnait les heures monotones de la vie mélancolique de la tante Prudence, tout semblait s'harmoniser avec sa personne. De même qu'elle n'avait pas eu pour ainsi dire de jeunesse, de même aussi les progrès de l'âge laissaient peu de traces sur son pâle visage, fortement caractérisé ; aucune ride ne sillonnait ses traits ; l'on distinguait à peine, çà et là, quelques cheveux gris, parmi ses bandeaux de cheveux bruns presque entièrement cachés par la garniture de sa grande cornette ; ses yeux perçans s'abritaient sous les verres de ses larges besicles. Selon son habitude, elle s'occupait de son éternel tricot, lorsqu'elle vit entrer chez elle Marianne et le cousin Roussel. Celui-ci, dissimulant à peine l'embarras et la crainte où le jetait cette pensée redoutable, « demander en mariage la tante Prudence, » adressa un dernier regard d'intelligence à la jeune femme.

— Maintenant le sort en est jeté, — disait le regard de Joseph ; — advienne que pourra je vais fondre tête baissée sur le danger.

Avons-nous besoin de répéter que la vieille fille, ignorant absolument les complots tramés contre son célibat, ne pouvait soupçonner que son amoureux secret eût été livré à Joseph ?

La tante Prudence, d'un coup d'œil rapide lancé à travers ses lunettes, dévisagea Joseph, remarquant sur son visage les heureux symptômes de l'affermissement de sa convalescence ; elle se sentit complètement rassurée au sujet de la santé de son vieil ami, qu'elle n'avait pas vu depuis plusieurs jours, et s'abandonna en toute sécurité de conscience à sa causticité ordinaire.

— Hé ! bonjour donc, cousin Roussel, — lui dit la vieille fille sans interrompre son tricot ; — vous arrivez comme marée en carême : je suis d'une humeur de dogue!... J'ai besoin d'une victime : il faut du moins que vous me soyez bon à quelque chose !

— Heureux à-propos ! — pensa Joseph ; — il ne manquait que cette heureuse circonstance. La tante Prudence est d'une humeur de dogue... c'est encourageant !

Et contemplant la vieille fille avec attendrissement,

— Chose étrange, — se disait-il, — maintenant que l'attachement de cette pauvre Prudence m'est démontré par tant de généreuses preuves de dévouement, il me semble lire la bonté de son cœur à travers sa physionomie d'emprunt, pourtant diablement revêche et rechignée en ce moment.

Joseph, absorbé par ses observations et ses pensées, restait muet, ne remarquant ni les regards significatifs de Marianne, ni la surprise de la tante Prudence, qui reprit, le voyant ainsi demeurer pensif et silencieux :

— Ah ç̀à, cousin Roussel, pourquoi restez-vous là comme un apoco? Regardez-le donc, Marianne. Est-ce que par hasard sa maladie aurait eu l'inconvénient de lui raccourcir la langue et de lui allonger le nez, à ce pauvre cher homme ?

— Oh ! méchante tante que vous êtes, — reprit en souriant Marianne, — ne voyez-vous pas que les joues de notre pauvre cousin, ayant beaucoup maigri...

— Oui, oui, — reprit la tante Prudence, — grâce à l'amaigrissement de ses joues, son nez s'émancipe, prend ses aises, se développe dans toute sa majesté : c'est un effet d'optique ; l'abaissement des plaines fait l'élévation des montagnes. Ta remarque est juste, mais ce qui me bouleverse, ce qui me renverse, c'est de voir le cousin Roussel demeurer là, muet comme une tanche, lui qui jabotait ni plus ni moins qu'une pie dénichée. Il ne disait pas souvent grand'chose de bon, c'est vrai, mais enfin, par momens, j'aimais encore mieux entendre son jabotement que le tic-tac de ma pendule.

— Tante Prudence, — reprit enfin Joseph, — si je ne parle pas en ce moment, je n'en pense pas moins.

— Ou pas plus. Il n'importe ! Et à quoi pensez-vous ?

— A une communication que j'ai à vous faire.

— Hé bien ! communiquez, cousin Roussel, communiquez!

— La chose est grave.

— Pardi ! j'espère bien que vous ne viendriez pas me faire l'affront de me communiquer des sornettes !

— Tante Prudenc, j'ai soixante ans sonnés, hélas ! bien sonnés.

— Ah ! mon Dieu, que c'est touchant, navrant, attendrissant ! Voulez-vous bien ne pas me briser ainsi le cœur, vilain homme ! Si vous ajoutiez par là-dessus que vous n'avez plus de papa ni de maman, qu'enfin vous êtes orphelin, innocente et pauvrette créature abandonnée, je fonds en larmes, en eau ! je me change en fontaine comme la nymphe Aréthuse !

— Cher cousin, — pensait Marianne, — il lui faut vraiment du courage pour aller jusqu'au bout ! ma tante est en verve de raillerie.

— Vous croyez plaisanter, — répondit Joseph à la vieille fille, — et vous êtes dans le vrai. Je suis vieux, les infirmités sont venues avec l'âge, il me faudra souvent mener une vie retirée...

— Quand le diable devint vieux, cousin Roussel, il se fit ermite.

— Soit ! mais il devait furieusement s'ennuyer dans son ermitage ; ainsi ferais-je dans mon isolement.

— Allons donc ! vous créerez d'agréable s occupations ; vous apprendrez à jouer du galoubet ; je vous recommande particulièrement le galoubet : c'est pastoral, c'est délectable ; sans compter que cette distraction bucolique agacera vos voisines d'une manière abominable, ils accourront tous à la queue leu leu vous accabler d'injures, ce qui vous procurera journellement la distraction d'une société variée et surtout fort animée ; par ainsi, vous n'aurez plus à redouter la solitude. Donc suivez mes avis : apprenez à instrumenter sur le galoubet, cousin Roussel !

— Le conseil est charitable, mais je n'en profiterai point s'il vous plaît ; je serais d'ailleurs peu disposé à la musique ; ma santé exigera des soins ; il me répugnerait de les recevoir de mains mercenaires ; en un mot, je désire faire une fin ; l'on m'a parlé d'une jeune personne pauvre, mais remplie de qualités solides ; je suis décidé à me marier. Elle consent à m'épouser : aussi ai-je voulu, ma vieille amie, vous faire part de ce mariage, ainsi qu'à votre nièce et à Fortuné.

CXI.

Le cousin Roussel, en instruisant de son prétendu mariage la tante Prudence, l'observait attentivement. Elle fut héroïque ; son attitude prouva plus victorieusement que jamais l'inestimable ressource de son tricot et de ses lunettes, lorsqu'il s'agissait pour elle de dissimuler une émotion soudaine; le front caché par sa cornette et penché vers ses aiguilles, dont le mouvement fébrile, presque convulsif, pouvait être attribué à l'activité du travail, les yeux complètement abrités sous les larges verres de ses besicles, la vieille fille ne sourcilla pas, malgré le coup affreux dont son cœur fut brisé en apprenant si brusquement le mariage de Joseph; non qu'elle ressentît une jalousie ridicule, mais elle comprenait, elle prévoyait que son ami subissant l'influence d'une jeune femme, vivant de plus en plus retiré, goûtant le charme du foyer domestique, devait changer ses habitudes d'intimité, si précieuses à la tante Prudence depuis tant d'années; il ne viendrait plus la voir que rarement; cette longue affection serait sinon rompue, du moins affaiblie, presque oubliée... Mais loin de trahir sa douleur, la tante Prudence resta impassible en apparence; elle fut, nous le répétons, héroïque, et sans un regard significatif de Marianne, qui seule savait à quelle puissance de contention d'elle-même pouvait s'élever sa tante, le cousin Roussel eût douté du succès de l'épreuve, surtout lorsqu'il entendit la vieille fille, toujours tricotant, toujours la tête penchée sur ses aiguilles, lui répondre depuis son avoir laissé un instant d'intervalle entre cette réponse et les paroles qui la motivaient :

— Merci de la communication, cousin Roussel. C'est une attention délicate de votre part ; j'y corresponds comme je le dois. Ça me rappelle qu'autrefois vous avez été auprès de moi une manière de truchement de Cupidon, à propos de l'amour de Fortuné pour ma nièce Aurélie (qui, par parenthèse, a tourné comme vous savez). Le vif intérêt que vous portiez à la réussite de ce mariage prouvait singulièrement en faveur de votre judiciaire, mon pauvre cher homme! Il me reste le doux espoir que vous aurez aussi judicieusement choisi pour vous que pour autrui.

— Je crois pouvoir vous assurer, tante Prudence, que vos bienveillantes espérances à ce sujet seront déçues.

— Certainement, vous êtes un miracle de sagesse, de prévoyance, de prud'hommie, et je ne suis qu'une sotte; mais quel âge a-t-elle donc, votre rosière ?

— Elle a vingt ans.

— Vingt ans! Bel âge, par ma foi! bel âge! Ça va comme de cire ; vous pourriez être le bisaïeul de votre infante : c'est vénérable !

— Vous comprenez que je n'ai d'autre prétention que d'être un père pour elle.

— Sans doute, sans doute ; ce sera aussi probablement l'innocente prétention de quelque muguet à l'endroit de vos enfans, si vous en avez. Qu'est-ce que je dis, si? Allons donc! vous en aurez, des enfans ; oui, un demi-quarteron de petits Roussel et de petites Roussel, tout grouillans et frétillans! Bon homme, souvenez-vous de ma prédiction : vous aurez beaucoup d'enfans ; vous vous mariez assez vieux pour mériter une nombreuse postérité!

— Tante Prudence, j'ai foi dans la vertu de la jeune fille que j'épouse, et...

— Ah! le beau mot! c'est digne de Platon! J'ai foi dans la vertu de celle... *et cætera, et cætera* (il faut beaucoup d'*cætera*). Mon Dieu! que c'est touchant, la confiance ingénue d'un barbon podagre envers un frais tendron! ça réjouit l'esprit, ça le rend guilleret et gaillard ! on a comme un mirage d'une infinité de visions renouvelées de Bocace et de la Fontaine. A propos, il faudra que je vous les prête, les contes de la Fontaine, mon pauvre cher homme! Vous les relirez, n'est-ce pas? Je me permettrai de les recommander à vos méditations maritales : cela vous épargnera du moins le désagrément des surprises. Aussi, l'inconvénient que vous savez échéant, vous pourrez vous dire en vous frottant le menton d'un air capable : Connu, connu !

— Tante Prudence, ces railleries sur les maris de mon âge, c'est bien vieux, bien usé.

— Que voulez-vous? c'est vieux, c'est usé... comme le sujet, cousin Roussel (soit dit sans comparaison pour vous, bien entendu: je n'oserais); seulement, je voudrais bien savoir quel sensé personnage vous a fourré ce beau mariage-là dans la cervelle? Je gage que c'est votre monsieur Badinier, ce libertin à barbe grise.

— Je n'ai à ce sujet consulté personne.

— Peste! quelle féconde imaginative! Espérons qu'ayant eu l'intention de la chose, vous en embourserez les profits.

— Pauvre vieille amie, quelle verve intarissable ! Je passerais des heures à l'écouter ! — se disait Joseph. — Joignez à cet esprit mordant un rare bon sens, un cœur excellent, dévoué. Ah! Marianne dit vrai : je ne saurais trouver une compagne qui me convînt mieux ! Avec quel bonheur je finirais mes jours près d'elle! Mais Marianne se trompe sur le résultat de cette épreuve ; mon prétendu mariage excite l'impitoyable raillerie de la tante Prudence, sans affecter son cœur; et malgré son véritable attachement pour moi, elle m'accablerait de sarcasmes, si j'osais lui proposer de l'épouser.

Et pendant que la vieille fille, la tête inclinée sur son tricot, le dépêchait à outrance, Joseph, d'un coup d'œil significatif, semblait dire à Marianne :

— Tu vois, la tante Prudence n'est point chagrine de mes projets de mariage.

— Attendez, patience! — répondit le regard de la jeune femme. Bientôt ses prévisions se réalisèrent.

La tante Prudence, continuant de tricoter avec une fureur croissante, après sa dernière répartie adressée au cousin Roussel, gardait depuis un instant le silence. Soudain, le mouvement fébrile, convulsif de ses doigts cessa peu à peu, ses mains inertes retombèrent sur ses genoux, et relevant à demi la tête, sans que l'on pût distinguer l'expression de son regard, complétement caché par le miroitement du verre de ses besicles, elle reprit d'une voix, non plus incisive et moqueuse, mais grave et pénétrée :

— Franchement, cousin Roussel, j'ai, après tout, mauvaise grâce à plaisanter d'un sujet qui, au fond, m'inquiète, m'attriste ; sans compter que ces railleries sur des vieux maris ne sont guère convenables en présence de ma nièce. Heureusement les honnêtes femmes savent tout entendre.

— Rassurez-vous, ma bonne tante, — reprit en souriant Marianne, — je ne me souviendrai pas de ces plaisanteries. Mais changeant de ton : Ne disiez-vous pas tout à l'heure à notre cousin que ses projets de mariage vous inquiétaient, vous attristaient?

— En effet, et d'où vient votre inquiétude à mon sujet, tante Prudence ?

— Hé! mon Dieu, je m'inquiète, je m'afflige, de vous voir sur le point de faire une sottise, mon vieil ami, et, qui pis est, une méchante action. Voilà pourquoi, au lieu de railler, je devais vous parler sérieusement, la chose en vaut la peine.

— Je ne vous comprends pas, Prudence ? En quoi est-ce que je fais une sottise et une méchante action?

— La sottise, c'est de vous remarier à votre âge ; la méchante action, c'est d'abuser de la détresse d'une pauvre fille de vingt ans, à seule fin d'en faire votre femme. Vraiment, pour un homme de bon cœur, de bon sens, et, après tout, vous l'êtes, ce n'est ni généreux ni raisonnable.

— Mais, si elle consent volontairement à m'épouser ?

— Laissez-moi donc tranquille avec votre *volontairement*... c'est de l'indépendance à la façon des gens qui, mourant de faim, se vendent pour un morceau de pain ! Voyons, mon pauvre ami, est-ce que la fatuité vous viendrait avec l'âge? Est-ce que vous allez vous imaginer qu'une fille de vingt ans peut vous aimer pour vos beaux yeux? Est-ce qu'elle ne se sacrifie point en vous épousant? Je veux qu'elle soit, qu'elle demeure honnête femme ! Mais, mon ami, avouez-le ! Quel triste sort que le sien ! unie à un vieillard qui, dans son naïf égoïsme, la prend comme garde-malade, dans l'éventualité des infirmités qu'il redoute, la flanc par avance à ses maladies futures! Encore une fois, Joseph, vous êtes homme de bon sens, vous êtes homme de cœur... franchement, est-ce bien, est-ce juste, ce que vous voulez faire là ?...

— Pauvre tante ! — se disait Marianne. — Malgré tout

son empiré sur elle-même, son accent est ému ; elle souffrait trop pour railler plus longtemps.

— Eh bien ! Prudence, s'il faut vous l'avouer, — reprit le cousin Roussel, — j'ai aussi à m'accuser d'avoir eu le tort de railler en parlant d'un sujet sérieux !

— En quoi avez-vous plaisanté ?

— En vous disant que je voulais épouser une jeune fille de vingt ans, je m'attendais à vos sarcasmes ; et comme ils sont toujours infiniment spirituels, je voulais me donner, en les provoquant, le régal de les entendre.

— Vilain homme, vous me paierez cela ! Ainsi, ce mariage était une fable ! — reprit la vieille fille, cachant à peine sa joie profonde ; — moi qui, donnant dans le piège, avais la candeur d'invoquer à deux reprises le bon sens de ce vieil écervelé ! Lui qui m'en donnait à garder avec son infante de vingt ans et ses imaginations conjugales !

— Pardon, Prudence, vous vous méprenez. Je...

— A d'autres, cousin Roussel ; vous ne me prendrez point sans vert, cette fois-ci.

— Je vous assure que...

— Voyez donc ce beau mystificateur ! A peine il peut se tenir sur ses jambes, et voilà qu'il recommence à bouffonner.

— Prudence, encore une fois, vous vous méprenez : ma méchante plaisanterie ne portait que sur l'âge de la personne que je désire épouser ; mes projets de mariage sont réels, je vous le déclare sur ma parole d'honnête homme.

— En ce cas, je vous crois, — répondit la vieille fille d'une voix légèrement altérée, en baissant la tête sur son tricot, — je vous crois, Joseph.

— Oui, mes projets de mariage sont réels, ma chère Prudence ; seulement, je ne suis ni assez fou ni assez égoïste pour réduire une pauvre fille de vingt ans à être ma garde malade ! Mon choix est, je crois, honorable, sensé ; vous l'approuverez, je n'en doute pas, lorsque vous saurez que la personne dont il s'agit n'a que quelques années de moins que moi, est douée d'un esprit remarquable, d'un jugement exquis, de qualités solides, et d'un cœur excellent.

— Alors, c'est... c'est différent, — reprit la vieille fille, pouvant à peine, cette fois, malgré son empire sur elle-même, dissimuler sa douleur doublement cruelle ; ce mariage, contracté avec une personne d'un âge mûr, douée de qualités sérieuses, ainsi que le disait Joseph, portait un dernier coup à la tante Prudence ; il ne s'agissait plus pour elle de se voir préférer une fille de vingt ans, à qui elle ne pouvait disputer les agréments de la jeunesse ; mais elle se voyait préférer une femme probablement aussi vieille qu'elle-même, et sans connaître cette rivale inattendue, elle croyait pouvoir, sinon la primer, du moins l'égaler par la solidité du caractère, par l'esprit, et surtout par l'excellence du cœur, depuis tant d'années dévoué à Joseph.

La vieille fille, afin de dissimuler le tremblement que l'émotion imprimait à ses mains et de cacher les larmes qui obscurcissaient sa vue, reprit activement son tricot, courba de nouveau la tête, en répétant d'une voix dont elle tâchait de raffermir l'accent :

— Alors, c'est différent, cousin Roussel ! Je n'ai rien à objecter contre un pareil mariage ; à l'âge où vous êtes parvenu, l'isolement doit vous peser... vous avez besoin de soins, et... si la personne dont vous parlez est vraiment digne de...

— Ma tante, vous pleurez ! — s'écria soudain Marianne en se jetant au cou de la vieille fille, dont elle fit à dessein, dans ce brusque mouvement, choir les lunettes ; les yeux de la tante Prudence étaient remplis de grosses larmes difficilement contenues ; bientôt elles inondèrent son pâle visage.

XII.

Le cousin Roussel, à la vue des pleurs de la vieille fille, ne douta plus de la constance, de la vivacité de son attachement pour lui, et du chagrin qu'elle ressentait à la pensée de ce prétendu mariage : l'émotion, les larmes le gagnant, il s'écria en serrant tendrement dans les siennes les mains de sa vieille amie :

— Prudence !... je ne vous ai pas nommé la personne auprès de qui je serais si heureux de terminer mes jours... Cette personne, c'est vous...

— Moi !...

Et les traits de la tante Prudence révélèrent d'abord la surprise, le bonheur ineffable que lui causait l'aveu de Joseph.

— Moi ! — reprit-elle d'une voix tremblante, — qu'entends-je ? mon Dieu !

— Mon amie, je vous en conjure, passons ensemble, auprès de Marianne et de Fortuné, les jours qui nous restent... Consacrons par le mariage une amitié de trente ans... Je sais avec quel dévouement vous m'avez soigné pendant ma dernière maladie...

— Ah ! Marianne, — dit la vieille fille à sa nièce avec un accent de doux reproche, — Marianne !

— Ma bonne tante, je n'étais pas seule dans votre secret.

— N'accusez pas Marianne de cette révélation ; le médecin m'a tout dit, — reprit Joseph. — Cette révélation touchante a été pour moi un trait de lumière. Elle m'a prouvé votre attachement, dont je n'ai jamais douté, Prudence, mais que vous conteniez sous des dehors froids et railleurs.

— Mon pauvre ami, vous n'y songez pas !... m'épouser, laide et vieille comme je suis, ce serait vous exposer peut-être un jour à des regrets. Vous cédez à un premier mouvement de reconnaissance, j'en suis émue, profondément émue, je ne saurais vous le cacher. Mais, — ajouta-t-elle, en tâchant de sourire, — mais, par cela qu'on a rencontré une bonne garde-malade, il ne s'en suit point que l'on doive l'épouser. Soyez donc raisonnable, mon pauvre ami.

— Prudence, si vous me refusez, vous me rendrez le plus malheureux des hommes. Mon Dieu ! avant d'avoir pénétré la profondeur de votre affection, votre esprit, votre rare bon sens, me charmaient ; chaque jour je passais près de vous les meilleurs moments de ma vie. Jugez donc maintenant combien cette intimité me serait précieuse et douce ! Je vous en supplie, ne me refusez pas !

— Ma bonne tante, laissez-vous fléchir, — ajouta Marianne.

— Puis, voyant son mari entrer chez la vieille fille :

— Fortuné, viens te joindre à nous ; notre méchante tante repousse les offres de notre pauvre cousin, et ne...

— Allons, mes enfants, — reprit la tante Prudence avec un sourire plein de douceur et de dignité, en interrompant sa nièce, — je ne vous donnerai pas le spectacle ridicule d'une vieille fille se laissant prier, supplier de consentir à un mariage (si toutefois on peut appeler ceci un mariage), non moins honorable pour l'époux que pour l'épouse, puisque cette consécration d'une amitié de trente ans est basée sur une estime réciproque. Ainsi donc, puisque vous le désirez, Joseph, je serai madame Roussel ; nous vieillirons ensemble auprès de ces enfants.

— Hé bien, Fortuné, tu entends ? — dit la jeune femme à son mari avec un accent de triomphe ingénu. — Notre bonne tante consent à être madame Roussel.

— Est-il possible ! Ma petite Marianne arrive à ses fins : marier la tante Prudence !... Ma foi ! dès aujourd'hui, je crois aux prodiges, — pensait Fortuné, tandis que Joseph s'écriait dans l'expansion de sa joie :

— Tenez, Prudence, vous me rendez si content, et, grâce à vous, je vois l'avenir si heureux, si paisible, si riant, que j'en suis certain) je vivrai cent ans.

— J'accepte l'augure de cette longévité de patriarche, mon ami, à la condition que je vivrai seulement quelques secondes de moins que vous.

— Mes enfans, l'entendez-vous, l'égoïste ! — dit gaiement Joseph, — comme elle revient vite à son naturel !

— Mais, à propos d'égoïsme, — reprit en souriant la tante Prudence, — savez-vous que me voici un peu dans la position de ce galant qui, ayant enfin épousé sa maîtresse, chez laquelle il venait régulièrement chaque soir, se disait : « Où est-ce donc que je vais maintenant aller passer mes soirées ? » Moi je me dis : Ah çà ! maintenant, qui est-ce donc que j'aurai à taquiner, à ruchonner, à rabrouer, à faire endiabler, puisque j'épouse le cousin Roussel ?

— Qui vous ferez damner, tante Prudence ? Mais moi, parbleu ! Moi, Joseph Roussel ! Vous me ferez, tout comme par le passé, donner au diable, je l'espère bien.

— Vraiment ! est-ce que vous croyez qu'en ménage une femme peut se permettre de...

— Mais raison de plus, Prudence, une fois en ménage ; raison de plus !

— En ce cas, c'est différent, Joseph, et je vous répondrai comme Colinette à la cour : « Excusez not' ignorance là-dedans... monseigneur ! »

— Je vous demande un peu, mes enfans, s'il est possible de rencontrer un esprit plus aimable ? Les oiseaux descendraient, comme on dit, des arbres, pour l'écouter ! s'écria Joseph s'adressant à Marianne et à son mari, qui riaient de tout cœur des reparties de la vieille fille. — Maintenant, Prudence, à quand notre mariage ?

— Pour l'amour de Dieu, mon ami, mêlez-vous de cela tout seul, ne m'en parlez plus. Ce maudit mot *mariage*, m'apparaît toujours enjolivé de couronnes de fleurs d'oranger, et drapé d'un voile de gaze blanche!... Je vous demande un peu comme cet ajustement correspondrait à mon visage, à ma tournure, à mon âge !... A propos de cela, Joseph, il est entendu que nous nous marions à une heure où il n'y aura pas un chat à la mairie, et que je serai vêtue comme je le suis toujours, en mère Bobie...

— C'est entendu.

— Enfin l'union civile nous suffira ; c'est déjà bien assez d'une exhibition conjugale en public.

— Vous prévenez en ceci mon désir, ma chère Prudence. Vous le savez, ma philosophie égale la vôtre. Ainsi donc, je me charge de tout, je ne vous parlerai de rien, le mariage se fera le plus tôt possible. A notre âge, ma vieille amie, il faut se hâter... Je vais, en sortant d'ici, m'occuper des bans, prévenir mes témoins ; — puis soupirant : — Ah ! Prudence, pourquoi faut-il que mon vieux Jouffroy manque à cette joie de famille !

— Pauvre frère ! — répondit, en soupirant aussi, la tante Prudence. — Pauvre frère !...

— Chère tante, — reprit Marianne, — n'attristons pas cette bonne journée ; j'ai le pressentiment que nous reverrons bientôt mon père, ma mère et Aurélie... Alors nous ne les quitterons plus désormais, nous vivrons ici, tous réunis.

— Espérons-le, mon amie, — répondit Fortuné, qui depuis longtemps, ainsi que Joseph et la vieille fille, ne partageait plus les illusions de Marianne ; — espérons-le ; ce jour-là sera pour nous tous un beau jour.

— A tantôt, Prudence, — dit le cousin Roussel en se levant et tendant la main à la vieille fille ; — à tantôt, car je viendrai m'inviter à dîner chez ces enfans.

— J'allais vous demander de nous faire ce plaisir, — dit Marianne. — Je connais le régime que votre médecin vous a recommandé... il sera ponctuellement observé.

— Et surtout pas d'imprudence, Joseph ; ne vous fatiguez pas, ne sortez qu'en voiture, — ajouta la tante Prudence. — Je peux maintenant, sans *me compromettre*, vous faire ces recommandations, en ma qualité reconnue d'ex... et de futur... garde-malade.

— Soyez tranquille : de ce jour ma convalescence va marcher à pas de géant. A propos, j'y songe, ma chère Prudence, vous ne voyez aucune objection à ce que Badinier soit l'un de mes témoins ? Il est, après ce pauvre Jouffroy, mon plus ancien ami.

— Vous pouvez, ce me semble, Joseph, d'autant mieux prendre votre ami Badinier pour témoin, que, Dieu merci ! vous ne le prenez point du tout pour exemple, ce vieux Céladon, toujours affolé, selon vous, de quelque belle aux yeux doux, qui mange l'argent du bonhomme en se moquant de lui.

— Que voulez-vous ! malgré son âge, il a encore le cœur amoureux : c'est son seul défaut, son unique consolation ; sa femme est une véritable harpie, elle lui aurait cent fois arraché les yeux s'il l'eût laissée faire : c'est une terrible et enragée diablesse !... Il est d'ailleurs fort galant homme ; je le choisis en outre pour témoin, parce qu'en sa qualité de parent du maire de votre arrondissement, il pourra obtenir de lui qu'il nous marie à une heure très matinale, selon votre désir, ma chère Prudence.

— Si votre ami Badinier réussit dans cette intervention, beaucoup de ses galans péchés lui seront remis. Allons, à tantôt, Joseph, et surtout ne vous fatiguez pas.

— Mon cher cousin, — dit l'orfèvre à Roussel au moment où celui-ci se disposait à quitter la chambre, — appuyez-vous sur moi, je vous conduirai jusqu'au bas de l'escalier.

— Merci de ton offre, mon garçon, elle est inutile. J'ai retrouvé aujourd'hui mes jambes de quinze ans !

— Ce qui n'empêche pas que tu vas donner ton bras à ce frétillant jouvenceau, mon cher Fortuné, à seule fin qu'il ne tombe point sur le nez dans l'escalier, — reprit la tante Prudence. — Ah ! dame ! cousin Roussel, j'ai maintenant des droits sur vous, j'en use... et j'en userai fièrement, je vous en avertis !

— Madame Roussel, — reprit Joseph avec une gravité comique, — je vous appartiens ; disposez de moi, et pour vous témoigner ma très humble soumission à vos ordres, j'accepte le bras de Fortuné. Sur ce, à tantôt, ma vieille amie.

— Surtout, n'oubliez pas de lui faire boutonner son paletot jusqu'au menton, lorsqu'il aura monté en voiture, car le fond de l'air est encore frais, — dit la tante Prudence à l'orfèvre au moment où il sortait avec le cousin Roussel.

Marianne, restée seule près de la vieille fille, alla s'agenouiller devant elle, passa l'un de ses bras autour de son cou, et lui dit tendrement :

— Ma bonne tante, j'ai à implorer votre pardon et votre indulgence.

— Toi, avoir besoin de pardon, d'indulgence ! C'est une plaisanterie, mon enfant.

— Non, j'ai un grave reproche à me faire.

— A mon sujet ?

— Oui, ma tante.

— Explique-toi.

— Il y a six ans, vous avez pénétré mon secret amour pour Fortuné. Afin d'attirer ma confiance, vous m'avez avoué que vous aussi vous aviez aimé... vous aimiez encore sans espoir. Grâce à vous, à vous seule, Fortuné m'a aimé.

— Mon enfant...

— Oh ! ne vous en défendez pas, grâce à vous seule, ma tante, il m'a aimée, car sans vous il n'eût pas découvert, apprécié le peu que je vaux. Je vous devais le bonheur de ma vie ; mon unique désir était de faire pour vous ce que vous aviez fait pour moi. Mais afin d'arriver à ce résultat, il me fallait manquer à ma parole, livrer le secret que vous m'aviez confié.

— Ah ! plus de doute maintenant, tu as appris au cousin Roussel...

— Combien vous l'aviez aimé, combien vous l'aimiez encore ; vos alarmes, vos soins si dévoués, si touchans durant sa dernière maladie...

— Ah ! Marianne, Marianne !...

— J'aurais pu vous laisser ignorer mon manque de parole, cela m'a paru mal ; j'ai préféré être sincère et implorer mon pardon. Me l'accordez-vous, ma bonne tante?

— Comment te le refuser, chère enfant? je suis si heureuse ! — répondit la vieille fille avec effusion en serrant la jeune femme entre ses bras.

En ce moment Fortuné, après avoir accompagné Joseph, rentrait tenant par la main sa petite fille Lilie. Elle apportait un gros bouquet de fleurs qu'elle courut offrir à la tante Prudence comme si elle eût aussi voulu la féliciter sur son mariage. Celle-ci sentit la délicatesse de cette attention inspirée par Fortuné, embrassa tendrement l'enfant, qu'elle garda sur ses genoux, tandis que les deux époux échangeaient un regard de bonheur ineffable.

CXIII.

Le cousin Roussel s'était fait conduire chez son ami Badinier, ancien épicier, puis escompteur, et enfin vivant, comme on dit, de ses rentes. Ce gros et grand homme à large encolure, âgé de cinquante-cinq ans environ, avait l'oreille rouge, les cheveux abondants, crépus, tirant sur le roux, la bouche sensuelle ; son masque très caractérisé rappelait celui du *dieu des jardins*. L'on ne pouvait guère reprocher à monsieur Badinier que son excessive galanterie.

Le cousin Roussel, arrivé depuis un quart d'heure chez son ami, poursuivait ainsi avec lui un entretien commencé :

— De quelle diable de commission veux-tu me charger là? tu es fou ! — disait Joseph en haussant les épaules. — Y songes-tu? moi jouer un pareil rôle? moi... un homme marié, ou peu s'en faut... tu l'oublies donc ?

— Je sais que tu vas te marier, puisque tu viens me demander d'être ton témoin, et de prier le maire, mon parent, de fixer l'heure du mariage civil, de telle sorte qu'il ait peu ou point de spectateurs. Il en sera ainsi que tu le désires ; mais, enfin, tu es encore garçon, et il n'y a aucune objection sérieuse à ce que tu me rendes l'un de ces services d'amitié que l'on se rend entre garçons...

— Comment, entre garçons ?... Et ta femme ?

— Ma femme ne compte que pour mémoire. Voyons, je t'en prie, mon bon Roussel... ne me refuse pas cette preuve d'amitié. Tes remontrances seront écoutées, j'en suis certain. *Elle* comprendra qu'après tout mille francs par mois, sans parler des cadeaux, sont suffisants pour vivre convenablement, et...

— Où vas-tu ? pourquoi te lever?

— Je crains toujours que *Corisandre* n'écoute à la porte. Elle a, entre autres agréments, l'insupportable défaut d'être curieuse comme une pie.

Ce disant, monsieur Badinier alla sur la pointe du pied s'assurer que sa femme ne l'épiait pas, revint près de son ami, et reprit :

— Tu ferais donc comprendre à cette chère prodigue qu'elle doit être raisonnable, ne plus faire de dettes, s'y engager formellement ; auquel cas, je consens à payer encore les deux mille francs en question, que tu lui remettras de ma part, en lui déclarant que désormais elle n'aura pas un rouge liard au delà de ses mille francs par mois! N'est-ce pas suffisant? Je lui ai fait en outre meubler un fort joli petit appartement ; j'ai garni son buffet d'argenterie, je paie son loyer (j'oubliais cela). Or tu m'avoueras pourtant, qu'à moins d'être millionnaire, l'on ne peut faire les choses plus généreusement...

— Soit, mais encore une fois, il me répugne étrangement d'aller donner des conseils d'économie à la donzelle. C'est ridicule.

— Excepté elle et moi, personne ne saura que tu l'as vue.

— Et lors même que je me résignerais à cette démarche, tu as la bonhomie de croire que lorsque j'aurai engagé ta belle à ne plus faire de dettes, et qu'elle me l'aura promis, elle tiendra sa parole?...

— Oui...

— C'est par trop de crédulité ! sans compter que ta demoiselle m'enverra promener !

— Tu te trompes ; je suis convaincu qu'elle t'écoutera, si tu parles, comme tu sais le parler, le langage de la raison.

— Hé ! morbleu ! parle lui toi-même ce langage.

— Est-ce que je ne suis pas cent fois trop amoureux pour cela ! Et puis, dans ma position, c'est un sujet si délicat à aborder, si ce n'est que toi...

Mais, s'interrompant et prêtant l'oreille :

— Je crains toujours que Corisandre n'écoute à la porte.

Monsieur Badinier alla derechef s'assurer que sa femme ne l'épiait point, entr'ouvrit, puis referma la porte, et revint auprès de son ami, lui disant :

— Ah ! mon pauvre Roussel ! quelle femme que ma femme ! Il y a trois ans, elle avait découvert la demeure d'une charmante écuyère du Cirque à laquelle je m'intéressais. Croirais-tu que Corisandre, armée d'une grosse canne, a effectué une descente chez mon écuyère, et qu'elle l'a rouée de coups après avoir tout cassé dans l'appartement ?

— Tout cela est honteux et devrait te dégoûter de ces tristes liaisons.

— A quoi veux-tu que je passe mon temps? Ma maison est un enfer, et je la fuis ; je trouve toujours, en rentrant chez moi, ma femme les poings sur les hanches, l'écume à la bouche. Aussi je cherche des distractions qui me plaisent. Je n'ai pas d'enfans ; ma foi, tant pis, courte et bonne. Je ne mange que mon bien, après tout, puisque j'ai épousé Corisandre sans un sou de dot.

— J'admets que la vie domestique n'ait pas pour toi de grands charmes, mais à ton âge on vit plus sagement.

— Que veux-tu ! j'adore le beau sexe ; on ne se refait pas ; et puis si tu savais combien elle est jolie !

— Qui ?

— Mais *elle.*

— Ah ! oui, c'est juste ; j'oubliais.

— Enfin, si tu consentais à aller la voir pour lui parler raison, dans son intérêt, tu pourrais faire valoir la reconnaissance qu'elle me doit, puisque, après tout, je l'ai tirée de la misère, et elle n'en était pas à sa première aventure.

— Jeune, jolie et misérable, cela m'étonne, car ordinairement ces femmes-là...

— Ces femmes-là, ces femmes-là... Celle-là n'est point une femme comme une autre ; elle a très bon ton, des manières de dame comme il faut. Tiens, justement ce soir même je me donne le plaisir de la conduire à une table d'hôte ; je suis certain qu'elle éclipsera toutes les autres femmes.

— Comment ! tu hantes ces tripots?

— Cette table d'hôte-là est tout ce qu'il y a de mieux, et dans le plus grand genre ; elle est très bien composée en hommes, et l'on y rencontre des femmes charmantes.

— Ces maisons sont toujours plus ou moins des coupe-gorges. Pourquoi conduis-tu là cette personne dont tu te dis si amoureux ?

— Que veux-tu ! elle ne peut fréquenter d'autre société, et une jolie femme aime toujours à montrer sa toilette élégante, à faire admirer ses excellentes manières. Aussi, ma foi ! je n'ai pas eu le courage de lui refuser de...

Monsieur Badinier n'acheva pas ; la porte de son cabinet s'ouvrit brusquement, et sa femme entra chez lui.

Madame Badinier, âgée d'environ quarante ans, femme de moyenne taille, de formes nerveuses, décharnées, avait une physionomie acariâtre et résolue ; ses colères, ses jalousies perpétuelles, infiltrant sa bile dans son sang, sa figure était devenue jaune comme un coing ; ses petits yeux noirs, mobiles, inquiets, brillaient comme des charbons ardens.

Monsieur Badinier, à l'aspect de sa femme, obéissant à un mouvement instinctif presque machinal, prit sa canne et son chapeau, afin de fuir au plus tôt sa maison, tandis que

Il salua courtoisement Clara et Bayeul — Page 171.

monsieur Roussel disait courtoisement à la terrible Corisandre :
— Bonjour, madame Badinier; comment va votre santé ?
— Ma santé ? — puis elle ajouta d'un ton de récrimination amère, en montrant son infidèle : — Ce n'est pas la faute à monsieur si je ne suis pas déjà dans ma fosse !
— Ah ! madame ! pouvez-vous penser que votre mari...
— Viens-tu, Roussel ? reprit monsieur Badinier, prévoyant quelque orage, et se dirigeant prudemment vers la porte; — viens-tu ? nous sortirons ensemble...
— Comment ! s'écria Corisandre, — il n'y a pas une heure que vous êtes rentré, et vous ressortez encore ?
— Oui, chère amie !
— Reviendrez-vous dîner ?
— Non, chère amie !
— Très bien ! comme hier, comme avant-hier, comme toujours ! jamais une minute chez vous ; il paraît que les pieds vous brûlent ici !
— Adieu, chère amie ! Allons-nous-en, Roussel !
— Vous êtes un monstre !
— A la bonne heure ! au revoir...
— Vous passez votre vie chez vos créatures !
— Madame Badinier, de grâce, calmez-vous.
— Taisez-vous, monsieur Roussel ! vous ne valez pas mieux que mon mari; vous venez le débaucher !
— Moi ! juste ciel !
— Roussel, prends mon bras, et laisse-la dire, cette chère amie; cela la soulage, c'est sa santé; viens....
Et tendant son bras à Joseph, qui s'y appuya, il ajouta tout bas :
— Je crains fort que Corisandre ait écouté à la porte ; au reste, tu vois quel agréable ménage est le mien.
— N'as-tu donc rien à te reprocher ? — répondit aussi tout bas Joseph en haussant les épaules. — Il est honteux, à ton âge, d'encourir et de mériter de pareils reproches.
— Monsieur Badinier, vous êtes un vieux coureur ! un mange-tout ! un scélérat ! — s'écria Corisandre, hors d'elle-même, en montrant le poing à son mari, qui battait prudemment en retraite du côté de la porte, avec un flegme imperturbable. — Vous abandonnez, vous ruinez votre femme pour d'indignes créatures ! — ajouta madame Badinier exaspérée. Mais que votre drôlesse d'à présent ne me tombe pas sous la main, car je la traiterai comme il y a trois ans j'ai traité votre écuyère. Je lui arracherai les yeux, aussi vrai que vous me rendez malheureuse comme les pierres !
— Adieu, chère amie, adieu ! — répondit monsieur Badinier en reculant devant sa femme jusqu'à ce qu'il fût à proximité de la porte. Faisant alors passer Joseph devant lui, il tourna prestement la clef de la serrure et laissa Corisandre enfermée à double tour.

CXIV.

Nous devons en prévenir le lecteur, des scènes affligeantes, hideuses, et plus tard horribles, vont se dérouler, se dérouleront devant lui.
L'inflexible moralité de ce livre nécessite ces tableaux pénibles; l'inexorable logique du vice, sa fatalité, lorsque le principe du mal l'emporte irrévocablement sur le principe du bien, lorsque le repentir, l'expiation, ne commandent pas l'indulgence et le pardon; l'inexorable logique, la fatalité du vice, disons-nous, porte avec soi un terrible et souvent salutaire enseignement.
Si le cœur du lecteur se serre, se contriste, en lisant ce qui va suivre, notre cœur s'est serré, s'est contristé en écrivant ces récits douloureux.
Cela dit, passons.
Mademoiselle Clara, ex-femme de chambre de la comtesse de Villetaneuse, avait vu son ambition satisfaite, grâce aux libéralités de Charles-Maximilien : elle tenait une table d'hôte *dans le grand genre*, en d'autres termes, un

LA FAMILLE JOUFFROY

Elle jetait tour à tour sur lui et Aurélie un regard flamboyant et sinistre. Page 178.

espèce de coupe-gorge, de tripot *honnête et modéré*. Là, se rencontraient des femmes plus que suspectes : les unes encore dans l'éclat de leur jeune beauté ; les autres, déjà sur le retour, ayant conservé par hasard quelques débris de leur honteuse opulence, devenues joueuses forcenées, et ne quittant pas les tables de bouillotte ou de lansquenet.

Le personnel masculin, plus varié, se composait de dupes et de fripons.

Les dupes, en grande majorité, appartenaient à diverses catégories.

Les joueurs incurables qui, depuis la très légitime suppression des maisons de jeu, venaient tenter le hasard dans ces antres, où la police opérait souvent des descentes ;

Des hommes mûrs ou vieux qui, ainsi que monsieur Badinier, rencontraient ou amenaient là des femmes entretenues ;

Quelques habitués peu libertins, peu joueurs, mais qui trouvaient dans ce lieu douteux un dîner passable, et le sans gêne des mœurs plus que faciles de la mauvaise compagnie, déguisée sous une certaine écorce de décorum et de savoir vivre ;

De tout jeunes gens, fils de famille de province, ou héritiers de quelque modeste fortune industrielle laborieusement gagnée à Paris, qui venaient demander leur premier amour aux courtisanes de haut titre, commensales de la maison.

Enfin, des étrangers peu ou mal recommandés, qui s'imaginaient fréquenter le *beau monde* parisien, dans ces réunions, où généralement ils étaient présentés par quelque grec de fort bonnes façons, dont ils devaient, croyaient-ils, la rencontre au hasard. Naïve erreur. Les grecs, sorte d'affiliation de chevaliers d'industrie, sont généralement très bien renseignés sur l'arrivage des étrangers dans plusieurs hôtels garnis, à l'entour desquels ces brelandiers tendent leurs filets.

Les grecs ou pipeurs au jeu, parfois coupables de crimes

ou repris de justice, d'autant plus dangereux que leur courtoisie, leur élégance, souvent même leur parfaite éducation et la distinction de leurs manières, éloignent d'eux tout soupçon de filouterie, les grecs choisissent d'ordinaire les tables d'hôte pour théâtre de leurs piperies ; l'excitation du vin et de la bonne chère ; les œillades de femmes jeunes, belles, brillamment parées, dont quelques-unes sont complices des grecs, tout cela enivre, exalte la dupe ; le jeu s'engage, l'or couvre le tapis, et la dupe sort du tripot plumée à vif, saignée à blanc ; presque toujours l'oison plumé, candide et bénin, résigné à ce coup du sort, se retire avec sa courte honte ; mais parfois aussi se rencontre d'aventure un mauvais joueur, soupçonneux, rancunier ; notre homme va déposer sa plainte chez le commissaire ; il en résulte une descente de police dans le repaire, assez souvent suivie de l'incarcération de la maîtresse du logis.

Les organisations vraiment honnêtes, égarées par hasard ou par curiosité dans ces endroits malsains, s'aperçoivent bientôt qu'elles y respirent un air vicié, fétide, malgré le vernis d'élégance des personnes et des choses, de même qu'une exhalaison délétère ne peut jamais être absolument neutralisée par les parfums les plus violens ; loin de là, ce mélange de musc et d'odeur putride provoque d'invincibles nausées.

Tel était donc l'aspect moral de la table d'hôte de Clara. Quant à son aspect matériel, il était luxueux : la richesse intérieure de l'appartement contrastait avec la vétusté de la maison, sombre demeure, presque délabrée, située dans l'une des parties les plus obscures de la rue de la Michodière. Les localités compatibles avec ces sortes de repaires se trouvant fort restreintes, les propriétaires de vastes et nouveaux bâtimens bien éclairés, bien aérés, se montrent peu soucieux d'avoir pour locataires des teneuses de tripot, voisinage toujours répugnant aux autres habitans de la maison, ainsi exposés, eux et leur famille, à rencontrer sur les degrés des brelandiers avinés en compagnie de femmes galantes.

L'escalier qui conduisait au logis de Clara, occupant au fond d'une cour le premier étage de la vieille maison, était ténébreux, même en plein jour, et la nuit à peine éclairé par un quinquet fumeux ; un guichet pratiqué au milieu de la porte d'entrée de l'appartement servait de poste de guet à une servante chargée d'examiner les survenans avant que de les introduire dans le sanctuaire. Apercevait-elle un magistrat de police et sa suite, elle poussait le cri d'alarme :
— Voilà le commissaire !
Et elle refermait la chatière.

A ces mots répétés depuis l'antichambre jusqu'au salon, les cartes, les enjeux disparaissaient des tapis verts, pendant que le commissaire, sonnant à tout rompre, maugréant contre le retard calculé que l'on mettait à lui ouvrir, entrait enfin, et surprenait les habitués du tripot, hommes et femmes, candidement absorbés par les chances du loto à un sou, ou se livrant aux naïfs ébats des jeux innocens, à l'instar de l'honnête et paisible société du Marais.

La porte tutélaire ouverte, l'aspect changeait.

Au palier sombre, sordide, succédait une antichambre fraîchement peinte, garnie d'innombrables patères destinées à recevoir les manteaux, les paletots, les chapeaux, les mantelets des commensaux de la table d'hôte ; il conduisait à une vaste salle à manger, confortablement meublée, brillamment éclairée ; l'une de ses portes donnait accès à un beau salon communiquant d'un côté avec le boudoir, et de l'autre avec la chambre à coucher de Clara, servant aussi de pièce de réception. Le fastueux ameublement de ces pièces dissimulait à peine leur délabrement primitif ; l'inégalité du carrelage s'apercevait sous les tapis qui le recouvraient ; l'affaissement des corniches, les lézardes du plafond, où pendait un lustre, contrastaient avec l'éclat de la tenture de papier grenat et velouté, rehaussé de baguettes de bois doré ; de même aussi les rideaux de soie contrastaient avec les menuiseries vermoulues ou déjetées des fenêtres à petits carreaux, à peine closes par leurs grossières espagnolettes de fer, peintes en noir.

Ce jour-là les habitués de la table d'hôte avaient depuis peu de temps terminé leur dîner ; mais l'on attendait les personnes invitées à la soirée pour engager les parties de jeu.

Une douzaine de femmes, un nombre d'hommes à peu près égal, çà et là disséminés dans le salon éclairé par deux grandes lampes carcels contenues dans des vases de porcelaine, causaient soit tête à tête, soit en groupes.

Parmi les hommes, deux ou trois sortaient à peine de l'adolescence ; le plus grand nombre appartenaient à l'âge mûr, sauf un vieux monsieur à cheveux et à moustaches blanches retroussées. L'on appelait emphatiquement ce monsieur *le général*. (Presque toutes les tables d'hôte s'*enorgueillissent* de compter parmi leurs commensaux un général, un colonel, un commandant, ou tout au moins un major quelconque ; quant à la réalité de ces grades, l'annuaire de l'armée n'en fait aucune mention.)

Quelques vieilles joueuses, fardées jusqu'aux yeux, décolletées jusqu'au bas des épaules ; plusieurs jeunes et jolies femmes vêtues avec une extrême élégance, composaient le personnel féminin.

Presque toutes ces dames portaient un nom d'emprunt, harmonieux et sonore, invariablement précédé de la particule aristocratique : madame DE *Bourgueil*, madame DE *Saint-Alphonse*, madame DE *Belcour*, etc., etc., etc. Elles avaient généralement des dehors contenus, souvent distingués ; car, remarque singulière, basée sur la délicatesse innée de la femme, celle-ci tombant dans la même dégradation que l'homme conservera toujours sur lui une évidente supériorité en ce qui touche les apparences. Aussi, parmi les créatures qui fréquentaient les lieux suspects où nous introduisons le lecteur, presque toutes gardaient un maintien réservé, décent, presque modeste.

Dans le petit nombre d'habitués de la table d'hôte de Clara, qui portaient bravement ou plutôt impudemment leur nom, se trouvait madame Bayeul. Sa présence dans ce tripot, quoiqu'elle appartînt à une honnête bourgeoisie, s'expliquait par ses mésaventures conjugales.

Monsieur Bayeul avait chassé sa femme de leur demeure commune, non qu'il fût un mari d'humeur ombrageuse, tant s'en faut ! il resta stoïquement indifférent aux désordres de son épouse, jusqu'au jour où celle-ci se permit de lui subtiliser une somme assez considérable, dans la charitable intention de payer les dettes de jeu de l'un de ses galans.

Or, autant monsieur Bayeul se montrait peu soucieux des infidélités de sa femme, autant il se montrait jaloux de ses billets de banque. Aussi, le surprenant, ainsi qu'on le dit, la main dans le sac, il lui signifia nettement l'ordre de déguerpir de chez lui dans les vingt-quatre heures. Toutefois, afin de se débarrasser à jamais de sa tendre moitié, il consentit à lui assurer un revenu de dix-huit cents francs, la menaçant, dans le cas où ces arrangemens ne la satisferaient point, de commencer à l'instant contre elle des poursuites judiciaires motivées par de nombreux adultères dont il tenait entre ses mains les preuves écrites et parfaitement suffisantes pour la faire coffrer à Saint-Lazare pendant un an ou plus.

Le choix de madame Bayeul ne fut pas douteux ; elle crut d'ailleurs trouver dans sa complète liberté les moyens d'améliorer sa position pécuniaire, et fit dès lors partie de cette classe dégradée, commençant à la femme mariée chassée du toit conjugal en punition de ses scandaleuses pratiques, et descendant jusqu'aux plus misérables créatures.

Madame Bayeul, délivrée de toute entrave, ne fréquentant que la mauvaise compagnie, s'abandonnait aux excentricités de ses toilettes. Elle ne ménageait plus l'exhibition de ses épaules, d'une blancheur de neige, que caressaient les longues boucles de ses cheveux d'un blond ardent ; quoiqu'elle eût dépassé sa trentième année et acquis un léger embonpoint, sa taille d'Hébé était toujours fine, souple, charmante ; son regard, habituellement effronté, devenait d'une audace inviscible lorsqu'il s'arrêtait sur un homme qui lui plaisait ; mais, en ce moment, madame Bayeul causait tête à tête avec Clara dans son boudoir.

L'ex-femme de chambre de madame de Villetaneuse était devenue fort replète et avait alors environ quarante-cinq ans. La satisfaction d'elle-même et de sa condition se lisaient sur ses traits épanouis ; la table d'hôte ou plutôt les profits du *flambeau* (1) l'enrichissaient : elle n'avait eu jusqu'alors qu'un démêlé avec la police, au sujet d'un jeune Russe outrageusement plumé chez elle par Angelo Grimaldi. Mais, grâce à la puissante intervention du mari de l'une de ses anciennes maîtresses, Clara avait échappé au tribunal correctionnel et à la fermeture de son tripot. Tout lui souriait ; elle prenait le nom sonore de madame de Sablonville ; *le général* l'appelait galamment *sa belle amie* ; les femmes qu'elle recevait et dont elle connaissait les secrets, la traitaient avec déférence ; les hommes lui témoignaient cette courtoisie banale, due à l'habitude d'un certain monde ; enfin, autrefois femme de chambre, elle avait une femme de chambre à ses ordres, une cuisinière, une fille de cuisine et un domestique qui, aidé du portier, servait à table.

En un mot, Clara, après avoir pendant si longtemps obéi au coup de sonnette, se voyait à son tour maîtresse de maison, et se trouvait son sort le plus heureux du monde.

Tel était d'ailleurs l'entretien confidentiel de madame de Sablonville et de madame Bayeul, toutes deux retirées dans le boudoir avoisinant le salon.

(1) Le gain des maîtresses de tripot consiste surtout dans une somme de... que les joueurs abandonnent à chaque partie pour les cartes.

CXV.

— Ainsi, ma chère, ce n'était pas pour la première fois qu'hier il venait chez vous? — disait madame Bayeul à Clara. — Vous le connaissiez donc auparavant?
— Angelo Grimaldi?... Mais figurez-vous, ma petite, qu'il est une de mes plus anciennes connaissances. Il date de la fondation de ma table d'hôte.
— Qu'il est beau, mon Dieu! qu'il est beau! Quel ravissant visage! quelle délicieuse tournure! Et l'air si roué!... Hier, en le voyant, je suis restée comme éblouie, presque hébétée; je mourais d'envie de lui parler; je me suis approchée dix fois de lui, je n'ai pas osé l'aborder, tant je me sentais sotte, embarrassée. Jugez un peu! je ne suis pas timide pourtant!
— Hé! hé! c'est une passion qui commence.
— J'en ai peur.
— Et vous avez raison, ma petite!
— D'avoir peur?
— Oui.
— D'avoir peur d'aimer cet adorable jeune homme?
— Certes!
— Est-ce que je ne suis pas libre, ma chère?
— Vous ne me comprenez pas. Je veux dire qu'il est dangereux, très dangereux d'aimer ce beau garçon.
— Pourquoi est-ce dangereux?
— Ah! ma petite, on dit : Ne jouez pas avec le feu. Je vous dirai, moi : Ne jouez pas avec l'amour d'Angelo!
— Mais encore...
— Une fois qu'on en tient, voyez-vous, c'est pour la vie; il y a comme un charme magique.
— Eh bien! l'on en a pour la vie, tant mieux!
— Mais lui n'en tient pas pour la vie; une fois son caprice passé, bonsoir! Il s'en suit qu'on devient malheureuse comme les pierres. Tenez, j'ai vu ici affolée d'Angelo une amour de femme, madame de Saint-Prosper, vingt-deux ans, jolie comme un ange, faite au tour, riche de plus de deux cent mille francs, sans compter un magnifique mobilier, vu qu'un Anglais s'était à moitié ruiné pour elle.
— Ensuite?
— Savez-vous comment a fini son amour pour Angelo? Au bout d'un an, on repêchait la pauvre femme dans les flots de Saint-Cloud; elle s'était noyée de désespoir de se voir abandonnée par lui; sans compter qu'il lui avait mangé jusqu'à son dernier sou, car on n'a pas seulement trouvé chez elle de quoi la faire enterrer. J'ai payé l'inhumation. Ça a été, du reste, très convenable : trois voitures de deuil, les chasubles galonnées, et au cimetière une jolie pierre simple, mais de bon goût. Vous concevez, je ne pouvais pas laisser une de mes anciennes habitudes aller à Montmartre dans le corbillard des pauvres, pour être jetée dans la fosse commune. Voilà, ma petite, ce que c'est que d'aimer Angelo.
— Ce que vous me dites là, voyez-vous, loin de m'effrayer, me rend encore plus amoureuse d'Angelo. Angelo! quel nom ravissant! Il est donc italien?
— Tout ce qu'il y a de plus italien; il a été condamné à mort dans son pays pour affaire politique. Il avait alors dix-huit ou dix-neuf ans; il a pu s'échapper de sa prison.
— Proscrit! condamné à mort! Il ne manquait plus que cela pour m'achever!
— Enfin, depuis qu'il a quitté l'Italie, il vit en France, à moins qu'il ne voyage; aussi connaît-il beaucoup de riches étrangers, c'est presque toujours lui qui amène ici les plus gros joueurs.
— Tenez, ma chère, — reprit madame Bayeul, rêveuse, l'œil enflammé, le sein palpitant, — il me semble que je dirais : Être aimée d'Angelo et mourir!
— Est-elle exaltée, cette petite! est-elle exaltée!
— Viendra-t-il ce soir?
— Probablement. A propos, nous aurons du fruit nouveau, une présentation, une très jolie dame qua...
— Vous êtes sûre qu'Angelo viendra ce soir?
— Mais oui, mais oui... Je vous disais donc que nous aurons ce soir du fruit nouveau : l'un de mes habitués, monsieur Badinier, me présente sa dame, — dit Clara en se rengorgeant, et elle ajouta d'un ton protecteur : — Je lui ai demandé, bien entendu, avant de lui promettre de la recevoir, si elle avait de bonnes manières, une tenue décente, parce que je ne veux recevoir chez moi que des femmes *très bien;* monsieur Badinier m'a répondu que sa dame était du meilleur genre; elle s'appelle madame d'Arcueil. Il paraît qu'elle est belle à éblouir; qu'elle a l'air d'une duchesse. Dites donc, ma petite, tenez-vous ferme au moins! C'est peut-être une rivale! Si Angelo allait la remarquer!
— Êtes-vous méchante, allez! vous n'avez pas pitié de moi. Toute la nuit j'ai rêvé de lui, je perds jusqu'à l'appétit, je n'ai pas pu dîner; vous m'avez dit vous-même que je ne mangeais rien.
— A propos du dîner, ma petite (je vous dis cela en passant), vous n'oublierez pas que vous êtes en avance de trente-cinq cachets, et de neuf *extras* de vin de champagne, que vous adorez... (sans reproche). Le tout se monte à cent cinquante-deux francs; tâchez de me régler ce soir mon petit compte, si vous êtes heureuse au lansquenet. Sinon, j'attendrai que vous ayez quelqu'un, et...

Clara s'interrompit, et s'écria en voyant entrer un nouveau venu dans le boudoir :
— Tiens, monsieur de Mauléon! c'est un véritable revenant; il y a des siècles qu'on ne l'a vu.

Mauléon, dont les cheveux avaient grisonné depuis son voyage d'Allemagne, était vêtu avec élégance; il salua courtoisement Clara et madame Bayeul de plus en plus absorbée par le souvenir d'Angelo, et dit à la maîtresse de la table d'hôte :
— Bonsoir, chère madame de Sablonville.
— Bonsoir, cher monsieur de Mauléon; vous arrivez donc de voyage?
— Justement. J'ai un service à vous demander.
— C'est accordé d'avance.

Mauléon, afin de n'être pas entendu de madame Bayeul, se penchant vers l'oreille de Clara, lui dit tout bas :
— J'ai donné rendez-vous à Angelo chez vous ce soir, à neuf heures; elles vont sonner tout à l'heure; j'ai à causer longuement avec lui, soyez assez bonne pour vous arranger de manière à ce que nous ne soyons pas interrompus.
— Rien de plus facile; venez dans ma chambre à coucher, j'en fermerai la porte; je donnerai l'ordre d'y introduire Angelo en le faisant passer par le couloir de mon cabinet de toilette qui donne sur l'escalier de service. Vous causerez ainsi à votre aise tant que vous le voudrez.
— Mille grâces, chère madame. Vous êtes, selon votre habitude, toujours obligeante au possible.

CXVI.

Angelo Grimaldi, dès son arrivée dans le tripot, fut conduit dans la chambre à coucher de Clara, où il resta seul enfermé avec Mauléon.

Angelo Grimaldi, dont la beauté vraiment remarquable était rehaussée par les recherches d'une toilette d'excellent goût, digne de la *fleur des pois* des merveilleux, tendit cordialement la main à son ancien complice, et lui dit :
— J'ai reçu ta lettre, j'avais laissé mon adresse à la maîtresse de l'hôtel garni que j'habitais autrefois, la bonne sûre; elle m'a envoyé ton billet à ma nouvelle demeure; me voici exact au rendez-vous. Mais que diable es-tu devenu depuis notre voyage d'Allemagne avec le vieux Corbin?
— Voyage où, par parenthèse, tu nous as plantés là. Le

vieux Corbin allait même jusqu'à te soupçonner de nous avoir vendus.
— C'est absurde.
— Tu n'étais pas venu au rendez-vous, où nous avons été arrêtés, de là ses soupçons; du reste, la police allemande s'est contentée de nous conduire jusqu'à la frontière. Maintenant, écoute-moi : j'ai une excellente affaire à te proposer; mais afin de nous recorder, il faut qu'en deux mots je te mette au fait de tout ce qui m'est arrivé depuis notre séparation en Allemagne. Reconduit à la frontière, je suis revenu à Paris; certaines circonstances me donnaient à penser que cette Catherine de Morlac... Tu sais de qui je veux parler?
— Oui, elle t'avait autrefois ruiné.
— C'est cela ; j'avais donc tout lieu de croire qu'elle possédait chez elle une somme considérable. Corbin me renseigna sur la mansarde qu'elle occupait dans la même maison que lui, et après de longues recherches, je découvris enfin, caché en différens endroits, sous le carrelage de la chambre, une forte somme en différentes valeurs.
— Il est incroyable que, riche encore, cette Catherine se soit faite ouvrière.
— Cela m'a aussi paru fort bizarre ; mais, apparemment touchée de la grâce d'en haut, et rougissant de son ancien métier, lorsqu'elle a eu retrouvé son fils, Catherine se sera imposé, en manière d'expiation, de vivre pauvre et de distribuer en aumônes l'argent des niais de ma sorte qu'elle avait jadis exploités, car le vieux Corbin, après mon heureuse découverte, n'a plus douté que Catherine ne fût certain mystérieux bienfaiteur que l'on nommait *le bon génie* de la cour des Coches. Elle mérite, tu le vois, au moins le prix Monthyon.
— Il n'est que des coquines capables d'idées pareilles ! Mais enfin, de cette restitution forcée, tu recouvrais une partie de l'argent donné jadis par toi à cette femme. Le tour est piquant !
— J'avais liquidé avec la justice; néanmoins, en raison de la surveillance, j'ai cru devoir quitter Paris, en emmenant une charmante petite femme. J'ai fait ainsi en Suisse un voyage délicieux. Mais à Berne, j'ai abandonné ma compagne, et j'en ai pris une autre. C'était une très jolie femme de chambre anglaise, et je l'ai enlevée à ses maîtres; cette circonstance m'a naturellement inspiré le désir de voir l'Angleterre, d'où j'arrive, après y avoir vécu très grandement comme en Suisse.
— Je n'en doute pas ; et de cette restitution opérée par toi-même chez Catherine, combien te reste-t-il ?
— Cinq cent louis, qui seront mon apport dans l'opération que je viens te proposer.
— Nous en parlerons tout à l'heure. Mais je dois aussi en deux mots te raconter mes aventures depuis notre séparation. La belle inconnue de la villa Farnèse était la maîtresse du prince Charles Maximilien, une comtesse, une vraie comtesse de Villetaneuse.
— J'ai vu dans les journaux la mort d'un pair de France de ce nom... le marquis de Villetaneuse.
— C'était l'oncle du mari de ma belle... Henri de Villetaneuse.
— Henri de Villetaneuse ?... — reprit Mauléon songeant ses souvenirs. — Attends donc...
— Tu le connais ?...
— Hé! sans doute... il est maintenant des nôtres.
— Vraiment... le comte ?...
— Lors de mon dernier voyage en Angleterre, il m'a été présenté dans un *enfer* (1) de Londres, comme compatriote grec... Il arrivait de Californie, où il avait été chercher fortune, sans la rencontrer ; on parlait même assez vaguement dans cet enfer d'un coup de main hardi, tenté par Henri de Villetaneuse à Rio Janeiro, sur un riche planteur brésilien qu'il avait enivré...

(1) On appelle *enfer*, à Londres, d'infernales maisons de jeu, véritables repaires d'escrocs et de prostituées d'un certain monde.

— Eh bien ! mon cher, ce Henri de Villetaneuse a eu de sa femme, en dot, huit cent mille francs, et, en moins de deux ans, il avait tout mangé.
— Je comprends alors comment sa femme est devenue la maîtresse du prince.
— Oh ! c'est tout un roman ; il serait superflu de te le raconter. Il est aussi superflu de t'apprendre comment le prince quitta la comtesse pour épouser une princesse de la maison d'Autriche, et confia son Ariane désolée à un certain duc de Manzanarès afin de la faire voyager et de la distraire. Je ne m'appesantirai pas non plus sur le moyen fort ingénieux, mais fort risqué, grâce auquel, après une nuit que j'ai passée enfermé seul dans l'une des chambres de la villa Farnèse, j'ai trouvé moyen, le lendemain, de devenir le compagnon de voyage du duc et de la comtesse en qualité de secrétaire intime. Voilà pourquoi vous ne m'avez pas revu, car les événemens dont fut suivi votre rendez-vous du soir dans les ruines du château se passaient la veille de mon départ.
— Or, ce duc a été le successeur du prince ?
— Non sans peine ; car la comtesse... je la nommerai Aurélie, c'est son nom, poussait loin la délicatesse.
— Quoi !.. et elle avait été entretenue par Charles-Maximilien ?
— Oui et non.
— Que veux-tu dire ?
— Elle vivait dans la villa du prince ; il défrayait sa maison, mais il n'aurait jamais osé lui offrir d'argent. Elle payait ses toilettes des débris de sa dot, et se montrait magnifique envers les domestiques. Enfin, lorsque se séparant d'elle, le prince lui offrit un crédit illimité chez son trésorier, la comtesse regarda ce procédé comme un sanglant outrage.
— C'est fort curieux.
— Ce n'est pas tout. Lors de son voyage avec le duc, il restait à madame de Villetaneuse une somme assez ronde ; elle avait absolument exigé de payer sa part des dépenses, ne voulant accepter le duc que comme un chaperon, un vénérable cicérone. La comtesse se montrait d'autant plus inflexible à ce sujet (elle me l'a depuis avoué) qu'elle avait commencé à ressentir de l'amour pour moi, malheureux proscrit, devenu, par hasard, secrétaire du duc. Celui-ci, voyant dans la délicatesse d'Aurélie un obstacle presque insurmontable à ses projets, fit, en diplomate habile, ce calcul ingénieux : « Lorsque la comtesse et sa famille (j'oubliais de te dire que le père et la mère d'Aurélie étaient du voyage)...
— Honnêtes parens ! Continue.
— Donc, le duc se dit ceci : « Lorsque la comtesse et sa » famille seront à bout de ressources, il faudra bien, ha- » bituée qu'elle est à vivre en grande dame, qu'elle écou- » te mes propositions. » En suite de ce profond raisonnement, Monsieur de Manzanarès doubla et tripla les dépenses du voyage avec une prodigalité folle. Nous courions la poste avec quatre voitures, deux courriers et six domestiques. Juge de l'énormité des frais dont la comtesse payait sa part. On faisait des dîners extravagans, on demandait les vins les plus rares, la chère la plus exquise dans les premiers hôtels des villes où nous séjournions. Cela ne suffisait pas à l'impatience du duc, et, afin de précipiter la ruine complète de madame de Villetaneuse, il imagina de l'associer avec lui pour jouer à la roulette, aux bains de Lucques. La chance le favorisa, en cela qu'il jouait à qui perd gagne, et, en une soirée, la comtesse vit disparaître tout ce qui lui restait.
— Alors la belle, moins farouche, est forcée d'accepter les services du duc, et par reconnaissance...
— Il n'en pouvait être autrement. Le duc, d'ailleurs, se conduisait en parfait gentilhomme, en seigneur magnifique. La mère d'Aurélie prit la chose en femme d'esprit, mais le père, bonhomme fort rétif à certaines idées, malgré la plus niaise crédulité, fut bien forcé d'ouvrir un beau jour les yeux à la lumière, il fut frappé d'un coup de sang; sa raison, déjà quelque peu obscurcie, se troubla tout

fait, et il tomba littéralement en enfance. Quant à la comtesse, ce premier pas franchi, et habituée au luxe, à une vie princière, elle s'est bientôt et tout doucement résignée à accepter les splendides libéralités du duc.
— Ah çà, et toi ?
— Pendant longtemps je fus réduit au rôle de martyr, de soupirant éconduit, dévorant mes larmes en silence, ou soupirant de temps à autre une romance plaintive. (Le duc se plaisait fort à me faire chanter.) Enfin, que te dirai-je ? à Naples j'ai reçu le prix de ma constance, mais tu vas rire : la victoire, loin de me refroidir, m'a rendu amoureux, passionnément amoureux.
— Toi, Angelo ?
— Oui.
— Allons, tu railles.
— Je te dis, Mauléon, que pour la première fois de ma vie j'ai aimé, aimé avec idolâtrie, aimé comme un écolier, aimé à ce point que cet amour m'effrayait. Aussi, lorsqu'il a été rompu, malgré moi j'ai fini par m'en applaudir. Cet amour me dominait, me possédait follement ; je sentais faiblir la trempe énergique de mon caractère.
— Est-ce bien toi que j'entends ?
— Hé, mon Dieu ! parfois je ne me reconnaissais plus moi-même. Croirais-tu que souvent, le front appuyé sur les mains d'Aurélie, je pleurais en pensant qu'à son insu cette jeune femme aimait un grec, un voleur, un repris de justice qu'elle croyait proscrit pour une noble cause !
— Toi, pleurer aux pieds d'une femme !
— Oui, je pleurais, et d'autres fois, me révoltant contre ma lâche faiblesse, je voulais éprouver l'amour d'Aurélie, en lui avouant résolument qui j'étais, en lui racontant ma vie.
— J'aurais été jaloux de cette confidence, Angelo, car, au fond, j'ignore qui tu es, j'ignore quels étaient tes antécédens avant notre rencontre en prison.
— Peut-être un jour te ferai-je ma confession... entre deux vins... mais je n'osais la faire à madame de Villetaneuse, de crainte de l'épouvanter. Cependant elle m'aimait, vois-tu, avec une telle furie, j'avais sur elle tant d'influence, que, j'en suis certain, elle m'eût aimé quoique grec, quoique repris de justice. Ces hésitations de ma part te montrent quel empire cette passion avait sur moi.
— Quelle idée ! — reprit Mauléon en se frappant le front, — ce serait parfait !
— Que veux-tu dire ?
— Ta comtesse était belle, Angelo ?
— Admirablement belle.
— De bonnes façons ?
— Les meilleures du monde, une distinction naturelle exquise.
— Elle t'aurait suivi partout ?
— Je n'en doute pas.
— Elle t'aurait aveuglément obéi en tout ?
— « Je sens que je ne suis plus moi, mais toi, mon Angelo ! » me disait-elle souvent.
— Voilà, pardieu ! la femme qu'il nous faudrait.
— Pourquoi ?
— Pour notre affaire. Et où est-elle maintenant, ta comtesse ?
— Je l'ignore. Mais quels seraient donc tes projets ?
— Achève d'abord ton histoire.
— Le dénoûment est fort simple : un jour le duc nous a surpris en tête-à-tête, Aurélie et moi.
— C'était dans l'ordre naturel des choses.
— Le duc n'avait jamais eu jusqu'alors le moindre soupçon de notre amour ; il m'affectionnait beaucoup ; sa colère fut contenue, mais profonde. « Vous étiez proscrit, » condamné à mort, — me dit-il. — Je blâme vos opinions » politiques, pourtant je vous ai sauvé la vie en vous mettant à l'abri des poursuites de la police autrichienne ; je » vous ai donné auprès de moi un emploi de confiance, je » vous ai traité de la plus noire » ingratitude. Écoutez-moi bien : nous sommes ici à Naples ; le gouvernement napolitain a, tout autant que l'Au-

» triche, horreur des révolutionnaires ; si dans deux heu-
» res vous n'avez pas quitté cette ville, sans revoir la
» comtesse, je vous fais arrêter, et vous pourrirez au ca-
» chot... »
— Peste ! monsieur le duc était catégorique.
— De plus, il se chargea de faire à l'instant retenir ma place sur un paquebot en partance. Je me résignai, connaissant de réputation le *carcere duro* : je ne pouvais y échapper qu'en faisant constater mon identité, auquel cas ma position n'eût pas été meilleure ; je ne voulus pas cependant quitter l'Italie les mains vides : je profitai du temps que l'on m'accordait pour mes préparatifs de voyage, et connaissant parfaitement les êtres de l'hôtel du duc et le moyen de pénétrer dans son cabinet, je m'appropriai une dizaine de mille francs.
— Tu es homme de précaution.
— A l'heure dite, je sortis de Naples, sans revoir madame de Villetaneuse. J'ignore ce qu'elle est devenue depuis. Les premiers momens de cette brusque séparation furent pour moi affreux, puis, je te l'ai dit, je finis par être presque satisfait d'échapper à un amour qui m'abrutissait. Le paquebot où je pris passage était frété pour Cadix ; j'ai, pendant la traversée, fait connaissance d'un banquier espagnol ; il m'a introduit dans les meilleures maisons de Cadix ; l'on y jouait gros jeu ; j'étais en fonds ; les Espagnols ignorent l'art de filer la carte : je fis là d'excellentes affaires. Une charmante Caditane m'a aidé à oublier la comtesse ; mais, au bout de quelques mois, craignant de voir mon industrie éventée, j'ai cru prudent de ne pas séjourner plus longtemps à Cadix. Je suis allé à Séville, à Madrid, et en dernier lieu à Lisbonne, d'où je me suis embarqué pour Ostende, emportant des bénéfices considérables. Je voulus aller aux jeux de Spa et de Baden, et, homme de hasard, tenter résolûment le hasard...
— Quelle faute ! lorsqu'on peut diriger à son gré le hasard !
— La faute fut grave en effet : je perdis à la roulette, au trente et quarante, à peu près tout ce que je possédais ; je repartis pour Paris après cette *lessive*, et me voilà. Heureusement la table d'hôte de Clara est une précieuse ressource pour un joueur habile.
— C'est un *en cas*, si l'excellente affaire que je veux te proposer ne te convient pas.
— Quelle est cette affaire ?
— Nous ne sommes pas connus à Bordeaux.
— Je n'y ai jamais mis les pieds.
— Ni moi non plus. Or, il paraît qu'en ce moment le lansquenet fait rage dans cette bienheureuse ville. Voici donc ce que je te propose : nous partons pour Bordeaux avec une jolie femme, dont toi ou moi serons le mari. Cela pose honorablement, cela permet d'ouvrir et de tenir maison sans éveiller les soupçons. Nous arrivons en poste à Bordeaux : nous sommes de riches touristes qui viennent passer quelques mois dans le Midi ; nous louons un bel appartement ; on se lie vite en province avec des étrangers ; ma femme (ou la tienne) est charmante, fait à merveille les honneurs de chez elle ; nous donnons d'excellens dîners, mais nous n'avons aucun goût pour le jeu. Cependant, que faire après dîner ? Quelqu'un propose en manière de simple passe-temps une modeste partie de lansquenet. Nous acceptons, et nous sommes si malheureux au jeu que pendant une quinzaine de jours nous perdons. Cette perte devient assez considérable, nous voulons nous refaire ; le guignon nous poursuit ; nos Bordelais, enchantés d'empocher notre argent, de manger nos dîners, dont une jolie femme fort agaçante fait les honneurs, nous proposent généreusement revanche sur revanche ; le jeu grossit, s'allume ; la chance tourne de notre côté... et alors...
— Le reste va de soi. Ton idée est bonne, il y a beaucoup d'argent à gagner à Bordeaux : nous n'inspirerions aucune défiance par notre grande dépense et par la bonne tenue d'une maison de gens mariés.
— Aussi te disais-je que la comtesse nous eût parfaite-

ment convenu pour cette représentation. En ce cas tu aurais été l'homme marié et moi l'ami de la maison.

— Certes, en pareille occurrence, Aurélie nous eût été précieuse, grâce à son habitude du grand monde et à ses manières excellentes. Les Bordelais auraient raffolé d'elle: jamais plus séduisant appât n'eût déguisé l'hameçon; mais, je te l'ai dit, je ne sais pas ce que la comtesse est devenue. Je m'en félicite, car, si je la revoyais, je serais capable de redevenir passionnément amoureux d'elle et de perdre tous mes moyens.

— N'en parlons plus; il nous sera d'ailleurs facile de trouver ici, chez Clara, une femme telle qu'il nous la faut. Qu'en penses-tu, toi qui, mieux que moi, connais le personnel féminin de céans, car j'arrive de voyage?

Angelo réfléchit pendant un moment et reprit:

— J'ai remarqué ici une certaine petite madame Bayeul, blonde ardente, blanche comme un cygne, hardie comme un page. La petite Bayeul mettrait le feu à toutes ces têtes méridionales; en faveur de sa gentillesse provocante, ils lui pardonneraient aisément de ne pas avoir des manières de duchesse. Ses œillades assassines les distrairaient de leur jeu, et...

— Et, ainsi que je le disais tout à l'heure, le reste va de soi. Je te donne donc plein pouvoir pour le choix et l'engagement de notre jeune première; je me fie à ton goût, tu es un garçon de tact et d'esprit.

— Quand partirons-nous?

— Le plus tôt possible. J'ai conservé ma voiture de voyage, un très beau coupé; nous y tiendrons facilement trois. Tu crois pouvoir décider la Bayeul à nous accompagner?

— Je l'avouerai, sans vanité il n'y a pas là de quoi se vanter, qu'hier et avant-hier, cette enragée m'a poursuivi de regards expressifs; elle ne m'a pas dit un mot, mais ses yeux disaient tout; elle me suivrait, j'en suis certain, chez le grand diable d'enfer.

— S'il en est ainsi, décide-la ce soir même à nous accompagner; nous partirons le plus tôt possible. Rien ne me retient de ma vengeance, mais il me faudra une heure au plus pour la mener à bonne fin.

— Quelle vengeance?

— Cette Catherine de Morlac...

— Que diable veux-tu de plus? Tu l'as dépouillée, en manière de restitution forcée.

— Cela ne me suffit point... Il est étonnant combien je hais cette femme. Je veux la frapper cruellement et à coup sûr... Oh! cette fois, ma vengeance aboutira... Catherine est sans doute encore employée chez son orfèvre. Il me sera facile de savoir sa demeure, et dès demain, je serai vengé.

— Mauléon, prends garde, tu joues là un jeu dangereux... elle te reconnaîtra...

— Rassure-toi, j'ai mon projet.

Clara vint interrompre la conversation des deux grecs, et leur dit:

— Ah çà, votre tête-à-tête a assez duré; les parties de jeu s'engagent, le Hollandais vient d'arriver; entendez-vous cela, mon cher Angelo? — ajouta la maîtresse du tripot en jetant un regard significatif au grec émérite. — Le Hollandais vient d'arriver; il veut offrir du punch à ces dames et jouer un jeu d'enfer.

— Oh! si le Hollandais boit du punch et veut jouer un jeu d'enfer, Mauléon et moi, nous allons le servir à souhait. Rentrons au salon, — reprit le prince de justice, et il ajouta: — A propos, Clara, la petite Bayeul est-elle ici?

— Ah! grand scélérat!

— Hé! hé! elle est drôle.

— Figurez-vous qu'elle est folle de vous.

— Ah bah!

— Folle! archi-folle!

— Elle me fait beaucoup d'honneur. En ce cas, ma chère Clara, ayez donc l'obligeance de lui dire que j'aurais deux mots à lui dire, et de me l'envoyer ici.

— Mais je vais ... c'est au jeu.

— Rassurez-vous, je le rejoins bientôt; je n'ai, je vous le répète, que deux mots à dire à la petite Bayeul.

— Tenez, je suis trop bonne, monstre que vous êtes! Attendez ici un moment, je vais vous envoyer votre belle, qui ne s'attend guère à cet entretien. Quelle surprise pour elle! Savez-vous qu'elle est capable de se trouver mal de saisissement! Pauvre femme!... encore une victime!

Clara et Mauléon sortirent de la chambre à coucher, dont la porte resta ouverte.

Au bout de quelques instants, madame Bayeul, prévenue par Clara, courut retrouver Angelo, émue, palpitante et en proie à la plus vive émotion.

En ce moment, Aurélie, comtesse de Villetaneuse, entrait dans le salon du tripot en compagnie de monsieur Badilier.

CXVII.

La comtesse de Villetaneuse dans ce tripot!

Aurélie tombée jusques à la honteuse condition de femme entretenue!

La chute est effrayante, si par la pensée l'on se reporte à six ou sept années de là!

Honnête et heureux temps! jours paisibles et rians!

L'ancien négociant et sa femme, riches des fruits légitimes de leur industrie, haut placés, considérés dans la bourgeoisie, goûtent les douces joies de la famille, affermis dans la pratique du juste et du bien, dans l'amour de la simplicité, par les excellens avis de la tante Prudence et du cousin Roussel, cœurs dévoués, esprits pleins de bon sens, âmes droites, caractères solides et sûrs. Les heureux époux ont deux filles, l'une faisant oublier ses disgrâces physiques par des qualités touchantes, l'autre d'une beauté éblouissante et d'un naturel exquis; elles s'aiment tendrement; elles sont pures, ingénues, douées des plus aimables vertus.

Aurélie rêve parfois (innocente rêverie alors!) un avenir splendide comme sa beauté.

Marianne rêve un avenir modeste, elle!

Madame Jouffroy, dont la vanité maternelle ne fait que poindre, se montre vigilante ménagère, femme de tête et de vouloir; elle a, par son bon ordre domestique, par son activité commerciale, puissamment concouru à la fortune de son mari, et tous deux, l'heure du repos venue, en jouissent avec la satisfaction que donne le devoir accompli.

Monsieur Jouffroy, gai, ouvert, fait oublier sa faiblesse à force de bonté; ses jours s'écoulent rians, paisibles, honorés.

Et maintenant quel abîme de maux, de larmes, de ruine, de honte, d'abjection, sépare le présent du passé!

Ah! c'est que la *vanité* est l'un de ces virus lents, subtils, incurables, terribles, qui corrompent l'âme et la gangrènent à jamais.

La *vanité* maternelle de madame Jouffroy infiltrant ses poisons dans l'âme d'Aurélie, elle avait, *par vanité*, préféré à l'orfèvre Fortuné Sauval le comte de Villetaneuse.

Par vanité, plus encore que par la crainte de la misère (les bras de Marianne et de son mari eussent été ouverts à la comtesse, elle le savait); *par vanité*, elle avait passé des bras du prince dans ceux du duc de Manzanarès.

Par vanité enfin (vanité relative), elle s'était vendue à monsieur Badilier, afin de retrouver, grâce au luxe de cette honteuse liaison, quelque reflet de l'opulence dont elle avait joui, soit au temps de son mariage, soit alors qu'elle était la maîtresse de Charles-Maximilien ou du duc de Manzanarès; abjection d'autant plus criminelle de la part d'Aurélie, qu'elle et sa mère, coupables d'une tolérance doublement infâme, auraient trouvé auprès de Marianne et de Fortuné sécurité pour le présent, indulgence et oubli pour le passé.

Mais la vanité de madame Jouffroy se révoltait à la pensée de se rapprocher de la tante Prudence, sa belle-sœur dont les prévisions se réalisaient si terriblement.

Mais la vanité d'Aurélie se révoltait à la pensée de l'existence humble et retirée qui l'attendait chez sa sœur.

Pour concevoir par quelle successive et prompte dégradation du cœur et de l'esprit Aurélie, chaste jeune fille, puis épouse d'abord irréprochable, était tombée si rapidement de chute en chute jusqu'à la condition de femme entretenue, il faut se pénétrer de cette vérité : « Que si, dans
» l'ordre physique, la rapidité de la chute des corps est
» proportionnelle à leur pesanteur, il en est de même dans
» l'ordre moral : la rapidité de la chute des âmes est pro-
» portionnelle au poids de l'infamie, qui, se multipliant
» par elle-même, les précipite à l'abîme avec une vitesse
» effrayante. »

Ou si l'on préfère cette comparaison :

« La plus légère déviation du droit chemin entraîne for-
» cément, fatalement, d'incommensurables écarts de con-
» duite, lorsque la conscience a été impuissante à refréner
» une déviation première. »

Disons-le cependant, l'irrésistible besoin des vaniteuses jouissances du luxe n'avait pas seul conduit Aurélie à sa perte. Son père et sa mère s'étaient dépouillés pour la doter. Aussi, lorsque les derniers débris de sa dot et de leur fortune furent dissipés durant son voyage d'Italie avec monsieur de Manzanarès, madame de Villetaneuse, se voyant sans ressources, ainsi que ses parents, elle accepta les offres du duc, autant pour continuer de vivre dans l'opulence que pour épargner aux siens les privations, la misère auxquelles leur conduite les condamnait.

Le même sentiment dicta la conduite d'Aurélie à l'époque où, de retour en France après sa rupture avec monsieur de Manzanarès, elle fut réduite à consentir aux propositions de monsieur Badinier.

La rupture de monsieur de Manzanarès et d'Aurélie avait eu pour cause son amour pour Angelo.

Étrange et fatal amour!

Lors de la première rencontre de la comtesse de Villetaneuse et du malfaiteur complètement inconnu d'elle, il prend vaillamment sa défense, et provoque Fortuné, qui reprochait à sa cousine d'être la maîtresse du prince. Ce jour-là même, Aurélie revoit Angelo; il se jette à ses pieds, lui déclare son amour, se donne pour un condamné politique fuyant l'échafaud. Les malheurs, la beauté, l'accent passionné, la voix vibrante du proscrit, dont la comtesse avait déjà subi le charme en l'entendant chanter au loin, la troublent malgré elle, l'impressionnent profondément. Désespérée, indignée de l'abandon de Charles-Maximilien, blessée dans sa tendresse, blessée dans sa vanité, pleurant ses illusions perdues, cruellement malheureuse elle-même, elle se sent touchée du sort de ce malheureux, si jeune, si beau, si éperdument épris d'elle. Cependant elle lutte contre cet intérêt naissant; la nuit venue, elle va trouver le repris de justice dans la chambre où il était demeuré caché, exige de lui, malgré ses larmes, ses prières, qu'il sorte de la villa, et afin de lui enlever tout espoir, elle lui apprend qu'elle part au point du jour pour l'Italie avec le duc. Usant de ce renseignement, voulant à tout prix se rapprocher de la comtesse, Angelo prend une résolution hardie, devance sur la route les nombreux équipages de monsieur de Manzanarès, et se jette sous les pieds des chevaux au risque de se faire tuer. Il est seulement blessé; on le recueille, contre son propre espoir, dans l'une des voitures du duc, et désormais il fait partie de la suite en qualité de secrétaire.

Le grec voit ainsi chaque jour Aurélie; il ne lui cache pas que c'est au péril de sa vie qu'il est parvenu à se rapprocher d'elle; il la supplie de garder le secret sur leur première entrevue, jurant que jamais un mot d'amour ne s'échappera de son cœur; il subira discrètement son martyre, trop heureux de jouir parfois de la présence de la comtesse.

La feinte résignation d'Angelo, sa tristesse douce et contenue, l'agrément de son esprit, la grâce, la dignité de ses manières, son rare talent de chanteur, que le duc se plaisait à mettre en évidence, car, séduit par l'insidieuse habileté de son protégé, lui témoignant un cordial intérêt, il le louangeait chaque jour devant la comtesse ; tout enfin concourt à développer en elle son penchant pour Angelo; enfin, elle l'aime ; sa liaison vénale avec le duc, déjà si honteuse, devient plus honteuse encore. Aurélie trompe ce vieillard.

L'une des plus terribles conséquences du vice est que sa lèpre, s'étendant à tous les sentiments de l'être corrompu, leur communique une ardeur âcre et dévorante.

Telle fut la passion d'Aurélie pour ce grec, cet escroc, ce repris de justice, dont elle ignorait, d'ailleurs, les abominables antécédents.

Cette passion toute nouvelle n'avait aucune analogie dans le passé de madame de Villetaneuse. Épouse irréprochable jusqu'au jour de sa liaison avec Charles-Maximilien, qu'elle aimait plus encore comme prince que comme amant, mais qu'elle aimait de tous ses mouvements, loyalement, sans dissimulation ni réserve, elle connut donc pour la première fois, lors de sa liaison avec Angelo, la contrainte, le remords, la honte dans l'amour ; il lui fallait ruser, mentir, se tenir sans cesse en garde contre elle-même, surmonter l'éloignement que lui inspirait le duc, puisque le quitter pour suivre son amant pauvre et proscrit, c'eût été s'exposer, elle, son père et sa mère, à une misère profonde.

Cette vie inquiète, agitée, opulente, mêlée çà et là de transports d'une passion frénétique, eut pour Aurélie l'attrait fatal et pervers que les difficultés vaincues, les fourberies triomphantes, exercent sur les femmes déjà dégradées; leur passion s'alimente de tous les sacrifices que la nécessité leur impose, et il en est d'odieux pour une femme amoureuse, si dépravée qu'elle soit.

Enfin, vint le jour où monsieur de Manzanarès surprit Aurélie et Angelo en tête-à-tête. Le duc, faible comme un vieillard très épris, et certain de l'éloignement de son rival, offrit à la comtesse son pardon, si elle voulait lui promettre de se mieux conduire à l'avenir. Désespérée du départ d'Angelo, qu'elle aimait avec frénésie, révoltée de ce mot *pardon*, prononcé par le duc, elle lui répondit que désormais il lui ferait horreur, et repoussa dédaigneusement ses offres, oubliant, dans l'exaspération de son désespoir, qu'elle et sa famille se trouvaient sans ressources.

Le duc, blessé au cœur, se conduisit néanmoins en galant homme : il rompit avec la comtesse, fit remettre à madame Jouffroy une somme destinée à sa fille, somme plus que suffisante pour subvenir aux frais de leur retour en France et à leurs besoins pendant quelque temps. Madame Jouffroy, instruite des causes de la rupture de monsieur de Manzanarès, accabla sa fille de reproches, éclata en malédictions contre Angelo; de violentes altercations à ce sujet s'élevèrent entre ces deux femmes et se reproduisirent souvent depuis; mais désormais, liées l'une à l'autre par la solidarité de leur ignominie, ne pouvant renoncer d'ailleurs à de longues habitudes d'affection, elles partirent ensemble pour Paris avec monsieur Jouffroy.

Ce malheureux, malgré sa bonhomie naïve, et quoiqu'il eût horreur de croire à l'opprobre de sa fille et à la criminelle complicité de sa femme, dut enfin ouvrir un jour les yeux à l'évidence. Ne pouvant plus douter qu'Aurélie, après avoir été la maîtresse de Charles-Maximilien, devait aux libéralités de monsieur de Manzanarès l'opulence dont elle jouissait, monsieur Jouffroy fut, pour la seconde fois, frappé d'un coup de sang, suivi d'une paralysie partielle du cerveau. De ce moment, son intelligence, déjà obscurcie, s'éteignit tout à fait ; il perdit la mémoire ; son état mental fut désormais celui d'un vieillard en enfance, inoffensif, doux et docile. Il partit avec sa femme et sa fille pour Paris, sans avoir pour ainsi dire conscience de ce changement de lieu.

Le temps des voyages princiers était passé.

Madame de Villetaneuse revint modestement à Paris en diligence avec son père et sa mère. Ce renoncement à ses habitudes fastueuses lui causa une irritation amère, une

Ah! monsieur Roussel, vous êtes bien vengé de mes torts envers vous. — Page 132.

humiliation cuisante; sa passion pour Angelo, loin de se refroidir par la séparation, s'exaltait par les tourmens de l'absence : ce misérable, exerçant une fascination magnétique sur Aurélie, avait à jamais pris possession d'elle-même. Peu de jours après son retour à Paris, elle reçut la visite de Fortuné Sauval. A sa vue ne s'éveillèrent plus, comme autrefois, dans le cœur de la comtesse, les doux souvenirs de ses jeunes années, le remords du présent, de vagues velléités de retour au bien. Non, non, cette fois la présence de Fortuné Sauval jeta chez elle le dépit, l'irritation, l'envie, hélas! Elle songeait que sa sœur Marianne, aimée, honorée, riche, heureuse, devait cet amour, cette considération, ces richesses, ce bonheur, à l'homme qu'elle, Aurélie, avait dédaigné; enfin, elle ressentit, à l'aspect de Fortuné Sauval, cette crainte, mêlée de répulsion et de regrets amers, qu'éprouve une âme déchue et pervertie lorsque la présence des honnêtes gens lui rappelle l'innocence de ses anciens jours, l'infamie des jours nouveaux. Aussi, redoutant de nouvelles obsessions de la part de Fortuné, madame de Villetaneuse et sa mère lui firent facilement perdre leurs traces au milieu de l'immensité de Paris, en changeant d'hôtel garni, de nom et de quartier.

Bientôt le chagrin, le dévorant souci de son amour pour Angelo, les appréhensions d'une misère imminente, plongèrent la comtesse dans une noire mélancolie ayant tous les symptômes d'une maladie de langueur. Les dernières ressources de la famille s'épuisaient lorsqu'Aurélie fut mise en rapport avec monsieur Badinier par une marchande à la toilette, sorte d'entremetteuse à qui elle avait vendu ses dernières nippes. Se voyant bientôt, ainsi que son père et sa mère, réduite aux plus dures privations, madame de Villetaneuse accepta les offres de l'ancien épicier, ainsi qu'elle avait accepté celles du duc de Manzanarès; seulement elle garda, par respect humain, le nom de madame d'Arcueil. C'est sous ce nom que le cousin Roussel devait connaître cette jeune femme dont monsieur Badinier était affolé, et auprès de laquelle il voulait dépêcher son ami en manière de *Mentor*.

Madame de Villetaneuse, conservant au plus profond de son cœur son ardente passion pour Angelo, dut aux générosités de monsieur Badinier une existence comfortable, quoique insuffisante à ses prodigalités, fort concevables alors qu'elle était la maîtresse du duc de Manzanarès, mais qui, bien que relativement très restreintes, semblaient énormes à monsieur Badinier, désolé de voir, malgré ses sacrifices, Aurélie criblée de dettes, toujours aux expédiens, vivant dans un désordre matériel presque inséparable du désordre des mœurs. Cependant, cédant à la vanité de faire montre de sa belle maîtresse aux yeux des habitués du salon de Clara, société suspecte, mais la seule où pût être reçue une femme entretenue, monsieur Badinier avait amené madame de Villetaneuse dans ce tripot, et, ainsi que nous l'avons dit, tous deux venaient d'y entrer au moment où, retiré dans la chambre de Clara avec madame Bayeul, Angelo proposait à celle-ci de le suivre à Bordeaux, où elle devait servir d'amorce aux piperies des grecs.

CXVIII.

Lorsque la comtesse de Villetaneuse parut dans le salon de Clara, son ancienne femme de chambre, la société peu nombreuse des joueurs s'était augmentée de plusieurs invités et invitées à la soirée de jeu.

Une trentaine de personnes, hommes ou femmes, étaient réunis, les uns assis en cercle, les autres disséminés par groupes ou debout autour de la table du lansquenet, devant laquelle, ainsi que l'avait annoncé Clara au grec émérite, se trouvait établi le Hollandais, faisant à ces dames les honneurs du punch qu'il venait de commander, et massant devant soi beaucoup d'or et de billets de banque.

L'arrivée de madame de Villetaneuse, inconnue de tous

Avance donc ici, que je te marque à la face. — Page 182.

tes habitués du tripot, produisit parmi eux une sorte de sensation ; la merveilleuse beauté de cette jeune femme les surprenait, les éblouissait. Elle portait une robe de gros de Naples bleu clair, garnie de larges volans de dentelles d'Angleterre et de nœuds de rubans roses. Cette robe, à jupe un peu traînante, formant presque demi-queue, selon la mode d'alors, donnait un caractère plein de noblesse à la gracieuse démarche d'Aurélie, dont la taille svelte et accomplie s'élevait au-dessus de la moyenne.

La comtesse entra dans le salon, son bouquet et son éventail à la main, en véritable grande dame, le front haut, le regard dédaigneux, le sourire amer. Elle songeait en ce moment qu'après avoir reçu chez elle, lors de son mariage, la meilleure compagnie de Paris ; qu'après avoir été l'idole du prince Charles-Maximilien et de sa cour, au palais de Meningen ; qu'enfin, après avoir été, sous le patronage du duc de Manzanarès, accueillie avec déférence dans les salons les plus aristocratiques de l'Italie, elle faisait, sous les auspices de monsieur Badinier, ancien épicier, son apparition dans un tripot hanté par des femmes galantes, elle ! elle ! madame de Villetaneuse !

Cette humiliante pensée, les énervantes angoisses de son amour pour Angelo, la conscience inexorable de sa dégradation présente, imprimaient à ses traits, légèrement fatigués, mais toujours si beaux, d'une beauté enchanteresse, ce cachet mélancolique, fatal, dont le poëte marque le front de l'ange déchu, ineffable empreinte des passions mauvaises et brûlantes. L'azur des grands yeux d'Aurélie, frangés de longs cils, noirs comme ses sourcils, n'était plus limpide et riant, ainsi qu'aux jours heureux de son innocente jeunesse : il semblait assombri comme son front, à demi-caché par l'ondulation des bandeaux de sa magnifique chevelure châtain à reflets dorés. Son teint ayant perdu cette fraîche primo-fleur qui le rendait jadis aussi transparent, aussi rosé que la carnation d'un enfant, était d'une blancheur presque mate, comme le marbre de sa poitrine, de ses épaules et de ses bras, d'une perfection idéale. Le nouveau caractère imprimé à la beauté de la comtesse rendait son aspect moins attrayant, mais plus saisissant : l'on devinait les ravages d'une perversité précoce sous ce masque pâle et hautain. Aussi, à peine la jeune femme, suivie de monsieur Badinier, triomphant de l'impression que causait sa maîtresse, se fut-elle avancée au milieu du salon, que l'arrivée de l'inconnue devint une sorte d'événement : les conversations cessèrent, les joueurs eux-mêmes détournèrent leurs yeux du tapis vert, tous les hommes et quelques femmes se levèrent, se demandant, ceux-ci avec une curiosité admirative, celles-ci avec un secret dépit, quelle était cette belle étrangère.

Clara, sortant de sa chambre à coucher au moment où Aurélie s'avançait au milieu du salon, la reconnut, et, stupéfaite, s'écria :

— Que vois-je ! vous ici, chez moi ! madame la comtesse !

— Comment ! c'est vous, mademoiselle, qui tenez cette maison ? — reprit Aurélie, aussi surprise que profondément humiliée de se trouver dans le salon de son ancienne femme de chambre ; puis, un sourire dédaigneux effleurant ses lèvres, elle ajouta : — Je n'aurais pas mis les pieds chez vous, mademoiselle, si j'avais pu soupçonner que je vous rencontrerais ici sous le faux nom de madame de Sablonville.

— Tiens ! vous vous faites bien appeler madame d'Arcueil, ma chère comtesse de Villetaneuse ! — reprit insolemment Clara, courroucée de la méprisante hauteur de son ancienne maîtresse ; — pourquoi donc ne changerais-je pas de nom, aussi bien que vous ? Du reste, si je vous ai invitée à venir dans mon salon, que vous semblez dédaigner, c'est uniquement à la recommandation de *votre* monsieur Badinier.

Ce dernier trait, sanglant outrage à elle adressé au milieu du silence et de l'attention générale des habitués du tripot, fit monter au front de madame de Villetaneuse le pourpre de la confusion ; elle redressa fièrement la tête, et toisant Clara avec un souverain mépris :

— Vous avez fait de grands progrès en impertinence, mademoiselle, depuis que vous avez quitté mon service. Vous étiez humble et respectueuse alors.

Et se tournant vers monsieur Badinier :

— Sortons, monsieur!

La comtesse fit un mouvement pour se diriger vers la porte ; mais soudain elle pâlit, resta pétrifiée, l'œil fixe, le sein palpitant; on l'eût dite fascinée par une apparition inattendue.

Elle voyait à quelques pas d'elle Angelo Grimaldi.

CXIX.

L'expression de la physionomie de madame de Villetaneuse devint tellement significative, que tous les regards, suivant machinalement la direction du sien, s'arrêtèrent sur Angelo, non moins pâle, non moins palpitant qu'Aurélie, qu'il tenait magnétisée sous son œil humide et ardent.

Madame Bayeul, suspendue au bras du grec, se croyait désormais des droits sur lui ; elle venait d'accepter avec une joie délirante l'offre de le suivre à Bordeaux. Que l'on juge de sa stupeur lorsqu'elle reconnut madame de Villetaneuse!

L'amour impudique, malgré sa brutalité, est doué des mêmes instincts jaloux, de la même pénétration que l'amour délicat et pur ; aussi, remarquant le regard étincelant du grec attaché sur la comtesse, madame Bayeul ressentit la morsure d'une jalousie féroce ; le trouble, l'émotion profonde d'Aurélie et d'Angelo furent pour elle une révélation soudaine.

— Ils se sont passionnément aimés, — pensait madame Bayeul avec fureur ; — ils s'aiment encore passionnément! Le hasard les rapproche, et la comtesse est toujours d'une écrasante beauté!

L'effronterie naturelle de madame Bayeul n'étant plus contenue ainsi qu'autrefois, par une sorte de déférence forcée envers la société d'honnêtes gens qu'elle fréquentait alors, devait aboutir au cynisme des plus mauvais lieux, du moment où vivant au milieu de femmes perdues, d'hommes suspects, elle serait délivrée de toute entrave. Ce cynisme de paroles, de geste, d'attitude, lui était en effet devenu familier ; mais elle ne s'y livra pas tout d'abord, quoiqu'enflammée de jalousie et de rage à la vue de la comtesse, rivale heureuse. L'étonnement, la douleur, la haine, suffoquèrent madame Bayeul ; pendant un instant elle resta muette, frémissante, livide ; serrant convulsivement de ses doigts crispés le bras du grec, comme si elle eût voulu le retenir de force, elle jetait tour à tour sur lui et sur Aurélie un regard flamboyant et sinistre.

La comtesse, non moins pénétrante, jalouse et passionnée que sa rivale, mais devant à sa longue habitude de la bonne compagnie une extrême retenue, éprouvait non moins terribles, mais sous une apparence plus calme, les ressentiments de madame Bayeul. Elle se demandait avec un mélange de frayeur, de haine et de colère, par quelle fatalité cette femme, à qui monsieur de Villetaneuse l'avait autrefois outrageusement sacrifiée, provoquant ainsi la cause première de ses dégradations successives; par quelle fatalité cette femme se trouvait encore sur son chemin et voulait lui enlever Angelo ; car, trop éprise pour n'être pas clairvoyante, elle lisait sur les traits contractés de madame Bayeul les tortures de la jalousie.

Les moins pénétrans des habitués du tripot s'attendaient, au milieu du silence d'une maligne curiosité, à quelque violente altercation entre ces deux femmes qui se foudroyaient du regard. Fort réjouis de la rencontre, ils formèrent une sorte de cercle, isolant méchamment en un point central le grec et les deux héroïnes de l'aventure, afin de les mettre tous trois face à face.

Monsieur Badinier pressentait confusément quelque grave incident. Sans avoir jamais vu Angelo ni entendu parler de lui par Aurélie, la remarquable beauté de ce jeune homme, son agitation, le regard inquiet et ardent dont il couvrait la comtesse, frappèrent extrêmement l'ancien épicier. Il regretta de plus en plus d'avoir conduit sa maîtresse dans cette maison et lui dit tout bas :

— Ma bichette, tu sembles très mal à ton aise. Nous ferions bien, je crois, de nous en aller, ainsi que tu me l'as proposé tout à l'heure.

Ces divers incidents, survenus depuis la rencontre inattendue d'Aurélie et de madame Bayeul, incidents dont le récit absorbe forcément tant de lignes, s'étaient produits en quelques secondes à peine. Au moment où monsieur Badinier venait de proposer à la comtesse de quitter le tripot, madame Bayeul, d'abord suffoquée, pétrifiée, retrouvant soudain le mouvement et la parole, fit un pas vers sa rivale en s'attachant toujours au bras du grec, et les lèvres blêmies, les traits crispés, s'adressant à Aurélio et pouvant à peine contenir sa fureur :

— Dites donc! ne croyez pas m'effrayer avec vos gros yeux, vous! J'aime, j'adore Angelo ; oui, je l'aime, je l'adore, j'en raffole! Est-ce clair? Nous partons demain, lui et moi, pour un voyage, et je vous défie de m'enlever mon amant!

— Comment, comment? — reprit monsieur Badinier de plus en plus interloqué. — Apprenez, madame, que... que... je suis ici le... le... cavalier de madame d'Arcueil, et qu'elle ne cherche à enlever personne.

— Ah! c'est vous qui êtes son protecteur! — reprit madame Bayeul avec un éclat de rire sardonique ; — cette protection doit vous coûter joliment cher, alors, car vous êtes fièrement laid! — Et s'adressant à Aurélio : — Hein! est-ce ignoble! se faire donner la pâtée par un pareil oiseau?

La comtesse, pâle, courroucée, blessée au vif, prit sa plus fière attitude de grande dame, et toisant, du haut de sa noble et gracieuse taille, la petite femme aux cheveux presque roux, lui dit avec un mépris écrasant :

— Vous avez eu autrefois l'impudence et l'impudeur d'oser vous présenter chez moi, à l'hôtel de Villetaneuse, où je vous ai traitée comme vous le méritiez, madame! Mais aujourd'hui, je...

— Ah! ah! ah! vous parlez-en donc un peu, de ce temps-là! — répliqua madame Bayeul en interrompant sa rivale avec un éclat de rire insultant. — Je vous ai soufflé le comte, votre mari, et il vous a flanqué à la porte à cause de moi. A-t-on jamais vu! ça parle de son hôtel! ça fait sa tête! ça fait la duchesse! et c'est protégé au moins par un homme d'âge, laid comme un hibou!

Les habitués du tripot accueillirent par une bruyante hilarité les grossières paroles de madame Bayeul. Le grec, malgré son audace accoutumée, resta d'abord coi et sot, comme un homme devenu l'objet d'une dispute féminine. Monsieur Badinier, confus, irrité, rougit jusqu'au blanc des yeux, mais n'osa souffler mot. Madame de Villetaneuse reconnaissait avec désespoir que dans cette altercation, elle ne pouvait lutter avec une créature capable de ne reculer devant aucun cynisme de langage ; enfin la présence d'Angelo, l'incertitude où était Aurélie des projets du grec au sujet de ce voyage formellement annoncé, la jetaient dans un trouble croissant ; elle ne put, redoublant de hauteur, que dire à sa rivale :

— Pour vous répondre, madame, il me faudrait parler le langage des halles, et je ne le sais pas.

— Allez donc, bégueule! vous n'avez pas pour deux liards de réplique! — reprit madame Bayeul d'une voix glapissante. — Allez donc, comtesse de raccroc! Vous croyez avoir tout enlevé, tout séduit, quand vous avez fait parader votre figure de cire! Il y en a de plus belles que la vôtre aux devantures de boutiques des coiffeurs! Vous n'êtes qu'une de ces bellâtres que les hommes jobarderont toujours, apprenez ça, comtesse! Ils aimeront mieux un laideron comme moi, parce que j'ai du savoir-vivre, n'est-ce pas, mon Angelo? — Et l'odieuse créature saisit le bras du grec en lui disant : — Allons-nous-en ! — Puis elle ajouta en éclatant d'un rire sardonique : — Bien des choses chez vous, comtesse !

Le grec se détacha brusquement de l'étreinte de madame Bayeul, et dit à Aurélie, dont il s'approcha en lui offrant son bras :

— Venez, madame, venez !... vous ne pouvez, après ces outrages, rester un moment ici ; venez !...

La comtesse, palpitante, s'empara du bras d'Angelo, et jeta un regard de triomphe féroce sur sa rivale.

Celle-ci, frappée au cœur, devint livide, resta un moment immobile de douleur et de rage ; elle s'appuya sur un meuble, se sentant défaillir.

— Ah çà ! ma chère, est-ce que vous vous moquez du monde ? — s'écria monsieur Badinier furieux, en s'avançant vers Aurélie. — Vous n'accepterez pas le bras de monsieur... Moi seul, ici, j'ai le droit de...

— Le droit ? — répondit madame de Villetaneuse avec dédain, en regardant son protecteur par-dessus son épaule.

— Vous êtes, monsieur, en vérité, fort plaisant !

Et faisant un mouvement pour sortir avec le grec :

— Venez, Angelo.

— Mais quand le diable y serait, vous ne vous en irez pas avec monsieur ! — s'écria monsieur Badinier exaspéré, saisissant d'un côté la comtesse par le bras. — C'est moi qui ai payé la robe que vous avez sur le dos, ma chère !

— Vieux drôle ! — s'écria le grec en repoussant violemment l'ancien épicier. — Vous osez mettre la main sur madame !... Prenez garde, je châtierai votre insolence !

— Toi, mauvais garnement !

— Vous allez payer cher cette injure ! — s'écria le grec en faisant passer Aurélie derrière lui et s'élançant sur monsieur Badinier ; mais Clara, se jetant entre les deux adversaires, s'écria d'une voix perçante :

— Comment ! des batteries ici !... Je ne veux pas de batteries chez moi ?

— Il y en aura pourtant, des batteries ! car je la dévisagerai, moi ! — s'écria madame Bayeul, qui, hideuse de rage, après un moment d'accablement, s'élançait sur la comtesse en véritable furie, les ongles étendus. Heureusement le général (nous l'avons dit, l'on comptait un général, apocryphe à coup sûr, parmi les habitués du tripot), le général saisit à bras le corps madame Bayeul, reçut d'elle un coup de griffe qui lui écorcha le menton ; mais il contint néanmoins l'horrible créature.

Clara et quelques hommes s'interposèrent à grand'peine entre Angelo et monsieur Badinier, qui, de plus en plus irrités, se menaçaient à distance, échangeaient de grossières injures. La comtesse, tremblante, éperdue, étrangère à tous, jetant çà et là des regards suppliants, ne rencontrait que des visages indifférens ou railleurs. Quelques honnêtes gens, égarés en pareil lieu, détournaient avec dégoût les yeux de cette scène ignoble.

Soudain une servante effarée accourut dans le salon en s'écriant :

— Cachez les enjeux ! voilà le commissaire !

A ces mots, une agitation extraordinaire se manifeste dans le tripot ; les joueurs, distraits du lansquenet par les disputes précédentes, s'élancent vers les tables de jeu afin d'y reprendre leurs mises et de faire disparaître les cartes, tandis que Clara et sa servante s'empressent de concert d'éteindre les trois lampes qui éclairaient le salon ; puis, madame de Sablonville dit à haute voix aux habitués :

— Nous soutiendrons au commissaire que nous jouons à *La nuit, tous les chats sont gris*, jeu innocent que l'on joue en société.

Au milieu de cette obscurité subite, Angelo, que le tumulte avait rapproché d'Aurélie, la prit par la main et lui dit tout bas :

— Viens vite, suis-moi !

Le grec connaissait parfaitement les êtres de la maison ; il se trouvait, au moment de l'extinction des lampes, tout proche de la porte de la chambre à coucher de Clara : il introduisit la comtesse dans cette pièce, referma sur lui la porte à double tour ; puis, s'esquivant par un couloir et un escalier de service aboutissant à la cour. Aurélie et Angelo quittèrent la maison à l'instant où le commissaire, ayant pénétré dans le tripot par le grand escalier, surprenait les habitués jouant innocemment, disaient-ils, à *La nuit, tous les chats sont gris*.

CXX.

Les scènes suivantes se passent chez madame de Villetaneuse, le lendemain matin de sa rencontre avec Angelo dans le salon de Clara.

Monsieur Badinier avait loué et meublé confortablement pour Aurélie un joli appartement au second étage d'une maison neuve de la rue Notre-Dame-de-Lorette ; il se composait d'une antichambre, d'une salle à manger, d'un salon, d'un boudoir et de deux chambres à coucher, dont l'une était occupée par monsieur et madame Jouffroy.

Le caractère de cette malheureuse femme, perdue par un faux orgueil maternel et par une détestable vanité, étant connu du lecteur, il ne s'étonnera pas de la voir tolérer, partager l'ignominieuse existence de la comtesse : la dégradation de la mère s'était insensiblement opérée, accomplie de même que celle de la fille.

Madame Jouffroy, dans sa vaniteuse aberration, avait encouragé la liaison de sa fille avec Charles-Maximilien, espérant voir un jour Aurélie princesse souveraine. Ce premier pas fait dans la voie du déshonneur, les autres devaient naturellement suivre. Aussi, lorsqu'elle s'était vue, elle, son mari et sa fille, sans autres ressources que l'acceptation des offres du duc de Manzanarès, madame Jouffroy avait accepté cette nouvelle bonté de son enfant.

Et pourtant cette mère déchue pouvait encore à cette époque rompre avec un odieux passé, retourner avec son mari et sa fille à Paris, afin d'y vivre modestement en famille, auprès de la tante Prudence, de Marianne et de Fortuné ; mais madame Jouffroy pouvait-elle se résoudre à affronter le regard de la tante Prudence, dont le sévère et ferme bon sens l'avait tant de fois révoltée ? Pouvait-elle supporter, sans rougir, le regard de Marianne, jadis privée de sa part de patrimoine en faveur d'Aurélie, que sa famille voulait richement doter ? Madame Jouffroy pouvait-elle enfin supporter, sans rougir, le regard de Fortuné Sauval, dont elle avait rompu le mariage projeté, arrachant presque à Aurélie le retrait de sa parole donnée à son cousin ?

Et c'était à ces trois personnes : la tante Prudence, Marianne, Fortuné, que madame Jouffroy, telle que nous la connaissons, serait allée, humblement repentie, demander le pardon du passé, le pain et l'asile pour l'avenir !

Non, non, elle ne le pouvait pas ; nous le répétons : *le vice a sa logique et sa fatalité*, lorsque le principe du bien a pour jamais succombé dans sa lutte contre le principe du mal. Madame Jouffroy dut se résigner à voir sa fille subir les propositions de monsieur de Manzanarès. Cette infamie était d'ailleurs masquée sous un certain vernis de convenances. Madame la comtesse de Villetaneuse voyageait avec son père et sa mère dans une autre voiture que celle de monsieur le duc ; elle occupait un appartement séparé dans les hôtels des villes où l'on séjournait ; madame la comtesse, grâce à son noble chaperon, était reçue dans la meilleure compagnie, où elle trônait, où elle éclipsait les autres femmes par sa grâce, par sa beauté. Enfin, l'on vivait splendidement, en grands seigneurs ; le duc était généreux, magnifique ; madame Jouffroy, surtout, ravie de voir briller sa fille, se disait, en manière de capitulation de conscience :

« — Après tout, supposons que ma fille soit mariée au duc : il n'en serait ni plus ni moins. »

Et elle se disait encore, après tant de misères et de traverses honteuses :

« — Supposons que ma fille soit mariée à monsieur Badinier : il n'en serait ni plus ni moins. »

Monsieur Jouffroy, dont l'intelligence affaiblie, ébranlée, puis enfin complétement anéantie par les horribles ressentimens du déshonneur de sa fille et de sa ruine, conservait à peine la perception des choses, avait cependant, parfois vaguement souvenance de sa folle adoration pour sa fille et de sa frayeur pusillanime de sa femme, principales causes des malheurs de cette famille.

« — Mimi est-elle fâchée?... Fifille est-elle heureuse? »

Ces mots, prononcés de temps à autre sans aucun à-propos, semblaient être les dernières lueurs qui se dégageaient parfois de la raison éteinte de monsieur Jouffroy. Il se montrait d'ailleurs d'une douceur inaltérable, recherchait la solitude, où il passait invariablement les heures à confectionner de petits bateaux de papier, qu'il faisait ensuite, avec une satisfaction enfantine, voguer sur l'eau dont il remplissait une assiette : telle était son occupation constante. Ne souffrant pas physiquement, vivant d'une vie uniquement animale, ayant depuis longtemps perdu la mémoire, ce vieillard privé de raison, les souvenirs de l'ignominie de sa femme et de la fille ne l'obsédaient plus ; il les reconnaissait cependant, leur souriait de ce sourire navrant, particulier aux pauvres créatures dont la pensée est absente, et adressait à Aurélie et à sa mère des paroles sans suite, sauf celles-ci, les seules qui offrissent un sens :

« — Mimi est-elle fâchée? Fifille est-elle heureuse ? »

Madame Jouffroy et Aurélie, sincèrement affligées de l'égarement d'esprit de ce malheureux, sentant la terrible responsabilité qui pesait sur elles, s'habituèrent cependant au spectacle de cette désolante infirmité ; mais il faut le dire, le sentiment de certains devoirs n'étant pas éteint dans leurs cœurs de fille et d'épouse, elles entourèrent monsieur Jouffroy de tous les soins possibles. Elles auraient pu, en le faisant conduire auprès de sa sœur Prudence, épargner à leurs yeux cette preuve vivante des maux qu'elles avaient causés; mais à cette pensée de renvoyer dans leur famille où avait vécu heureux, aimé, respecté, ce vieillard privé de raison, elles frémissaient de honte, de remords : aussi, voulant surtout tenir secret cet affreux malheur, elles réussirent à échapper aux recherches de Fortuné Sauval, lors de leur retour à Paris.

Enfin, leur résolution de ne jamais se rapprocher des autres membres de leur famille était d'autant plus inébranlable que Marianne, que la tante Prudence, que le cousin Roussel pouvaient, devaient accueillir cette épouse et cette fille indignes par ces écrasantes paroles :

« — Qu'avez-vous fait de mon frère ?
» — Qu'avez-vous fait de mon père?
» — Qu'avez-vous fait de mon vieil ami ? »

Non, non, entraînées par la fatalité du vice, ces deux femmes voyaient à chaque pas se dresser devant elles les conséquences de leur dégradation, et, roulant effrayées, elles s'enfonçaient de plus en plus dans la fange.

Fatalité du vice, fatalité du vice! Cette mère et cette fille jadis si tendrement unies échangeaient parfois des récriminations odieuses, des reproches sanglants; puis venait cette sombre réconciliation des complices, désormais enchaînés l'un à l'autre par la solidarité de l'infamie !

CXXI.

Dix heures du matin sonnaient. Aurélie, sortie la veille au soir avec monsieur Badinier, n'était pas encore rentrée chez elle, où l'attendait madame Jouffroy. Celle-ci, sans s'alarmer de cette absence nocturne, croyant la comtesse sous l'égide de son protecteur naturel, éprouvait cependant quelque inquiétude, et marchant de long en large dans la chambre de sa fille, disait à sa servante, qu'elle venait d'appeler :

— La comtesse (elle nommait toujours ainsi Aurélie) ne vous a pas dit qu'elle resterait dehors toute la nuit ?

— Non, madame.

— C'est étonnant, elle aura sans doute été souper et se sera attardée avec monsieur Badinier. Qui est-ce qui vient de sonner tout à l'heure ?

— Le commis du marchand de nouveautés ; il jurait comme un possédé, criant que ça l'ennuyait de revenir vingt fois de suite pour toucher une facture de cent dix francs, et que si on ne le payait pas demain, il ferait du tapage ici.

— Quelle canaille d'homme!

— La marchande à la toilette est encore revenue ; elle a dit que si on ne lui donnait pas d'argent, elle enverrait une assignation.

— Oser assigner la comtesse! si ça ne fait pas pitié!

— Il y a aussi le boucher qui m'a refusé de la viande ce matin ; il m'a quasi jeté mon livre de boucherie à la figure, parce que je ne lui apportais pas d'argent. Ça n'est pas régalant non plus... sans compter qu'il s'est mis à abominer madame.

— C'est bon, c'est bon, en voilà assez! vous n'êtes qu'un oiseau de mauvais augure!... vous n'avez jamais que de mauvaises nouvelles à donner.

— Mais, madame...

— Assez, taisez-vous! Tenez, l'on sonne, allez ouvrir ; c'est sans doute la comtesse.

La servante sortit, rechignant et maugréant.

Madame Jouffroy se dit :

— Heureusement, monsieur Badinier m'a à peu près promis un supplément ce mois-ci pour payer, cette fois encore, les dettes d'Aurélie. Il est fièrement dur à la détente, le père Badinier ! mais aussi que peut-on attendre d'un ancien épicier ! Ah! quelle différence avec ce cher duc de Manzanarès! Quel généreux et magnifique seigneur ! Pourquoi faut-il que la comtesse ?... Enfin, c'est ce va-nu-pieds d'Angelo qui a été cause de tout... Gredin, va ! Mais ma fille en était folle!

La servante rentra tenant à la main une lettre qu'elle remit brusquement à madame Jouffroy en lui disant d'un air maussade :

— Voilà ce qu'un commissionnaire vient d'apporter.

Et elle ajouta en sortant et s'arrêtant au seuil de la porte :

— C'est déjà bien assez que l'on me doive trois mois de gages, sans que l'on vienne encore me bougonner à cause des autres ! Est-ce que c'est ma faute, à moi, si l'on est criblé de dettes ici ? et d'ailleurs, j'aime autant m'en aller !

— Eh bien ! vous partirez tout de suite ! — dit madame Jouffroy ; — vous ne coucherez pas ici, insolente !

— Je partirai quand vous m'aurez payée, madame, et je ne la regretterai pas, allez ! votre baraque ! — s'écria la servante en fermant derrière elle la porte avec fracas.

Madame Jouffroy s'était levée furieuse, mais elle se contint, voyant la servante sortir, et se dit avec amertume :

— Ah! je n'étais pas habituée aux insolences des domestiques ! Autrefois, à la maison, ils tremblaient tous devant moi ; mais aussi, je les payais rubis sur l'ongle. Enfin, ce qui est fait est fait !

Etouffant un soupir en songeant à cet heureux temps où, ménagère intelligente et respectée, elle régnait souverainement sur sa maison, si régulièrement ordonnée par elle, madame Jouffroy ouvrit la lettre qu'elle venait de recevoir et y lut ceci :

« Votre fille Aurélie est une ingrate ; mais l'on ne me
» jobarde pas impunément ; vous aurez bientôt de mes
» nouvelles. En attendant, je vous donne vingt-quatre
» heures pour déloger tous de l'appartement, qui, Dieu
» merci ! est loué en mon nom ; sinon je vous fais jeter
» à la porte par commandement d'huissier.
» BADINIER. »

Madame Jouffroy, atterrée de cette lettre, la relisait une seconde fois avec une désolation croissante, lorsque la sonnette retentit de nouveau à plusieurs reprises. Aurélie entra bientôt dans sa chambre, où sa mère l'attendait.

CXXII.

Madame de Villetaneuse, quoique pâlie par les violentes émotions de la soirée précédente, était triomphante. Angelo l'aimait toujours. Le rayonnement de cette flamme impure semblait refléter sur les traits fatigués de la jeune femme l'audace et l'impudeur. Elle jeta loin d'elle la pelisse dont elle s'était enveloppée, en rabaissant sur sa tête le capuchon de ce vêtement, pendant le trajet qu'elle venait de parcourir en voiture. Aurélie apparut donc aux yeux de sa mère dans sa toilette de bal froissée, fanée, ses longs cheveux, à demi dénoués, flottant sur ses épaules. Ce désordre de vêtemens et de coiffure indigna madame Jouffroy, déjà exaspérée par la lettre de monsieur Badinier.

— Tiens! — dit-elle à sa fille en lui présentant le billet, — lis cela, malheureuse!

La comtesse, surprise de l'accent et de l'accueil de sa mère, prit la lettre, la lut, rougit de colère, de honte, froissa le papier dans sa main, le jeta loin d'elle, redressa la tête, regarda sa mère sans baisser les yeux, et lui dit :

— Eh bien! après?

— Comment! après? Mais d'abord réponds-moi. D'où sors-tu, effrontée? tu as une figure à faire peur!

— Ma mère, je viens d'où bon me semble.

— Quelle indignité as-tu donc commise pour que monsieur Badinier m'écrive une pareille lettre et nous chasse d'ici? Il a donc raison? Tu es donc la dernière des créatures?

— Monsieur Badinier est un manant; je ne le reverrai de ma vie!

— Et qui paiera tes dettes? de quoi vivrons-nous, s'il nous met à la porte? Nous serons donc sans le sou, sur le pavé! Nous n'avons pas seulement de quoi payer une huitaine d'hôtel garni, à moins de mettre nos effets au mont-de-piété! Tu veux donc nous mettre encore sur la paille, comme tu nous y as déjà mis par amour pour ton va-nupieds d'Angelo!

— Je ne souffrirai pas que vous parliez ainsi d'Angelo devant moi!

— De lui! ce gueux sans sou ni maille, que monsieur le duc avait nourri à la route par charité!

— Ma mère, assez, oh! assez!

— Assez? Est-ce que je pourrai jamais en dire assez sur ce misérable! lui la cause de ta rupture avec monsieur le duc, auprès de qui nous serions encore, si tu n'avais pas eu la tête tournée par ce maudit vagabond!

— Brisons là, ma mère! je suis d'âge à être maîtresse de mes actions. Cette discussion ne peut aboutir à rien; je vais la terminer d'un mot : j'ai revu Angelo.

— Miséricorde!

— Je l'ai revu hier soir.

— Ah! je devine tout maintenant! cette lettre de monsieur Badinier... Mon Dieu! mon Dieu!

— Notre résolution est prise : Angelo et moi, nous ne nous quitterons plus!

— Tu oses...

— Je vous le répète, rien ne saurait désormais me séparer de lui. Me laisserez-vous en repos, maintenant?

— Et moi, et ton père, malheureuse! qu'est-ce que nous deviendrons?

— Marianne et ma tante seront indulgentes, elles vous accueilleront à bras ouverts; vous vivrez tranquilles, mon père et vous, auprès d'elles.

— Moi! aller tendre la main à ma belle-sœur! m'exposer à ses insolences! Moi! ramener à ma fille son père dans l'état d'esprit où il est! Ah! plutôt mendier son pain au coin des rues! Ainsi, infâme, tu nous abandonnes! voilà la reconnaissance!

— Ma mère, ne parlons pas du passé.

— Oh non! il t'écrase, le passé! il te rappelle que ton père et moi nous nous sommes dépouillés, sacrifiés pour te doter!

— Avouez donc que c'est votre orgueil qui m'a poussée malgré moi à ce mariage, et qui a causé ma perte!

— Quoi! tu as le front de me reprocher ton mariage?

— Est-ce que vous ne m'avez pas forcée de retirer ma parole donnée à Fortuné?

— Effrontée menteuse! Et lorsque ton mariage avec le comte a été rompu, n'as-tu pas voulu t'empoisonner?

— A qui la faute?... à vous.

— Bon Dieu du ciel! vous l'entendez! c'est ma faute si elle a voulu s'empoisonner!... c'est ma faute!

— Oui, oui, car, à force de vous entendre répéter que nous serions bafouées, déshonorées dans notre société par la rupture de ce mariage, j'ai perdu la tête et j'ai voulu mourir.

— Ah! c'est trop! c'est trop!

— Ce n'est pas trop, ma mère. Est-ce que vous n'avez pas pris à tâche d'exciter sans cesse ma vanité en me disant que, belle comme j'étais, je pouvais prétendre à tout? Alors, obsédée par vous, j'ai retiré ma parole à Fortuné, j'ai voulu être comtesse, et ensuite je suis devenue ce que je suis. Je descendrais plus bas encore que j'aurais le droit de vous dire : « Vous m'avez perdue, ma mère, vous m'avez perdue! »

— Et le ciel ne tonne pas!

— Laissez donc! il devait tonner lorsque vous encouragiez mon amour pour Maximilien! lorsque vous m'engagiez à accepter les offres du duc! Quoi! aujourd'hui vous m'injuriez parce que je préfère l'homme que j'aime à l'homme qui me paie! Vous vous êtes dépouillée pour me doter, dites-vous? Hé bien! moi, je me suis déjà vendue deux fois pour vous! C'est assez, ma mère, nous sommes quittes. J'ai retrouvé Angelo, je ne le quitterai plus : nous partons demain ensemble pour Bordeaux.

— Tu ne partiras pas!

— Je partirai!

— Je te le défends!

— Vous avez perdu le droit de me défendre quelque chose, vous qui m'avez tout permis!

— Malheureuse! tu nous abandonnes, moi et ton père, dans la position où il est... par la faute!...

— Dites donc par la vôtre! C'est la terreur que vous lui inspiriez qui lui a fait perdre l'esprit.

— Ce n'est pas vrai! ce sont tes déportemens avec ce mendiant d'Angelo!

— Oh! je le sais, tels sont les torts d'Angelo à vos yeux, ma mère : sa pauvreté! Vous l'auriez adoré s'il eût été riche!

— Fille dénaturée! fille infâme! — s'écria madame Jouffroy en se tordant les mains de désespoir. — Maudit soit le jour où je t'ai enfantée!

Cette abominable et providentielle altercation entre la mère et la fille fut interrompue par l'entrée du cousin Roussel, introduit par la servante en ces termes par la servante :

— Voilà un monsieur qui vient parler à madame de la part de monsieur Badinier.

CXXIII.

Le cousin Roussel avait la veille, cédant de guerre lasse aux instances réitérées de monsieur Badinier, consenti presque malgré lui, et se reprochant cette faiblesse, à aller *parler raison* à la maîtresse de son ami, que celui-ci nommait madame d'Arcueil (nom complètement inconnu du cousin Roussel). Monsieur Badinier, en proie à l'exaspération où le jetaient les événemens accomplis dans le tripot de Clara, ayant complètement oublié la mission dont il avait chargé son ami, celui-ci venait s'en acquitter auprès de la prétendue madame d'Arcueil.

Que l'on juge de la surprise, de la douleur du cousin Roussel lorsqu'il se trouva face à face avec Aurélie et sa mère! lorsqu'il vit celle-ci, les traits empreints d'un sombre désespoir, et la comtesse vêtue d'une robe de bal à dix heures du matin, la coiffure en désordre, le visage contracté, défiguré par les ressentimens éveillés en elle par son altercation avec sa mère!

Enfin, Joseph, en entrant dans l'appartement, venait d'entendre ces mots terribles adressés à Aurélie par madame Jouffroy :

— « Fille dénaturée! fille infâme! Maudit soit le jour où je t'ai enfantée! »

Ces paroles, la physionomie violente et enflammée de la mère et de la fille, révélèrent à Joseph quelles discordes divisaient ces malheureuses femmes, malgré le lien de leur commune ignominie. Pendant un moment il resta muet, accablé, en proie à de désolantes pensées.

Madame Jouffroy revoyait pour la première fois le cousin Roussel depuis le jour où elle l'avait chassé de chez elle. Aurélie le revoyait aussi pour la première fois depuis sa rencontre avec lui, cour des Coches, au logis de la tante Prudence.

La présence imprévue de ce parent, connu dans la famille pour sa droiture et son bon sens, pétrifia les deux femmes. La comtesse baissa la vue, écrasée de honte; mais madame Jouffroy, à qui l'abandon de sa fille portait un coup affreux, inattendu, qui l'atteignait déjà moralement et physiquement, car elle ressentait déjà ce frisson fiévreux avant-coureur des maladies foudroyantes causées par une révolution morale, madame Jouffroy, disons-nous, brisée par la douleur, par le désespoir, au lieu d'accueillir Joseph avec aversion et colère, fondit en larmes, et tendant les mains vers lui, s'écria en sanglotant :

— Ah! monsieur Roussel, vous êtes bien vengé de mes torts envers vous! Ma fille est un monstre d'ingratitude! Elle vient de me porter un coup dont je ne me relèverai pas!

Madame Jouffroy venait à peine de prononcer ces lamentables paroles, lorsque soudain éclata, dans le salon voisin, un tapage infernal, mêlé au retentissant de porcelaines et de glaces cassées, bruit dominé par les éclats de voix de la servante appelant à son secours.

Madame Jouffroy, malgré son désespoir, s'élança machinalement dans le salon voisin, alarmée des cris de la servante et du vacarme qui redoublait. Elle fut suivie d'Aurélie et du cousin Roussel, non moins surpris qu'effrayés.

Alors il se passa une scène étrange, hideuse, horrible.

Ce salon, élégamment meublé, avait trois portes : l'une conduisait à la chambre de la comtesse, l'autre à la salle à manger, la dernière à la chambre de madame Jouffroy et de son mari. Celui-ci, malgré l'affaiblissement de son esprit, ayant aussi entendu un tapage extraordinaire, apparut brusquement dans le salon, presque en même temps que sa femme et sa fille.

Joseph eut d'abord quelque peine à reconnaître son vieil ami; sa barbe grise, longue et drue, couvrait de poils hérissés ses joues et son menton; son épaisse chevelure inculte, entièrement blanchie par l'âge et les chagrins, cachait à demi ses yeux éteints, où ne brillait plus la divine étincelle de l'intelligence; quoique sa vie sédentaire eût augmenté son embonpoint, l'on ne voyait pas sur son visage le coloris de la santé; ses joues, boursouflées comme ses paupières, étaient molles, blafardes. Vêtu d'une vieille robe de chambre graisseuse et rapiécée, il tenait à la main, lorsqu'il parut dans le salon, l'un de ces petits bateaux de papier qu'il confectionnait incessamment avec une application enfantine. Il jeta çà et là, autour de lui, ses yeux sans regards, se tenant immobile et muet près de la porte de sa chambre, assistant impassible à la dévastation du salon, commencée depuis quelques instans par madame Badinier.

Cette femme, ivre de jalouse fureur, parvenant à découvrir l'adresse de la maîtresse de son mari et ignorant d'ailleurs sa rupture de la veille, s'était résolument armée d'une énorme canne, afin de *tout casser*, comme on dit, chez madame de Villetaneuse, et elle s'adonnait avec rage à cette œuvre de destruction, faisant voler en éclats les glaces, les cristaux, les porcelaines, les globes des lampes et de la pendule, au moment où les divers personnages de ce récit accouraient simultanément dans le salon.

Madame Badinier, livide, effrayante, l'écume aux lèvres, les yeux étincelans, manœuvrait de ci, de là, de sa lourde canne plombée, avec une si dangereuse impétuosité, que madame Jouffroy, malgré sa stature massive et l'emportement de son caractère, tremblait d'épouvante, en proie aux frissons d'une fièvre violente dont la sueur glacée inondait déjà son visage blêmi. Elle sentait ses forces défaillir; cependant elle se précipita au devant de sa fille, afin de la couvrir de son corps, en entendant madame Badinier s'écrier, après avoir porté un dernier coup à une belle glace dont les débris jonchèrent le tapis :

— Ah! mon mari te donne des glaces, des tapis et des porcelaines! (1) Voilà comme je les arrange, les glaces et les porcelaines! Tout à l'heure tu auras ton tour. Attends un peu, que je reprenne haleine!

Madame Badinier, haletante, hors d'elle-même, fut forcée de se reposer un instant; tout ce qui était brisable était d'ailleurs brisé dans le salon. Alors elle avisa la comtesse et sa mère, muettes, frémissantes. La honte les écrasait : elles songeaient que cette scène, ignoble comme leur vie, avait pour témoin le cousin Roussel, qui retrouvait en ce moment même son vieil ami privé de raison, car monsieur Jouffroy, regardant tour à tour la terrible madame Badinier et les débris dont était jonché le sol, disait, en hochant la tête, les seuls mots suivis qui revinssent de temps à autre à son souvenir :

— Mimi est-elle fâchée?... Fifille est-elle acureuse?

— C'est donc toi qui débauches et qui ruines mon mari? — s'était écriée madame Badinier en s'adressant à madame de Villetaneuse en brandissant sa canne. — Et cette grosse femme, c'est sans doute la mère, hein? Et ce vieux à cheveux blancs qui a l'air d'un crétin, c'est probablement ton père?... Ainsi mon mari entretient toute la séquelle, toi père et la mère mangent le pain de ton infamie!

Remarquant seulement alors la présence de Joseph, qui, convalescent et anéanti par tant de sinistres découvertes, s'appuyait à l'embrasure d'une porte, la figure à demi cachée dans ses mains et plongé dans un abîme de réflexions déchirantes, madame Badinier s'écria :

— Et vous aussi, monsieur Roussel, l'intime de mon mari, vous êtes de la bande! Joli rôle que le vôtre! Mais que je te voie donc un peu dans le blanc des yeux, cette effrontée qui débauche mon mari! — ajouta madame Badinier, dont la rage non calmée, mais momentanément essoufflée, s'exaspérait de nouveau; et elle s'avança vivement vers Aurélie, qui voyait avec un redoublement d'effroi sa mère pâlir, pâlir, et sentait sa main, qu'elle tenait convulsivement serrée entre les siennes, devenir froide. Cependant madame Jouffroy fit un effort suprême pour tâcher de protéger sa fille contre les violences de madame Badinier, qui, la canne levée, s'écriait :

— Avance donc ici, que je te marque à la face, afin que mon indigne mari sache bien que je suis venue chez toi! Ce n'est pas tout, vois-tu, d'avoir cassé les glaces, il faut que je te casse aussi quelque chose, à toi!

Ce disant, madame Badinier, grinçant des dents, s'élança sur la comtesse, et, malgré la débilitante résistance de madame Jouffroy, qui tâchait en vain de préserver sa fille, celle-ci reçut de l'épouse outragée un violent coup de canne qui l'atteignit au front. A cette blessure, Aurélie poussa un grand cri ; son sang coula et inonda son visage.

Ceci s'était passé si rapidement, que Joseph, affaibli, accablé, n'avait pu que trop tard se précipiter sur madame Badinier pour essayer de lui arracher sa canne. Soudain, monsieur Jouffroy, retrouvant une lueur de raison, à la vue du sang qui coulait à flots de la blessure d'Aurélie tressaillit et s'écria :

— Fifille saigne!...

(1) Nous laissons au lecteur à imaginer les épithètes outrageantes dont madame Badinier dut accabler Aurélie. Notre respect pour nos lecteurs nous force à les supprimer.

Et le vieillard furieux se jeta sur madame Badinier, qui, rendue féroce à la vue du sang de sa rivale, allait redoubler ses violences; mais monsieur Jouffroy la saisit par le cou, et l'eût étranglée si à ce moment la servante essoufflée ne fût accourue en s'écriant :
— Voilà la garde !... j'ai été chercher la garde !
En effet, un caporal et quatre soldats entraient dans le salon sur les pas de la servante.
La vue des soldats parut vivement impressionner monsieur Jouffroy ; il cessa de serrer le cou de madame Badinier, qui déjà devenait violette. Elle se recula, trébucha, alors qu'Aurélie, le visage ensanglanté, s'efforçait de soutenir sa mère, qui, perdant complètement connaissance, tombait sur le tapis.
— Madame est venue comme une furie tout casser ici !
— s'écria la servante en indiquant au caporal madame Badinier. — Et de plus, vous le voyez, cette horreur de femme a battu ma maîtresse; elle lui a fendu la tête d'un coup de canne.
— Juliette... du vinaigre... de l'eau de Cologne... ma mère se trouve mal ! — s'écriait la comtesse, oubliant sa blessure et s'agenouillant près de sa mère, qu'elle tâchait de ranimer.
La servante s'empressa d'obéir aux ordres de la comtesse, tandis que madame Badinier disait résolûment au caporal :
— J'ai tout cassé ici... et j'ai battu cette créature-là, parce qu'elle débauche et ruine mon mari ! Je suis dans mon droit.
— Minute, la petite mère ! — répondit sentencieusement le caporal; — il n'y a pas de droit qui tienne ; vous mettez tout ici en brandezingues, y compris la tête de l'hôtesse; ça ne peut pas aller comme ça ; vous allez venir vous expliquer au bureau de police.
— Baptiste... viens... viens... fuyons cet enfer ! J'en deviendrai fou ! — s'écria le cousin Roussel éperdu en saisissant monsieur Jouffroy par le bras ; — viens, suis-moi !
— Joseph... ah !... c'est toi ?... — répondit le vieillard reconnaissant son ami, sans paraître ressentir aucune émotion ; — Joseph... ah !... oui... Joseph...
— Viens... viens !... — reprit le cousin Roussel, éperdu d'horreur en entraînant monsieur Jouffroy, qui le suivit docilement. Ils montèrent dans un fiacre, et la voiture se dirigea rapidement vers la demeure de Fortuné Sauval.

CXXIV.

La voiture qui venait d'amener le cousin Roussel et monsieur Jouffroy chez Fortuné Sauval s'éloignait, lorsqu'un commissionnaire à longue barbe, portant son grand chapeau auvergnat enfoncé jusque sur ses yeux, s'approcha de la grille de la maison de l'orfévre, sonna, et le portier ouvrit.
— Monsieur le concierge, — dit le commissionnaire, — est-ce ici que demeure monsieur Fortuné Sauval, orfévre ?
— Oui, mon brave homme.
— Y a-t-il dans l'atelier de monsieur Sauval un jeune ouvrier nommé Michel ?
— Oui.
— Je suis chargé de lui remettre à lui-même des objets précieux.
— C'est très facile. Ma femme va vous accompagner jusqu'aux ateliers ; vous attendrez dans la salle du bas, et l'on préviendra monsieur Michel, qui n'est pas ouvrier, mais chef d'atelier, s'il vous plaît.
— L'on m'avait dit ouvrier, je n'en sais pas davantage. Son grand-père ne travaille-t-il pas aussi dans la maison ?
— Sans doute. C'est le père Laurencin, digne homme ! Hier, il ne se possédait pas de joie en nous annonçant le mariage de son petit-fils.
— Ah ! monsieur Michel va se marier ?
— Avec la perle de l'atelier, mademoiselle Camille.

— Ah ! il va se marier, — répéta le commissionnaire en réfléchissant. — Et la demoiselle qu'il épouse est employée dans les ateliers de monsieur Sauval ?
— Oui, elle demeure ici avec madame Catherine. — Et s'adressant à sa femme, le concierge ajouta :
— Conduis ce brave homme aux ateliers ; tu prieras monsieur Michel de descendre.
Le commissionnaire, suivant la femme du concierge, arrive devant un grand bâtiment, et, pendant que sa conductrice monte au premier étage, l'homme à longue barbe s'assied dans une salle située au rez-de-chaussée, tire de sa poche un feuillet, écrit à la hâte quelques mots sur ce papier, et le replace ensuite dans sa poche.
Bientôt Michel paraît vêtu de sa blouse de travail et ceint de son tablier de basane. Le bonheur que cause au jeune homme la pensée de son prochain mariage avec Camille rayonne sur son visage.
— Vous avez à me parler ? — dit Michel au commissionnaire ; — vous avez quelque chose à me remettre ?
— Oui, monsieur, si vous êtes bien monsieur Michel.
— C'est moi.
— Monsieur Michel Laurencin ?
— Oui.
— Chef d'atelier chez monsieur Sauval ?
— Oui, oui !
— Je vous demande ça, monsieur, parce que la personne qui m'envoie m'a expressément recommandé de ne remettre qu'à vous-même les objets précieux dont je suis chargé, à savoir : une lettre, un écrin et un gros paquet cacheté.
— Un écrin ? un paquet cacheté ? — dit Michel assez surpris. — Et qui m'envoie cela ?
— Je l'ignore, monsieur.
— Comment, vous l'ignorez ?
— Ce matin, j'étais à mon coin habituel, près du boulevard Saint-Antoine ; un vieux monsieur descend d'un fiacre, me confie les objets en question, me donne votre adresse, me paie d'avance, en ajoutant au salaire de ma course un bon pourboire, et me dit : « — Partez vite, mon » brave homme; monsieur Michel Laurencin sera bien » content de ce que vous lui apporterez : ce sont des papiers » de famille. »
— Des papiers de famille ?
— Oui, monsieur. Et le vieillard a ajouté : « Ces papiers » viennent de la mère de monsieur Michel. »
— De ma mère ? — s'écria le jeune homme. — Cet homme vous a dit que ces papiers provenaient de ma mère ?
— Certainement, monsieur. Voici ce paquet cacheté, ainsi que la petite boîte qui renferme un portrait, — ajouta le commissionnaire en tirant de sa poche une enveloppe volumineuse et un petit étui de chagrin pareil à ceux qui contiennent les portraits en miniature.
Michel, de plus en plus surpris et agité, étendait la main vers ces objets, mais le commissionnaire se recula, les replaça dans sa poche et dit :
— Pardon, monsieur, j'ai mes ordres.
— Quels ordres ?
— Le vieux monsieur m'a dit : « Monsieur Michel se marie bientôt... ».
— Cet étranger sait que...
— Que vous vous mariez avec une jeune ouvrière de votre atelier, nommée Camille.
— Qu'est-ce que tout cela signifie ? — se demandait le jeune homme abasourdi, — c'est incompréhensible !
Et il reprit tout haut avec impatience :
— Finissons ! Puisque ces objets me sont destinés, remettez-les-moi à l'instant.
— Je ne peux pas, monsieur, j'ai mes ordres. Je ne dois vous remettre ce paquet et ce portrait qu'en présence de votre fiancée.
— De ma fiancée ?
— Et d'une autre personne nommée madame Catherine.
Un ouvrier passait en ce moment, se dirigeant vers l'escalier de l'étage supérieur. Michel, aussi surpris qu'impatienté des lenteurs et des réponses du messager, s'écria :

Il poussa un cri déchirant après avoir jeté les yeux sur le médaillon. — Page 185.

— Jacques, ayez l'obligeance de prier madame Catherine et Camille de descendre tout de suite, et de venir me retrouver ici.
— Je vais à l'instant les prévenir, monsieur Michel, — répondit l'artisan.

CXXV.

Michel, en proie à une émotion, à une curiosité croissantes en songeant que les papiers dont il s'agissait provenaient de sa mère, dit au commissionnaire :
— Il me paraît extraordinaire que l'on confie aussi légèrement à quelqu'un des papiers de famille.
— Monsieur, je suis médaillé.
— Soit. Mais ce vieillard, si exactement renseigné sur mon compte, pouvait m'apporter lui-même ces objets ; puis, pourquoi cette bizarre recommandation de ne les remettre qu'en présence de madame Catherine et de la jeune fille que je dois épouser ?
— Je n'en sais rien, monsieur. Je fais ma commission selon qu'on me l'a donnée.

A ce moment, Catherine et Camille descendirent de l'étage supérieur ; Camille non moins rayonnante que Michel, Catherine heureuse du bonheur des fiancés.
— Bonne mère Catherine, — dit le jeune homme, — il m'arrive quelque chose de bien étrange.
— Qu'est-ce donc, Michel ? — demanda Camille. —Vous semblez inquiet.
— Ce commissionnaire est chargé, dit-il, de...
— Pardon, monsieur, — se hâta d'ajouter l'homme à longue barbe en interrompant Michel ; — je vais, maintenant que cette dame et cette demoiselle sont là, me conformer aux ordres que j'ai reçus, et en présence de madame et de mademoiselle, — poursuivit lentement le commissionnaire,
— je vais, monsieur Michel Laurencin, vous remettre d'abord ce billet à votre adresse. Quand vous l'aurez lu, je vous remettrai les autres objets, ainsi qu'il m'a été recommandé de le faire.
— C'est singulier ! il me semble que la voix de cet homme ne m'est pas inconnue, — se dit Catherine, examinant attentivement le commissionnaire qui venait de remettre à Michel un billet dont il s'empressait de prendre lecture.

Ce billet contenait ces mots :

« Catherine Vandaël est votre mère ; elle vous a aban-
» donné au berceau ; elle a été pendant quinze ans une
» éhontée courtisane, sous le nom de *madame de Morlac*.
» Vous connaissez son écriture : lisez les lettres que l'on
» vous envoie ; elles sont de sa main, elles vous prouve-
» ront, par le cynisme dont chaque ligne est empreinte,
» l'ignoble corruption de votre mère. A ces lettres est joint
» son portrait donné autrefois par elle à l'un des nom-
» breux amans qu'elle a ruinés. Interrogez-la sur son in-
» fâme passé. Si fourbe, si audacieuse qu'elle soit, elle
» n'osera nier.   UN AMI DE LA VÉRITÉ. »

« Ce soir, une lettre adressée à votre patron et aux
» ouvriers de son atelier apprendra à vos camarades que
» vous êtes le fils de Catherine de Morlac, la courtisane. »

— Grand Dieu ! — s'écria Michel après avoir lu ce billet, et devenant d'une pâleur mortelle, il resta un moment muet, pétrifié, la tête baissée sur sa poitrine.
— Michel, qu'avez-vous ? — s'écria Catherine, tandis que Camille, non moins effrayée, disait en tremblant ;
— Madame Catherine, comme il est pâle !... C'est donc une mauvaise nouvelle qu'on lui annonce ?
Le jeune homme, se réveillant comme en sursaut, relut les quelques lignes tracées sur le billet, s'adressa au commissionnaire et lui dit d'une voix altérée :
— Les lettres ? le portrait ?...
Le messager tira de sa poche l'enveloppe cachetée et le petit écrin, l'ouvrit préalablement afin de placer le portrait en évidence, et remit les deux objets à Michel. Celui-

Son art qu'il avait tant aimé ne fut plus comme autrefois le but constant de la vie de Michel.

ci poussa un cri déchirant après avoir jeté les yeux sur le médaillon représentant Catherine de Morlac dans tout l'éclat de sa jeunesse et de sa beauté.

A l'entour de ce portrait, on lisait ces mots gravés dans la bordure : *Catherine à Mauléon. Amour pour la vie !*

— Michel, au nom du ciel, qu'avez-vous? — s'écria Catherine de plus en plus alarmée. — Votre silence m'effraie !

Le jeune homme, sans répondre, rompit d'une main convulsive le cachet de l'enveloppe, prit l'une des lettres qu'elle contenait, la parcourut, reconnut l'écriture de Catherine, et bientôt frissonna d'indignation, de dégoût, on murmurant :

— Ah ! plus de doute !

— Mademoiselle, prenez ceci et lisez ; vous apprendrez une chose qu'il vous importe de savoir à propos de madame Catherine, — dit à haute voix le commissionnaire en remettant à Camille le feuillet où il avait écrit ces mots :

« *Catherine est la mère de Michel. Elle a été pendant quinze ans courtisane à Paris.* »

Michel entendit les paroles de l'homme à longue barbe et le vit remettre le billet à la jeune fille à l'instant où Catherine, agitée d'un terrible pressentiment, s'écriait :

— Michel, je vous en conjure, répondez-moi, quels sont ces papiers ?

— Ah !... vous me faites horreur ! — répondit-il, — tout est fini pour moi !

Et, éperdu, il sortit précipitamment de la salle, alors que le père Laurencin accourait par une autre porte en s'exclamant ainsi :

— Mes amis, quel horrible malheur ! ce pauvre monsieur Jouffroy est devenu fou ! Monsieur Roussel vient de le ramener.

— Grand Dieu !... est-il possible !... — s'écrièrent à la fois Catherine et Camille, au moment où Mauléon, méconnaissable sous sa longue barbe postiche et ses vêtements de commissionnaire, disparaissait rapidement, profitant du trouble où la sortie éperdue de Michel et la triste nouvelle apportée par le père Laurencin jetaient les divers personnages de cette scène.

CXXVI.

La tante Prudence, le cousin Roussel et Fortuné Sauval étaient réunis dans la chambre à coucher de Marianne, qui venait de rentrer, essuyant ses yeux rougis par les larmes.

— Mon père repose, — dit-elle à son mari ; — son état n'offre rien d'alarmant ; le médecin vient de m'en assurer encore.

Profondément tristes et recueillis, ces membres de la famille Jouffroy formaient une sorte de conseil de famille : ils allaient aviser aux résolutions à prendre en suite des événements dont le cousin Roussel s'était trouvé témoin durant la matinée. Ramené par lui auprès de sa fille et de sa sœur, monsieur Jouffroy, malgré l'obscurcissement de son intelligence, avait éprouvé une assez vive émotion à la vue de la tante Prudence, de Marianne et de Fortuné ; puis tombant en défaillance, il était resté depuis dans un affaissement profond, participant à la fois de la torpeur et du sommeil.

— Mes amis, — dit la tante Prudence d'une voix grave et émue, — grâce à Dieu, mon pauvre frère nous est rendu ; mais ne nous abusons point ; il est à craindre que son esprit ne se relève jamais du coup dont il a été frappé. Enfin, nous aurons du moins désormais mon frère près de nous ; nos soins, notre sollicitude, notre tendresse, ne lui manqueront jamais. Maintenant songeons à Aurélie et à sa mère.

A ces mots, un soupir douloureux souleva le sein de Marianne : ses larmes, un instant contenues, coulèrent de nouveau. Son mari, placé près d'elle, lui serra la main.

— Courage, amie, — lui dit-il, — courage ! ne désespérons pas, quoique notre cousin ait été, il est vrai, témoin ce matin d'une scène horrible.

— Horrible ! — reprit Joseph. — Cette malheureuse Aurélie... la figure ensanglantée...

— Ah! c'est affreux ! — murmura Marianne avec un sanglot. — Malheureuse sœur !

— Il est regrettable que cette scène se soit passée en présence de notre ami, — reprit la vieille fille. — Je connais l'orgueil de ma belle-sœur et d'Aurélie. Hélas ! ne voyez pas à ce propos la moindre amertume dans mes paroles ; je constate un fait. Or, il me semble difficile, je ne veux point dire impossible, qu'Aurélie et sa mère, nous sachant instruits de ces tristes circonstances, consentent à se rapprocher de nous : les ressentimens de leur amour-propre blessé creuseront toujours un abîme entre elles et nous.

— Oh ! ma tante, croyez-vous que ma mère, ma sœur, résisteront à nos larmes, aux preuves de notre attachement inaltérable ?

— Ma pauvre enfant, tu as entendu le récit de Joseph : il ne nous a rien caché, il ne devait rien nous cacher. Rappelle-toi les accusations malheureusement fondées dont cette femme, épouse outragée, a accablé Aurélie et sa mère ; rappelle-toi enfin ces terribles paroles que celle-ci adressait à sa fille : — « Maudit soit le jour où je t'ai enfantée ! »

Marianne cacha sa figure entre ses mains.

— J'ajouterai, — reprit le cousin Roussel, — qu'à mon sens, il est évident que si madame Jouffroy, malgré l'emportement de son caractère, est restée anéantie, muette devant d'ignobles injures prodiguées à sa fille, et a enfin perdu connaissance, c'est que cette scène se passait en ma présence, à moi, jadis chassé par elle, parce que je tâchais de lui faire entendre le langage de la raison.

— Enfin, et, de grâce, chère Marianne, ne te chagrine pas de mes paroles, nous constatons les faits, ainsi que l'a dit ta tante, nous aviserons tout à l'heure pour le mieux, — reprit Fortuné, — je dois te l'avouer, lors de cette visite que je t'ai cachée, préférant alors te laisser tes espérances, tes illusions, croire en un mot que ta sœur, après sa liaison avec le prince, voyagerait avec ses parens, j'avais été surtout profondément attristé, alarmé, dans cette entrevue, par l'aigreur, par l'irritation à peine contenues d'Aurélie et de sa mère à mon égard. Pauvres femmes ! malgré mes paroles affectueuses, attendries, elles rougissaient devant moi ; j'étais leur vivant remords : l'une et l'autre m'avaient autrefois dédaigné, repoussé.

— Mon Dieu ! — reprit Marianne fondant en larmes, — faut-il donc renoncer à tout espoir ? Non, non, c'est impossible. Nous savons maintenant où trouver ma mère et ma sœur ; nous ne pouvons pas, nous ne devons pas les laisser dans cette affreuse position. Je voulais tout à l'heure, confiant mon père à vos soins, me rendre en hâte auprès de maman et d'Aurélie. Ah ! si j'en crois mon cœur, je vous les aurais ramenées toutes deux!

— Mon enfant, — reprit la tante Prudence — rien de plus louable que ton empressement, mais nous avons, selon moi, sagement agi en nous concertant, en réfléchissant mûrement sur la conduite à tenir dans cette grave circonstance. Plus que personne, je rends justice à tes sentimens ; mais il ne faudrait point cependant oublier ceci : tu as un mari, tu as une fille, tu les chéris, tu jouis d'un bonheur et d'une considération méritées ; ne serait-il pas imprudent de t'exposer à compromettre sans résultat le repos de ta vie ?

— De grâce, ma tante, que voulez-vous dire ?

— Autant il serait lâche, stérile, cruel d'insulter à l'abaissement où sont tombées ta mère et ta sœur, autant il serait dangereux, coupable même, de ne point envisager les conséquences, sinon probables, du moins possibles, de cet abaissement, en ce qui touche la tranquillité à venir. Je suis loin de me sentir indifférente aux malheurs d'Aurélie et de ma belle-sœur; je suis résolue, quant à moi, malgré tout ce qu'a souffert mon pauvre frère, à faire aussi large que possible la part du repentir, de l'indulgence, du pardon ; mais écoute donc, mon enfant, tu n'as jamais failli, toi! jamais les préférences dont tu voyais ta sœur l'objet n'ont altéré l'angélique bonté de ton caractère ; si tu es heureuse aujourd'hui, si tu as conquis l'estime, puis l'amour de ton mari, c'est par ton dévoûment, par ta résignation, par la délicatesse, par l'élévation de tes sentimens, et, ma foi ! je te le dis tout net, je me préoccupe avant tout de toi, de ton mari et de ta fille.

— Pourtant, ma tante, je...

— Laisse-moi achever : admettons, ce dont je doute fort, que la mère et ta sœur, en suite de la terrible leçon de ce matin, cèdent à nos prières et prennent la ferme résolution de rentrer dans la voie du bien...

— Oh ! je n'en doute pas, moi !

— Soit, mais il faut, ma pauvre enfant, aller au fond des choses, si répugnantes qu'elles soient. Aurélie et ta mère ne possèdent plus une obole : c'est en partie pour échapper à la misère, selon ce que nous a dit le cousin Roussel, que ta sœur avait accepté d'être entretenue par...

— Oh ! pitié, ma tante ! — dit Marianne, révoltée de cette qualification de femme entretenue donnée à sa sœur. — De grâce ! pitié pour elle !

— Ma chère enfant, — reprit Joseph, — ton mari te dira, comme Prudence et moi, que, dans cette question, si affligeante pour notre famille, nous devons ne rien farder. Ayons le courage d'envisager la réalité, si nous voulons agir efficacement.

— Pauvre chère Marianne, notre cousin a raison, — ajouta tendrement Fortuné — ton âme, délicate et pure, se révolte de certains mots, de certains faits, dont la chaste pensée ne devrait jamais être souillée! Mais, hélas ! les maladies ont leur nom ; faut-il s'abstenir de le prononcer, lorsqu'on tâche de les guérir ? ne faut-il pas, pour panser les plaies, les sonder, si repoussantes qu'elles soient? Nous ressentons, comme toi, une douloureuse commisération pour la mère et ta sœur ; rien ne nous coûtera pour les retirer à jamais de l'horrible situation où elles sont tombées.

— Rien ! oh ! rien ! — s'écria Marianne, — et ensuite, un oubli complet du passé....

— Ah ! l'oubli, l'oubli ! — reprit la vieille fille en secouant tristement la tête. — Là est l'écueil. Les âmes généreuses oublient le mal qu'on leur a fait ; mais telle est la conscience humaine, que ceux qui ont fait le mal ne l'oublient jamais : leur expiation, s'ils se repentent, c'est leur châtiment, s'ils restent endurcis. J'admets donc que ta mère et ta sœur se repentent, que d'une voix, elles reviennent à une vie meilleure. Elles sont sans ressources...

— Eh ! ma tante ! que nous importe !

— Je le comprends, mon enfant, notre fortune et le talent de ton mari nous mettent, grâce à Dieu ! en état de partager notre aisance avec Aurélie et ta mère.

— Oh ! oui ! — reprit Marianne avec un élan d'espoir ; — elles ne nous quitteront plus à l'avenir, ainsi que mon pauvre bon père.

La vieille fille, contenant ses larmes, ajouta, après un moment pénible de silence :

— Ne parlons pas maintenant de mon frère : mon cœur se briserait. Il faut songer uniquement à la prompte décision qu'il est urgent de prendre. Je suppose ta sœur et ta mère établies ici ; leur repentir est sincère, elles sont résignées à vivre près de nous, dans une retraite absolue ; toi, moi et ton mari, nous avons oublié complètement le passé ; mais, chère enfant, elles ne l'oublieront pas! elles ne pourront pas l'oublier, ce fatal passé ! incessamment, il pèsera sur leur conscience. Aussi, désormais ombrageuses, susceptibles, se sentant dans notre dépendance, puisqu'elles ne possèdent plus rien, elles seront toujours, quoi que nous fassions, en défiance à notre égard ; nous devrons, de peur de les blesser, ne jamais, ne dirai point par des allusions au passé, nous sommes incapables de ces lâchetés, mais par un mot involontaire, nous devrons constamment veiller sur nos moindres paroles, et si, par malheur, malgré notre contrainte, notre réserve, notre vigilance sur nous-mêmes, nous échappe, et cela ne saurait manquer d'arriver, il nous échappe un mot pouvant prêter à une interprétation fâcheuse, ta mère et ta sœur dévoreront en silence ce qu'elles regarderont comme une humiliation, et leur tristesse t'affligera ; ou bien elles éclateront en reproches amers, et ton foyer, jusques à présent si paisible, si heureux, deviendra un enfer.

— Mon Dieu ma tante, n'est-ce pas là de l'exagération ?

— Malheureusement, je n'exagère point ; tu souffriras de ces résultats, bien différens de ceux que tu attendais ; ton mari se désolera de ton chagrin, et malgré sa bonté, son indulgence pour elles, il lui sera difficile de cacher à ta mère et à ta sœur qu'avant leur arrivée ici, jamais le moindre nuage n'obscurcissait votre vie. Ce n'est pas tout : tu as une fille, elle aura dans peu d'années l'âge de raison ; rien de plus clairvoyant que les enfans à l'endroit des choses que l'on veut qu'ils ignorent. La moindre indiscrétion de ta part ou de celle de Fortuné peut mettre votre fille sur la voie du honteux secret que nous avons tous intérêt à garder. Enfin, lorsqu'elle sera en âge de se marier, ne pourra-t-on point dire, car tôt ou tard tout se sait à Paris, que mademoiselle Sauval a été élevée près de sa tante, madame de Villetaneuse, autrefois femme entretenue, et de madame Joultroy, complice des désordres de sa fille ? Ces expressions te navrent, te blessent, pauvre enfant ! Hélas ! à moi, elles me brûlent les lèvres en les prononçant. L'une des malheureuses femmes dont il s'agit n'est-elle pas la fille de mon frère ? l'autre, sa femme ? Ne les ai-je pas connues toutes deux honorées, honorables ! Mais la réalité est la réalité. Je ne parle pas même de l'espèce de déconsidération qui pourrait rejaillir sur toi et sur ton mari, parmi les personnes choisies dont se compose votre clientèle, lorsqu'elles sauraient, car, je le répète, tout se sait à Paris, que sous son toit de mère de famille habitent ta sœur, connue par ton inconduite, et sa mère, coupable d'une indigne tolérance. Tout cela est cruel, est odieux. Mais qu'y faire ? Le vice a forcément de déplorables conséquences, et l'une des plus douloureuses est de souiller ce qui l'approche.

— Ma tante, est-ce bien vous que j'entends ? Quoi ! votre avis serait de repousser ma sœur et ma mère de notre maison ! — s'écria Marianne avec autant d'affliction que de découragement. — Les repousser, grand Dieu ! alors que leur dernier espoir est sans doute en nous !

— Tu te méprends sur ma pensée, mon enfant : loin de te conseiller de les repousser, je crois au contraire que nous devons aller à elles, leur ouvrir nos bras, faire tous nos efforts pour les arracher de l'abîme, assurer leur avenir, leur indépendance, leur aisance, dans les limites du possible ; mais je dis, mais je répète, que de les faire tout d'abord céans me semble une très grave imprudence.

— Hélas ! ma tante, elles croiront que nous rougissons d'elles !

— Si elles doivent avoir cette croyance, et, par ma foi, elle n'est que trop fondée, elles l'auront, qu'elles vivent ici ou ailleurs, mais du moins leur présence n'apportera pas dans ta maison le trouble, les chagrins que je prévois. Si, au contraire, elles ont assez conscience de leur position pour sentir ce qu'il y aurait de peu convenable dans leur séjour chez toi, elles seront les premières à prévenir ton offre en la refusant.

— Tante Prudence, — reprit Fortuné, — je ne vous le cache pas, Marianne s'est tellement habituée à cette pensée, qu'un jour viendrait où elle recueillerait nos parens près d'elle, que je n'aurais pas eu le courage de m'opposer à ce qu'elle regarde comme un bonheur, comme un devoir. Si ce vœu si cher à son cœur ne s'accomplissait pas, je la verrais toujours triste et soucieuse. Or, je vous l'avoue, si graves, si justes que soient vos appréhensions, je risquerai de les voir se réaliser plutôt que de causer à Marianne un sensible chagrin.

— Savez-vous, mes amis, — reprit le cousin Roussel, — ce que moi je proposerais comme moyen terme ? Le voici :

Vous offririez à Aurélie et à sa mère le choix entre ce qui leur conviendrait le mieux : soit d'habiter avec vous, soit de prendre dans votre voisinage un appartement qu'il nous sera facile de trouver. La proposition de cette alternative s'expliquerait naturellement par votre désir de leur laisser toute latitude. Si elles préfèrent demeurer ailleurs qu'ici, tu n'auras, petite Marianne, rien à te reprocher ; si, au contraire, elles préfèrent vivre près de toi, tu courras les chances de la générosité : car, mes amis, je vous l'avoue, je partagerais en cette occurrence les appréhensions de ma vieille amie ; mais enfin nous parviendrions, je l'espère, à conjurer en partie les inconvéniens qu'elle redoute. Que pensez-vous de mon projet, Prudence ?

— C'est un moyen terme, mon ami ; ces moyens-là, vous le savez, s'accordent peu avec la décision de mon caractère ; cependant je ne le désapprouve point absolument.

— Mon mari et moi nous l'approuvons, n'est-ce pas, Fortuné ? — dit vivement la jeune femme à son mari, qui lui répondit tendrement :

— Comment pourrais-je songer à contrarier la générosité de tes sentimens, chère Marianne ?

— Et maintenant, ma tante, je vais me rendre sur-le-champ chez ma sœur.

— Peut-être conviendrait-il d'aller chez elle tous ensemble, — ajouta le cousin Roussel. — Cette démarche des membres de la famille aurait, ce me semble, quelque chose de solennel, de touchant à la fois, et exercerait peut-être une salutaire et décisive impression.

— Je suis aussi d'avis que nous devons tous nous rendre auprès de ma mère et de ma sœur, — reprit Marianne, — mais peut-être vaut-il mieux que d'abord je me présente seule à Aurélie. La solennité même de cette démarche de famille pourrait, dans le premier moment, l'impressionner trop vivement. J'emmènerai Lilie avec moi, — ajouta la jeune femme les larmes aux yeux, — et mettant notre enfant dans les bras d'Aurélie, je lui dirai : « Sœur, » en souvenir de toi, nous avons donné ton nom à ma » fille ; qu'elle soit le gage de notre réunion, que mainte- » nant rien ne pourra... »

Marianne s'interrompit, dominée par l'émotion, et fondit en pleurs. Son mari, profondément ému, la serra dans ses bras en disant :

— O la plus noble des femmes, la plus chérie des épouses ! toutes tes pensées partent du cœur et ne sauraient manquer d'aller au cœur, ma bien-aimée Marianne ! Oui, oui, te voyant ton enfant dans tes bras, venir à elles, invoquant, au nom de cette innocente créature, ce rapprochement si désiré, ta mère et ta sœur reviendront pour toujours, et ta douce influence achèvera leur conversion !

— Tu dis vrai, Fortuné, toutes les pensées de notre chère Marianne partent du cœur et doivent aller au cœur, — reprit le cousin Roussel attendri. — Je partage l'avis de ta femme ; notre présence à tous, et surtout la mienne, puisque j'ai été témoin de cette horrible scène, effaroucherait tout d'abord Aurélie et sa mère.

— En ce cas, partons à l'instant, elles doivent être encore sous le coup des terribles événemens de ce matin, — dit la vieille fille ; — le moment est opportun, profitons-en.

— Marianne, sa fille et Fortuné monteront dans un fiacre, — dit Joseph, — et vous et moi dans un autre, ma chère Prudence ; — puis il ajouta en souriant doucement : — vous pouvez m'accorder cette faveur sans vous compromettre, car enfin dans quinze jours vous serez madame Roussel.

— Ah ! mon pauvre ami ! — répondit la vieille, en secouant mélancoliquement la tête, notre mariage aura lieu sous de tristes auspices ! — Et ses yeux devenaient humides.

— Hélas ! mon pauvre frère, mon pauvre frère ! nous nous avons son corps ni son âme !...

— Ne désespérons pas, — reprit Joseph ; — qui sait si l'émotion dont il a été saisi en vous revoyant, vous, Marianne et Fortuné, n'aura pas une réaction salutaire ?

— Je vais m'informer des nouvelles de mon père, chercher ma fille, et je reviens, — dit Marianne en sortant.

— L'espoir de notre cousin Roussel n'a rien d'exagéré : l'émotion de monsieur Jouffroy peut avoir d'heureux résultat ,—poursuivit Fortuné en s'adressant à la vieille fille;—enfin, notre démarche auprès de ces deux pauvres égarées réussira peut-être à notre satisfaction à tous, et alors, ma tante, votre mariage qui nous comble, de joie, loin d'être contracté sous de funestes augures, s'accomplira au moment où notre famille sera pour jamais réunie après tant de mauvais jours !

— Que le ciel t'entende, Fortuné ! — répondit la vieille fille en soupirant;—mais du moins, dans le douloureux devoir que j'aurai à accomplir, si mon frère ne recouvre pas sa raison, son meilleur, son plus ancien ami sera mon soutien.

Un domestique survint et dit à Fortuné :
— Le père Laurencin désirerait parler à l'instant à monsieur. Il s'agit d'une chose fort importante.
— Qu'il vienne, — répondit l'orfèvre, et il ajouta : — Allez chercher deux fiacres ; vous les ferez attendre devant la grille.

Le domestique sortit. Presque aussitôt le père Laurencin entra précipitamment.

CXXVII.

Fortuné fut aussi surpris qu'alarmé de l'expression de douleur et de désespoir empreinte sur les traits du vieil artisan, qui s'écria d'une voix entrecoupée :
— Ah ! monsieur Fortuné !... je n'y survivrai pas !
— Mon Dieu ! qu'avez-vous ? — dit l'orfèvre avec une inquiétude croissante, tandis que Joseph et la tante Prudence, non moins inquiets, se rapprochaient du vieil artisan.
— Qu'y a-t-il ?
— Quelque malheur vous est donc arrivé ?
— Michel a disparu ! il s'est sauvé de la maison éperdu comme un insensé ! — s'écria le vieillard. Et il ajouta en sanglotant : — Misère de moi ! s'il n'est pas devenu fou, il est allé se jeter à la rivière !
— Que dites-vous ! — reprit l'orfèvre stupéfait. — Hier encore, ivre de joie, il m'amenait sa fiancée, me remerciant avec transport de l'avenir que je lui assurais, ainsi qu'à vous et à Catherine !
— Malheur à nous ! il sait qu'elle est sa mère !
— Grand Dieu !
— Malheur à nous ! — répéta le vieillard d'un ton déchirant. — Michel sait quelle a été la déplorable vie de cette malheureuse femme pendant quinze ans ! Camille aussi le sait, chère et innocente enfant !
— Mais cette révélation, qui l'a faite ?
— Elle était écrite dans une lettre remise à Michel par un commissionnaire, envoyé sans doute par cet infernal Mauléon, qui a juré de se venger de Catherine ! Il a remis en outre à mon petit-fils un portrait de sa mère et des lettres d'elle autrefois écrites à Mauléon avec un cynisme effrayant ! toutes preuves accablantes enfin ! Ce n'était pas assez ; cet homme a donné à Camille un billet contenant ces mots : « Catherine la mère de Michel; elle a été » pendant quinze ans courtisane à Paris. »
— Ah ! c'est affreux ! — se dirent les témoins de la douleur du vieillard. — Mais Michel ?
— Après avoir lu ce billet, regardé le portrait, déchiré l'enveloppe renfermant les lettres de sa mère, reconnu son écriture en parcourant l'une d'elles, il n'a pu conserver de doute sur la vérité : il a jeté, loin de lui les lettres et le portrait que nous avons ramassés; puis, éperdu, il a quitté la maison, s'écriant que nous ne le reverrions jamais !
— Ah ! le malheureux ! Et sa mère ?
— Elle a été d'abord en proie à une violente attaque de nerfs. Nous l'avons transportée dans sa chambre. Maintenant elle est effrayante, elle ne dit pas un mot, elle ne parle pas de son fils, elle a l'œil fixe et sinistre ; cette pauvre Camille fond en larmes à côté de son lit : elle ne paraît ni la voir ni l'entendre. Ah ! monsieur Fortuné, je n'y survivrai pas ! Ce malheureux enfant, dans son désespoir, aura couru se jeter à l'eau. Misère de moi ! Catherine avait raison, son fatal passé devait tôt ou tard s'appesantir sur elle et sur son fils ! C'était trop de bonheur pour nous !

— Bon père, — reprit Fortuné de plus en plus apitoyé, — rien n'est désespéré. Cette soudaine révélation a dû porter à Michel un coup affreux... mais la violence de ce ressentiment s'apaisera, la réflexion le ramènera près de vous, près de sa fiancée, près de sa mère, et quand il saura avec quel courage, avec quelle héroïque vertu Catherine a expié ses égaremens... comment enfin elle s'est régénérée par l'amour maternel, il ne ressentira pour elle que commisération et estime !

— Ah ! vous ne le connaissez pas, monsieur Fortuné ! vous n'imaginez pas combien il a horreur du vice ! et puis il se dit que Camille sait qu'il est le fils d'une courtisane ; il y a de quoi, voyez-vous, lui faire perdre la tête !

Le domestique vint à ce moment dire à l'orfèvre :
— Les deux voitures sont à la grille ; madame attend monsieur.
— Il me faut vous quitter, bon père, mais nous serons bientôt de retour,—dit Fortuné au vieillard. — Hélas ! c'est pour nous tous un jour funeste que celui-ci !
— Dès notre arrivée, nous irons voir Catherine, — ajouta la tante Prudence. — Nous essaierons de la calmer, de la consoler, de lui faire comprendre qu'en effet rien n'est désespéré.
— Non, certes ! — dit le cousin Roussel.—Reprenez courage, père Laurencin ; si profonde que soit la répulsion de Michel pour le vice, lorsqu'il saura le dévoûment de sa mère pour lui, et avec quelle vaillance elle s'est réhabilitée, il ne rougira plus d'elle.
— Mon Dieu ! mais cette réhabilitation il l'ignore et voilà ce qui m'épouvante ! — reprit le vieillard avec angoisse. — S'il était instruit de l'admirable conduite de Catherine, je pourrais espérer de le voir revenir à elle; mais, encore une fois, il ignore tout ce qu'elle a fait afin d'expier le passé ; il ne connaît d'elle que son opprobre, dont il se croit solidaire. Nous ne reverrons plus mon pauvre Michel ! tout est perdu ! tout est fini pour moi !

Fortuné Sauval, après avoir en vain tâché de consoler la douleur du vieillard, se hâta de se rendre chez Aurélie avec Marianne et sa fille, la tante Prudence et le cousin Roussel.

CXXVIII.

Fortuné Sauval, en se rendant ainsi que sa femme et sa fille rue Notre-Dame-de-Lorette, où demeurait madame de Villetaneuse, et songeant à l'ignoble scène dont le cousin Roussel avait été témoin dans la matinée, scène qui pouvait se renouveler sous une autre forme, pensa qu'il serait inconvenant et imprudent à lui de conduire Marianne chez sa sœur, sans être certain que celle-ci se trouvait seule avec madame Jouffroy.

Les deux voitures s'étant arrêtées, l'orfèvre laissa, dans l'une le cousin Roussel et la tante Prudence, dans l'autre, sa femme et sa fille, puis il monta au second étage, où demeurait la comtesse. Quoiqu'il eût sonné deux fois, l'on tarda pendant assez longtemps à lui ouvrir; enfin la servante, encore effarée des événemens du matin, parut et entrebâilla la porte.

— Je désire parler sur-le-champ à madame de Villetaneuse... ou plutôt — ajouta Fortuné se souvenant du faux nom que prenait sa cousine, — ou plutôt à madame d'Arcueil.

— Madame est sortie, — répondit d'un ton bourru la servante, et elle allait fermer la porte, lorsque Fortuné, espérant adoucir ce cerbère, tira de sa poche un louis, le mit dans la main de la servante, et lui dit vivement :

— Là ne se borneront pas mes libéralités si vous m'écoutez, et surtout si vous me répondez sincèrement.

— Alors, monsieur, entrez vite, — reprit la servante, prenant soudain une physionomie engageante ; et fermant la porte du palier, elle introduisit Fortuné dans la cuisine.

— Je suis parent de votre maîtresse, — reprit l'orfèvre.

— Je désire savoir si elle est ici en ce moment, ainsi que madame Jouffroy, et si ces dames sont seules. Je suis instruit de ce qui s'est passé ce matin ; vous pouvez donc me parler en toute sécurité.

— Vous savez donc que la femme du *monsieur* de madame a fendu la tête à madame d'un coup de canne ?...

— Oui, oui, — répondit l'orfèvre frissonnant de dégoût et de pitié ; — mais quelles ont été les suites de cette blessure ? Comment se trouve votre maîtresse à cette heure ?..

— Je n'en sais rien, monsieur, elle est sortie.

— Sortie... malgré sa blessure ? C'est impossible !...

— Je vous jure mes grands dieux, monsieur, que madame n'est plus ici ; vous pouvez la chercher partout dans l'appartement, vous ne la trouverez pas.

— Qu'est-il donc arrivé depuis tantôt ?

— Après que la garde a eu emmené la femme de monsieur Badinier (monsieur Badinier est le nom du *monsieur* de madame), nous avons couché ma mère, elle s'était trouvée mal ; elle a eu ensuite un accès de fièvre chaude ; j'ai mis de mon mieux un bandeau sur la blessure de madame ; j'achevais de la panser, lorsque voilà bien une autre histoire !

— Quoi donc encore ?...

— Monsieur Badinier, dans un accès de colère blanche, arrive comme un forcené, et, sans égards pour madame qui souffrait de sa blessure comme une damnée, sans égards pour madame Jouffroy qui battait la campagne dans son délire, voilà que monsieur Badinier se met à agonir madame de sottises, à l'appeler canaille et autres gros mots dégoûtans, enfin à lui reprocher qu'elle le trompait pour un jeune homme !

— Mon Dieu ! mon Dieu ! — pensait Fortuné, — dans quelle abjection cette malheureuse est tombée ! Elle est à jamais perdue ! Je ne puis donc songer à lui offrir un asile chez moi, non ! je ne le peux pas, par respect pour ma femme et pour ma fille.

— Enfin, — poursuivit la servante, — lorsque monsieur Badinier a eu dit à madame les cent horreurs de la vie sur sa conduite avec son jeune homme, il lui a signifié que, si elle et sa mère ne filaient pas d'ici avant quatre heures du soir, il reviendrait avec un huissier les flanquer toutes deux à la porte, vu que l'appartement était loué en son nom, et que les meubles lui appartenaient ; enfin, il a eu la bassesse de défendre au portier de rien laisser sortir d'ici, sinon les effets de madame et de sa mère, qu'il leur laissait, disait-il, par charité, vu qu'elles n'avaient pas seulement une bonne chemise à se mettre sur le corps quand il a connu madame.

Fortuné ne put retenir ses larmes au récit de tant d'humiliations, de tant d'opprobre, et, par un retour involontaire au passé, il se souvenait d'Aurélie, belle, chaste, heureuse jeune fille, se préparant à partir pour le bal, lors de cette soirée où il était venu faire ses propositions de mariage à la famille Jouffroy.

La servante, ne remarquant pas l'émotion de l'orfèvre, continua :

— Vous jugez, monsieur, la position de madame. La voilà sur le pavé ; elle a beaucoup de dettes, elle me doit trois mois de gages. Je dis ça par intérêt, car madame est très bonne. Il n'y a que ma mère qui bougonne toujours, parce qu'il ne se passe pas de jour sans que les créanciers viennent faire des scènes terribles, et cependant ils savaient que monsieur Badinier avait de quoi, et...

— Mais comment, blessée si gravement, votre maîtresse a-t-elle eu le courage, la force de sortir ?

— C'est encore une autre histoire. Monsieur Badinier venait de s'en aller furieux. On sonne ; je vas ouvrir, je vois un jeune homme, mais beau, mais beau... et avec ça si bien mis !...

— Achevez, achevez.

— Il me dit qu'il veut parler tout de suite à ma dame ; pensant bien qu'elle ne voulait recevoir personne dans l'état où elle était, je réponds qu'il n'y est pas. — C'est » impossible ; elle m'a donné rendez-vous ici ce matin », — me dit le beau jeune homme ; — « portez-lui cela. » Et il me remet un petit billet qu'il a écrit au crayon. Moi, je me dis : « Bien sûr, c'est le jeune homme que monsieur Badinier reprochait à madame. » Je cours lui porter le billet auprès du chevet du lit de sa mère qu'elle ne quittait pas, et qui, dans sa fièvre chaude, battait toujours la campagne. Madame m'ordonne de faire tout de suite entrer le jeune homme (c'était le sien pour sûr). Ils sont restés cinq minutes ensemble, et puis madame a mis un grand châle, un chapeau avec un voile noir qui cachait le bandeau que j'avais placé sur sa blessure, et ils sont sortis tous deux. Madame m'a bien recommandé de veiller sur madame Jouffroy, et m'a donné une lettre que je...

Puis réfléchissant,

— Ah ! mon Dieu... monsieur est parent de madame ?

— Oui.

— Vous remettrez cette lettre à un commissionnaire », — m'a dit madame en me donnant un billet cacheté. — « Il la portera chez le premier bijoutier venu ; celui-ci » donnera l'adresse de la personne à qui cette lettre est » destinée, le commissionnaire la portera, et... »

— Cette lettre, où est-elle ?

— Elle est encore sur la commode de la chambre de madame. Je n'ai pas osé quitter sa mère, de peur qu'elle ne se jette à bas de son lit pendant sa fièvre chaude. Je me rappelle qu'il y a sur l'adresse de la lettre : *A Monsieur Fortuné Sauval, orfèvre*...

— C'est pour moi.

— Alors, monsieur, je vais aller la chercher.

— Je vous suis. Ce que vous m'apprenez de l'état de madame Jouffroy m'alarme ; je veux la voir. N'avez-vous pas été chercher un médecin ?

— Non, monsieur. Madame allait m'envoyer en chercher un lorsque son jeune homme est arrivé.

— Conduisez-moi vite dans la chambre de madame Jouffroy.

— Venez, monsieur.

Fortuné, suivant la servante, traversa le salon jonché des débris de glaces et de porcelaines ; les meubles en désordre ou renversés étaient disséminés çà et là ; une large tache de sang caillé rougissait le parquet. Fortuné détourna les yeux avec horreur et entra dans la chambre où était couchée madame Jouffroy. Au délire de sa fièvre succédait alors chez elle une torpeur profonde ; les joues empourprées, l'œil ardent, le front baigné de sueur, la respiration sifflante, saccadée, les lèvres déjà noirâtres, desséchées, cette malheureuse femme haletait, offrant tous les symptômes de l'une de ces maladies foudroyantes qui frappent de préférence les constitutions robustes, telles que celle de madame Jouffroy.

Fortuné, malgré son ignorance de l'art médical, fut épouvanté de la décomposition des traits de madame Jouffroy. Ce fut près de ce lit de misère, où gisait cette femme abandonnée de tous et menacée d'être bientôt jetée sur le pavé, que Fortuné lut la lettre suivante que venait de lui remettre la servante et qu'Aurélie lui adressait :

« Mon cher Fortuné, déjà sans doute notre cousin Rous-
» sel, qui a emmené mon père, vous a instruit de ce qui
» s'est passé ce matin chez moi.
» Ma mère, accablée par de douloureuses émotions,
» vient d'être atteinte d'une fièvre cérébrale.
» S'il s'agissait de moi, je ne voudrais ni n'oserais réclamer à aucun prix invoquer nos liens et les souvenirs de notre ancienne amitié ; mais je les invoque sans hésiter dès qu'il
» s'agit de ma mère. Pardonnez-moi, mon cher Fortuné,
» ayez pour elle indulgence et compassion : son aveugle
» tendresse pour moi l'a perdue. Qu'elle trouve, ainsi que

» mon pauvre père, auprès de vous, de Marianne, de ma
» tante, la consolation de ses chagrins et l'oubli du passé;
» c'est l'unique, c'est la dernière prière qu'il me soit per-
» mis de vous adresser, à vous et à ma sœur.
» Adieu, mon cher Fortuné, pour toujours, adieu !...
» Notre famille n'entendra jamais parler de moi.

» AURÉLIE. »

« P. S. J'ignore votre demeure ; mais, grâce à la célébrité
» de votre nom, mon messager trouvera facilement votre
» adresse. Aussitôt cette lettre reçue, je vous en conjure,
» venez chercher ma mère ; elle n'est plus en sûreté là où
» je la laisse. Adieu, encore adieu !... »

Fortuné pleura en lisant cette lettre, son cœur se brisa ;
tout un monde de souvenirs navrans s'éveillaient en lui :
l'enfance, l'innocente et radieuse jeunesse d'Aurélie, sa
tentative de suicide, son mariage, son existence quasi
royale à la cour de Meningen, son entrevue déchirante à
la villa Farnèse, alors qu'Aurélie luttait encore entre le
bien et le mal, enfin le mal l'emportant, le départ de sa
cousine avec monsieur de Manzanarès, funeste départ qui,
ne laissant plus de doute à Fortuné sur la complète perdi-
tion de la jeune femme, l'épouvanta et lui inspira ces paroles prophétiques adressées à l'aide de camp de Charles-
Maximilien :

— « Votre prince répondra un jour devant Dieu d'une
âme qu'il a perdue ! »

La prophétie se réalisait.

Elle devait se réaliser d'une manière plus effrayante
encore !

Fortuné sentit l'inutilité de nouvelles tentatives pour
soustraire Aurélie à la fatalité qui l'entraînait ; elle venait
de quitter son logis en compagnie d'un amant, sans doute,
et elle avait tellement conscience de sa dégradation présente et à venir, qu'elle terminait sa lettre en disant que
sa famille n'entendrait plus parler d'elle.

Les momens pressaient.

Fortuné craignait que bientôt madame Jouffroy ne fût
plus transportable. Il donna une nouvelle gratification à
la servante, en lui recommandant de ne pas quitter le lit
de la mère d'Aurélie, et, dans le cas où monsieur Badinier
reviendrait accomplir ses menaces, de lui promettre qu'a-
vant une heure au plus un parent de madame Jouffroy
reviendrait la chercher ; à l'appui de cette assurance, Fortuné écrivit quelques mots sur l'une de ses cartes de visite,
la remit à la servante, puis il descendit en hâte rejoindre
sa femme qui l'attendait dans le fiacre avec une impatience
croissante.

— Mon Dieu ! — s'écria Marianne frappée de l'altération
des traits de Fortuné, — il est donc arrivé quelque nouveau malheur ? Ma sœur... ma mère... où sont-elles ?...

— Retourne en hâte à la maison faire préparer une
chambre pour ma mère ; elle est très souffrante, je la conduirai bientôt chez nous.

— Son état est donc inquiétant ? — s'écria Marianne,
je vois des larmes dans tes yeux... Et Aurélie, où est-elle ?

— Marianne, je t'en supplie, ne perdons pas un temps
précieux ; retourne à la maison, je t'y rejoindrai bientôt,
je te dirai tout.

— Mais si ma mère est souffrante dans cette maison, je
veux aller près d'elle.

— C'est inutile ; dans une heure au plus tu la verras,
ma chère Marianne ; en attendant, va vite, je t'en conjure,
faire préparer la chambre que ta mère doit occuper.

Puis Fortuné, afin de couper court aux nouvelles questions et objections de sa femme, s'approcha de l'autre voiture, pria la tante Prudence d'aller prendre place à côté de
Marianne, et de retourner tout de suite avec elle au quartier Tivoli, tandis que le cousin Roussel et lui iraient
chercher en hâte un médecin.

Les deux voitures se mirent en marche, l'une emmenant
Marianne, sa fille et la tante Prudence, l'autre conduisant l'orfèvre et le cousin Roussel à la demeure d'un médecin ;
il fut ramené rapidement rue Notre-Dame-de-Lorette, constata l'extrême gravité de l'état de madame Jouffroy,
hésita d'abord à permettre qu'elle fût transportée chez sa
fille ; mais cédant aux considérations pressantes que fit
valoir Fortuné, il autorisa, quoique avec une vive appréhension, le transport de la malade.

Fortuné courut au bureau du commissaire de police, où
se trouvaient ordinairement des civières destinées aux blessés ; il en obtint une de l'obligeance du magistrat ; madame
Jouffroy fut placée avec toutes les précautions possibles
sur le brancard ; on ferma les rideaux, et deux portefaix
le chargèrent sur leurs épaules. Ce triste cortège, accompagné par Fortuné, traversait la rue Notre-Dame-de-
Lorette au moment où monsieur Badinier, plus furieux
que jamais, croyant qu'Aurélie et sa mère n'avaient pas
quitté la maison, revenait afin de les chasser de leur logis.

CXXIX.

Il existait alors sur le boulevard des Italiens un magasin de cannes, de fouets, de cravaches, etc., etc., renommé
parmi le monde élégant. Un beau jeune homme, qui par
ses dehors semblait appartenir à la *fashion* parisienne, venait d'acheter dans cette boutique une charmante petite
canne de bambou dont la pomme d'or, simplement gra-
vée, était un chef d'œuvre d'art et de goût. Jamais burin
plus pur, plus habile, n'avait rehaussé le métal de plus
gracieux méandres. L'acheteur (il n'était autre qu'Angelo
Grimaldi), après avoir quelque peu marchandé la canne,
tira de son gilet une bank-note anglaise de vingt livres
(cinq cents francs) et la remit au commis chargé de la vente
en lui disant :

— Veuillez me donner en or la monnaie de cette bank-
note ; je paierai le change.

Angelo continua de regarder curieusement la gravure
de la pomme de sa canne, tandis que le commis, selon
l'habitude des marchands, examinait avec soin le papier-
monnaie qu'il avait reçu.

— L'on ne peut vraiment voir quelque chose de mieux
gravé que la pomme de cette canne, — reprit Angelo, ne
paraissant pas remarquer l'examen attentif que le commis
faisait subir à la bank-note. Je suis assez connaisseur en
objets d'art, et j'affirme que vous avez parmi vos ouvriers
l'un des plus habiles graveurs de Paris.

— En effet, monsieur, il est aussi habile qu'il est ivrogne
et paresseux, — répondit le commis en ouvrant le tiroir du
comptoir afin d'y placer la bank-note et de prendre les pièces d'or nécessaires à son change. — Cet ouvrier aurait pu
devenir un artiste distingué, mais l'inconduite le perd.

— Ah ! fit Angelo pensif, cet ouvrier a une mauvaise
conduite ?

— Malheureusement pour lui, monsieur.

— C'est dommage, — reprit le grec absorbé par une pensée
qui lui venait subitement à l'esprit. Cet homme aurait pu,
grâce à son talent, se créer une position honorable.

— Sans doute, — reprit le commis en alignant sur le comptoir les pièces d'or qu'il rendait à Angelo ; mais dès qu'un
homme est ivrogne et paresseux, c'est fini de lui. Voici
vingt-deux pièces de vingt francs ; plus sept francs, le
change payé.

— Monsieur, — dit Angelo après un moment de réflexion
et ne s'empressant pas d'embourser l'or que l'on venait de
lui rendre en échange de son papier-monnaie, — je suis tellement frappé du fini précieux de cette pomme de canne,
que je désirerais, si cela était possible, employer votre ouvrier à graver des armoiries et des ornemens sur plusieurs
belles pièces d'argenterie. Se chargerait-il de ce travail ?

— Je n'en sais, ma foi, rien, monsieur ; ce garçon-là est
si capricieux, surtout si paresseux, que l'on ne peut jamais
compter sur lui. S'il voulait travailler assidûment, il rece-
vrait de notre maison de nombreuses commandes, il n'aurait pas un moment inoccupé ; mais non, dès qu'il a gagné

de quoi ivrogner pendant trois ou quatre jours, l'on ne peut rien tirer de lui.
— C'est singulier ! Est-il jeune ?
— Très jeune, monsieur ; s'il a vingt et un ans, c'est tout au plus.
— A cet âge, déjà dépravé ? c'est déplorable ! Et où demeure cet ouvrier, monsieur ?
— Dans un méchant garni de la rue de l'Oratoire-du-Louvre, n° 3.
— Et son nom ? — demanda le grec en inscrivant l'adresse sur son carnet, — son nom, je vous prie ?
— Michel.
— Je vous remercie, monsieur.
— Oh ! il n'y a pas de quoi, c'est le cas de le dire, monsieur, car si vous donnez de l'ouvrage à cet ivrogne-là, il sera deux mois à faire ce qu'un autre ferait en quinze jours. Mais il faut être juste, le travail sera merveilleux.
— Un mot encore, monsieur. Répondriez-vous de la probité de ce jeune homme ?
— Nous n'avons, sous ce rapport, rien à lui reprocher jusqu'ici ; cependant, son inconduite nous inspire si peu de confiance, que nous ne lui donnons jamais à graver qu'un objet précieux à la fois.
— Je vous remercie du renseignement, monsieur ; en ce cas, j'exigerai de ce graveur qu'il vienne travailler chez moi, au lieu de lui confier mes pièces d'argenterie.
— Ce sera beaucoup plus prudent, monsieur ; mais je ne sais s'il voudra quitter son bouge pour aller en journée chez vous : c'est une espèce d'ours fort mal léché, très taciturne et très sauvage.
— Il a peut-être quelque mauvaise action sur la conscience ?
— Dieu me garde d'accuser un innocent ! mais il a une physionomie si sombre, qu'on le croirait bourrelé par un remords.
— Ce que vous m'apprenez, monsieur, me donne fort à réfléchir ; je ne me déciderai pas légèrement à introduire cet homme-là chez moi... Pourtant, il serait regrettable, au point de vue de l'art, de ne pas utiliser un pareil talent.
Angelo ramassa les pièces d'or, les mit dans la poche de son gilet, salua le commis et remonta dans une élégante voiture de louage qui l'attendait à la porte du magasin. Il se fit conduire chez un joaillier de la rue de Richelieu, où il acheta un bracelet d'or fort simple, moyennant une autre bank-note de vingt-cinq louis, dont il se fit rendre la monnaie en or, puis il donna ordre au cocher de le mener rue de l'Oratoire, où demeurait l'habile graveur.

CXXX.

Michel Laurencin occupait une petite chambre dans un misérable hôtel garni, depuis environ une année qu'avait eu lieu la révélation faite par Mauléon, déguisé en commissionnaire.
Michel n'en pouvait douter : Catherine, longtemps courtisane sous le nom de madame de Morlac, Catherine était sa mère ! !
Si l'on songe à l'éducation austère de ce jeune homme, à son horreur du vice, à son aversion pour ces femmes qui trafiquent de leur beauté, l'on comprendra sa honte, son désespoir, lors de cette fatale révélation ; à la candeur de son âme, il se crut marqué au front d'un stigmate d'ignominie indélébile ; il lui parut affreux d'avoir non-seulement à rougir sans cesse à ses propres yeux de l'opprobre maternel, mais d'en rougir devant ses compagnons de travail, devant son patron et sa famille, enfin devant Camille, sa fiancée !
Michel atteignait à peine sa vingt et unième année. Plus expérimenté de la vie, et surtout instruit de l'héroïque réhabilitation de Catherine, il n'eût pas ainsi désespéré de l'avenir ; mais dans une généreuse exagération naturelle

aux sentimens de la première jeunesse, il se croyait solidaire de l'infamie de sa mère, ignorant que la courageuse femme, riche, jeune, belle encore, se vouant à une vie pauvre et rude, avait fait un noble emploi de ses biens, afin d'expier le passé, s'était enfin régénérée par l'amour maternel. Aux yeux de Michel, à la première effervescence de douleur succéda chez lui un profond accablement, puis, plus calme, il se prit à réfléchir et à envisager sa destinée.
Continuer ses relations de travail avec Fortuné, malgré les avantages inespérés qu'il lui offrait, Michel n'y pouvait plus songer, s'affectueux qu'il se fût toujours montré, son patron, si compatissant qu'il dût se montrer ensuite de cette révélation. Les témoignages mêmes de cette pitié seraient autant de blessures poignantes pour le fils de la courtisane.
Pouvait-il épouser Camille et aller continuer son métier chez un autre orfèvre ?
Épouser Camille ! candide et honnête enfant ! désormais instruite de l'opprobre de la mère de celui qu'elle aimait ! Quelle odieuse pensée pour lui de se dire incessamment :
« — Malgré son amour, malgré la bonté de son cœur,
» ma femme, pure et sans tache, rougit, au fond de l'âme,
» d'avoir épousé le fils d'une de ces créatures, la honte, le
» rebut de leur sexe ! »
Hélas ! l'exagération même de ces sentimens prouvait l'élévation du caractère de Michel, de même que, souvent aussi, dans l'excellence de son cœur, il prenait sa mère en commisération profonde, il contemplait la ruine de ses plus chères espérances sans maudire cette malheureuse créature ; parfois même, songeant à tout ce qu'elle avait sans doute souffert depuis qu'elle s'était rapprochée de lui, aux anxiétés, aux remords, dont sa vie devait être bourrelée, il la plaignait, se disant :
« — Après un long et criminel abandon, elle m'a aimé.
» C'est ma mère ! je ne l'abandonnerai pas ; nous irons en-
» sevelir ailleurs qu'à Paris notre honte commune ; mais,
» hélas ! je ne pourrai m'empêcher de me dire : Cette
» femme est ma mère, je dois, je veux la respecter. Pour-
» tant elle a causé la mort prématurée de mon père ! Elle
» a vécu de longues années dans l'ignominie ; elle a écrit
» à l'un de ses amans ces lignes que j'ai lues, et qui ont
» soulevé mon cœur de dégoût, d'indignation. Ah ! je le
» sens, malgré moi je ne pourrais lui cacher le chagrin
» que me cause sa vie passée ; elle se croirait méprisée de
» moi, ce serait pour elle une torture de tous les instans. »
Enfin, après des heures d'hésitations, de perplexités, telle fut la résolution de Michel.
Renoncer à son mariage avec Camille : ne plus revoir sa mère, ni son aïeul, ni Fortuné ; gagner obscurément sa vie dans quelque branche de son métier ; faire part de ses intentions à son aïeul, lui donner de temps à autre de ses nouvelles, afin de le rassurer sur son sort, et vivre dans la solitude jusqu'au jour où la persistance de sa douleur le délivrerait de sa triste vie.
Michel accomplit cette résolution, dictée par l'irréflexion et par les généreuses susceptibilités de son jeune âge. Il déjoua toutes les recherches tentées pour retrouver ses traces. L'un de ses anciens compagnons d'atelier lui pro-

Les belles dames, après la représentation me traitèrent en enfant sans conséquence. — Page 196.

mit le secret et le mit en relations avec le fabricant de cannes qui, depuis longtemps, l'occupait.

Accablé, découragé, in-oucieux de l'avenir, son art, qu'il avait tant aimé, ne fut plus, comme autrefois, le but constant de la vie de Michel ; il se bornait à quelques travaux, presque manuels, qui lui procuraient le strict nécessaire. Ne sortant presque jamais de sa chambre, sinon, parfois, à la nuit noire, pour errer dans les rues, il passait chez lui la plus grande partie de son temps.

Il faut l'avouer avec regret, Michel, ainsi que l'on dit, buvait ; cependant il existait un abîme entre la crapuleuse ivrognerie dont on l'accusait et le fait, blâmable d'ailleurs, qui autorisait ce reproche.

Le jeune orfèvre avait vécu jusqu'alors si sobrement, qu'il lui suffisait de deux ou trois verres de vin, non pour s'enivrer jusqu'à l'abrutissement et perdre toute conscience de soi-même, mais pour atteindre ce degré de surexcitation qui, sans obscurcir la pensée, change seulement sa couleur, si l'on peut s'exprimer de la sorte. Les uns, selon le terme consacré, ont le vin triste, gai, violent ou stupide ; Michel avait le vin sinon joyeux, du moins fécond en rêveries heureuses. L'accablement, la morne tristesse qui pesaient sur son âme et sur son esprit lorsqu'il se trouvait dans son état normal, se dissipaient peu à peu comme par enchantement lorsqu'il éprouvait une sorte de légère ivresse ; l'avenir, jusqu'alors sombre, désolé, s'éclaircissait, devenait lumineux et rose d'espérance.

Alors Michel se demandait pourquoi, dans une fâcheuse exagération de solidarité filiale, il se regardait presque comme complice des désordres de sa mère. N'avait-elle pas, depuis plusieurs années, vécu près de lui d'une manière irréprochable, mérité le pardon du père Laurencin ? Ne devait-elle pas inspirer la commisération et non l'éloignement, le mépris ? Camille, naïve et charmante enfant, adorait Michel ; pourrait-elle lui faire un crime du passé de sa mère et en rougir elle-même ?

— Non ! non ! — se disait Michel dans ces moments où, chose étrange, il entendait la voix de la saine raison ; — non, non ! ma susceptibilité, ma honte, mes craintes, ma résolution de vivre comme je vis dans l'isolement, dans l'inertie et le chagrin, loin de tout ce que j'aime, sont autant d'insignes folies, de noires ingratitudes ! Quoi ! j'ai le bonheur, là, sous ma main ; il dépend de moi de rentrer demain chez maître Fortuné, de voir tous les bras ouverts à ma venue, et j'hésite, malheureux fou que je suis !... Ah ! si je ne sentais en ce moment mon esprit un peu troublé, j'irais à l'instant me jeter au cou de ma mère, de mon aïeul... Combien ils seraient heureux de mon retour !... Et Camille ! quelle joie serait la sienne !... Triple fou que je suis ! Oh ! c'est décidé, dès demain je retourne à eux, et alors quel riant avenir que le nôtre !

Michel, s'exaltant de plus en plus à ces pensées, entrait alors dans le monde sans bornes des visions heureuses, dont le reflet dorait encore ses songes, lorsque peu à peu il cédait au sommeil... Mais de ce sommeil, le réveil était amer ; ses résolutions, dont il conservait un vague souvenir, lui semblaient de nouveau mauvaises, dégradantes, impraticables, et il flottait ainsi sans cesse entre l'espérance de la veille et la désespérance du lendemain.

Tels étaient le secret et la cause de ce que le commis du magasin appelait l'ivrognerie et la paresse de Michel ; inconduite apparente qui, jointe à l'extrême habileté du jeune graveur, motivait la prochaine visite d'Angelo Grimaldi.

La mansarde que Michel occupait dans son garni était misérablement meublée d'un grabat, de deux chaises, d'une vieille commode et d'une table boiteuse. L'on voyait dans un coin de la chambre un assez grand nombre de bouteilles vides. Michel, vêtu d'une blouse de travail presque en lambeaux, la barbe et la chevelure incultes, était profondément triste, car, depuis peu de temps éveillé, il venait de quitter le monde des riantes visions pour la réalité, qui jamais ne lui avait paru plus désolante. Il entendit frapper au dehors, fit un geste de surprise et d'impatience, se leva, et alla ouvrir sa porte à Angelo Grimaldi.

Michel s'avança lentement sur le rebord de la saillie de pierre. — Page 196.

CXXXI.

Michel, à la vue d'un étranger d'extérieur distingué, vêtu avec une extrême élégance, recula d'un pas, fort étonné de recevoir une pareille visite.

Angelo jeta un regard rapide, investigateur, sur l'intérieur de la mansarde et sur Michel, remarqua son apparence misérable, son air sombre, abattu, les bouteilles vides rangées dans un coin de la chambre et se dit :

— Paresse, ivrognerie et pauvreté! il y a cent à parier contre un que ce coquin est à moi. Je connais les hommes et leurs vices.

S'adressant alors au jeune artisan d'un air cordial et familier :

— Mon brave, vous vous appelez Michel?
— Oui.
— C'est vous qui avez gravé la pomme de cette canne ?
Et il la lui montra.
— Oui.
— En ce cas, mon cher, vous êtes l'un des plus habiles graveurs de Paris.

Michel, après ces deux dernières réponses, commença de regarder Angelo avec une curiosité fixe dont celui-ci fut surpris et inquiet. Le jeune orfévre ne l'avait vu qu'une seule fois, en Allemagne, lors de cette visite aux jardins de la villa Farnèse où Fortuné, trompé par les dehors d'Angelo, l'avait courtoisement introduit ; mais telle était la beauté de ce misérable, qu'il devenait difficile de l'oublier. Aussi Michel se rappela tout d'abord ses traits. Cette remémorance ne causait pas seule la persistance du regard qu'il attachait sur Angelo : des bruits sinistres avaient couru à son sujet après l'arrestation de ses complices, Corbin et Mauléon, lors des vols projetés par eux en Allemagne ; on le cherchait en vain dans les environs de Meiningen, tandis que, par un coup d'audace heureusement réussi, il voyageait à la suite du duc de Manzanarès; mais, à cette époque, il demeura constant pour la police allemande, ainsi que pour Fortuné Sauval et les compagnons de ses travaux, que l'élégant et beau jeune homme, amateur des arts, qui avait demandé à l'orfévre de se joindre à sa compagnie pour visiter la villa Farnèse, n'était autre qu'un malfaiteur, complice fugitif de Mauléon et de Corbin. Michel conclut, de ces souvenirs divers, qu'il avait devant les yeux un homme fort dangereux; aussi, après l'avoir d'abord attentivement examiné afin de se bien convaincre de son identité, il crut prudent de dissimuler l'inquiète curiosité que lui causait l'incompréhensible visite de cet homme, et il baissa les yeux d'un air assez embarrassé.

Angelo n'avait rencontré qu'une fois à Meiningen le jeune orfévre, en ce temps-là adolescent. Les années, les chagrins, l'incurie de soi-même, l'épaisse barbe blonde qui cachait à demi son visage, rendaient Michel complétement méconnaissable. Le repris de justice ne se rappelait nullement sa figure, n'ayant eu, d'ailleurs, aucun motif pour arrêter autrefois son attention sur lui. Cependant, trop rusé, trop défiant pour n'avoir pas été frappé de la fixité pénétrante du premier regard du jeune graveur, et voulant s'édifier sur ce point avant de continuer l'entretien, il reprit en souriant :

— Mon brave garçon, l'on croirait que vous m'avez déjà rencontré quelque part?
— Moi, monsieur!... Jamais.
— Allons, on ne regarde pas ainsi quelqu'un que l'on voit pour la première fois.
— Cet homme se défie de moi : il me devient doublement suspect, pensa Michel. — Rassurons-le, afin de savoir où il en veut venir.

Et il ajouta tout haut :

— Monsieur, en ma qualité de graveur, je dessine non-seulement l'ornement, mais aussi la figure...
— Eh bien?...

— Eh bien ! monsieur, je vous dis cela en artiste, sans vouloir vous complimenter : votre figure m'a frappé comme type. Je vous ai examiné trop attentivement peut-être, voilà tout.

Cette réponse parut sincère à Angelo. Plus d'une fois, il s'était aperçu que des passans s'arrêtaient un instant pour le contempler, surpris de la perfection de ses traits. Se croyant donc inconnu de Michel, il reprit :

— Vous me flattez, mon cher ami ; j'ignorais que ma figure méritât de fixer l'attention d'un artiste ; mais parlons d'autre chose. Je viens vous proposer du travail.

— Merci. J'ai suffisamment de travail.

— Voyons, avouez qu'au travail vous préférez la paresse et la bouteille ? En cela vous avez, mort-Dieu ! furieusement raison !

— Vraiment ?

— L'on a toujours raison de faire ce qui plaît. Au diable la morale !

— C'est commode.

— Et surtout agréable ! Travailler peu ou point, jouir beaucoup, voilà ma philosophie ; c'est la bonne.

— Où cet homme veut-il en venir, avec sa philosophie de malfaiteur ? — se demandait Michel, de plus en plus surpris. — Ayons l'air de penser comme lui : il s'ouvrira sans doute tout à fait.

Et Michel dit à Angelo :

— Vivre au mieux sans travailler, rien de plus agréable sans doute, mais comment faire ?

— Dites-moi, vous êtes passé maître dans la gravure des ornemens ; les arabesques de cette pomme de canne prouvent votre talent. Savez-vous graver les lettres ?

— Oui, monsieur.

— A merveille. Voici d'abord un bracelet sur lequel je désire faire inscrire deux noms et une date ; les noms sont : *Angelo* et *Aurélie*, la date est 20 juin 184*. *Meningen*. Je vais écrire le tout, afin que vous ne l'oubliiez pas.

Ce disant, le grec, déchirant l'un des feuillets de son carnet, y écrivit les noms et la date précités.

L'inquiétude et la curiosité de Michel augmentèrent ; il savait le profond attachement de Fortuné Sauval et de sa femme pour Aurélie de Villetaneuse malgré ses fautes, et combien ils regrettaient d'avoir perdu ses traces, espérant toujours la ramener au bien. Or, d'après les noms et la date qu'Angelo voulait faire graver sur le bracelet, date et désignation de lieux qui concordaient parfaitement avec le séjour de la comtesse en Allemagne, Michel ne pouvait plus guère douter des tendres relations qui existaient entre ce malfaiteur et Aurélie. Effrayé de cette découverte, et conservant pour son ancien patron autant d'affection que de reconnaissance, Michel pensa qu'il pourrait peut-être le mettre à même de retrouver madame de Villetaneuse et de la soustraire à la pernicieuse influence qu'Angelo devait exercer sur elle, s'il parvenait, lui, Michel, en écoutant jusqu'au bout les offres de ce misérable, à connaître sa demeure, que la comtesse partageait sans doute.

Michel dit donc à Angelo, dans l'espoir d'obtenir adroitement de lui les renseignemens qu'il pouvait lui fournir sur Aurélie, comtesse de Villetaneuse :

— Le travail que vous me proposez se bornera-t-il à la gravure de ce bracelet ?

— Non, je désire seulement avoir un spécimen de votre habileté à buriner les lettres, et si, comme je n'en doute pas, vous répondez à mon attente, je vous chargerai d'un travail très important ; il vous occuperait au plus trois ou quatre jours, mais il vous serait si largement payé, que ce salaire vous permettrait de rester cinq ou six mois sans rien faire. Ainsi, mon brave, non-seulement vous gagneriez assez d'argent pour vous livrer à votre chère paresse, mais au lieu de vivre dans ce bouge, vous pourriez vous loger confortablement, remplacer votre vieille blouse par des habits fins, votre gros vin bleu par le nectar de Mâcon ou de Champagne, et le savourer en galant particulier, si vous préférez boire en joyeux et tendre tête-à-tête.

— Allons, monsieur, vous vous moquez d'un pauvre ouvrier.

— Je vous parle au contraire très sérieusement, mon brave garçon.

— Vous voulez me faire croire qu'il me suffirait de travailler quatre ou cinq jours pour gagner...

— Six mille francs. Est-ce assez ?

— Six mille francs !

— Je vous les garantis.

— Six mille francs de salaire avec un travail de trois ou quatre jours ?

— Oui, et dès que vous serez à l'œuvre, je vous remettrai trois mille francs d'avance.

— Je ne comprends rien, monsieur, à tout cela. Vous venez, dites-vous, me proposer un travail de gravure ?

— Pas autre chose.

— Et ce travail me rapporterait six mille francs ?

— Peut-être même davantage, si je suis satisfait de vous.

— De quel genre est ce travail ?

— C'est un travail fort délicat ; il a, je dois vous l'avouer, ses risques.

— Ah ! il y a des risques à courir ?

— Sans cela, vous ne seriez pas si chèrement payé.

— De quoi s'agit-il donc ?

— Il s'agit d'une contrefaçon.

— Que faut-il contrefaire ?

— Une charmante vignette anglaise représentant la Fortune, et qui fait fureur à Londres et en d'autres pays.

— Ainsi, la contrefaçon de cette gravure entraîne des risques ?

— Quelques mois de prison, au pis-aller. Mais j'ai pris mes précautions, je suis prudent : il y a cent à parier contre un que nous ne serons pas découverts.

— C'est que... la prison... diable !... la prison...

— Préjugé, mon brave ! Est-ce que vous vous croiriez déshonoré par quelques mois de prison ? On trouve là de gais lurons, peu scrupuleux à l'endroit de la morale ; le temps passe vite, en leur compagnie ; vous sortez de la geôle, la liberté vous semble mille fois plus chère, et, grâce au divin argent, vous oubliez bientôt votre captivité.

— Au fait, qui ne risque rien n'a rien.

— Ainsi, mon garçon, vous acceptez ?

— Dame, monsieur, six mille francs... pour trois ou quatre jours de travail... Ah ça ! cette vignette, où est-elle ?

— Dans un endroit où vous pourrez vous mettre à l'œuvre en toute sécurité.

— Ce n'est donc pas ici que je m'occuperai de cette gravure ?

— Non.

— Où donc travaillerai-je ?

— Chez moi. Vous ne serez nullement dérangé : je vous donnerai une chambre dont vous ne sortirez qu'après avoir terminé notre contrefaçon. Plus tôt vous l'aurez achevée, plus tôt vous serez libre. Mais il faut commencer ce travail le plus tôt possible, aujourd'hui même.

— C'est bien prompt.

— Que vous importe.

— Où demeurez-vous, monsieur ?

— Je demeure...

Mais s'interrompant, et cédant à ses habitudes de défiance, Angelo reprit, après un moment de réflexion :

— Trouvez-vous à la tombée de la nuit à la barrière de Monceaux. Vous savez où elle est située ?

— Oui.

— Je viendrai ou j'enverrai quelqu'un vous chercher. Cette personne vous demandera *si vous êtes le graveur*. Vous pourrez la suivre en toute confiance.

— Très bien, monsieur ; je serai au rendez-vous à la tombée de la nuit.

— Vous êtes un brave garçon, vous serez content de moi ; n'oubliez pas de me rapporter le bracelet, après y avoir gravé les mots convenus.

— Ce sera fait.
— N'y manquez pas ; je veux, ce soir même, offrir ce bracelet...
— A votre maîtresse ?
— Vous êtes un gaillard pénétrant.
— Pénétration facile, monsieur ; un nom de femme et un nom d'homme...
— Plus, une date que vous croyez sans doute précieuse à mon souvenir, cela suffisait de reste à vous mettre sur la voie d'un amoureux secret ; donc, vous avez deviné : le bracelet est destiné à ma maîtresse ; aussi je compte sur votre promptitude.
— Ce soir, monsieur, je vous porterai le bracelet.
— Ainsi, à la nuit tombante, à la barrière de Monceaux.
— Oui, monsieur, à la nuit tombante, à la barrière de Monceaux.

Le repris de justice sortit.

— Plus de doute, — se dit Michel lorsqu'il fut seul, — ce misérable est sans doute l'amant de madame de Villetaneuse. Ne fait-il pas graver sur ce bracelet ces deux noms : *Angelo, Aurélie*, ainsi que le nom de la ville de *Meningen*, et une date qui se rapporte à ce voyage d'Allemagne où maître Fortuné a retrouvé sa cousine maîtresse du prince. Elle connaissait donc Angelo à cette époque ? Non, c'est impossible, puisqu'elle est partie avec un duc, selon ce que nous a raconté plus tard mon patron... Il n'importe... Mon Dieu ! dans quel abîme de dégradation cette malheureuse jeune femme est tombée !... Elle... elle, courtisane !... Hélas ! ma mère aussi a été courtisane !... Ce souvenir fait ma honte et mon malheur !... Ah ! ne songeons pas à cela maintenant. Que faire ? Cet homme m'offre de me payer six mille francs la contrefaçon d'une vignette anglaise ; c'est un piège, un mensonge ! Il est permis sans risquer la prison de reproduire les gravures anglaises ; il serait fou de rétribuer si énormément une pareille reproduction. Il s'agit évidemment d'une œuvre suspecte. Quelle est-elle ? Cet homme me croit ivrogne, paresseux, avili... il a voulu me séduire par l'appât de l'argent ; j'ai feint d'accepter son offre, il ne se défie plus de moi : ce soir je connaîtrai sa demeure. Bien souvent mon grand-père m'a dit : « Maître Fortuné et sa femme auraient » le plus vif désir de retrouver les traces de madame de » Villetaneuse, afin de tâcher de la ramener au bien, et » d'offrir un asile à monsieur et madame Jouffroy (1). » Peut-être le hasard de ma rencontre avec cet homme me donnera-t-il moyen de rendre à mon ancien patron un grand service en l'instruisant du lieu où se trouve maintenant madame de Villetaneuse. Ne soupçonnant pas sans doute les antécédens criminels d'Angelo, elle habite probablement avec lui ; je peux m'assurer du fait en me rendant ce soir dans la demeure de ce misérable, au sujet de l'œuvre suspecte qu'il me propose. Si j'acquiers la certitude que je pressens, j'écris à maître Fortuné afin de lui apprendre entre quelles mains sa cousine est tombée, et auxquelles il est peut-être temps encore de l'arracher ; j'acquitterais ainsi en partie ma dette de reconnaissance envers mon bienfaiteur. Quel avenir il m'avait réservé ! Quel bonheur eût été le mien sans cette horrible révélation !... Ah ! loin de moi ces pensées ; elles me troublent. Réfléchissons froidement. Que risquerai-je à ce rendez-vous que m'a donné cet homme ? Si je ne peux rien découvrir touchant madame de Villetaneuse et sa famille, j'aurai du moins tenté de rendre service à maître Fortuné. Quant à l'œuvre suspecte qui m'est proposée, personne ne saurait m'imposer un travail que je me refuserais d'exécuter. C'est décidé, j'irai au rendez-vous ce soir, et, en attendant l'heure, afin d'éloigner tout soupçon, gravons sur ce bracelet ces mots et cette date : *Aurélie, — Angelo, — Meningen, — juin 184**.

(1) Michel, lors de la révélation de Mauléon, avait quitté subitement la maison de Fortuné Sauval, ignorant que celui-ci et le cousin Roussel avaient recueilli monsieur et madame Jouffroy.

CXXXII.

A l'extrémité du quartier de Batignolles, et complètement isolée des dernières habitations de ce faubourg par des terrains en friche, on voyait une maison de triste apparence, bâtie légèrement, ainsi que la plupart des habitations de ce quartier moderne ; elle était grandement délabrée ; l'herbe, les ronces envahissaient les allées du jardin, entouré de hautes murailles, et couvraient à demi les dalles disjointes d'un petit perron conduisant à la porte du logis, où l'on arrivait après avoir traversé une assez longue allée aboutissant à une grille de clôture.

Quelques heures après l'entretien de Michel et d'Angelo, celui-ci, accompagné d'Aurélie de Villetaneuse, vêtue avec une extrême élégance, pénétra dans la maison isolée, ouvrit la grille au moyen d'une clef qu'il portait sur lui, et, suivi de la jeune femme, monta les degrés du perron, puis ceux d'un escalier conduisant au premier étage, et entra dans une vaste pièce à peine meublée.

L'isolement, le morne silence de cette demeure, son aspect presque sinistre, le délabrement de la chambre où elle venait d'être introduite par Angelo, impressionnèrent vivement la comtesse.

— Mon ami, — dit-elle au repris de justice, — quelle vilaine et triste maison ! Chez qui sommes-nous donc ici ?
— Nous sommes en Californie, mon adorée.
— Cette maison, une Californie ! Tu parles en énigmes.
— Dis-moi, m'aimes-tu ?
— Angelo !
— J'ai, en effet, mal posé la question. Te sens-tu capable de m'aimer quand même ?
— Quand même ?
— Oui, quoi que je fasse ? qui que je sois ? Je te parle ainsi, Aurélie, parce que je suis venu pour moi de te faire une révélation grave. Cette révélation, je dois nécessairement te la faire ici, dans cette demeure isolée. Tu sauras tout à l'heure pourquoi.
— Tu me demandes, Angelo, si je suis capable de t'aimer quand même, quoi que tu fasses ?
— Oui.
— Cette question me semble inutile depuis notre voyage de Bordeaux.
— Ceci, chérie, est sans doute une allusion à la preuve de confiance que je t'ai donnée lors de ce voyage en t'apprenant que Mauléon et moi nous étions des grecs, et que tu serais la sirène qui attirerait nos dupes ?
— J'ai accepté ce rôle, Angelo. Je t'aime donc quand même, et quoi que tu fasses !
— Deux mots encore sur ce voyage, afin de bien établir notre situation présente. Nos affaires allaient le mieux du monde, le lansquenet était pour nous la poule aux œufs d'or ; mais nous fûmes avisés que l'on soupçonnait notre industrie. L'on attendait évidemment le moment de nous prendre en flagrant délit. Aussi, prévenant cet instant critique, nous nous sommes prudemment éclipsés. Nous avons, Mauléon et moi, partagé nos bénéfices ; il s'en est allé de son côté, moi du nôtre, et nous en sommes aujourd'hui à nos derniers mille francs.
— Faut-il quitter notre charmant appartement, renoncer à notre luxe, nous résigner à vivre pauvrement dans la maison où nous sommes ? La résignation me sera facile auprès de toi, Angelo.
— Hélas ! il faut nous résigner, mon adorée, à dépenser énormément d'argent, à le jeter littéralement par les fenêtres. Il faut te résigner aux toilettes les plus éblouissantes, au faste le plus extravagant ; car, je te le répète, cette maison de triste apparence est une Californie. Mais pour jouir des trésors qu'elle renferme, tu dois m'aimer quand même, tu dois connaître mes projets, tu dois apprendre qui je suis.
— Que veux-tu dire ?

— Lorsque je t'ai rencontrée en Allemagne pour la première fois, j'ai passé à tes yeux et à ceux du duc pour un proscrit italien.
— Sans doute.
— Je ne suis pas Italien; je n'ai jamais été proscrit.
— Soit !... Que m'importe, à présent !
— Attends... Lorsque nous nous sommes revus chez Clara, et lors de notre voyage à Bordeaux, je t'ai laissée dans la même erreur au sujet de ma naissance et de ma vie passées, je t'ai seulement avoué que j'étais devenu grec... Cette révélation a été pour moi la pierre de touche de ton amour, Aurélie. Dès ce jour, tu as commencé de m'aimer quand même. Cela m'a d'abord autant charmé que surpris.
— D'où pouvait naître ta surprise, Angelo ?
— Tu me croyais seulement proscrit, malheureux, et tu apprenais que...
— Que tu volais au jeu, n'est-ce pas ?
— C'est le mot.
— Entre nous, ma susceptibilité aurait été étrange.
— Pourquoi étrange ?
— Une femme qui s'est vendue deux fois n'a pas le droit de mépriser un homme qui vole au jeu. Tu m'aimes malgré ma honte, Angelo; je t'aime malgré ton opprobre : c'est la fatalité de notre destinée.
— Ces fermes paroles sont d'un bon augure. Je peux maintenant te raconter ma vie; il y a quelques années, tu n'étais pas assez *mûre* pour un pareil récit.
— J'ai fait depuis un an de terribles progrès !
— Oui, tu es devenue la femme qu'il me faut. Si tu subis bravement une dernière épreuve, aucune puissance humaine ne pourra nous séparer.
— Songes-y bien Angelo, je n'ai plus que toi au monde ! songes-y bien !
— J'y songe ! et là est mon espoir. Apprends donc enfin qui je suis : je m'appelle Jérôme Chaussard. Ignoble nom ! comme il a influence ma destinée ! Je suis né à Paris; mon père était intendant du marquis de Chaumont, homme puissamment riche. Il me fit partager l'éducation de son fils, me destinant à être plus tard son secrétaire; pénétré de l'humilité de ma condition, laborieux, appliqué, je fis des progrès rapides dans de études sérieuses ; elles ne m'empêchaient pas de me livrer aux arts d'agrément. J'avais du goût pour le dessin, une jolie voix ; à quinze ans, je passais pour un petit prodige. Un jour, le marquis eut la fantaisie de faire l'exhibition publique du fils de son intendant. L'on jouait souvent la comédie au château de Chaumont; l'un des commensaux de la maison, homme d'esprit, excellent musicien, composa pour la circonstance une espèce de petit opéra-comique; j'y remplissais le rôle d'un chérubin villageois, jeune berger tourmenté par ses quinze ans; j'obtins un succès fou; les belles dames, après la représentation, me traitèrent en enfant sans conséquence, me caressèrent comme un épagneul, me bourrèrent de dragées comme un perroquet. Telle fut mon entrée dans le monde. Elle m'enivra d'abord de vanité, puis vinrent les réflexions amères sur le néant même de cette vanité; malgré mes succès, mes talens naissans, ma jolie figure, je restais, comme devant, Jérôme Chaussard, fils d'un intendant de bonne maison : mes prétentions devaient se borner à devenir secrétaire d'un grand seigneur. Cependant, je prenais des habitudes d'élégance et de luxe qui charmaient et navraient mon orgueil; je montais (en subalterne, il est vrai) dans la voiture du fils du marquis; je partageais ses plaisirs, le spectacle, la chasse, l'équitation; mais je ne serais jamais que Jérôme Chaussard ! Cette perspective de l'ignoble nom que je portais révoltaient ma vanité; j'atteignis ainsi l'âge de dix-huit ans. De plus en plus rongé de fiel et d'envie, j'avais fait, sans le savoir, la conquête de la première femme de chambre de la marquise, une très jolie fille, rouée comme un vieux singe, confidente des amours de sa maîtresse, et mettant au poids de l'or son secret et ses services. Julie (c'était son nom) amassa ainsi une trentaine de mille francs. Le marquis fut nommé ambassadeur à Saint-Pétersbourg : je devais l'accompagner, afin d'aller dans ses travaux son secrétaire particulier: cette position enviée par tant d'autres me semblait misérable, servile et digne d'un Jérôme Chaussard, fils d'une espèce de domestique. Un jour Julie me dit à brûle-pourpoint : « Jérôme, je vous aime ; j'ai trente mille francs à » dépenser ; nos maîtres doivent partir bientôt pour la » Russie. Laissons-les partir, nous quitterons ensemble la » maison, et nous mènerons joyeuse vie à Paris. » Ce projet m'enchanta ; ainsi dit, ainsi fait. Mon père avait depuis quelque temps devancé le marquis en Russie, afin d'y préparer la maison du futur ambassadeur. La marquise et son fils devaient l'accompagner. La veille du départ, je disparus de l'hôtel, écrivant au marquis que je ne voulais pas aller en Russie, et que je m'engagerais soldat. Julie chercha une mauvaise querelle à la marquise, en arracha encore quelque somme, en la menaçant de divulguer le secret de ses amours, lui souhaita bon voyage, et vint me rejoindre dans un hôtel garni, où elle m'avait donné rendez-vous. Nous commençâmes à manger les trente mille francs que possédait Julie. Elle se faisait appeler madame de Saint-Simon. L'on m'avait dit souvent que j'avais une figure italienne; je me souvins de mon histoire de Gênes, et je pris sans façon le nom et le titre d'Angelo, marquis de Grimaldi, abandonnant pour jamais l'ignoble nom de Jérôme Chaussard. Je devins la coqueluche des tables d'hôte que nous hantions avec Julie. Au bout de six mois, nous vîmes la fin de son argent. Alors, en fille de ressource, elle chercha un protecteur, en trouva un, mais très jaloux, très vigilant. Forcé de rompre avec Julie, je me trouvais à peu près sans le sou sur le pavé de Paris, et avide de plaisirs, de luxe, incapable de travailler, habitué à une vie oisive, dépensière ; déjà je portais des bottes éculées, des habits râpés; la misère s'approchait, le diable me tenta. J'avise un jour le provoquant étalage d'une boutique de changeur, j'achète une once de tabac chez un épicier, puis entrant chez l'homme aux écus, sous le prétexte de lui demander la monnaie d'un billet de cinq cents francs, que je feins de chercher dans mon gousset, j'en tire une poignée de tabac, j'aveugle le changeur ; je fais main basse sur une sébile contenant des rouleaux d'or, plusieurs billets de mille francs; j'ai la chance de fuir sans être arrêté. Le fruit de mon vol dissipé, je voulus tenter de nouveau le même coup ; moins heureux cette fois, je fus pris. Je n'avais pas vingt ans. Grâce à ma jeunesse, à la protection du marquis, auquel j'écrivis, et qui plus tard ne voulut jamais, non plus que mon père, entendre parler de moi, je ne fus condamné qu'à cinq ans de réclusion. Je les passai dans la prison centrale de Melun. Là, j'achevai mon éducation : j'appris, entre autres industries, à filer admirablement la carte. A Melun je connus Mauléon ; plus tard, je rencontrai après ma libération, nous avons entrepris de voler les pierreries de Fortuné Sauval ; ce projet nous conduisit à Meningen, où je t'ai rencontrée, Aurélie. Depuis cette époque, tu sais ma vie, tu voici édifiée sur le passé, tu sais maintenant qui je suis. M'aimes-tu toujours quand même ?
— Écoute-moi à ton tour, Angelo. L'on m'eût dit autrefois : « Vous éprouverez dans votre vie un amour profond, irrésistible, fatal ; vous ne vous appartiendrez plus désormais, et d'un regard, l'homme que vous aimerez ainsi vous imposera sa volonté absolue. Mais lorsque le jour où vous apprendrez que l'homme dont vous subissez l'empire n'est pas un proscrit intéressant par ses malheurs, mais un repris de justice, quelle impression vous causera cette découverte ?... »
— Hé bien ! qu'aurais-tu répondu ?
— Autrefois j'aurais répondu : « Cet homme me fera horreur lorsque son crime passé me sera révélé. »
— Et aujourd'hui, Aurélie ?
— Aujourd'hui, Angelo ?... aujourd'hui que j'ai descendu un à un, pas à pas, tous les degrés du vice ; aujourd'hui que je porte là, au front, l'ignoble cicatrice d'un coup de bâton dont m'a frappée une épouse outragée, en m'accusant de débaucher son mari, vieillard qui me payait ; au-

jourd'hui que mes désordres ont égaré la raison de mon père, ont conduit ma mère au tombeau ; aujourd'hui, Angelo, loin d'avoir horreur de toi, je te sais gré d'être encore plus dégradé que moi. Une honnête femme, dans la générosité de son cœur, parfois est heureuse, fière de pouvoir sacrifier une haute position à celui qu'elle aime ; moi, je te sacrifie mes derniers scrupules ; moi, je t'aime malgré ton crime !

— Ah ! c'est de l'amour, Aurélie ! — s'écria le repris de justice en répondant avec un accent passionné aux horribles paroles de sa complice. — Oui, va, parmi nous seuls se trouve l'amour vaillant ! Quel courage y a-t-il donc à s'aimer en pleine sécurité de conscience et de considération ? Beaux sacrifices que ceux auxquels tout le monde applaudit ! Non ! non ! la femme dont l'amour s'accroît, s'irrite, s'exalte en raison même des flétrissures de son amant et des dangers qui le menacent, celle-là seule sait aimer, celle-là seule aime d'un amour ardent et résolu !

— Je suis maintenant de ces femmes-là, Angelo, — reprit la comtesse d'un air sombre et déterminé ; — oui, je suis de ces femmes-là : je te l'ai prouvé, je saurai te le prouver encore.

— Tu ne me trouveras pas ingrat, crois-moi. Il est non moins ardent et résolu, l'amour de ces hommes assez confians dans leur amour, dans celui de leur *femme*, pour lui dire : J'ai volé, j'ai tué ; tu as mon secret, tu peux, d'un mot, m'envoyer au bagne, à l'échafaud ! Je suis à ta merci. Me trahiras-tu ? m'abandonneras-tu ?

— Te trahir ! t'abandonner !... Infâme lâcheté ! — s'écria la comtesse de Villetaneuse, palpitante sous le farouche et brûlant regard de ce repris de justice. Ah ! quoi que tu fasses, quoi qu'il t'arrive, Angelo, ton sort sera le mien ! Compte sur moi jusqu'à la fin ! compte sur moi jusqu'à la mort !

— Oh ! tu n'es plus seulement ma maîtresse, tu es à tout jamais ma complice ! — s'écria ce misérable en serrant Aurélie entre ses bras et la couvant de ce regard magnétique qui fascinait cette malheureuse.

— Oui, à toi jusqu'à la fin ! — s'écria-t-elle ; — à toi, mon Angelo ! à toi jusqu'à la mort !... entends-tu ?... jusqu'à la mort !...

CXXXIII.

— Et maintenant que tu m'aimes quand même, Aurélie, — reprit Angelo, — apprends mes projets. Nous allons rouler sur l'or !

— Comment cela ?

— Tu croyais nos ressources à bout, et tu vas vivre en grande dame comme autrefois, écraser les plus élégantes par ta magnificence et ta beauté.

— Que dis-tu ? — s'écria la comtesse, dont les yeux étincelèrent à ces pensées de faste et de prodigalité. — Est-ce un rêve ?

— Non, pardieu ! jamais réalité n'a été plus splendide ! Cette maison, je te le répète, est une Californie, une mine d'or !

— Explique-toi !

— J'ai, depuis deux mois, loué cette demeure isolée. Mauléon, moi et un habile homme nommé Robert, qui possède de précieuses connaissances en chimie, nous sommes parvenus à parfaitement imiter le papier des bank-notes d'Angleterre, papier-monnaie moins connu que les billets de banque français, et ainsi beaucoup plus facile à placer. Nous avions découvert un excellent graveur : il est mort il y a quelques jours d'apoplexie foudroyante, après avoir gravé une planche de ces bank-notes; nous en avions déjà tiré pour plus de cent mille francs, lorsque, par malheur, la planche s'est brisée. J'espère remédier à cet accident en engageant dans notre opération un autre graveur; il nous confectionnera de nouvelles planches ; avant peu de jours, nous posséderons deux millions de bank-notes ! Deux millions,

ma belle comtesse ! Les premières sont si merveilleusement exécutées que j'en ai écoulé aujourd'hui pour quelques centaines de louis, en allant faire divers achats dans plusieurs boutiques, sans éveiller le moindre soupçon. Cependant, il y aurait de graves dangers à ce que la même personne mît toujours ce papier en circulation ; il faut, en outre, afin de ne lui inspirer aucune défiance, qu'il soit écoulé par des gens de très bonnes façons, ayant l'usage du monde, les dehors de la richesse. Mauléon, moi et une autre personne que je ne connais pas, mais dont il répond comme de lui-même et qu'il doit amener souper ce soir (car nous soupons ici, je t'ai ménagé cette surprise), nous nous sommes chargés du placement des bank-notes ; mais il faut se hâter ; nous ne sommes que trois, tu te joindras à nous —

— Moi !...

— Certainement ; tu nous seras un excellent auxiliaire. Une femme, mise avec la dernière élégance, ayant, comme toi, des manières de grande dame, et descendant d'une voiture armoriée (rien ne nous manquera), éloignera jusqu'à l'ombre du soupçon, et... Mais qu'as-tu... Aurélie ?... tu pâlis...

— C'est vrai...

— Regarde-moi donc en face.

— Je t'en supplie, ne te fâche pas !

— Tu as peur ?...

— Angelo !...

— Tu crains de te compromettre ?

— Je m'attendais peu à cette... proposition, et je...

— Tu es donc lâche !... Aurélie...

— Lâche... non, mais...

— Misérable ! oublies-tu déjà tes paroles ! Ne m'as-tu pas dit : Quoi qu'il t'arrive, ton sort sera le mien ? Oh ! prends garde ! tu seras ma complice ! sinon...

Au moment où Angelo prononça ces paroles d'un air menaçant, la nuit était presque complètement venue ; la porte de la chambre s'ouvrit, et Robert, l'un des complices des faussaires, petit homme chauve, d'une physionomie basse, rusée, entra, tenant à la main une bougie.

— Notre homme est là, — dit-il à Angelo. — Je l'ai trouvé exact au rendez-vous, à la barrière de Monceaux ; je l'amène...

— Mauléon est-il ici ?

— Il vient d'arriver avec son ami ; ils ont apporté dans un fiacre les ustensiles et les comestibles du souper, car il n'y a ni un verre ni une assiette dans cette diable de maison. Enfin, à la guerre comme à la guerre ! J'ai une faim de tigre, ot...

Remarquant alors madame de Villetaneuse, Robert s'interrompit, la salua, et dit à Angelo, en lui adressant un signe d'intelligence :

— C'est madame ?

— Oui.

— Elle connaît notre opération ?

— Sans doute.

— Parfait ! — reprit Robert en se frottant les mains. — Oh ! parfait, mon cher ; l'on songera plutôt à admirer la beauté de votre admirable maîtresse qu'à examiner nos bank-notes... Madame vaudra pour nous son pesant d'or.

— Aurélie — dit brusquement Angelo en prenant sur la cheminée une bougie qu'il alluma, et donnant ce flambeau à la comtesse, — va m'attendre dans la pièce voisine ; passe par cette porte, je te rejoins bientôt. Vous, Robert, faites entrer notre homme ; nous avons ici les outils de l'autre graveur, il faut que son successeur se mette dès ce soir à l'œuvre, et il ne sortira pas de la maison avant d'avoir, bon gré, mal gré, gravé nos planches.

— Parbleu ! s'il refusait, nous saurions bien le contraindre : il est ici comme dans un *in pace*, — ajouta Robert en quittant la chambre.

Aurélie, devenue pâle comme un spectre depuis la proposition d'émission de fausse monnaie, restait immobile, le regard fixe ; elle tremblait tellement, que le flambeau qu'elle tenait vacillait dans sa main.

— Va, lâche femelle ! — dit Angelo avec un sourire in-

sultant ; — va, mollasse! Je me suis mépris sur toi ! Tu voudrais jouir de nos trésors sans partager nos dangers !
— Angelo, je t'en conjure, écoute !...
— Quelle différence entre toi et la petite Bayeul ! Elle l'aurait pas reculé! elle est si crâne!... Ah! si je la retrouve...
— Ne prononce jamais le nom de cette horrible femme, — s'écria la comtesse frémissante de haine ; — tu me rendrais folle, et...
— Tais-toi, on vient ! — reprit vivement Angelo, entendant les pas de Michel. Et saisissant brutalement la comtesse par le bras, en lui indiquant du geste la porte d'une chambre voisine, il ajouta : — Vite, entre là ! Il est inutile que cet homme te voie. Je vais aller te rejoindre, et si tu es toujours aussi lâche qu'en ce moment, je te casserai ma canne sur les reins et je ne te reverrai de ma vie !

La comtesse, éperdue à cette ignoble menace, sortit, selon les ordres du repris de justice, mais non pas assez promptement pour échapper aux regards de Michel.

Celui-ci, que Robert venait d'introduire, tressaillit en reconnaissant madame de Villetaneuse au moment où elle disparaissait par l'une des portes latérales de la chambre.

CXXXIV.

Michel, à l'aspect d'Aurélie, ne regretta pas d'avoir accepté un rendez-vous de plus en plus suspect à ses yeux. Il se promit de faire part de sa triste découverte à Fortuné Sauval, en lui écrivant le soir même.

Angelo ouvrit les deux battants d'une sorte d'alcôve pratiquée au fond de la chambre, fit signe à Michel de s'approcher, lui montra, étalés sur une table, tous les outils nécessaires à un graveur, et une lampe non allumée, pareille à celles dont se servent les bijoutiers ; l'on voyait dans le fond de l'alcôve un lit de sangle garni d'un matelas.

— Mon brave garçon, — dit le repris de justice à Michel, — voici des outils pour travailler, une lampe pour vous éclairer, un lit pour vous reposer.

— Monsieur, voilà d'abord le bracelet sur lequel, d'après votre désir, j'ai gravé les noms et la date dont vous m'avez laissé l'indication.

Angelo prit le bracelet, examina la façon dont étaient burinées les lettres, et dit :

— C'est à merveille ! je n'attendais pas moins de votre habileté ; vous êtes l'homme qu'il me faut. Donc, à l'œuvre; vous ne sortirez d'ici, je vous le déclare, qu'après l'achèvement de votre besogne. Vivres et bon vin ne vous manqueront pas. Voilà les trois mille francs d'avance que je vous ai promis, — ajouta Angelo, tirant de sa poche un portefeuille où il prit de fausses bank-notes. — Je vous donne, il est vrai, des valeurs anglaises, mais j'ajoute généreusement cinq cents francs pour le change.

Et déposant la somme sur la table, il ouvrit un tiroir, en retira les fragments d'une petite planche d'acier, la plaça près de l'une des bank-notes, et ajouta :

— Je vous ai prévenu, mon cher, que la vignette anglaise représentait... la Fortune.

— Oui, monsieur.

— Vous voyez que je ne vous ai pas trompé.

— Le misérable ! — pensa Michel avec stupeur et épouvante ; — il s'agit de fabriquer des bank-notes ! je suis dans un repaire de faux monnayeurs !

Afin de cacher son saisissement et de se donner le temps de réfléchir aux moyens d'échapper à ce guet-apens, Michel reprit tout haut :

— Je ne vous comprends pas, monsieur. Vous m'avez proposé de reproduire une vignette anglaise représentant la Fortune ; je ne vois pas de figure sur ce papier.

— Est-ce que... (pardon du jeu de mot, mon brave garçon), est-ce que ce chiffon de papier ne représente pas cinquante livres sterling ? Or, qu'est-ce que la fortune sinon l'argent ?

— Diable ! monsieur, vous me proposez de faire de la fausse monnaie.

— Qu'importe ! si, grâce à la perfection de votre travail, on acceptera ces fausses bank-notes comme si elles étaient vraies !

— Mais c'est un cas de galères, monsieur !

— Certes, si la fraude est découverte. Il dépend de vous qu'elle ne le soit point : rendez la copie absolument conforme à l'original.

— Je ne me charge pas d'un travail qui m'expose à de si grands risques, à moins que vous ne doubliez la somme promise, — répondit brusquement Michel, afin d'éloigner par son apparente condescendance les soupçons du faussaire. — Et puis, vous me payez sans doute en fausses bank-notes. Je n'accepte pas ce marché-là.

— Admettons que je vous paie en fausses bank-notes. Où est l'inconvénient, si vous pouvez les échanger contre du bel et bon or ?

— C'est un risque de plus à courir ; cela ne me convient pas. Vous me donnerez douze mille francs en or.

— Douze mille francs en or ! Vous êtes fou !

— Alors, bonsoir ! cherchez un autre graveur.

— Oh ! oh ! mon cher, l'on ne sort pas d'ici aussi facilement que l'on y entre, — répondit Angelo avec un sourire sinistre et menaçant. — Vous avez maintenant mon secret ; vous ne quitterez cette maison qu'après la gravure de ma planche ; vous serez ainsi devenu mon complice ; je n'aurai plus à craindre d'être trahi par vous.

— Vous pouvez me retenir ici ; mais vous ne me forcerez pas à graver votre planche si je ne veux pas la graver.

— Vous croyez cela ?

— Oui ; je vous défie de me contraindre à travailler malgré moi.

— Voyons, — reprit Angelo après un moment de silence, — transigeons. Je vous donnerai cinq mille francs en or et pareille somme en bank-notes.

— Au lieu de douze mille francs, je consens à n'en recevoir que dix, mais en or. C'est oui ou non.

— Vous êtes terriblement intéressé, mon cher !

— On le serait à moins ! risquer les galères !

— Va donc pour dix mille francs.

— En or ?

— En or, et payables après l'achèvement de la planche.

— Non, non, vous me paierez lorsqu'elle sera aux trois quarts terminée, parce qu'il dépendra de moi de ne pas l'achever, si vous manquez à votre promesse.

— Quelle défiance !

— Chacun a son caractère.

— Allons, soit ! vous serez payé selon les conditions que vous exigez. Voici une planche préparée. Quand comptez-vous l'avoir terminée ?

— Hum ! — dit Michel en examinant une des bank-notes, — il me faudra au moins... trois ou quatre jours, afin que le travail soit parfait.

— Heureux coquin ! et après ces trois ou quatre jours de travail, hein! quelles bombances! avec quelles délices vous vous livrerez à votre chère oisiveté ! Donc, allumez votre lampe, et à l'œuvre ! — dit le repris de justice. Et laissant à Michel une bougie, il se dirigea vers la porte. — Je vous enferme, — ajouta-t-il, — afin que vous ne soyez pas dérangé. Bonsoir !

Angelo sortit, fermant à double tour les serrures des deux portes de la chambre.

Michel demeura seul. Comprenant, mais trop tard, la gravité de son imprudence, il resta consterné.

— Oh ! je ne demeurerai pas un moment de plus ici ! — s'écria-t-il. — Je frissonne en songeant que la justice est peut-être sur les traces de ces misérables ! l'on pourrait visiter cette maison, m'y trouver, me considérer comme complice de ces faux monnayeurs ! Ah ! c'est horrible ! dans quel guet-apens suis-je tombé ! pourquoi suis-je venu ici ! Maudit soit mon funeste désir d'éclairer maître Fortuné sur le sort de sa cousine ! Quelle découverte, mon Dieu ! ! madame de Villetaneuse, maîtresse de ce scélérat, peut-être sa complice ! Ah . s'il était temps encore de l'arracher à cet abîme ! de prévenir la famille de cette malheureuse femme ! mais il faudrait sortir d'ici... double danger... car s'ils me surprennent au milieu de ma tentative d'évasion, ces bandits, dont je possède le secret, sont capables de m'assassiner... Oh! mon cœur bat.... et pourtant je ne suis pas lâche ! Allons, pas de faiblesse ! de la résolution, du sang-froid ! tâchons de fuir ce repaire.

Michel examina très attentivement les lieux où il se trouvait.

Deux portes communiquaient à cette chambre; leurs serrures venaient d'être fermées à double tour par Angelo ; il ne restait d'autre issue que la fenêtre ou la cheminée. Michel la sonda du regard en s'éclairant de sa bougie. Malheureusement cette cheminée, très étroite, formait un coude à quelques pieds au-dessus du foyer. Toute évasion devenait impossible de ce côté. Michel ouvrit doucement la fenêtre. Le croissant de la lune, jetant dans le jardin et sur la façade de la maison une demi-clarté, permettait de reconnaître que la croisée située au premier étage n'était guère élevée que de vingt pieds environ au-dessus du sol. Michel se crut sauvé. Angelo lui avait montré un lit de sangle destiné à coucher ; ce lit devait être garni, sinon de draps, au moins d'une couverture, et en la coupant en bandes, nouées ensuite bout à bout, on pouvait s'en servir comme d'une corde, descendre ainsi par la fenêtre dans le jardin, entouré de murailles assez faciles à franchir en grimpant à l'un des arbres qui les surplombaient. L'espoir de Michel fut encore trompé : il ne trouva sur la sangle du lit qu'un matelas. Retournant alors à la croisée, il remarqua une corniche, saillante d'un pied environ, qui s'étendait sur la façade de la maison, au-dessous des croisées du premier étage.

Il fallait braver un grand péril, déployer autant de courage que de sang-froid, pour traverser d'un pied ferme cet étroit passage, afin d'atteindre ainsi l'une des fenêtres voisines, casser l'un de ses carreaux, ouvrir intérieurement l'espagnolette, pénétrer dans la maison, gagner l'escalier, le jardin et escalader ses murs, tentative d'évasion doublement dangereuse, car le fugitif, avant de sortir de la maison, risquait de rencontrer les faux monnayeurs.

Les momens pressaient. Michel, de plus en plus épouvanté à la pensée d'être arrêté dans ce repaire par la justice, peut-être en éveil, et de se voir accusé d'une criminelle complicité, se résolut à tenter la traversée de la corniche. Après avoir remarqué, en se penchant au dehors autant qu'il le put, que la chambre voisine était complétement obscure, il enjamba donc la barre d'appui de la croisée, puis, collé à la muraille, il s'avança prudemment, pied à pied, sur le rebord de la saillie de pierre. Heureusement les demi-ténèbres de la nuit le préservèrent d'un vertige presque infaillible, en noyant d'ombre la profondeur béante au-dessous de lui, et, au bout de cinq ou six pas, il arriva devant une fenêtre à travers les vitres de laquelle il n'aperçut aucune lumière. Il poussa doucement, à tout hasard, les châssis, espérant qu'ils ne seraient peut-être pas solidement fermés : ils cédèrent. Il pénétra dans une chambre pleine de ténèbres, au milieu desquelles il commença de marcher à tâtons; bientôt, sa vue se familiarisant avec l'obscurité, rendue moins sombre par la faible clarté du croissant de la lune, il distingua une porte au fond de cette pièce absolument démeublée, qui n'avait pas d'autre issue. Il prêta l'oreille : un profond silence régnait autour de lui. S'enhardissant de plus en plus, il tourna doucement le bouton d'une serrure, et se trouva dans le couloir où il ne distingue rien à un pas devant lui ; s'arrêtant alors, il étend les bras à droite et à gauche, et rencontre les parois de la muraille. Se guidant ainsi, il continue sa marche ; mais soudain une vive clarté frappe ses yeux ; il entend un bruit de voix et aperçoit en face, tout proche de lui, une porte dont l'imposte est en partie vitrée, afin de donner sans doute accès au jour dans ce couloir.

Michel s'arrêta immobile de frayeur, ignorant si les personnes dont la voix parvenait jusques à lui allaient traverser le passage où il se trouvait et se rendre dans la chambre qu'il avait quittée. Son alarme fut vaine : le remuement de plusieurs chaises, se mêlant bientôt au bruit des voix, annonçait que ceux dont il craignait la présence se disposaient à s'asseoir.

Michel, quelque peu rassuré, se demanda néanmoins comment il sortirait de cette impasse. La chambre où il avait pu s'introduire par la voie périlleuse de la corniche n'offrait d'autre issue que le couloir où il se blottissait ; il lui fallait donc, pour achever son évasion, attendre le départ ou l'éloignement de ceux-là dont il entendait la voix. Cédant alors à un mouvement de curiosité rempli d'angoisse, il avança la tête à la hauteur du losange vitré pratiquée dans la partie supérieure de la porte et à travers de laquelle se projetait un vif rayon lumineux. Michel, ainsi invisible aux personnages qu'il voyait et qu'il écoutait, fut témoin et auditeur de la scène suivante.

CXXXV.

Les faussaires se disposaient à souper sans façon, et comme l'on dit, *sur le bout de la table*. Mauléon était allé pendant la soirée acheter chez Chevet un saumon, une galantine de volaille et un pâté de foie gras. Six bouteilles de vin de Champagne, de beaux fruits ; enfin quelques gâteaux d'entremets pris chez Félix complétaient l'ambigu. Les ustensiles de ce souper improvisé se composaient d'une douzaine de couverts de maillechort, de couteaux, d'assiettes et de verres très communs, le tout acquis dans la soirée pour l'occasion. Les comestibles étaient déposés dans leurs enveloppes de papier, sur une vieille table sans nappe. Le service incomplet de cette réfection divertissait beaucoup les faussaires, habitués, lors des soudains retours de leur criminelle fortune, à vivre avec luxe et comfort. Trois d'entre eux venaient de s'attabler, Mauléon, Robert et le comte de Villetaneuse. Ce dernier disait en ce moment à Mauléon :

— En vérité, mon cher, il est de la dernière inconvenance de nous mettre à table avant l'arrivée de la maîtresse de la maison, et de votre ami, monsieur Angelo Grimaldi, à qui vous me faites l'honneur de me présenter ce soir.

MAULÉON.

Angelo et sa maîtresse ne se formaliseront point, rassurez-vous. Notre belle hôtesse ne tardera pas à nous rejoindre ; elle a voulu sans doute donner un tour à ses cheveux avant de paraître à table. Les femmes sont toujours coquettes. Elle sera d'ailleurs plus indulgente pour vous que pour tout autre.

LE COMTE DE VILLETANEUSE.

Qui peut me mériter son indulgence ?

MAULÉON, avec un sourire sardonique.

L'on est toujours indulgent pour ses anciens amis.

LE COMTE.

Je ne connais pas cette dame.

MAULÉON.

Erreur, mon cher : vous la connaissez, au contraire, très particulièrement !

LE COMTE.

Moi ?

MAULÉON.

Vous.

LE COMTE.

Elle s'appelle, m'avez-vous dit, madame d'Arcueil ; je ne me souviens nullement de ce nom-là...

MAULÉON.

Le nom ne fait rien à la chose. Vous allez revoir, vous

Oh! mère! je vous chéris, je vous admire! — Page 206.

dis-je, une ancienne et très intime amie, qui est sans conteste l'une des plus ravissantes femmes de Paris.

LE COMTE.

Vous piquez beaucoup ma curiosité.

ROBERT.

Nous ne commençons donc pas à souper? J'ai une faim de tous les diables, moi!

MAULÉON, riant.

Ces savans, toujours absorbés par la méditation de la science, sont complétement étrangers au savoir-vivre.

LE COMTE.

Ah! monsieur est un... savant?

MAULÉON.

Mon cher, je vous présente monsieur Robert, l'un de nos chimistes les plus distingués; je devrais dire alchimiste, pardieu! puisqu'il est l'inventeur du papier de nos bank-notes, et que nous avons trouvé, grâce à lui, la véritable pierre philosophale.

LE COMTE, saluant Robert.

Je suis enchanté, monsieur, d'avoir l'honneur de rencontrer ici un savant tel que vous.

ROBERT, s'inclinant aussi.

Monsieur, je suis certainement très sensible à vos complimens; mais je dirai comme l'immortel fabuliste : « La moindre tranche de foie gras ferait bien mieux mon affaire. »

MAULÉON.

Allons! calmez-vous, scientifique dévorant! Voici Angelo et sa maîtresse.

Angele et Aurélie entrèrent en ce moment.

La comtesse a quitté son chapeau et n'est plus coiffée que de ses épais bandeaux de cheveux ondés. Elle n'a pas d'abord reconnu son mari, la salle à manger étant peu éclairée. Le comte, se levant et s'inclinant, n'a pas non plus reconnu sa femme; mais bientôt tous deux se regardent, tressaillent et restent stupéfaits.

Un sourire douloureux contracte le pâle visage d'Aurélie; la rencontre inattendue d'Henri de Villetaneuse éveille en elle les navrans souvenirs de l'époque de son mariage, cause première de ses désordres, et par un terrible retour sur sa condition présente, elle ressent doublement l'abjection où elle est tombée.

Le comte, dont la corruption égale le cynisme, revient de sa première surprise et éclate de rire.

Mauléon jette un regard ironique sur Angelo, qui, très étonné du trouble d'Aurélie et de l'hilarité du comte, semble chercher le mot de l'énigme, tandis que Robert se hâte de dépecer le saumon.

LE COMTE, riant aux éclats.

Ma femme!... Ah! pardieu, le tour est piquant

ANGELO, regardant Mauléon.

Que dit-il?

MAULÉON.

Mon cher, je te présente monsieur le comte de Villetaneuse, qui veut bien s'associer à nous pour le placement de nos bank-notes. Il possède, je te l'ai dit, et tu le vois, les qualités nécessaires à cet emploi; en un mot, les façons de la meilleure compagnie.

ANGELO, stupéfait.

Monsieur de Villetaneuse!

LE COMTE, se versant un verre de champagne et s'adressant à Aurélie.

Ma chère, je bois à notre rencontre! elle est, je l'avoue, des plus originales. Oublions le passé! au diable la rancune, et soyons bons amis. (A Angelo en lui tendant la main.) Ma femme a dû vous apprendre, mon cher et honorable complice, que je n'étais point un Othello. Soupons.

Sœur, embrasse-moi je viens tenter de te sauver. — Page 203.

Soupons, soupons !
Les convives s'attablent.

Un moment de silence embarrassé succède aux ignobles paroles du comte; les autres malfaiteurs, malgré leur endurcissement, sentent ce qu'il y a de fatalement providentiel dans la réunion du comte et de la comtesse en de telles circonstances.

Aurélie devient livide. Son avilissement est grand ; cependant tout se révolte en elle à la vue de son mari assis là, parmi ces faussaires, dont elle et lui sont à cette heure complices.

Michel, invisible témoin de cette scène, éprouve un dégoût et une horreur indicibles ; se croyant le jouet d'un songe hideux, il oublie le danger ; une sorte de charme terrible le tient cloué au fond de sa cachette : il regarde et écoute.

LE COMTE, à Aurélie.

D'honneur ! ma chère, vous êtes toujours d'une beauté enchanteresse. Je dirai plus : ce je ne sais quoi, qui prouve qu'une femme a vécu, donne selon moi à votre physionomie un attrait bien supérieur à celui qu'offraient vos fraîches joues roses et votre innocent regard lors de notre mariage. Mais, de grâce ! ne restez pas ainsi muette et troublée. La situation est bizarre, soit; mais je vous croyais assez avancée pour prendre autrement la chose. Hé ! tenez, voici qui va nous mettre tous les deux fort à l'aise. Il est des pays, en Angleterre, en Amérique entre autres, où le divorce est permis; supposons que nous avons divorcé, et que vous avez épousé en secondes noces notre honorable complice que voilà. Dès lors, nous serons parfaitement à l'aise vis-à-vis les uns des autres.

ANGELO.

L'idée est charmante ! Allons, Aurélie, déridez-vous ; vous n'avez ce soir ni verve ni entrain ; ce cher comte croira que je ne vous rends pas heureuse.

20ᵐᵉ LIVRAISON.

AURÉLIE.

Je me sens un peu souffrante, ne faites pas attention à moi.

LE COMTE, à Aurélie.

Je ne serai point assez indiscret, ma chère, pour vous demander le récit de vos aventures depuis notre séparation. Quant aux miennes, vous devez les deviner à peu près, puisque nous nous retrouvons ici associés pour l'opération que vous savez, sans doute.

ANGELO.

Aurélie sait tout, elle ne reculera pas devant le péril ; vous la verrez à l'œuvre, mon cher comte ; elle est mon élève, j'en suis fier !

ROBERT, la bouche pleine.

Voici un excellent saumon.

LE COMTE, à Aurélie.

Vous en offrirai-je?

AURÉLIE.

Je vous remercie... Versez-moi un peu de vin, Angelo.

ANGELO, versant.

Bravo, ma chère ! après deux ou trois verres de vin de Champagne, vous retrouverez la parole et votre gaîté.

AURÉLIE.

Je l'espère !... (Elle boit, puis elle dit à part en regardant le comte avec une secrète indignation.) Ah ! j'aurais dû mourir lorsque je me suis empoisonnée par amour pour cet homme !...

LE COMTE.

Chose étrange, messieurs, que la destinée humaine et ses enchaînemens, lorsque l'on remonte des effets aux causes !

MAULÉON, hochant la tête.

Ah ! les causes... les causes !...

ANGELO.

Tenez, mon cher comte, je gagerais que Mauléon va nous dire que la cause du déraillement de sa vie est une certaine Catherine de Morlac... Il revient sans cesse à cette cause première, et...

LE COMTE, interrompant Angelo et s'adressant à Mauléon.

Quoi ! vous avez connu Catherine de Morlac ?

MAULÉON.

Elle m'avait ensorcelé.

LE COMTE.

Et moi, j'étais fou d'elle !

MAULÉON.

Puis-je vous demander, sans jalousie rétrospective, à quelle époque vous étiez fou de Catherine ?

LE COMTE.

C'était lors de mon mariage, il y a de cela... (S'adressant à Aurélie.) il y a de cela... sept ans environ... n'est-ce pas, comtesse ?

AURÉLIE.

Oui, sept ans. (A Angelo.) Versez-moi à boire, je vous prie.

LE COMTE.

En vous parlant tout à l'heure, messieurs, de la bizarrerie des destinées, ainsi que des causes et de leurs effets, je voulais justement en venir à ceci, que, sans Catherine de Morlac... (S'adressant à Aurélie :) Nous pouvons, ma chère, maintenant parler à cœur ouvert. Je disais donc que, sans Catherine de Morlac, la destinée de madame de Villetaneuse eût été sans doute fort différente de ce qu'elle est.

ANGELO.

Comment donc cela ?

LE COMTE.

Rien de plus simple. Catherine me dominait tellement que, instruite de mon mariage, elle me le fit d'abord rompre ; puis, par caprice, elle changea de résolution et voulut absolument me voir marié. J'épousai donc madame.

AURÉLIE, à part.

Mon Dieu ! je croyais avoir bu la honte jusqu'à la lie !

LE COMTE.

J'avais donc raison, messieurs, d'affirmer que Catherine, absolument inconnue de madame de Villetaneuse, avait pourtant décidé de la destinée de la comtesse. Du reste, depuis lors, Catherine a disparu.... J'ai, à l'époque dont il s'agit, fait toutes les démarches imaginables pour la retrouver... impossible d'y parvenir ; j'ignore ce qu'elle sera devenue.

MAULÉON, avec un éclat de rire sardonique.

Catherine est devenue une sainte !

LE COMTE.

Ah bah !... dévote ?... Après tout, cela n'a rien de bien surprenant.

MAULÉON.

Dévote ?... bien mieux que cela, ma foi !

LE COMTE.

Il me semble pourtant difficile d'aller plus loin.

MAULÉON.

Erreur ! vous allez apprendre quelque chose de fort curieux .. D'abord sachez que Catherine avait un fils...

LE COMTE.

J'ignorais cela.

MAULÉON.

Elle a retrouvé ce garçon probablement à l'époque où vous avez perdu ses traces. Alors, revirement incroyable ! métamorphose complète ! A la vue de son fils, Catherine prend horreur de sa vie passée, renonce au luxe, aux plaisirs, réalise ses capitaux, et, afin de se rapprocher de son enfant, apprenti orfèvre... (il ignorait qu'elle fût sa mère), elle se fait ouvrière dans le même atelier que lui.

LE COMTE.

Allons, Mauléon, c'est un roman que vous nous contez là ! Une pareille conduite serait d'une vertu héroïque, et Catherine avait, Dieu me damne ! aussi peu de penchant pour la vertu que pour l'héroïsme ; à elle seule, elle nous aurait roués tous, et nous avons de l'acquis !

ANGELO.

Mon cher comte, si invraisemblable que vous semble le récit de Mauléon, il est parfaitement exact.

MAULÉON.

Afin de prouver la réalité de ce que j'avance, je citerai des noms, des faits : ainsi l'orfèvre dans l'atelier de qui travaillait Catherine, se nommait Fortuné Sauval.

LE COMTE, à Aurélie.

Votre cousin, ma chère, s'appelait Fortuné Sauval, ce me semble ?

AURÉLIE.

Oui. (A part et accablée.) Oh ! ce nom, ce noble nom !.... l'entendre prononcer ici !

LE COMTE.

En vérité, ce que j'apprends là me confond. Quoi ! Catherine...

MAULÉON.

Attendez, vous n'êtes pas au bout de vos étonnemens. Catherine possédait près de quatre cent mille francs de fortune, et...

LE COMTE.

Permettez, vous êtes dans l'erreur ; j'ai plus d'une fois payé ses dettes, malgré elle, il est vrai...

MAULÉON, éclatant de rire.

Malgré elle !... Ah, ah, ah !....

LE COMTE.

Je puis le dire sans fatuité, Catherine m'adorait ; j'avais toutes les peines du monde à lui faire accepter quelque cadeau...

MAULÉON.

Mais elle finissait par accepter le cadeau, par vous laisser payer ses dettes... malgré elle... n'est-ce pas ? Ah ! mon pauvre comte, cette damnée Catherine était fine comme l'ambre, et, pour vous pressurer, vous cachait sa fortune. Or, savez-vous l'emploi qu'elle faisait de son argent après sa conversion ? Le voici. Elle habitait un grenier de la cour des Coches, et lorsqu'elle était instruite de quelques misères, elles étaient aussitôt secourues, sans que l'on pût savoir quel était le mystérieux bienfaiteur.

LE COMTE.

Vous me rappelez certains souvenirs... (A Aurélie.) En effet, ma chère, lorsque votre sœur venait vous voir, elle vous parlait toujours d'une sorte de génie invisible qu'on appelait le bon génie de la cour des Coches...

MAULÉON.

Ce bon génie n'était autre que Catherine. Avais-je pas raison de dire qu'elle était devenue mieux que dévote ?

LE COMTE.

Messieurs, nous sommes ici entre complices, nos preuves sont faites ; nous restons complétement en dehors des questions de vertu, de réhabilitation, d'expiation et autres contritions. Nous pouvons donc, pardieu ! sans nous compromettre, sans risquer de passer pour des niais, avouer que la conduite de Catherine est tout simplement... admirable !

MAULÉON.

Je l'avouerai d'autant plus volontiers que ma haine contre cette femme s'est, je crois, exaspérée en raison même de l'héroïsme de sa conversion ; aussi me suis-je délicieusement vengé de l'espèce d'admiration qu'elle m'inspirait malgré moi.

ANGELO, au comte.
Cette vengeance était son dada, son idée fixe.
LE COMTE, à Mauléon.
Comment donc vous êtes-vous vengé ?
MAULÉON.
Catherine était torturée par la crainte de voir son fils instruit des infamies de sa vie de courtisane. Qu'ai-je fait ? J'ai révélé à ce garçon que Catherine de Morlac était sa mère, et quelle femme avait été Catherine.
LE COMTE.
Quoi ! vous regardez cette révélation comme une vengeance ?
MAULÉON.
Et des plus cruelles !
LE COMTE.
Mais vous êtes volé, mon cher ! car si le fils de Catherine n'est pas stupide, s'il a quelque peu de sang dans les veines, il ressentira pour Catherine autant de respect que de tendresse.
MAULÉON, haussant les épaules.
Du respect, de la tendresse pour sa mère, lorsqu'il a su ce qu'elle a été ?...
AURÉLIE, vivement.
Sans doute ! Est-ce que l'infamie du passé de cette femme ne rend pas son expiation plus touchante, plus courageuse ? Comment ! jeune et belle encore, son âme transformée par l'amour maternel, se vouant à une vie pauvre, laborieuse, afin de se rapprocher de son fils, elle fait à l'insu de tous un généreux usage de sa fortune, et son fils, apprenant que cette femme ainsi régénérée est sa mère, n'éprouverait pas pour elle de l'adoration !
MAULÉON.
Dites donc du dégoût, de l'horreur, chère madame. Vous ignorez que ce nigaud, élevé dans les bons principes, doit se dire à chaque instant : « Honte et malheur à moi ! je » suis le fils de Catherine de Morlac !... »
AURÉLIE.
Au contraire ! De même qu'en haïssant cette femme vous l'admiriez, son fils, en l'admirant, la chérira.
MAULÉON.
Mais pour l'admirer, il faudrait qu'il connût les circonstances qui rendent vraiment héroïque la transformation de sa mère, et il les ignore ! Ce n'est pardieu pas moi qui l'en aurais instruit ! Je lui ai seulement révélé et prouvé que Catherine, la courtisane, était sa mère ; or, il s'est, en suite de cette révélation, enfui éperdu de la maison de l'orfèvre ; il n'y a pas encore reparu, selon ce que j'ai appris lors de mon retour à Paris, en me renseignant prudemment sur ces faits. Ce garçon ignore donc ce qu'il y a d'héroïque dans l'expiation de sa mère ; il ne voit en elle qu'une vulgaire courtisane plus ou moins repentie. Ma vengeance est certaine, vous dis-je ; Catherine ne vivait plus que par son fils et pour son fils !... il est perdu pour elle : ma haine est satisfaite !...

ROBERT, qui jusqu'alors a mangé comme un ogre, boit deux grands coups de vin, s'essuie les lèvres, et, légèrement aviné, dit gravement à ses complices.
Voilà qui est particulier, nous sommes entre coquins intimes : madame la comtesse a galamment divorcé plusieurs fois, selon l'ingénieuse expression de monsieur le comte ; hé bien ! nous venons... (car je me joignais d'intention à vos paroles)... nous venons de traiter une question de haute moralité, la théorie de la *réhabilitation*, avec une remarquable impartialité... Savez-vous ce que cela prouve ?
ANGELO.
Concluez, savant docteur ! concluez...
ROBERT.
Voici ma conclusion : la vertu a en soi quelque chose de si positif, de si mathématique (il boit,) que son évidence nous frappe. Quoique nous ne la pratiquions point, cette dite vertu, il nous a été impossible de la nier. Que dis-je ? (il boit.) nous venons de lui rendre un hommage, platonique sans doute, mais réel. Je vais plus loin : ramassez dans les bagnes cent vieux forçats, auprès de qui nous serions tous, tant que nous sommes ici, des délicats, des scrupuleux, des timorés (il boit.) ; tirez de la fange des plus mauvais lieux cent créatures auprès de qui madame la comtesse serait une rosière ; complétez à nombre égal un autre aréopage, choisi parmi la fine et exquise fleur des hommes et des femmes de bien ; racontez à ces juges d'une essence si différente, à ces représentants du crime et de la vertu, l'histoire de Catherine de Morlac, et je gage que le crime n'applaudit pas moins chaleureusement que la vertu à l'héroïsme de cette courtisane régénérée par l'amour maternel ! (il boit.)

ANGELO.
Voilà, pardieu, une belle découverte ! Les coquins ont autant que les honnêtes gens conscience du bien et du mal ; seulement, les coquins fuient comme une peste la *conscience*, vieille fille acariâtre, et ouvrent leurs bras à la *jouissance*, joyeuse et belle fille de facile humeur. La jouissance s'inquiète peu de la source de l'or, pourvu qu'il ruisselle à flots, ainsi que bientôt il va ruisseler dans nos coffres, grâce à notre excellente opération.

ROBERT, aviné.
Non, il ne ruissellera pas ! car nous sommes des ingrats, des hommes sans entrailles... des tigres !

ANGELO.
Oh ! oh ! à qui diable en avez-vous, savant docteur ?
ROBERT, avec un accent de plus en plus attendri.
J'avais faim, j'ai mangé... j'avais soif, j'ai bu..... beaucoup bu... énormément bu...

LE COMTE.
Ceci est évident... comme la vertu...

ROBERT, pleurant.
Hi ! hi !... nous sommes des égoïstes... de féroces égoïstes !... nous avons le ventre plein... hi... hi... le gosier largement abreuvé !... hi... hi... et pendant notre réfection, l'un de nos frères travaille à creuser le lit de ce flot d'or que nous convoitons... Hélas ! pauvre frère, il a faim, notre frère ; sans doute, il a soif... notre pauvre frère ! et, ingrats que nous sommes, nous oublions sa faim... hi... hi... nous oublions sa soif... hi... hi... hi !... c'est monstrueux !...

ANGELO.
Robert a raison, nous oublions notre graveur... il est grand ami de la bouteille, mais il faut qu'il travaille et ne s'enivre point ; une demi-bouteille de vin lui suffira. Mettons dans une assiette un morceau de pâté, du pain, des fruits, et le savant docteur et moi nous porterons cette collation à notre homme, et nous nous assurerons qu'il s'est mis à l'œuvre.

ROBERT, se levant les jambes alourdies, place sur une assiette les reliefs du souper.
Aux petits... des oi... seaux... il donne la pâture
Et sa bonté s'étend aussi... sur la... gravure...

MAULÉON.
Ce graveur est-il un homme auquel on puisse se fier ?
ANGELO, prenant sur la table l'un des flambeaux, afin d'éclairer Robert, qui tient d'une main une bouteille et de l'autre une assiette.
Ce graveur est une recrue que le vieux Satan a faite pour nous.
MAULÉON.
Tu es certain qu'il ne nous trahira pas ?
ANGELO.
D'abord, il devient par son œuvre forcément notre complice ; et si, avant de le laisser sortir d'ici, nous avions sur lui quelque doute... (il jette un regard significatif à Mauléon.) nous aviserons !

MAULÉON.

C'est juste.

ROBERT.

Puisse notre frère en bank-notes avoir autant d'appétit que j'en ressentais en me mettant à table ! C'est l'humble vœu d'un homme rassasié.

ANGELO se dirigeant vers la porte, le flambeau à la main.

Savant docteur, vous êtes ce soir aussi charitable que saint Vincent-de-Paul. Allons chez le graveur. (Ils sortent tous deux.)

CXXXVI.

Michel, captivé par l'entretien précédent, avait oublié ses périls ; ses yeux s'étaient ouverts à la réalité, à la lumière, à l'héroïsme de la réhabilitation de Catherine, dont il apprenait enfin l'admirable conduite; héroïsme si flagrant que le crime et la vertu devaient lui rendre un commun hommage. Michel n'éprouvait plus qu'un désir : aller se jeter aux pieds de sa mère. Mais les dangers qu'il courait déjà s'aggravaient encore par la sortie d'Angelo et de Robert; ils allaient s'apercevoir de son évasion de la chambre où on l'avait enfermé; ils se croiraient trahis, et chercheraient le fuyard dans la maison ; il pouvait tout redouter des faussaires, il lui fallait donc prendre à l'instant même une résolution.

Robert avait laissé ouverte une porte faisant face à celle du couloir où se trouvait caché Michel; celui-ci aperçut, à travers la losange vitrée de l'imposte, qu'au delà de la salle à manger se trouvait le palier de l'escalier ; une seule chance de salut s'offrait à Michel : il la saisit courageusement.

Mauléon, Henri de Villetaneuse et la comtesse étaient restés assis autour de la table, éclairés par un seul flambeau. Michel sort brusquement du couloir, renverse d'un coup de poing la lumière, s'élance dans la direction de la porte, fait quelques pas à tâtons, gagne le palier, saisit la rampe de l'escalier, le franchit en quelques bonds pendant que Mauléon et monsieur de Villetaneuse, revenant de leur première stupeur, appelaient leurs complices, en criant au milieu de l'obscurité :

— Trahison ! Angelo, trahison ! Quelqu'un était caché dans le couloir!

— Mort et furie, c'est le graveur ! — répondit Angelo du fond d'un corridor. — Ce misérable s'est échappé de sa chambre en marchant sur le rebord de la corniche ! Arrêtez-le, assommez-le, c'est un traître ! S'il sort d'ici, nous sommes perdus !

En parlant ainsi, Angelo accourut sur le palier, un flambeau à la main ; l'escalier fut soudain éclairé.

Michel se vit perdu: la porte d'entrée de la maison était fermée à clef ; en vain il avait essayé à tâtons d'ouvrir la serrure.

— Le voilà ! il est pris ! — s'écrièrent à la fois Angelo, le comte et Mauléon en apercevant le fugitif, et ils se précipitèrent dans l'escalier.

— Tu as notre secret, — dit Angelo d'un air sinistre en saisissant Michel au collet. — Tu ne sortiras pas vivant d'ici !

Les trois faussaires, malgré la résistance désespérée du fils de Catherine, étouffant sous leurs mains les cris de ce malheureux, l'entraînèrent dans une salle basse du rez-de-chaussée.

Fortuné Sauval continuait d'habiter son élégante demeure du quartier Tivoli. La famille Jouffroy, vêtue de deuil, se trouvait réunie ce soir-là, selon son habitude, dans le salon, où se voyaient exposées en montre les orfévreries du célèbre artiste. Deux luminaires de bronze d'un goût sévère, surmontés de leur globe dépoli, placés sur la haute cheminée de marbre richement sculptée, éclairaient cette vaste galerie, véritable musée, ornée de statues antiques et d'excellens tableaux, et faisaient étinceler, sur le fond de velours rouge des armoires vitrées, l'or, l'argent, l'émail, les pierreries des chefs-d'œuvre de l'orfèvre. Une lampe à abat-jour projetait sa douce clarté sur une grande table autour de laquelle Marianne, la tante Prudence (devenue madame Roussel), Catherine et Camille s'occupaient de différens travaux de tapisserie ou de broderie. Fortuné modelait une cire sur un groupe de figurines ; le père Laurencin, vêtu, non plus en ouvrier, mais en bourgeois, lisait à haute voix, à l'aide de ses lunettes, le journal du soir ; enfin, monsieur Jouffroy berçait sur ses genoux la petite Lilie, fille de Marianne, tandis que le cousin Roussel, assis à côté de son vieil ami, et accoudé au dossier de son siége, caressait les boucles blondes de la chevelure de l'enfant, et écoutait, ainsi que les autres personnages, la lecture faite à haute voix par le père Laurencin.

Quelques mots rétrospectifs expliqueront pourquoi le vieil artisan, Catherine et Camille étaient regardés et acceptés désormais comme membres de la famille Jouffroy.

Le coup dont furent frappés l'aïeul, la mère et la fiancée de Michel lors de sa disparition, fut affreux.

Le désespoir de Catherine faillit la conduire au tombeau ; elle fut soignée pendant sa longue maladie par Camille avec un dévouement filial. Marianne et la tante Prudence témoignèrent aussi le plus tendre intérêt à cette malheureuse mère. Il lui échappa en leur présence, et durant le délire d'une fièvre ardente, des aveux empreints de remords déchirans sur ses égaremens, des imprécations contre son père, monsieur Laurent Jouffroy, qui, pour se débarrasser d'elle, voulut la marier à quinze ans au fils du père Laurencin, après l'avoir laissée exposée pendant son enfance au pernicieux contact de la perversité de sa mère, jadis séduite et abandonnée par lui, monsieur Laurent Jouffroy.

La famille apprit ainsi que Catherine lui appartenait. Ces aveux échappés à son délire, confirmés par le père Laurencin, inspirèrent à Fortuné Sauval et à sa femme une pensée généreuse, réparatrice, approuvée par monsieur et madame Roussel. Aussi, lorsque Catherine fut convalescente, Fortuné lui dit :

— Vous êtes fille du frère de ma mère ; il a été la cause première de vos malheurs, de vos désordres ; ces désordres, vous les avez héroïquement expiés : vous êtes aux yeux de notre famille, qui est aussi la vôtre, complétement réhabilitée... Vous vous associerez à l'avenir parmi nous, ainsi que le père Laurencin et Camille, fiancée de Michel, qui tôt ou tard nous reviendra, j'en ai la certitude.

Depuis ce jour, Catherine, le père Laurencin et Camille furent traités en parens par la famille Jouffroy.

Ces témoignages d'estime et d'affection, si flatteurs pour Catherine, lui rendaient peut-être plus cruel encore l'abandon de son fils. Pour lui seul, elle n'était pas réhabilitée : lui seul la méprisait.

En vain Fortuné répétait à la pauvre désolée que la réflexion, succédant aux premiers ressentimens causés par une fatale révélation, ramènerait Michel au bercail. Catherine n'espérait plus, et la pauvre Camille, malgré les illusions de sa jeunesse, partageait le douloureux découragement de la mère de son fiancé.

Madame Jouffroy était morte après une maladie d'un mois, dont on a vu les causes. Le deuil que portait encore la famille touchait à sa fin. Les derniers momens de madame Jouffroy furent déchirans ; elle eut, en cet instant suprême, conscience des malheurs provoqués par sa déplorable vanité : la dégradation de sa fille, la perte de la raison de son mari et leur ruine à tous trois. Cette malheureuse femme emporta du moins la certitude de la tendresse de sa fille Marianne, qui ne faillit pas à ses devoirs. Fortuné, le cousin Roussel et la tante Prudence se montrèrent affectueux, indulgens pour madame Jouffroy, et elle s'éteignit en se demandant avec épouvante quel avenir attendait Aurélie.

Terrible doute ! dernier châtiment de cette mère coupable !!

Monsieur Jouffroy, malgré les efforts de la science, malgré les soins empressés de sa fille, de sa sœur et de son vieil ami Roussel, restait dans la même situation mentale, ayant à peine conscience du présent et du passé, quoiqu'il reconnût parfaitement ceux dont il était entouré. Mais l'affaissement de son intelligence lui rendait impossible la perception des idées les plus simples. Il jouissait d'une bonne santé ; sa douceur inaltérable ne se démentait pas ; il demeurait tranquille chez lui, occupé de confectionner ses bateaux de papier ; il aimait aussi à se promener dans le grand jardin de la maison ; puis, ainsi que cela se remarque souvent chez les malheureux dont l'esprit semble retombé dans les limbes de l'enfance, il se plaisait à promener par la main ou à tenir sur ses genoux la petite Lilie, fille de Marianne. Parfois, la famille se sentait émue jusqu'aux larmes en entendant ce pauvre vieillard à cheveux blancs et ce petit enfant rose et blond échanger les bégaiements, les rires, les mièvreries naïves du premier âge. Cependant les traits de monsieur Jouffroy, habituellement empreints d'une affligeante placidité, se rembrunissaient de temps à autre ; il paraissait réfléchir, et, après de longs efforts, sans doute tentés par lui afin de soulever le voile pesant qui obscurcissait sa mémoire et son intelligence, il disait :

— Et Mimi ? et fifille ? où donc sont-elles ?
— Elles ne sont pas ici, — lui répondait-on ; — vous les verrez bientôt, bon père.
— Mimi n'est pas fâchée ?
— Non, rassurez-vous.
— Fifille est-elle heureuse ?
— Oui, bon père.
— Ah ! bien, — répondait ce malheureux ; et bientôt la faible lueur de raison qui avait un instant éclairé vaguement le noir abîme de ses souvenirs s'éteignait ; il retombait dans son état ordinaire, et réitérait de temps à autre les mêmes questions, accueillies par les mêmes réponses.

La vue de ce vieillard, témoignage vivant de tant de maux, de tant de chagrins ; la mort récente de madame Jouffroy, l'ignorance du sort d'Aurélie, malgré les actives recherches de Fortuné Sauval ; la presque certitude de l'avilissement croissant où elle devait être tombée, enfin la disparition de Michel, rendaient graves et mélancoliques les réunions de la famille, quoique Fortuné continuât de goûter un bonheur parfait auprès de sa femme et de son enfant, et que le cousin Roussel et la tante Prudence se félicitassent chaque jour d'avoir consacré par le mariage leur vieille amitié. Tous deux parfois, grâce à leurs *prises de bec*, ainsi que disait autrefois monsieur Jouffroy, grâce à leurs reparties, à leurs saillies (car la vieille fille, devenue madame Roussel, continuait de faire endêver son vieil ami, à la grande jubilation de celui-ci) ; tous deux, disons-nous, égayaient parfois les causeries du soir ; mais bientôt, hélas ! la présence de monsieur Jouffroy, la tristesse contenue de Catherine et de Camille, l'une incessamment préoccupée de son fils, l'autre de son fiancé, mettaient un terme à ces rares moments de gaîté.

Ce coup d'œil rétrospectif jeté sur nos personnages rassemblés dans le grand salon de la maison de Fortuné durant cette soirée, nous poursuivons notre récit.

CXXXVII.

Marianne, Catherine et Camille s'occupaient de différens travaux de tapisserie et de broderie ; la tante Prudence se livrait à son éternel tricot ; Fortuné modelait en cire un groupe de figurines ; monsieur Jouffroy, assis près du cousin Roussel, berçait sur ses genoux la petite Lilie à demi endormie, et le père Laurencin, lisant le journal du soir à haute voix, était arrivé à cette portion des gazettes réservée à ce que l'on appelle les *faits Paris*, et continuait ainsi sa lecture :

— « Depuis quelque temps, l'autorité était sur la trace
» d'une association de dangereux malfaiteurs et repris de
» justice, soupçonnés de se livrer à la fabrication de faux
» papier-monnaie étranger. Afin d'exercer plus secrète-
» ment leur criminelle industrie, ils avaient loué une mai-
» son isolée du quartier de Batignolles. Hier soir, vers
» minuit, monsieur David, chef de la police de sûreté, ac-
» compagné d'un magistrat et de nombreux agens, s'est
» mis en mesure de prendre les faussaires en flagrant dé-
» lit. La maison de Batignolles, située dans un endroit
» écarté avoisinant les champs, a été cernée, toutes les is-
» sues ont été soigneusement gardées (l'on verra tout à
» l'heure la nécessité de cette précaution), et le magistrat
» a frappé à la porte de la maison afin d'exécuter son
» mandat de perquisition et au besoin d'arrestation. »

— J'ai horreur des faussaires et des faux monnayeurs, — dit Fortuné en continuant de modeler ses figurines et interrompant la lecture du père Laurencin ; — ces misérables-là sont, dans l'ordre des voleurs, ce que sont les empoisonneurs dans l'ordre des meurtriers : c'est, outre le crime, la lâcheté.

— Tu dis vrai, Fortuné. — reprit le cousin Roussel. — Le voleur qui enfonce une porte, le meurtrier qui attaque sa victime de front, font du moins preuve d'une sorte d'horrible courage, et je vais vous citer à ce sujet une petite anecdote qui...

— Vous allez nous faire le plaisir de ne rien citer du tout, monsieur Roussel, et de nous laisser tranquilles avec votre petite anecdote, vu qu'elle prendrait sournoisement les proportions du petit goujon qui devient grand ; en d'autres termes, elle finirait en queue de poisson, et nous en aurions pour deux heures à l'avaler, — reprit la tante Prudence tricotant à outrance. — Permettez donc au père Laurencin d'achever sa lecture ; vous nous raconterez ensuite tout ce que vous voudrez, à la condition que nous ne vous écouterons point, si cela nous convient.

— Madame Roussel ! — reprit Joseph, s'adressant à sa femme avec une gravité comique, — il me paraît inouï, énorme, que vous suspectiez ainsi mes intentions, et que vous mettiez provisoirement *embargo* sur ma petite anecdote !

— Embargo vous-même, monsieur Roussel ! Voyez donc la belle comparaison nautonière et marinière ! Monsieur Roussel s'est sans doute enrégimenté parmi les canotiers parisiens ! Dis donc, Marianne, il paraîtrait que le pauvre cher homme est devenu un *flambard* !

— Sans être positivement un flambard, madame Roussel, j'ai bien le droit de...

— Mais non, monsieur Roussel, mais non ! vous n'avez point le droit de vous glisser insidieusement, traîtreusement, à travers le récit de votre prochain, aux moindres ouvertures que l'on vous laisse, et d'escamoter ainsi la parole envers et contre tous.

— Ainsi, madame Roussel à la police de l'audience ! — s'écria Joseph, feignant une indignation grotesque ; — madame Roussel est l'huissière de céans ! elle impose à son gré le silence !

— Pourquoi donc pas, si vous jabotez comme un avocat déniché, monsieur Roussel ? — Et s'adressant au vieil artisan, tandis que Joseph riait de tout cœur des reparties de sa femme, — Continuez, père Laurencin, et, au risque d'étrangler, poursuivez votre lecture, dare-dare, tout d'un trait, sans respirer ; sinon, mon superloquace époux profitera du moment où vous reprendrez haleine pour nous gratifier de la parenthèse qui durera jusqu'à demain matin... Défiez-vous de ce vilain homme ! il a plus d'un tour dans son sac à la parole !

L'orfévre, sa femme et Camille se mirent à rire, ainsi que cousin Roussel, des boutades de la tante Prudence. Catherine sourit doucement, malgré l'incurable tristesse qui pesait sur son cœur maternel. Monsieur Jouffroy, incapable de comprendre la lecture que l'on faisait, continuait de bercer sur ses genoux la petite Lilie, afin de l'endormir ; il céda lui-même peu à peu au sommeil, et sa tête vénérable se pencha sur sa poitrine, où s'appuyait le visage rose de l'enfant : leurs cheveux blonds et leurs cheveux blancs se confondaient.

— Monsieur Laurencin, — dit Marianne à demi-voix, — ne lisez pas trop haut, de crainte de réveiller mon pauvre bon père.

Le vieil artisan répondit d'un signe et continua de lire à demi-voix ce qui suit :

« Le magistrat ayant frappé à la porte de la maison iso-
» lée, afin d'exécuter son mandat de perquisition et au
» besoin d'arrestation, sommait les habitants de cette de-
» meure de lui ouvrir la porte au nom de la loi.
» Le magistrat ne reçut aucune réponse; le plus profond
» silence régnait dans la maison; mais soudain les agens
» embusqués près d'une fenêtre basse, donnant jour à une
» cuisine, appelèrent à l'aide : un homme et une femme
» tentaient de s'évader par cette issue, mais ils tombèrent
» entre les mains des agens, tandis que d'autres, pénétrant
» dans la maison par cette fenêtre basse, s'emparaient,
» malgré leur vive résistance, de trois autres inculpés qui
» se disposaient aussi à s'échapper.
» Les perquisitions faites en présence des accusés ont
» été couronnées d'un succès complet : on a saisi les preu-
» ves flagrantes du délit, une presse portative destinée à
» l'impression des faux billets, les débris d'une planche
» d'acier, brisée, ayant servi au tirage des fausses bank-
» notes; une grande quantité de papier préparé pour de
» nouvelles émissions, et fabriqué avec une belle habileté
» qu'il imitait, à s'y méprendre, le papier-monnaie d'An-
» gleterre; enfin l'on a saisi divers outils servant au métier
» de graveur, et sur une table se voyaient encore les
» débris d'un souper, une somme considérable en fausses
» bank-notes, que les faussaires se partageaient sans doute
» au moment où leur demeure a été envahie par la justi-
» ce, car la femme et deux des hommes arrêtés ont été
» trouvés nantis de plusieurs paquets de ces fausses bank-
» notes, qui concordaient de tous points avec le papier et
» la planche brisée saisis à leur domicile.
» En présence de ces faits accablans, toute dénégation
» de la part des inculpés devenait impossible. La femme,
» leur complice, a fait, dit-on, dans un premier moment
» de frayeur, les aveux les plus complets.
» Les perquisitions opérées dans cette demeure ont ame-
» né une découverte singulière et mystérieuse.
» Le chef de la police de sûreté, en visitant la maison de
» fond en comble, descendit dans une cave dont il trouva
» la porte fermée au cadenas; l'on fit sauter les pitons, et
» l'on découvrit au fond d'un caveau un jeune homme
» dont les pieds et les mains étaient liés avec des mou-
» choirs. Interrogé sur la cause de sa présence en ces lieux,
» il a répondu qu'attiré dans un guet-apens par l'un des
» individus arrêtés, et sommé par lui de graver une plan-
» che destinée à fabriquer de fausses bank-notes, il avait
» feint de consentir à ce que l'on exigeait de lui, et qu'en-
» fermé à cet effet dans une chambre, il avait essayé de
» s'évader ; mais, surpris dans sa fuite par les faussaires,
» il avait été garrotté, conduit dans cette cave, où deux d'en-
» tre eux voulaient absolument le mettre à mort, lorsque
» la femme, leur complice, accourut, effrayée, leur ap-
» prendre que la maison était cernée. Les faussaires aban-
» donnèrent alors le jeune homme et l'enfermèrent dans
» la cave où il a été découvert.
» Les violences dont il venait d'être l'objet semblaient
» écarter de ce jeune ouvrier graveur tout soupçon de
» complicité dans la fabrication des fausses bank-notes; ce-
» pendant, interrogé sur la question de savoir s'il connais-
» sait les individus et la femme arrêtés, il a répondu avec
» un embarras si manifeste et de si évidentes réticences,
» qu'il a dû être mis provisoirement en état d'arrestation
» et conduit, ainsi que la femme et les quatre autres indi-
» vidus, au dépôt de la préfecture de police.
» L'on assure (nous n'affirmons pas le fait), l'on assure
» que, parmi les personnes arrêtées dans la maison isolée
» de Batignolles, l'on a reconnu le... »

La lecture du père Laurencin fut interrompue par l'arrivée soudaine du domestique de confiance de la maison; il entra précipitamment, et s'écria, d'une voix joyeuse et entrecoupée :

— Ah ! monsieur !... ah ! monsieur !...
— Qu'y a-t-il, Alexandre ? — demanda l'orfévre; — Vous semblez ému...
— Ah ! monsieur ! il vient d'arriver !... il est là !...
— Qui cela ?
— Michel ! — répondit le serviteur, instruit du chagrin que la disparition du jeune homme causait, depuis longtemps, à l'orfévre et à sa famille; — oui, Michel est là, monsieur Le voici !

CXXXVIII.

Catherine, à l'aspect de Michel, poussa un cri de joie folle, et, oubliant le mépris qu'elle croyait inspirer à son fils, elle s'élançait vers lui, les bras ouverts, lorsque tombant à genoux devant elle, la figure baignée de larmes, il dit en sanglotant :

— Pardon, pardon, ma mère ! je vous ai méconnue ! Maintenant, je sais tout, votre courage, la grandeur de votre âme, votre expiation sublime ! Le bon génie de la cour des Coches, c'était vous ! Oh ! mère ! je vous chéris, je vous respecte, je vous admire !...

— Ah ! Dieu m'a pardonné, car mon fils me pardonne ! — s'écria Catherine, en tombant dans les bras de Michel, qui, toujours agenouillé, la soutint, la pressa dans ses bras, et le fils et la mère confondirent leurs larmes, leurs étreintes.

L'orfévre et sa femme, le cousin Roussel et la tante Prudence, Camille et le père Laurencin, muets, immobiles, les yeux noyés de pleurs d'attendrissement, contemplaient cette scène émouvante.

Monsieur Jouffroy, éveillé en sursaut de son demi-sommeil, mais conservant sur ses genoux la petite Lilie, profondément endormie, regardait çà et là, sans comprendre ce qui se passait autour de lui, quoiqu'il remarquât une certaine agitation, et s'adressant à la tante Prudence, près de laquelle il se trouvait,

— Ma sœur, qu'est-ce qu'il y a donc ?
— Mon pauvre frère, — répondit tristement madame Roussel, sachant, hélas ! l'inutilité de cette réponse, — c'est Michel qui revient à la maison.
— Ah ! oui, — dit le vieillard en semblant faire un effort pour relier ses pensées, — ah ! oui, Michel..... je ne sais pas...

Et retombant dans sa taciturnité habituelle, il continua de bercer l'enfant sur ses genoux.

Catherine, après la première expansion de son bonheur inexprimable, dit à son fils en poussant doucement Camille entre ses bras :

— Embrasse donc aussi cette chère enfant !... Elle se mourait de chagrin en ton absence...

— Oh ! Camille, ma fiancée, ma bien-aimée femme ! — s'écria Michel en serrant sur son cœur la jeune fille rougissante et pouvant à peine croire à tant de félicité; — pardonne-moi la peine que je t'ai causée ! Vous aussi, grand père, vous aussi, maître Fortuné, soyez indulgens ! Pardonnez à cet enfant insensé, qui rougissait de sa mère, de lui-même, et n'osait plus reparaître devant vous.

— Nous avions deviné la cause de ton désespoir, pauvre cher enfant ! — dit le vieillard en embrassant avec ivresse son petit-fils. — Hélas ! tu ignorais l'admirable réhabilitation de ta mère.

— Et moi, je disais toujours : L'enfant prodigue nous reviendra, — ajouta Fortuné en tendant ses deux mains à Michel. — Mon cœur ne m'a pas trompé... Tu es revenu près de nous, tes amis, tes parens... oui, tes parens. Ces mots te surprennent ?... Apprends que le père de ta mère était le frère de la mienne...

— Que dites-vous, monsieur Fortuné ?

— Ta mère est fille de monsieur Jouffroy, frère du pauvre monsieur Jouffroy que voilà. Comprends-tu maintenant que ton absence devait nous être doublement pénible ? En toi nous regrettions le parent et l'ami.

— Et maintenant, cher cousin, — ajouta Marianne en tendant la main à Michel avec une affectueuse cordialité, — nous ne nous quitterons plus, je l'espère. Nous partageons du fond de l'âme, croyez-le bien, le bonheur que votre retour cause à cette chère Camille et à votre digne mère que nous aimons, que nous vénérons tous, et que nous tâchions en vain de consoler.

— Oh ! merci... merci ! de vos bontés pour elle, madame Fortuné, — répondit Michel avec effusion ; — nous saurons vous prouver notre reconnaissance.

— Allons ! je vois qu'il n'y aura ici que moi, en ma qualité de fée grognon, assez osée pour te ruchonner, vilain enfant ! reprit la tante Prudence, qui, ayant connu Michel adolescent et apprenti, conservait l'habitude de le tutoyer. — Nous as-tu assez inquiétés, malgré ta lettre hebdomadaire ! D'où sors-tu ? d'où viens-tu avec tes guenilles ? et si pâle, si défait ? Dites donc, monsieur Roussel ? n'est avis qu'au lieu de rester là comme un *apoco*, en vertu du contentement que vous cause le retour de Michel probablement, vous devriez faire servir quelque chose à manger à ce pauvre garçon. Il a peut-être faim et soif.

— Ah ! terrible fée grognon que vous êtes ! — reprit Joseph en riant, — voilà comme vous grondez les gens ? — Et s'adressant au jeune homme, — Ma femme a raison ; ton retour m'a surpris, m'a saisi, mon cher Michel ; je me souvenais avec émotion de la première entrevue avec ta mère avait eu lieu chez moi.

— Ah ! je ne l'oublierai jamais, monsieur Roussel.

— Mon enfant, — reprit Catherine avec inquiétude en contemplant son fils, — toute au bonheur inattendu de te revoir, je n'avais pas remarqué l'altération de tes traits. Mon Dieu ! ce n'est pas la faim ? le besoin ?

— Rassurez-vous, ma bonne mère ; et vous, monsieur Roussel, ne vous donnez pas la peine de rien faire demander pour moi, — ajouta Michel en voyant Joseph se diriger vers la porte : — j'ai soupé en prison.

— En prison ! — s'écria la famille tout d'une voix, — tu sors de prison ?

— J'y étais depuis hier soir ; mais, grâce à Dieu, l'on a reconnu que je n'étais pas complice des faussaires que l'on a arrêtés.

— Quoi ! — reprit Fortuné, — cet ouvrier graveur, arrêté à Batignolles...

— Comment savez-vous ?

— Ce serait toi ?

— Oui, maître Fortuné ; mais qui donc vous a instruit de mon arrestation ?

— Le journal du soir. Ton grand-père nous le lisait lorsque tu es entré.

— Grand Dieu ! — s'écria Michel, — vous savez donc tout ?

— D'où vient ton anxiété, ton trouble ? — fit Fortuné surpris. — Nous savons seulement que les faussaires ont été découverts dans une maison de Batignolles où ils exerçaient leur criminelle industrie.

— Mais les noms ? — reprit Michel avec une angoisse croissante, — les noms de ces misérables... les connaissez-vous ?

— Quels noms ?

— Ceux de ces faussaires. Le journal ne les a donc pas donnés ?... car sans cela...

— Achève... ton émotion redouble...

— Ah ! maître Fortuné, c'est horrible ! Madame Fortuné, monsieur Roussel, vous tous enfin, puisque nous sommes de la même famille, — poursuit Michel d'une voix tremblante, — attendez-vous à une révélation cruelle... Il vous faut du courage. Oh ! oui ! maître Fortuné, vous avez besoin de tout votre courage.

— Que dis-tu ?

— Hélas ! un nouveau coup va vous frapper ! coup bien douloureux, pour vous surtout, madame Fortuné !

— Pour moi ?

— Oui, madame. Apprenez qu'une femme a été arrêtée avec ces misérables !

— Oui, le journal le dit.

— Hé bien ! cette femme, — reprit Michel avec une pénible hésitation, — mon Dieu ! j'ose à peine achever si vous saviez ! — cette femme, vous la connaissez, vous ne la connaissez que trop, madame Fortuné !

— Ah ! — fit Marianne en poussant un cri déchirant, et cachant avec horreur son visage entre ses mains.

Elle devinait le nom de la complice des faussaires.

Fortuné aussi le devinait, ce nom, et, consterné, atterré, il murmura :

— Aurélie, complice de ces criminels ! Aurélie, mon Dieu !

— Elle est innocente ! — reprit Marianne en relevant son visage baigné de larmes. — Oui, j'en jurerais, ma sœur doit être innocente !

— Elle a tout avoué ! — répondit Michel avec accablement ; — elle est la complice des faux monnayeurs ; parmi eux se trouve son mari, le comte de Villetaneuse.

La famille Jouffroy accueillit cette révélation avec un silence morne et une stupeur profonde.

Tous se sentaient frappés du même coup ; aucun n'osait prononcer une parole. Quelles paroles auraient pu exprimer leurs douloureux ressentiments !

Soudain, monsieur Jouffroy, d'abord éveillé en sursaut de son demi-sommeil par le cri déchirant de Marianne, tourna çà et là autour de lui son regard éteint, et prononça ces mots, les seuls qui revinssent parfois à son esprit troublé :

— Mimi est-elle fâchée ? Fifille est-elle heureuse ?

Ces paroles, prononcées en ce moment fatal par ce malheureux père privé de raison, étaient d'un à-propos si navrant, si terrible, qu'un même sanglot s'échappa de tous les cœurs.

CXXXIX.

Michel, après avoir instruit la famille Jouffroy des relations de madame de Villetaneuse avec les faussaires, raconta par suite de quelles circonstances il s'était trouvé mis en rapport avec Angelo ; comment, auditeur invisible des complices durant leur souper, il avait appris la réhabilitation de sa mère ; comment enfin, découvert dans la cave où il avait failli être mis à mort, il s'était provisoirement arrêté, quoiqu'il protestât de son innocence, refusant toutefois de satisfaire aux interrogations du magistrat, qui lui demandait les noms et les antécédents des personnes arrêtées. Ignorant les choses de la justice, et éprouvant un dernier sentiment de pitié pour madame de Villetaneuse, sœur de la femme de son patron, Michel craignait d'aggraver la position de l'accusée, en révélant son nom et en répondant aux diverses questions du magistrat. Mais, après avoir passé la nuit et une partie de la journée en prison, possédé du désir de revoir sa mère et Camille, réfléchissant enfin que l'aveu de la vérité pouvait seul lui ouvrir les portes de la geôle, sans compromettre davantage madame de Villetaneuse, Michel, vers le soir, profita de la venue du juge d'instruction pour lui déclarer la cause de ses réticences, et lui faire connaître le sentiment de délicatesse et de reconnaissance auquel il avait cédé, la crainte d'empirer le sort de la belle-sœur de son patron.

La sincérité de Michel perçait à chacune de ses paroles ; il fut mis en liberté par ordre du magistrat instructeur, et accourut se jeter aux pieds de sa mère.

La famille Jouffroy, en suite de la douloureuse stupeur où la jeta l'arrestation de madame de Villetaneuse, avisa aux résolutions à prendre dans cette misérable conjoncture. Marianne, malgré les égarements de sa sœur, consen-

Une femme postée en vedette au point de jonction des deux chemins. — Page 211.

vait pour elle une inaltérable affection. Sa première pensée fut d'aller visiter Aurélie dans sa prison, afin de lui apporter les consolations que peut offrir un cœur aimant et dévoué ; mais de stériles consolations ne suffisaient pas à l'attachement de Marianne, et, après avoir conféré une partie de la nuit avec son mari sur des projets qu'il adopta, il fut convenu que dès le lendemain Fortuné conduirait sa femme à la Conciergerie, où était détenue Aurélie. Le célèbre artiste, universellement aimé, considéré, devait d'ailleurs s'informer des moyens à employer pour solliciter l'indulgence, la pitié des juges en faveur d'une malheureuse jeune femme encore plus égarée que coupable.

Marianne parut donc le lendemain matin pour la prison de la Conciergerie en compagnie de Fortuné Sauval.

La comtesse de Villetaneuse, incarcérée à la Conciergerie, occupait une chambre dans le bâtiment dit de la *pistole*, destiné à ceux des prévenus qui pouvaient payer le droit d'être emprisonnés séparément.

Une étroite fenêtre, garnie d'épais barreaux, filtrait un jour douteux dans cette chambre au sol carrelé, aux murailles nues, seulement meublée d'un lit de fer, d'une table, d'une chaise et d'un coffre servant de commode.

La lumière tombait de haut et en plein sur le visage d'Aurélie, assise devant la table où elle avait commencé d'écrire à Angelo ; puis, absorbée dans de sinistres pensées, laissant échapper sa plume, appuyant son coude sur la table, son menton dans sa main et levant les yeux vers la fenêtre, elle réfléchissait en regardant les barreaux de sa prison. Les traits contractés de la jeune femme exprimaient alors moins la honte, moins la souffrance morale que l'irritation contre le sort ; le froncement de ses noirs sourcils, son sourire amer, révélaient des sentiments de révolte, de colère impuissante contre le coup du destin qui la séparait d'Angelo, la jetait en prison, comblait la mesure de son opprobre en la frappant d'une arrestation et plus tard d'une condamnation infamante.

Cette rupture ouverte, irréparable, des derniers liens ou plutôt des dernières apparences qui la rattachaient encore à la société, fut acceptée par Aurélie avec une sorte de vaillance farouche, de criminel orgueil ; ne pouvant tomber plus bas, elle rêvait une détestable supériorité dans le mal, elle se reprochait comme une lâche faiblesse d'avoir ressenti quelques vagues remords du passé, lorsque la rencontre inattendue de monsieur de Villetaneuse vint éveiller dans son âme tant de souvenirs ; elle voulait enfin s'élever à la *hauteur* d'Angelo, et lui prouver ainsi la constance de son amour et sa perversité croissante. . . . .

La comtesse portait une élégante robe de chambre ; elle s'était, dès le matin, coiffée avec soin devant un petit miroir, en pensant à Angelo. Elle continuait de lui écrire une lettre, brûlante comme ses rêveries solitaires. Soudain Aurélie entendit grincer l'énorme serrure de la porte, qui s'ouvrit devant Marianne, et se referma sur elle lorsque le guichetier l'eut introduite.

Les deux sœurs restèrent seules.

Elles se revoyaient pour la première fois depuis ce jour où madame de Villetaneuse était venue confier à la tante Prudence la lettre anonyme relative à la liaison du comte avec madame Bayeul. De longues années s'étaient écoulées depuis cette époque, où Aurélie, alors dans l'éclat de sa première jeunesse et de sa beauté, épouse encore irréprochable, méritait les hommages, l'admiration, le respect dont on l'entourait alors. Et Marianne la retrouvait complice des faussaires, attendant dans sa prison un arrêt déshonorant !

Marianne, malgré son angélique bonté, était douée d'une raison solide, d'un caractère ferme. Déterminée à ce pénible entretien, elle avait d'abord, si cela peut se dire, pleuré toutes les larmes de son cœur, ressenti, épuisé d'avance les terribles émotions d'une pareille entrevue, voulant arriver non pas gémissante, éperdue auprès d'Aurélie, mais calme, tendre, indulgente, se possédant tout entière,

Ah! triple lâche! s'écria le forçat menaçant du poing la comtesse. — Page 212.

soutenue par la pensée d'offrir à sa sœur mieux que de stériles consolations. Elle avait aussi désiré que son mari ne l'accompagnât pas et l'attendît au greffe de la prison, faisant avec un tact exquis la part de l'humiliation, des irritables et ombrageuses susceptibilités que la vue de Fortuné devait éveiller chez la comtesse.

— Sœur, — dit Marianne, après le départ du guichetier, en tendant les bras à Aurélie, — sœur, embrasse-moi! je viens tenter de te sauver.

La détenue, à l'aspect de Marianne, se leva brusquement, l'œil sombre, le cœur aigri par le flot de l'humiliation, et, au lieu de répondre aux avances de sa sœur, elle se r'a.

— Que venez-vous faire ici? — s'écria-t-elle d'une voix frémissante. — Que voulez-vous?

— Aurélie! de grâce...

— Vous venez insulter à ma position?

— Pauvre sœur! Je viens te dire que je t'aime et te le prouver.

— Merci de votre tendresse et de ses preuves! je n'en ai pas besoin!

— Mais moi, j'éprouve le besoin de venir à toi.

— Écoutez d'abord ma confession; vous reconnaîtrez qu'il ne peut exister de rapprochement entre nous, honnête mère de famille que vous êtes! J'ai été femme entretenue, je suis la complice et la maîtresse d'un faussaire, repris de justice. Avant d'être arrêtée avec lui, je l'aidais à voler au jeu en amorçant ses dupes. Ce repris de justice, ce voleur au jeu, ce faussaire, je l'adore! Tenez, je lui écrivais... Voulez-vous lire ma lettre?... Mais non, vous ne le comprendriez pas, respectable épouse que vous êtes! Maintenant, vous savez ce que je suis, et de ce que je suis, je ne rougis pas. Regardez-moi bien en face; voyons, dites: lisez-vous la honte sur mes traits? Non, non, j'ai bu toute honte, entendez-vous! Puissent ces francs aveux épargner de votre part les fadeurs de la morale obligée! Mon parti est pris, mon âme est bronzée. Vous croyez

peut-être que la prison et l'arrêt qui m'attend m'épouvantent? Erreur! Le temps du repentir est passé; tout est rompu entre la société et moi. J'accepte la lutte; on verra ce que je deviendrai. J'ai eu Angelo pour amant, c'est tout dire. L'on me condamnera, tant mieux! Je me perfectionnerai en passant quelques années parmi les voleuses et les femmes perdues. Je sortirai de prison digne d'elles... Tel est le présent, tel sera l'avenir. Entendez-vous, madame Fortuné Sauval? Entendez-vous, heureuse mère, heureuse épouse, vertueuse et immaculée créature, lis sans tache! Il existe entre nous un abîme; les années le creuseront encore davantage. Oubliez-moi donc comme je vous ai oubliée, comme je vous oublierai: c'est ce que nous pouvons faire de mieux pour ce que l'on appelle l'honneur de la famille.

— Aurélie, je t'ai écoutée sans t'interrompre; tes paroles ne m'effrayent pas.

— Vous êtes brave!

— Je lis dans ton cœur.

— Il ne vous manque que les lunettes de la tante Prudence!

— Pauvre sœur! tu veux paraître méchante et pervertie: tu n'es qu'égarée.

— Vous avez besoin de vous imaginer cela par amour-propre de famille.

— Je ne te comprends pas.

— Me supposez-vous sotte à ce point de croire que l'affection vous amène ici?

— Qu'est-ce donc?

— La peur et la honte.

— Comment!

— Oui, la honte! oui, la peur d'être solidaire de mon infamie! Mais rassurez-vous, votre mari est un si grand artiste, qu'il vendra toujours avantageusement ses orfèvreries; vous ne perdrez pas un de vos cliens à cause de moi, cela vous consolera.

— Tu ne parviendras jamais, je ne dirai pas à me bles-

ser, c'est impossible, mais seulement à me persuader, chère et pauvre sœur, que tu penses ce que tu dis. Maintenant, écoute-moi à ton tour. J'espère pouvoir te sauver...
— Me sauver?...
— Oui, te faire évader d'ici avant ton jugement. Tout est possible avec de l'argent; si cependant ton geôlier était incorruptible, voici mon projet : les gens de cette prison s'habitueront à me voir venir ici chaque jour...
— Vous m'épargnerez ce...
— Laisse-moi achever. L'on ne se défiera nullement de mes visites ; tu es d'une taille plus élevée que la mienne : je me vêtirai, à un jour convenu, d'une robe très longue, d'un ample mantelet ; je porterai un chapeau garni d'un voile épais; ce jour-là tu te diras un peu souffrante, afin de pouvoir rester au lit; tu t'habilleras de mes vêtements, tu sortiras d'ici à ma place, je prendrai la tienne dans ton lit.
— Vous êtes vraiment généreuse ! — dit la comtesse avec un sourire sardonique. — Y pensez-vous ! favoriser l'évasion d'une criminelle !
— Criminelle ou non, tu es ma sœur ; je veux te sauver, je te sauverai ! Écoute encore... Fortuné t'attendra hors de la prison; une voiture de poste sera préparée, vous partirez aussitôt ; en voyageant avec la plus grande rapidité possible, vous pourrez gagner le Havre avant que l'on se soit aperçu de la fuite, puisque j'aurai passé ici la nuit dans ton lit. Aussitôt après ton arrivée au Havre avec Fortuné, tu t'embarqueras sur un paquebot destiné pour l'Amérique. le jour de ton évasion sera fixé de sorte qu'il corresponde avec le départ de ce bâtiment; à ton débarquement à New-York, l'un des correspondans de mon mari te remettra, chaque mois, une somme suffisante pour que tu puisses vivre dans l'aisance. Quant à l'avenir, je compte, pauvre sœur, oui, je compte avec certitude sur ce qu'il y a en toi de foncièrement bon... oui, j'en suis persuadée, tu reviendras au bien, et qui sait si, lorsque les années auront blanchi nos cheveux, il ne te rapprocheras pas de nous? qui sait si nous ne terminerons pas nos jours ensemble?...
— Ce projet est fort beau... mais...
— Un mot encore, Aurélie. Ce projet, vas-tu peut-être me répondre, point à ma flétrissure! mais par notre désir de t'épargner une condamnation, qui rejaillirait sur nous et blesserait ce que tu appelles notre amour-propre de famille. Soit, ma chère sœur ; crois cela ; que t'importe, après tout, pourvu que tu échappes à un jugement, pourvu que tu recouvres ta liberté !
— Vous me faites pitié ! je ne veux pas de la liberté sans Angelo.
— Qu'entends-je !
— Je ne veux pas lâchement échapper à ma condamnation tandis que mon amant subira la sienne.
— Aurélie ! ma sœur !
— Je ne veux pas quitter la France, où Angelo restera; je le retrouverai lorsque nous sortirons de prison, c'est convenu, c'est juré entre lui et moi.
— Mais je...
— Mais je ne suis pas lâche, moi, madame ! je pouvais nier avoir eu connaissance que les bank-notes saisies sur moi étaient fausses, et je me suis hautement déclarée complice d'Angelo, afin de partager son sort.
— Mon Dieu ! c'est insensé !
— Ma résolution contraire vos desseins! vous n'échapperez point à ma flétrissure! Aurélie Jouffroy, comtesse de Villetaneuse, sœur de la femme de Fortuné Sauval, le célèbre artiste, sera condamnée à la réclusion ; mon ignominie vous atteindra, j'en suis désolée, vous n'en doutez pas ; mais, avant-hier encore, je jurais à Angelo que son sort serait le mien, et, entre gens de notre espèce, voyez-vous, ces sermens-là on les tient jusqu'à la mort !
— Aurélie, je t'en conjure, ne refuse pas de tenter la voie de salut que je t'offre.
— Assez, madame, assez !
— Non, non, tu m'écouteras! ton âme est généreuse encore! j'en ai la preuve dans ton refus, dicté par un sentiment de dévouement, si aveugle qu'il soit, si indigne qu'en soit l'objet !
— Voilà... une insulte... peu courageuse !..
— Quoi... ce faussaire... qui t'a perdue...
— Et, si je l'aime, moi, ce faussaire ! si je veux me perdre avec lui !
— Ma sœur...
— Madame, je croyais que, du moins en prison, l'on pouvait jouir en repos de la solitude... Cette visite sera, je l'espère, la dernière que je recevrai de vous...
— Aurélie, ne crois pas te soustraire à mon affection! elle survit... elle doit survivre à tout. Tu es ma sœur ; quoi que tu dises, quoi que tu fasses, quoique tu penses, tu seras toujours ma sœur ! aucune de tes paroles, aucun de tes actes, ne pourront jamais briser les liens sacrés qui nous unissent; je t'aimerai malgré toi, je te sauverai malgré toi, et...
Marianne s'interrompit en voyant la comtesse courir vers la porte de la chambre et y frapper à coups redoublés.
— Aurélie ! — s'écria la jeune femme, — que fais-tu?... pourquoi heurter ainsi à cette porte?
— Vous allez le savoir, madame.
Presque aussitôt la lourde clef grinça dans la serrure et le geôlier parut.
— Monsieur, — lui dit la comtesse de Villetaneuse avec une ironie amère, — vous tenez sans doute beaucoup à conserver vos prisonniers?
— Certainement.
— Regardez bien madame, afin de la reconnaître.
— Que signifie ?
— Cela signifie, monsieur le geôlier, que madame est ma sœur, et qu'elle vient me proposer des moyens d'évasion.
— Aurélie! — s'écria Marianne avec un accent de douloureux reproche. — Mon Dieu ! rien ne peut donc te toucher !
— Comment, madame, — reprit le guichetier en s'adressant à Marianne, — c'est ainsi que vous abusez de la permission que l'on vous a accordée? vouloir faire évader une prisonnière !
— Ces propositions, que madame m'a faites, reprit la comtesse, suffiront, je l'espère, à empêcher madame d'être désormais introduite dans ma prison.
— Je le crois bien ! et je vais faire à l'instant mon rapport à monsieur le directeur, — répondit le geôlier, tandis que Marianne fondait en larmes, désespérée des refus de la comtesse, oubliant ses duretés, qu'elle attribuait moins à son cœur qu'à une exaltation passagère.
A ce moment, un autre employé de la prison accompagné d'un gendarme entra et dit à Aurélie :
— Monsieur le juge d'instruction vous mande dans son cabinet; vous allez vous y rendre sous la garde de ce gendarme.
— C'est bien, — répondit froidement la comtesse.
Et elle alla prendre sur le coffre son manteau, ses gants, son chapeau, et silencieuse, elle ajusta sa toilette de prison devant le petit miroir pendu à la muraille.
— Ah ! — se disait Marianne désespérée en attachant sur sa sœur ses yeux baignés de larmes, — combien de fois, alors que nous étions jeunes filles, je parais avec amour et orgueil la beauté d'Aurélie prête à partir pour le bal, radieuse de bonheur et d'innocente coquetterie !
Ce contraste déchirant entre le présent et le passé, le refus d'Aurélie au sujet d'une tentative d'évasion dont le succès était possible, impressionnèrent si vivement Marianne, qu'elle ne put retenir ses sanglots en voyant la comtesse, sa toilette achevée, se rapprocher du gendarme en lui disant :
— Monsieur, me voilà prête ; je vous suis.
— Ma sœur ! — s'écria Marianne s'élançant au cou d'Aurélie et la serrant entre ses bras, — si je ne dois jamais te revoir, au moins un mot, un seul mot, et un dernier baiser d'adieu !
Cette étreinte palpitante, les battemens de ce cœur qui battait sur le sien, le souvenir involontaire des jours de

son enfance, émurent Aurélie malgré son endurcissement: ses yeux se mouillèrent, elle serra Marianne contre son sein, la baisa au front, et lui dit tout bas de sa douce voix d'autrefois:

— Adieu, petite sœur; je te sais gré de ton offre généreuse, mais je ne saurais en profiter. Ne cherche pas à me revoir, ce serait inutile. Adieu! pour toujours... adieu!

Et se dégageant brusquement des bras de Marianne, elle disparut rapidement sur les pas du gendarme.

Madame de Villetaneuse, durant tout le temps de sa captivité préventive, refusa opiniâtrement de voir personne de sa famille. Fortuné Sauval fit de nombreuses et actives démarches, espérant apitoyer les juges de cette malheureuse jeune femme, plus égarée que coupable, disait-il; mais, lors des débats criminels, enhardie, excitée par la présence d'Angelo, subissant plus que jamais son abominable empire, elle montra si peu de repentir et tant d'audace, qu'elle indigna ses juges et fut condamnée à cinq ans de réclusion.

Mauléon, Angelo, Robert et Henri de Villetaneuse furent condamnés à cinq ans de galères.

Le comte échappa au bagne en trouvant le moyen de se pendre dans sa prison.

CXL.

Cinq ans et quelques semaines se sont passés depuis la condamnation des faussaires.

Il fait nuit, il neige; la lune en son plein projette sa pâle lumière à travers les nuages chargés de frimas.

Une maison isolée se trouve à l'embranchement de deux routes, dont l'une conduit à Paris, éloigné environ d'une lieue de cette espèce de carrefour.

Une femme, postée en vedette au point de jonction des deux chemins, de temps à autre prête l'oreille du côté de la maison.

Un morne silence règne autour de cette demeure; l'on n'entend que les sifflemens de la bise chargée de neige, qui fouette la figure de la femme aux aguets, et couvre à demi ses vêtemens. Son mouchoir à carreaux, noué en marmotte, laisse apercevoir deux bandeaux de cheveux bruns; son châle de tartan croisé sur sa poitrine se noue derrière son dos; elle cache dans les poches d'une jupe grossière ses mains glacées par le froid; de temps à autre elle frissonne en continuant de faire le guet aux alentours de la maison isolée.

Cette femme, dont l'âge dépasse à peine trente ans, est d'une taille élevée, dont la perfection et la grâce percent encore sous ses grossiers vêtemens; ses traits fatigués, flétris, plombés, ont été d'une beauté enchanteresse.

Cette femme est Aurélie Jouffroy, comtesse de Villetaneuse, emprisonnée pendant cinq ans avec des voleuses, avec des créatures d'une ignoble et redoutable dépravation.

Le cynisme du vice, la haine de la vertu, la révolte contre le bien, l'orgueil du mal, toutes les passions exécrables ou ardentes que la prison couve et développe, ont envahi l'âme d'Aurélie, déjà corrompue avant son entrée dans cet enfer. Sa jeunesse, son éclatante beauté, son éducation distinguée, la position qu'elle occupait dans le monde, et dont elle se raillait la première avec une sombre ironie; enfin une insolente affectation de perversité, lui avaient donné parmi ses compagnes une détestable autorité: elles l'appelaient *la comtesse* avec un respect dérisoire; elle trônait au milieu de ces créatures avilies, gangrenées, hideuses, ainsi que jadis, chaste et belle jeune fille, elle trônait dans la maison paternelle, entourée des adulations de sa famille... ainsi que jadis, quoique déjà déchue, mais intéressante encore, elle trônait à la cour souveraine de Mœningen, dont elle était l'idole. Ses compagnes de prison l'avaient appelée la *comtesse*, et *comtesse* l'appelaient encore ses compagnes d'infamie, dans le repaire où l'avait entraî-

née une libérée comme elle, et où elle était allée attendre Angelo à son retour du bagne. Leur abominable amour avait survécu à leur séparation, s'était enraciné dans leurs âmes; la vie de la prison et du bagne redoublant l'exaltation de cette passion impure, l'ancien forçat et la libérée correspondaient ensemble, se promettant de ne plus se quitter lorsqu'ils se retrouveraient à Paris dans le bouge où Aurélie partageait l'opprobre de celles qui l'appelaient la comtesse.

Et pourtant Marianne et Fortuné, poursuivant jusqu'à la fin leur œuvre de commisération, avaient écrit lettres sur lettres à Aurélie, durant son séjour en prison, sans recevoir de réponse. Leur pitié ne se lassa pas: ils s'étaient enquis du jour où expirait la captivité d'Aurélie, et, en sortant de prison, elle trouva une personne de confiance envoyée par Marianne et Fortuné (tous deux revenus à Paris auprès de leur fille gravement malade). Ils envoyaient de l'argent à madame de Villetaneuse, la conjurant de leur faire connaître sa demeure future. Elle refusa fièrement ce qu'elle appelait une aumône. Ses parens n'entendirent plus parler d'elle. La malheureuse créature, cédant aux suggestions d'une autre libérée, était allée attendre Angelo dans un bouge ignoble, où il la rejoignit à sa sortie du bagne.

Le temps de l'escroquerie élégante, en gants jaunes, en bottes vernies, la rose à la boutonnière, était passé pour le *grec*, et aussi passé pour la *courtisane* le temps de la galanterie de haut titre, parée de soie et de dentelles.

L'heure du vice abject, fangeux; l'heure du crime en haillons avait sonné pour les deux complices.

L'âge, la vie du bagne et de la prison, ayant dévasté non moins l'âme que la beauté d'Aurélie et d'Angelo, ils devaient emporter de ces pandemoniums des habitudes, un langage, une physionomie indélébiles, stigmates ineffaçables dont les gens voués à la recherche des malfaiteurs sont frappés au premier coup d'œil. Sur cent repris ou reprises de justice, il n'en est pas dix qui ne conservent l'empreinte irrécusable de leur indignité.

Aurélie et Angelo, moralement et physiquement, ne pouvaient donc plus exercer leur ancienne industrie, se produire, l'un comme escroc de bonne compagnie, l'autre comme courtisane du grand monde; il leur fallait descendre les derniers degrés du vice et du crime.

Ils les avaient descendus.

Voilà pourquoi la *comtesse*, ainsi qu'on l'appelait dans un horrible repaire de la Petite-Pologne (espèce de cour des Miracles située, en ce temps là, non loin du palais de l'Élysée-Bourbon); voilà pourquoi la comtesse, pendant cette nuit d'hiver et de frimas, faisait le guet aux alentours d'une maison isolée, située sur la route de Neuilly.

— Angelo tarde bien à sortir, — disait Aurélie d'une voix enrouée par l'abus des liqueurs fortes, qui avaient aussi couperosé son teint hâve et plombé, jadis si pur et si délicat. — Angelo m'a dit qu'il était certain que la servante était seule dans la maison en l'absence de ses maîtres. Pourtant il m'a envoyée acheter et faire repasser un grand couteau de cuisine, afin de pouvoir se défendre si on l'attaquait. Cette femme est seule, elle n'aura pas essayé de résister, il ne lui aura pas fait de mal. Non! — ajouta-t-elle, ne pouvant vaincre un frémissement sinistre, — non! il ne lui aura pas fait de mal, à cette femme... Mais comme il tarde à revenir! il doit être plus d'une heure du matin.

Les réflexions de la comtesse sont interrompues par Angelo: il sort précipitamment de la maison isolée, dont il referme soigneusement la porte derrière lui.

Le repris de justice, autrefois d'une beauté remarquable, est à peine reconnaissable. Le soleil de Toulon, l'âcreté de l'air marin, ont empreint ses traits de cette nuance d'un bronze fauve particulière aux forçats; ses cheveux coupés ras, selon les prescriptions du bagne, ont quelque peu crû et grisonnent sur les tempes; son visage s'est décharné; sa taille, légèrement voûtée, certaine façon de tirer la jambe gauche, témoignent de son habitude de porter la chaîne et de traîner de pesans fardeaux ; son misérable accoutrement se compose d'une casquette graisseuse, d'un vieux paletot de velours éraillé, boutonné jusqu'au menton, de bottes éculées et d'un pantalon frangé de boue ; il tient d'une main un bâton noueux et de l'autre un mouchoir noué par les quatre angles, renfermant des objets assez lourds. Son premier mouvement en arrivant près d'Aurélie est de jeter à ses pieds le bâton et le paquet, qui rend un bruit argentin ; puis il se baisse afin de ramasser de la neige dont il se frotte les mains et le visage.

Le disque de la lune brillante, apparaissant en ce moment à travers une déchirure des grandes nuées sombres, devenues moins opaques, jette sa vive lumière sur le forçat. La comtesse s'aperçoit que la neige dont il frotte ses mains et son visage devient rouge.

— Du sang ! — s'écrie madame de Villetaneuse en frissonnant. — Tu es blessé ?...

— Moi ?... non ! — répond Angelo.

Et après avoir ainsi lavé dans la neige ses mains et son visage ensanglantés, il tire de sa poche un *brûle-gueule* culotté par l'usage, le bourre de tabac et l'allume en battant le briquet, sans dire un mot à sa compagne, frémissante à la vue du sang dont le forçat est couvert, et dont il effaçait les traces.

— D'abord, mettons le butin dans nos poches, — dit Angelo ; et tenant sa pipe entre ses dents, il se baisse afin de dénouer le mouchoir, d'où il tire plusieurs couverts d'argent, une timbale de pareil métal, et une vingtaine de rouleaux de pièces de cinq francs soigneusement enveloppées de papier ; puis après avoir placé une partie de cette somme et de l'argenterie dans les poches de son pantalon et de son paletot, il dit à la comtesse :

— Prends le reste, et ça toute !... Dépêchons-nous.

Madame de Villetaneuse hésite à se charger de ces dépouilles ; elle n'a pas reculé devant la pensée d'un vol ; la pensée d'un assassinat l'épouvante.

— Ah çà ! dis donc, — reprend le forçat en examinant de plus près la comtesse, — on croirait que tu trembles !

— Cette femme... — répond Aurélie en balbutiant, — cette femme ?

— Quelle femme ?

— La servante qui gardait cette maison, Angelo ? Et puis, ce couteau que tu m'as envoyée acheter...

— Hé bien ! quoi ! avec ce couteau j'ai tué la femme. Elle pouvait jaser.

— Mon Dieu ! un meurtre !...

— Est-ce que tu vas me faire de la morale, par hasard ! — s'écrie le forçat d'un ton farouche et menaçant. — Mets vite cet argent dans tes poches, et filons ! Il est tard.

La comtesse sent ses genoux vaciller ; incapable de faire un pas, elle reste immobile, muette, atterrée.

— Voilà comme tu me reçois ? — reprend le forçat avec un sourire sinistre. — J'apporte de quoi nous habiller à neuf et passer la vie douce pendant un mois ou deux, et pas seulement un mot de remercîment !

— C'est... c'est... que tu ne m'avais pas dit...

— Quoi ?

— Que... que... la femme serait...

Elle n'achève pas, et, dans sa terreur, ses dents s'entrechoquent malgré elle.

— En route ! Tiens, tu me fais suer !... — dit Angelo en haussant les épaules. Puis, il ramasse son lourd bâton, prend la comtesse par le bras, et, l'entraînant ou la soutenant tour à tour, il l'oblige de marcher à ses côtés, gardant comme elle un sombre silence.

La neige ne tombe plus, mais en s'amoncelant sur le sol, elle l'a rendu inégal et glissant. Aurélie, presque défaillante de terreur, trébuche à chaque pas, quoique soutenue par le bras robuste d'Angelo. Au bout d'un quart d'heure, remarquant la direction du chemin, elle s'écrie avec effroi :

— Mais nous reprenons la route de Paris !

— Parbleu !

— Et si l'on découvre que la femme...

— On est mieux caché à Paris que partout ailleurs. Nous allons retourner à la Petite-Pologne, chez la mère Bancal, ta matrone ; nous y ferons les morts pendant quelques jours, afin de ne pas éveiller les soupçons, et ensuite, en avant les pièces de cent sous ! Quand tu seras requinquée d'une robe de soie et d'un joli chapeau achetés au Temple, tu seras belle et pimpante comme autrefois. Allons, viens... Mordieu ! ne tremble pas ainsi.

— J'ai froid.

— Tâche donc de te soutenir.

— La neige est si glissante !

— Hein ! comtesse, il est loin ce temps où nous voyagions avec le duc, en voiture à six chevaux de poste, avec un courrier en avant ! Nous descendions aux meilleurs hôtels ; le duc nous introduisait dans les salons les plus aristocratiques ; tu y brillais par tes délicieuses toilettes. Ah ! le beau voyage d'Italie ! Promenades en gondole à Venise par le clair de lune, courses en bateaux dans la baie de Naples, au soleil couchant ! Et Florence la fleurie, et les merveilles de Rome ! Au diable ces souvenirs ! — ajouta le forçat après un moment de silence. — Pourquoi viennent-ils à cette heure !

— Angelo, mes forces sont à bout ; je ne peux faire un pas de plus.

— Femmelette !

— Je suis épuisée !

— Encore un effort ; quand tu ne pourras plus marcher, je te porterai sur mon dos, comme on porte les enfans... Nous voici bientôt arrivés à Neuilly.

— A Neuilly ?

— Oui. Qu'y a-t-il d'étonnant à cela ?

— Rien ; seulement, je me rappelle que, lorsque j'étais en pension, j'allais avec ma famille passer les vacances à Neuilly, chez un ami de mon père.

— En ta qualité de pensionnaire actuelle de la mère Bancal, tu choisis drôlement le moment pour songer aux jours de ton innocence, ma chère !

— C'est vrai, je ne sais comment je songe à cela maintenant. Il me semble que je n'ai plus la tête à moi ; c'est sans doute l'effet du froid, de la fatigue. Tiens, Angelo, laisse-moi mourir ici, — dit madame de Villetaneuse en tombant sur la neige et s'adossant à l'un des arbres de la route. — Prends tout l'argent, rentre seul à Paris.

— Ah ! triple lâche ! — s'écria le forçat, menaçant du poing la comtesse ; — je devine la cause de tes simagrées... tu as peur ?

— De quoi ai-je peur ?

— De rentrer à Paris avec moi après le coup de cette nuit. Prends garde ! si tu ne marches pas, je te crosse à coups de pied jusqu'à la barrière.

— Tu m'as si souvent battue que la menace ne m'effraye pas ; je suis faite à tes mauvais traitemens : c'est mon sort.

— Il est encore trop beau pour toi, ton sort, triple lâche !

— Je ne suis pas lâche. Je me suis déclarée ta complice dans l'affaire des bank-notes ; je pouvais tout nier.

— Il ne s'agissait que d'un faux, et aujourd'hui il s'agit pour toi de complicité dans un assassinat... mais tu as peur et...

— Ecoute, Angelo... cet endroit est désert, nous sommes seuls... j'ai le secret de ce meurtre... tue-moi d'un coup de couteau... je ne pousserai pas un cri... Est-ce de la lâcheté ou de la peur ?

— Je ne te tuerai pas, et mon secret sera gardé. Je te connais : tu es lâche, mais incapable de me trahir ; ce n'est pas la mort qu'il me faut, c'est la vie ! Oui, il me faut une femme à moi ! entends-tu, comtesse ! une femme obéissante et dévouée comme le chien fidèle à son maître ; une femme qui m'aide dans mes vols et veille au guet si je trouve prudent de me débarrasser d'un témoin dangereux. Tu es ou tu seras cette femme-là... je te garde... Tes derniers scrupules s'évanouiront comme se sont évanouis les autres.

— Angelo... écoute-moi...
— Réponds. Ne me disais-tu pas : « Jamais je ne trom-
» perai le duc... ce serait infâme !... » L'as-tu trompé ?
— Oui.
— Ne m'as-tu pas dit à Bordeaux : « Jamais je ne t'aide-
» rai dans tes escroqueries au jeu... ce serait infâme !... »
M'as-tu aidé ?
— Oui... mais...
— Enfin, ne m'as-tu pas dit avec épouvante : « Moi,
» émettre de fausses bank-notes... jamais !... » Et lorsque
l'on en a saisi un paquet sur toi, dans la maison de Batignolles, n'as-tu pas avoué crânement ta complicité ?
— C'est vrai... mais ce n'est pas ma faute à moi si le
meurtre m'épouvante !
— Tu t'habitueras au meurtre comme à autre chose : il
n'y a que le premier pas qui coûte. Je te connais, voilà
pourquoi je tiens à te garder. Et puis enfin, veux-tu que je
te le dise ? — ajouta le forçat avec une expression de passion, — je te trouve encore belle, moi !... toujours belle !
— Tais-toi, ne me dis pas cela !... en ce moment tu me
ferais perdre le peu de raison qui me reste pour résister à
tes paroles de sang.
— Non, ni tes trente ans ni la prison ne t'ont changée à mes yeux ! — poursuivit le forçat d'une voix vibrante,
en couvant de son regard magnétique cette malheureuse
qu'il fascinait comme le serpent fascine l'oiseau. — Je te le
répète, Aurélie, tu es toujours la même à mes yeux ; c'est
bizarre, mais la puissance des mêmes souvenirs est si vivace,
que je vois toujours en toi l'adorable et éblouissante comtesse d'Arcueil de la villa Farnèse ; cette vision me poursuivait au bagno durant mes nuits d'insomnie ; ta présence
me rappelle, me rappellera toujours le seul amour et le
plus beau temps de ma vie.
— Quand je t'entends parler ainsi, Angelo, je ne me connais plus, je ne m'appartiens plus.
— C'est à moi tu appartiens, et si tu n'étais pas désormais ce que tu dois être, l'esclave aveugle de ma volonté, tiens, je ne te battrais pas, je ne te tuerais pas, je
t'abandonnerais.
— Tu ne ferais pas cela !
— Cela me coûtera ; mais je le ferai si tu m'y obliges.
— Angelo, tu n'abandonneras pas une femme qui, pour
toi, s'est perdue, à tout jamais perdue !... Je pouvais
compter sur l'indulgence et l'affection de ma famille ; j'ai
renoncé à cette dernière espérance pour te suivre à Bordeaux. Plus tard, ma sœur m'a offert de faciliter ma fuite
de la prison : j'ai repoussé la chance d'échapper à un jugement infamant, et j'ai voulu partager ton sort. Enfin, à
ma sortie de prison, mes parents m'ont encore offert leur
appui : j'ai refusé, et j'ai été t'attendre, tu sais où, Angelo !... Tu ne m'abandonneras pas... Je n'ai que toi au monde, dans la fange où je vis !
— Alors, sois la femme qu'il me faut ! et je te garde ;
c'est mon plus vif désir, je te l'ai dit ; sinon, je t'abandonne, et en ce cas, mon choix est fait.
— Quel choix ?...
— Celui d'une autre femme.
— De qui veux-tu parler ? — murmure madame de Villetaneuse d'une voix sourde ; et, de demi-couchée qu'elle
était au pied de l'arbre, elle se redressa lentement sur son
séant, lança au forçat un regard de jalousie féroce, et ré-
pète d'un ton menaçant : — De qui veux-tu parler ?
— D'une de tes anciennes connaissances.
— Qui cela ?
— Une petite femme pour qui tu avais autant de haine
qu'elle en avait pour toi.
— Son nom !... son nom !...
— La Bayeul.
— Tu dis ?... — s'écrie la comtesse, frappée de stupeur,
et pouvant à peine croire à ce qu'elle entendait ; — tu dis...
que cette femme...
— Est la Bayeul. Il y a deux jours, je l'ai rencontrée.
— Elle ? Mon Dieu ! encore elle !
— Je l'ai trouvée dans l'un des cabarets souterrains de
la Petite-Pologne, où elle est nouvelle venue. On l'appelle
la Rousse ; elle est de chute en chute tombée là, comme
tant d'autres, mais elle n'est pas lâche. Elle ne reculerait
pas devant le couteau ! C'est une forcenée, toujours entre
deux eaux-de-vie. Elle est, ma foi, bien conservée, du reste !
son minois est toujours agaçant ; elle porte des bonnets à
la folle. Hardie comme une lionne, elle est la terreur des
autres femmes du cabaret. Il fallait voir ses yeux étinceler,
quand je lui ai dit que nous nous aimions toujours ; elle a
grincé des dents ; elle voulait aller te trouver chez la mère
Boucal pour te dévisager. Elle te hait à la mort ; elle n'a
pas oublié cette soirée où, après lui avoir promis de l'emmener à Bordeaux, je l'ai plantée là, pour t'enlever à ton
Badinier, qui t'amenait chez Clara. Réfléchis donc, c'est oui
ou non ! Si tu ne veux pas être la femme crâne qu'il me faut,
je prends la Bayeul.
La comtesse avait laissé parler le forçat sans l'interrompre.
— Est-ce un rêve ? — se disait-elle, frappée d'une terreur involontaire. — Par quelle fatalité cette infernale
créature se rencontre-t-elle donc toujours sur mon chemin depuis le jour où, jeune fille, j'ai vu Henri de Villetaneuse pour la première fois, et où cette femme se déclarait
déjà ma rivale ! Miséricorde ! elle me poursuit jusque dans
mon amour pour Angelo, qui sort du bagne. Oh ! cela m'é-
pouvante !
— Tu m'as entendu ? — reprit brusquement le forçat. —
Décide-toi. Deux heures du matin sonnent à l'église de
Neuilly ; veux-tu me suivre ? Encore une fois, c'est oui ou
non. Si c'est non, reste là : la Bayeul sera ma femme.
— Viens, marchons ! — répondit madame de Villetaneuse se levant ; en proie à une effrayante exaltation, elle
serra le bras d'Angelo avec une force convulsive, et ajouta : — Viens ! viens ! la Bayeul ne me portera pas ce dernier coup... non ! quand je devrais monter avec toi sur l'é-
chafaud, entends-tu, Angelo ?
Le forçat et sa complice arrivèrent bientôt à Paris, et se
dirigèrent vers ces lieux sinistres appelés la *Petite-Pologne*.

CXLI.

Le lendemain du jour où Angelo Grimaldi avait assas-
siné une femme afin de la voler, Fortuné Sauval était de
garde au poste du palais de l'Élysée-Bourbon. Le célèbre
artiste, peu ambitieux des honneurs civiques, avait plusieurs fois refusé d'être nommé capitaine de la compagnie
de garde nationale à laquelle il appartenait, acceptant seulement le modeste grade de caporal, afin de s'épargner les
ennuis de la faction.
Il était environ dix heures du soir.
L'orfèvre, étendu sur l'un des matelas du lit de camp, et
à demi enveloppé dans son manteau, cherchait le sommeil, regrettant quelque peu, malgré son exactitude à remplir ses devoirs de citoyen, sa soirée, passée selon son habitude dans la douce intimité de sa famille avec Marianne
et sa fille, monsieur et madame Roussel, Catherine, son
fils et sa femme, car depuis cinq ans Michel était l'heureux époux de Camille, et le père Laurencin, selon ses
prévisions, se voyait bisaïeul.
Fortuné Sauval cherchait donc le sommeil, afin d'é-
chapper aux tristes souvenirs, éveillés dans son esprit par
le commencement de l'entretien que plusieurs gardes
nationaux rassemblés autour du poêle continuaient ainsi :
— Il est énorme, ma foi, fort bel homme !
— Il doit avoir dépassé la cinquantaine ; je l'ai vu ce
soir monter dans l'une des voitures du roi, afin de se rendre, sans doute, au bal de la cour ; il était en grand uniforme, et bardé de décorations et de cordons.
— Sa femme est beaucoup plus jeune que lui, mais elle
n'est pas jolie.
— Peste ! tant s'en faut ! une longue figure maigre avec
des cheveux de filasse.

— Et l'air très rechigné ; mais elle était étincelante de diamans.

— On dit que c'est une princesse de la maison d'Autriche.

— Je n'en fais, parbleu, pas mon compliment à la maison d'Autriche!

— Pardon, messieurs, j'arrive de faction. De qui parlez-vous donc?

— Du prince Charles-Maximilien, qui habite temporairement l'Elysée.

— Oh! oh! il paraît qu'il a été un gaillard dans son temps.

— Charles-Maximilien?

— Certes, et un gaillard des plus gaillards. Je sais de lui un trait qui ferait honneur à don Juan.

— Ah bah!

— Contez-nous cela.

— Très volontiers, messieurs. Je dois, en manière de précaution oratoire, vous avouer d'abord qu'à la fleur de mon âge, j'adorais les tables d'hôte.

— Hé! hé! l'on y rencontre parfois de très jolies femmes.

— Ce sont toujours plus ou moins des coupe-gorges.

— J'en conviens, messieurs, mais les femmes qui les hantent ont des principes généralement très indulgens. Or, quand on est tout jeune, vous comprenez?

— Sans doute, on n'aime pas les bégueules.

— Ah çà! et le prince Charles-Maximilien? Voyons son aventure de don Juan.

— J'y arrive, messieurs. Or donc, il y a quelques années de cela, je fréquentais une table d'hôte de la rue de la Michodière, tenue par une certaine madame de Sablonville.

— Oh! oh! madame de Sablonville! ça devait être du huppé!

— C'était un faux nom. Cette honnête matrone, appelée Clara, avait été autrefois femme de chambre de grande maison. Or, savez-vous, messieurs, qui lui avait fourni les fonds nécessaires à l'établissement de sa table d'hôte?

— Qui donc?

— Le prince Charles-Maximilien.

— Allons donc! un si grand personnage commanditer un tripot!

— Vous vous méprenez, messieurs : le prince récompensait, par cette libéralité, les services que ladite Clara lui avait rendus lors de l'aventure en question.

— Ah! fort bien.

— Mais Clara était étrangère, affirmait-elle, à ce qu'il y avait de plus hardi dans l'aventure susdite ; car c'est de cette femme, messieurs, que je tiens les détails que je vais vous raconter. Charles-Maximilien, en ce temps-là, était amoureux fou de la maîtresse de Clara, alors femme de chambre d'une jeune comtesse, belle, disait-on, à éblouir. Forcé de repartir pour l'Allemagne, mon scélérat de prince trouve moyen de faire accepter comme domestique, dans la maison de la comtesse, un homme à lui dévoué qui, au bout de quelque temps, lui apprend que le mari de la belle dame est infidèle.

— Hé! hé! ça s'est vu, un mari infidèle.

— Ça se voit!

— Ça se verra toujours!

— Vos remarques matrimoniales sont, messieurs, des plus judicieuses. Charles-Maximilien, apprenant que le mari de la comtesse est infidèle, accourt en France, croyant l'occasion excellente pour offrir les douceurs de la vengeance à l'épouse délaissée. Il apprend qu'elle donne un bal ; alors, qu'imagine mon don Juan? Afin de se donner un rôle de sauveur, capable de tourner la tête de la comtesse, il fait mettre tout simplement, par l'homme qui lui était dévoué, le feu à une galerie de charpente construite pour le bal, de sorte qu'au milieu du tumulte de l'incendie, le prince se procure l'agrément d'arracher sa belle aux flammes dévorantes, et de mériter ainsi l'amoureuse reconnaissance de cette charmante femme.

— Diable! c'est un peu vif.

— Du moins, s'il ne l'a pas commandé, ne l'a-t-il ni désavoué ni châtié.

— Le tour est, parbleu, piquant!

— Je trouve, moi, le tour infâme! — s'écria le docteur Pascal, l'un des plus célèbres chirurgiens de Paris, et capitaine de la compagnie alors de garde à l'Elysée.— Quoi! risquer d'incendier un quartier pour satisfaire un caprice! Encore une fois, c'est infâme, c'est horrible! On envoie aux galères comme incendiaire un pauvre diable qui, ayant fait assurer sa hutte, y met le feu afin de toucher le prix de l'assurance! — reprit le docteur Pascal.— Je maintiens que l'auteur, ou le complice du moins de ce beau trait à la don Juan, méritait le bagne.

— Vous sentez bien, mon cher capitaine, que je raconte le fait sans l'approuver. Mais ce n'est pas tout.

— Comment! il a fait pis encore?

— Il ne s'agit plus de lui, mais de la comtesse. Vous souvenez-vous, messieurs, d'un procès relatif à de fausses bank-notes, qui a eu lieu il y a cinq ou six ans, je crois?

— Attendez donc... il me semble que je me rappelle le fait : il y avait une femme dans la bande, et même, autant qu'il m'en souvient, une femme d'un certain monde.

— Oui, oui, et l'un des accusés s'est pendu dans sa prison, si j'ai bonne mémoire.

— C'est cela même, messieurs. Eh bien! savez-vous quelle était cette femme, complice des faussaires?

— Non.

— Qui donc était-ce?

— La comtesse.

— Est-il possible! cette jeune femme qui avait été la maîtresse du prince?

— Elle-même, messieurs ; et par surcroît, le pendu était son mari, le comte de... de Villetaneuse, je crois.

— Etrange et lugubre histoire!

— Mais êtes-vous sûr, monsieur, que vos souvenirs ne vous trompent pas, que vous ne faites point une confusion de personnes?

— Nullement, messieurs ; car, ainsi que je vous le disais, je fréquentais alors la table d'hôte de Clara, et, curieux revirement des choses d'ici-bas! peu de jours avant l'arrestation de la comtesse et des faussaires ses complices, elle avait assisté à une soirée chez Clara.

— Quoi! chez son ancienne femme de chambre?

— Oui, messieurs ; mais la comtesse ignorait que madame de Sablonville fût cette même Clara. Il s'est passé ce soir-là, m'a-t-on dit (je n'assistais pas à cette réunion), une scène à la fois violente et comique, entre un épicier retiré qui entretenait alors la comtesse, et un grec son amant, qui, faisant plus tard partie de la bande des faussaires, a été condamné comme eux.

— Quel abîme d'ignominie! Une femme bien née, titrée, tomber dans une pareille dégradation!

— C'est ignoble.

— Elle ne mérite aucune pitié.

— Complice de faux monnayeurs!

— Se faire entretenir par un épicier, et avoir un escroc pour amant!

— Ah! — s'écria le docteur Pascal avec dégoût, — cette malheureuse devait être pervertie dès sa plus tendre enfance!...

— Non, à dix-huit ans, elle était la plus pure, la plus noble des créatures! — dit soudain une voix si profondément émue, qu'un grand silence se fit.

Tous les regards se tournèrent vers un coin obscur du corps de garde, où s'était jusqu'alors tenu couché sur le lit de camp, et enveloppé dans son manteau, Fortuné Sauval. Il voulait du moins défendre les innocentes années de la chaste et charmante jeune fille qu'il avait tant aimée. Son émotion, l'altération de ses traits, lorsqu'il se tint debout, à demi drapé dans son manteau, l'estime, l'affection dont on l'entourait généralement, l'admiration qu'inspirait son génie, tout augmentait l'intérêt et la curiosité éveillés par ses paroles. Cet intérêt redoubla lorsque, faisant quelques pas vers le groupe de gardes nationaux réunis autour du poêle, Fortuné ajouta :

— Oui, messieurs, la femme dont vous parlez était, à dix-huit ans, la plus pure, la plus noble, la plus belle des créatures. Jamais jeune fille ne fut mieux douée par la nature ; la bonté du cœur, la délicatesse des sentimens, le charme de l'esprit, rehaussaient sa beauté enchanteresse; élevée dans l'amour du bien par des parens honorables et honorés, enrichis par le travail, cités par leur probité, telle était à dix-huit ans mademoiselle Aurélie Jouffroy, fille du frère de ma mère, messieurs.

Il est impossible d'exprimer avec quel accent de dignité navrante Fortuné prononça ces dernières paroles qui révélaient ses liens de parenté avec madame de Villetaneuse; une pénible impression pesa sur la réunion, et le narrateur, s'adressant à Fortuné d'un ton profondément pénétré, lui dit :

— Ah! monsieur Sauval, soyez-en certain, si j'avais pu soupçonner que vous fussiez parent de la personne dont il est question, je ne me serais jamais permis de raconter à ces messieurs cette triste anecdote. Je vous prie d'agréer mes excuses.

— Vous savez, monsieur Sauval, l'estime et l'affection que nous vous portons tous,—reprit le docteur Pascal, capitaine, commandant le poste. Je crois être l'organe de nos camarades, en vous exprimant la sympathie que vous nous inspirez, en vous témoignant enfin nos regrets de ce qui vient de se passer ; en outre, je vous demande, pardon à moi personnellement, pardon des termes peu mesurés dont je me suis servi à l'égard d'une personne que je ne pouvais juger que d'après le récit de notre camarade.

Un murmure approbatif confirma que les sentimens énoncés par le docteur Pascal répondaient au sentiment général, et Fortuné dit au capitaine :

— Je suis touché, monsieur, de l'intérêt que vous me témoignez au nom de mes camarades; mais, je l'avoue, en entendant accuser de perversité précoce la malheureuse femme dont on parlait tout à l'heure, il m'a été impossible de ne pas défendre ce qui a été chez elle irréprochable: sa vie de jeune fille et les premiers temps de son mariage! Hélas ! plus tard, trompée, ruinée par un époux indigne, entourée des agens subalternes d'une habile et odieuse séduction, qui, on vous l'a raconté tout à l'heure (et j'ignorais ce fait horrible), ne reculait pas même devant le crime d'incendie, madame de Villetaneuse a failli à ses devoirs. De ce jour, elle fut perdue. En vain sa famille, moi, et surtout ma femme, sœur de madame de Villetaneuse, nous avons, à toutes les époques de sa vie coupable, fait nos efforts pour la détourner, pour la retirer de la voie funeste où elle s'engageait: ces efforts ont été vains ; la fatalité la poussait, elle devait tomber de chute en chute jusqu'au dernier degré de l'opprobre! Un époux infâme, un séducteur audacieux, ont été les principaux fauteurs de la dégradation de cette femme; et il y a dix ans, en Allemagne, je disais à un aide de camp de Charles-Maximilien : « Votre prince aura un jour à répondre devant Dieu d'une » âme qu'il a perdue ! »

— Monsieur Sauval, — reprit le docteur Pascal,—avant de connaître les détails que vous venez de nous donner, je m'étais déjà prononcé à l'égard du séducteur dans le traitant de misérable. Je maintiens plus que jamais mon jugement, car je ressens une commisération profonde pour la malheureuse jeune femme dont il a causé la perte.

— Et cette commisération est méritée, — reprirent plusieurs voix;—tout dépend du premier pas que l'on fait dans la vie.

— Ruinée, trompée par son mari, entourée de séductions, cette jeune femme devait succomber.

— Ceux qui l'ont perdue sont aussi coupables qu'elle...

Au moment où se manifestait ce revirement des esprits, favorable à la comtesse de Villetaneuse, un homme, tête nue, et portant le tablier classique des marchands de vins, entra précipitamment dans le poste en s'écriant d'un air effaré :

— Ah! messieurs! venez vite, on s'égorge, on se massacre chez la mère Bancal!

— Qu'est-ce que la mère Bancal? — dit le capitaine commandant le poste. — qui êtes-vous?

— Je suis marchand de vins, et voisin de la mère Bancal dans la *Petite-Pologne*. On s'y carnage à coups de couteaux! Venez vite, messieurs, pour l'amour de Dieu, venez vite! il est peut-être arrivé de grands malheurs au moment où je vous parle!

— La chose paraît grave, — dit le docteur Pascal. — Messieurs, que le caporal inscrit pour marcher se rende au plus tôt, avec quatre hommes, dans le bouge que l'on nous signale. S'il y a malheureusement des blessés, conduisez-les ici, je leur donnerai les premiers soins ; je vais tout préparer pour le pansement; je demeure à deux pas : l'un des tambours va courir chez moi chercher ce qui m'est nécessaire.

— C'est à moi de marcher, capitaine, — dit Fortuné en allant prendre son fusil au ratelier ; — je suis prêt.

— Monsieur Sauval, voulez-vous que je vous épargne cette corvée ? — dit courtoisement à Fortuné un autre caporal de la compagnie ; — je viens de faire une patrouille, mais je serais heureux de vous rendre un petit service.

— Mille remerciemens de votre obligeance; il fait un temps affreux, la corvée est doublement pénible, je ne dois pas exposer un autre que moi à ces désagrémens, — répondit l'orfèvre; et, s'adressant aux quatre gardes nationaux qui venaient de prendre leurs armes :

— Allons, messieurs, et au pas de course, afin d'arriver assez tôt pour prévenir de nouveaux malheurs.

Fortuné Sauval et ses quatre hommes, conduits par le marchand de vins, se rendirent en toute hâte à la Petite-Pologne, peu distante du palais de l'Élysée-Bourbon.

CXLII.

Fortuné Sauval et son escorte arrivèrent au bout de dix minutes à la Petite-Pologne, espèce de cour des Miracles entourée de maisons sombres et délabrées. La neige tombait à gros flocons, la nuit était obscure. Les gardes nationaux, après une course précipitée, traversèrent une petite place, encombrée d'une foule déguenillée qu'une sinistre curiosité ameutait devant une maison élevée d'un étage, maison noirâtre, dégradée, sordide, et dont les persiennes, toujours soigneusement closes, laissaient échapper quelques pâles rayons de lumière. La porte de ce bouge était intérieurement fermée. Fortuné Sauval y frappa vivement en s'écriant :

— Ouvrez, ouvrez! c'est la garde!

La porte s'ouvrit. L'un des gardes nationaux resta au dehors afin de s'opposer à une irruption de curieux, et Fortuné, accompagné des trois autres gardes, entra dans une salle basse au plancher boueux, à peine éclairée par une lampe fumeuse. Les soldats citoyens furent reçus par la maîtresse de ce repaire, surnommée la mère Bancal, femme d'une figure ignoble, et qui, tremblante, les traits bouleversés, s'écria d'un ton lamentable en s'adressant à Fortuné, les mains jointes :

— Ah! monsieur, quel malheur! On voudra fermer mon garni, et pourtant il n'y a pas de ma faute.

— Que s'est-il passé? — dit Fortuné, dont le cœur se soulevait de dégoût. — Ne montez pas!

— Aussi vrai qu'il n'y a qu'un Dieu au ciel, monsieur, voilà ce qui est arrivé : Mes locataires étaient là-haut il y a une demi-heure ; je vois entrer une femme qu'on appelle la Rousse, qui me demande à parler tout de suite à l'une de mes locataires appelée la Comtesse. Je lui dis de monter au premier, sans me défier de rien, quoique la Rousse m'ait paru très allumée, mais je sais qu'elle boit et qu'elle est

Ah! monsieur, quel malheur! on voudra fermer mon garni. — Page 215.

toujours entre deux eaux-de-vie. La Rousse, arrivée dans la chambre où étaient mes locataires, commence à agoniser la Comtesse; elles s'embecquent, sautent l'une sur l'autre, et, dans la lutte, la Rousse, qui avait caché un couteau-poignard dans sa poche, en donne un grand coup dans l'estomac de la Comtesse. Elle est tombée du coup. Moi et mes pensionnaires nous avons terrassé la Rousse, nous l'avons attachée avec un drap et enfermée dans une chambre où elle est. Et puis nous avons mis comme nous avons pu un bandage avec de l'amadou pour arrêter le sang de la plaie de la Comtesse. Mais elle en a tant perdu, de sang, qu'elle est comme morte et couchée là-haut sur un lit. Voilà, mon caporal, la pure vérité. C'est la Rousse qui est cause de tout; mon seul tort est de l'avoir laissée monter là-haut; mais je ne pouvais pas croire qu'elle voulait assassiner la Comtesse. Ça n'empêche pas qu'on va vouloir fermer mon garni. C'est ma ruine, et je suis mère de famille!

Fortuné avait écouté l'ignoble vieille sans l'interrompre, apitoyé sur le sort de la victime, qu'il ne croyait pas connaître, et qui, par un triste hasard, portait le surnom de la Comtesse, titre nobiliaire de madame de Villetaneuse, de qui l'orfèvre venait de s'entretenir quelques momens auparavant au corps de garde de l'Élysée-Bourbon. S'adressant alors à ses camarades :

— Nous devons, ce me semble, arrêter la coupable de ce meurtre, et faire transporter au poste la blessée. Le docteur Pascal lui donnera les premiers soins; on la conduira ensuite à l'hospice Beaujon.

— C'est, en effet, ce que nous avons de mieux à faire, monsieur Sauval, — répondit l'un des gardes nationaux. Et se tournant vers la vieille:

— Où est la femme qui a frappé la victime?

— Elle est là-haut, monsieur.

— Montons, — dit Fortuné. — Éclairez-nous.

La mère Bancal prit la lampe, et arrivée au premier étage, elle ouvrit une porte en disant :

— Messieurs, il faut traverser la chambre où est la Comtesse, pour arriver à l'endroit où nous avons enfermé la Rousse.

Fortuné Sauval et les trois autres gardes nationaux entrèrent, sur les pas de la vieille, dans une pièce meublée pauvrement, d'un aspect sordide, répugnant comme celui de la maison. Trois femmes assez jeunes, aux vêtements dépenaillés, aux traits flétris par la misère, regardaient avec compassion leur compagne blessée, déposée sur un grabat vermoulu et boiteux, dont les sales draps étaient largement tachés de sang. L'une de ces créatures tenait à la main une chandelle, dont la lueur jaunâtre dissipait à peine l'obscurité de ce lieu sinistre. Toutes trois s'éloignèrent du lit lors de l'arrivée de la vieille et de Fortuné.

Soudain, celui-ci jette un cri déchirant : il venait de reconnaître dans la victime madame de Villetaneuse!

La *comtesse*, elle avait voulu être comtesse, elle gardait ce titre jusqu'à la fin ; la comtesse, affaiblie par la perte de son sang, s'était évanouie. Sa tête, belle encore, mais flétrie, décolorée, livide, était tournée vers la muraille, et reposait sur un traversin bourré de paille dont les fétus pointaient çà et là par plusieurs déchirures de son enveloppe en toile à matelas. Les longs cheveux bruns d'Aurélie, dénoués durant sa lutte contre madame Bayeul, lutte terminée par un assassinat, ondulaient, épars sur ses épaules, sur son sein, à demi caché par une sorte de brassière ensanglantée, premier appareil placé sur sa blessure; l'un de ses bras, d'une blancheur d'ivoire, comme sa poitrine, pendait, exsangue, inerte, en dehors du grabat, effleurant le plancher fangeux. Une grosse couverture de laine brune recouvrait le corps inanimé de la Comtesse.

Fortuné, après un premier cri de stupeur et d'épouvante, s'était jeté à genoux au chevet du lit de la mourante, en murmurant au milieu de ses sanglots étouffés :

— Aurélie ! Aurélie !

Et se tournant effrayant de désespoir et d'horreur :

— Voilà ma cousine, messieurs! Voilà madame de Villetaneuse, dont Charles-Maximilien a causé la perte!

Maximilien... vous m'avez... cruellement abandonnée. — Page 219.

L'indignation et la pitié se peignirent sur les traits des gardes nationaux consternés.

— Monsieur Sauval, — dit l'un d'eux après un moment de silence, — nous vous en conjurons, ne restez pas ici! Ce spectacle est affreux pour vous, il est au-dessus de vos forces. Venez! venez!

— Mais elle se meurt! mais elle va mourir! — répondit Fortuné presque égaré; — mais sa main est déjà froide!

Et il couvrait de ses larmes cette main glacée, qu'il serrait entre les siennes en sanglotant.

— Ne perdez pas espoir, monsieur Sauval, — reprit le garde; — le docteur Pascal a tout préparé, vous le savez, pour un pansement. Transportons en hâte cette pauvre dame au poste; on pourra peut-être encore la sauver, mais il n'y a pas une minute à perdre.

Fortuné, dans le paroxysme de sa douleur, n'écoutait rien, n'entendait rien. L'un des gardes dit tristement à ses camarades :

— Le malheureux monsieur Sauval est incapable d'une résolution dans un pareil moment. Agissons pour lui. — Et s'adressant à la vieille :

— Procurez-vous à l'instant deux planches sur lesquelles on étendra ce matelas; cela suffira pour transporter la blessée jusqu'au poste.

— Le fond du lit est en planches, — répondit la mère Bancal; — on n'a qu'à les prendre. Ah! monsieur, je donnerais de bon cœur tous mes meubles pour que ce malheur ne fût pas arrivé ici! Je suis mère de famille, je serai ruinée, on va fermer mon garni!

— Où est la femme coupable de ce meurtre?

— La Rousse?... Elle est là, dans cette chambre, bien attachée.

— Nous allons l'emmener. Mais qui se chargera de transporter cette dame jusqu'au corps de garde de l'Elysée?

— Nous, nous, monsieur; nous serons bien assez fortes pour la porter, cette pauvre Comtesse! C'est bien le moins que nous lui rendions ce dernier service, — s'écrièrent les trois pensionnaires de la mère Bancal.

Bientôt un lugubre cortége traversa la Petite-Pologne.

Deux des compagnes de la comtesse portaient le brancard improvisé où on l'avait étendue, toujours privée de sentiment. La forme de son corps se dessinait vaguement sous les plis du drap ensanglanté.

Fortuné Sauval marchait à côté de ce brancard, la tête penchée sur sa poitrine, le visage baigné de larmes.

Madame Bayoul venait ensuite, placée entre les gardes nationaux, pâle, mais triomphante d'une joie féroce, marchant d'un pas ferme, et par l'audace de son maintien, par l'ignoble cynisme de ses paroles, révoltait son escorte.

— Je ne l'ai pas manquée, la belle comtesse! — s'écriait cette furie. — Autrefois elle m'a humiliée, je lui ai enlevé son mari; Angelo m'a quittée pour elle, je l'ai tuée! On me guillotinera, je m'en moque; la vie que je menais n'est pas si regrettable. Je n'ai pas peur de la mort, moi!

Le funèbre cortége sortait de la Petite-Pologne, suivi d'un grand concours de curieux, lorsqu'il rencontra un piquet de gendarmerie, accompagné d'agens de police et d'un magistrat. Ils allaient explorer la nouvelle cour des Miracles, — dit le magistrat à l'un des gardes nationaux, — afin de rechercher un forçat libéré, accusé d'assassinat.

CXLIII.

Une partie de la foule des curieux qui, sans avoir pu s'en approcher, suivaient de loin le brancard où était étendue la comtesse, s'empressèrent de le devancer en se dirigeant en hâte vers le poste de l'Elysée, espérant ainsi être convenablement placés pour entrevoir la victime.

Il était au plus onze heures du soir; les passans, encore assez nombreux, s'arrêtaient, se mêlèrent à ces premiers groupes, apprirent que l'on transportait au poste une femme assassinée, et que l'on amenait aussi l'auteur de l'attentat ; des attroupemens se formèrent, se grossirent à chaque instant ; bientôt les abords du corps de garde et du palais de l'Elysée-Bourbon furent encombrés d'une multitude compacte, devant laquelle plusieurs voitures durent ralentir leur marche et s'arrêter.

Un piqueur en livrée rouge, galonnée d'argent sur toutes les tailles, et portant, selon le cérémonial ordinaire, une torche allumée à la main, arriva au grand trot de son cheval parmi ces voitures stationnaires, mit sa monture au pas, s'informa de l'un des cochers la cause du rassemblement, et s'écria :

— Place, s'il vous plaît, messieurs ! place à la voiture de Son Altesse monseigneur le prince Charles-Maximilien, qui rentre au palais de l'Elysée !

Presque au même instant arrivait sur les pas du piqueur une magnifique berline bleue, au chiffre et à la livrée du roi des Français, le cocher vêtu d'un vitzchoura rouge galonné d'argent et garni d'épaisses fourrures. Les deux valets de pied en grande livrée, montés derrière la voiture, tenaient chacun d'une main, comme le piqueur, une torche allumée dont la clarté jetait des reflets embrasés autour de la berline, où se trouvaient Charles-Maximilien et sa femme Wilhelmine ; le prince, en uniforme blanc brodé d'or, rehaussé de cordons et constellé de plaques de différens ordres, la princesse en grand habit de cour, étincelante de diamans. Cette femme, osseuse et sèche, aux cils d'un blond jaunâtre comme ses cheveux, avait l'air hautain et semblait de fort méchante humeur. Monsieur de Walter, devenu général et premier aide de camp du prince, était assis en face de lui, sur le devant de la berline.

— Hé bien ! qu'est-ce ? — dit aigrement la princesse. — Pourquoi la voiture s'arrête-t-elle ?

Le général mit la tête à la portière, regarda dans la rue et répondit à la princesse :

— Madame, il y a grande foule aux abords de l'Elysée.

— Pourquoi le piqueur ne fait-il pas écarter cette foule ? — reprit brusquement la princesse. — Il est inconcevable que l'on entrave ainsi la circulation d'une voiture du roi.

— Ma chère amie, — reprit Charles-Maximilien, — cette foule est très compacte, il serait imprudent de tenter de la traverser en ce moment. Attendons ; nous rentrerons au palais quelques minutes plus tard, voilà tout.

— Monsieur de Walter, descendez et donnez des ordres pour que la voiture avance ! — dit la princesse avec un redoublement de mauvaise humeur. — Il est insupportable d'être ainsi arrêté par cette populace.

Le général, en courtisan bien appris, s'inclina, ouvrit la portière en dehors, et faute du déploiement du marchepied, s'élança lestement de l'intérieur de la berline sur le pavé.

— En vérité, ma chère amie, — dit le prince, — vous abusez de la complaisance du général ; ce n'est pas à lui de remplir l'office du piqueur.

— Si j'abuse de la complaisance du général, — répliqua la princesse avec amertume, — vous avez, monsieur, cruellement abusé ce soir de ma patience, à moi !

— Que voulez-vous dire ?

— Ce soir, à cette réception, aux yeux de toute la cour, vous vous êtes, monsieur, indécemment compromis auprès de cette petite lady Fitz-Clarence. J'étais outrée !

— Allons, — reprit le prince en haussant les épaules, — encore vos soupçons jaloux !

— Vous prenez à tâche de les justifier, monsieur. J'espérais que l'âge calmerait vos passions, et que les scandales dont la villa Farnèse avait été le honteux théâtre avant notre mariage ne se renouvelleraient plus... Je crains de m'être trompée.

Ces reproches de la princesse rappelèrent inopinément à la pensée de Charles-Maximilien le souvenir de la belle comtesse de Villetaneuse. Il se sourit à lui-même avec une satisfaction secrète en songeant à cette brillante conquête de son âge mûr. Il allait cependant essayer d'apaiser les res-

sentimens de sa femme, lorsqu'il entendit des rumeurs croissantes s'élever du milieu du rassemblement, et à la clarté rougeâtre des flambeaux que tenaient les valets de pied montés derrière sa voiture, le prince vit, à quelques pas de distance, la foule massée aux abords du corps de garde refluer devant une sorte de brancard, porté par deux femmes, et recouvert d'un drap ensanglanté dessinant une forme humaine ; près de ce brancard, Fortuné, en habit de garde national, marchait lentement.

Charles-Maximilien ne reconnut pas l'orfèvre, et fut péniblement impressionné à l'aspect de cette scène, qui passa devant ses yeux comme une vision funèbre, éclairée par la lueur des torches.

Ces lueurs et l'éclat des livrées attirèrent l'attention de Fortuné Sauval sur la berline où se trouvait le prince. Il le reconnut, s'élança, pâle, terrible, et ouvrant brusquement la portière, il saisit convulsivement Charles-Maximilien par le bras, en s'écriant d'une voix menaçante :

— A genoux ! monsieur, à genoux ! l'on s'agenouille devant les agonisans ! C'est une de vos victimes qui passe !

— Insolent ! — reprit Charles-Maximilien troublé, abasourdi, ne reconnaissant pas encore l'orfèvre sous son uniforme, et se rejetant dans le fond de la voiture, auprès de la princesse muette de stupeur et d'indignation. — Que voulez-vous ? qui êtes-vous ?

— Je suis Fortuné Sauval, monsieur, et la femme que l'on emporte là, sous ce drap ensanglanté, mourante d'un coup de couteau, est Aurélie de Villetaneuse, la femme que vous avez séduite !

— Grand Dieu ! — murmura le prince éperdu, épouvanté, — elle... assassinée ! Oh ! c'est horrible !

— Venez, monsieur ! — répéta l'orfèvre d'une voix frémissante. Et, ne se possédant plus, il attirait violemment le prince en lui disant : — Venez voir l'agonie de la femme que vous avez perdue ! venez demander pardon à Dieu et aux hommes du mal que vous avez fait !

Charles-Maximilien, frappé d'une sorte de vertige, et sous le coup de l'horreur et des remords, s'élança de la voiture, malgré les cris effrayés de la princesse, suivit machinalement Fortuné, traversa en quelques pas la foule, ébahie de cette scène aussi rapide que véhémente, et se précipita dans le corps de garde, où le docteur Pascal s'empressait déjà de donner les premiers soins à madame de Villetaneuse, déposée depuis quelques instans sur le lit de camp.

L'action de sels puissans et une cuillerée d'éther ranimèrent pour un moment les esprits d'Aurélie expirante. Elle ouvrit à demi les yeux lorsque Charles-Maximilien et Fortuné entraient dans le poste, dont la porte fut fermée à l'invasion de la foule.

Le prince se crut le jouet d'un rêve affreux, quand, sur ce matelas sordide, au milieu de ce corps de garde, il vit, demi-nue, mourante, la poitrine trouée d'un coup de couteau, cette femme, autrefois ravissante de beauté, de jeunesse et de grâce. Il restait pétrifié, le regard fixe.

Fortuné s'agenouilla près d'Aurélie ; les gardes nationaux, çà et là groupés, restaient dans un morne silence, les trois femmes qui avaient transporté la comtesse pleuraient, et le docteur Pascal, secouant tristement la tête en consultant une dernière fois le pouls de la victime, semblait renoncer à tout espoir de la sauver.

Madame de Villetaneuse reconnut d'abord Fortuné, puis Charles-Maximilien. Elle porta ses mains défaillantes à son front, comme si elle se fût éveillée d'un songe ; ses yeux, creusés, ternis par les approches de la mort, s'ouvrirent de toute leur grandeur ; ses lèvres, déjà violacées, s'agitèrent faiblement sans articuler aucun son ; puis, grâce à un suprême effort, elle murmura ces mots entrecoupés des fréquentes suffocations de la dernière heure :

— Fortuné... je n'espérais pas mourir auprès de toi... mon ami d'enfance... Pardonne-moi... Prie Marianne... ma tante et mon père... s'il a recouvré sa raison... de me pardonner aussi... Je...

La comtesse fut obligée de s'interrompre une minute.

Elle fit alors un mouvement pour tourner sa tête allanguie vers le prince, qui, debout, le visage caché dans ses mains, sanglotait; mais elle ne put tourner vers lui qu'un regard mourant, et ajouta d'une voix de plus en plus affaiblie, oppressée :

— Maximilien... vous m'avez... cruellement abandonnée... Cet abandon... a peut-être... causé ma perte... Je... vous... pardonne...

Et sentant sa vue se troubler, le froid du trépas la gagner, elle balbutia :

— Fortuné... ta main... Oh!... je...

Ce furent les dernières paroles intelligibles de la comtesse; son cou se raidit, sa tête se renversa en arrière, ses doigts se crispèrent; elle prononça cependant une fois distinctement le nom d'Angelo. Puis, suffoquant, elle exhala son âme entre les bras de Fortuné Sauval, qui, poussant des plaintes déchirantes, ne pouvait se détacher de ce cadavre.

Le prince, abîmé dans son épouvante, les genoux tremblants, se soutenait à peine, et semblait cloué près du lit funèbre.

Le docteur Pascal s'avança lentement, appuya sa main sur le bras de Charles-Maximilien, et lui dit d'une voix basse et grave, en lui désignant du geste les trois femmes compagnes de la comtesse :

— Monsieur, vous voyez ces trois malheureuses : l'abandon, la misère, la faim peut-être, les ont plongées dans la fange la plus hideuse où puisse se traîner une créature de Dieu... Madame de Villetaneuse était, de chute en chute, tombée dans cette fange; elle était la compagne de ces femmes; c'est dans le bouge où elles vivaient que madame de Villetaneuse a été assassinée.

— Oh! assez, monsieur! — murmura Charles-Maximilien éperdu. — Assez... par pitié... assez!...

— Non! vous entendrez une fois dans votre vie la vérité, monsieur! Vous avez employé des moyens infâmes pour séduire madame de Villetaneuse; vous l'avez ensuite lâchement abandonnée : vous êtes l'une des causes les plus fatales de sa perte, vous méritez l'aversion et le mépris des hommes de bien. Sortez, monsieur, sortez! vous me faites horreur!

Charles-Maximilien, écrasé par ces justes et redoutables paroles, prononcées au milieu d'un profond silence, n'osa, ne put d'abord répondre, malgré la fierté de sa race; cependant il allait balbutier quelques mots de justification, lorsque la porte du corps de garde s'ouvrit, et le général Walter entra précipitamment en disant :

— Messieurs, Son Altesse n'est pas ici?... — Et apercevant le prince, il s'avança vivement vers lui en ajoutant :

— Monseigneur, madame la princesse m'envoie près de vous...

— Oh! venez, Walter, venez! — s'écria Charles-Maximilien en sortant effaré, suivi du général ; — il y a une justice au ciel!

Le corps d'Aurélie de Villetaneuse fut transporté dans la maison de Fortuné Sauval. Marianne ferma pieusement les paupières de sa sœur, et de ses mains l'ensevelit dans son linceul.

Angelo Grimaldi expia sur l'échafaud son dernier crime; madame Bayeul fut condamnée à une prison perpétuelle.

Monsieur Jouffroy s'éteignit doucement sans avoir recouvré sa raison.

Michel, associé de Fortuné Sauval, devint un grand artiste, comme son patron, et continua de passer d'heureux jours auprès de sa femme et de Catherine, dont il admira de plus en plus l'héroïque réhabilitation. Le père Laurencin vécut très vieux. La tante Prudence ne cessa pas de faire endiabler le cousin Roussel et de l'entourer des soins les plus dévoués. Marianne et Fortuné partagèrent l'ineffable félicité de leurs amis, et le temps, cet inexorable consolateur, apaisa, effaça peu à peu les douloureuses impressions qui, après la mort d'Aurélie de Villetaneuse, attristèrent le bonheur de ceux qui lui survivaient.

FIN DE LA FAMILLE JOUFFROY

Contraste insuffisant
NF Z 43-120-14

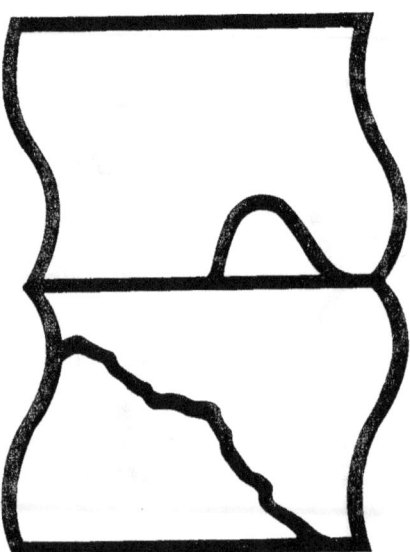

Texte détérioré — reliure défectueuse

NF Z 43-120-11

www.ingramcontent.com/pod-product-compliance
Lightning Source LLC
Chambersburg PA
CBHW051907160426
43198CB00012B/1788